图书在版编目（CIP）数据

海原年鉴. 2020 / 海原县委党史和地方志研究室编
-- 银川 : 宁夏人民出版社，2020.11
ISBN 978-7-227-07435-9

Ⅰ. ①海… Ⅱ. ①海… Ⅲ. ①海原县－2020-年鉴
Ⅳ. ①Z524.34

中国版本图书馆CIP数据核字（2021）第009126号

海原年鉴（2020）　　海原县委党史和地方志研究室　编

责任编辑　贺飞雁
责任校对　陈　晶
封面设计　张　宁
责任印制　马　丽

黄河出版传媒集团
宁夏人民出版社　出版发行

出 版 人　薛文斌
地　　址　宁夏银川市北京东路139号出版大厦（750001）
网　　址　http: //www.yrpubm.com
网上书店　http: //www.hh-book.com
电子信箱　nxrmcbs@126.com
邮购电话　0951-5052104　5052106
经　　销　全国新华书店
印刷装订　宁夏凤鸣彩印广告有限公司
印刷委托书号　（宁）0019840

开　　本　787 mm × 1092 mm　1/16
印　　张　23.25
字　　数　600千字
版　　次　2021年10月第1版
印　　次　2021年10月第1次印刷
书　　号　ISBN 978-7-227-07435-9
定　　价　298.00元

海原年鉴 2020

HAIYUAN NIANJIAN

海原县党史和地方志研究室　编

黄河出版传媒集团
宁夏人民出版社

《海原年鉴 2020》编辑委员会

《海原年鉴 2020》编辑人员

编辑说明

一、《海原年鉴》以马列主义、毛泽东思想、邓小平理论、“三个代表”重要思想、科学发展观和习近平新时代中国特色社会主义思想为指导，是由中共海原县委、政府主办，海原县地方志办公室组织实施，各承编单位共同参与编纂出版的综合性资料性工具书。

二、《海原县年鉴（2020）》（以下简称“本年鉴”）所收录的资料上限起自2019年1月1日，下限截至于2019年12月31日。为了较完整地保存和积累地方文献资料，对一些史实作了简要的上溯。

三、本年鉴主要收集2019年海原县各项事业发展的基本情况。主体内容分为栏目、分目、条目三个层次，少数条目下设子目，条目标题采用黑体字并加【】表示，少数包含多方面内容的条目则在文内用阿拉伯数字序号标示各段内容的主题。全书设专载、大事记、组织机构与负责人、海原综览、中国共产党海原县委员会、海原县人大常委会、海原县人民政府、中国人民政治协商会议海原县委员会、纪检监察、群众团体、法治、军事、经济管理、农业经济、脱贫攻坚、社会管理、应急管理、城乡建设与交通运输、电力供应、邮政通信、自然资源和生态保护、商贸流通、财政 税务、银行保险、教育 体育、科学技术、文化事业、卫生健康、乡镇（场）与街道、人物、附录共31个类目。

四、本年鉴大部分资料由海原县直各部门、各单位、各镇及自治区、中卫市驻海原县有关单位提供，《海原年鉴》编辑部撰写了部分稿件并统纂全书。因统计时间、口径不同等原因，个别数据在不同稿件中可能不尽一致，敬请读者采用时引起注意，所有数据，均以海原县统计局资料为准。

五、大事记采用编年体记述法，按月日依次记述，每日大事较多者，用“△”表示。

六、本年鉴的编辑出版得到了海原县各级各部门和有关单位领导的大力支持，广大撰稿人员为此付出了辛勤的劳动，在此一并致以诚挚的谢意。由于编纂经验不足，水平有限，疏漏之处恳请各级领导和广大读者予以指正，并提出宝贵意见。

海原年鉴编辑部

2020年11月

2019 年 2 月 19 日，海原县举行元宵节社火游街活动

2019 年 2 月 19 日，海原县举办元宵节灯谜晚会

2019 年 3 月 28 日，“自治区小杂粮高效种植技术示范与推广项目启动会”在贾塘乡王塘村召开

2019 年 5 月 16 日，海原县“划行归市、集中经营”启动暨“全国工商联汽车摩托车配件用品业商会”授牌仪式在联富汽车城举行

2019 年 6 月 12 日，海原县公租房抽签分配现场

2019 年 6 月 28 日，宁夏海原华润希望小镇竣工落成

2019 年 7 月 27 日，海原县第二届文化旅游节系列活动暨 2019 年“关桥梨花节”开幕式在关桥乡举办

2019 年 7 月 27 日，海原县总工会组织全县职工开展“喜迎祖国 70 华诞 携手共筑中国梦”徒步活动

2019年9月22日，宁夏西海固高端牛产业发展研究院在海兴开发区管委会正式挂牌成立

2019年9月23日，中国农民丰收节海原分会场暨宁夏（海原）第四届高端肉牛大赛在海原县举行

民生服务代办点
知民意
解民忧
帮民难
促民富
规范化
Standardization
便民化
Convenience
高效化
High efficiency
以服务为宗旨
以便民为目的
以满意为标准
让数据多跑路
让群众少跑

便民服务

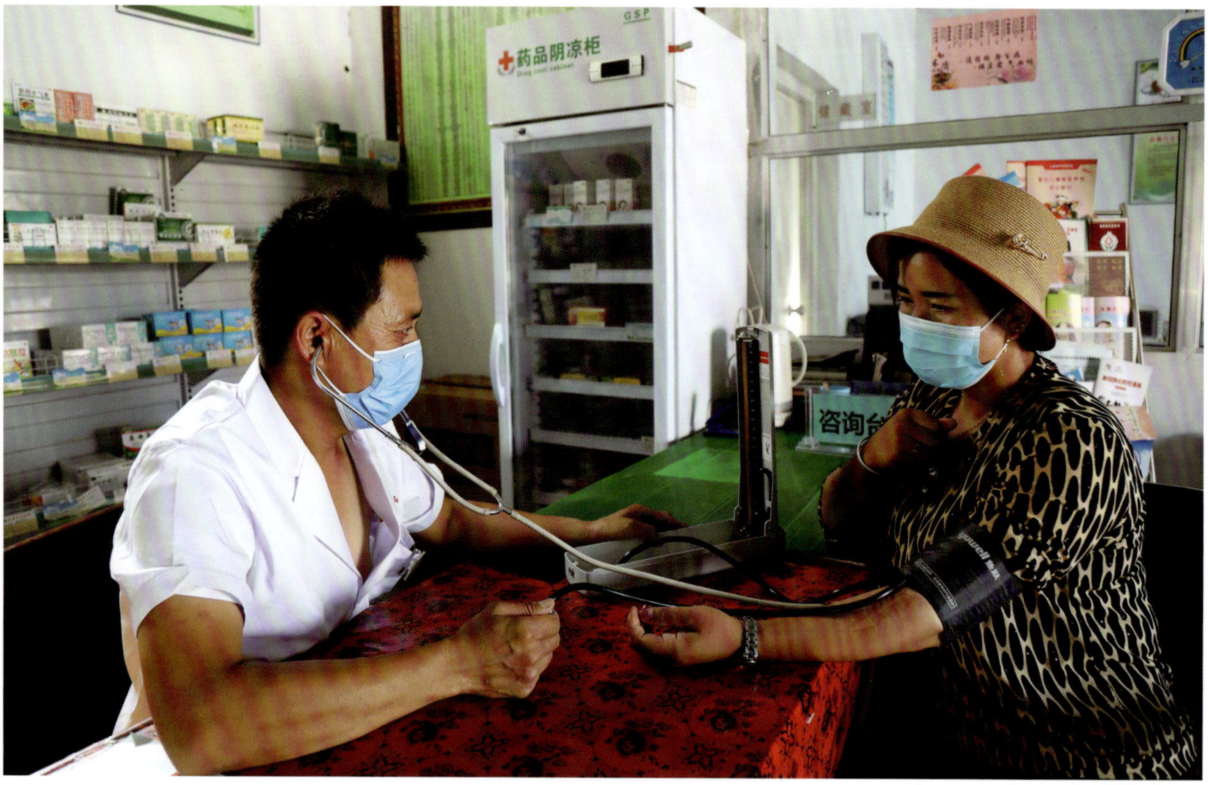
GSP
药品阴凉柜

便民服务

乡村篮球赛

乡村图书阅览室

①

②

①曹洼乡华润基础母牛养殖基地

②机收马铃薯

①机收玉米

②小杂粮机械化收割

③机械收割小茴香

甘盐池华润风电场

新建的中静公路海原段

乡村街道绿化

生态建设

全民健身中心

①四季环城 B 区　②向阳小区
③向阳小区　④富民花园
⑤西湖公园

目 录

专 载

大事记

组织机构与负责人

海原综览

中国共产党海原县委员会

海原县人大常委会

海原县人民政府

中国人民政治协商会议海原县委员会

纪检监察

群众团体

法　治

军 事

经济管理

农业经济

脱贫攻坚

社会管理

应急管理

城乡建设与交通运输

电力供应

邮政通信

自然资源和生态保护

商贸流通

财政 税务

银行保险

教育 体育

科学技术

文化事业

卫生健康

乡镇(场)与街道

人　物

附　录

专 载

在中共海原县委十四届七次全体会议上的报告

海原县委书记　徐海宁

（2020 年 1 月 3 日）

同志们：

这次全会的主要任务是，高举习近平新时代中国特色社会主义思想伟大旗帜，深入学习贯彻党的十九大、十九届四中全会和中央经济工作会议精神，全面落实自治区党委十二届八次、九次全会和市委四届七次、八次全会部署要求，回顾总结 2019 年工作，研究部署 2020 年工作，动员全县各级党组织和广大党员干部群众，不忘初心、牢记使命，振奋精神、真抓实干，为与全国全区同步全面建成小康社会而努力奋斗！

下面，我受县委常委会委托，向全会报告工作。

2019 年工作回顾

2019 年是新中国成立 70 周年，也是海原发展史上极不平凡的一年。一年来，面对艰巨繁重的脱贫攻坚和改革发展稳定任务，县委常委会以习近平新时代中国特色社会主义思想为指导，在党中央和区市党委的坚强领导下，团结带领全县广大干部群众坚定信心、迎难而上、锐意进取、砥砺前行，全县脱贫攻坚与经济社会各项事业取得了新发展、迈上了新台阶，为全面建成小康社会奠定了坚实基础。

一年来，我们坚守初心担使命，重点抓了强党性、聚人心、促脱贫三件大事。

一是扎实开展“不忘初心、牢记使命”主题教育，党员干部的信仰、信念、信心显著增强。我们把开展主题教育作为砥砺初心使命的难得机遇，推动解决问题的有利契机，密切党群、干群关系的重要途径，聚焦学习贯彻习近平新时代中国特色社会主义思想主线，牢牢把握“守初心、担使命，找差距、抓落实”的总要求，严格标准，注重质量，精心制定方案，分级分类指导，狠抓问题治理，扎实有力推进。县委常委会以上率下，把主题教育与脱贫攻坚等重点工作有机结合起来，坚持开门搞教育，深入基层调查研究，奔着问题去、揪着问题改，把学习教育、调查研究、检视问题、整改落实贯穿始终，形成调研报告 12 篇，检视问题 173 个，有效解决了一批群众的操心事、揪心事、烦心事。各基层党组织和广大党员同频共振、全覆盖参与，抓学习、摆问题、剖根源、促整改，推动主题教育往深里走、往实里走、往心里走。全县党员干部理论武装得到强化，思想政治受到洗礼，担当作为劲头有效提振，解决问题能力不断提升，自我革命精神得以彰显，在增强“四个意识”、坚定“四个自信”、做到“两个维护”上认识更加深刻、态度更加坚决、行动更加自觉，各级领导班子的凝聚力战斗力进一步增强，勤政、为民、务实的作风进一步强化，全县政治生态更加风清气正。

二是隆重庆祝新中国成立 70 周年，党员干部群众爱党、爱国、爱社会主义的热情全面激发。我们把办好新中国成立 70 周年庆祝活动与学习贯彻习近平新时代中国特色社会主义思想结合起来，突出政治性、思想性、群众性、实效性，组织全县干部群众收听收看国庆 70 周年大会直播，举办万人“同升一面旗、同唱一首歌”“礼赞新中国　奋进新时代”等 179 场次庆祝活动，讴歌新中国成立 70 年来的光辉历程和伟大成就，展现海原 70 年来的巨大变化和丰硕成果，极大地激发了全县上下的自信心和自豪感，极大地增强了干部群众的向心力和凝聚力，更加坚定了中国特色社会主义的道路自信、理论自信、制度自信、文化自信，把满腔政治热情和爱国情怀转化为勇于担当、积极作为的精神动力，转化为立足岗位、奋发工作的实际行动，催生了奋进新时代的积极性、主动性和创造性。

三是脱贫攻坚取得阶段性重大成果，营造出激情创业、热情干事、奋勇攻坚奔小康的生动局面。年初以来，我们面对脱贫攻坚任务重、难度大、时间紧的巨大考验，全县上下坚定信心、迎难而上、负重前行，坚决扛起政治责任，变压力为动力，聚焦“两不愁三保障”目标标准，严格执行精准扶贫精准脱贫基本方略，精准制定“55104”脱贫摘帽方案和 24 个专项攻坚方案，从严从细落实“六个精准”“五个一批”要求，严把标准质量，稳扎稳打，压茬推进。市县乡村四级齐动员、万名干部齐上阵，区市部门、闽宁协作、各界企业倾力帮扶，大家勇于担当、主动作为，任劳任怨、加班加点，广大群众怀着对美好生活的向往，自力更生、艰苦创业，宁愿苦干、不愿苦熬，主动投身脱贫攻坚生动实践中，向脱贫摘帽发起全面总攻。全县上下坚持问题导向、紧盯薄弱环节，先后整合投入扶贫涉农资金 7.6 亿元，补入农村自来水 1.2 万户，自来水普及率达到 99%、供水保证率达到 100%；通过“四种途径”“八个一批”改造危房 8726 户，农村 C、D 级危房全部销号，D 级危房全部拆除，城乡面貌焕然一新；适龄儿童因贫困失学辍学全部“清零”，贫困患者基本医保、大病救治、家庭医生签约服务实现全覆盖，弱势困难群众“应保尽保”“应兜尽兜”，产业扶贫、金融扶贫、生态扶贫、电商扶贫、易地搬迁政策全面落实，为群众稳定可持续脱贫奠定了坚实基础。当年出列贫困村 5 个、减贫 5646 户 19253 人，累计减贫 25476 户 99788 人，126 个贫困村全部脱贫出列，44 个深度贫困村全部稳定退出，综合贫困发生率下降至 0.83%，具备了脱贫摘帽条件。“基础母牛银行”模式和安全饮水、安全住房、基本医疗保障等工作得到国务院督导检查组的充分肯定。海原脱贫攻坚的生动实践和显著成就，充分体现了党的惠民政策的强大感召力，充分彰显了社会主义制度的巨大优越性，各级干部在“淬火”中磨炼意志、锤炼作风、增长才干、践行初心，全县干部群众更加坚定了“感党恩、听党话、跟党走”的信心和决心，为不断夺取新的胜利、创造新的辉煌，积蓄了强大精神力量。

一年来，我们旗帜鲜明讲政治，党的政治建设有了新加强。我们坚持把党的政治建设摆在首位，把政治标准和政治要求贯穿于党的建设始终，增强“四个意识”、坚定“四个自信”、做到“两个维护”，始终在思想上政治上行动上同以习近平同志为核心的党中央保持高度一致。

——坚决贯彻中央和区市党委决策部署。县委常委会对党中央和区市党委召开的重要会议、出台的重要文件、部署的重要工作，第一时间传达学习、研究部署、抓好落实。全面贯彻中央和区市党委关于推动高质量发展的要求，召开县委十四届六次全会，制定出台《关于推动高质量发展的实施意见》《关于加快补齐全面建成小康社会短板的实施方案》，以转型追赶、高质量发展补齐全面建成小康社会短板弱项。党的十九届四中全会和自治区党委十二届八次、九次全会以及市委四届七次、八次全会闭幕后，县委常委会、县委理论学习中心组第一时间传达学习，对学习培训、宣传宣讲、贯彻落实作出部署，在全县迅速兴起学习宣传贯彻热潮。县委常委会充分发挥总揽全局、协调各方作用，全年召开县委常委会会议45次，研究审定各类议题267项，有力推动党的各项方针政策在全县各领域各方面贯彻落实。

——持续强化理论武装。坚持把学习贯彻习近平新时代中国特色社会主义思想作为重大政治任务，持续在学懂弄通做实上下功夫，扎实推动学习贯彻走深走实走心。全年县委理论学习中心组集体学习23次，专题交流研讨19次，举办各类专题培训班20期。全面开展脱贫攻坚、民族宗教等政策宣讲，深入推进“两学一做”学习教育常态化制度化，广泛推行“学习强国”平台应用，全县党员干部学习贯彻的自觉性坚定性明显增强。

——坚决抓好问题整改。准确把握巡视督察检查工作的政治性、严肃性、权威性，自觉接受监督检查，主动认领反馈问题，压实整改责任，强化跟踪问效，扎实推动中央扫黑除恶督导、中央宗教工作督查、国务院扶贫开发领导小组督查、自治区党委巡视和脱贫攻坚专项巡视反馈问题整改，高质量完成各项整改任务，并建立长效机制。

一年来，我们真抓实干谋发展，经济建设取得了新成就。坚持稳中求进工作总基调，积极稳妥调结构、转方式、稳增长，持之以恒打基础、补短板、求突破，主要经济指标符合预期、趋势向好，全县经济保持平稳健康发展态势。

——特色产业提质增效。紧盯“一主四特”优势特色产业发展，建立“普惠＋特惠”扶持政策，着力在引龙头、建基地、抓示范、树品牌、跑市场上下功夫，围绕富硒功能农业、旱作有机农业、高效节水农业，着力打造“三带两园六基地”，建成示范基地26个，培育农业新型经营主体及社会化服务组织724家，引领产业转型发展。突出草畜主导产业，依托“基础母牛银行”模式，累计向117个村9400户群众赊销西门塔尔基础母牛30871头，饲养量达到27万头，制订高端肉牛产业发展规划，完善产业发展“六大体系”，草畜产业的组织化、规模化程度明显提升。围绕马铃薯、枸杞、中药材、瓜菜、小杂粮特色产业，大力实施新品种、新技术、新模式推广运用，质量与效益大幅提升。大力实施品牌强农战略，成功举办了宁夏（海原）第四届高端肉牛大赛、“西海固”区域公用品牌发布会和系列农特产品推介会，有力拓展特色农产品营销渠道，提高了市场影响力和知名度。

——新兴产业培育壮大。以“高质高效招商引资年”活动为抓手，突出以商招商、精准招商、产业链招商、县区一体招商，成功引进闽宁纺织、深圳卡立方、安徽联富汽贸、四川新希望万头奶牛等28个企业落地并陆续投产，实现到位资金30.04亿元。全面落实降成本“30条”和支持民营经济发展若干政策，全年减税降费5168万元，带动新增各类企业428户、个体工商户1425户。完善全域旅游规划，启动全域旅游示范县创建工作，成功举办系列乡村文化旅游节，促进全县旅游产业破题发展。扎实开展电子商务示范县建设，开通代购代卖、代缴代取、小额金融服务、农资采购等便民服务，激活农村消费市场。围绕“四大离土”产业，以就业需求为导向，转观念、强技能、建基地、抓就业、带创业，完成技能培训9037人，转移就业8.82万人，创收13亿元以上。

——营商环境持续优化。不断深化“放管服”改革，有效整合39个部门716项审批服务事项，基本实现“一次性告知、一窗式受理、一站式办理”。建成社会投资项目并联审批平台和工程建设项目审批平台，推行登记注册全程电子化、“44证合一”，为企业发展提供更加便捷高效的服务。巩固拓展全国基层政务公开标准化规范化试点工作经验，大力推行“互联网+政务服务”模式，县级政务服务事项不见面办理率提高到80.5%。拓展延伸政务服务体系和服务范围，83个县直单位和所有乡镇、村（社区）全部接入电子政务外网，实现了“数据多跑路、群众少跑腿”。引进设立建设银行海原支行，挂牌成立农村商业银行，新增4个乡镇金融服务网点，大力开展信用体系建设，持续创新金融服务环境，设立农业产业、民营企业发展担保基金，撬动银行贷款60.31亿元，企业融资难问题得到缓解，荣获自治区“金融环境创建奖”。

——各类风险有效防范化解。坚持底线思维，增强忧患意识，举办专题培训班，对政治安全、意识形态、民族宗教等领域风险全面摸底排查，科学制定对策，积极主动应对。加强政府债务动态监测，积极化解存量，坚决控制增量，圆满完成年度化解任务，顺利退出债务风险提示地区，并评为绿色等级。加强防控金融风险，采取差异化、有针对性的办法，治乱象、抓规范、强监管，建立信贷定期监测预警制度和联合清贷机制，坚决清理逾期不良小额贷款。

一年来，我们突出重点补短板，城乡面貌有了新改观。坚持以项目建设为抓手，扎实开展“项目提质增效年”活动，全年续建新建项目98个，有力破解了一些瓶颈制约，进一步夯实了发展基础。

——城乡建设统筹推进。编制完成《海原县“一带两廊”发展规划（2018—2035）》，稳步推进县城棚户区改造，完成棚改1058套，建成东城、向阳、西湖二期安置小区并回迁安置，新修和改造提升了一批市政道路、运动广场、休闲公园、停车场、公共服务等基础设施，县城综合服务功能进一步完善。调整优化海兴开发区“一园三区”功能布局，持续完善基础设施与公共服务，加快推进生态园区、绿色工厂建设，坚决清理“僵尸企业”，有效盘活土地118亩，扎实推进园区管理体制改革，县区一体化发展机制更加顺畅。高标准建成关桥华润希望小镇，有序规划建设4个特色集镇，打造3个美丽村庄，示范引领乡村振兴。扎实开展城乡环境综合整治，大力实施农村“厕所革命”，创新农村垃圾收集运转模式，完善农村环境网格化管理机制，城乡环境面貌大幅改观。

——基础设施逐步完善。紧盯路、水、电、讯等瓶颈制约，升级改造黑海、郑九等支干线公路79.2千米，新改建农村公路202千米，实施乡镇村组道路硬化252.2千米，全县路网密度和公路等级实现“双提升”，张麻公路被评为“宁夏最美农村路”。统筹实施农田水利工程项目，新增水平梯田5万亩、节灌面积1.15万亩，水土流失综合治理140平方千米。实施农村电网改造、信息化建设工程，有需求的自然村全部通动力电和宽带网。

——生态环境持续改善。大力实施生态立县战略，坚决打好蓝天、碧水、净土“三大保卫战”，全面推进柴油货车整治、燃煤锅炉淘汰，严格落实“六个

100%”扬尘防控措施,“零容忍”查处秸秆焚烧行为,以最严措施巩固禁牧封育成果,全县空气质量优良天数保持在94%以上。全面落实河湖长制,持续开展清水河等重点河流综合治理、美丽河湖建设、携手保护母亲河“清四乱”专项行动,依法从严整治非煤矿山及河道非法采砂,关停砂厂31个、砖厂25个,多年遗留的乱采乱挖现象得到有效遏制。农村面源污染得到有效控制,土壤环境风险得到基本管控。持续开展大规模国土绿化行动和经济林建设,完成林草建设任务11.84万亩,全县生态环境质量持续改善提升,荣获“全国生态建设贡献奖”。

一年来,我们强化保障惠民生,人民群众获得感幸福感有了新提升。牢固树立以人民为中心的发展思想,全县75%以上的财力用于民生领域,集中力量解决群众最关心最直接最现实的利益问题。

——坚持教育优先发展。紧扣立德树人目标,持续落实教育经费投入“三增长”原则,新建、改扩建校舍面积12.6万平方米,新开办幼儿园33所,新增幼儿班107个,全县学前教育毛入园率提高到82.1%。扎实推进“互联网+教育”示范县建设,学校网络覆盖率达到95%,实现信息技术与教育教学有效结合,促进优质教育资源下沉,推动义务教育优质均衡发展、普通高中优质特色发展、职业教育优质创新发展。持续深化教育改革,狠抓校长、学科带头人、骨干教师三支队伍建设,完善师德师风考核机制、教师职称评审评价体系,落实乡村教师支持计划,全面推进依法治校,师德师风显著改善,重教兴学氛围更加浓厚。

——不断提升医疗卫生服务。建成中医院、妇幼保健院、6个标准化村卫生室,改扩建4个乡镇卫生院,加快推动“互联网+医疗健康”示范县建设,县乡村三级医疗机构实现电子政务外网和医保光纤全覆盖,村级卫生室全部开展医保核销服务。着力推动公立医院改革,全面落实“先诊疗、后付费”政策,27家定点医疗机构全部推行“一站式”结算服务。加强基本药物配备和非基本药物下沉,极大地方便了群众看病就医。持续加强基本公共卫生服务,规范实施妇幼健康项目、医疗民生项目,全面落实传染病、地方病综合防控措施,坚持计划生育基本国策,扎实推进健康海原建设。

——不断完善社会保障体系。全面落实基础养老金正常调整机制,统筹提高医疗保险财政补助标准,逐步扩大养老保险、失业保险、工伤保险参保覆盖面。推进最低生活保障审核审批改革,提高农村低保补助标准,推行农村低保与扶贫政策两项制度衔接,做到“应保尽保、应退尽退、动态管理”。完善临时救助、医疗救助、救灾救助机制,全面加强养老服务、困境儿童、残疾群众生活保障工作,最大程度保障困难群众基本生活。全面加强退役军人服务保障工作,成立县、乡、村三级服务体系,完成退役军人安置任务,提升优抚对象抚恤待遇,优先支持学历教育,一批退役军人成为全县就业创业、脱贫致富的带头人。

一年来,我们改革创新激活力,经济社会发展有了新动能。坚持把改革创新作为推动高质量发展的强劲引擎,坚持问题导向,积极稳妥推进重点领域和关键环节改革,持续增强发展动力活力。

——大力实施创新驱动战略。全面落实自治区“创新驱动30条”,不断加大科技投入,R&D投入增长率达到30%以上。着力培育国华农机、麦勒电器等5家中小科技型企业,引领开展自主创新,推动新技术应用和成果转化。深化“政校企”合作,依托华润公司,与西北农林大学联合成立宁夏西海固高端牛产业发展研究院,支持开展高端牛产业领域重点技术研究。与宁夏大学、宁夏农科院建立产学研科技示范基地和实训基地,打造创新平台,促进新品种、新技术、新机械推广应用。借助“科技支宁”东西部合作项目,组建7个特色优势产业专家服务团队，有效缓解了全县创新资源不足、科技人才紧缺、成果难以转化的问题。

——积极稳步推进各项改革。坚决落实中央和区市党委、政府部署的改革任务，研究审定改革方案50余个，完成区市和自定改革任务85项，行政审批、农业农村、综合医改等全局性改革全面突破，综合执法改革、社会领域改革、文化体制改革取得实质性进展。机构改革任务高质量完成，事业单位公车改革正式启动。探索推行“路长制”，建立五级“路长”监督管理体系，公路养护质量大幅提升。深化城镇住房制度改革，完善公租房分配方式。推行“枫桥派出所”“情指行”一体化运行警务新模式，深化“互联网+公安政务服务”，出警效率、办案质量明显提升。

一年来，我们创新治理保稳定，民主法治建设取得新进展。全面加快依法治县进程，创新社会治理模式，着力构建共建共治共享、德治自治法治相结合的社会治理新格局。

——切实加强民主政治建设。支持人大及其常委会依法履行职权，促进监督、决定重大事项更好体现人民意志；支持政府全面履行职能，不断提高政府的公信力和执行力；支持政协积极履行政治协商、民主监督、参政议政职能，全面加强新时代统战工作，推动形成同心奋进、共谋发展的良好局面。深化群团组织改革，群团组织的政治性、先进性、群众性明显增强。深入开展全民国防教育，积极争创“双拥”模范县，军政军民团结的良好局面不断巩固。

——全面加强民族宗教工作。落实党的民族政策和宗教工作基本方针，坚持和加强党对民族宗教工作的绝对领导，持续深入开展马克思主义民族观宗教观学习教育，压紧压实主体责任，牢牢掌握工作主动权。深入实施民族团结进步创建“八大工程”和“585”行动计划，成功创建一批示范单位，“四进”宗教场所实现全覆盖，“三个离不开”“五个认同”思想深入人心。扎实开展宗教领域突出问题专项整治。依法加强宗教事务管理，全县13起大型宗教活动时间全部控制在2天以内，人数、规模压缩了30%左右，宗教事务管理法治化规范化水平明显提升。

——纵深推进扫黑除恶专项斗争。严格按照中央和区市党委部署要求，聚焦“深挖根治”阶段性目标，强化组织领导，层层压实责任，持续深入宣传，全面系统排摸，突出依法严惩，保持高压态势，成功打掉3个涉恶团伙，依法判决10人，破获刑事案件96起，抓获犯罪嫌疑人60人，倒查责任落实不力的公职人员25名。集中开展重点村和建筑工程、交通运输、市场监管等14个重点行业领域专项整治，人民群众的安全感、满意度大幅提升。

——不断创新社会治理。持续推进“雪亮工程”和三级综治中心规范化建设，全面落实县级领导接访制度，集中整治信访领域突出问题，梳理化解重点疑难信访件137件，纪检监察机关和信访部门信访量较同期下降49%、19.3%。以弘扬宪法精神为重点加强普法宣传教育，扎实推进“七五”普法工作，深化“法律八进”活动，全民法治观念不断增强。严格落实安全生产责任制，定期开展安全生产大检查大整治，全县安全生产形势总体稳定。加强食品药品安全监管，用“四个最严”守护了群众“舌尖上的安全”。

一年来，我们正向引领聚合力，宣传思想工作迈上新台阶。坚决扛起“举旗帜、聚民心、育新人、兴文化、展形象”的使命任务，不断弘扬主旋律，激发正能量，提振精气神。

——从严落实意识形态责任制。把意识形态工作责任制纳入县委巡察、述职评议、目标管理考核的重要内容，定期听取工作汇报，研判工作形势，建立部门联动、信息互动、追责问责机制，梳理风险隐患，加强监测预警，牢牢掌握意识形态工作领导权、话语权、主动权。加强网络信息管控，规范网上信息传播，确保网络意识形态安全。针对中央和自治区党委巡视反馈的意识形态方面的问题，及时坚决整改，并举一反三，建立长效机制。

——不断壮大主流思想舆论。围绕庆祝新中国成立70周年，浓墨重彩开展宣传，营造了共庆祖国华诞、共享祖国荣耀、共铸复兴伟业的浓厚氛围。围绕脱贫攻坚中心工作，精心策划专题，精准选树典型，持续鼓劲助力。整合报纸、电视、网站、微博、微信公众号等媒体资源，挂牌成立县级融媒体中心。全面加强对外宣传，县内外主流媒体先后刊发报道4700多篇，其中国家级媒体报道80多篇，在《宁夏日报》开设《海原观察》专版，对全县重点进行深度跟踪报道，有力展示了海原新形象，提升了海原知名度。

——持续加强精神文明创建。深入开展社会主义核心价值观"七进"活动，扎实开展为民服务解难题"十个一"专题活动与系列实践活动，推动社会主义核心价值观立心铸魂。深入实施公民道德建设工程，积极培育选树道德模范，涌现出了全国自强模范倪岩、第四届"宁夏好人"李英秀等一批先进典型。开展"红白理事会作用发挥年"活动，建立完善并规范运行村级红白理事会，坚决抵制高价彩礼、薄养厚葬、奢侈浪费、盲目攀比等陈规陋习，不断焕发乡风文明新气象。大力实施文化惠民工程，全面推行公共文化服务场所免费开放，常态化举办广场文化活动，群众精神文化生活更加丰富。

一年来，我们从严管理转作风，党的建设取得新成效。认真贯彻新时代党的建设总要求，扛起主责、抓好主业、当好主角，强化管党治党责任，以永远在路上的执着和韧劲，推动全面从严治党向纵深发展、向基层延伸。

——全面加强基层组织建设。深入实施农村党建"三大三强"和"两个带头人"工程，培养选拔村级后备干部423人，培育致富带头人661人，整顿转化软弱涣散农村党组织41个，清理不符合任职资格村干部45名，针对无人可选、后继乏人的村，面向全市公开选任村党组织书记13名，全县村干部队伍整体素质大幅提升。所有具备条件的村级组织活动场所均达到200平方米以上，村集体经济全部破壳，农村党组织的组织力、凝聚力、战斗力明显加强。深入实施机关党建"三强九严"工程，持续深化"双提升"行动计划，各领域基层党建质量稳步提升，基层党组织政治功能明显增强。

——全面加强干部队伍建设。坚持把好干部标准贯彻到领导班子和干部队伍建设全过程，结合机构改革，坚持人岗相适、以事择人，调整理顺干部合理流动机制，优化乡镇部门领导班子结构。坚持政治标准，树立"崇尚实干，注重基层"导向，选准用顺干部，全年共提拔干部73名，其中脱贫一线46名，占63%。结合"5123"工程，储备后备干部468名，实行动态管理、跟踪培养。认真落实激励干部担当作为有关政策，推荐选树了一批"干事创业好班子""担当作为好干部"。稳步推进公务员职务与职级并行工作，畅通干部能上能下渠道，持续激发干部队伍活力。

——扎实推进党风廉政建设和作风建设。深化纪检监察体制改革，实现所有乡镇部门纪检监察全覆盖。坚持无禁区、全覆盖、零容忍，重遏制、强高压、长震慑，注重关口前移，用好"四种形态"，县纪检监察机关共立案154人，给予党纪、政务处分128人。深入开展扶贫领域腐败和作风问题专项整治，问责扶贫领域违纪干部25人。持续加大"四风"问题整治，查处违反中央八项规定精神案件4起，问责8人。组织开展常规巡察3轮，整改问题315个。深入开展"党政机关作风建设年、干部队伍素质提升年"活动，倒逼干部转作风、强素质、提能力。认真开展"四抓四比双争竞赛"活动，引导全县上下形成真抓实干、争先创优的良好氛围。全面落实为基层减负有关要求，县委和政府压减文件 36.8%、会议 36.9%、督查检查考核事项 50%，着力营造干事创业良好环境。

一年来，县委常委会高度重视自身建设，带头严守政治纪律和政治规矩，全面贯彻加强和维护党中央集中统一领导若干规定，严格执行请示报告制度，严格遵守常委会工作规则，不断提高党内政治生活质量。认真执行民主集中制，从严落实“三重一大”事项集体决策制度，推动县委决策科学化、民主化、规范化、法治化。县委常委班子成员带头遵守党内法规制度，认真履行“一岗双责”制度，自觉抓好分管领域各项工作，在推动决策落实、持续改进作风、保持廉洁自律等方面为全县党员干部作出表率。

成绩来之不易。这些成绩的取得，是党中央亲切关怀和区市党委、政府正确领导的结果，是全县广大干部群众勠力同心、团结奋斗的结果，是社会各界无私帮助、鼎力支持的结果。在此，我代表县委常委会，向大家表示衷心的感谢和崇高的敬意！

在肯定成绩的同时，我们要清醒地认识到 2020 年面临的形势依然复杂严峻、任务依然艰巨繁重，特别是发展中一些短板弱项和深层次的问题不容忽视。脱贫攻坚方面，我们虽然具备了脱贫摘帽的条件，但剩余未脱贫 1047 户 3375 人（因病因残致贫的占 72.4%，特殊困难群体占 42.8%）是贫中之贫、困中之困，都是最难啃的硬骨头，自我发展能力弱，实现稳定脱贫难度非常大；965 户边缘户、431 户脱贫监测户自我发展的能力不足，收入不稳定，返贫几率高；农村供水工程线长面广、地形复杂、布局分散，信息化程度较低，人工管理成本高，运行管理难度大；部分新建房屋未入住，个别新分户、人员自然增加，返乡创业人员还需持续加强监管；个别非贫困村短板多，群众意见大；一些干部在各级评估督查检查后，出现了松劲懈怠苗头。全面小康方面，加快补齐全面建成小康短板工作还较为艰巨，初步监测，2019 年实现程度仅为 86.17%，6 项指标未达到要求，其中人均公共文化财政支出（实现程度为 91.5%）、卫生发展指数（实现程度为 81.0%）和农村卫生厕所普及率（实现程度为 62.7%），通过努力有望接近目标值；但人均 GDP 为 18337 元，与目标值相差 34663 元，实现程度仅为 34.6%；人均地方公共财政预算收入 513 元，与目标值相差 3487 元，实现程度仅为 12.8%；城镇人口比重33%，与目标值相差 27%，实现程度仅为 55%；城乡居民人均收入 14902 元，与目标值相差 7310 元，实现程度仅为 67.1%，还有很大差距。产业发展方面，“一主四特”产业组织化、规模化、标准化、市场化程度不高，产业链条短，产品附加值低，缺少龙头企业示范带动，传统农业分量仍占主导，转型升级任务还比较繁重；专业技术人才资源不足，科技支撑作用乏力，科技成果转化成效不明显。城乡建设方面，“一带两廊”建设尚未全面启动，城乡发展不平衡，县城棚户区改造任务重，道路、给排水等城市基础设施短板依然较多；“四个中心”集镇发展规划还未成型，供水、排污等功能不够完善。生态建设方面，生态环境依然脆弱，森林覆盖率仅为 9.44%，水土流失面积达到 1800 多平方千米，防范打击乱挖滥采的长效机制还不健全，后续恢复整治还不到位。防范化解风险方面，意识形态、民族宗教、社会治安等领域风险不容忽视，防范化解形势不容乐观。党的建设方面，“书记抓、抓书记”的责任压力传导还不够有力，“抓乡促村”工作机制还不够健全，软弱涣散基层党组织整顿任务依然较重，村干部“一大三低”问题依然突出，“两个带头人”作用发挥不够明显；民族宗教领域突出问题整治任务较重；一些干部能力不足不会为、动力不足不想为、担当不足不敢为的现象依然存在，党风廉政建设和反腐败斗争形势依然严峻复杂；等等。对于这些问题，我们将高度重视，在今后的工作中采取有力措施切实加以解决。

2020年工作建议

2020年是全面打赢脱贫攻坚战、全面建成小康社会和“十三五”规划收官之年，做好2020年工作意义重大、使命光荣。我们要认清形势、明辨大势、把握趋势，深刻领会党中央和区市党委、政府对当前形势的科学判断，既正视差距和不足，更要准确把握“三农”补短板、脱贫攻坚、老旧小区改造、黄河流域生态保护和高质量发展等新形势新任务新机遇，进一步深化对国家政策走向的学习研判分析，进一步深化对做好新形势下各项工作的规律性认识，坚持辩证思维、底线思维、战略思维，坚持问题导向、目标导向、结果导向，保持清醒头脑，保持战略定力，坚定高质量发展信心和决心，抢抓机遇、乘势而上、奋力追赶。

做好2020年各项工作应牢牢把握以下原则：一要全面坚持党对一切工作的领导。党政军民学，东西南北中，党是领导一切的。我们必须增强“四个意识”、坚定“四个自信”、做到“两个维护”。党中央提倡的坚决响应、党中央决定的坚决执行、党中央禁止的坚决不做。要充分发挥党委总揽全局、协调各方发挥党的领导核心作用，集中精力把好方向、抓好大事、出好思路、管好干部，把党的路线方针政策贯彻落实到经济建设、政治建设、文化建设、社会建设、生态文明建设和党的建设等方方面面，真正实现思想上统一、政治上团结、行动上一致。二要始终坚持稳中求进工作总基调。“稳”是前提和基础，要保持经济运行稳定，保持社会大局稳定，保持总体思路、政策措施、推进力度的连续性和稳定性，加强预期管理，“一张蓝图绘到底”。“进”是目标和方向，既要量力而行，更要尽力而为，要自加压力“跳起来摘桃子”，聚焦影响全县发展的瓶颈制约，加大力度补短板、强弱项、夯基础，促进重点工作、关键领域有新进展，以稳促进、以进保稳，努力实现稳定增长、健康发展。三要牢牢把握高质量发展根本要求。高质量发展，是经济发展从“有没有”转向“好不好”。我们要牢固树立新发展理念，坚持在创新上求突破，在协调上下功夫，在绿色上用实招，在开放上抢机遇，在共享上见成效，严守生态红线，坚守环保底线，坚持质量第一、效益优先，有所为、有所不为，尤其要突出“一主四特”优势产业，在推动总量扩张的同时，更要注重科技应用、品牌营销、加工转化和产业链延伸，向科技要效益，靠品质闯市场，把资源优势转化为产业优势、经济优势，走出一条高质量发展的新路子。四要牢固树立以人民为中心的发展理念。真心实意为群众办好事、谋幸福，是我们做好各项工作的出发点和落脚点。无论困难有多大、财政有多紧，都要保证基本民生投入力度不减、标准不降，全力以赴办好各项民生实事。坚持走好党的群众路线，始终把工作重心下移到基层一线，全力解决好群众的操心事、揪心事、烦心事，切实以干部的辛苦指数换取群众的幸福指数，努力做到发展为了人民、发展依靠人民、发展成果由人民共享。五要统筹推进脱贫攻坚、乡村振兴，补齐全面建成小康社会短板。脱贫攻坚是全面小康的底线任务，脱贫攻坚成果直接影响全面小康的成色。脱贫攻坚是乡村振兴的基础和前提，乡村振兴是脱贫攻坚的巩固和深化。我们要坚持以脱贫攻坚为统揽，以全面小康为目标，做好脱贫攻坚与乡村振兴的统筹衔接，把握好针对性与整体性、特惠性与普惠性的关系，完善政策体系、工作体系、组织体系，既抓剩余贫困人口脱贫攻坚，更要全面推动乡村振兴，多层面、全方位加快补齐全面建成小康社会短板，推动农业全面升级、农村全面进步、农民全面发展。六要坚决守好促进民族团结、维护政治安全、改善生态环境“三条生命线”。这是区市党委明确的一项重要要求。我们要提高政治站位，强化政治担当，着眼全局与长远发展，扎实做好民族宗教工作，深入整治宗教领域突出问题，依法加强宗教事务管理，有效防范应对各类政治风险，严守生态保护红线，严把环境质量底线，严控资源消耗上限，持续推进生态环境改善，为走好高质量发展的新路子提供重要保障。

基于上述原则，2020 年全县工作的总体要求是：坚持以习近平新时代中国特色社会主义思想为指导，深入学习贯彻党的十九大、十九届四中全会、中央经济工作会议和习近平总书记视察宁夏时的重要讲话精神，全面贯彻落实自治区党委十二届八次、九次全会和市委四届七次、八次全会精神，紧扣高质量打赢脱贫攻坚战和全面建成小康社会目标任务，坚持稳中求进工作总基调，坚持以新发展理念为引领，以供给侧结构性改革为主线，以改革开放为动力，牢牢抓住“三个着力”重点，坚决打赢三大攻坚战，持续实施“三大战略”中卫方案，统筹推进稳增长、促改革、调结构、惠民生、防风险、保稳定，守好促进民族团结、维护政治安全、改善生态环境“三条生命线”，走出一条高质量发展的新路子，确保高质量打赢脱贫攻坚战、全面建成小康社会和“十三五”规划圆满收官。

2020 年全县经济社会发展的主要预期目标是：地区生产总值增长 6.5%左右，固定资产投资增长 10%以上，规模以上工业增加值增长 3%左右，地方一般公共预算收入增长 2%，社会消费品零售总额增长 8%左右，城乡居民人均可支配收入分别增长 7%、9.5%，现行标准下剩余农村贫困人口全部脱贫，主要污染物排放完成区市下达任务。这个目标，贯彻了中央要求，对标了区市党委和政府对 2020 年发展的目标任务，坚持了稳中求进工作总基调，以更好引导社会预期、增加居民收入、改善生态环境，确保经济实现量的合理增长和质的稳步提升。这个目标，全面贯彻落实新发展理念，突出了重质量、提效益的发展导向，引导基层把工作重心转移到调结构、惠民生、防风险、保稳定上来，稳扎稳打推动经济社会健康发展。这个目标，体现了阶段性任务要求，兼顾了可及性和能动性，是确保实现高质量脱贫摘帽、与全国全区同步全面建成小康社会的基本要求，是积极稳妥的，更是必须要完成的。

关于 2020 年的经济工作，正清同志还要作具体安排。这里，我就贯彻落实好十九届四中全会、中央经济工作会议、区市党委全会精神，讲几点意见。

一、坚定信心，乘势而上，坚决打赢打好三大攻坚战

中央经济工作会议和区市党委全会，把三大攻坚战确立为 2020 年工作的重中之重，并提出具体目标和要求，为我们明确了关键点和着力点。我们要按照党中央和区市党委、政府的部署要求，坚持目标不变、标准不降、力度不减，集中兵力打战役、攻堡垒、见实效。

一要坚决打赢打好精准脱贫攻坚战。坚持脱贫和富民两手抓、两手硬，大力实施脱贫富民战略，这是陈润儿书记在中卫调研时交给海原的一项重要任务。要坚决打好脱贫歼灭战。紧盯 1047 户 3375 人剩余贫困人口和 965 户边缘户、431 户脱贫监测户，聚焦“两不愁三保障”标准，坚持执行“55104”攻坚计划，一户一策、一人一策，严格落实特殊贫困人口“社会保障 + 产业扶持”“双兜底”机制，对工作难度大的村挂牌督战，对脱贫难度大的户倾力支持，一村一村盯着推进、一户一户盯着帮扶、一人一人盯着脱贫，不折不扣完成剩余脱贫任务。健全完善对边缘户和脱贫监测户的常态化监测机制，重点在产业发展、发展壮大村集体经济和激发内生动力上下功夫，有效防止返贫。要全面开展“回头看”，坚决抓好问题整改，确保脱贫成效经得起检验。要着力打好富民持久战。严格落实“四个不摘”要求，继续抓好产业扶贫“六大行动”，深入推进闽宁对口扶贫协作，建设好、运营好扶贫车间，落实好“三保障”政策措施，保持政策稳定性、延续性。在抓好“有土”产业提质增效的同时，抓好就业创业，落实好就业创业政策，拓宽群众增收渠道，巩固好脱贫攻坚成果。认真实施“一村一年一事”行动，有针对性地补齐脱贫退出村、非贫困村的各项短板弱项，加强脱贫攻坚与乡村振兴的政策衔接、机制衔接、工作衔接，着力推动乡村全面振兴。

二要坚决打赢打好污染防治攻坚战。要认真学习贯彻习近平总书记在黄河流域生态保护和高质量发展座谈会上的重要讲话精神，按照区市党委部署要求，细化方案，完善措施，谋划项目，综合施策，共抓大保护，推进大治理，坚决守好改善生态环境这条生命线。要加大污染防治力度。坚决打好蓝天保卫战，坚决关停“散乱污”企业，推进清洁能源替代；全面加强扬尘专项管控、秸秆焚烧、禁牧封育、秋冬季大气污染综合治理攻坚，确保全县空气优良天数比例保持在90%以上。坚决打好碧水保卫战，从严落实河湖长制，加快推进清水河、贺堡河等骨干河道小领域综合治理；积极争取城镇污水处理厂项目建设，促进城镇和工业园区污水管网全覆盖、污水全收集、处理全达标，系统推进水污染防治、水生态保护和水资源管理，确保劣Ⅴ类水体全面稳定消除。对所有地下水源开采进行全面排查，严格规范管理。继续抓好非煤矿山、砂厂的后续整治和复垦，建立常态化监管机制。坚决打好净土保卫战，完善农业残膜回收机制，抓好农药化肥减量化使用，全面推进畜禽粪污转化利用；加强建筑垃圾、生活垃圾、餐厨垃圾处置利用，有效管控土壤环境风险。要加大生态系统保护力度。完成南华山自然保护区移交工作；积极推进大规模国土绿化行动，编制全县城乡生态规划，继续实施南华山外围区域水源涵养林建设提升工程、生态移民迁出区生态修复工程、生态经济林建设工程、城乡绿化工程，统筹推进城乡美化和环村林带、村镇公园、巷道绿化、庭院增绿及裸露矿山、退化绿带补植补绿，完成绿化造林11万亩，让山上山下、村里村外、城市边边角角都绿起来。要全面推动绿色发展。严格环境准入，坚决不引进污染环境的项目、不落户环评审核不过关的项目、不启动“三同时”不到位的项目；严格执行领导干部生态环境损害责任追究、自然资源资产离任审计制度，推动生态环保“党政同责、一岗双责”责任落实；巩固中央环保督察“回头看”及水环境问题专项督察反馈问题整改成效，抓好自治区党委生态环境督察反馈问题整改，推动生态环境质量持续好转；依法依规加强企业监管，持续开展生态园区、绿色工厂建设，走绿色发展之路。

三要坚决打赢打好防范化解风险攻坚战。强化风险意识、底线思维，按照“稳定大局、统筹协调、分类施策、精准拆弹”的基本政策，重在防范、有效化解、快速处置，牢牢守住不发生系统性风险的底线。要全面排查风险点。紧盯政府隐性债务风险、地方银行金融风险、企业互相担保风险，开展新一轮深排查、全梳理，摸清风险底线，找准问题症结，加强综合监管，早预警、早干预、早防范。要切实打好主动战。坚持抓早抓小抓苗头，按照区市党委和政府要求，对政府债务，要调整结构、偿还一批，盘活投资、消化一批，资产处置、减少一批，灵活还款、展期一批，分类清理、止血一批，平台转制、带走一批，经营延期、转换一批，依法退出、解除一批，按期完成隐性债务化解任务，确保“只减不增”。对企业风险，要规范经营管理，加强财务管控，优化债务结构，切实把杠杆率降下来。对银行金融风险，要加大不良贷款的处理力度，严厉打击非法集资等违法金融活动，坚决杜绝风险外溢、传染蔓延，维护金融市场稳定。要深入开展信用体系建设，坚决打击恶意逃废债，及时开展逾期不良小额信贷清收工作，着力打造更优金融服务环境。

二、紧盯目标，突出重点，加快补齐全面建成小康社会短板弱项

脱贫是底线，小康是目标。海原县小康社会实现程度总体较低，监测体系有18项指标虽已达标，但标准不高，需要巩固提升，还有6项短板弱项需要加快补齐。但核心问题还是发展不充分、不协调、质量不高的问题，我们要找准症结、强化措施、加大投入、精准施策，一项一项补短板强弱项。

一要着力推动经济高质量发展。坚持以供给侧结构性改革为主线，优化产业布局，加大结构调整，注重产业链延伸，构建特色鲜明、富有活力的现代化产业体系。要加快“一主四特”优势产业提质增效。按照自治区党委提出的“布局区域化、经营规模化、生产标准化、发展产业化”总体要求，围绕市委“一带两廊”规划布局，紧扣富硒功能农业、旱作有机农业、高效节水农业发展方向，突出抓好“三带两园六基地”建设，着力在“调”字上下功夫、在“转”字上求突破，调优种养结构、调大经营规模、调强加工能力、调长产业链条，努力实现从卖原料向卖产品、小产业向全链条、创品牌向创标准转变。要紧盯高端肉牛主导产业，建成屠宰加工厂项目，发挥宁夏西海固高端牛产业研究院的科研优势，加快完善“六大体系”，在扩大“基础母牛银行”模式的基础上，进一步探索“基础母牛＋银行”的方式，培育壮大农村专业合作组织，构建“县有集团、乡有协会、村有合作社”的产业组织体系，支持培育一批标准化养殖园区、养殖专业村、养殖大户，持续扩大规模、提升效益，争创国家级肉牛产业体系示范县。要突出发展优质小杂粮产业，完善规划布局，强化科技引领，选好主打品种，建好示范基地，推动精深加工，推广应用新品种、新技术、新模式，打响旱作、有机、富硒品牌，促进小杂粮产业提质增效，创建优势小杂粮产业示范县。要坚持因地制宜、集约集中、基地引领，加快马铃薯、枸杞中药材和瓜菜产业转型升级。利用“西海固”区域公用品牌，进行统一品牌、统一规格、统一包装，促进“农超对接”“农企”对接，落实“市县跑市场、县乡抓种养”的分工要求，拓展特色农产品销售渠道。持续加大科技投入，整合科技力量，强化科技服务，引领特色转型发展。要持续培育壮大二、三产业。依托海兴开发区平台，完善“一园三区块”产业功能布局，加大县区一体招商、以商招商力度，引进培育一批特色鲜明、主业突出的龙头企业，孕育催生一批紧密协作、配套服务的中小微企业，培育形成更多新产业、新业态和新增长点。要立足海原交通运输规模优势，创建汽车物流园区，引进汽车直销企业，完善物流信息网络，延长交通运输产业链条，提升“宁夏交通运输第一县”的影响力。要加快全域旅游产业发展，深度挖掘海原“六大文化”，组建旅游集团，创新投融资模式，加大旅游资源开发，完善旅游基础设施，争创天都山3A级景区，打造西安文旅古镇，精心设计以乡村文化旅游为节点的旅游线路，结合海原大地震100年纪念活动，举行系列旅游节事活动，全力争创全域旅游示范县。突出“四大离土”品牌，加强技能培训和就业服务，支持农民工返乡创业就业，加强劳务中介机构和劳务经纪人队伍建设，精准落实劳务奖补政策，有效提升“离土”产业的组织化、专业化水平。要持续改善营商环境。不断深化“放管服”改革，进一步压缩企业开办、工程建设审批时间，完善“一网通办”服务功能，全面推行“双随机、一公开”与“证照分离”，打造便捷高效的政务服务环境。要加大招商引资力度，坚决落实减税降费政策和自治区“民营经济20条”，大力扶持实体经济发展，培育壮大中小微企业，依法保障民营企业合法权益，落实县级领导联系企业制度，营造关爱企业家、尊重企业家氛围，让企业放心投资、专心创业、安心发展。要狠抓项目建设。紧紧抓住新时代西部大开发机遇，围绕黄河流域生态保护和高质量发展、“一带两廊”发展规划、乡村振兴、全域旅游、交通物流等重点领域，统筹编制“十四五”发展规划，加快储备一批带动性强的大项目、好项目，积极争取海原—平川、海原—中卫高速公路，中部干旱带西安片区供水工程挤进国家和自治区大盘子，早日立项建设。加快实施清水河综合治理工程、六窑田园综合体项目等一批生态环保项目，推进建设G341线黑城至海原段公路等一批重大基础设施项目，实施棚户区改造、海兴开发区第二小学建设等一批社会民生项目，以项目带动投资，以投资推动发展。

二要着力推进县区一体、城乡协调发展。突出“两核四镇”建设，规范县域空间规划布局，划定城镇、农业、生态空间和生态保护红线、永久基本农田、城镇开发边界，整合形成“多规合一”空间规划，加强各类空间规划管控，加大基础设施投入、提升公共服务水平，推动城乡一体、区域协调发展。要加快推进县城改造步伐。坚持“规划引领、政府主导、市场化为主、集中连片、整体推进”原则，加大老旧小区改造力度，重点抓好5个住宅小区续建项目、3个住宅小区新建项目，启动南门广场改造项目，加快市政道路、公园广场、基础设施、公共服务设施建设，不断完善城市功能。要加快海兴开发区转型发展。坚持海兴区“四轮驱动”，突出招商、服务、建设、管理四大重点，完善道路、消防、通讯、治污等基础设施，加大城市绿化、美化、亮化力度，持续提升服务环境、营商环境、人居环境，引导周边群众向海兴开发区聚集。要精心打造四个特色小镇。坚持以规划为引领，整合项目资金，注重撬动民间资本。抓紧修编详规，科学系统谋划2019年的重点项目，坚持“批规划、出政策、给资金”原则，落实乡镇主体责任，重点完善特色小镇道路、供排水、污水处理等基础设施建设，推进老旧街区改造。立足特色小镇不同定位，规划建设专业市场商场，促进产业立镇、产镇融合。要加快数字海原建设，抢抓“云天中卫”建设有利机遇，整合各类信息资源，完善信息服务智慧化基础，加快5G网络应用，推动跨部门信息资源共享，逐步实现基础设施智能化、公共服务便捷化、城市管理精细化。要全面启动农村人居环境综合整治。持续加大投入力度，加快推进“厕所革命”，完善农村环境网络化管理机制，不断改善农村环境，促进乡村全面振兴。

三要着力保障和改善民生。注重普惠性、基础性、兜底性，坚持尽力而为、量力而行，持续增进民生福祉。要发展更加公平更有质量的教育。落实立德树人根本任务，突出核心素养教育，加快推进“互联网＋教育”示范县建设，实现各类学校网络服务全覆盖，促进网络空间与教育教学深度融合。深入实施第三期学前教育行动计划，新建、改扩建一批公办幼儿园，加快发展普惠性学前教育。均衡配置城乡义务教育资源，持续加强控辍保学工作，推动义务教育优质均衡发展。加强普通高中特色建设，打造特色高中教育，加快普通高中优质特色发展。突出联合办学、校企合作，建设“双师型”教师队伍，推进职业教育优质创新发展。规范民办教育，办好特殊教育。深化教育改革，健全校长、教师考评制度，完善教学质量评价机制，推动教育高质量发展。要保障基本医疗卫生服务。持续加大县乡村三级医疗卫生机构基础设施，建成4个乡镇卫生院，所有乡镇配备智能辅助诊疗系统，行政村信息专网实现全覆盖，完善“远程诊疗”体系，推动优质医疗资源下沉。深化拓展综合医改，健全完善医疗、医保、医药“三医”联动机制，建立县域紧密型医共体，开展分级诊疗。充分应用“基本医保＋大病保险＋医疗救助＋扶贫保＋政府兜底”多重保障网和“一站式”结算信息平台，全面落实“先诊疗后付费”政策和大病集中救治、慢病签约管理、重病兜底保障“三个一批”机制。扎实开展“健康促进”行动，不断提升健康海原建设水平。要完善社会保障体系。全面实施全民参保计划，确保法定人群全覆盖。开展城乡低保“回头看”，提高城乡低保标准、社会救助标准，加强困境儿童、老年人、残疾人关爱服务和权益保障，解决好“一老一小”问题，全力保障困难群众基本生活。加强临时救助、专项救助与社保兜底，切实做到应保尽保。要丰富群众精神文化生活。完善城乡公共文化服务设施，办好新时代文明实践中心，规范乡镇文化站、村级综合文化服务中心管理，扶持建设一批文化大院，带动实现文化活动阵地、广播电视、图书服务全覆盖。继续打造广场文化品牌，丰富群众性文化活动。加快体育场馆建设与体育设施普及，广泛开展全民健身活动。

三、深化改革，锐意创新，不断提升县域治理能力和治理水平

党的十九届四中全会审议通过了《中共中央关于坚持和完善中国特色社会主义制度、推进国家治理体系和治理能力现代化若干重大问题的决定》，从13个方面对推进国家治理体系和治理能力现代化作出全面部署、提出明确要求。自治区党委十二届八次全会出台了《实施意见》，对宁夏推进治理体系和治理能力现代化作出了详细安排，市委四届八次全会提出更加具体的贯彻落实要求。海原作为民族地区、贫困地区，要深入领会、准确把握加强县域治理的政治责任和实践要求，细化分工，明确责任，全力抓好贯彻落实。

一要加强民主政治建设。支持人大及其常委会依法履行职能，支持政府依法行政、转变职能，支持政协依照章程履行政治协商、民主监督和参政议政职能。加强党对群团工作的领导，深入推进群团改革。充分发挥工商联、无党派人士和新的社会阶层人士服务发展的独特优势，巩固和发展最广泛的爱国统一战线。深化乡镇政法委员制度，推动社会治理和服务重点向基层下移。持续抓好党管武装、退役军人服务保障和“双拥”工作。

二要扎实做好民族宗教工作。全面贯彻党的民族政策和宗教工作基本方针，持续深入开展马克思主义民族观宗教观学习教育，深化民族团结进步创建，深入推进“585”创建行动计划，大力实施“八大工程”，着力提升“四进”活动成效。要坚持宗教中国化方向，运用“导”的方略，依法加强宗教事务管理。持续推进宗教领域突出问题整治，坚决纠正“去中国化”“逆本土化”等倾向性问题。强化“属地管理”责任，建立完善县乡村点四级责任体系，对所有宗教场所排查摸底，建档立卡，一点一档，精细管理。坚决打击外来宗教渗透，维护现有宗教格局，争创民族团结进步示范县，守好民族团结生命线。

三要推进全面深化改革。坚决落实中央和区市部署要求，把制度建设贯穿改革发展全过程，继续深化各领域各方面体制机制改革，持续把改革成果转化为制度优势、把制度优势转化为治理效能。不断深化农业农村、综合执法、工业园区管理等重点领域和关键环节改革，持续实施“地长制”“路长制”，全面落实各项改革任务。大力实施创新驱动战略，持续增加科技经费投入，着力营造创新生态。

四要强化县域综合治理。以平安海原建设为总抓手，巩固和发展新时代“枫桥经验”，完善人民调解制度和信访制度，下大力气清理化解涉法涉诉信访积案，探索建立社会矛盾多元预防调处化解机制。大力推进“智慧公安”“雪亮工程”等项目建设，进一步提高社会治安立体化、法治化、专业化、智能化水平。围绕长效长治，纵深推进扫黑除恶专项斗争，严厉打击各类违法犯罪活动，巩固深挖根治成果。深入推进“七五”普法工作，加强法制宣传教育，健全基层公共法律服务体系，持续营造遵法、知法、守法、懂法、用法的浓厚氛围，持续增强全县干部群众的法治观念和法治意识，为县域治理奠定思想基础。严格落实安全生产责任和管理制度，加强道路交通、建筑施工、危险化学品等重点领域安全生产隐患治理。加强应急管理体制建设,争取建设应急综合保障服务中心,优化应急管理能力体系建设,提高防灾减灾能力。加强和改进食品药品安全监管制度,健全标准体系、监测体系、溯源体系、责任体系、诚信体系,保障群众身体健康和生命安全。

四、从严从实,固本强基,全面提升党建工作质量

政治路线确定以后,干部是决定性力量,作风是关键性因素,全面从严治党是根本保障。要全面贯彻新时代党的建设总要求,层层压实责任,强化压力传导,持续推动全面从严治党向纵深发展、向基层延伸,不断提高新时代党的建设工作质量。

一要坚持把党的政治建设摆在首位。始终把学习贯彻习近平新时代中国特色社会主义思想作为长期坚持的政治任务,增强"四个意识"、坚定"四个自信"、做到"两个维护",严肃党内政治生活,严明政治纪律和政治规矩,始终在政治立场、政治方向、政治原则、政治道路上同以习近平同志为核心的党中央保持高度一致。各级各部门和全体党员干部要把敢讲政治、善讲政治、讲好政治落实到各项工作中,把对党忠诚、为党分忧、为党尽职、为民造福落实到具体实践中,努力当政治上的明白人。

二要切实抓好宣传思想建设。建立不忘初心、牢记使命的制度,推动主题教育常态化、长效化,引导党员干部深入学习贯彻习近平新时代中国特色社会主义思想、党的十九大、十九届四中全会和区市党委全会精神,推动学习贯彻往深里走、往实里走、往心里走,确保中央和区市党委决策部署落到实处。严格执行意识形态工作责任制,有效防范和处置各类突发舆情,加强网上正面引导,及时澄清谬误、明辨是非,努力营造良好舆论氛围。大力开展精神文明创建活动,全面深化社会主义核心价值观宣传教育,建好用好新时代文明实践中心,扎实开展为民服务解难题"十个一"活动,推动"推动移风易俗、弘扬时代新风"行动,倡树社会文明新风。

三要持续加强基层党组织建设。深入实施农村党建"三大三强"行动和"两个带头人"工程,推动城市基层党建"四联四化"建设,深化机关党建"三强九严"工程,实施非公企业和社会组织党建"五强五促"行动,统筹推进其他领域党建工作。加大党员教育管理,持续整治共产党员信仰宗教和参与宗教活动问题,持续整顿提升软弱涣散基层党组织,推动基层党组织全面进步、全面过硬。强化基层治理,不断健全完善"四议两公开""一事一议"等民主管理机制,做实"村联通""廉情诊所"等监督机制。

四要着力打造忠诚干净担当干部队伍。落实"好干部"标准,坚持"注重基层、崇尚实干"用人导向,严把政治关、品行关、能力关、作风关、廉洁关,把制度执行力和治理能力作为干部选拔任用、考核评价的重要依据。要继续深化"两个年"活动,激励干部新时代新担当新作为,让实干担当的干部有舞台,让不守规矩、不干实事的干部没市场。要强化干部教育、管理、培训、监督等工作,重点完善正向激励、容错免责、澄清正名等机制,大力营造想干事、能干事、干成事的浓厚氛围。大力实施人才强县工程,加大高层次人才引进力度,带动培养一批土专家,强化人才支撑,让专业的人干专业的事。

五要持之以恒正风肃纪。严格落实党风廉政建设责任制,积极开展廉政警示教育和廉政风险防控工作,加强对重点部门、重点岗位、重点人员的监督管理,准确运用监督执纪"四种形态",抓早抓小、防微杜渐。强调政治纪律、组织纪律、廉洁纪律、群众纪律、工作纪律、生活纪律。坚持挺纪在前、纪严于法,紧盯扶贫领域和群众身边的腐败问题,加大案件查办力度,做到有案必查、违纪必究。坚持政治巡察定位,稳步推进常规巡察全覆盖。狠抓巡察整改,注重巡察成果运用,充分发挥巡察发现问题、形成震慑、促进发展的作用。驰而不息改作风、纠"四风”，力戒形式主义和官僚主义，重点整治表态多、调门高、行动少、落实差等突出问题，让党员干部知敬畏、存戒惧、守底线，着力营造风清气正的干事创业环境。

同志们，新使命催人奋进，新任务重担在肩。让我们更加紧密地团结在以习近平同志为核心的党中央周围，以习近平新时代中国特色社会主义思想为指导，在区市党委、政府坚强领导下，坚定信心、乘势而上，锐意进取、真抓实干，确保高质量全面脱贫，与全国全区同步全面建成小康社会，确保“十三五”圆满收官，为建设经济繁荣、民族团结、环境优美、人民富裕的美丽新宁夏做出新的更大贡献！

海原县人大常委会工作报告

——在海原县第十七届人民代表大会第四次会议上

海原县人大常委会主任 罗成玉

（2020 年 1 月 18 日）

各位代表：

我受海原县第十七届人民代表大会常务委员会委托，向大会报告工作，请予审议，并请列席会议的同志提出意见。

2019 年工作回顾

刚刚过去的一年是海原极不平凡、极不寻常的一年，也是海原发展砥砺前行、昂扬奋进的一年，更是海原人大工作继往开来、笃行实干的一年。一年来，常委会在县委的坚强领导下，在区市人大的精心指导下，坚持以习近平新时代中国特色社会主义思想为指导，深入贯彻党的十九大以及十九届二中、三中、四中全会精神，全面落实县委决策部署，主动服务全县发展大局，强化一线意识，保持一线状态，不忘初心、牢记使命，依法履职、为民尽责，圆满完成了县十七届人大三次会议确定的各项任务。全年共召开常委会会议 11 次、主任会议 12 次，听取和审议“一府两院”专项工作报告 21 项，开展视察、检查、执法检查和专题调研 14 次，依法作出决议、决定 9 项，人事任免 62 人次，提出审议意见 28 条，为促进全县经济社会发展和民主政治建设作出了积极贡献。

一、提高政治站位，确保人大工作正确政治方向

一年来，常委会始终坚持党对人大工作的领导，自觉把人大工作放到全县改革发展大局中来思考、来谋划、来推动，提高政治站位，强化政治担当，保持人大工作坚定正确的政治方向。

全面加强党的领导。常委会坚持把讲政治作为人大工作的生命线，牢固树立“四个意识”，坚决维护习近平总书记核心地位、坚决维护党中央权威和集中统一领导，始终同以习近平同志为核心的党中央保持高度一致。自觉把人大工作置于县委领导之下，坚持重大问题及时报告、阶段性工作定期报告、工作动态随时报告，不折不扣落实县委部署要求，确保县委的主张通过法定程序成为全县人民共同意志。

扎实开展主题教育。牢牢把握“不忘初心、牢记使命”主题教育总要求，始终坚持“四个贯穿始终”，着力在学习教育求深、调查研究求实、检视问题求准、整改落实求真上下功夫，共开展理论中心组学习 26 次，开展集中研讨 10 次，形成调研报告 4 篇，检视问题 45 个。坚持立查立改、按期整改，检视问题已全部整改完成，主题教育取得阶段性成果，常委会及机关广大党员干部的初心使命得到进一步强化，精神状态得到进一步提振，斗志干劲

得到进一步激发，奉献担当的力量和共识进一步凝聚。

主动融入中心大局。常委会坚持把服务县委中心工作作为履职尽责的核心要务，在推进县委决策部署高效落实中彰显人大责任担当。坚持“一线”工作法，主动融入脱贫攻坚工作大局，既做监督者、督促者，又做推动工作的实践者和参与者，全面履行包抓乡镇各项职责，认真落实扶贫开发领导小组、脱贫攻坚第一督导组、扫黑除恶专项斗争工作领导小组等工作职责，尽心尽力地协调解决乡镇、部门工作中所面临的困难和问题，全力促进县委重大决策部署得到贯彻落实。

二、围绕中心工作，助推经济社会健康发展

一年来，常委会始终坚持党的领导，围绕中心、突出重点、讲求实效，依法履行监督职责，在把握大势、服务大局中有效发挥人大作用，彰显了新时代人大常委会的新担当。

推动实现脱贫摘帽。在监督中支持，在支持中监督，连续第四年把脱贫攻坚任务落实情况列入常委会监督检查的重点内容，组织常委会组成人员和部分人大代表对2019年脱贫攻坚工作进行了全面视察，针对工作中的短板弱项和突出问题，积极提出意见建议，督促县人民政府及其有关部门切实强化政策宣传，努力提高技能培训实效，不断壮大到户产业培育发展，健全完善扶贫资金监管运行机制，激发群众内生动力，细化措施解决移民搬迁遗留问题，有效促进了各项攻坚任务的顺利开展。同时，常委会组成人员身体力行，带头参与脱贫攻坚；人大机关干部踊跃结对、倾情帮扶，所包村户贫困面貌明显改善；全县270多名人大代表立足本职岗位，充分发挥各自作用，积极投身扶贫事业，凝聚起了脱贫攻坚的强大合力。

推动经济健康发展。对计划、预算2019年上半年执行情况和2018年财政决算情况进行了监督检查，支持审计部门依法履行审计监督职责，提出意见建议12条，确保县十七届人大三次会议审查批准的计划、预算得到较好贯彻执行。认真落实政府向人大常委会报告国有资产管理情况制度，首次听取和审议了国有资产管理情况报告，推进国有资产管理公开化、透明化。发挥预算联网监督中心作用，实时监督财政预算执行情况，提高了预算决算审查的实效性和针对性。高度重视政府债务风险防控，督促县人民政府去存量、遏增量，年度化解任务已圆满完成。依法作出决议、决定9项，审查批准县人民政府2019年预算调整方案和2018年财政决算，促进了全县经济社会平稳健康发展。

推动产业提质增效。紧盯“一主四特”优势特色产业发展，常委会相关委室组织开展了多次专题调研，常委会组成人员和部分人大代表进行了全面视察，听取和审议特色产业发展情况专项工作报告，在提质、扩规、增效方面提出意见建议11条，督促县人民政府加快农业产业结构和布局调整，加大招商引资力度，优化产品供给，提升品牌效应，拓展特色农产品营销渠道，实现群众稳定持续增收。

推动改善民生福祉。牢固树立以人民为中心的发展思想，紧盯群众最关心、最直接、最现实的利益问题，精准选取监督议题，着力推动县人民政府及其职能部门在发展中保障和改善民生。依法审查批准预算草案报告，确保全县75%以上的财力用于民生领域。高度关注教育、健康扶贫政策落实，常委会组成人员深入一线开展视察，督促县人民政府积极改善办学条件，持续深化教育改革，全面落实教育扶贫政策，狠抓教师队伍建设，推动了教育扶贫工作发展。聚焦全县各乡镇卫生院和村卫生室标准化建设，推动提高村卫生室使用率，全面落实好大病集中救治、慢病签约服务等政策，确保救治对象享受到各医疗保障政策待遇。综合运用视察检查、专题调研、审议专项工作报告和满意度测评等方式，对棚户区改造、市场监管体系建设、农村人饮和为民承诺实事办理等工作进行了监督，依法推动民生工作落实落细，人民群众的获得感和幸福感不断增强。

推动修复生态环境。牢固树立绿色发展理念，把改善生态环境，建设天蓝、地绿、水美的美丽海原作为一条“生命线”来守护，积极助推“生态立县”战略的大力实施。对《中华人民共和国环境保护法》《宁夏回族自治区环境保护条例》贯彻执行情况进行了执法检查，听取和审议了县人民政府关于生态环保工作的专项工作报告，依法作出审议意见6条，督促县人民政府严格执行相关法律法规，继续打好蓝天、碧水、净土“三大保卫战”，切实解决大气污染、水质恶化、土壤污染等突出问题。配合区、市人大开展了“中华环保世纪行——宁夏行动”跟踪调研督查检查活动，推动了中央和自治区环保督察反馈问题的整改落实。

三、树立法治思维，着力推进依法治县进程

一年来，常委会始终坚持宪法法律至上，加强和改进法律监督工作，确保宪法法律正确实施，促进“一府两院”依法行政和公正司法。

依法加强司法监督。推动扫黑除恶专项斗争，专项听取和审议法院、检察院、公安局、司法局扫黑除恶专项斗争情况报告，建议创新宣传教育途径和方法，建立各有关部门信息共享、合力攻坚的工作机制；对法检两院工作进行执法检查，结合审判执行、法律监督、公益诉讼、深化改革及队伍建设等各项工作，依法提出审议意见10条，进一步推动法检两院忠实履责、服务大局。组织常委会组成人员和人大代表参加案件评查、检察开放日和旁听庭审等活动50余人次。

推动法律普及实施。认真贯彻县委关于加强法治宣传教育的部署要求，督促司法行政部门深化“法律八进”活动，扎实推动“七五”普法决议的贯彻实施。认真开展《统计法》《预算审查监督条例》等法律法规贯彻实施情况的执法检查，督促县人民政府着力解决法律法规贯彻实施中的实际问题。积极配合区、市人大开展的执法检查和立法调研，进一步推动相关法律法规在海原县的贯彻实施。

依法行使人事任免。坚持党管干部与依法行使任免权的有机统一，常委会实行供职承诺、会议审议、投票表决和宪法宣誓等有效监督方式，不断规范人事任免工作。全年共任免国家机关工作人员30人次，人民陪审员32人，补选市四届人大代表3人，保证了党委人事意图的顺利实现。全面落实宪法宣誓制度，先后组织新任命国家工作人员进行宪法宣誓4场次，进一步弘扬宪法精神、提高全民宪法意识。

四、突出主体地位，切实保障代表依法履职

一年来，常委会坚持尊重代表主体地位，完善工作机制，提升服务保障水平，促进代表认真履职，代表主体作用进一步发挥。

提升服务保障水平。以提升履职能力为重点，积极组织市、县人大代表开展集中培训，邀请自治区和县委、政府相关领导，围绕贯彻习近平新时代中国特色社会主义思想，做好脱贫攻坚、民族宗教工作和新时代人大代表履职等内容，举办代表培训专题讲座，进一步提升了代表的专业知识和履职能力，增强代表为民履职的责任感和使命感。扩大代表知情权，共邀请人大代表列席人大常委会议及参加视察检查、专题调研等活动120余人次，有效激发了广大代表的履职热情。

督促代表建议办理。把督促“一府两院”办理代表建议意见作为监督工作的重要抓手和作为保障代表权利、促进工作落实的重要途径。县十七届人大三次会议确定的24条代表建议，县人民政府高度重视，认真办理，截至目前已办结21件，暂无条件办理3件，办结率87.5%，答复率100%。

密切联系人民群众。坚持群众路线，深化“双联”活动，每位常委会组成人员同3名基层人大代表保持密切联系，通过走访、电话、信函等多种方式，经常听取意见建议，认真回应代表和群众的关切。建成乡镇人大“代表之家”17个、行政村“代表工作室”116个。依托“海原人大”微信公众号和代表工作微信群，定期推送法律法规知识和惠民惠农政策，及时收集基层代表建议意见，有效拓宽了人大代表反映民意、建言献策的途径。在提升乡镇人大工作水平上持续发力，指导乡镇人大丰富闭会期间的代表活动，规范召开乡镇人代会和主席团会议，进一步推动乡镇人大工作和基层代表工作规范有序。

五、坚持与时俱进，着力加强人大自身建设

一年来，常委会积极适应新时代对人大工作提出的新要求，坚持以思想政治建设为根本，把制度建设贯穿其中，为各项工作顺利开展提供了保障。

强化理论武装。深入学习贯彻习近平新时代中国特色社会主义思想、党的十九大和十九届四中全会精神等政治理论，认真学习贯彻习近平总书记对地方人大及其常委会工作作出的重要指示精神，筑牢依法履职的思想基础。不断加强对宪法、组织法、代表法、监督法等法律法规和人大业务知识的学习掌握，积极参加区市党委、人大举办的各类专题培训和学习研讨活动，乡镇人大主席的思想认识和履职能力得到有效提升。

狠抓作风转变。坚持把纪律挺在最前面，严格遵守党章党规党纪和中央八项规定精神，认真履行从严治党和意识形态主体责任，扎实推进“党政机关作风建设年、干部队伍素质提升年”活动，坚决整治“四风”问题。加强对人大各委室的领导，修订完善机关工作制度，加大机关干部学习培训力度，使人大机关作风和干部形象进一步转变，工作效率和服务质量进一步提高。

各位代表，这些成绩的取得，是县委正确领导的结果，是全体代表共同努力的结果，也是“一府两院”和全县人民大力支持的结果。在此，我代表县人大常委会表示衷心的感谢和崇高的敬意！

在肯定成绩的同时，我们也清醒地认识到，对照宪法和法律赋予的职责，距离人民群众的期盼，还存在一些差距，主要表现在：法律法规的实施监督还需进一步加强，监督的刚性和实效还需进一步提升；代表履职的服务保障和管理机制需要进一步完善，代表主体作用的发挥有待进一步提高；常委会自身建设还需不断加强，机关人员年龄偏大，结构不尽合理，工作效率和质量还需进一步提升。我们将虚心听取代表意见，在今后的工作中努力加以改进。

2020年主要任务

2020年是全面建成小康社会和“十三五”规划收官之年。在县委的坚强领导下，县人大常委会将坚持以习近平新时代中国特色社会主义思想为指导，全面贯彻党的十九届四中全会和区市县党委决策部署，坚持党的领导、人民当家做主和依法治国有机统一，充分发挥人民代表大会制度在坚持和完善中国特色社会主义制度、推进国家治理体系和治理能力现代化中的根本政治制度作用，紧扣全面高质量脱贫和全面建成小康社会目标任务，坚持稳中求进工作总基调，坚持以新发展理念为引领，紧紧围绕牢牢抓住“三个着力”重点，坚决打赢三大攻坚战，持续实施“三大战略”，坚决守好“三条生命线”，走出一条转型追赶、高质量发展的新路子，在推动全面高质量脱贫、全面建成小康社会和“十三五”规划圆满收官中展现新担当新作为。

一、同心同德，以更高的政治站位全力维护工作大局

坚持党的全面领导，牢固树立“四个意识”，不断增强“四个自信”，自觉践行“两个维护”，始终站稳政治立场、把牢政治方向，确保把党的领导贯穿于人大工作的各方面和全过程。严格执行请示报告制度，坚持重要会议、重要活动、重大问题、重大事项及时主动向县委请示报告，切实增强服务大局意识。坚持以人民为中心的发展思想和新发展理念，继续助推“三大攻坚战”和“三大战略”的大力实施，充分发挥地方国家权力机关作用，依法行使好监督、重大事项决定和人事任免等各项职权，促进“一府两院”服务人民、依法履职。

二、围绕中心，以更新的措施促进重大决策部署落实

紧紧围绕县委十四届六次、七次全会部署要求，以“一府两院”重点工作和人民群众普遍关注的热点难点问题作为监督重点，突出专项工作监督，着力经济工作监督，加强法律工作监督，强化干部任后监督。改进监督工作方式方法，完善听取和审议专项工作报告、法律法规实施情况执法检查工作制度，适时运用询问、质询、特定问题调查等“刚性”手段，做到正确监督、精准监督、有效监督，增强监督工作实效。组织常委会组成人员和部分人大代表对脱贫富民产业发展、环境保护目标完成情况进行调研视察，专题听取政府债务和国有资产管理情况的报告，依法助推打好“三大攻坚战”。认真做好计划、预算的审查监督工作，支持审计部门依法履职，适时对重大项目建设情况和营商环境进行专题调研，依法助推经济高质量发展。积极推进“一带两廊”发展规划落实、民族团结进步示范县和全域旅游示范县创建，精选课题认真备课，深入一线广泛调研，形成高质量的调研报告，为县委、政府的科学决策献计出力。坚持以民为先履职理念，围绕“互联网＋教育”、基层医疗机构基础设施建设、农村人居环境综合整治、养老事业发展、应急管理和棚户区改造等工作，适时开展监督检查和专题调研，推动事关群众切身利益的问题得到妥善解决。适时组织对《中华人民共和国禁毒法》《残疾人保障法》等法律法规贯彻实施情况进行执法检查，确保相关法律法规得到正确有效贯彻。对县人民法院“两个一站式服务”、公益诉讼、扫黑除恶和社会治安防控体系建设进行调研，听取和审议“七五”普法工作报告，做好规范性文件备案审查工作，不断提升海原县治理能力和治理水平。

三、聚焦重点，以更高的使命依法履行人大各项职权

依据宪法、监督法等相关法律法规，贯彻落实中央关于健全人大讨论决定重大事项制度、县人民政府重大决策出台前向本级人大报告的部署要求，坚持党的领导和人大依法决定相统一，紧紧围绕全县改革发展稳定重大问题和人民群众普遍关心的突出问题，讨论决定全县经济建设、政治建设、文化建设、社会建设、生态文明建设各方面的重大事项，更好发挥国家权力机关职能作用。依法作出县人大常委会《关于支持检察机关开展公益诉讼工作的决定》，加强和推进公益诉讼工作。对全局性、根本性、长远性的重大问题，对经济社会发展具有重大影响的事项，以及重大公共利益、社会普遍关心的事项，探索形成汇集民意、调查研究、专题论证、沟通协调的办法机制，努力使作出的各项决定更加符合客观规律，更加利于操作实施。坚持党管干部与人大依法行使选举权相统一，严格依照法定职权和程序，选举和任免国家机关工作人员，并依照法律规定进行宪法宣誓，加强对任命人员的任后监督。

四、凝心聚力，以更好的服务充分发挥代表主体作用

正确把握“代表机关”的职责定位，加强常委会组成人员与人大代表、人大代表与人民群众的联系，更加到位地做好代表履职引导、服务和管理工作，推进代表工作体制机制创新。有针对性地组织开展代表培训，积极探索有区域差别、务实精准的方式方法，着力强化代表依法履职意识，拓宽代表知情知政渠道。继续组织各级人大代表列席常委会会议，让更多熟悉相关行业和专业的代表参与执法检查、视察调研等活动。有主题、有计划、有重点、有实效地组织代表开展闭会期间活动，支持和推动代表创新联系方式，丰富联系内容，广泛听取和充分反映人民群众的意见和诉求。持续完善代表建议意见督办工作机制，提高办理实效。强化代表履职的管理监督，加强代表思想作风建设，在全面脱贫和全面建成小康社会进程中更好地发挥示范引领作用。

五、固本强基，以更实的作风全面加强人大自身建设

坚持把政治建设摆在首位，深化巩固“不忘初心、牢记使命”主题教育成果，深入学习贯彻习近平总书记关于坚持和完善人民代表大会制度重要思想，提高政治站位，增强履职能力，充分发挥人大推进民主法治建设的主导作用。全面加强常委会党的建设，按照党章党纪党规原则要求，不断完善人大党组议事、决策等制度，充分发挥党组在人大工作中的领导核心作用。严格落实党风廉政建设各项规定和中央八项规定精神，着力营造风清气正的良好政治生态。大力倡导求真务实，切实改进会风文风，力戒形式主义、官僚主义，把更多的精力放到重点工作的高效推进上。自觉接受人大代表和人民群众监督，在不断改进优化中提高常委会工作的法制化、规范化、科学化水平。更加密切与区市、乡镇人大的全方位联系，加强纵向工作交流指导，深化上下协同联动，增强人大工作整体成效。

各位代表，勇立潮头扬远帆，砥砺奋进谱新篇。让我们更加紧密地团结在以习近平同志为核心的党中央周围，以习近平新时代中国特色社会主义思想为指导，在县委的坚强领导下，坚守初心、勇担使命、凝心聚力、真抓实干，为确保高质量打赢脱贫攻坚战，与全国全区全市同步全面建成小康社会和“十三五”圆满收官作出新的更大贡献！

政府工作报告

——在海原县第十七届人民代表大会第四次会议上

海原县县长　许正清

（2020 年 1 月 18 日）

各位代表：

现在，我代表县人民政府，向大会报告工作，请予审议，并请各位政协委员和其他列席人员提出意见。

一、2019 年工作回顾

刚刚过去的一年，是海原县改革发展进程中极不寻常的一年。面对经济下行压力加大的严峻形势，县人民政府坚持以习近平新时代中国特色社会主义思想为指导，全面贯彻党的十九大和习近平总书记视察宁夏时的重要讲话精神，认真落实区市党委和政府决策部署，在县委的坚强领导下，在县人大、政协的监督支持下，坚持稳中求进的工作总基调，全面贯彻落实新发展理念，坚定不移推动高质量发展，持续打好“三大攻坚战”，接续实施“三大战略”，统筹抓好稳增长、促改革、调结构、惠民生、防风险、保稳定各项工作，攻坚克难，拼搏实干，保持了经济平稳健康发展，较好地完成了县十七届人大第三次会议确定的各项目标任务。预计全年地区生产总值增长 7%，全社会固定资产投资增长 13.6%，社会消费品零售总额增长 7.8%，地方一般公共预算收入同口径增长 7%，城乡居民人均可支配收入分别增长 8%、11%。部分主要经济指标走在全区前列，主要约束性指标完成区市下达任务。

一年来的主要工作和成效是：

（一）脱贫攻坚战取得决定性胜利

聚焦“两不愁三保障”目标标准，按照“55104”脱贫攻坚部署，整合扶贫涉农资金 7.6 亿元，补入农村自来水 1.2 万户，自来水普及率达到 99%、供水保证率达到 100%；改造农村危房 8726 户，实现农村安全住房全覆盖；17 个移民集中安置点全部回迁入住。购买建档立卡公益性岗位 3253 人，兑付劳务奖补资金 2516 万元。争取资金 4122 万元，资助贫困学生 52039 人次，义务教育阶段因贫失学辍学学生全部清零。贫困患者基本医保、大病救治、家庭医生签约服务实现全覆盖。争取闽宁资金 5300 余万元，建成 17 个扶贫车间、史店卫生院等一批闽宁帮扶项目，引进卡立方、金邦芯片等闽籍企业，闽宁协作实现从“一家企业”到“一个产业”的“聚”变。华润定点帮扶、“百企帮百村” 等社会帮扶深入推进。年内脱贫出列贫困村 5 个，减贫 5646 户 19253 人，累计减贫 25476 户 99788 人，126 个贫困村全部脱贫出列，44 个深度贫困村全部稳定退出，全县综合贫困发生率降至 0.83%。坦诚接受了市级初审、自治区和国务院扶贫办第三方专项评估，“基础母牛银行”模式和安全饮水、安全住房、健康扶贫等工作得到了国务院扶贫督导组的充分肯定，达到了贫困县退出标准。

(二)经济发展势头持续向好

全年开工项目98个,完成投资41亿元,实现招商引资到位资金30亿元。顺利完成第四次全国经济普查。紧盯"一主四特"优势特色产业和"三带两园六基地"农业提质增效目标,开工建设肉牛精深加工项目,挂牌运营宁夏西海固高端牛产业研究院,累计赊销西门塔尔基础母牛30871头,全年建成肉牛示范村10个,高端肉牛饲养量达到27万头;建设富硒硒砂瓜基地1万亩、小杂粮示范基地15个,马铃薯种植面积稳定在60万亩,瓜菜、小杂粮种植面积分别达到16万亩、40万亩。加快农特产品品牌销售推广,成功举办宁夏(海原)第四届高端肉牛大赛、"西海固"区域公用品牌发布会和系列农特产品推介会。紧盯工业转型发展目标,加快推进华电新能源李俊堡10万千瓦风力发电等重点项目,104个村级光伏扶贫电站建成并网发电,闽宁科技园投产运营,培育规模以上工业企业2家。紧盯第三产业提档升级目标,新增限上商贸企业4家,建成乡村物流分拣配送中心,布设村级电商服务站135个,农产品网络销售额达到1810万元。成功举办乡村文化旅游节系列活动,全年接待游客46.8万人次,创收2040万元。

(三)城乡融合发展持续加快

编制海原县"一带两廊"发展规划,统筹产业发展、基础设施建设、要素配置、城镇建设,着力推动城乡一体化发展。完成棚户区改造1058套,东城、向阳及西湖二期小区完工并回迁安置,建成华山公园、全民健身中心等一批城市休闲设施,新修市政道路12.9千米,投放运营出租车110辆。调整优化海兴区"一园三区"功能布局,建成农副产品精深加工及仓储物流基地配套工程等。有序推进李旺、七营、贾塘、西安特色集镇建设,建成2个美丽集镇和3个美丽村庄,改造户厕9161座。黑城至海原、红羊至西吉、李俊至关庄公路即将建成通车,新改建农村公路202千米,硬化村组道路252千米,张麻公路被评为"宁夏最美农村路"。开通9条农村客运专线,行政村全部通客车。新修高标准农田5万亩,发展节灌面积1.6万亩,治理水土流失面积67平方千米。实施农网电力改造工程8个,建成通讯网络基站138个,有需求的自然村全部通上了动力电和宽带网。

(四)生态环境质量持续优化

办结销号中央环保督察组"回头看"反馈投诉件20件、自治区党委环保督察组反馈投诉件1件。深入实施蓝天、碧水、净土行动,空气优良天数比例达90%以上。建成县城清洁煤配送中心,加大"散乱污"工业企业整治,淘汰黄标车157辆。认真落实河湖长制,累计整治河湖"四乱"问题85个、关闭拆除砂场31家,整治砌护清水河等骨干流域25.4千米。完成老城区、南坪水库县级水源地规范化建设,调整划定畜禽养殖禁养区21处,建设乡镇污水处理站6座。建成贾塘垃圾填埋场和63家畜禽规模养殖场粪污处理设施,测土配方施肥132万亩,残膜回收率达91.6%。开展大规模国土绿化行动,完成营造林11.84万亩,森林覆盖率达9.44%。

(五)改革创新活力持续迸发

不断优化营商环境,减税降费5168万元,超额完成全年清理拖欠民营企业和中小企业账款任务。深化"放管服"改革,完成"互联网+监管"系统信息录入,不见面办理率达80.5%。启动不动产登记"一窗受理、集成服务",搭建全县工程建设项目审批平台。实行登记注册全程电子化、"44证合一""双随机、一公开"监管,商事制度改革深入推进。提升科技创新能力,全社会研究与试验发展投入经费增长率达30%以上。积极防范化解重大风险,稳妥化解政府债务。农村商业银行挂牌开业,新增乡镇金融服务网点4个。深化农村产权制度改革,150

个村壮大村集体经济实现全覆盖。推进综合医改，定点医疗机构全部实施“一站式”结算服务。“路长制”“地长制”等创新改革稳步推进。

(六)民生福祉持续改善增进

把75%以上的财政支出用于保障和改善民生，15件民生实事全部办结。办成普惠性幼儿园53所，新建和改扩建学校47所。推进“互联网+教育”示范县创建，学校网络覆盖率达到95%。加强“互联网+医疗健康”推广应用，医共体覆盖面达到66%，县域内住院就诊率达到90%。下放低保审批权限，强化农村低保与扶贫政策衔接，将2.71万名建档立卡贫困人口纳入农村低保并提高标准。新建和改扩建4个社区日间照料中心，儿童福利院和148个“儿童之家”建成运营。完成残疾人康复中心主体工程。加强退役军人服务管理，累计安置退役军人105人。完成技能培训9037人，发放创业担保贷款7220万元，转移就业8.82万人，创收13亿元。新建文化馆和关桥、海城文化站，打造文化大院示范点10个，送戏下乡演出152场次，放映数字电影2380场次。

(七)社会治理能力持续提升

深化扫黑除恶专项斗争，打掉了一批恶势力犯罪团伙，中央扫黑除恶第二十督导组交办线索全部办结，扫黑除恶专项斗争取得阶段性成果。积极推进三河“枫桥式公安派出所”创建，化解矛盾纠纷2600余件。撤销合并和新命名村委会20个，累计建成150个农村社区服务站、11个城市社区，改造了85个村级办公场所供暖设施。严格落实安全生产责任制，建成危险化学品风险点、危险源电子“一张图”管控系统，深化重点行业领域隐患排查整改，强化食品药品安全监管，安全生产形势持续稳定。扎实开展根治欠薪攻坚行动，加大信访积案化解力度。创建全国民族团结进步模范集体2个，区市级示范单位50个。稳妥治理宗教领域突出问题，宗教活动场所“四进”实现全覆盖。同时，审计监督、广播电视、统计调查、妇女儿童、地震气象、应急救援、防灾减灾等事业取得新成效。

(八)政府自身建设持续加强

深入开展“不忘初心、牢记使命”主题教育，对标对表中央决策部署，修订完善财政资金拨付审批、政府投资项目等多项管理制度。严格执行重大事项向人大报告制度，自觉接受人大法律监督、政协民主监督和社会舆论监督，办复人大代表建议24件、政协委员提案50件。圆满完成政府机构改革，政府职能进一步优化。巩固提升全国基层政务公开标准化、规范化试点成效，义务教育政务公开和校务公开的好做法被全国推广。深入推进法治政府建设，全面推行行政执法“三项制度”改革，政府部门法律顾问实现全覆盖。办结“12345”政务服务热线反映问题1320件，累计发行政府公报2500份。严格落实“基层减负年”各项要求，深入开展“党政机关作风建设年、干部队伍素质提升年”活动，会议文件和督查检查考核大幅精简。认真落实党风廉政建设责任制，严格执行中央八项规定精神及其实施细则，驰而不息纠治“四风”，“三公”经费同比下降13.6%，政府执行力和服务水平进一步提升。

各位代表！事非经过不知难，成如容易却艰辛。回望过去的一年，我们面对脱贫摘帽的巨大考验，市县乡村四级齐动员，万名干部发扬“不到长城非好汉”的必胜信心，鼓起“不破楼兰终不还”的昂扬斗志，区市部门、闽宁协作市县、社会各界倾力帮扶，大家勇于担当、主动作为，任劳任怨、加班加点；广大群众自力更生、艰苦创业，宁愿苦干、不愿苦熬，向脱贫摘帽发起全面总攻，长久以来困扰海原县的绝对贫困问题即将历史性地画上句号。我们热烈庆祝了新中国成立70周年，凝聚起“建设美丽新宁夏，共圆伟大中国梦”的磅礴力量。我们以高度的政治自觉，扎实开展“不忘初心、牢记使命”主题教育，各级党员干部经受了一场全面的思想涤荡和实践锤炼，进一步坚定了理想信念。我们以闻过即改的态度，诚恳接受中央扫黑除恶督导、国务院大督查、自治区党委环保督察等重要“政治体检”，对各类反馈问题认真改、改到位、改彻底。我们风雨同舟、砥砺奋进，经受住了各种困难和考验，经济社会发展跃上新台阶，各行各业取得了丰硕成果，先后有多项工作受到国家和省部级表彰奖励。这些成绩的取得，是习近平新时代中国特色社会主义思想指引的结果，是区市党委、政府和县委正确领导的结果，是人大、政协监督支持的结果，是社会各界关心厚爱的结果，是全县干部群众务实苦干的结果。在此，我代表县人民政府，向奋战在全县各条战线上的广大干部群众，向人大代表、政协委员、工商联、离退休老同志和社会各界人士，向驻海单位、公安民警、武警消防救援官兵致以崇高的敬意和衷心的感谢！

安不忘危，稳不忘忧。回顾一年来的工作，我们取得了一定成效，但也清醒地认识到在前进的道路上还会碰到一个又一个艰难险阻，面临着一项又一项艰巨任务。一是全面小康监测6项指标未达到要求，加快补齐全面建成小康社会短板任务艰巨而迫切。二是全县剩余未脱贫人口自我发展能力弱，脱贫监测户收入不稳定；农村安全饮水运行管理难度大，个别非贫困村短板多，实现高质量脱贫任重而道远。三是“一主四特”产业组织化、规模化程度低，缺少龙头企业示范带动，科技支撑乏力，农业产业提质增效需要接续奋斗。四是老旧小区和棚户区改造任务重，城乡基础设施短板依然较多，统筹城乡融合发展需创新推动。五是政府各部门执行力还不够强，作风建设仍需持久用力，等等。对于这些问题，我们将不遮掩、不回避，积极采取有效措施，切实加以解决，努力让群众感受到海原的新变化。

二、2020年主要目标和重点任务

2020年是高质量打赢脱贫攻坚战、全面建成小康社会和“十三五”规划收官之年，同时也是“十四五”谋篇之年，既是决胜期，也是攻坚期，做好2020年政府各项工作意义重大。当前，我们正面临脱贫奔小康双重任务“叠加期”、政策红利集中释放“窗口期”、推动高质量发展“爬坡期”，各项工作到了“船到中流浪更急、人到半山路更陡”，滚石上山、不进则退，非进不可的关键期，针对全面建成小康社会短板弱项，国家和区市即将出台一系列政策措施，投入大量资金，落地一批较为集中的项目。机遇大于挑战、希望多于困难，我们要再加压力，以坐不住的紧迫感、等不起的责任感、慢不得的危机感，主动出击，全力拼抢，力求将现实机遇转化为更多发展成果。

2020年政府工作的总体要求是：坚持以习近平新时代中国特色社会主义思想为指导，深入学习贯彻党的十九大、十九届四中全会、中央经济工作会议和习近平总书记视察宁夏时的重要讲话精神，全面贯彻落实自治区党委十二届八次、九次全会，市委四届七次、八次全会，县委十四届六次、七次全会精神，紧扣高质量打赢脱贫攻坚战和全面建成小康社会目标任务，坚持稳中求进工作总基调，坚持以新发展理念为引领，以供给侧结构性改革为主线，以改革开放为动力，牢牢抓住“三个着力”重点，坚决打赢“三大攻坚战”，持续实施“三大战略”中卫方案，统筹推进稳增长、促改革、调结构、惠民生、防风险、保稳定，守好“三条生命线”，努力走出一条转型追赶、高质量发展新路子，为建设好经济繁荣、民族团结、环境优美、人民富裕的美丽新宁夏做出应有贡献。2020年经济社会发展的主要预期目标是：地区生产总值增长6.5%，固定资产投资增长10%以上，规模以上工业增加值增长3%，地方一般公共预算收入增长2%，社会消费品零售总额增长8%

左右，城乡居民人均可支配收入分别增长7%和9.5%；现行标准下剩余农村贫困人口全部脱贫，主要污染物排放完成区市下达任务。落实总体要求，实现既定目标，必须坚持问题导向、目标导向、结果导向有机统一，有什么问题就解决什么问题，什么问题突出就优先解决什么问题，着力抓重点、补短板、强弱项，向全县人民交出一份满意答卷。重点抓好6个方面工作。

(一)一鼓作气打好“三大攻坚战”，加快补齐全面建成小康社会短板

精准发力、倒排工期、集中攻坚，坚决打赢打好精准脱贫、污染防治、防范化解重大风险攻坚战，为全面建成小康社会和“十三五”规划圆满收官奠定更加坚实的基础。打赢精准脱贫攻坚战。持续发力防松劲。突出1047户3375人未脱贫、965户3718人边缘户和431户1979人脱贫监测户三类重点人口，保持靶心不移、焦点不散、力度不减，采取“一户一案、一人一策”的办法，坚决打好脱贫歼灭战。严把标准防闯关。建立动态清零监测机制，紧盯贫困大病患者、残疾人、单老双老户三类特殊群体，把帮扶措施精准落实到村到户到人，政策范围内住院自付比例控制在10%以内，切实解决“两不愁三保障”突出问题。巩固成果防返贫。坚持“市县跑市场、县乡抓种养”的思路，加快发展牛、马铃薯、小杂粮、枸杞等特色富民产业，培育壮大农村专业合作组织，做大做强产业规模，着力打好富民持久战。坚持扶贫与扶志扶智相结合、输血与造血同发力，持续推进华润定点帮扶和“百企帮百村”行动，深化闽宁对口扶贫协作“22104”规划，运营好扶贫车间，不断推进海原漳浦两县对口扶贫协作向更宽领域更深层次发展。严格落实“四个不摘”要求，全面开展脱贫攻坚普查和“回头看”。进一步完善各类扶持政策，精准培育后续产业，切实解决政策性移民遗留问题。

打胜污染防治攻坚战。统筹山水林田湖草系统治理，坚决打好蓝天、碧水、净土保卫战。坚持“四尘共治”，争取新建5个乡镇清洁煤配送中心，完成重点行业超低排放改造，加强施工扬尘、柴油货车等污染治理，空气优良天数比例达到90%以上，$PM_{2.5}$、PM_{10}平均浓度持续下降。推进“五水同治”，完成千吨万人以上水源地划分工作，稳定消除劣V类水体；深入落实河湖长制，治理河道及沟道64千米，砌护河岸46千米。治理“六废”污染，实行耕地土壤环境质量分类管理，综合防控农业面源污染，建立健全城乡生活垃圾分类制度和标准，实施城乡生活垃圾循环利用项目，加大农作物秸秆综合利用。完成自治区党委第三环保督察组转办件销号，加快反馈问题整改落实。打好防范化解风险攻坚战。紧盯政府隐性债务、银行金融、企业担保等风险，坚持“控源头、强监督、严问责”的原则，完善风险预判预警、应对应战、化解消解机制，加强综合监管。严密管控隐性债务，安排资金3.1亿元，足额偿还政府债务本息；按照“八个一批”要求，按期完成政府隐性债务化解任务，顺利退出债务风险提示地区。建立健全金融风险防控和处置机制，完善小额信贷逾期监测提示制度，加大不良贷款处理力度，严厉打击非法金融活动。规范企业经营管理和财务管控，优化债务结构，切实降低杠杆率。扩大预算绩效评价范围，推进绩效评价结果与预算安排、政策调整挂钩，实现财政收入增量提质。

(二)集聚厚植产业新优势，着力推动经济高质量发展

认真落实“巩固、增强、提升、畅通”方针，深化供给侧结构性改革，加快调结构、转方式、优动能，推动经济发展质量、效率和动力变革。狠抓重点项目建设。紧盯国家产业政策和投资方向，围绕“一带两廊”规划、“云天中卫”、黄河流域中卫段生态保护和高质量发展、全域旅游、老旧小区和棚户区改造等重点领域，精心编制好“十四五”规划，力争将中

部干旱带西安供水工程,海原至平川、中卫至海原高速公路等纳入国家和区市项目盘子,争取早日立项建设。扎实做好续建项目遗留问题协调化解和新建项目前期准备工作，全年谋划储备重点项目26个。完善县级领导包保重点项目责任制,建立管理台账,强化稽查力度,确保工程质量和资金安全。进一步完善招商引资优惠政策，注重项目落地见效，力促新希望万头奶牛场等12个续建项目建成投产,华润海原呱呱山、北山梁和华电李俊堡3个新建风电项目开工建设,实现到位资金30亿元以上。

加快产业结构优化。大力发展“一主四特”优势特色产业,促进农业产业提质增效。积极创建国家级肉牛产业体系示范县,依托宁夏西海固高端牛产业研究院,健全完善“六大体系”,构建“县有集团、乡有协会、村有合作社”的产业组织体系,建设肉牛良种繁育和规模养殖场20个，高端肉牛饲养量达到30万头,基础母牛存栏量达到8万头。全力打造自治区级绿色高质高效小杂粮产业示范县,建设小杂粮产业带3个、标准化示范基地17个,加快小杂粮精深加工和营销体系建设。发展富硒功能农业,建设万亩硒砂瓜标准化示范基地、“五优”冷凉蔬菜种植和3个马铃薯新品种示范基地,提升“西海固”区域公用品牌知名度,打造更多名特优农产品。培育壮大工业经济,支持企业“小升规”,新增规上工业企业2家。推动服务业提档升级,延长交通运输产业链,扩大“宁夏交通运输第一县”影响力。积极争取电子商务综合示范县项目支持,培育壮大“老庄稼”等一批电商明星企业。推行“政府搭台、公司唱戏”模式,筹集500万元旅游产业基金,组建旅游发展服务公司,开发建设西安文旅古镇等4个重点乡村旅游片区,创建天都山3A级景区,着力打造2条精品旅游线路。积极举办乡村旅游节和海原大地震100周年系列纪念活动。增强科技创新能力。加大科技创新投入力度,全社会研究与试验发展经费投入强度达0.32%，年度县财政投入增长率超过30%。建设西海固牛产业工程技术研发中心、小杂粮技术创新中心,在农产品精深加工、扶贫车间产品开发等领域,强化院地深度合作。加快新技术应用和成果转化,力争3家以上企业备案认定为科技型企业。抓好“科技支宁”东西部合作小杂粮高效种植示范基地、自治区有机旱作农业科技示范展示区和重点研发计划项目基地建设，提升产业创新水平。加大创新创业人才队伍建设,打造专家服务基地3个,培养一批本土人才。

(三)统筹推进城乡融合发展,加快建设宜居美丽家园

认真落实“一带两廊”规划,以乡村振兴为引领,以“两核四镇”为抓手,大力实施区域协调发展战略,推动各类要素在城乡自由流动,构建城乡一体、区域协调发展新机制。

着力推动县城集约发展。深入推进新型城镇化,完成棚户区改造1000套,新建续建开发小区7个、安置小区1个。整合建筑节能、地下管网、小区安防设施改造等项目,加大老旧小区改造力度。新修市政道路6.6千米。实施南门广场提升改造工程。优化完善县城供热管网,新建100吨供热锅炉1台、换热站2座,配套脱硫、除尘、脱销等设备。升级改造县城垃圾压缩站2个,新建产业园区压缩站1个,推进生活垃圾无害化和资源化循环利用。抢抓“云天中卫”建设机遇,加快数字海原建设,大力普及5G网络应用,推进智慧城市建设,让城市生活更加便捷、更有品质。

持续完善海兴区功能。有效盘活闲置资产,继续加大招商引资力度,推动海兴区持续发展。加快高端肉牛精深加工、李旺物流中心二期、特色餐饮一条街、中车集团风机装备制造等重点项目建设,壮大工业支柱产业,提高招商引资实效。抢抓宝中铁路二线改造机遇,争取建设海兴区至须弥山快速

旅游通道、海兴区火车站、银昆高速海原过境段，力争打造商贸物流集聚区。扩大宁南医院办院规模，优化六盘山高级中学与兴海中学联合办学模式，加快发展社会事业。完善道路、消防、通讯、治污等基础设施，开工建设固废填埋场等项目，加大城市绿化美化亮化，引导周边群众向海兴区聚集。

大力实施乡村振兴战略。全面启动李旺中心镇建设，完善西安文旅古镇、贾塘农贸小镇、七营商贸小镇基础设施。编制实施多规合一实用性村庄规划，因地制宜推进垃圾污水处理、“厕所革命”，建成贾塘、西安农村污水处理站，改造农村户厕2500座，搞好村庄清洁和环境美化。建设武塬、曹洼、米湾、北滩及马湾5个美丽村庄，全面开展“一村一年一事”行动。加快补齐农村基础设施和公共服务短板，深入推进“四好农村路”建设，新修农村公路40千米，整治农村公路安全隐患100千米。升级改造李旺至同心、沙坡头至小河桥段公路。实施水土流失治理115平方千米、坡改梯2万亩，新修梯田1万亩，新增旱作基本农田3万亩。优化电力网络设施，新建10千伏线路147千米，建设5G基站55座，补充4G基站70座。完善乡村治理体系，推广“一村(居)一法律顾问”和“一户一法律明白人”，发挥乡规民约作用，积极培育文明乡风、良好家风、淳朴民风。

(四)持而不懈深化改革创新，有效释放发展动力活力

紧盯突出矛盾和关键环节，全面发力，多点突破，健全完善有利于推动高质量发展的体制机制，让生产要素自由流动起来，让改革活力充分释放出来。

持续优化营商环境。深化“放管服”改革，认真落实《优化营商环境条例》和自治区“1+16”政策体系，推动涉农涉企事项全部进驻政务大厅。加快推行“互联网＋政务服务”，提高“最多跑一次”“一次不用跑”事项办理比重。完善社会信用体系，推进“互联网＋监管”，实现“双随机、一公开”监管全覆盖。持续推进工程建设审批项目制度改革，严格执行并联审批制度，推行建设项目“一站式”审批，重大项目和重点产业项目全程代办服务。推行“一窗受理，集成服务”，减少群众等候时间。推动政务信息开放共享，加大“12345”政务服务热线办理力度，拓展“我的宁夏”APP应用，全面落实服务绩效“好差评”制度，最大限度利企便民。

深化关键领域改革。大力压减非刚性支出和公用经费，加强国库资金监管，完善集中支付运行机制，提升电子化管理水平。完成农村产权制度改革，实现创建村集体经济合作社和股份经济合作社全覆盖。开展集体林地三权分置改革，大力发展林下经济。深化拓展综合医改，健全完善医疗、医保、医药联动机制，建立县域紧密型医共体。开展社会救助综合改革试点。深化教育教学和教师队伍改革，健全校长、教师考评激励制度。深化文化体制改革，推进公共数字文化建设。

激发市场主体活力。坚持“两个毫不动摇”，让各类企业放心投资、放手经营。全面建成行政事业单位国有资产从形成、使用到处置全过程的有效监管体系。深化水和电等资源性产品价格改革，缩减政府定价项目范围。大力培植税源，增强财政“造血”功能。加快推进政府购买服务改革，提高公共服务质量。认真落实国家减税降费和自治区“民营经济20条”等支持政策，深化县级领导联系企业制度。用好政策性纾困基金、风险补偿、担保贴息资金等，大力扶持实体经济发展，培育壮大中小微企业，依法保障民营企业合法权益，让企业放心投资、专心创业、安心发展。

(五)持续用力保障和改善民生，推动基本公共服务均等化

坚持尽力而为、量力而行，突出普惠性、基础

性、兜底性，补齐民生领域短板弱项，让社会发展更有温度，人民幸福更有质感。

强化就业创业扶持。扎实开展职业技能提升行动，不断拓展劳务基地，开展各类培训不少于3610人次，力争转移就业8万人，创收12亿元以上。深化“创业培训+担保贷款+创新服务”模式，发放创业贷款6000万元，培育小企业100个、小老板200人，创造新岗位800个，带动就业2200人以上。落实就业困难群体援助政策，城镇新增就业800人，城镇登记失业率控制在4.5%以内。认真落实国务院《保障农民工工资支付条例》，把握好“一高一低”，打好组合拳，畅通绿色通道，形成治理拖欠农民工工资问题合力。

办好人民满意的教育。加快“互联网+教育”示范县创建，打造示范校15所，推进校园网络提速换代，促进网络空间与教育教学深度融合。多渠道扩充普惠性优质学前教育资源，全面完成小区配套幼儿园专项整治任务。加快城乡义务教育一体化发展，优化教育资源配置。注重内涵发展，积极打造特色优质高中学校。深化产教融合、校企合作，提升职业教育办学影响力。落实立德树人根本任务，培养德智体美劳全面发展的社会主义建设者和接班人。

倾心守护群众健康。加快发展“互联网+医疗健康”，探索建立“智慧医疗”等4个平台。落实好“基层首诊”和“双向转诊”服务机制，规范分级诊疗流程，提高县域内就诊率。组建医疗健康集团，实现医疗资源有机整合。全面建成县中医医院、妇计中心、县医院妇儿综合楼和4个乡镇卫生院。加强慢病防控，深化新生儿安全项目工程，降低新生儿死亡率。强化城乡居民基本医疗保险参保缴费，参保率达95%以上。充分发挥基本医疗、大病保险、医疗救助三重保障功能，实施基本医疗保险总额控制下按病种分值付费。取消药品耗材加成，同步调整医疗服务价格。

织牢织密社保“兜底网”。稳步推进高龄津贴、分散特困供养、孤儿及困境儿童津贴乡镇发放，提高城市低保标准，建立健全城市“夹心层”群体帮扶机制，强化农村低保专项治理，实现“动态管理、应保尽保”。新建三河养护服务中心，动员散居特困供养对象入住敬老院，提高孤儿及困境儿童养育津贴标准，解决好“一老一小”问题。完善残疾人康复服务体系，建成残疾人康复中心。推进全民参保登记，继续提高退休人员基本养老金和城乡居民基础养老金标准。积极落实优抚安置政策，成功创建自治区级双拥模范示范县。

繁荣活跃文体事业。完善公共文化服务体系，建成文化馆附属工程，完成非遗传承基地布展。深入实施“文化惠民”工程，放映农村公益电影2300场次，开展送戏下乡文艺演出100场次，深化“书香之村（社区）”“书香之家”表彰和图书“七进”服务活动。推进“菜单式文化服务”，加强文化人才和文艺团队建设，力争培训文化骨干、非遗传承人500人次，辅导社火队、农民文艺团队150个。加快体育设施建设，配齐更新85个行政村健身器材，广泛开展全民健身活动和农民篮球运动会等各类体育赛事。

（六）坚定不移守好“三条生命线”，筑牢经济社会发展稳定基石

坚持共建共治共享，建设人人有责、人人尽责、人人享有的社会治理共同体，巩固发展政治安全、民族团结、宗教和顺、生态优美、社会和谐稳定的良好局面。

守好促进民族团结生命线。大力开展民族团结进步教育“八进”活动，让“三个离不开”“五个认同”的思想牢牢扎根各族群众心中。扎实推进“四进”宗教场所、“和谐寺观教堂”创建活动，坚持不懈用社会主义核心价值观引导群众，筑牢中华民族共同体意识。坚持尊重差异、包容多样、增进一体，深化“585”创建行动计划，成功创建全区民族团结进步

示范县。建立健全各民族交往交流交融的社会机制,着力构建相互嵌入式的社会结构,努力创造各民族共居共学共事共乐的和谐氛围。依法妥善处理涉民族因素的矛盾纠纷和案件事件,坚决治理宗教领域突出问题,依法打击非法宗教活动,防止宗教渗透破坏。

守好维护政治安全生命线。压紧压实意识形态责任,抓好网络空间管控。纵深推进扫黑除恶专项斗争,持续推动"破案攻坚""打伞破网""打财断血"等工作落实,健全涉黑涉恶违法犯罪防范打击长效机制并取得压倒性胜利。坚持和发展新时代"枫桥经验",健全信访矛盾纠纷网格化排查化解机制。实施"雪亮工程",完善立体化社会治安防控体系。做好第七次全国人口普查工作。强化政府属地管理责任、部门行业监管责任、企业安全生产主体责任,加快普及非煤矿山、建筑施工、道路运输、危化品等重点行业领域电子视频监控系统,提升安全监管效能。强化应急救援队伍建设、抢险物资储备和综合救援演练,提高防灾减灾救灾能力,坚决遏制重特大事故发生。落实"四个最严"要求,加大食品药品安全监管。

守好改善生态环境生命线。落实好推动黄河流域中卫段生态保护和高质量发展的部署,持续打好新时代黄河保卫战。推进三河镇田园综合体项目,实施好清水河综合治理、淤地坝加固、人居环境提升等一批生态保护工程,推动环境质量持续改善。实施南华山外围区域水源涵养林建设提升工程9万亩,巩固推进封山禁牧、退耕还林还草成果。完成生态经济林建设1.25万亩,城乡绿化1500亩。

为政之要,在解民忧。我们聚焦群众所需、所急、所盼、所愿,按照"关注民生、普遍受益、财力可行、当年办结"的原则,在脱贫富民、就业创业、社会事业等民生领域,集中力量办好10件民生实事,真正解决好群众的操心事、烦心事、揪心事。

三、努力建设人民满意的服务型政府

各位代表,适应新形势,完成新任务,对政府工作提出了新的更高要求。构建职责明确、依法行政的政府治理体系,是新时代加强政府建设的总体要求。我们必须不断创新行政方式,提高行政效能,做到"五个过硬",努力建设人民满意的服务型政府。

强化思想政治引领,做到"两个维护"。深入学习贯彻习近平新时代中国特色社会主义思想,增强"四个意识"、坚定"四个自信"、做到"两个维护",始终在思想上政治上行动上同以习近平同志为核心的党中央保持高度一致。严守党的政治纪律和政治规矩,在重大原则问题和大是大非面前立场坚定、旗帜鲜明,把讲政治落实到具体行动上。建立"不忘初心、牢记使命"长效机制,强化宗旨意识,贯彻群众路线,以党的建设成效保障责任落实、工作落实、任务落实。

提升履职尽责能力,勇于担当作为。大力开展"政府效能提升年"活动,始终把人民对美好生活的向往作为奋斗目标,勇于攻坚克难,以"钉钉子"的精神做实做细做好各项工作。坚持重大事项向县委报告、向县人大通报制度,依法接受人大及其常委会监督,自觉接受政协民主监督,主动接受新闻舆论和社会公众监督,积极回应社会关切。大力精文减会,改进调查研究,规范督查检查,切实减轻基层负担。严格绩效管理和行政问责,完善激励约束、容错纠错机制,推动中央和区、市、县各项决策部署落实落地。

推进全面依法行政,扎紧制度笼子。规范重大行政决策程序,完善集体决策、公众参与、专家论证、风险评估、合法性审查等制度,切实提高行政决策质量和效率。坚持守正创新,加强和改进政府系统制度建设,因时"立",适时"改",及时"废",为更好地履职尽责提供制度保障。做好"七五"普法总结验收工作,加强政府部门法律顾问队伍建设,强化行政复议和行政应诉,提高依法决策水平。进一步简政放权,深化政务公开,增强政府公信力,建设诚信政府。积极转变政府职能,正确处理政府和市场的关系,把工作重点转到创造良好发展环境、提供优质公共服务、维护社会公平正义上来。

加强党风廉政建设,守好廉洁底线。严格贯彻全面从严治党要求,严明政治纪律,恪守政治规矩,认真执行党内政治生活若干准则和党内监督条例。严格执行中央八项规定精神及其实施细则,持续纠治“四风”问题,坚决整治形式主义、官僚主义顽疾。牢固树立过“紧日子”的思想,严格控制“三公”经费和一般性支出,集中财力保基本、保重点,把有限的资金更多地用在脱贫富民、改善民生上。认真履行“一岗双责”,深入推进政府系统党风廉政建设和反腐败工作。完善涉农惠农项目资金审计监管机制,加强政府投资项目监管,推动审计全覆盖,严肃查处群众身边微腐败问题,营造清正清廉清明的良好政风。

各位代表,征程万里风正劲,重任千钧唯担当。实现高质量打赢脱贫攻坚战、全面建成小康社会目标,确保“十三五”规划圆满收官,责任重大、使命光荣。让我们更加紧密地团结在以习近平同志为核心的党中央周围,高举习近平新时代中国特色社会主义伟大旗帜,在区市党委、政府和县委的坚强领导下,凝聚全县干部群众智慧和力量,只争朝夕,不负韶华,万众一心加油干,为建设好经济繁荣、民族团结、环境优美、人民富裕的美丽新宁夏作出新的贡献!

有关情况说明

1.“55104”脱贫攻坚部署:农村安全饮水,安全住房,政策性移民及遗留问题解决,农村公路,农村环境整治5大攻坚战;“有土”产业、“离土”产业、义务教育、基本医疗、社会兜底5场攻坚硬仗;金融、电商、科技、电力、光伏、消费、文化旅游、网络信息、扶志扶智、村集体经济10大攻坚行动;闽宁对口扶贫协作、央企定点帮扶、“百企帮百村”、部门帮扶4项攻坚计划。

2.“三带两园六基地”:牧草、养殖、马铃薯3个产业带;设施蔬菜园、高效农业产业园;高端肉牛繁育、秋杂粮种植、硒砂瓜、枸杞大蒜、韭菜西芹和菌草6个基地。

3.“双随机、一公开”监管:在监管过程中随机抽取检查对象,随机选派执法检查人员,抽查情况及查处结果及时向社会公开。

4.“八个一批”:调整结构、偿还一批;盘活投资、消化一批;资产处置、减少一批;灵活还款、展期一批;分类清理、止血一批;平台转制、带走一批;经营延期、转换一批;依法退出、解除一批。

5.“六大体系”:肉牛品种改良体系、基础母牛扩繁体系、饲草料生产加工配送体系、疾病防治与疫病防控体系、牛肉生产加工与营销体系、科技服务与人才培养体系。

6.“三个着力”:着力推进经济持续健康发展、着力保持社会和谐稳定、着力巩固和发展党的执政基础。

7.自治区“1+16”政策体系:优化营商环境总体方案和开办企业、办理建筑工程施工许可、获得电力等15个专项行动以及开展营商环境监测评价工作的简称。

8.闽宁对口扶贫协作“22104”规划:2,即闽宁科技园、闽宁菌草产业园;2,即党政干部培训基地和劳务就业创业基地;10,即10个闽宁示范村;4,即联席会议、结对帮扶、互学互助、信息共享四项机制。

9.“四个不摘”:摘帽不摘责任、摘帽不摘政策、摘帽不摘帮扶、摘帽不摘监管。

10.“两个毫不动摇”:毫不动摇巩固和发展公

有制经济,毫不动摇鼓励、支持、引导非公有制经济发展。

11.“一高一低”:“一高”是指最大限度提高拖欠农民工工资违法成本,用足法律手段,用好信用惩戒,发挥教育警示作用,引导用人单位依法用工,按时足额发放劳动者特别是农民工工资。“一低”是指最大限度降低农民工维权成本和门槛,坚决杜绝拖延立案、人为控制年底不立案等现象。

12.“五个过硬”:信念过硬、政治过硬、责任过硬、能力过硬、作风过硬。

13.“三个离不开”“五个认同”:汉族离不开少数民族,少数民族离不开汉族,各少数民族之间也相互离不开;对伟大祖国的认同,对中华民族的认同,对中华文化的认同,对中国共产党的认同,对中国特色社会主义的认同。

14.“一园三区”:一园,指一个工业园区;三区,为新能源及装备制造产业区、农副产品深加工及仓储物流产业区、轻工纺织产业区。

15.行政执法“三项制度”:行政执法公示制度、执法全过程记录制度、重大执法决定法制审核制度。

16.“四尘”“五水”“六废”:“四尘”,即煤尘、烟尘、扬尘、汽尘;“五水”,即饮用水源、黑臭水体、工业废水、城镇污水、农村排水;“六废”,即建筑垃圾、生活垃圾、危险废物、畜禽粪污、工业固废、电子废弃物。

17.“两核四镇”:两核,即海原县城生态宜居文化旅游商贸中心、海兴区新能源装备及制造中心;四镇,即李旺交通运输小镇、七营商贸物流小镇、西安文旅古镇、贾塘农贸小镇。

18.“四个最严”:最严谨的标准、最严格的监管、最严厉的处罚、最严肃的问责。

19.“一村一年一事”:从2020年开始,每年为每个行政村办一件实事,推动解决农村产业发展、基础设施、公共服务、乡村治理等方面的困难和问题。

中国人民政治协商会议
海原县第十一届委员会常务委员会工作报告

——在政协第十一届海原县委员会第五次会议上

海原县政协副主席　杨常林

（2020年1月17日）

各位委员：

我受县政协主席张斌同志的委托，向大会报告工作，请予审议，并请列席会议的同志提出意见。

2019年工作回顾

2019年是中华人民共和国成立70周年，也是人民政协成立70周年。一年来，县政协常委会在区、市政协悉心指导和县委的坚强领导下，坚持以习近平新时代中国特色社会主义思想为指导，紧紧围绕县委、政府中心工作，认真履行政治协商、民主监督、参政议政职能，积极发挥专门协商机构作用，始终把凝聚共识贯穿于政协履职全过程，为全县打赢脱贫攻坚战和经济社会发展作出了积极贡献。

一、加强思想引领，在强化理论武装上有新提升

突出政治理论学习。政协常委会坚持把学习贯彻习近平新时代中国特色社会主义思想作为首要政治任务，以政协常委会重点学、主席会集体学、主要领导解读学相结合，党组理论学习中心组学习与机关“二五”学习相结合，并借助学习强国APP等多种形式，认真学习了习近平新时代中国特色社会主义思想和党的十九届四中全会精神，中央、自治区党委政协工作会议精神等，全年组织召开党组理论学习中心组学习32次，常委会学习6次，主席会学习10次，通过高频次和全覆盖的学习，广大政协委员和机关干部树牢“四个意识”、坚定“四个自信”、做到“两个维护”的思想自觉和行动自觉进一步增强。

不断加强业务学习。学深走实《中共中央关于新时代加强和改进人民政协工作的意见》和《中共宁夏回族自治区委员会关于新时代加强和改进人民政协工作的实施意见》等政协政策的学习，共开展调研前业务知识培训8期，参加区、市政协学习培训9次，业务学习会20次、专题培训班2期，牢牢把握新时代对人民政协工作的新要求，准确把握党和国家的路线方针政策和县委、政府的重大决策部署；同时把围绕协商议题组织集中学习作为履职活动的必经程序，做到“不学习不调研、不调研不协商”，切实增强了政协委员和机关干部协商议政的针对性和实效性。

二、加强党的建设，在推进全面从严治党上有新突破

扎实开展“不忘初心、牢记使命”主题教育。政协常委会按照“守初心、担使命,找差距、抓落实”总要求,压茬推进“四项教育”,始终把学习教育、调查研究、检视问题、整改落实贯穿主题教育全过程,始终坚持以上率下、示范带动,主题教育取得了阶段性的成果。共组织集中学习 32 次,举办为期一周的读书班,开展专题研讨 9 次,交流调研成果 2 次 6 篇,县政协党组班子检视问题 50 条,逐一销号整改,帮助基层解决实际问题 67 个。

不断加强政协党的建设。政协党组坚持把党建工作和推动履职实践结合起来,定期研究党建工作和阶段性重点工作,全年召开党组会议 10 次,切实担负起把方向、管大局、保落实的领导作用。认真落实“一岗双责”制度,严格执行重大问题请示报告制度,严格贯彻落实中央八项规定及其实施细则精神,深入推进整治“四风”工作。建立“两会两联系”工作机制,有效发挥了功能型党支部的政治功能和党员委员先锋模范作用,实现了党的组织对党员委员的全覆盖、党的工作对政协委员的全覆盖。

三、聚焦中心任务,在助推经济社会发展上有新成效

全力助推打赢脱贫攻坚战。利用区市县三级联合调研平台,积极探索创新与区市政协联动,对海原县如何稳定实现可持续脱贫工作开展了协商调研活动,提出补齐脱贫短板的举措。县政协领导班子全体成员分别主抓了包保乡镇脱贫摘帽和全县脱贫攻坚督导、扶贫信息比对等工作,通过驻村蹲点、召开专题会、双周汇报会、分析研判会和参与脱贫攻坚大起底、大排查工作等方式,查真情、出实招、补短板,助推了海原县脱贫摘帽工作稳步有序推进。如针对李旺镇“十一五”5 个移民安置点遗留问题,精准提出了“321”帮扶措施,得到县委、政府高度重视;督促有关部门整合资金 208.14 万元,帮助群众更换屋瓦门窗及维修围墙,既解决了群众燃眉之急,又激发了群众内生动力,也提高了群众的满意度。

充分发挥专门协商机构的职能。县政协常委会聚焦推进社会建设和民生改善,围绕全县农村环境综合整治、学前教育、公交运营、养老服务机构运用等内容,进行专题调研视察,先后完成 6 项调研、2 次视察,召开 8 次专题协商座谈会、2 次专题议政性常委会、2 次提案办理协商会,协商议政更加灵活、更加经常,为县委、政府决策提供了参考。如首次召开专题议政性常委会议,邀请县政协参加单位和有关部门负责人、中卫市驻海政协委员列席,面对面协商,点对点商量,广开言路,集思广益,提出的“稳产业,夯实可持续脱贫基础”等意见建议被区市政协采纳。采取市县政协上下联动调研模式,对营商环境提出的构建亲清关系、落实优惠政策和加大扶持力度等意见,得到县委、政府高度重视。

主动完成县委交办各项任务。由 1 名分管副主席、2 名专委会成员和 24 个委员基层联系点的政协委员共同参与扫黑除恶、农村基层组织整顿工作,2 名专委会成员全程参与县委“不忘初心、牢记使命”主题教育巡回指导和县委第九轮巡察工作,圆满完成各项任务,尤其是李旺镇马莲村、关桥乡脱场村、街道办北坪社区 3 个基层组织软弱涣散问题得到有效整治。

四、履行监督职能,在民主监督实效上有新提高

狠抓提案和社情民意办理落实。全年共提交提案 100 件,审查立案 41 件,作为意见建议处理 9 件。会同党政部门精选 6 件县级领导督办重点提案,县委、政府主要领导领衔督办“关于支持民营经济发展的提案”和“关于加快建设中心集镇污水处理设施的提案”,起到了很好的示范带动作用,产生了良好的社会效应。对 2019 年 19 个提案承办单位和 50 件提案建议进行了量化考核和提案质量“互评”,进一步强化了提案办理前、中、后全程协商,使提案办结率达到 100%,2019 年的办案质量明显提高，如交通局、水务局等单位。共收集整理社情民意20余条，其中《关于单老户双老户如期脱贫的建议》《关于解决建档立卡户慢性病外地就诊费用的建议》《关于进一步加强华润基础母牛繁育技术服务的建议》被中卫市政协采纳，并得到县委、政府重视，县委主要领导批示“政协这个建议很好，要引起高度重视”，促进了有关问题的解决。

加大监督视察工作力度。围绕农村安全饮水、住房、道路建设、医疗卫生、产业发展等方面的10个项目，组织开展全县重点项目监督视察工作，形成了一个总报告、四个专题报告和一个社情民意，为促进县域经济全面发展献计出力。对海原县《土地管理法》贯彻落实情况进行了视察，在有效规范土地使用、矿产资源开采、森林草原资源保护方面建诤言、献良策。

扩宽委员知情明政渠道。坚持常委会听取有关工作通报制度，先后听取全县经济运行、法检两院和为民服务办实事等情况通报。认真落实政协委员特邀监督员、民主评议员统一选派机制，共委派政协委员70人次列席县人民政府常务会、县人民法院案件庭审会等，为委员知情明政和开展监督工作创造了条件，充分发挥了委员在民主监督中的主体作用。

五、把握两大主题，在汇聚发展合力上有新作为

促进社会和谐稳定。县政协常委会积极落实协商于决策之前的机制，围绕全县宗教事务依法管理情况，广纳群言，提出全面落实依法管理宗教事务工作责任制、强化宗教政策法规宣传教育等意见建议，为深入推进海原县创建自治区民族团结进步示范县工作提供了决策参考。定期走访慰问宗教界代表人士、民族宗教界委员和宗教活动场所，协助县委和政府做好协调关系、理顺情绪、化解矛盾、增进团结的工作，社会和谐的良好局面得到进一步巩固。

推进文史与联谊工作。发挥文史资料“存史、资政、团结、育人”的作用，出版发行30万字的《山海情深——闽宁扶贫协作20年海原专辑》，真实客观地反映了闽宁扶贫协作的成果。利用外省市县政协来我县考察的有利时机，加大宣传海原的力度，六盘山片区全国政协精准扶贫交流推进会第五次会议考察人员对我县精准扶贫工作把脉定调，给予了高度的评价和充分肯定。协助自治区、中卫市政协围绕医疗卫生体制改革、人民法院立案和执行情况等开展调研视察工作16次。

隆重庆祝政协成立70周年。召开庆祝中国人民政治协商会议成立70周年各界人士座谈会和专题理论研讨会，征集交流发言72篇。组织部分政协委员和机关干部参加中卫市政协举办的“壮丽70年　奋斗新时代”文艺演出比赛等系列活动，充分展示了政协各参加单位和政协委员的履职风采和精神风貌，有效激发了广大委员奋进新时代、展现新作为的责任感和使命感。

六、坚持与时俱进，在加强自身建设上有新举措

完善制度建设。坚持并完善政协各项学习制度，修订完善了《海原县政协党组理论学习制度》《海原县政协功能型党支部工作制度》《海原县政协各专门委员会定期向主席会议、常委会议报告工作办法（试行）》等8项制度，为规范政协工作提供了制度保障。

强化委员管理。突出政协常委示范引领，带头做好新时代“委员作业”，发挥了“关键少数”的积极作用。按照“懂政协、会协商、善议政、守纪律、讲规矩、重品行”的要求，强化委员责任担当、增强委员履职本领，加大委员管理考核，对履职不到位的3名政协委员给予提醒谈话。

提升机关效能。政协党组将3个专委会设置为4个专委会，进一步优化专委会的配置。按照“党政机关作风建设年、干部队伍素质提升年”建设的方案，坚持从严教育、从严管理干部，完善效能考核、优化职责分工，坚持从“做了什么”“做了多少”向“做出了什么效果”转变，有力促进了政协工作提质增效。

各位委员，一年来的工作成绩，是在习近平新时代中国特色社会主义思想的科学指引下，区、市政协有力指导、县委坚强领导的结果，是县人大、政府和社会各界大力支持的结果，也是政协各参加单位、广大政协委员团结奋斗的结果。我代表县政协常委会表示衷心的感谢。

同时，我们的工作还存在薄弱环节和不足之处，主要是：思想政治引领、凝聚共识的作用发挥不够，建言献策、协商议政的质量还不够高，专门协商机构的机制还需进一步完善，委员担当意识还不到位，工作作风还需进一步改进。这些问题，我们要高度重视，认真加以解决。

2020年工作部署

2020年是完成“十三五”规划、打赢脱贫攻坚战、决胜全面建成小康社会收官之年，也是谋划“十四五”规划、推动高质量发展的关键一年。县政协工作的总体要求是：以习近平新时代中国特色社会主义思想为指导，深入贯彻落实党的十九大和十九届二中、三中、四中全会精神，中央和区、市党委政协工作会议精神，紧扣县委十四届七次全会决策部署，聚焦“三个着力重点”，为坚决打赢“三大攻坚战”，持续实施“三大战略”，守好“三条生命线”，走出一条高质量发展的新路子建言资政、凝聚共识，更好履职尽责。

一、深入学习贯彻落实中央和自治区党委政协工作会议精神

把学习贯彻落实党的十九届四中全会，中央和自治区党委政协工作会议精神作为当前和今后一个时期的首要政治任务，深入学习自治区党委十二届八次、九次全会，中卫市委四届七次、八次全会和县委十四届七次全会精神以及党的创新理论、中共党史和新中国史等内容。发挥习近平新时代中国特色社会主义思想学习研讨会的引领带动作用，围绕中国共产党十九届四中全会、中央统战工作会议、新时代人民政协新方位新使命等主题，分专题组织实施，开展5次学习研讨活动，切实做到学深悟透，推动中央和区市县党委工作部署在政协工作中得到全面落实。协助召开县委政协工作会议，出台《中共海原县委员会关于新时代加强和改进人民政协工作的实施意见》。认真落实并不断完善政协学习制度体系，对行之有效的着力抓好落实，对不适应新时代要求的进行修订完善，对缺乏制度规范的及时填补空白，通过开展具有政协特色的学习活动，用党的创新理论教育引导各族各界代表人士，把党的主张转化为社会各界的共识。

二、紧扣中心服务大局，积极资政建言

要抓住事关经济社会、民生事业和群众关注的热点难点问题，就海原县全域旅游发展，做大做强全县牛产业发展，促进就业创业情况，推进自治区民族团结进步示范县创建，“一带两廊”“两核四镇”推进情况开展专题调研6次，并积极配合自治区政协做好“健康宁夏”三级政协联动调研。要通过听取经济运行、提案办理等情况通报，鼓励委员担任特邀监督员、参与检查评议活动等形式，不断加大民主监督力度。就重点项目建设情况和生态环境保护工作情况深入开展监督性视察和协商式监督，推进有关决策部署落到实处。要探索建立2个委员联络小组，更多地关注民生，选择一些上下关心、涉及多方的问题，深入群众听取意见，收集社情民意，反映群众诉求，力求通过协商推动问题得到解决。要持续推进县领导领衔督办重点提案制度，扎实开展提案办理及质量“互评”活动，真正做到提的准、办得好、见实效。

三、加强专门协商机构建设，主动履职出力

要坚持会同县委、政府制订年度协商计划，切实完善政协全体会议、常务委员会会议、专题协商会议协商机制，落实协商于决策之前和决策实施之中的工作机制。要坚持“不学习不调研、不调研不协商”的原则，把围绕协商议题开展学习列入协商活动议程，做到协商前有调研，协商中有党政部门与委员、界别群众的互动，协商后有成果的报送和跟踪。要探索开展网络议政，建立有专委会组织的对口协商、界别协商和专题议政性常委会的具体规则，使协商活动更加灵活经常，丰富有事好商量、众人的事情由众人商量的制度化实践。要促进协商成果的采纳、落实和反馈，探索推动政协重点协商活动纳入县委和政府总体工作部署，实施情况列入县委督查事项和考核体系，推进转化落实。要积极搭建协商平台，促进不同思想观点的充分表达和深入交流，做到相互尊重、平等协商而不强加于人，遵循规则、有序协商而不各说各话，体谅包容、真诚协商而不偏激偏执，形成既畅所欲言、各抒己见，又理性有度、合法依章的良好协商氛围。

四、加强思想政治引领，广泛凝聚共识

要建立健全党员委员联系非党员委员、党外委员联系界别群众制度，及时了解统一战线内部思想动态，切实把党的主张转化为社会各界的共识，努力使政协成为坚持和加强党的各项工作领导的重要阵地。要持续开展“五联五促”活动，深入所联系的宗教场所，广交深交宗教界朋友，主动做好统一思想、增加合力工作，在民族团结中努力发挥凝聚人心的“黏合剂”作用。要围绕群众思想认识的“困惑点”、矛盾的“易发点”，通过委员基层联系点和委员界别工作室的平台，鼓励和支持政协委员深入基层和界别群众，把县委、政府的决策部署“传出去”，把群众的呼声诉求“带上来”，架起“连心桥”，搭建“直通车”。要持续抓好政协文史工作，围绕海原传统文化、打赢脱贫攻坚战等文史资料挖掘整理和续写《海原政协志》等工作，更好地以史团结人、影响人、教育人。

五、以党的建设为统领，加强自身建设

要认真贯彻落实《关于加强新时代人民政协党的建设工作的若干意见》，建立健全政协党组、机关党组和各专门委员会功能型党支部工作规则，全面提高党的建设水平。专门委员会功能型党支部要坚持和完善党员委员组织生活会、党员委员联系党外委员制度，切实发挥功能型党支部的思想政治引领和组织引导作用。要巩固拓宽“不忘初心、牢记使命”主题教育成果，形成“学习教育、调查研究、检视问题、整改落实”有机融合、贯穿始终的长效机制，推进“两学一做”学习教育常态化制度化。要着力推进更加成熟定型的政协工作制度，按照强化职能、理顺关系、提高效能的原则，进一步创新完善委员大讲堂、协商规则“七要七不要”、提案“清单式”管理等工作机制，着力推动政协工作提质增效。要教育引导政协委员严格遵守宪法和政协章程，积极践行社会主义核心价值观，着力建设“懂政协、会协商、善议政、守纪律、讲规矩、重品行”高素质委员队伍。要把提高干部能力素质、提高政协履职效能摆在重要位置，坚持开展提升办文质量、工作水平、落实力度、办事效率“四提升”活动，不断提高政协干部政治把握能力、调查研究能力、联系群众能力、履职尽责能力。

各位委员，新时代赋予新使命，新征程呼唤新作为。让我们更加紧密地团结在以习近平同志为核心的党中央周围，在中共海原县委坚强领导下，不忘初心、牢记使命，忠实履职、团结奋斗，凝聚共识、汇聚力量，为确保高质量全面脱贫、与全国全区同步建成全面小康社会作出新的更大贡献！

海原县 2019 年国民经济和社会发展统计公报

海原县统计局

（2020 年 6 月 4 日）

2019 年，海原县委、政府坚持以习近平新时代中国特色社会主义思想为指导，全面贯彻落实党的十九大和十九届二中、三中、四中全会精神，深入贯彻落实国家、自治区、中卫市各项决策部署，坚持稳中求进工作总基调，坚持新发展理念和高质量发展，坚持以供给侧结构性改革为主线，持续打好三大攻坚战。全年全县经济稳中有进的运行态势得到延续，民生福祉持续改善，“十三五”规划主要指标进度符合预期，为与全国同步全面建成小康社会奠定了坚实基础。

一、综合

初步核算，全年全县实现地区生产总值 76.17 亿元，以第四次全国经济普查总量为基数，比上年增长 7.0%（可比价，下同）。其中，第一产业增加值完成 13.84 亿元，增长 2.9%；第二产业增加值完成 13.54 亿元，增长 5.8%；第三产业增加值完成 48.79 亿元，增长 8.7%。从三次产业看，全年三次产业增加值占 GDP 的比重分别为 18.2%、17.8%和 64.0%。按常住人口计算，全县人均生产总值 18761 元，同比增长 7.9%。

年末全县户籍人口 131128 户 451550 人。其中，城镇户籍人口 89902 人、乡村户籍人口 361648 人，城镇户籍人口比重为 19.91%。年末全县常住人口 103046 户 406001 人。其中，城镇常住人口 128702 人、乡村常住人口 277299 人，城镇常住人口比重为 31.70%。全年全县出生率 17.51‰，死亡率 6.46‰，自然增长率 11.05‰。

表 1　2019 年年末常住人口数及其构成

指　标	年末数（人）	比重（%）
年末常住人口	406001	100.00
其中：城镇	128702	31.70
乡村	277299	68.30
其中：汉族	111975	27.58
回族	293052	72.18
其他少数民族	974	0.24

全年全县城镇新增就业 1034 人，比上年减少 403 人。年末全县城镇登记失业率为 3.68%，较上年下降 0.02 个百分点。全县劳务输出 88410 人，较上年减少 727 人。

全年居民消费价格总水平（CPI）比上年上涨 2.1%，增幅较上年下降 1.2 个百分点；商品零售价格上涨 1.7%，增幅较上年下降 2.0 个百分点；农业生产资料价格上涨 8.0%，增幅较上年上升 1.5 个百分点。

二、农业

全年全县实现农林牧渔业总产值 28.11 亿元，比上年增长 3.0%。其中，农业产值 17.20 亿元，增长 1.9%；林业产值 0.37 亿元，增长 4.8%；牧业产值 9.57 亿元，增长 6.5%；农林牧渔服务业产值 0.97 亿元，增长 4.2%。实现农林牧渔业增加值 14.47 亿元，比上年增长 2.9%。

表2　2019年居民消费价格比上年涨跌幅度

类　别	上年价格=100
一、居民消费价格总指数	102.1
食品烟酒	104.0
衣　着	99.9
居　住	101.7
生活用品及服务	100.0
交通和通信	98.0
教育文化和娱乐	100.5
医疗保健	103.7
其他用品和服务	110.5
二、商品零售价格总指数	101.7
三、农业生产资料价格指数	108.0

全年全县粮食作物播种面积107.66万亩，比上年下降13.2%；粮食总产量22.56万吨，比上年下降11.6%。其中，小麦播种面积10.36万亩，下降19.7%；小麦总产量1.41万吨，下降16.6%。玉米播种面积33.00万亩，下降6.0%；玉米总产量11.86万吨，下降6.2%。薯类播种面积28.50万亩，下降30.5%；薯类总产量29.64万吨，下降22.0%。全年全县油料播种面积11.20万亩，增长27.9%；油料总产量1.23万吨，下降8.2%。全年全县中草药材播种面积5.74万亩，增长6.1%；中草药材总产量0.70万吨，增长23.7%。全年全县瓜果类播种面积6.00万亩，增长8.2%；瓜果类总产量8.72万吨，增长20.4%。全年全县蔬菜及食用菌播种面积8.50万亩，增长26.1%；蔬菜及食用菌总产量15.70万吨，增长83.8%。

年末全县生猪存栏1.76万头，比上年增长2.0%，出栏2.06万头，比上年下降16.2%；牛存栏7.88头，增长11.3%，出栏4.79万头，增长8.5%；羊存栏42.56万只，下降2.7%，出栏36.12万只，增长6.0%；家禽存栏26.39万只，增长2.0%，出栏28.06万只，增长32.7%。全年肉类总产量达到1.63万吨，比上年增长7.9%。

三、工业和建筑业

全年全部工业增加值6.72亿元，比上年下降6.1%，占地区生产总值比重8.8%。其中，规模以上工业增加值下降12.1%，规模以下工业增加值增长14.0%。

全年规模以上工业企业实现利润2.55亿元，比上年增长129.0%。分登记注册类型看，内资企业实现利润1.06亿元，其中有限责任公司实现利润1.16亿元，私营企业亏损0.1亿元；港澳台商投资企业实现利润1.49亿元，其中港澳台商独资经营企业实现利润1.49亿元。分门类看，制造业实现利润0.01亿元，电力、热力、燃气及水生产和供应业实现利润2.54亿元。规模以上工业企业营业收入利润率28.2%，比上年增长20个百分点。

全年全县完成建筑业总产值3.17亿元，同比增长18.3%。全县三级资质等级及以上的建筑企业6家（其中三级资质等级5家，二级资质等级1家）。建筑业房屋建筑施工面积9.46万平方米，其中房屋新开工面积5.36万平方米。房屋建筑竣工面积5.36万平方米，竣工价值1.12亿元。

四、固定资产投资

全年全县固定资产投资（不含农户）比上年增长22.6%。其中，县属固定资产投资增长19.3%，区属投资增长36.2%。分投资主体看，国有投资增长3.1%，民间投资增长7.8%。

在县属固定资产投资（不含区属和农户）中，第一产业投资比上年增长46.5%；第二产业投资增长22.6%，其中工业投资增长22.6%，新能源投资增长38.3%，高耗能投资增长34.5%，生产性投资增长20.8%；第三产业投资增长14.63%，其中基础设施投资增长18.4%。

全年全县房地产开发企业完成投资7.12亿元，比上年增长28.5%。其中，住宅投资3.47亿元，下降14.2%；商业营业用房完成投资3.33亿元，增长159.5%。年末全县住宅待售面积5.97万平方米，比上年末减少2.06万平方米。

表3 2019年分行业县属固定资产投资（不含农户）增长速度

行业	比上年增长(%)
总计	19.3
农、林、牧、渔业	38.2
采矿业	—
制造业	-54.7
电力、热力、燃气及水的生产和供应业	33.6
建筑业	—
批发和零售业	-31.4
交通运输、仓储和邮政业	—
住宿和餐饮业	-100.0
信息传输、软件和信息技术服务业	—
金融业	—
房地产业	28.5
租赁和商务服务业	—
科学研究和技术服务业	—
水利、环境和公共设施管理业	-9.3
居民服务和其他服务业	—
教育	-6.9
卫生和社会工作	-23.8
文化、体育和娱乐业	47.6
公共管理和社会组织	-100.0

表4 2019年房地产开发和销售主要指标及增长速度

指标	单位	绝对值	比上年增长(%)
投资额	亿元	7.12	28.5
其中:住宅	亿元	3.47	-14.2
房屋施工面积	万平方米	78.64	-2.9
其中:住宅	万平方米	63.94	6.2
房屋新开工面积	万平方米	34.19	44.4
其中:住宅	万平方米	27.38	54.3
房屋竣工面积	万平方米	2.95	-81.7
其中:住宅	万平方米	2.74	-65.7
商品房销售面积	万平方米	21.47	68.6
其中:住宅	万平方米	18.31	69.0
本年到位资金	亿元	6.08	859.9
其中:国内贷款	亿元	0.38	90.0

五、服务业

全年全县服务业增加值48.79亿元，比上年增长8.7%，占地区生产总值64.0%，对经济增长的贡献率达到75.5%。其中，农林牧渔服务业增加值0.62亿元，增长4.3%；批发和零售业增加值7.36亿元，增长7.6%；交通运输、仓储和邮政业增加值7.45亿元，增长26.5%；住宿和餐饮业增加值1.03亿元，增长4.0%；金融业增加值3.10亿元，下降3.7%；房地产增加值2.81亿元，增长24.6%；其他服务业增加值26.42亿元，增长4.3%。全年规模以上服务业企业营业收入同比增长68.6%。

六、交通和邮电

年末全县公路通车里程达3313.94千米，公路密度为51.30千米/百平方千米。按行政等级分国道265.39千米，省道540.93千米，乡道629.86千米，村道1877.76千米；按技术等级分高速公路186.23千米，一级公路15.30千米，二级公路173.31千米，三级公路552.82千米，四级公路2386.28千米。

年末全县有客运企业6家，在册营运客运车辆616辆，其中班车180辆、公交车79辆、出租车357辆。共开通客运线路121条，其中跨省4条、跨市26条、跨县9条、县内82条，日发班次186个，行政村通客车率100%。现有二级客运站2个，乡镇四级客运站13个，农村客运招呼站173个。有普通货运企业65家，在册货运汽车7168辆。

全年全县完成邮政业务总量888万元，比上年增长11.5%；全年电信业务总量18.78亿元，增长59.7%。年末固定电话用户1.45万户，下降13.6%，其中住宅电话年末用户0.80万户，下降14.7%；年末移动电话用户25.25万户，下降5.1%；计算机互联网用户达到8.68万户，增长23.2%。

七、财政金融保险

全年全县地方一般公共预算收入完成2.10亿元，比上年下降13.4%。其中：税收收入完成1.27亿元，下降4.1%；非税收入完成0.83亿元，下降24.6%。全县一般公共预算支出完成58.61亿元，比上年下降0.2%。八项支出中：一般公共服务支出完成3.06亿元,增长25.6%;公共安全支出完成1.46亿元,增长10.4%;教育支出完成9.81亿元,增长4.6%;科学技术支出完成0.15亿元,增长19.8%;社会保障和就业支出完成7.36亿元，下降6.2%;卫生健康支出完成6.24亿元,增长3.0%;节能环保支出完成1.31亿元,下降32.3%;城乡社区支出完成4.36亿元,下降2.7%。

全年全县金融机构各项存款余额87.88亿元,比上年下降9.0%。其中,住户存款45.85亿元,增长7.5%;非金融企业存款5.45亿元,下降23.8%;机关团体存款36.58亿元,下降21.8%。全年全县金融机构各项贷款余额60.18亿元，比上年增长7.7%。其中,住户贷款41.15亿元,增长9.0%;非金融企业及机关团体贷款19.03亿元,增长5.1%。

全年保险公司保费收入2.39亿元，比上年增长7.5%。其中，寿险保费收入0.87亿元，增长4.1%;财产险保费收入1.52亿元,增长9.6%。各类赔付支出1.00亿元,比上年增长6.4%。其中,寿险赔付支出0.17亿元,下降30.1%;财产险赔付支出0.83亿元,增长19.4%。

八、人民生活和社会保障

全年全县农民人均可支配收入9627元，比上年增长13.1%。其中：工资性收入4471元，增长5.3%;经营净收入3427元,增长20.2%;财产净收入96元，下降2.2%；转移净收入1633元，增长24.3%。全年农民人均生活消费支出8719元,比上年增长15.6%。

全年全县城镇居民人均可支配收入26098元,比上年增长8.5%。其中:工资性收入22425元,增长9.9%;经营净收入1547元,增长9.0%;财产净收入505元,下降30.5%;转移净收入1621元,增长8.7%。全年城镇居民人均消费支出15807元,比上年增长3.3%。

年末全县参加基本养老保险人数19.53万人,比上年增长0.9%。其中,参加城乡居民养老保险人数16.29万人,增长0.7%;企业职工基本养老保险参保人数1.89万人,增长2.1%;机关事业单位养老保险参保人数1.35万人,增长1.3%。参加基本医疗保险人数38.62万人，比上年下降2.9%。其中,参加职工医疗保险人数1.78万人,增长7.9%;参加城乡居民统筹医疗保险人数36.84万人,下降3.3%。参加失业保险人数0.97万人,增长1.1%。参加工伤保险人数1.71万人,增长0.9%。

九、文教卫生

2019年至2020年，全县共有学校338所,小学259所(其中,县城小学9所、乡镇中心小学12所、村级小学87所、教学点151个);中学22所(其中,高级中学2所、完全中学1所、初级中学12所、九年一贯制学校7所);职业技术学校1所;特殊教育学校1所;幼儿园55所。全县共有教学班2385个，学前488个（其中幼儿园200个）、小学阶段1264个、初中415个、普通高中151个、职业高中56个、特教学校11个。全县现有教职工4696人(在编4506人、特岗190人),女教职工2364人,专任教师4570人;按学校类别分幼儿园85人、小学2345人、初中1482人、高中学校550人、特殊教育学校13人、职中111人、局机关等110人。全县共有在校学生87913人，其中女生43162人（占49.1%),少数民族学生75028人(占85.34%)。学前幼儿学生有16538人(小学学前班9846人、在园幼儿6692人)，其中女生8038人，少数民族学生14077人;小学阶段在校学生39317人,女生19116人，少数民族学生33937人；初中阶段在校学生20510人,女生10010人,少数民族学生17739人;普通高中在校学生8293人，其中女生4484人,少数民族学生6647人;中等职业在校生3187人(全日制2432人,非全日制755人),其中女生1488人，少数民族学生2575人；特教学校在校生68人,其中女生26人,少数民族学生53人。全县有寄宿制学校32所(小学9所,一贯制7所,初级中学12所,高级中学2所,完全中学1所,职业技术学校1所),住校生27279人(小学2515人、初中15828人、高中6504人、职中2432人)。全县4周岁至6周岁幼儿20112人,入学16590人,入学率82.49%。全县7~12周岁适龄儿童49810人,缓免入学13人,应入学49797人,入学49797人,入学率100%;13~15周岁初中适龄人口22512人,缓免入学22人,应入学22490人,入学22240人,入学率98.89%;16~18周岁高中适龄人口20601人,在高中阶段学校就读19019人,高中阶段毛入学率为92.32%。

年末全县共有各级各类卫生健康机构202家,其中综合医院1家,中医医院1家,乡镇卫生院19家,社区卫生服务站2家,民营医院2家,标准化村卫生室157家,诊所、卫生所、医务室17家,专业公共卫生机构3家;实有床位数1446张,每千人拥有病床3.56张;卫生技术人员1404人,每千人拥有卫生技术人员3.46人;全县有在册执业(助理)医师总数534人,每千人拥有执业(助理)医师1.32人。5岁以下儿童死亡率为8.5‰,婴儿死亡率5.6‰,产妇住院分娩比例为100%。

十、资源、环境和应急管理

全年全县总用水量9391.7万立方米,比上年增长1.12%。其中,生活用水668.5万立方米,下降8.39%;工业用水14.2万立方米,下降67.72%;农业用水8486.3万立方米,增长1.21%;生态用水222.7万立方米,增长72.32%。

全年完成造林面积11.0万亩,其中人工造林面积3.4万亩、未成林补造4.6万亩、退化林修复1.0万亩、封山育林2.0万亩。森林抚育面积4.5万亩,国家级自然保护区1个。

初步核算,全年全县能源消费量35.14万吨标准煤,比上年增长2.6%,万元GDP能耗下降4.1%。其中,规模以上工业能源消费总量0.3万吨标准煤,比上年增长4.6%,占全社会能源消费量的0.84%。万元工业增加值能耗比上年增长19.0%。

全年全县平均气温为8.1℃,较常年偏高0.4℃;年平均降水量为564.3毫米,较常年同期偏多205.3毫米;年平均日照时数为2480.2小时,较常年偏少222.4小时。全年环境空气质量优良天数338天,比上年增加4天,优良天数比例为94.9%。细微颗粒($PM_{2.5}$)平均浓度为62微克/立方米,比上年下降1.6%。

全年全县累计发生生产安全事故5起,死亡7人,其中较大事故1起,死亡5人,事故起数较2018年持平、死亡人数上升75%,亿元GDP生产安全事故死亡人数为0.092人,控制在年度指标0.252以内。

注释:

1.本公报中的年度数据均为初步统计数据。正式数据以《海原县2019年统计年鉴》为准。部分数据因四舍五入的原因,存在着分项与合计不等的情况。

2.地区生产总值、各产业增加值和人均地区生产总值绝对数按现价计算,增长速度按不变价格计算。

3.公报中户籍人口数据来源于县公安局,物价和居民收入数据来源于国家统计局海原调查队,财政数据来源于县财政局,交通数据来源于县交通运输局和县道路运输管理所,金融数据来源于中国人民银行中卫市中心支行,邮政数据来源于市邮政管理局,电信数据来源于电信、移动、联通、铁通四家公司,保险数据来源于中卫市保险协会,教育、卫生、就业、社会保障、环境和安全生产等数据来源于相关部门。

大事记

1月

2日 中卫市委常委、海原县委书记徐海宁主持召开县委2019年第1次常委(扩大)会议。

△ 市委常委、县委书记徐海宁主持召开脱贫攻坚领导小组2019年度第1次电视电话会议。

3日 海原县制定出台《海原县实施建档立卡贫困劳动力转移就业奖励补贴办法(试行)》,进一步健全转移就业奖补政策。

4日 反映闽宁对口帮扶工作成就的电影《闽宁镇》在海原县上映。

7日 市委常委、县委书记徐海宁主持召开海原县委2019年第2次常委会议。

△ 海原县消防救援大队举行授衔和换装仪式。市委常委、县委书记徐海宁出席仪式。

8日 海原县政协召开成立各专委会功能型党支部会议。县政协党组书记、主席郭吉武参加会议。会议传达学习了《自治区党委办公厅印发〈关于加强新时代人民政协党的建设工作的若干意见〉》。宣读了县政协成立科教文卫体与民族宗教委、提案与文史资料委、经济法制与环境保护委3个专委会功能型党支部的文件。

9日 海原县人大常委会主任罗成玉主持召开县第十七届人大常委会第十八次会议。

△ 宁夏回族自治区党委机构编制委员会办公室慰问组到曹洼乡白崖村看望并慰问部分老党员和驻村干部。

10日—11日 中国共产党海原县第十四届委员会第五次全体会议在县城召开。

11日 海原县人大常委会主任罗成玉主持召开县第十七届人大常委会第十九次会议。

△ 海原县召开第十七届人民代表大会第三次会议筹备会。

13日 中卫市委常委、海原县委书记、海兴开发区党工委书记徐海宁主持召开海兴开发区党工委2019年第1次扩大会议。

△ 徐海宁主持召开海兴开发区党工委、管委会领导班子述职述责及其成员述职述廉会议。

△ 海原县委副书记、县长许正清主持召开县人民政府第46次常务会议。

△ 海原县召开全县安全生产工作会暨2019年县安委会第1次全体(扩大)会议。县委副书记、县长许正清参加会议。

△ 中卫市委常委、海原县委书记、海兴开发区党工委书记徐海宁主持召开海兴开发区党工委2019年第1次扩大会议。

16日 自治区市场监管厅督查组来海原县督查春节期间市场监管重点工作落实情况。

△ 受徐海宁委托，县委副书记、县长许正清主持召开海原县委2019年第4次常委会议。

17日 海原县政协主席郭吉武主持召开县政协十一届十四次常委会议。

17日—18日 自治区药品监督管理局派出调研组，来海原县调研春节期间药品安全监管工作情况。

18日 市委常委、县委书记徐海宁主持召开县委常委会2018年度民主生活会征求意见座谈会。

△ 中卫市委常委、海原县委书记徐海宁主持召开县委2019年第5次常委会议。

△ 海原县政协委员召开委员履职能力提升培训会。

△ 海原县政协召开表彰大会，对2017—2018年度的优秀政协委员、优秀提案、提案办理先进单位、优秀调研报告进行表彰。

18日—20日 中国人民政治协商会议海原县第十一届委员会第三次会议在县政府礼堂召开。

22日—24日 海原县第十七届人民代表大会第三次会议在县政府礼堂召开。

21日 中卫市委常委、海原县委书记徐海宁主持召开县委2019年第6次常委会议。

△ 中卫市委常委、海原县委书记徐海宁主持召开海原县传达学习中卫市“两会”精神大会，人大常委会主任罗成玉、县长许正清、政协主席郭吉武参加会议。

22日 中卫市政协主席罗成虎一行在海原县走访慰问了部分困难老党员和特困户，为他们送上慰问金，并致以新春祝福。市县领导杨文生、马桂岚、郭吉武参加慰问活动。

23日 中卫市委常委、副市长崔昆带领检查组对海原县安全生产、消防安全等工作进行督导检查。

△ 海原县委副书记、县长许正清带领县安监局、市场监管局、消防大队等相关单位负责人，深入部分企业、超市、汽车站，检查节前安全生产工作。

△ 自治区副主席杨培君一行在海原县看望慰问城乡困难群众。海原县委副书记、县长许正清陪同慰问。

23日—24日 海原县市场监管局、应急管理局、消防大队等部门联合组成检查组，先后深入西安镇振海建材销售有限公司、杨俊烤饼店、李俊拐洼林场、关庄乡亨利批零部、加油站等场所，就食品安全、生产安全、林场消防安全等相关工作进行检查和指导。

24日 中卫市委常委、海原县委书记徐海宁主持召开海原县委2019年第7次常委会议。

△ 海原县委副书记、县长许正清主持召开县政府党组2018年度民主生活会征求意见座谈会，征求“两代表一委员”对县四套班子及县处级党员领导干部的意见建议。

△ 海原县应急管理局挂牌成立。

△ 宁夏回族自治区副主席杨培君来海原县调研卫生健康工作。杨培君一行先后深入到县人民医院、疾控中心、王井村卫生室、县中医院、黎明社区卫生室、海城镇卫生院，对医共体建设、基层医疗卫生、健康扶贫“一站式结算”“互联网＋医疗健康”应用、家庭医生签约服务、乡村医生队伍建设等相关工作开展情况进行详细了解。

25日 中卫市脱贫攻坚现场会在海原县召开。市委书记何健出席会议并作讲话。市委副书记、市长李晓波主持会议。市、县领导邹玉忠、罗成虎、马和青、徐海宁、罗成玉、许正清、郭吉武参加会议。会议还邀请了自治区扶贫办副主任米超到会指导。会上，盐池县政府分管领导及盐池县乡、村代表分别介绍了盐池县脱贫摘帽的经验和做法；沙坡头区、中宁县、海原县、中卫市扶贫办主要领导分别就下一步工作措施作了表态发言。

△ 海原县召开自治区党委第一巡视组巡视海原县脱贫攻坚工作反馈意见整改动员大会，安排部署整改工作，动员全县上下统一思想、再加压力，确保专项巡视反馈问题全面彻底整改到位，为脱贫摘帽奠定坚实基础。市委常委、县委书记徐海宁在会上作整改动员讲话。

△ 中共海原县纪委十四届四次全体（扩大）会议在县政府礼堂召开。

26 日 海原县人大常委会主任罗成玉主持召开海原县第十七届人大常委会第二十一次会议。

28 日 海原县自然资源管理局、审批服务管理局、卫生健康局、医疗保障局分别挂牌成立。

△ 海原县四套班子领导为驻卫的武警官兵及消防员送去慰问品，向他们致以亲切的问候及节日的祝福。

29 日 海原县新组建的农业农村局挂牌成立。

30 日 海原县应急管理局、市场监管局、消防等部门，针对贾塘乡、三河镇、七营镇的商场、加油站、燃气站、烟花爆竹销售点等场所进行了安全生产大检查。

△ 自治区林业和草原局巡视组一行，到海原县巡查森林草原防火情况。

△ 海原县“村廉通”监督机制建设工作推进会在关桥乡召开。县委组织部、农业农村局、民政局、信用联社、电信公司单位（部门）负责人及各乡镇纪委书记和村党支部书记等参加会议。

2月

1 日 海原县在县城文体广场举行升国旗仪式。人大常委会主任罗成玉、县长许正清、政协主席郭吉武等县四套班子在家领导，县直各部门干部职工、武警官兵、公安民警和社会各界群众参加升国旗仪式。

△ 中卫市人大常委会副主任李树茂、政协副主席付成林深入海原县各乡镇，走访慰问部分困难老党员、退休村干部和生活困难群众，向他们送去慰问金，并致以新春的问候。

△ 中卫市委常委、海原县委书记徐海宁，海原县人大常委会主任罗成玉、海原县县长许正清、海原县政协主席郭吉武带领慰问组分别深入全县各值班单位，离退休老干部、困难群众、老党员、城乡低保户家里走访慰问，把党和政府的温暖、关怀送到基层，送到群众的心坎里。

△ 海原县委副书记、县长许正清主持召开海原县人民政府领导班子 2018 年度民主生活会。

△ 海原县委宣传部对刘红梅、马海洋、马德荣等道德模范代表进行走访慰问。

△ 海原县人大常委会党组书记、主任罗成玉主持召开人大党组领导班子 2018 年度民主生活会。

△ 海原县政协主席郭吉武主持召开海原县政协党组 2018 年度党员领导干部民主生活会。

△ 海原县老科协召开第一届三次理事（扩大）会议。会议传达学习了全国、区市老科协会议精神，总结了 2018 年工作，表彰了 2018 年度优秀科技工作者、建言献策优秀调研报告工作者。

2 日 中卫市委常委、海原县委书记徐海宁主持召开海原县高端肉牛发展专题会议。

截至 2 日，海原县牛饲养量达 25 万头，存栏

12.6 万头，其中高端基础母牛存栏 7 万头。

△　海原县召开全县领导干部大会，传达学习自治区十二届人大二次会议和自治区政协十一届二次会议精神及自治区扶贫开发领导小组 2019 年第 1 次会议精神，对全县学习宣传贯彻工作进行安排部署。在家县领导、县直各部门、各乡镇（管委会）党政主要负责人参加会议。

3 日　中卫市委常委、海原县委书记徐海宁带领县交通运输局、市管局、应急管理局等部门，深入金城商厦、中石化海同路加油站、高台路段春运检测站等地，对春节前安全生产、食品安全进行检查。

11 日　市委常委、县委书记徐海宁主持召开中共海原县委 2019 年第 9 次常委（扩大）会议。

△　市委常委、县委书记、海兴开发区党工委书记徐海宁主持召开海兴开发区 2019 年第 1 次联席会议，人大常委会主任罗成玉，县长许正清，政协主席郭吉武，海兴开发区管委会主任张振红参加会议。

△　中卫市委常委、海原县委书记、海兴开发区党工委书记徐海宁主持召开海兴开发区 2019 年第 1 次联席会议，人大常委会主任罗成玉、县长许正清、政协主席郭吉武、海兴开发区管委会主任张振红参加会议。

15 日　海原县委第二巡察组在海原县农业农村局召开脱贫攻坚专项巡察反馈会。会上，县委巡察组反馈了专项巡察情况，充分肯定了农业农村局在脱贫攻坚工作中取得的成绩，指出了在脱贫攻坚领域的突出问题，提出了整改意见。

15 日至 3 月 31 日　中卫市抽调普查组，集中对海原县 18 个重点贫困乡镇（管委会）和 136 个重点贫困村进行脱贫攻坚大普查。

16 日　海原县委副书记、县长许正清主持召开海原县人民政府第 47 次常务会议。

△　海原县委副书记、县长许正清主持召开海原县人民政府第 48 次常务会议。

17 日　中卫市委常委、县委书记徐海宁主持召开海原县委 2019 年第 11 次常委（扩大）会议。

23 日　中卫市委常委、县委书记徐海宁主持召开海原县脱贫攻坚领导小组 2019 年第 3 次会议。

24 日　海原县委副书记、县长许正清主持召开全县 2019 年重点项目推进会。

25 日　海原县召开脱贫摘帽誓师大会，动员全县上下统一思想认识、强化政治定力，振奋精神、昂扬斗志、誓师出征，向脱贫摘帽发起全面总攻，坚决打赢这场没有退路的背水之战。自治区扶贫办主任梁积裕，中卫市副市长张隽华到会指导。县领导徐海宁、罗成玉、许正清参加会议。

△　海原县召开全县“大棚房”问题专项整治再排查再清理工作部署会议，推动全县“大棚房”问题专项清理整治再排查再整治工作顺利开展。

△　截至是日，海原县核查各类设施农业园区面积 10608.7 亩，设施大棚 4315 座，现场确认设施养殖Ⅰ类问题图斑 3 个，涉及耕地面积 10.06 亩，已经完成整改 1 处，其余违规问题正在有序进行整改。

26 日　海原县与北京永新华控股集团举行了战略合作协议签订仪式，携手打造海原县刺绣、剪纸产业。

△　中卫市委常委、纪委书记、监委主任刘明生参加红羊乡脱贫攻坚问题大普查动员会。

△　中卫市委常委、组织部部长朱利军参加郑旗乡脱贫攻坚问题大普查动员会。

△　中卫市中级人民法院院长尹效恩参加海城镇脱贫攻坚问题大普查工作动员会。

3 月

4 日　海原县召开党风廉政建设工作会议。市委常委、县委书记徐海宁参加会议。会议通报了

2018年全县纪检监察机关信访举报及审查调查情况。徐海宁分别与七营镇、贾塘乡、关桥乡党委书记和水务局、住建局、扶贫办党组书记签订《党风廉政建设目标责任书》。

△ 海原县委召开组织宣传统战工作会议。市委常委、县委书记徐海宁参加会议并讲话。

△ 海兴开发区召开农副产品深加工仓储物流基地项目工作推进会议。会议听取了海原县有关部门、华润集团负责人关于项目进展情况的汇报，并就下一步工作进行安排部署。中卫市副市长曾申平参加会议并讲话。

5日 海原县委副书记、县长许正清主持召开县人民政府第49次常务会议。

△ 自治区科技厅调研组在海原县调研科技项目及其实施情况。调研组先后深入到肉牛养殖研究院、中原塑业有限公司、宁夏大原祥食品有限公司、宁夏海原长隆现代农业科技有限公司等地进行实地调研，详细了解了2017、2018两个年度自治区重大、重点科技项目实施和2019年海原县科技需求和新的科技项目争取情况。

6日 中卫市委常委、海原县委书记徐海宁调研网信办、医疗保障局、审批服务管理局、退役军人事务局、科技局、应急管理局等新组建部门的运行情况。

7日 自治区残联理事长马军生来海原县调研残疾人文化就业创业和残疾儿童康复工作。县委副书记、县长许正清陪同调研。

8日 海原县举行纪念第109个"三八"国际劳动妇女节暨表彰大会，表彰了"三八"红旗集体、巾帼岗位建功先进集体、巾帼文明示范岗和"三八"红旗手、巾帼文明标兵、农村脱贫致富女能手、好婆婆、好媳妇、最美家庭等先进集体和先进个人。

10日 中卫市委常委、县委书记徐海宁主持召开海原县2019年脱贫攻坚领导小组第4次会议。

12日 海原县委副书记、县长许正清带领相关部门负责人到海城镇、关桥乡、高崖乡、李旺镇、七营镇调研脱贫攻坚工作，就危房改造、饮水安全和大棚房清理整治工作中存在的问题进行现场办公。

13日 中共海原县第十四届县委第七轮巡察工作动员会召开。根据安排，本轮巡察共安排3个巡察组，采用一拖二(三)形式开展。巡察组成员由中宁县派出干部和本县抽调干部组成，按照"六个围绕、一个加强"和脱贫攻坚"四个落实"要求，用2个月时间对树台乡、郑旗乡、红羊乡、甘城乡4个乡镇党委，发改局、财政局和扶贫办3个县直部门党委(党组)开展常规巡察，并延伸巡察14个深度贫困村党支部。

14日 甘宁两省(区)三市五县(区)鼠疫联防交流培训会在海原县召开。

△ 市委常委、县委书记徐海宁主持召开海原县村党支部书记脱贫攻坚工作座谈会。会上，部分党支部书记就本村脱贫攻坚存在的困难和问题，以及如何做好下一步本村的脱贫攻坚工作进行深入的交流发言。徐海宁在讲话中要求基层党支部书记要实干、懂政策、敢较真、补短板，全力做好脱贫攻坚工作。

△ 自治区人民政府调研组来海原县调研脱贫富民工作。县委副书记、县长许正清陪同调研。调研组在史店乡田拐村听取了该村整村推进、特色产业发展、移风易俗等工作汇报，参观了民俗展厅，并深入农户家中，详细了解农户收入和产业发展中遇到的困难和问题。

15日 海原县消费者协会对获得海原县第二届"诚信经营　放心消费"示范单位称号的10家生产经营单位进行表彰。

16日—17日 海原县举办全县领导干部"坚持底线思维，着力防范化解重大风险"专题学习班。

学习班通过集体自学、分组讨论、交流发言、现场观摩等形式，进一步增强防范化解重大风险的思想认识。市委常委、县委书记徐海宁出席开班式并讲话，县长许正清主持开班式。人大常委会主任罗成玉、政协主席候选人张斌，县委、人大、政府、政协领导班子成员，法检两院及各乡镇部门主要负责同志参加学习。

18日 海原县举行重大项目集中开工仪式。全县共有59个项目集中开工，计划总投资32.7亿元。徐海宁、郭亮、付成林、罗成玉、许正清等市县领导及县直相关部门负责人和企业家代表参加开工仪式。

△ 海兴开发区与全市同步举行重大项目集中开工仪式，27个重点项目集中开工，投资总额达17.8亿元。曾申平、黄华、张国顺、张斌、张振红等市县领导参加开工仪式。

△ 中卫市领导干部电视电话会议召开，市委常委、县委书记徐海宁，人大常委会主任罗成玉、县长许正清、政协主席候选人张斌在海原县分会场参加会议。

18日—19日 海原县举办为期两天的全县驻村干部能力素质提升专题培训班。

19日 海原县召开驻村第一书记座谈会。市委常委、县委书记徐海宁参加会议并讲话。座谈会上，盐池村、双河村、麻春村等10个村的驻村第一书记，结合本村的实际情况，主要围绕农村住房安全、饮水安全、基层党组织建设、产业发展等方面以及做好下一步脱贫攻坚工作计划，分别作了深入的交流发言。

△ 海原县召开2019年“扫黄打非”工作会议，传达学习全区第三十二次“扫黄打非”电视电话会议精神和全市2019年“扫黄打非”工作部署，对全县2019年“扫黄打非”工作进行了安排部署。

20日 海原县农民工工作领导小组对各单位、企业2018年度保障农民工工资支付工作进行检查督导。

20日—21日 中卫市委书记何健深入海原县，专题调研脱贫攻坚工作。市县领导马和清、徐海宁、黄华、张隽华、秦发成参加调研。

21日—22日 中卫市政协副主席王谦带领调研组来海原县调研民营企业融资政策落实情况。县政协主席候选人张斌陪同调研。

截至22日，海原县有民营企业2346户，个体户13815户，从业人员累计达到8万人。

22日 海原县委副书记、县长许正清主持召开海原县人民政府第50次常务会议。

△ 海原县委副书记、县长许正清主持召开海原县控辍保学工作推进会，教体局及各乡镇、学校负责人参加会议。会议听取了教体局负责人及部分乡镇、学校负责人关于控辍保学工作推进情况汇报。许正清作重要讲话。

23日 宁夏老科学技术工作者协会、海原县政府主办的宁夏首届藜麦产业发展研讨交流会在海原县举行。自治区科协、宁夏老科协领导及区内外藜麦专家、藜麦种植加工企业、合作社负责人参加了会议。

23日—24日 海原县举办全县领导干部“坚持底线思维，着力防范化解重大风险”专题第二期学习班。县委、县政府及各单位领导，乡镇部门主要负责人参加了学习。

28日 中卫市委常委、县委书记徐海宁主持召开海原县委审计委员会第一次会议。

△ 中卫市委常委、县委书记徐海宁主持召开2019年县委第16次常委(扩大)会议。

△ 中卫市委常委、县委书记徐海宁主持召开海原县“一带两廊”规划进展汇报会，人大常委会主任罗成玉、县长许正清、政协主席候选人张斌参加会议。

△ 海原县召开2019年县安委会第2次全体

(扩大)会议暨全县消防工作会议。县委副书记、县长许正清参加会议。

28日—29日 海原县政协主席候选人张斌带领调研组调研海原县学前教育工作情况。调研组先后深入城乡10所幼儿园，通过实地查看、查阅资料、听取汇报等方式，全面细致地了解了海原县各幼儿园管理运营及各项政策落实等情况。

截至本月底，海原县共有幼儿园24所，在编幼儿园教职工79人，学前幼儿班447个，学前幼儿入学16456人，毛入学率81.5%。

4月

2日 海原县委副书记、县长许正清主持召开海原县人民政府第51次常务会议

9日 中卫市人大常委会副主任李铁路带领视察组来海原县视察全民科学素质推进情况。视察组一行先后深入回民中学科普示范基地、老科技工作者协会、街道办事处南苑社区科普基地进行实地查看。

9日—12日 中卫市政协和海原县政协联合，围绕如何实现稳定可持续脱贫进行调研并召开座谈会。市政协副主席王谦、县政协主席候选人张斌、部分调研组成员及相关部门负责人参加调研活动。

10日 海原县人大常委会主任罗成玉主持召开海原县第十七届人大常委会第二十二次会议。

14日 中卫市委常委、海原县委书记徐海宁主持召开海原县委中心组2019年第4次集中学习并讲话。

17日 海原县组织广大干部职工在海同公路两侧开展义务植树活动。徐海宁、罗成玉、许正清、张斌等县领导与全县1000余名干部职工一同参加了植树活动。

23日 由海原县委、县人民政府主办，县文化旅游广电局、关桥乡人民政府承办的海原县第二届文化旅游节暨2019年“关桥梨花节”在关桥乡方堡村开幕。中卫市委常委、统战部部长杨文生，县人大主任罗成玉，政协主席候选人张斌，区、市、县相关部门负责人等出席活动。来自银川、固原、中卫等周边市县及县内的千余名游客慕名前来参加。

△ 海原县政府召开2019年第一次廉政工作会议。会议集中收看国务院第二次廉政工作会议、自治区和中卫市人民政府廉政工作电视电话会议，县长许正清参加会议并讲话。

△ 海原县委副书记、县长许正清主持召开县人民政府第52次常务会议。

25日 中卫市政协副主席秦发成带领调研组调研海原县水源地保护及城乡居民安全饮水情况。县政协主席候选人张斌陪同调研。

30日 中卫市委常委、海原县委书记徐海宁主持召开海原县委2019年第22次常委(扩大)会议。

△ 宁夏全区优化营商环境视频会议在银川召开。徐海宁、罗成玉、许正清、张斌、郝振明等县领导及各相关部门负责人在海原县分会场参加会议。

5月

5日 市委常委、县委书记徐海宁主持召开座谈会，研究解决全县“两不愁三保障”突出问题。人大常委会主任罗成玉、县长许正清、政协主席张斌、县委副书记郝振明参加会议。

6日 海原县政协召开第十一届委员会第四次会议，选举张斌为政协海原县第十一届委员会主席。

7日 中卫市委常委、海原县委书记徐海宁主持召开全县党的建设工作领导小组2019年第1次会议。

△ 宁夏回族自治区发改委、扶贫办组织西吉县、原州区、彭阳县、红寺堡等县区相关人员来海原县调研“十三五”村级光伏扶贫电站项目情况。

8日 海原县人大调研组调研全县行政审批改革工作。

9日 海原县委副书记、海原县县长许正清主持召开县人民政府第53次常务会议。

△ 海原县召开藜麦种植示范点播种座谈会，宁夏老科协专家、县农业农村局、县科技局、县科协、藜麦种植示范点第一书记等参加了会议。

10日 中卫市委常委、海原县委书记徐海宁主持召开金融扶贫工作专题会议，安排部署了下一阶段工作任务。

△ 中卫市委常委、海原县委书记徐海宁主持召开海原县委专题工作会议，研究解决当前海城镇在脱贫攻坚中亟待解决的突出问题。财政、住建等部门负责人及海城镇党委政府班子、包村干部参加会议。

△ 海原县委副书记、县长许正清一行先后到李旺镇、甘城乡、七营镇等地，就乡镇卫生院和村级卫生室的医疗服务环境、管理运行水平、医护人员配备等工作进行调研。

12日 国家林草局经济发展研究中心副书记营宁红带领调研组来海原县调研上一轮退耕还林建设成效和新一轮退耕还林工程建设任务落实情况，海原县委副书记、县长许正清陪同调研。

自2000年以来，海原县累计完成退耕还林工程建设任务141.6万亩，退耕造林61.9万亩；2015年至2017年累计完成新一轮退耕还林任务9.2万亩。

13日 中卫市委常委、海原县委书记徐海宁主持召开海原县委2019年第24次常委（扩大）会议。

14日 宁夏回族自治区党委第四巡视组召开调研海原县脱贫攻坚和宗教领域问题整治工作座谈会。自治区纪委监委派驻自然资源厅纪检监察组组长杨珺，市委常委、县委书记徐海宁，市委常委、统战部部长杨文生，市委常委、副市长叶峰，县长许正清，政协主席张斌，各部门（单位）主要负责人，乡镇、街道办党委书记，部分驻村第一书记及宗教界代表参加座谈会。

△ 中卫市委常委、海原县委书记徐海宁主持召开海原县高端肉牛产业发展专题会议。

15日 宁夏回族自治区召开解决“两不愁三保障”突出问题和考核整改工作电视电话会议。中卫市委常委、海原县委书记徐海宁，县人大主任罗成玉，县长许正清，县政协主席张斌等领导在海原县分会场参加会议。

△ 海原县委副书记、县长许正清主持召开关桥乡“两不愁三保障”工作座谈会，听取全乡“两不愁三保障”情况及存在问题的汇报，安排部署下一阶段全乡脱贫攻坚工作。

△ 海原县召开2019年防汛抗旱工作会议，贯彻落实区市防汛抗旱会议精神，安排部署2020年的防汛抗旱和气象灾害防御工作。

△ 海原县在李旺镇召开2019年铁路护路联防工作联席会议。

17日 国务院召开2019年全国医改工作电视电话会议，传达学习李克强总理重要批示，部署2019年医改和医疗卫生管理工作。海原县委副书记、县长许正清在海原县分会场参加会议。

21日 福建省漳州商会代表团来海原县参观考察。

23日 中卫市委常委、海原县委书记徐海宁主持召开海原县委2019年第25次常委（扩大）会议，人大常委会主任罗成玉、政协主席张斌列席会议。

24日 海原县委副书记、县长许正清主持召开海原县人民政府第54次常务会议。

△　海原县委副书记、县长许正清主持召开海原县人民政府第55次常务会议。

26日—27日　中卫市委常委、海原县委书记徐海宁带队赴陕西省杨陵区、甘肃省泾川县考察两地高端肉牛产业发展情况，并与西北农林科技大学达成了推动海原县高端肉牛产业发展的帮扶意见。

28日　甘肃崇信县政协一行来海原县观摩学习肉牛产业发展及肉牛养殖小区建设方面的先进经验。

△　中卫市政协副主席付成林一行来海原县调研医疗卫生体制改革工作。

△　中卫市政协副主席张国顺带领视察组视察海原县餐厨垃圾收运处理情况。海原县政协主席张斌陪同视察。

30日　海原县委副书记、县长许正清来到史店乡中心小学和孩子们一起欢度"六一"国际儿童节。

30日—31日　海原县政协主席张斌带领部分政协委员就海原农村环境综合整治情况进行调研。

31日　中卫市委常委、海原县委书记徐海宁在海原县东城小区就环境卫生整治工作现场办公，对存在的问题现场研究部署整改措施，落实责任单位和整改时限。人大常委会主任罗成玉、政协主席张斌参加现场办公会。

△　中卫市委常委、海原县委书记徐海宁，海原县人大常委会主任罗成玉到西安镇中心小学与全校师生共同庆祝"六一"国际儿童节。

△　中卫市委常委、海原县委书记徐海宁主持召开海原县委2019年第26次常委(扩大)会议。

6月

2日　海原县委副书记、县长许正清主持召开海原县人民政府第56次常务会议。

3日　中卫市委常委、海原县委书记徐海宁，县人大常委会主任罗成玉，县长许正清先后深入各社区和乡镇，看望慰问民族团结进步模范个人代表、部分生活困难回族群众和宗教教职人员，为他们送去党的关怀和温暖及祝福。

△　自治区党委召开全区"不忘初心、牢记使命"主题教育工作电视电话会议，传达学习中央"不忘初心、牢记使命"主题教育工作会议精神。海原县领导徐海宁、罗成玉、许正清、张斌，海兴开发区管委会主任张振红在海原县分会场参加会议。

△　海原县委副书记、县长许正清对海原县各高考考点和考试指挥中心进行巡视。

△　海原县召开村庄清洁行动"夏季战役"动员会，安排部署海原县村庄清洁行动"夏季战役"工作。海原县委副书记、县长许正清参加会议并讲话。

4日　中卫市人大常委会主任邹玉忠，市委副书记马和清，市委常委、副市长崔昆深入海原县各乡镇社区，看望慰问海原县宗教界人士、离退休老干部和困难群众，并通过他们向全县广大回族群众致以节日的慰问。

9日　中卫市委常委、海原县委书记徐海宁主持召开海原县委2019年第28次常委(扩大)会议。

10日　中卫市委常委、海原县委书记徐海宁主持召开海原县全面依法治县委员会第1次会议。

△　海原县召开"党政机关作风建设年、干部队伍素质提升年"活动暨帮扶责任人(单位)帮扶工作推进会。市委常委、县委书记徐海宁，人大常委会主任罗成玉，政协主席张斌参加会议，各乡镇领导班子全体成员，各驻村第一书记、工作队队长，各村党支部书记、村委会主任在各乡镇分会场参加电视电话会。

11日　海原县第十七届人大常委会召开第二十四次会议。

△ 海原县外事工作委员会召开第1次会议，传达学习中央外事工作会议、中央外事工作委员会第一次会议、2018年全国地方外办主任会议和区市党委外事工作委员会第一次会议精神，研究审定《海原县外事工作委员会工作规则》等事项。徐海宁主持会议并讲话。

△ 海原县委财经委员会召开第1次会议，传达学习习近平总书记关于加强党对经济工作的领导的重要论述、中央经济工作会议，中央财经委员会第一、二、三、四次会议和自治区党委财经委员会第一次会议、市委财经委员会第一次会议精神；研究审定《海原县委财经委员会工作规则（送审稿）》等事项。徐海宁主持会议并讲话。

12日 中卫市委常委、海原县委书记、海兴开发区党工委书记徐海宁主持召开海兴开发区2019年第16次党工委（扩大）会议。

△ 中卫市委常委、海原县委书记、海兴开发区党工委书记徐海宁主持召开海兴开发区2019年第16次党工委（扩大）会议。海兴开发区管委会主任张振红参加会议。

14日 海原县委副书记、县长许正清在西河开展巡河工作，现场履行河长制。在西安镇、树台乡，许正清一行现场察看了西河河道治理工作，听取了治理进度及存在问题等情况的汇报，针对发现的问题现场办公，安排解决。

△ 海原县委副书记、县长许正清主持召开海原县人民政府第57次常务会议。

△ 海原县委宣传部、总工会联合举办“奋进新时代 礼赞新中国”宣讲比赛，来自全县各部门的21位选手参加了比赛。

17日 中卫市委常委、海原县委书记徐海宁对海原县宣传思想文化系统工作进行调研。

△ 海原县政协委员基层联系点调研活动在全县展开。

△ 海原县第十四届县委第八轮巡察工作启动。本轮巡察共派出3个巡察组，对李旺镇、西安镇、高崖乡、人社局、文广局、工信局6个单位开展为期两个月的巡察监督。

19日 中卫市第二季度重大项目集中开工现场推进会海原县分会场集中开工仪式在清水河综合治理二期项目地举行。罗成虎、徐海宁、郭亮、张隽华、罗成玉、许正清等市县领导参加海原县分会场开工仪式。中卫市委常委、海原县委书记徐海宁宣布县2019年二季度重点项目集中开工。

20日 海原县全民科学素质工作领导小组召开会议，传达学习全国全民科学素质工作电视电话会议精神，总结前一阶段全民科学素质工作，安排部署下一阶段工作。

21日 中卫市委常委、海原县委书记徐海宁主持召开海原县委2019年第29次常委（扩大）会议。

21日—22日 根据县委统一部署，2019年3月15日至5月17日，县委第七轮巡察组分别向树台乡、郑旗乡、红羊乡、甘城乡、发改局、扶贫办、财政局7个被巡察单位反馈巡察情况。

23日 中卫市委常委、海原县委书记徐海宁调研关桥乡华润希望小镇竣工仪式筹备工作。

24日 自治区人大常委会副主任董玲带领调研执法检查组，对海原县实施《宁夏回族自治区农村扶贫开发条例》进行执法检查。市县领导王自强、张隽华、罗成玉陪同调研。

△ 自治区第五督导组召开督查海原县巡视反馈意见整改落实情况汇报会。自治区第五督导组组长杨光利参加会议并讲话。海原县委书记徐海宁汇报了海原县关于自治区党委第一巡视组专项巡视海原脱贫攻坚工作反馈意见整改落实情况。

24日—25日 海原县政协主席张斌带领调研组到县内部分清真寺、道观调研宗教事务依法管理工作。

24日—26日 自治区第五督导组利用3天时间，对海原县部分乡镇、部门巡视反馈意见整改落实情况进行了督查，并召开反馈意见整改落实情况反馈会。

27日 海原县委农村工作领导小组召开2019年第1次会议。

28日 海原华润希望小镇隆重举行竣工典礼仪式。中卫市委常委、海原县委书记徐海宁主持仪式。华润(集团)有限公司董事长傅育宁，自治区政府副主席王和山为华润希望小镇揭牌。中卫市委副书记、市长李晓波，华润(集团)有限公司党委副书记、总经理王光明先后致辞。市县领导曾申平、张隽华、许正清，区、市、县相关部门负责同志等出席竣工仪式。

△ 华润(集团)有限公司董事长傅育宁一行到曹洼乡华润草畜一体化肉牛养殖基地考察。

30日 中卫市委常委、海原县委书记徐海宁主持召开海原县扶贫开发领导小组2019年第9次会议。

△ 海原县召开非洲猪瘟防控工作紧急会议，就海原县非洲猪瘟防控工作做了进一步安排部署。

海原县2017年统筹整合涉农资金，县直部门拨付率达99.97%，乡镇（管委会）支付率达99.51%；2018年统筹整合涉农资金，县直部门拨付率达95.63%，乡镇(管委会)支付率达86.62%；截至2019年6月底，统筹整合涉农资金，县直部门拨付率60.5%，乡镇(管委会)支付率10.89%。

上半年，海原县人民法院共受理各类案件4118件，审(执)结2630件，结案率达63.87%。

7月

1日 海原县委举行“不忘初心、牢记使命”庆七一集中主题党日活动。市委常委、县委书记徐海宁，人大常委会主任罗成玉、县长许正清、政协主席张斌以一个普通党员的身份与全县党员同过政治生日。

△ 中卫市委常委、海原县委书记徐海宁主持召开海原县委2019年第30次常委(扩大)会议。

3日 宁夏全区农村人居环境整治、“厕所革命”、水利重点工作、脱贫攻坚考核反馈问题整改现场推进会在银川召开。海原县分管领导及相关部门、乡镇负责人在海原县分会场参加会议。

5日 海原县委副书记、县长许正清主持召开海原县人民政府第58次常务会议。

6日—7日 由宁夏科协主办，宁夏科技馆、宁夏青少年科技活动中心、宁夏青少年科技辅导员协会承办的“送培到基层”培训班在海原县开班，来自吴忠、中卫、固原的120名科技辅导员和市(县)科协工作人员参加培训。

10日 自治区副主席刘可为一行到海原县就城市建设、脱贫攻坚、产业发展等工作开展蹲点调研，市委常委、县委书记徐海宁，市委常委、副市长曾申平陪同调研。

11日 中卫市政协副主席王谦带领视察组来海原县关桥乡冯湾村、关桥村视察农村合作经济管理工作情况。

15日 中卫市政协调研组来海原县调研宗教事务依法管理情况。县政协主席张斌陪同调研。

16日 中卫市委常委、海原县委书记、海兴开发区党工委书记徐海宁调研海兴开发区重点项目建设及招商引资工作。

△ 中卫市政协副主席吕玉兰带领视察组视察海原县人民法院立案和执行情况。

△ 海原县委副书记、县长许正清主持召开海原县2017年至2019年统筹整合财政涉农资金支付工作专题会。

18 日 海原县委副书记、县长许正清主持召开海原县人民政府第 59 次常务会议，听取全县减税降费工作进展情况汇报和 2019 年上半年经济形势运行情况汇报。

19 日 安徽省民建企联会常务副会长江连富带领安徽省民建企联会代表团来海原县考察交流。

24 日 中卫市脱贫攻坚推进大会在海原县召开。

25 日 中卫市创建全国民族团结进步示范市推进大会在海原县召开。中卫市委书记何健出席会议并讲话,中卫市委副书记、市长李晓波主持会议,自治区民委副主任刘长松应邀出席会议。

△ 海原县举办领导干部意识形态和国防形势专题学习会。自治区党委讲师团团长、教授朱天奎和湖南省国防教育研究院院长李先德教授先后作意识形态和国防教育专题讲座。

25 日—26 日 海原县政协对全县重点项目建设情况进行视察。

26 日 自治区党委召开理论学习中心组学习电视电话会,邀请中国人民大学校长刘伟作专题辅导报告。中卫市委常委、海原县委书记徐海宁,海原县人大常委会主任罗成玉,海原县政协主席张斌在分会场参加学习。

29 日 海原县委第八轮巡察工作启动。本次巡察分别派出 3 个巡察组,对西安镇、人力资源和社会保障局、工业和信息化局 3 个乡镇和部门开展为期 1 个月的巡察。

30 日 在第 92 个建军节来临之际，市委常委、县委书记徐海宁带队赴中卫军分区、武警宁夏总队中卫支队、中卫市应急救援支队,对部队官兵致以节日的问候和祝福。县委副书记、县长许正清与县委常委、人武部部长赵建云参加慰问。

△ 海原县召开机关党的建设工作推进会。

△ 宁夏深化“放管服”改革,优化营商环境电视电话会议召开。海原县组织相关单位、企业负责人在分会场参加会议。

31 日 海原县上半年经济形势分析暨优化营商环境推进会在县政府礼堂召开。中卫市委常委、海原县委书记徐海宁在会上讲了话。

△ 海原县召开“扫黄打非”工作领导小组联席会议,通报全县上半年“扫黄打非”工作开展情况,并对下半年工作做了安排部署。

上半年，海原县实现地区生产总值 19.26 亿元，同比增长 6.2%；固定资产投资完成 15.61 亿元,同比增长 21.6%;农林牧渔业完成增加值 2.02 亿元,同比增长 3.5%;服务业完成增加值 9.43 亿元,同比增长 16.8%;社会消费品零售总额 5.76 亿元，同比增长 9.1%；全县一般公共预算收入完成 1.2 亿元,同比增长 16.4%;城镇居民人均可支配收入 11213 元,同比增长 8.9%;农村居民人均可支配收入 3298 元,同比增长 12%。

8 月

1 日 中卫市委常委、海原县委书记徐海宁，海原县人大常委会主任罗成玉先后深入海原县人武部、武警海原中队及部分退伍军人家中,亲切看望慰问驻海官兵、退役老兵。

△ 海原县在文体广场举行升国旗仪式,热烈庆祝中国人民解放军建军 92 周年。徐海宁、罗成玉、许正清、张斌等县四套班子领导及县直各部门干部职工、武警官兵、公安民警和社会各界群众参加升国旗仪式。

△ 中卫市委常委、海原县委书记徐海宁主持召开海原县委 2019 年第 32 次常委(扩大)会议。

2 日 海原县委副书记、县长许正清主持召开海原县人民政府第 60 次常务会议。

△ 海原县委副书记、县长许正清调研应急管

理和消防救援工作，现场办公解决全县应急管理和消防救援工作中存在的困难和问题。

6日 中卫市人大常委会副主任马桂岚带领市人大检查组对海原县贯彻实施《中华人民共和国残疾人保障法》和《宁夏回族自治区实施〈中华人民共和国残疾人保障法〉办法》情况进行执法检查。市委常委、副市长位亮陪同检查。

8日 海原县召开脱贫人口“回头看”工作电视电话会，安排部署全县脱贫人口“回头看”工作。

△ 中卫市政协副主席付成林带领视察组，对海原县学前教育工作进行视察。副县长丁芳陪同视察。

9日 海原县政协主席张斌主持召开县政协十一届二十次常委会议。

14日 中卫市委常委、海原县委书记徐海宁主持召开海原县委2019年第33次常委（扩大）会议。

15日 海原县人大常委会检查组对海原县环境保护和县人民法院、人民检察院执法工作进行检查。

19日 海原县人大常委会主任罗成玉主持召开海原县第十七届人大常委会第二十五次会议。

20日 中卫市政协副主席吕玉兰带领调研组来海原县就“优化我市营商环境，激发中卫经济发展活力”进行专题调研。县政协主席张斌陪同调研。

22日 海原县委副书记、县长许正清主持召开海原县人民政府第61次常务会议。

25日 中卫市委常委、海原县委书记徐海宁主持召开海原县委党的建设工作领导小组2019年第2次会议。

△ 中卫市委常委、海原县委书记徐海宁主持召开海原县委2019年第34次常委(扩大)会议。

29日 海原县政协组织开展2019年政协重点提案办理调研督办工作。政协主席张斌参加督办活动。

31日 中卫市委常委、海原县委书记、海兴开发区党工委书记徐海宁到海兴开发区各项目建设点、学校、移民安置区及企业，听民声、察民情、访民意，考察各企业生产情况，现场解决项目建设和企业发展中存在的困难和问题。

9月

1日 中卫市委常委、海原县委书记徐海宁深入清水河三河镇过境段，七营镇、李旺镇、高崖乡污水处理站，县水务局等地，就清水河综合治理工程建设进展情况和水务部门重点工作落实情况进行调研。

△ 全国人大常委会专题调研组来海原县考察脱贫攻坚工作。中卫市人大常委会副主任王自强、县人大常委会主任罗成玉陪同考察。

2日 中卫市委常委、海原县委书记徐海宁，人大常委会主任罗成玉，县长许正清，政协主席张斌深入城市建设项目一线，实地调研海原县城市建设项目推进情况，并召开县城建设及生态环保工作专题会，听取了县城征地拆迁工作进展情况、2019年棚改完成情况及2020年棚改计划等情况汇报。

3日 中卫市委常委、海原县委书记徐海宁调研组织、宣传、统战工作。

△ 海原县委副书记、县长许正清主持召开海原县人民政府第62次常务会议。

4日 中卫市委常委、海原县委书记徐海宁主持召开海原县委全面深化改革委员会2019年第2次会议。

△ 中卫市委常委、海原县委书记徐海宁主持召开海原县委2019年第35次常委(扩大)会议。

8日 海原县召开农村人居环境整治、“厕所革命”、小杂粮示范基地观摩推进会。

2019年，海原县投入3000万元用于农村人居环境整治工作，截至目前，已清理农村生活垃圾7.8万吨，清理农业生产废弃物130余吨，对15个乡镇21个行政村1896户完成改厕任务，并设置2500个公益性岗位，专项招录建档立卡户，用于完善农村环境卫生保洁机制；目前，150个行政村实现村庄清洁行动全覆盖，脏乱差现象基本消除，村容村貌得到了进一步提升。

△ 徐海宁、许正清、张斌等县领导先后深入城乡各中小学看望慰问优秀教师代表。

9日 海原县召开教育大会暨“互联网+教育”示范县建设推进会。会议总结分析全县教育发展的成绩和面临的新形势，安排部署当前教育改革发展的重点任务和“互联网+教育”示范县建设工作，并对全县教育工作先进集体和先进个人进行表彰奖励。

10日 海原县委副书记、县长许正清主持召开海原县人民政府第63次常务会议。

11日 海原县人大视察组对海原县脱贫攻坚工作重点任务完成情况进行专项视察。

12日 海原县召开“不忘初心、牢记使命”主题教育工作会议。市委常委、县委书记徐海宁做动员讲话。市委第三巡回指导组组长李军出席会议并讲话。县四套班子领导、法检两长、海兴开发区管委会、甘盐池种羊场班子成员、市委第三巡回指导组成员，县委主题教育领导小组成员及办公室负责同志，各巡回指导组全体成员，各乡镇、管委会、县直各部门、各群众团体负责同志，县离退休党工委班子成员等参加会议。

15日 中国共产党海原县第十四届委员会召开第六次全体会议。

△ 海原县委常委会“不忘初心、牢记使命”主题教育读书班开班，并进行读书班第1次集中学习。市委常委、县委书记徐海宁主持会议并讲话，市委“不忘初心、牢记使命”主题教育第三巡回指导组组长李军到会指导，人大常委会主任罗成玉、政协主席张斌参加学习。

16日 由自治区农业农村厅、中卫市人民政府主办，海原县委、政府和中卫市农业农村局承办的2019年中国农民丰收节暨宁夏(海原)第四届高端肉牛大赛新闻发布会在银川举行，24家区内外各界媒体参加新闻发布会。

△ 海原县召开2019年新招录选调生座谈会。

16日—17日 海原县人大、政府、政协党组和全县各部门、各乡镇党组织分别召开“不忘初心、牢记使命”主题教育动员部署会议。

17日 海原县县委第九轮巡察工作启动。本轮巡察共派出3个巡察组，对司法局、统计局、残联、南华山管理处、地震局、科协、审计局、县志办、工商联6个县直部门和3个群团组织开展为期2个月的巡察监督。

△ 海原县安委会召开第四次全体（扩大)会议暨消安委第三次联席会议。

△ 中共海原县人大常委会党组、县人民政府党组、县政协党组分别召开“不忘初心、牢记使命”主题教育读书班开班暨第1次集中学习会议。

18日 海原县与中卫市同步举行2019年第三季度重大项目集中开工现场推进会。市委常委、县委书记徐海宁出席开工仪式并宣布海原县2019年三季度重点项目集中开工。万克军、蔡菊、秦发成等市县领导及中卫市“不忘初心、牢记使命”主题教育第三巡回指导组组长李军、县直相关部门负责人和企业代表参加开工仪式。

海原县集中开工项目共6个，投资总额近1亿元，涉及市政道路、残疾人康复中心等建设项目。

20日 中卫市委常委、海原县委书记徐海宁带领有关部门负责人，先后到牌路山森林公园、黎明社区、三岔河等地,对城市公园建设、老城区水源地保护、垃圾分类处理等工作进行调研,并现场协调解决问题。

24日 海原县召开民族宗教形势报告会。会议邀请了研究民族宗教方面的专家,围绕牢固树立马克思主义民族观宗教观、建设新时代民族团结进步示范区作了专题报告。

25日 中卫市政协主席罗成虎来海原县检查指导饮用水水源地保护工作。政协主席张斌陪同检查。

△ 中卫市人大常委会副主任王自强带领视察组来海原县调研稳定可持续脱贫工作。

26日 海原县人大视察组对海原县重点项目建设情况进行了视察。

27日 海原县委副书记、县长许正清主持召开海原县人民政府第64次常务会。

△ 中卫市政协主席罗成虎,市委常委、统战部部长杨文生,市人大常委会副主任郭亮等来海原县走访慰问了全国先进工作者、烈士遗属、退役军人等,并向全国先进工作者谢爱琴和荣获一等功的退伍军人田进文颁发了“庆祝中华人民共和国成立70周年”纪念章。

△ 海原县委副书记、县长许正清调研公安及网络安全和信息化工作。

29日 海原县委“不忘初心、牢记使命”主题教育领导小组召开第 3 次会议。市委常委、县委书记、县委主题教育领导小组组长徐海宁主持会议,市委主题教育第三巡回指导组组长李军参加会议。

28日 徐海宁、罗成玉、许正清、张斌等海原四大机关主要领导,走访慰问了建国前参加革命工作的老战士、老同志,建国后获得国家级功勋荣誉表彰奖励的先进模范人物,因公牺牲党员干部家属,烈士遗属和伤残军人,并为建国前参加工作的人员和荣立一等功的退役军人颁发“庆祝中华人民共和国成立70周年”纪念章。

截至本月底,前三季度海原县地区生产总值完成42.61亿元,同比增长6.5%;全县农林牧渔业完成增加值6.58亿元,同比增长2.8%;规模以上工业企业共有4家;完成固定资产投资27.61亿元,同比增长23.8%;全县消费品零售总额完成9.27亿元,同比增长9.2%;一般公共预算收入完成1.61亿元,同比增长3.7%;农村居民人均可支配收入5696元,同比增长12.2%,城镇居民人均可支配收入17791元,同比增长7.7%。

10月

1日 上午9时,海原县各界4000余干部群众一道在县文化广场参加“同升一面旗、同唱一首歌”升国旗仪式。

5日 海原县召开2019年秋冬季农田水利基本建设工作动员会议。

2019年,海原县计划新增高标准农田面积4.78万亩,治理水土流失面积115平方千米。新建坡改梯田3.9万亩,清淤渠道29千米,整修田间道路82千米,砌护渠道180.73千米,淤地坝除险加固工程8座,沟道整治13.5千米,建设畦田22.44万亩;增施有机肥20万亩,机深翻18.5万亩,机普翻80万亩,秸秆利用30万亩,秋季残膜回收11.73万亩;新植农田林网131.2亩。

6日—7日 海原县委第八轮巡察组向李旺镇、西安镇、高崖乡、人社局、文广局、工信商务局等被巡察单位反馈巡察情况。各乡镇、部门负责人及包乡镇领导和部门分管领导参加反馈会。

7日 海原县人大常委会举办2019年市、县人大代表集中培训班。人大常委会主任罗成玉参加培训。

8日 海原县委在县委党校举办“不忘初心、牢记使命”主题教育党支部书记第二期培训班,全县机关事业单位218名党支部书记参加培训。

9日 中卫市副市长蔡菊一行来海原县调研全域旅游创建工作。

自2016年以来，海原县已建成2A旅游景区2个，国家级自然保护区1个，打造培育乡村旅游点农家乐30个、星级饭店2家。

△ 海原县召开庆祝中国人民政治协商会议成立70周年各界人士座谈会。

10日 自治区民委第二督查调研组来海原县调研统战和民族宗教工作。中卫市委常委、统战部部长杨文生陪同调研。

11日 自治区科技厅调研组到海原县调研“以需求为导向的科技项目形成机制”落实情况。

△ 海原县人大常委会主任罗成玉带领部分人大代表对海原县十七届人大三次会议以来代表建议办理情况进行视察。

14日 海原县委召开常委班子和成员征求意见建议座谈会，听取了部分党代表、人大代表及离退休老干部和基层群众代表对县委开展“不忘初心、牢记使命”主题教育工作的意见建议。

15日 中卫市委常委、海原县委书记、海兴开发区党工委书记徐海宁深入海兴开发区，对优化营商环境、企业生产用工和重点项目建设工作进行调研，主持召开海兴开发区第29次党工委（扩大）会议。

△ 海原县委副书记、县长许正清主持召开海原县人民政府第65次常务会议。

16日 自治区政协主席崔波在海原县调研脱贫攻坚等工作。中卫市政协主席罗成虎，市委常委、县委书记徐海宁，县政协主席张斌陪同调研。

17日 福建省漳浦县考察团来海原县开展劳务协作及对口帮扶活动，向结对帮扶的红羊乡、高崖乡、树台乡捐赠了物资。

△ 海原县政协主席张斌带领调研组对全县城乡公交运行情况进行调研。

△ 中卫市委常委、海原县委书记徐海宁主持召开迎接自治区党委第三生态环境保护督察组督察准备工作专题会议，会议听取迎接自治区党委第三生态环境保护督察组督查准备工作、中央环境保护督察“回头看”及水环境问题专项督察反馈意见整改情况的汇报。

截至17日，海原县有城乡公交客运企业2家，公交客运从业人员240名，开通城市公交客运线路15条，投入公交车42辆，安装公交候车亭64个，建成乡镇等级客运站15个，乡村客运招呼站173个，基本形成了以县城为中心、以乡镇为节点的城乡公交客运网络。

17日—18日 中卫市委常委、海原县委书记徐海宁深入海城街道办黎明社区，海城镇水洼村、王井村调研基层软弱涣散党组织整顿工作并召开座谈会。徐海宁强调，要以整顿软弱涣散基层党组织为契机，提升基层党组织的战斗力、凝聚力、向心力，以为民谋利、为民尽责的实际成效取信于民。

18日 中卫市委常委、海原县委书记徐海宁调研发改局和供销社工作。

20日 中卫市委常委、海原县委书记徐海宁主持召开海原县委农村工作领导小组第2次会议。

21日 海原县委召开“不忘初心、牢记使命”主题教育集中学习会，市委常委、县委书记徐海宁为全县副科级以上党员干部作专题党课辅导。

22日 全国脱贫攻坚先进事迹巡回报告会在银川举行。海原县组织各乡镇、各部门负责人收看报告会。

24日 中卫市委常委、海原县委书记徐海宁主持召开海原县委“不忘初心、牢记使命”主题教育领导小组第4次会议暨主题教育专项整治工作推进会。中卫市委主题教育第三巡回指导组组长李军到会指导。

25日　海原县四大机关领导、海兴开发区管委会班子成员和甘盐池种羊场班子成员、县直有关部门负责人赴中卫市参观“不忘初心、牢记使命——红色档案文献展”，并开展加快高质量发展现场观摩学习活动。

28日　海原县主办的“西海固”区域公用品牌发布及产品推介会在银川成功举行。自治区农业农村厅副厅长曹凯龙、县长许正清参加发布会。

△　海原县政府党组召开“不忘初心、牢记使命”主题教育集中学习会。县长许正清向参加会议的政府领导班子成员、政府组成部门和各直属事业单位负责人及政府办党支部全体党员作专题党课辅导。

29日　自治区农业农村厅厅长王刚在海原县调研农业农村工作。县长许正清、县委副书记丁志爱陪同调研。

△　中卫市政协副主席茹小侠带领视察组视察海原县全域旅游创建工作。

△　海原县委副书记、县长许正清主持召开海原县人民政府第66次常务会议。

△　海原县政协主席张斌带领部分政协委员对全县养老服务体系建设工作进行调研。

截至目前，海原县共完成农作物种植200多万亩，牛、羊、猪、鸡饲养量分别达到27万头、158万多只、10万多头、180多万只。肉类总产量36533吨，禽蛋产量5850吨。预计实现农牧业总产值46.3亿元，纯收入18.16亿元。

30日　中卫市委常委、海原县委书记徐海宁主持召开海原县扶贫开发领导小组2019年第14次会议。

11月

1日　中卫市委常委、海原县委书记徐海宁到海原县卫健局、医保局、海城街道办南苑社区调研指导“不忘初心、牢记使命”主题教育开展情况。

△　海原县委副书记、县长许正清带领有关部门负责人，对全县生态环保工作进行调研。

4日　海原县召开高质量发展学习研讨暨2019年第三季度经济形势分析、2020年工作谋划汇报会议。中卫市委常委、县委书记徐海宁主持会议并讲话，市委主题教育第三巡回指导组组长李军到会指导。县长许正清分析三季度经济形势，安排部署四季度工作，人大常委会主任罗成玉、政协主席张斌参加会议。

5日　中卫市委常委、海原县委书记徐海宁主持召开海原县委2019年第39次常委(扩大)会议。

△　中卫市委常委、海原县委书记徐海宁主持召开海原县委审计委员会第2次会议。

△　中卫市委常委、海原县委书记徐海宁先后来到县政协、县委宣传部、“不忘初心、牢记使命”主题教育办公室、海城镇王井村，调研各党组、党支部主题教育的开展情况及存在的问题，并现场指导主题教育工作。

8日　自治区教育督导组对海原县政府2018年履行教育职责情况和小区配套幼儿园治理情况进行实地督导核查。

△　海原县第十七届人大常委会召开第二十六次会议。县人大常委会主任罗成玉主持会议。

9日　中卫市委常委、海原县委书记徐海宁到高崖乡、李旺镇、七营镇调研“不忘初心、牢记使命”主题教育，软弱涣散党组织整顿和农田水利基本建设等工作。

10日　自治区、中卫市行业部门专项检查海原县脱贫退出工作动员会在海原县召开。自治区扶贫办副主任丁建懿，中卫市委副书记马和清，中卫市委常委、县委书记徐海宁，中卫副市长张隽华出席会议。

10日—12日 自治区扶贫办、民政厅、人社厅、住建厅、交通厅、水利厅、农业农村厅、卫健委、医疗保障局、国网宁夏电力公司及中卫市相关部门通过查阅脱贫攻坚档案资料、入户走访等方式，对海原县各行业各部门脱贫退出工作进行检查。

12日 海原县委副书记、县长许正清主持召开海原县人民政府第67次常务会议。

13日 中卫市委常委、海原县委书记徐海宁主持召开海原县委常委会“对照党章党规找差距”专题会。自治区党委主题教育第五巡回指导组副组长郭小涛，中卫市委主题教育第三巡回指导组组长李军到会指导，县人大常委会主任罗成玉、县政协主席张斌列席会议。

△ 中卫市委常委、海原县委书记徐海宁到县消防救援大队、地震博物馆、人武部、地震台、应急管理局等部门调研防灾减灾工作。

14日 海原县人民政府党组召开“对照党章党规找差距”专题会。

△ 海原县政协组织调研组，对海原县《中华人民共和国土地管理法》贯彻执行情况进行调研。

18日 中卫市委常委、海原县委书记徐海宁主持召开海原县委2019年第40次常委(扩大)会议。

△ 中卫市委常委、海原县委书记徐海宁主持召开海原县退役军人事务工作领导小组2019年第3次会议，传达学习宁夏军地合力做退役军人工作经验推广交流会精神、全区退役军人安置工作电视电话会议精神，安排部署退役士兵安置工作。人大常委会主任罗成玉、政协主席张斌列席会议。

△ 中卫市委常委、海原县委书记徐海宁主持召开海原县委2019年第41次常委(扩大)会议暨“不忘初心、牢记使命”主题教育领导小组第5次会议。

21日 中卫市委常委、海原县委书记徐海宁先后深入史店乡卫生院、苍湾村卫生室、县疾控中心、妇计中心及曹洼鼠疫监测点、海城鼠疫监测点，调研全县公共卫生和疾病防控工作。

△ 海原县人大常委会组织检查组，对海原县《统计法》执行情况进行专项检查。

22日 海原县政协召开提案征集工作会议。

△ 海原县召开2019年第2次河长制联席会议。县级河长制各重点责任单位负责人、各乡镇负责人参加会议。

25日 自治区人大常委会副主任董玲带领调研组来海原县开展《宁夏回族自治区禁牧封育条例》修订调研工作。县人大常委会主任罗成玉陪同调研。

26日 海原县委副书记、县长许正清主持召开海原县人民政府第68次常务会议。

27日—28日 海原县政协开展2019年提案视察及提案提办质量互评工作。县政协主席张斌参加视察工作。

29日 海原县召开脱贫攻坚专题会议。会议学习传达了全区9个重点贫困县、区扶贫办主任视频会议精神，安排部署了迎接国务院扶贫办调研督导准备工作。县委副书记丁志爱参加会议。

12月

2日 中卫市委常委、海原县委书记徐海宁主持召开海原县委2019年第43次常委(扩大)会议。

△ 中卫市委常委、海原县委书记徐海宁主持召开扶贫开发领导小组2019年第15次会议。

2日—5日 自治区安委会第五巡查考核组对海原县安全生产和消防工作进行巡查考核。

3日 海原县召开党的十九届四中全会精神报告会暨全县理论宣讲培训会。自治区宣讲团成员、党史研究室副主任饶彦久作十九届四中全会精神专题报告。中卫市委常委、县委书记徐海宁，中卫市委主题教育第三巡回指导组组长李军，县人大常委会主任罗成玉，县长许正清，县级宣讲团全体成员及全县副科级以上干部参加会议。

16 日 中卫市委常委、海原县委书记徐海宁主持召开海原县委 2019 年第 44 次常委(扩大)会议。

18 日 海原县与黄河农村商业银行“乡村振兴”战略合作协议签约暨海原农村商业银行开业仪式在泰丰饭店举行。县长许正清参加签约仪式并致辞。

△ 海原县委副书记、县长许正清主持召开海原县人民政府第 69 次常务会议。

△ 海原县委副书记、县长许正清主持召开海原县农民工领导小组 2019 年第 5 次会议。

19 日 海原县人大常委会对 2019 年民生实事办理、特色产业发展、棚户区项目改造等重点工作进行视察。

22 日 海原县召开安全生产工作专题会议，传达学习全国安全防范暨专项督查工作视频会议精神，通报 2019 年全县安全生产工作情况，安排部署下一阶段重点工作。中卫市委常委、县委书记徐海宁参加会议并讲话，县长许正清主持会议。

23 日 中卫市委常委、海原县委书记、海兴开发区党工委书记徐海宁调研海兴开发区工业企业生产经营情况及安全生产工作。

27 日 海原人大常委会主任罗成玉主持召开县第十七届人大常委会第二十七次会议。

29 日 中卫市委常委、海原县委书记徐海宁主持召开海原县委 2019 年第 45 次常委(扩大)会议。

31 日 海原县召开 2019—2020 年冬春季重大动物疫病防控工作会议，安排部署今冬明春重大动物疫病防控工作。

△ 海原县政协召开十一届二十一次常委会议。

31 日 海原县十七届人大常委会召开第二十八次会议。

是年 海原县森林资源保护情况良好，累计完成造林任务 11.84 万亩，完成自治区下达任务的 107.6%、县级任务的 101.9%。

组织机构与负责人

中国共产党海原县委员会

书　记　　徐海宁
副书记　　许正清(回族)
　　　　　濮　实(挂职)
　　　　　郝振明(挂职)
　　　　　丁志爱(2月任职)
常　委　　赵建云
　　　　　蓝主保(挂职,1月任职)
　　　　　刘淑芳(女)
　　　　　白　旭(回族)
　　　　　田玉宝(回族)
　　　　　郭玉峰(挂职)
　　　　　李彤宇
　　　　　薛军勇
　　　　　吴秉凯

海原县人大常委会

主　任　　罗成玉(回族)
副主任　　但　升
　　　　　段成宝
　　　　　杨正福(回族)

海原县人民政府

县　长　　许正清(回族)
副县长　　薛军勇
　　　　　蓝主保(挂职,1月任职)
　　　　　丁　芳(女,回族)
　　　　　金钟河(回族)
　　　　　罗永珍(回族)
　　　　　王永军(挂职)
　　　　　孙占宏(2月任职)
　　　　　张赞军
县长助理　许坤煌(挂职,1月任职)

中国人民政治协商会议海原县委员会

主　席　　张　斌(2月任职)
副主席　　杨常林(回族)
　　　　　米力芳(女)
　　　　　柳　璞

中国共产党
海原县纪律检查委员会

书　记　　李彤宇
副书记　　田风奇(回族,5月调职)
　　　　　马福俊
　　　　　杨立廷(回族,5月任职)
常　委　　王国强(回族,1月调职)
　　　　　马　宁(回族,5月任职)
　　　　　马　杰(回族)

海原县监察委员会

主　任　　李彤宇(1月任职)
副主任　　田风奇(回族,5月调职)
　　　　　马福俊
　　　　　杨立廷(回族,4月任职)
委　员　　王国强(回族,1月调职)
　　　　　马　杰(回族)
　　　　　马　宁(回族,5月任职)
　　　　　马亚军(回族,5月任职)

海原县人民法院

院　长　　王意宏(12月调职)
　　　　　李明琮(12月任职,代理)
副院长　　杨进生
　　　　　田成国(回族)
　　　　　贺小平(回族)
审判委员会专职委员
　　　　　李进华(回族)

海原县人民检察院

检察长　　俞　敏(女)
副检察长　马占荣(回族)
　　　　　田晓荣(回族)
　　　　　王秉威
党组成员　李建保(回族)
　　　　　马　宇(回族)
检察委员会专职委员
　　　　　田风海(回族)
　　　　　田　龙(回族)

中国人民解放军
海原县人民武装部

部　长　　赵建云
政　委　　赵元学

海原县委工作部门

办公室

主　任　　(空缺)
副主任　　李小锋(回族,1月调职)
　　　　　田　平(回族)
　　　　　顾一凡
　　　　　常贤明(回族)
保密局局长　田　平(兼)
督查室主任　常贤明(兼)
机要局局长　顾一凡(兼)
专职副局长　马进龙(回族)
档案局(馆)局(馆)长
　　　　　马　廉(回族)

组织部

部　长　　刘淑芳(女)
常务副部长　王存栋
副部长　　周宏财(回族)
　　　　　王　成(回族,4月任职)
　　　　　秦　勇(4月任职)
部务委员　田彦贵(回族,4月调职)

县直机关工委

书　记　　刘淑芳(兼)
副书记　　王存栋(兼)

老干部局

局　长　　王存栋(兼)

离退休干部党工委

书　记　　王存栋(兼)
专职副书记　徐　虎

县非公有制经济组织和社会组织党工委

书　记　　周宏财(兼,4月任职)
专职副书记　马建勋(回族,5月任职)

宣传部

部　长　　吴秉凯
常务副部长　石万满
副部长　　刘风贵(回族)
融媒体中心(广播电视台)副主任(台长)
　　　　　马启峰(回族)

统战部

部　长　　白　旭(回族)
常务副部长、民族宗教事务管理局局长
　　　　　王占福(回族)
副部长　　马志福(回族)
　　　　　王小平(回族)
　　　　　张东雄

政法委

书　记　　童　颢
常务副书记　高　勇(回族)
副书记　　田成龙(回族)

政研室

主　任　　包国成
副主任　　田彦贵(回族,4月任职)

机构编办

主　任　　石彦才(回族)
副主任　　王彦宏(回族)
　　　　　杨　梅(女、回族,5月任职)

巡察办

主　任　　王国强(回族,1月任职)
副主任　　白翠萍(女,1月任职)

网信办

主　任　　马海军(回族,1月任职)
副主任　　马进堂(回族,1月任职)

海原县委直属事业单位

党校(行政学校)

校　长　　郝振明(兼)
常务副校长　魏克军
副校长　　马占祥(回)
　　　　　李　力(回)

海原县人大常委会工作部门

办公室

主　任　　马仲元(回族,1月任职)

法制工作委员会

主　任　　杨正军(回族)

财政经济与农业和环境保护工作委员会

主　任　　马彦斌(回族,任至1月)
　　　　　陈富荣(回族,1月任职)

教育科学文化卫生工作委员会

主　任　　马彦虎(回族)

代表联络选举与民族宗教外事侨务工作委员会

主　任　杨林学(回族)

海原县人民政府工作部门

办公室

主　任　马海军(回族,1月调职)

党组书记、副主任

马维国(回族)

副主任　马应强(回族,1月调职)

李　瑛(回族)

黎恩生(回族,1月任职)

刘镇洁(挂职,4月任职)

督查督办室主任

冯彦茂(12月任职)

信访局

局　长　马应强(兼,1月调职)

黎恩生(兼,1月任职)

副局长　马彦贵(回族)

发展与改革局

局　长　任广业

副局长　田广龙(回族,4月任职)

方成明(4月调职)

丁仁财(回族)

张继路(1月调职)

张信平(4月任职)

粮食与物资储备局

局　长　任广业(兼,9月任职)

副局长　田广龙(兼,9月任职)

财政局

局　长　田晓育(回族)

副局长　单广义(回族)

柳荫祖(1月调职)

褚桂芳(女,5月任职)

马正当(回族,4月任职)

夏志奎(挂职,4月任职)

金融工作局

局　长　田晓育(兼,9月任职)

副局长　马正当(兼,9月任职)

农业与农村局

局　长　郑海明(1月任职,5月调职)

田风奇(回族,5月任职)

副局长　张广平(4月任职)

刘一祖(4月任职)

虎尚琦(回族,4月调职)

马德友(回族,2月任职)

李永龙(回族,4月调职)

高　强(回族,挂职,5月任职)

科学技术局

局　长　高启平(1月任职)

副局长　虎尚琦(回族,4月任职)

王晖敏(1月任职)

水务局

局　长　贾治林

副局长　马应财(回族)

陈学明

田兴明(回族)

陈江波(挂职,11月任职)

交通运输局

局　长　李　云(回族)

副局长　方成明(4月任职)

田彦虎(回族)

冯克勇(4月任职)

住房和城乡建设局

局　长　刘风武(回族)

副局长　李玉龙(回族)

李　静(4月调职)

赵旭辉(4月任职)

王光明(1月调职)

冯兴伟(挂职,5月任职)

城市管理综合执法局

局　长　刘风武(兼,9月任职)

副局长　赵旭辉(兼,9月任职)

人防办主任　刘风武(兼,9月任职)

教育体育局

局　长　马天科(回)

副局长　刘正权

马得福(回)

李占平(回,4月调职)

马汉学(回)

教育督导室

主　任　马天科(兼,9月任职)

副主任　马得福(兼,9月任职)

民政局

局　长　冯国虎(回族)

副局长　买玉珠(回族)

麦　荣

应急管理局

局　长　马守玉(回族,1月任职)

副局长　冯　智(4月任职)

田术吉(回族,4月任职)

李忠荣(回族,4月任职)

司法局

局　长　安　云

副局长　马汉贵(回族)

杨彦虎(回族)

公安局

局长、党委书记

张赞军

政委、党委副书记

罗廷朝

副局长　金　武(回族)

杨宝林

杨占奇(回族)

赵紫峰(4月任职)

党委委员　田玉成(回族)

人力资源与劳动保障局

局　长　郑海明(5月任职)

副局长　田玉仓(回族,任至5月)

马　琳(回族)

仇建国(回族)

就业创业和人才服务局

局　长　锁鹏珠

副局长　张学昌(回)

社会保险事业管理局

局　长　陈冬子(回族,3月调职)

马卫东(回族,4月任职)

副局长　马卫东(回族,任至4月)

罗　玉(回族,4月调职)

自然资源局

局　长　罗成礼(回族,1月任职)

副局长　田建彪(4月任职)

李成贵(回族,任至4月)

李　静(4月任职)

田小武(回族,4月任职)

林业和草原局

局　长　罗成礼(兼,9月任职)

副局长　田小武(兼,9月任职)

文化旅游广播电视局

局　长　李德军(回族)

副局长　胡有武

李进兴(回族,任至4月)

张　荣

文物局

局　长　李德军(兼,9月任职)

副局长　张　荣(兼,9月任职)

审计局

局　长　　包兆武
副局长　　杨平贤(回族)
　　　　　李学贵(回族,4 月调职)
　　　　　冯进寿

扶贫办

主　任　　穆　华(回族)
副主任　　束红岩(任至 2 月)
　　　　　高　敏(回族,挂职)
　　　　　余正帮(回,挂职)
　　　　　杨建军(回,9 月调职)
　　　　　周　玲(女、回族,2 月任职)
　　　　　李　军(2 月任职)
　　　　　肖瑞清(挂职,5 月任职)
　　　　　李文福(回族,9 月任职)
　　　　　李万贵(回族,挂职)

卫生健康局

局　长　　卢俊福(回族,1 月任职,3 月调职)
　　　　　屈文彬(4 月任职)
副局长　　田兴贵(回族,4 月任职)
　　　　　田风总(回族,4 月任职)
　　　　　田进生(回族,4 月任职)

医疗保障局

局　长　　薛正东(回族,1 月任职)
副局长　　樊　军(1 月任职)
　　　　　罗玉奎(回族,4 月任职)

市场监督管理局

局　长　　屈文彬(1 月任职,4 月调职)
　　　　　单进虎(回族,4 月任职)
副局长　　田海英(回族,4 月调职)
　　　　　杨进林
　　　　　张汉东(回族,9 月调职)
　　　　　马玉旺(回族,任至 4 月)
　　　　　张汉祥(回族,4 月任职)

工业信息化和商务局

局　长　　李铭臣(回族,1 月任职)
副局长　　田海英(回族,4 月任职)
　　　　　周金平(回族,4 月任职)

统计局

局　长　　田进虎(回族)
副局长　　马会珍(女)
　　　　　李学贵(回族,4 月任职)

退役军人事务局

局　长　　田　波(回族)
副局长　　马月德(回族)
　　　　　张汉旭(2 月任职)

审批服务管理局

局　长　　马正福(回族,1 月任职)
副局长　　赵全国(回族,1 月任职)

海原县人民政府直属事业单位

地震局

局　长　　刘　刚(回族)
副局长　　罗贵山(回族)
　　　　　张世耀(任至 5 月)

地方志编纂委员会办公室(党史研究室)

主　任　　田玉龙(回族)
副主任　　张英霞(女,11 月调职)
　　　　　段玉梅(女)

南华山自然保护区管理处

主　任　　李　瑞(回族)
副主任　　魏学理
　　　　　马宏福(回族,5 月任职)

机关事务服务中心

主　任　　李文平(回族)
副主任　　秦　勇(4 月调职)
　　　　　曹　瑾(5 月任职)

供销社

主　任　　肖东坡
副主任　　杨彦林(回族)

海原县政协工作部门

办公室
主　任　　杨文珂(回族)
副主任　　闫　财
提案与文史资料委员会
主　任　　田春宝(回族)
专职副主任　马应强(回族,1月任职)
经济法制与环境保护委员会
主　任　　马风槐(回族)
专职副主任　杨　华(回族)
科教文卫体与民族宗教委员会
主　任　　马仲明(回族)
专职副主任　马万生(回族)

海原县群众团体

总工会
主　席　　杨常林(兼)
常务副主席　马彩虹(女)
副主席　　李颖宇(女,回族)
　　　　　顾　娟(女,兼)
　　　　　马治兰(女,回,挂职)
女工委主任　李颖宇(兼)
经审会主任　李正庭(回)
共青团县委
书　记　　贺小军(回族)
副书记　　太耀坤
　　　　　魏世英
妇女联合会
主　席　　张晓霞(女)
副主席　　李文霞(女,回族)
　　　　　邵淑霞(女)
工商业联合会
会　长　　田禧裕(回族,4月调职)
　　　　　田　埂(回族,4月任职)
副会长　　田振国(回族)
　　　　　杨守图(回族,任至4月)
科学技术协会
主　席　　田彦秀(女,回族)
副主席　　马　彪(回族)
　　　　　张怀东
残疾人联合会
理事长　　郭维廉(女)
副理事长　马志强(回族)
　　　　　田贵川(回族)
伊斯兰教协会
会　长　　马宏吉(回族,不驻会)
常务副会长　金录岐(回族)
副会长　　李江阳(回族)
　　　　　李玉海(回族)
文学艺术联合会
主　席　　李存福(回族)
副主席　　黄　勤
　　　　　胡玉蓉(女)

学校　医院

海原县第一中学
校　长　　王宗龙
海原县回民中学
校　长　　马兴旺(回族,任至5月)
　　　　　卢俊才(回族,5月任职)
海原县兴海中学
校　长　　岳海伟(5月任职)

海原县职业教育中心

校　长　　郭志宏

海原县第二中学

校　长　　卢俊才（回族，5月调职）

　　　　　杨　成（回族，5月任职）

海原县第三中学

校　长　　李彦豹

海原县第四中学

校　长　　罗　军（回）

海原县第五中学

校　长　　李占平（回）

海原县第一小学

校　长　　曹　鹏

海原县第二小学

校　长　　高学虎

海原县第三小学

校　长　　田治锋（回族）

海原县第四小学

校　长　　罗　义（回族）

海原县第五小学

校　长　　穆风虎（回族）

海原县回民小学

校　长　　单万杰（回族）

海原县人民医院

院　长　　黄录宁

海原县中医医院

院　长　　马尚钰（回族）

海原县驻军

海原县公安消防大队

大队长　　赵东铂

教导员　　冯凌波

中卫市公安消防支队海原县中队

中队长　　韩文明

指导员　　谢伟明

中国人民武装警察部队海原县中队

中队长　　申立涛

指导员　　杨小光

区、市属驻海单位

海原县国家税务局

局　长　　邓小东（回族）

副局长　　顾学文（回族）

　　　　　董新民

　　　　　刘宗河

纪检组长　王志卫

中卫市生态环境局海原分局

局　长　　张汉东（回族）

海原县气象局

局　长　　杨文宝

副局长　　马慧萍（女）

海原县农调队

队　长　　马晓亮（回族）

国家电网海原县供电公司

经　理　　马国锋（回族）

海原县烟草专卖局（烟草公司）

局　长（经理）

　　　　　罗淑莉（女）

中国农业银行海原县支行

行　长　　王　伟

海原县农村信用合作联社

理事长　　张　念

主　任　　穆义元（回）

监事长　　王志强（回）

中国邮政储蓄银行海原县支行

行　长　　刘　静

建设银行海原县支行

行　长　　王新国

宁夏银行海原县支行

行　长　　李永刚

石嘴山银行海原县支行

行　长　　张　鹏

中国人寿保险公司海原分公司

经　理　　丁成果(回)

中国财产保险公司海原分公司

经　理　　任　佳

海原县盐业管理局

局　长　　杨风义(回族)

海原县邮政公司

经　理　　冶　华

副经理　　李海峰

中卫市住房公积金管理中心海原分中心

主　任　　包兆文

副主任　　田生智(回族)

中国电信海原分公司

经　理　　严海军

中国移动海原分公司

经　理　　贾　辉

中国联通公司海原分公司

经　理　　訾少强

宁夏广电网络公司海原分公司

经　理　　马云清(回族)

中国石油中卫销售公司海原片区

经　理　　徐建军

海原新华书店

经　理　　邓永清

乡、镇、管委会

海城镇

党委书记　　李成文(回族)

副书记、镇长　　杨卫国

人大主席　　田　瑞(回族,2月调职)

　　妥成军(回族,2月任职)

纪委书记　　夏学鹏

副镇长　　李增明(回族)

　　任艳秀

人武部长　　杨有贵(回族,2月调职)

　　曹宏远(2月任职)

组织委员　　马正伟(回族)

三河镇

党委书记　　宋志鹏(回族)

副书记、镇长　　白向平

人大主席　　田志鹏(回族)

副书记　　刘　顺

纪委书记　　马阳青(回族,2月调职)

　　王有虎(回族,2月任职)

副镇长　　李学虎(回族)

　　马瑞蓝(女,回族)

　　马治锋(回族)

人武部长　　田治贵(回族)

组织委员　　孙晓红(女)

李旺镇

党委书记　　马建荣(回族)

副书记、镇长　　李成虎(回族)

人大主席　　李德才(回族)

副书记　　马维虎(回族)

纪委书记　　妥成君(回族,2月调职)

　　兰生明(回族,2月任职)

副镇长　　张占生(回族)

　　李　波

王　芳(女,回族)

人武部长　田海平(回族)

组织委员　李文福(回族,2月调职)

田　福(回族,2月任职)

西安镇

党委书记　李　创

副书记、镇长

洪兴志(回族)

人大主席　李海军(回族,2月任职)

副书记　杨志福(回族,2月调职)

曹国材(2月任职)

纪委书记　苟　明

副乡长　胡丁香(女)

马永远(回族)

马建福(回族)

人武部长　魏克明

组织委员　王　刚

七营镇

党委书记　马光智(回族)

副书记、镇长

宋海山

人大主席　杨　林(回族)

副书记　马阳青(2月任职)

纪委书记　黄登明

副镇长　祁国福(2月调职)

李金龙(回族)

郭维芳(女)

吕鸿选(2月任职)

人武部长　卢建宏(2月调职)

田兴国(回族,2月任职)

组织委员　秦卫民

高崖乡

党委书记　王耀玺

副书记、乡长

田　璟(回族)

人大主席　姚治军

副书记　马月芳(女,回族)

纪委书记　张德飞(3月任职)

副乡长　马晓莉(女,回族,2月调职)

张黎明(回族)

杨忠栋(回族,2月任职)

马小锋(回族,2月任职)

组织委员　丁良栋(回族)

人武部长　杨忠栋(回族,任至2月)

马　冲(回族,2月任职,5月调职)

田　原(回族,5月任职)

党委委员　丁春旺

田维全(回族)

甘城乡

党委书记　张成静

副书记、乡长

李忠国(回族)

人大主席　刘康林

副书记　詹国鹏

卢建宏(9月任职)

纪委书记　赵建华

副乡长　马志忠(回族)

蔺永平

蒙文瑞(女,2月任职)

人武部长　卢建宏(任至9月)

杨建军(回族,9月任职)

组织委员　田兴国(回族,2月调职)

李青芳(女,回族,2月任职)

党委委员　王向平

关桥乡

党委书记　白　旭(兼,任至2月)

马海燕(回族,2月任职)

副书记、乡长

郭建巍
人大主席　刘进元(回族)
副书记　李广强(回族)
纪委书记　董治耀
副乡长　李正庭(回族,2月调职)
朱德勇
马小明(回)
人武部长　王有虎(回族,2月调职)
马　龙(回族,2月任职)
组织委员　田　龙(回族)

郑旗乡

党委书记　罗发强(回族)
副书记、乡长
罗永平(回族)
人大主席　李金龙(回族)
副书记　曹国财(2月调职)
代明亮(挂职,12月任职)
纪委书记　王　华(2月任职)
副乡长　田智坤(回族)
金　强
卢泽萍(女)
人武部长　周　鹏(回族)
组织委员　马彦龙(回族)

贾塘乡

党委书记　金朝晖
副书记、乡长
杨永和(回族,3月调职)
田　地(女,回族,3月任职)
人大主席　杨　辉(回族,5月任职)
副书记　马运选(回族)
纪委书记　李永彬
副乡长　杨　辉(回族,任至5月)
蒲生荣(回族)
杨忠信(回族,2月任职)
雷　毓(5月任职)
人武部长　杨如海(回族)
组织委员　李世民(回族,2月任职)

树台乡

党委书记　麻德明(回族)
副书记、乡长
曹　昀
人大主席　余卫东(2月调职)
田　瑞(回族,2月任职)
副书记　杨　立
魏松耀
纪委书记　顾彦杰(回族,2月调职)
张渊鹏(回族,2月任职)
副乡长　马全德(回族)
马治琪(回族)
周　黎(回族,2月任职)
人武部长　肖进明(回族,任至2月)
李小虎(回族,2月任职)
组织委员　李　兰(女,回族)

红羊乡

党委书记　段富强
副书记、乡长
马海燕(女,回族,3月调职)
杨永和(回族,3月任职)
人大主席　丁　毓(3月调职)
杨志福(回族,3月任职)
副书记　马逸为
杨万龙(回族)
纪委书记　杨彦福(回族)
副乡长　马忠玉(回族)
尹雪峰
郭晓文(2月任职)
人武部长　马小军(回族)
组织委员　黄晓萍(女)

关庄乡

党委书记　张信繁

副书记、乡长

　　刘晓强(2月免职)

　　丁　毓(3月任职)

人大主席　张汉旭(1月调职)

　　余卫东(2月任职)

副书记　黄　富

　　张建宇(挂职,5月任职)

纪委书记　王建勋

副乡长　郭军红(1月调职)

　　吴春江(1月调职)

　　石洪国(2月任职)

　　冯向辉(2月任职)

人武部长　李　军(1月调职)

　　张腾飞(2月任职)

组织委员　石洪国(任至1月)

　　周小燕(2月任职)

李俊乡

党委书记　冯　帆(女)

副书记、乡长

　　田应鹏(回族)

人大主席　马小虎(回族)

副书记　李进军(回族)

纪委书记　马进虎(回族)

副乡长　马晓英(回族,女)

　　魏月峰(2月任职)

人武部长　魏月峰(任至2月)

　　常贤亮(回族,2月任职)

组织委员　杨国瑞(回族)

九彩乡

党委书记　李进渊(回族)

副书记、乡长

　　陈冬子(回族)

人大主席　郭天猛

副书记　马学虎(回族)

纪委书记　马忠贵(回族)

副乡长　罗建忠(回族)

　　罗　贵(回族)

人武部长　沙学海(回族)

组织委员　马　青(回族)

史店乡

党委书记　杨生礼(回族)

副书记、乡长

　　祁国福(2月任职)

人大主席　李金星(回族,女)

副书记　马进中(回族)

纪委书记　白云海

副乡长　张占虎(回族)

　　杨爱军(回族)

　　马海玉(回族,5月任职)

人武部长　朱杰臣(2月调职)

　　李　云(回族,2月任职)

组织委员　马瑞智(女,回族,任至2月)

　　马　青(女,回族,2月任职)

曹洼乡

党委书记　周玉宁(回族)

副书记、乡长

　　郝新城

人大主席　罗尚东(回族)

副书记　马德友(回族,2月调职)

　　罗成虎(回族,2月任职)

纪委书记　罗成虎(回族)

副乡长　陈　伟

　　王春梅(回族,女)

人武部长　罗彦平(回族)

组织委员　周　玲(女,回族,2月调职)

　　魏娇龙(女,2月任职)

海城街道办

党委书记　田风明(回族)

副书记、主任

杨　鑫(回族)

副书记、纪委书记

马进海(回族)

副主任　肖希清

马宝虎(回族)

田海梅(回族,女)

海兴开发区党工委、管委会

党工委书记　徐海宁

副书记、主任

张振红

党工委委员、副主任

周保昱

李存斌(回族)

糟会杰(回族)

办公室主任　李小锋(回族,1月任职)

财政局局长　柳映祖(1月任职)

社会事务局局长

田彦仓(回族)

建设规划局局长

王光明(1月任职)

经济发展局副局长

张继璐(1月任职)

甘盐池种羊场

党工委书记、场长

任进文

党工委副书记、副场长

田风明(回族,9月任职)

党工委委员、社会事务科科长

贺　鹏(回族)

党工委委员、党政办公室主任

李凯华(回族)

计划财务科科长

贺　鹏(兼)

综合治理科科长

赵志俊(回族)

海原综览

海原概貌

【地理位置】 海原县地处宁夏回族自治区南部山区之六盘山西北麓,位于北纬36°06′至37°04′、东经105°09′至106°10′之间。东连吴忠市同心县、固原市原州区,南毗固原市西吉县、甘肃省会宁县,西邻甘肃省白银市平川区,北靠中卫市沙坡头区。东西长约108千米,南北宽约90千米。县人民政府驻地海城镇,北至中卫市157千米,东北至银川280千米。

【历史沿革】 海原历史悠久,早在新石器时代,先民就在此地繁衍生息,创造了辉煌的"菜园文化"。春秋时期,县境为戎人牧区。战国时期,为义渠国属地。秦属北地郡。汉元鼎三年(前114年),属安定郡之安定属国。魏晋时先后受屠各、鲜卑等少数民族控制。十六国时,先后由前赵、后赵、前秦、后秦等国割据。北魏太延二年(436年)属高平镇,正光五年(524年)属原州。隋大业元年(605年)在海原县境东部置他楼县,隶属平凉郡,为海原最早的县级建置。唐武德元年(618年),他楼县隶属原州。贞观六年(632年),唐在他楼县置缘州,领突厥降户。神龙元年(705年),唐废他楼县,以其地置萧关县(县治白草军城),属原州。广德元年(763年)陷于吐蕃。大中三年(849年)唐收复萧关;大中五年(851年),以萧关置武州,领萧关县,属关内采访使。中和四年(884年),武州侨治于潘原,萧关县废。五代时(907—960年),长期受吐蕃、党项羌族控制。宋夏时期,今海原县称天都,长期属西夏控制。西夏在天都设南牟会(亦名鼐摩会)。北宋元符元年(1098年),宋夺取天都,次年筑南牟会新城,建西安州,属泾原路。大观二年(1108年),置怀德军于平夏城,县境东部属之。靖康元年(1126年),北宋灭亡,西夏复夺西安州。金天会八年(1130年),金占领西安州,隶渭州路(治今甘肃平凉)。天眷元年(1138年),金将西安州割隶南宋;天眷三年(1140年),又被金占领,仍隶渭州路。皇统二年(1142年),改隶临洮府路;六年(1146年),金以西安州等地赐西夏。南宋宝庆三年(1227年),蒙古占领西安州,属中兴府。元中统二年(1261年),属西夏中兴等路行省(今银川市)。至元七年(1270年),属新设立的亦集乃路(今内蒙古额济纳);至元十七年(1280年),西夏中兴等路行省撤销,设立甘肃中书行省,西安州属之。元初,海原县境东部沿袭金制,属镇戎州。至元七年(1270年),属陕西行省巩昌府路镇原州

（今甘肃镇原）；至元十年（1273年），归开成府路开成县管辖。明初，海原属陕西布政司平凉府管辖，被分赐楚、沐、韩、肃四藩王为牧场。洪武二十三年（1390年）置海喇都营。成化五年（1469年）置西安州守御千户所；成化十二年（1476年）置镇戎守御千户所，均属固原卫管辖。清初，海原县境归平凉府盐茶厅同治代管。乾隆十四年（1749年）盐茶同知由固原移驻海喇都（海喇都城简称海城）。同治十三年（1874年）裁厅设县，名海城，属固原直隶州。民国三年（1914年），海城县因与奉天省海城县同名，被更名为海原县，隶属甘肃省平凉专区。1949年8月11日，海原解放，属甘肃定西地区。1950年6月，复归平凉专区辖。1953年12月，改属甘肃西海固回族自治州。1958年，划归宁夏回族自治区固原地区。2004年6月，海原划归新成立的中卫市管辖。

【行政区划】 2019年年底，全县行政区划总面积为6427.2平方千米。海原县下辖海城、西安、李旺、七营、三河5个镇，树台、关庄、红羊、李俊、九彩、高崖、关桥、史店、贾塘、郑旗、曹洼、甘城12个乡，甘盐池、老城区2个管委会及南华山自然保护区管理处，有村委会168个、居委会8个。

【人口发展】 2019年，全县户籍人口131128户451550人，其中，城镇户籍人口89902人、乡村户籍人口361648人，城镇户籍人口占19.91%。2019年年底全县常住人口103046户406001人，其中，城镇常住人口128702人、乡村常住人口277299人，城镇常住人口占31.70%。全年全县出生率17.51‰，死亡率6.46‰，自然增长率11.05‰。

【文化遗存】 海原是陇山文化的重要发祥地之一，历史文化底蕴厚重，积淀了灿烂的历史文化遗存，并形成了具有鲜明特征的新石器时期菜园文化、少数民族文化、边塞文化、地震文化和红色文化等多元的地域文化。其中，新石器文化遗存主要有菜园文化遗存、水冲寺遗址、柴梁遗址等。丝绸之路文化遗存有唐代石门关、石峡关和萧关县址，以及天都山、金佛沟、元龙山、龙山凤岭、玉泉山石窟等。西夏时期的文化遗存主要有西安州古城址、萧关古城址、天都寨址、临羌寨址、荡羌寨址、通峡寨址、九羊寨址、胜羌寨址、绥戎寨址、定戎寨址等。元时期的文化遗存有蒙古堡庙、脱烈堡等。边塞文化遗存有明代边墙、干盐池城、红古城等。1920年海原大地震遗存主要有哨马营震柳、李俊海子、唐家坡田埂错断、小山地堑等。红色革命遗址主要有关桥堡会议遗址、贺家堡红二方面军总指挥部临时驻地遗址、祁家堡子西方野战红一军团临时指挥部等。截至2019年，海原县列入国家级非物质文化遗产名录3项、自治区级13项、市县级26项。

自然环境

【地形地貌】 海原县地处黄土高原西北部，属陇中山地与黄土丘陵区，群山连绵，沟壑纵横，地形破碎；地势由西南向北东倾斜，东部清水河河谷平原较平坦而开阔。县境山峰主要有南华山、西华山、月亮山、庙山、呱呱山、凤凰山等。境内最高峰为南部的南华山主峰马万山，海拔2955米，为六盘山脉第一高峰；最低点为东北部高崖乡红古村，海拔1330米。

【气候特点】 海原气候属典型中温带大陆性季风气候，春暖迟、夏热短、秋凉早、冬寒长，气候特征明显，光能丰富；温度沿等高线分布，春温回升较快；降水量少且受地形影响，雨季集中，南北干湿不均；十年九旱，风大沙多；风向多为东南风，西、西北风次之，最少为东北风。2019年，全县平均气温8.7℃，年总降水量449.8毫米，年蒸发量1309.2毫米；与历年平均值相比气温偏高1.0℃，降水增多90.8毫米，蒸发减少492.4毫米。年极端最高气温为 31.9℃，出现在 7 月 28 日和 8 月 17 日，比历史最高值低 3.7℃；年极端最低气温为 -24.2℃，出现在 1 月 24 日，比历史最低值偏高 1.6℃。降水 4 月、6 月、9 月、12 月偏少，其余各月均偏多。气温除 1 月、2 月、5 月偏低外，其余各月均偏高。年内出现大风 18 次、扬沙 4 次、大雾 2 次、沙尘暴 1 次。

【水文】 海原县境地表水系主要有清水河、祖厉河两大水系，其中清水河流域面积 6291 平方千米，占全县总流域的 97.88%。主要河道有清水河、祖厉河、西河、中河、苋麻河、石景河等。河流多为间歇河，水量小，且季节性变化大。地下水主要分布在南华山和西华山山前洪积扇区，水量较丰沛，埋藏浅且水质好。

【自然资源】 海原县地处宁夏中部干旱带，土地资源丰富，生产潜力大，且有分区发展农、林、牧业的有利条件。矿产储量少，但种类较多，主要有煤、油页岩、铜、金、铁、铅、石膏、耐火黏土、水泥用黏土、大理岩、花岗闪长岩、白云岩、硅石、砂砾石、硫铁矿、盐硝、磷、砖瓦黏土 18 种。全县野生植物 99 科 415 属 686 种，其中，木本植物 27 科 48 属 124 种、草本植物 72 科 367 属 612 种、菌类植物 8 种。野生动物主要有脊椎动物 5 类 163 种，包括鱼类 6 种、两栖类 3 种、爬行类 9 种、鸟类 107 种、哺乳类 38 种，节肢、软体、环节动物 5 种，昆虫 548 种。县境历史文化遗存资源丰富，其中新石器菜园遗址和 1920 年海原大地震遗迹尤为典型。

县域经济

【概况】 2019 年，全县实现地区生产总值增长 7%，全社会固定资产投资增长 13.6%，社会消费品零售总额增长 7.8%，地方一般公共预算收入同口径增长 7%，城乡居民人均可支配收入分别增长 8%、11%。地方财政一般公共预算收入完成 2.1 亿元，同口径增长 7%，完成预算的 100%，其中税收收入 1.27 亿元，非税收入 0.83 亿元。一般公共预算支出完成 58.61 亿元，为变动预算的 98.14%。地方政府性基金预算收入完成 3642 万元，下降 86.7%，完成调整预算的 100%。政府性基金支出完成 4.13 亿元，完成变动预算的 98.1%。居民消费价格总水平（CPI）比 2018 年同期上涨 2.1%，增幅较上年下降 1.2 个百分点；商品零售价格上涨 1.7%，增幅较上年下降 2.0 个百分点；农业生产资料价格上涨 8.0%，增幅较上年上升 1.5 个百分点。

【农业与农村经济】 2019 年，全县共完成农作物种植 200.95 万亩，其中，夏粮 15.3 万亩（小麦 10.3 万亩、豆类 5 万亩）、秋粮 131.8 万亩（玉米 31.3 万亩、马铃薯 60.2 万亩、糜谷荞 40.3 万亩）、经济作物 28.12 万亩（油料 11.2 万亩、中药材 0.42 万亩、小茴香 2 万亩、硒砂瓜 6 万亩、葱韭蒜 2.28 万亩、露地蔬菜 5.63 万亩、设施农业 0.59 万亩）、其他农作物 25.73 万亩。全县牛、羊、猪、鸡饲养量分别达到 27 万头、158.63 万只、10.15 万头、180.5 万只。存栏分别达到 13.74 万头、68.64 万只、4.57 万头、86 万只，出栏分别达到 13.26 万头、89.99 万只、5.58 万头、94.5 万只。肉类总产量 36533 吨、禽蛋产量 5850 吨。实现农牧业总产值 42.87 亿元，其中种植业 21.58 亿元、牧业 21.29 亿元。农牧渔业增加值 15.33 亿元，其中种植业 10.7 亿元、牧业 4.63 亿元。农村居民人均纯收入 3832 元，占全县农村居民人均可支配收入的 40%。

【工业经济】 2019 年，海原县实现工业增加值 6.72 亿元，比 2018 年同期下降 6.1%，占地区生产总值比重 8.8%。其中，规模以上工业增加值下降 12.1%，规模以下工业增加值增长 14.0%。全年规模以上工业企业实现利润 2.55 亿元，比 2018 年同期增长 129%。规模以上工业企业营业收入利润率 28.2%，比 2018 年同期增长 20 个百分点。

【基础设施建设】 2019年,海原县升级改造黑海、郑九等支干线公路79.2千米,新改建农村公路202千米,实施乡镇村组道路硬化252.2千米,全县路网密度和公路等级实现“双提升”,张麻公路被评为“宁夏最美农村路”。统筹实施农田水利工程项目,新增水平梯田5万亩、节灌面积1.15万亩,水土流失综合治理140平方千米。实施农村电网改造、信息化建设工程,有需求的自然村全部通动力电和宽带网。全年固定资产投资目标任务为41亿元,同比增长10%以上。

【招商引资】 2019年,海原县实施招商引资区内外项目29个,完成到位资金27.836亿元,完成目标任务30亿元的92.79%。

社会事业

【社会保障】 2019年,海原县企业职工基本养老保险参保18912人,完成目标任务18571人的102%,征缴保险费22013万元;机关事业单位养老保险参保12623人,完成目标任务12334人的102.26%,征缴保险费14911万元;失业保险参保9592人,完成目标任务9592人的100%,征缴保险费613万元;工伤保险实施全民参保计划,实现项目参保全覆盖。共有415个项目单位办理了参保,其中新建158个、续建31个,参保12502人,完成目标任务12000人的104.18%,征缴保险费478万元;城乡居民养老保险参保160210人,完成目标任务160100人的100.1%,征缴保险费1391.21万元;被征地农民参保601人,征缴保险费1916万元。

【教育事业】 2019年,全县共有学校338所。小学259所、中学22所、职业技术学校1所、特殊教育学校1所、幼儿园55所。全县共有教学班2385个,共有在校学生87913人,其中女生43162人(占49.1%),少数民族学生75028人(占85.34%)。其中,学前幼儿学生16538人、小学阶段在校学生39317人、初中阶段在校学生20510人、普通高中在校学生8293人、中等职业在校生3187人(全日制2432人、非全日制755人)、特教学校在校生68人。全县有寄宿制学校32所(小学9所、一贯制7所、初级中学12所、高级中学2所、完全中学1所、职业技术学校1所),住校生27279人(小学2515人、初中15828人、高中6504人、职中2432人)。全县4至6周岁幼儿20112人,应入学20111.5人、入学16590人,入学率82.49%。全县7至12周岁适龄儿童49810人,缓免入学13人,应入学49797人,入学49797人,入学率100%;13至15周岁初中适龄人口22512人,缓免入学22人,应入学22490人,入学22240人,入学率98.89%;16至18周岁高中适龄人口20601人,在高中阶段学校就读19019人,高中阶段毛入学率为92.32%。有教职工4696人。

【卫生事业】 2019年,全县共有各级各类卫生健康机构202家,其中综合医院1家,中医医院1家,乡镇卫生院19家,社区卫生服务站2家,民营医院2家,标准化村卫生室157家,诊所、卫生所、医务室17家,专业公共卫生机构3家;实有床位数1446张,每千人拥有病床3.56张;卫生技术人员1404人,每千人拥有卫生技术人员3.46人;全县有在册执业(助理)医师总数534人,每千人拥有执业(助理)医师1.32人。5岁以下儿童死亡率为8.5‰,婴儿死亡率5.6‰,产妇住院分娩比例为100%。

【文化建设】 2019年,新建完成海原县文化馆;新建关桥乡和海城镇2个文化站;完成苍湾成林、三河秉宏等10个文化大院示范点建设;完成高崖乡、三河镇等9个文化站分馆示范点建设,实现乡镇分馆全覆盖。投入206万元为全县111个村综合文化服务中心、42个农民文化大院、9个民间业余文艺团队、129个广场舞队配套了相关设施设备,完成全县应急广播体系建设,基层文化服务体系更加完善。围绕中华人民共和国成立 70 周年大庆，编排完成 20 个精品文艺节目，深入开展送戏下乡扶贫演出 152 场次；全面开展农村数字电影放映宣传活动，放映婚丧嫁娶树新风、禁毒宣传、健康教育等数字电影 2380 场。

【脱贫攻坚】 2019 年，全县整合扶贫涉农资金 7.6 亿元，补入农村自来水 1.2 万户，自来水普及率达到 99%、供水保证率达到 100%；改造农村危房 8726 户，实现农村安全住房全覆盖；17 个移民集中安置点全部回迁入住。购买建档立卡公益性岗位 3253 人，兑付劳务奖补资金 2516 万元。争取资金 4122 万元，资助贫困学生 52039 人次，义务教育阶段因贫失学、辍学学生全部清零。贫困患者基本医保、大病救治、家庭医生签约服务实现全覆盖。争取闽宁资金 5300 余万元，建成 17 个扶贫车间、史店卫生院等一批闽宁帮扶项目，引进卡立方、金邦芯片等闽籍企业，闽宁协作实现从“一家企业”到“一个产业”的“聚”变。华润定点帮扶、“百企帮百村”等社会帮扶深入推进。年内脱贫出列贫困村 5 个，减贫 5646 户 19253 人，累计减贫 25476 户 99788 人，126 个贫困村全部脱贫出列，44 个深度贫困村全部稳定退出，全县综合贫困发生率降至 0.83%，坦诚接受了市级初审、自治区和国务院扶贫办第三方专项评估，“基础母牛银行”模式和安全饮水、安全住房、健康扶贫等工作得到了国务院扶贫督导组的充分肯定，达到了贫困县退出标准。

中国共产党海原县委员会

综 述

【概况】 2019年，海原县委常委会对党中央和区市党委召开的重要会议、出台的重要文件、部署的重要工作，第一时间传达学习、研究部署、抓好落实。全面贯彻中央和区市党委关于推动高质量发展的要求，召开县委十四届六次全会，制定出台《关于推动高质量发展的实施意见》《关于加快补齐全面建成小康社会短板的实施方案》，以转型追赶、高质量发展补齐全面建成小康社会短板弱项。党的十九届四中全会和自治区党委十二届八次、九次全会以及市委四届七次、八次全会闭幕后，县委常委会、县委理论学习中心组第一时间传达学习，对学习培训、宣传宣讲、贯彻落实作出部署，在全县迅速兴起学习宣传贯彻热潮。

【"不忘初心、牢记使命"主题教育】 2019年，海原县委把开展主题教育作为砥砺初心使命的难得机遇、推动解决问题的有利契机、密切党群干群关系的重要途径，聚焦学习贯彻习近平新时代中国特色社会主义思想主线，牢牢把握"守初心、担使命，找差距、抓落实"的总要求，严格标准，注重质量，精心制定方案，分级分类指导，狠抓问题治理，扎实有力推进。县委常委会以上率下，把主题教育与脱贫攻坚等重点工作有机结合起来，坚持开门搞教育，深入基层调查研究，奔着问题去、揪着问题改，把学习教育、调查研究、检视问题、整改落实贯穿始终，形成调研报告12篇，检视问题173个，有效解决了一批群众的操心事、揪心事、烦心事。各基层党组织和广大党员同频共振、全覆盖参与，抓学习、摆问题、剖根源、促整改，推动主题教育往深里走、往实里走、往心里走。全县党员干部理论武装得到强化，思想政治受到洗礼，担当作为劲头有效提振，解决问题能力不断提升，自我革命精神很好彰显，在增强"四个意识"、坚定"四个自信"、做到"两个维护"上认识更加深刻、态度更加坚决、行动更加自觉，各级领导班子的凝聚力、战斗力进一步增强，勤政为民务实的作风进一步强化，全县政治生态更加风清气正。

【庆祝新中国成立70周年】 2019年，海原县委把办好新中国成立70周年庆祝活动与学习贯彻习近平新时代中国特色社会主义思想结合起来，突出政治性、思想性、群众性、实效性，组织全县干部群众收听收看国庆70周年大会直播，举办万人"同升一面旗、同唱一首歌""礼赞新中国　奋进新时代"等

179 场次庆祝活动，讴歌新中国成立 70 年来的光辉历程和伟大成就，展现海原 70 年来的巨大变化和丰硕成果，极大激发了全县上下的自信心和自豪感，极大增强了干部群众的向心力和凝聚力，更加坚定了中国特色社会主义的道路自信、理论自信、制度自信和文化自信。干部群众把满腔政治热情和爱国情怀转化为勇于担当、积极作为的精神动力，转化为立足岗位、奋发工作的实际行动，催生了奋进新时代的积极性、主动性和创造性。

【脱贫攻坚】 2019 年，海原县委先后整合投入扶贫涉农资金 7.6 亿元，补入农村自来水 1.2 万户，自来水普及率达到 99%、供水保证率达到 100%；通过“四种途径”“八个一批”改造危房 8726 户，农村 C、D 级危房全部销号，D 级危房全拆除，城乡面貌焕然一新；适龄儿童因贫困失学辍学全部“清零”，贫困患者基本医保、大病救治、家庭医生签约服务实现全覆盖，弱势困难群众“应保尽保”“应兜尽兜”，产业扶贫、金融扶贫、生态扶贫、电商扶贫、易地搬迁政策全面落实，为群众稳定可持续脱贫奠定了坚实基础。当年出列贫困村 5 个、减贫 5646 户 19253 人，累计减贫 25476 户 99788 人，126 个贫困村全部脱贫出列，44 个深度贫困村全部稳定退出，综合贫困发生率下降至 0.83%，具备了脱贫摘帽条件。“基础母牛银行”模式和安全饮水、安全住房、基本医疗保障等工作得到国务院督导检查组的充分肯定。

【理论武装】 2019 年，海原县委坚持把学习贯彻习近平新时代中国特色社会主义思想作为重大政治任务，持续在学懂弄通做实上下功夫，扎实推动学习贯彻走深走实走心。全年县委理论学习中心组集体学习 23 次，专题交流研讨 19 次，举办各类专题培训班 20 期。全面开展脱贫攻坚、民族宗教等政策宣讲，深入推进“两学一做”学习教育常态化制度化，广泛推行学习强国平台应用，全县党员干部学习贯彻的自觉性坚定性明显增强。

【问题整改】 2019 年，海原县委准确把握巡视督察检查工作的政治性、严肃性、权威性，自觉接受监督检查，主动认领反馈问题，压实整改责任，强化跟踪问效，扎实推动中央扫黑除恶督导、中央宗教工作督查、国务院扶贫开发领导小组督查、自治区党委巡视和脱贫攻坚专项巡视反馈问题整改，高质量完成各项整改任务，并建立长效机制。

【特色产业】 2019 年，海原县委紧盯“一主四特”优势特色产业发展，建立“普惠 + 特惠”扶持政策，着力在引龙头、建基地、抓示范、树品牌、跑市场上下功夫，围绕富硒功能农业、旱作有机农业、高效节水农业，着力打造“三带两园六基地”，建成示范基地 26 个，培育农业新型经营主体及社会化服务组织 724 家，引领产业转型发展。突出草畜主导产业，依托“基础母牛银行”模式，累计向 117 个村 9400 户群众赊销西门塔尔基础母牛 30871 头，饲养量达到 27 万头，制订高端肉牛产业发展规划，完善产业发展“六大体系”，草畜产业的组织化、规模化程度明显提升。围绕马铃薯、枸杞中药材、瓜菜、小杂粮特色产业，大力实施新品种、新技术、新模式推广运用，质量与效益大幅提升。大力实施品牌强农战略，成功举办了宁夏(海原)第四届高端肉牛大赛、“西海固”区域公用品牌发布会和系列农特产品推介会，有力拓展特色农产品营销渠道，提高了市场影响力和知名度。

【新兴产业】 2019 年，海原县委以“高质高效招商引资年”活动为抓手，突出以商招商、精准招商、产业链招商、县区一体招商，成功引进闽宁纺织、深圳卡立方、安徽联富汽贸、四川新希望万头奶牛等 28 个企业落地并陆续投产，实现到位资金 30.04 亿元。全面落实降成本“30 条”和支持民营经济发展若干政策，全年减税降费 5168 万元，带动新增各类企业 428 户、个体工商户 1425 户。完善全域旅游规划，启动全域旅游示范县创建工作，成功举办系列乡村文化旅游节，促进全县旅游产业破题发展。扎实开展电子商务示范县建设，开通代购代卖、代缴代取、小额金融服务、农资采购等便民服务，激活农村消费市场。围绕“四大离土”产业，以就业需求为导向，转观念、强技能、建基地、抓就业、带创业，完成技能培训9037人，转移就业8.82万人，创收13亿元以上。

【营商环境】 2019年，海原县委不断深化“放管服”改革，有效整合39个部门716项审批服务事项，基本实现“一次性告知、一窗式受理、一站式办理”。建成社会投资项目并联审批平台和工程建设项目审批平台，推行登记注册全程电子化、“44证合一”，为企业发展提供更加便捷高效的服务。巩固拓展全国基层政务公开标准化规范化试点工作经验，大力推行“互联网+政务服务”模式，县级政务服务事项不见面办理率提高到80.5%。拓展延伸政务服务体系和服务范围，83个县直单位和所有乡镇、村（社区）全部接入电子政务外网，实现了“数据多跑路、群众少跑腿”。引进设立建设银行海原支行，挂牌成立农村商业银行，新增4个乡镇金融服务网点，大力开展信用体系建设，持续创新金融服务环境，设立农业产业、民营企业发展担保基金，撬动银行贷款60.31亿元，企业融资难问题得到缓解，荣获自治区“金融环境创建奖”。

【风险防范化解】 2019年，海原县委坚持底线思维，增强忧患意识，举办专题培训班，对政治安全、意识形态、民族宗教等领域风险全面摸底排查，科学制定对策，积极主动应对。加强政府债务动态监测，积极化解存量，坚决控制增量，圆满完成年度化解任务，顺利退出债务风险提示地区，被评为绿色等级。加强防控金融风险，采取差异化、有针对性的办法，治乱象、抓规范、强监管，建立信贷定期监测预警制度和联合清贷机制，坚决清理逾期不良小额贷款。

【城乡建设】 2019年，海原县委坚持以项目建设为抓手，扎实开展“项目提质增效年”活动，全年续建新建项目98个，有力破解了一些瓶颈制约，进一步夯实了发展基础。编制完成《海原县“一带两廊”发展规划（2018—2035）》，稳步推进县城棚户区改造，完成棚改1058套，建成东城、向阳、西湖二期安置小区并回迁安置，新修和改造提升了一批市政道路、运动广场、休闲公园、停车场、公共服务等基础设施，县城综合服务功能进一步完善。调整优化海兴开发区“一园三区”功能布局，持续完善基础设施与公共服务，加快推进生态园区、绿色工厂建设，坚决清理“僵尸企业”，有效盘活土地118亩，扎实推进园区管理体制改革，县区一体化发展机制更加顺畅。高标准建成关桥华润希望小镇，有序规划建设4个特色集镇，打造3个美丽村庄，示范引领乡村振兴。扎实开展城乡环境综合整治，大力实施农村“厕所革命”，创新农村垃圾收集运转模式，完善农村环境网格化管理机制，城乡环境面貌大幅改观。

【基础设施】 2019年，海原县委紧盯路、水、电、讯等瓶颈制约，升级改造黑海、郑九等支干线公路79.2千米，新改建农村公路202千米，实施乡镇村组道路硬化252千米，全县路网密度和公路等级实现“双提升”，张麻公路被评为“宁夏最美农村路”。统筹实施农田水利工程项目，新增水平梯田5万亩、节灌面积1.6万亩，水土流失综合治理67平方千米。实施农村电网改造、信息化建设工程，有需求的自然村全部通动力电和宽带网。

【生态环境】 2019年，海原县委大力实施生态立县战略，坚决打好蓝天、碧水、净土“三大保卫战”，全面推进柴油货车整治、燃煤锅炉淘汰，严格落实“六个100%”扬尘防控措施，“零容忍”查处秸秆焚烧行为，以最严措施巩固禁牧封育成果，全县空气质量优良天数保持在94%以上。全面落实河湖长制,持续开展清水河等重点河流综合治理、美丽河湖建设、携手保护母亲河“清四乱”专项行动,依法从严整治非煤矿山及河道非法采砂,关停砂厂31个、砖厂25个,多年遗留的乱采乱挖现象得到有效遏制。农村面源污染得到有效控制,土壤环境风险得到基本管控。持续开展大规模国土绿化行动和经济林建设,完成林草建设任务11.84万亩,全县生态环境质量持续改善提升,荣获“全国生态建设贡献奖”。

【教育事业】 2019年,海原县委紧扣立德树人目标,持续落实教育经费投入“三增长”原则,新建、改扩建校舍面积12.6万平方米,新开办幼儿园33所,新增幼儿班107个,全县学前教育毛入园率提高到82.1%。扎实推进“互联网+教育”示范县建设,学校网络覆盖率达到95%,实现信息技术与教育教学有效结合,促进优质教育资源下沉,推动义务教育优质均衡发展、普通高中优质特色发展、职业教育优质创新发展。持续深化教育改革,狠抓校长、学科带头人、骨干教师三支队伍建设,完善师德师风考核机制、教师职称评审评价体系,落实乡村教师支持计划,全面推进依法治校,师德师风显著改善,重教兴学氛围更加浓厚。

【医疗卫生服务】 2019年,海原县建成中医院、妇幼保健院、6个标准化村卫生室,改扩建4个乡镇卫生院,加快推动“互联网+医疗健康”示范县建设,县乡村三级医疗机构实现电子政务外网和医保光纤全覆盖,村级卫生室全部开展医保核销服务。着力推动公立医院改革,全面落实“先诊疗、后付费”政策,27家定点医疗机构全部推行“一站式”结算服务,加强基本药物配备和非基本药物下沉,极大地方便了群众看病就医。持续加强基本公共卫生服务,规范实施妇幼健康项目、医疗民生项目,全面落实传染病、地方病综合防控措施,坚持计划生育基本国策,扎实推进健康海原建设。

【社会保障体系】 2019年,海原县全面落实基础养老金正常调整机制,统筹提高医疗保险财政补助标准,逐步扩大养老保险、失业保险、工伤保险参保覆盖面。推进最低生活保障审核审批改革,提高农村低保补助标准,推行农村低保与扶贫政策两项制度衔接,做到“应保尽保、应退尽退、动态管理”。完善临时救助、医疗救助、救灾救助机制,全面加强养老服务、困境儿童、残疾群众生活保障工作,最大程度保障困难群众基本生活。全面加强退役军人服务保障工作,成立县乡村三级服务体系,完成退役军人安置任务,提升优抚对象抚恤待遇,优先支持学历教育,一批退役军人成为全县就业创业、脱贫致富的带头人。

【创新驱动】 2019年,海原县委全面落实自治区“创新驱动30条”,不断加大科技投入,R&D投入增长率达到30%以上,着力培育国华农机、麦勒电器等5家中小科技型企业,引领开展自主创新,推动新技术应用和成果转化。深化“政校企”合作,依托华润公司,与西北农林大学联合成立宁夏西海固高端牛产业发展研究院,支持开展高端牛产业领域重点技术研究。与宁夏大学、宁夏农科院建立产学研科技示范基地和实训基地,打造创新平台,促进新品种、新技术、新机械推广应用。借助“科技支宁”东西部合作项目,组建7个特色优势产业专家服务团队,有效缓解了全县创新资源不足、科技人才紧缺、成果难以转化的问题。

【各项改革】 2019年,海原县委坚决落实中央和区市党委、政府部署的改革任务,研究审定改革方案50余个,完成区市和自定改革任务85项,行政审批、农业农村、综合医改等全局性改革全面突破,综合执法改革、社会领域改革、文化体制改革取得实质性进展。机构改革任务高质量完成,事业单位公车改革正式启动。探索推行“路长制”,建立五级“路长”监督管理体系,公路养护质量大幅提升。深化城镇住房制度改革，完善公租房分配方式。推行“枫桥派出所”“情指行”一体化运行警务新模式，深化“互联网＋公安政务服务”，出警效率、办案质量明显提升。

【民主政治建设】 2019年，海原县委支持人大及其常委会依法履行职权，促进监督、决定重大事项更好体现人民意志；支持政府全面履行职能，不断提高政府的公信力和执行力；支持政协积极履行政治协商、民主监督、参政议政职能，全面加强新时代统战工作，推动形成同心奋进、共谋发展的良好局面。深化群团组织改革，群团组织的政治性、先进性、群众性明显增强。深入开展全民国防教育，积极争创“双拥”模范县，军政军民团结的良好局面不断巩固。

【民族宗教】 2019年，海原县委落实党的民族政策和宗教工作基本方针，坚持和加强党对民族宗教工作的绝对领导，持续深入开展马克思主义民族观宗教观学习教育，压紧压实主体责任，牢牢掌握工作主动权。深入实施民族团结进步创建“八大工程”和“585”行动计划，成功创建一批示范单位，“四进”宗教场所实现全覆盖，“三个离不开”“五个认同”思想深入人心。扎实开展宗教领域突出问题专项整治，整治整改与合坊并寺工作成效得到各级检查组的肯定。

【扫黑除恶】 2019年，海原县委严格按照中央和区市党委部署要求，聚焦“深挖根治”阶段性目标，强化组织领导，层层压实责任，持续深入宣传，全面系统排摸，突出依法严惩，保持高压态势，成功打掉马正山等3个涉恶团伙，依法判决10人。破获刑事案件96起，抓获犯罪嫌疑人60人，倒查责任落实不力的公职人员25名。集中开展重点村和建筑工程、交通运输、市场监管等14个重点行业领域专项整治，人民群众的安全感、满意度大幅提升。

【社会治理】 2019年，海原县委持续推进“雪亮工程”和三级综治中心规范化建设，全面落实县级领导接访制度，集中整治信访领域突出问题，梳理化解重点疑难信访件137件，纪检监察机关和信访部门信访量较同期分别下降49%、19.3%。以弘扬宪法精神为重点加强普法宣传教育，扎实推进“七五”普法工作，深化“法律八进”活动，全民法治观念不断增强。严格落实安全生产责任制，定期开展安全生产大检查大整治，全县安全生产形势总体稳定。加强食品药品安全监管，用“四个最严”守护了群众“舌尖上的安全”。

【意识形态责任制】 2019年，海原县委把意识形态工作责任制纳入县委巡察、述职评议、目标管理考核的重要内容，定期听取工作汇报，研判工作形势，建立部门联动、信息互动、追责问责机制，梳理风险隐患，加强监测预警，牢牢掌握意识形态工作领导权、话语权、主动权。加强网络信息管控，规范网上信息传播，确保网络意识形态安全。针对中央和自治区党委巡视反馈的意识形态方面问题，及时坚决整改，并举一反三，建立长效机制。

【主流思想舆论】 2019年，海原县委围绕庆祝新中国成立70周年，浓墨重彩开展宣传，营造了共庆祖国华诞、共享祖国荣耀、共铸复兴伟业的浓厚氛围。围绕脱贫攻坚中心工作，精心策划专题，精准选树典型，持续鼓劲助力。整合报纸、电视、网站、微博、微信公众号等媒体资源，挂牌成立县级融媒体中心。全面加强对外宣传，县内外主流媒体先后刊发报道4700多篇，其中国家级媒体报道80多篇。

【精神文明创建】 2019年，海原县委深入开展社会主义核心价值观“七进”活动，扎实开展为民服务解难题“十个一”专题活动与系列实践活动，推动社会主义核心价值观立心铸魂。深入实施公民道德建设工程，积极培育选树道德模范，涌现出了全国自强模范倪岩、第四届“宁夏好人”李英秀等一批先进典型。开展“红白理事会作用发挥年”活动，建立完善并规范运行村级红白理事会，坚决抵制高价彩礼、薄养厚葬、奢侈浪费、盲目攀比等陈规陋习，不断焕发乡风文明新气象。大力实施文化惠民工程，全面推行公共文化服务场所免费开放，常态化举办广场文化活动，群众精神文化生活更加丰富。

【基层组织建设】 2019年，海原县委深入实施农村党建“三大三强”和“两个带头人”工程，培养选拔村级后备干部423人，培育致富带头人661人，整顿转化软弱涣散农村党组织41个，清理不符合任职资格村干部45人，针对无人可选、后继乏人的村，面向全市公开选任村党组织书记13名，全县村干部队伍整体素质大幅提升。所有具备条件的村级组织活动场所均达到200平方米以上，村集体经济全部破壳，农村党组织的组织力凝聚力战斗力明显加强。深入实施机关党建“三强九严”工程，持续深化“双提升”行动计划，各领域基层党建质量稳步提升，基层党组织政治功能明显增强。

【干部队伍建设】 2019年，海原县委坚持政治标准，树立“崇尚实干，注重基层”导向，选准用顺干部，全年共提拔干部73人，其中脱贫一线46人，占63%。结合“5123”工程，储备后备干部468人，实行动态管理、跟踪培养。认真落实激励干部担当作为有关政策，推荐选树了一批“干事创业好班子”“担当作为好干部”。稳步推进公务员职务与职级并行工作，畅通干部能上能下渠道，持续激发干部队伍活力。

【党风廉政和作风建设】 2019年，海原县委深化纪检监察体制改革，实现所有乡镇部门纪检监察全覆盖。坚持无禁区、全覆盖、零容忍，重遏制、强高压、长震慑，注重关口前移，用好“四种形态”，县纪检监察机关共立案154人，给予党纪、政务处分128人。深入开展扶贫领域腐败和作风问题专项整治，问责扶贫领域违纪干部25人。持续加大“四风”问题整治，查处违反中央八项规定精神案件4起，问责8人。组织开展常规巡察3轮，整改问题315个。深入开展“党政机关作风建设年、干部队伍素质提升年”活动，倒逼干部转作风、强素质、提能力。认真开展“四抓四比双争竞赛”活动，引导全县上下形成真抓实干、争先创优的良好氛围。全面落实为基层减负有关要求，县委和政府压减文件36.8%、会议36.9%、督查检查考核事项50%，着力营造干事创业良好环境。

【重要会议】 2019年，县委常委会充分发挥总揽全局、协调各方作用，全年召开县委常委会议45次，研究审定各类议题267项，有力推动党的各项方针政策在全县各领域各方面贯彻落实。

重要会议

【第1次常委(扩大)会议】 1月2日，中卫市委常委、海原县委书记徐海宁主持召开海原县委2019年第1次常委(扩大)会议。会议传达学习中央经济工作、中央农村工作、全国扶贫开发工作会议精神，中共宁夏回族自治区第十二届委员会第六次全体会议精神和自治区党委办公厅、人民政府办公厅转发《国家统计局办公室关于贯彻执行〈防范和惩治统计造假、弄虚作假督查工作规定〉的函》，并研究贯彻落实意见；会议听取了2018年全县效能目标管理考核工作情况汇报等相关事宜。人大常委会主任罗成玉、政协主席郭吉武列席会议。

【第2次常委会议】 1月7日，中卫市委常委、县委书记徐海宁主持召开海原县委2019年第2次常委会议。会议研究审议《县委常委会工作报告》《县委常委会2019年工作要点》《海原县2019年经济工作安排》《海原县机构改革实施意见》《关于〈海原县机构改革方案〉〈海原县机构改革实施意见〉的说明》《县委领导班子述职述责述廉报告》《县委落实意识形态工作责任制情况报告》《中共海原县委2018年度干部选拔任用工作报告》《海原县2017

年度县管党费收缴使用和管理情况报告》等。

【中共海原县第十四届委员会第五次全体会议】 1月10日—11日，中国共产党海原县第十四届委员会第五次全体会议在海原县召开。出席会议的有县委委员、候补委员和不是县委委员的在职副县级以上领导同志，部分党代表、人大代表、政协委员，县纪委委员，担任过县级领导职务的退休老同志，各乡镇、管委会、街道办党政主要负责同志；县委各部门、各群众团体、县直各部门及区市驻海原各单位主要负责同志，县人大、政协各工委主要负责同志列席会议。全会由县委常委会主持。会议传达学习了中央经济工作会议，自治区党委十二届五次、六次全会，自治区党委经济工作会议，市委四届六次全会和市委经济工作会议精神。县委书记徐海宁受常委会委托，向全会报告了县委十四届四次全会以来的工作。会议还全面部署了机构改革工作，提出了2019年全县经济社会发展各项工作的意见。县委副书记、县长许正清就2019年经济工作作了部署。会议审议了徐海宁同志所作的工作报告及其《决议(草案)》《海原县机构改革实施意见》及其《决议》；讨论了《县委常委会2019年工作要点》和许正清同志2019年经济工作讲话，并召开县委常委会听取了各组讨论审议情况汇报；听取了徐海宁同志所做的县委领导班子及个人述职述责述廉报告，听取了部门、乡镇党(工)委书记抓基层党建和落实党风廉政建设责任制及意识形态工作责任制情况述职述责述廉报告，徐海宁同志对各部门、乡镇党(工)委书记履职情况逐一进行了点评。会议对有关工作进行了测评评议，表决了《关于县委常委会工作报告的决议》和《关于海原县机构改革实施意见的决议》。

【第4次常委会议】 1月16日，受徐海宁委托，县委副书记、县长许正清主持召开海原县委2019年第4次常委会议。人大常委会主任罗成玉、政协主席郭吉武列席会议。会议研究审定了县人大常委会党组提交的《海原县人大常委会工作报告》、县人民政府党组提交的《政府工作报告》等海原县第十七届人民代表大会第三次会议的有关材料；研究审定了县政协党组提交的《政协海原县第十一届委员会常务委员会工作报告》《政协海原县委员会2019年度协商计划》。

【第5次常委会议】 1月18日，中卫市委常委、海原县委书记徐海宁主持召开海原县委2019年第5次常委会议。会议研究审定了《关于设立(成立)及撤销县直有关部门(单位)党组(党委)的请示》等事项。

【第6次常委会议】 1月21日，中卫市委常委、海原县委书记徐海宁主持召开海原县委2019年第6次常委会议。会议传达学习自治区第十二届纪律检查委员会第三次全体会议精神，研究审议县纪委第十四届四次全体会议有关事宜。

【第7次常委会议】 1月24日，中卫市委常委、海原县委书记徐海宁主持召开海原县委2019年第7次常委会议。会议传达学习《自治区党委第一巡视组关于巡视海原县脱贫攻坚工作的反馈意见》的精神，中卫市脱贫攻坚领导小组2019年第1次会议精神。研究审定《自治区党委第一巡视组关于巡视海原县脱贫攻坚反馈问题整改方案》《海原县精准扶贫成效第三方评估反馈问题整改方案》《海原县县级领导包乡镇、包村工作方案》《部门包村工作方案》《中共海原县委常委班子2018年度民主生活会对照检查材料》《严格执行中央八项规定精神专题民主生活会和从严整改巡视反馈问题专题民主生活会整改落实情况》《县人大常委会2019年工作要点》《关于对甘城乡武埫村村委会主任马涛违规收取礼金有关问题的处理意见》等。

【海原县高端肉牛发展专题会议】 2月2日，中卫市委常委、海原县委书记徐海宁主持召开海原县高端肉牛发展专题会议。会议传达学习中卫市委书记何健在全市牛产业发展专题会上的讲话精神，听取2019年全县高端肉牛产业发展思路的汇报，研究《西部高端肉牛产业发展研究院运营方案》《海原县合作联社建设方案》《海原县"养殖医保"实施方案（初稿）》《海原县活畜交易中心建设方案》《屠宰项目总评总规》等。徐海宁作了重要讲话。

【第9次常委（扩大）会议】 2月11日，中卫市委常委、县委书记徐海宁主持召开海原县委2019年第9次常委（扩大）会议。会议传达学习了习近平总书记在省部级主要领导干部"坚持底线思维，着力防范化解重大风险"专题研讨班上的重要讲话精神，自治区党委领导干部会议传达学习石泰峰的讲话精神，中央农村工作会议精神，全区农村工作会议精神，《石泰峰同志在自治区党委中心组学习会上的讲话》，石泰峰在《泾源县大湾乡杨岭村的发展变化和存在问题》情况专报上的批示精神，中卫市委2019年第6次常委会议精神，全区扶贫开发领导小组2019年第2次会议精神。会议听取全县自查自纠"大起底、大排查"活动进展情况的汇报。

【第11次常委（扩大）会议】 2月17日，中卫市委常委、海原县委书记徐海宁主持召开海原县委2019年第11次常委（扩大）会议。会议传达学习《中国共产党政法工作条例》和中央、自治区政法工作会议精神及全国全区统战部长会议精神并研究贯彻落实意见，传达学习全区领导干部"坚持底线思维，着力防范化解重大风险"专题学习班精神等会议和讲话精神，研究审定《中共海原县委员会2019年工作要点任务分工方案》等事宜。

【脱贫攻坚领导小组第3次会议】 2月23日，中卫市委常委、海原县委书记徐海宁主持召开海原县脱贫攻坚领导小组2019年第3次会议。会议审定全县脱贫攻坚表彰奖励建议名单、海原县2019年脱贫摘帽实施方案及2019年脱贫摘帽重点任务月度推进计划、2019年脱贫攻坚任务清单、军令状，行业部门脱贫攻坚相关方案等事宜。

【脱贫攻坚领导小组第4次会议】 3月10日，中卫市委常委、海原县委书记徐海宁主持召开海原县2019年脱贫攻坚领导小组第4次会议。会议传达学习自治区副主席王和山调研海原脱贫攻坚工作精神并提出贯彻落实意见，听取自治区党委第一巡视组巡视反馈问题整改进展情况和全县脱贫攻坚督查情况汇报；研究审定海原县脱贫摘帽责任体系、工作计划、重点任务月度推进计划，行业部门脱贫攻坚相关方案等事宜。

【海原县委审计委员会第一次会议】 3月28日，中卫市委常委、海原县委书记徐海宁主持召开海原县委审计委员会第一次会议。会议传达学习中央审计委员会第一次会议精神，自治区党委审计委员会第一、第二次会议精神，市委审计委员会第一次会议精神《关于进一步加强审计整改工作的意见》《宁夏回族自治区贯彻落实〈领导干部自然资源资产离任审计规定（试行）〉的实施意见》。会议审议《中国共产党海原县委员会审计委员会工作规则（草案）》《中国共产党海原县委员会审计委员会办公室工作细则（草案）》；听取2018年度审计查出问题整改情况汇报。徐海宁对具体工作提出要求。

【第16次常委（扩大）会议】 3月28日，中卫市委常委、县委书记徐海宁主持召开2019年海原县委第16次常委（扩大）会议。会议传达学习《关于党的十九大以来中央政治局贯彻执行中央八项规定情况报告的通知》《习近平在中央政治局第十一次集体学习时的讲话》《关于印发〈弊绝风清方能浴火重生——从宁夏交通运输系统"塌方式"腐败看政治生态净化〉的通知》等内容。研究审定《海原县2019年扶贫领域腐败和作风问题专项治理方案》等事宜。

【"一带两廊"规划进展汇报会】 3月28日，中卫市委常委、海原县委书记徐海宁主持召开海原县“一带两廊”规划进展汇报会，人大常委会主任罗成玉、县长许正清、政协主席候选人张斌参加会议。会议听取《海原县“一带两廊”总体规划》《海原县生态建设规划》《海原县农业产业规划》《海原县全域旅游规划》以及《海原县西安文旅古镇规划》《海原县李旺交通运输小镇规划》等汇报。

【第22次常委（扩大）会议】 4月30日，中卫市委常委、海原县委书记徐海宁主持召开海原县委2019年第22次常委（扩大）会议。会议传达学习中共中央政治局分析研究当前经济形势和经济工作会议精神、十二届自治区党委2019年第12次常委会听取自治区政府党组关于一季度全区经济运行情况报告时石泰峰讲话精神和中卫市一季度经济形势分析会议精神，研究贯彻落实意见。传达学习闽宁互学互助对口扶贫协作第二十三次联席会议精神和宁夏党政代表团在福建考察学习时的主要精神，何健带队赴福建省漳州市考察情况通报。人大常委会主任罗成玉、政协主席候选人张斌列席会议。

【全县党的建设工作领导小组2019年第1次会议】 5月7日，中卫市委常委、海原县委书记徐海宁主持召开全县党的建设工作领导小组2019年第1次会议。会议书面传达学习《中国共产党党组工作条例》，中央、区、市2019年基层党建重点工作任务推进会精神，全区城市基层党建工作专题讲座精神和市党的建设工作领导小组2019年第1次会议精神；研究审定《海原县党的建设领导小组2019年工作要点》《海原县“基层党建质量提升年”实施方案》。

【金融扶贫工作专题会议】 5月10日，中卫市委常委、海原县委书记徐海宁主持召开金融扶贫工作专题会议，部署下一阶段工作任务。财政局、扶贫及金融部门负责人参加会议。会议听取全县金融扶贫、“扶贫保”“创业贷”等工作进展情况汇报，农信社、农行等金融部门负责人就金融扶贫工作作了交流发言。徐海宁对具体工作提出要求。

【第24次常委（扩大）会议】 5月13日，中卫市委常委、海原县委书记徐海宁主持召开海原县委2019年第24次常委（扩大）会议，传达学习习近平总书记在纪念五四运动100周年大会上的重要讲话精神、全区纪念五四运动100周年座谈会会议精神和中卫市学习贯彻习近平总书记在纪念五四运动100周年大会上的重要讲话精神座谈会会议精神、全国公安工作会议精神、自治区党委省级党员领导干部会议精神，自治区优化营商环境电视电话会议和全市优化营商环境电视电话会议精神。会议研究审定《海原县坚持底线思维　着力防范化解重大风险“五定”方案》等事项。

【海原县高端肉牛产业发展专题会议】 5月14日，中卫市委常委、海原县委书记徐海宁主持召开海原县高端肉牛产业发展专题会议。人大常委会主任罗成玉、政协主席张斌参加会议。西北农林科技大学动物科技学院副院长、肉牛研究中心主任昝林森特邀参加会议。会议研究审定《海原县肉牛产业发展规划（2019—2023）》《海原县2019年高端肉牛产业发展实施方案》《海原县2019年高端肉牛养殖示范村建设项目实施方案》《关于华润—海原草畜一体化扶贫项目“基础母牛银行”资金使用情况及缺口的报告》《宁夏（海原）第四届高端肉牛大赛筹备方案》《海原县滩羊产业发展实施方案》。徐海宁就高端肉牛产业作了重要讲话。

【第25次常委（扩大）会议】 5月23日，中卫市委常委、海原县委书记徐海宁主持召开海原县委2019年第25次常委（扩大）会议，人大常委会主任罗成玉、政协主席张斌列席会议。会议传达学习《关于深化统计管理体制改革　提高统计数据真实性的意见》《统计违纪违法责任人处理建议办法》，全区、全市扫黑除恶专项斗争推进会精神和自治区党委常委会研究部署扫黑除恶专项斗争工作精神，李晓波调研海原县脱贫攻坚、农村环境整治及重点项目建设时的指示精神，研究贯彻落实意见。研究审定县脱贫攻坚领导小组提交的《海原县落实中央脱贫攻坚专项巡视自查自纠发现问题整改方案》《海原县2018年脱贫攻坚成效考核反馈问题整改方案》，县委政研室提交的《海原县2019年“3+6”重点工作分工方案》等事项。

【第26次常委扩大会议】 5月31日，中卫市委常委、海原县委书记徐海宁主持召开海原县委第26次常委扩大会议，研究审定《关于研究发放2019年第一批民族团结和谐奖的请示》《海原县2019年开斋节慰问活动方案》《关于调整县财政局等党组成员职数的请示》等。人大常委会主任罗成玉、政协主席张斌列席会议。

【第28次常委(扩大)会议】 6月9日，中卫市委常委、海原县委书记徐海宁主持召开海原县委2019年第28次常委(扩大)会议，传达学习中央和全区“不忘初心、牢记使命”主题教育工作会议精神、《关于印发赵乐际同志在市县巡察工作推进会上讲话的通知》。人大常委会主任罗成玉、政协主席张斌列席会议。

【全面依法治县委员会第1次会议】 6月10日，中卫市委常委、海原县委书记徐海宁主持召开海原县全面依法治县委员会第1次会议。会议深入学习习近平总书记全面依法治国新理念、新思想、新战略，全面落实中央和区市部署要求，研究部署当前和今后一个时期全面依法治县工作。人大常委会主任罗成玉参加会议。

【第29次常委(扩大)会议】 6月21日，中卫市委常委、海原县委书记徐海宁主持召开海原县委2019年第29次常委(扩大)会议。人大常委会主任罗成玉列席会议。会议传达学习《公务员职务与职级并行规定》《关于印发〈宁夏回族自治区公务员职务与职级并行制度实施方案〉的通知》精神，研究审定《海原县公务员职务与职级并行制度实施方案》《海原县2019年高端肉牛产业发展实施方案》等事项。

【扶贫开发领导小组第9次会议】 6月30日，中卫市委常委、海原县委书记徐海宁主持召开海原县扶贫开发领导小组2019年第9次会议，传达学习自治区第五督查组督查海原县巡视整改落实情况反馈会议精神，听取全县危房改造、农村安全饮水、户籍清理整顿等工作的进展情况汇报，并安排部署下一阶段工作。人大常委会主任罗成玉、县长许正清、政协主席张斌参加会议。

【第30次常委(扩大)会议】 7月1日，中卫市委常委、海原县委书记徐海宁主持召开海原县委2019年第30次常委(扩大)会议。人大常委会主任罗成玉、政协主席张斌列席会议。会议通报县委政府1至6月文件会议情况，研究审定《关于进一步明确解决形式主义突出问题　为基层减负的具体措施》；传达学习中央扫黑除恶第二十督导组下沉督导中卫市反馈意见，研究审定《中央扫黑除恶第二十督导组第一次工作通报对接会反馈问题海原县整改落实工作方案》等内容。

【第32次常委(扩大)会议】 8月1日，中卫市委常委、海原县委书记徐海宁主持召开海原县委2019年第32次常委(扩大)会议。会议传达学习中共中央政治局常委、中央纪委书记赵乐际调研宁夏时的讲话精神，中央政治局委员、国务院副总理胡春华调研宁夏脱贫攻坚时的讲话精神，自治区党委十二届七次全体会议精神，并研究贯彻落实意见。人大常委会主任罗成玉、政协主席张斌列席会议。

【第33次常委(扩大)会议】 8月14日，中卫市委常委、海原县委书记徐海宁主持召开海原县委2019年第33次常委(扩大)会议。人大常委会主任罗成玉、政协主席张斌列席会议。会议传达学习习近平总书记对地方人大及其常委会工作的重要指示精神和全国人大常委会纪念地方人大设立常委会40周年座谈会精神，听取县人大、政府、政协党组2019年上半年重点工作任务完成情况和下半年工作计划汇报，研究审定《中共海原县委十四届六次全会筹备工作方案》等事项。

【第34次常委(扩大)会议】 8月25日，中卫市委常委、海原县委书记徐海宁主持召开海原县委2019年第34次常委(扩大)会议。人大常委会主任罗成玉、政协主席张斌列席会议。会议传达学习习近平总书记考察甘肃期间对脱贫攻坚工作作出的重要指示精神，传达自治区党委常委集体到中卫调研及座谈会精神；听取法院、检察院党组所作的工作汇报。

【全面深化改革委员会2019年第2次会议】 9月4日，中卫市委常委、海原县委书记徐海宁主持召开海原县委全面深化改革委员会2019年第2次会议，人大常委会主任罗成玉、县长许正清、政协主席张斌参加会议。会议研究审定《海原县2019年全面深化改革重点改革事项督察计划》《海原县深化文化市场综合行政执法改革实施方案》等事宜。

【第35次常委(扩大)会议】 9月4日，中卫市委常委、海原县委书记徐海宁主持召开海原县委2019年第35次常委(扩大)会议。会议传达学习《中国共产党农村工作条例》，讨论《海原县关于推动高质量发展的实施意见》《海原县关于加快补齐全面建成小康社会短板的实施方案（讨论稿）》，研究审定《海原县贯彻落实中央扫黑除恶第二十督导组反馈意见整改方案》等事宜。人大常委会主任罗成玉、政协主席张斌列席会议。

【中共海原县第十四届委员会第六次全体会议】 9月15日，中共海原县第十四届委员会召开第六次全体会议。会议深入学习贯彻习近平新时代中国特色社会主义思想和党的十九大精神，全面落实自治区党委十二届七次全会和市委四届七次全会精神，审议并通过《关于推动高质量发展的实施意见》《关于加快补齐全面建成小康社会短板的实施方案》，研究部署推动全县高质量发展、加快补齐全面建成小康社会短板工作，动员全县上下进一步深化认识、检视问题、精准施策，在谋划和推动高质量发展中加快补齐全面建成小康社会短板。中卫市委常委、海原县委书记徐海宁代表常委会作讲话；会议邀请市委“不忘初心、牢记使命”主题教育第三巡回指导组组长李军参加会议。县委副书记、县长许正清对《海原县关于推动高质量发展的实施意见》作说明；县委副书记郝振明对《海原县关于加快补齐全面建成小康社会短板的实施方案》作说明。

【农村工作领导小组第2次会议】 10月20日，中卫市委常委、海原县委书记徐海宁主持召开海原县委农村工作领导小组第2次会议。会议传达学习全国农办、自治区农办主任座谈会议精神，研究审议《县委农村工作领导小组工作规则(修订稿)》《县委农村工作领导小组办公室工作细则（修订稿)》《关于在海原县农村开展乡村振兴“一村一年一事”行动的意见》；听取全县农业农村工作汇报并安排部署全县当前“三农”工作和2020年工作谋划。

【扶贫开发领导小组第14次会议】 10月30日，中卫市委常委、海原县委书记徐海宁主持召开海原县扶贫开发领导小组2019年第14次会议。市委“不忘初心、牢记使命”主题教育第三巡回指导组组长李军、人大常委会主任罗成玉、政协主席张斌参加会议。会议传达学习习近平总书记在全国扶贫日对脱贫攻坚批示精神、全国扶贫办主任会议精神、全区驻村帮扶工作电视电话会议精神、中卫市扶贫开发领导小组2019年第4次会议精神，听取国务院扶贫开发领导小组专项督查组督查海原脱贫攻坚反馈问题、国家易地扶贫搬迁监管巡查海原县

"十三五"易地扶贫搬迁工作发现问题整改情况汇报、全县脱贫摘帽自评自验工作情况汇报;研究审定《关于进一步加强部门(单位)帮扶、驻村帮扶、帮扶责任人帮扶工作方案》等事项。

【第39次常委(扩大)会议】 11月5日,中卫市委常委、海原县委书记徐海宁主持召开海原县委2019年第39次常委(扩大)会议。会议传达学习自治区领导干部大会精神,全国扫黑除恶专项斗争第二次推进会议、中央扫黑除恶督导"回头看"见面沟通会、自治区扫黑除恶专项斗争领导小组2019年第7次会议精神,听取全县农民工工资清欠工作的汇报,研究审定《海原县推进城市安全发展实施意见》等事宜。人大常委会主任罗成玉、政协主席张斌列席会议。

【海原县委审计委员会第二次会议】 11月5日,中卫市委常委、海原县委书记徐海宁主持召开海原县委审计委员会第二次会议。会议传达学习《中共中央办公厅国务院办公厅关于印发〈党政主要领导干部和国有企事业单位主要领导人员经济责任审计规定〉的通知》《中央审计委员会办公室 审计署关于印发贯彻落实〈党政主要领导干部和国有企事业单位主要领导人员经济责任审计规定〉指导意见的通知》等内容,审议《2018年县本级财政预算执行情况及其他财政收支情况审计的结果报告》。人大常委会主任罗成玉、县长许正清参加会议。

【第40次常委(扩大)会议】 11月18日,中卫市委常委、海原县委书记徐海宁主持召开海原县委2019年第40次常委(扩大)会议,传达学习中央宣讲团党的十九届四中全会精神报告会精神,自治区党委常委会精神,陈润儿调研固原时的讲话精神,咸辉调研盐池县脱贫产业发展情况时的讲话精神及全区脱贫攻坚工作视频会议精神。研究审定了《海原县媒体深度融合发展改革方案》人大常委会主任罗成玉、政协主席张斌列席会议。

【第41次常委(扩大)会议暨"不忘初心、牢记使命"主题教育领导小组第5次会议】 11月18日,中卫市委常委、海原县委书记徐海宁主持召开海原县委2019年第41次常委(扩大)会议暨"不忘初心、牢记使命"主题教育领导小组第5次会议。会议传达学习中央第五巡回督导组在宁夏调研座谈会精神、杨晓渡在"不忘初心、牢记使命"主题教育有关会议上的讲话精神,陈润儿在调研全区"不忘初心、牢记使命"主题教育座谈会上的讲话精神等内容。市委主题教育第三巡回指导组组长李军到会指导,人大常委会主任罗成玉、政协主席张斌列席会议。

【第43次常委(扩大)会议】 12月2日,中卫市委常委、海原县委书记徐海宁主持召开海原县委2019年第43次常委(扩大)会议。会议传达学习中央主题教育第五巡回督导组督导调研中卫座谈会精神,自治区党委书记陈润儿在中卫调研讲话及调研座谈会精神等,并研究贯彻落实意见。人大常委会主任罗成玉、市委主题教育第三巡回指导组成员列席会议。

【扶贫开发领导小组第15次会议】 12月2日,中卫市委常委、海原县委书记徐海宁主持召开扶贫开发领导小组2019年第15次会议,传达学习全区脱贫攻坚重点工作电视电话会议精神,听取全县扶贫对象动态调整工作情况的汇报,部署近期脱贫攻坚重点工作。人大常委会主任罗成玉、县长许正清及中卫市委主题教育第三巡回指导组成员列席会议。

【第44次常委(扩大)会议】 12月16日,中卫市委常委、海原县委书记徐海宁主持召开海原县委2019年第44次常委(扩大)会议。会议传达学习中央经济工作会议精神,自治区党委十二届八次全会精神,研究审定《国务院扶贫办调研督导反馈问题整改方案》等事宜。人大常委会主任罗成玉列席会议。

【第 45 次常委(扩大)会议】 12 月 29 日,中卫市委常委、海原县委书记徐海宁主持召开海原县委 2019 年第 45 次常委(扩大)会议,传达学习中央农村工作会议精神、全国扶贫开发工作会议精神、自治区党委十二届九次全会精神,自治区扶贫开发领导小组 2019 年第 4 次会议精神,并研究贯彻落实意见。人大常委会主任罗成玉列席会议。

组织工作

【干部选拔任用】 2019 年,海原县委组织部认真落实“20 字”好干部标准,坚持“五个看重”,突出“两个倾斜”的用人导向,严把程序关口,提拔干部 70 人,其中,提拔脱贫攻坚一线干部 45 人,占 64%,提拔实名制推荐干部 28 人。提拔优秀驻村第一书记和工作队员 11 人。打通干部交流渠道,海兴开发区、甘盐池种羊场与县直部门之间交流干部 8 人。结合“5123”工程,储备优秀干部 472 人,实行动态更新、跟踪培养、管理使用。强化干部正向激励,推荐选树“干事创业好班子”3 个、“担当作为好干部”6 人。提拔被问责处分,影响期满表现优秀的干部 6 人,着力营造鼓励大胆干事创业的氛围。

【选配扶贫干部】 2019 年,海原县委组织部选派 13 名重点领域干部到全县 13 个乡镇挂职乡镇党委副书记。协调市委组织部选派干部 5 人到海原县挂职,协调福建漳浦县再选派 2 名干部到海原县挂职。选派 2 名干部赴福建挂职锻炼,选派 6 名干部到区直部门学习锻炼。安排 10 名科级干部到扶贫部门、脱贫任务重的乡镇挂职,安排 1 名扶贫办干部到郑旗乡蹲点指导产业扶贫工作。选派 16 名科级干部担任驻村第一书记或工作队员,增强脱贫攻坚一线力量。

【干部培养培育】 2019 年,海原县委组织部制订《2019 年度干部教育培训计划》,不断加大干部教育培养锻炼力度。举办全县领导干部“坚持底线思维,着力防范化解重大风险”、驻村干部能力素质提升、村党支部书记抓党建促脱贫攻坚、党支部书记主题教育等各类培训班 15 个 18 期,培训干部 3400 余人。扎实抓好干部网络教育培训,下发督查通报 4 次。

【干部考核】 2019 年,海原县委组织部认真贯彻落实《党政领导干部考核工作条例》,研究制定《乡镇领导班子和领导干部考核工作方案》《部门领导班子和领导干部考核工作方案》,对乡镇(街道)、部门(单位)领导班子进行全面考核。加强考核结果运用,先后对工作不在状态、不胜任现职的 8 名科级领导干部予以免职,推进干部“能上能下”。先后对扶贫办、海城镇、自然资源局、农业农村局领导班子进行专项考核,深入进行综合分析研判,先后对扶贫办 1 名副主任、自然资源局和农业农村局所属 4 名副科级事业单位领导干部进行调整配备。

【公务员管理】 2019 年,海原县委组织部制定公务员职务与职级并行,公安机关执法勤务警员职务和警务技术职务序列改革,法官助理、检察官助理和书记员职级设置管理等实施方案,已完成综合管理类公务员首次套转 631 人,公安机关执法勤务警员和警务技术职务套改 240 人,法官、检察官单独职务序列晋升人员备案工作有序开展。机构改革以来,登记公务员 38 人,过渡登记承担行政职能事业单位改革人员 5 人,办理公务员退休 15 人。招考选调生 21 人、公务员 10 人。更新完善《公务员信息管理系统》《干部管理信息系统》,为开展职级晋升奠定良好基础。

【干部监督】 2019 年,海原县委组织部充分利用“12380”干部监督网络举报平台,对干部苗头性倾向性问题早提醒早教育,先后查核涉干信访举报 8 件。先后对 198 名职务调整的科级领导干部进行了廉政谈话。严格落实领导干部能上能下规定,调整

“下”的领导干部8人,着力解决为官不正、为官不为等问题。开展干部人事档案专项审核“回头看”,对吸收录用转干干部情况进行了全面核查,对部分干部“三龄两历一身份”进行了重新审核认定;对全县科级干部配偶、子女及其配偶经商办企业情况进行了初步摸底,把从严监督管理干部贯穿于干部工作全过程。

【基层组织建设】 2019年,海原县委组织部建立村干部报酬正常增长、养老保险、健康体检、离任补助“四位一体”保障机制,足额落实为民服务资金和村级办公经费。新建和改扩建村级活动场所11个,实施村级活动场所“7室1中心5栏1院1广场”规范化建设和村级活动场所净化、绿化、美化工程,村级活动场所面貌焕然一新。实施85个村级活动场所供暖工程,筹措资金80余万元,对33个村办公设备进行更换,强化基层组织服务功能。争取中央和自治区补助的每村100万元资金,重点支持18个村的村级集体经济项目发展壮大;制定了《关于进一步加强农村基层党组织评星定级工作的实施意见》,村干部任职绩效补贴与星级基层服务型党组织评定等次挂钩机制,有效激发村级干部助推脱贫攻坚的积极性。打破地域、身份、职业界限,择优从外出务工经商人员、高校毕业生、大学生村官、退役军人、致富带头人中公开选任村党组织书记13人,定向选派到深度贫困村、软弱涣散村、矛盾纠纷大的村,破解农村党组织书记“人难选、选人难”的困局。

【“两个带头人”工程】 2019年,海原县委组织部围绕“调、选、育、派”等措施,约谈基本称职村干部60人,清理不符合任职条件和有前科村干部26名,对考核不称职的18名村干部予以免职调整。对调整配备的67名村“两委”成员进行县级联审,对全县现任775村“两委”成员逐人进行过筛子,清理配备的不符合任职条件的村干部1人。对全县村(居)书记、主任、驻村第一书记等进行了全覆盖培训,组织部分村党组织书记赴河南、沙坡头区、原州区、隆德县等区内外先进地区实地观摩学习脱贫攻坚和“两个带头人”工程经验,进一步提升了精准扶贫能力。制定出台《海原县农村致富带头人培养扶持办法》,培育农村致富带头人659人,其中党员致富带头人占32%,村干部和致富带头人融合度为21%。设立了1000万元产业扶持担保基金,撬动银行贷款2800余万元,有效解决了致富带头人自我发展融资难的问题。坚持“精准配对、人岗相适”的原则,调整选派驻村工作队员109人(其中后备干部40人)。加强驻村工作队日常管理,坚持一月一督查一通报,并足额落实驻村工作队工作经费、伙食补助费、交通费,开设村级灶,确保驻村干部安心驻村,发挥作用。

【整顿软弱涣散基层党组织】 2019年,海原县委组织部按照不设比例、不定指标,“应列尽列、应整尽整”的原则,结合基层党组织剖析自定、基层党(工)委座谈帮定、纪检等部门联合分析、县委专题审定的方式,确定农村软弱涣散党组织41个,同时,将整顿范围扩大到各领域党组织,确定机关、社区、非公企业和社会组织等软弱涣散党组织8个。在全县所有软弱涣散基层党组织中召开专题组织生活会,下沉现场指导各党支部认真开展批评和自我批评,不断提高认识,剖析问题根源,明确目标任务,细化整改措施,建立“一村一策”工作台账。同时,将曹洼乡白崖村、七营镇高崖村等8个涉恶涉乱村和信访矛盾突出的重点难点村作为区、市、县党委组织部挂牌提级督办的村,并由组织部班子成员跟踪联系整顿,确保整顿工作压茬推进。

【其他领域基层组织建设】 1.机关党建:以实施“三强九严”工程为抓手,以解决整治“灯下黑”“两张皮”问题为重点,结合开展“党政机关作风建设年、干部队伍素质提升年”活动,严格落实“三会一课”、主题党日等基本制度,着力深化理论武装,夯实基层基础,推进正风肃纪。组织召开了全县机关党建推进会,通过互观互学,进一步找差距、明目标、增措施、促提升。2. 城市党建:以构建“四联四化”机制为抓手,深化街道“大工委”和社区“联合党委”机制,推动资源服务管理向基层下沉,实现社区、单位、行业党建互联互动。落实在职党员到社区报到制度,深化“双向联系”“双向服务”“双向认领”机制,600余名在职党员进社区报到认领服务岗位开展为民服务活动,党员先锋模范作用得到了有效发挥。3. 非公企业和社会组织党建:深入实施“五强五促”行动,加强非公企业和社会组织党建工作“有形覆盖”和“有效覆盖”双提升行动计划,着力整治党组织空挂、虚设等问题。全县非公企业和社会组织党组织覆盖率分别达到了80%和73%。

【党员队伍建设】 2019年,海原县委组织部深入推进“两学一做”学习教育常态化制度化,扎实开展“不忘初心、牢记使命”主题教育,推行“领导带头学、党员自觉学、支部集中学”的常态化学教机制,提高“三会一课”的针对性和实效性。围绕庆祝建党98周年,七一期间开展了县直机关党组织书记优秀党课评选、“互帮共建、脱贫致富”志愿服务、迎建党节升国旗和专题晚会等系列活动;举办了全县农村党员示范培训班1期,培训313人;先后在基层党组织中开展了“扫黑除恶见行动、党员参与做表率”“不忘初心、牢记使命”等支部主题党日活动,着力引导党员发挥先锋模范作用。坚持政治标准,严把党员入口关,举办了2019年发展对象培训班,培训重点发展对象167人,发展预备党员131人,其中26个3年以上未发展党员村已培养入党积极分子62人,发展预备党员27人,年底前将有24个村实现新发展党员。认真落实共产党员不准信教参教监督排查制度。严格落实涉嫌违纪违法党员信息通报和及时处理机制,对联审出的40名涉嫌违法违纪党员予以从严处理。

【人才队伍建设】 2019年,海原县委组织部开展人才工作专项述职,出台《高层次人才专家服务基地人才公寓管理办法》《引进急需紧缺高层次人才安家补助费发放办法》,起草《人才专项资金使用管理办法》,协调人社、住建部门设立人才公寓20套,进一步形成了良好的人才工作格局。依托“自治区科技扶贫指导员”“百名专家基层服务行”、宁夏科技专家助力脱贫攻坚行动等平台,邀请宁夏大学、宁夏动物疾病预防控制中心、宁安医院等单位66名专家,围绕肉牛养殖、硒砂瓜种植、动物疾病防治、城乡规划等方面开展咨询服务与指导培训工作,助力脱贫攻坚。邀请浙江职业教育领域7名专家在职教中心开展涉及建筑工程、汽车技术、电子商务、“互联网+教育”等交流活动,为全县职业教育发展注入新的活力。依托“京宁、闽宁、沪宁”对口帮扶平台,邀请资深医务专家41名蹲点指导,有效解决群众“看病难”问题。开展“投身家乡发展、助力脱贫攻坚”海原籍大学生暑期实践活动,共招募210名全日制在校大学生参加。成立海原县农业产业化技术服务团队,下设高端肉牛、草畜、马铃薯、瓜菜、小杂粮、地方特色产业和农业机械化7个专家服务团队,涉及聘请专家、教授57人。以西海固高端肉牛产业发展研究院为平台,县委主要领导带领部分行业部门主要负责人先后赴中国农业大学、中国农业科学院、西北农林科技大学就校地合作、人才团队合作、高校毕业生实习实践等进行了对接,目前西北农林科技大学已派驻高端肉牛产业专家15人,通过“一对多”等形式,建立结对帮教机制,带动发展一批海原本土专业技术人才。

宣传工作

【概况】 2019年,围绕中华人民共和国成立70周年大庆，举办重大文化活动8次，其中，海原县“1845”工作法增强“四力”提素质、海原县推动移风易俗助力脱贫攻坚等活动的信息先后被中宣部宣传信息网采用。“文化和自然遗产日”宣传展示、“奋进新时代 礼赞新中国”微宣讲比赛、“礼赞我的祖国 舞动欢乐海原”广场舞大赛等活动的信息先后被区宣传部《学习与宣传》采用。海原县“三个强化”精心组织庆祝新中国成立70周年系列活动、海原县举办“奋进新时代 礼赞新中国”微宣讲比赛、海原县四项举措扎实推进全域旅游、海原县推进强“三性”增“四力”教育实践工作、海原县举办“学雷锋志愿服务月”等活动的信息先后被《宁夏宣传工作》采用。印制脱贫攻坚新闻作品集《媒体聚焦海原扶贫》《媒体聚焦央企华润帮扶海原县》以及《海原县脱贫攻坚工作典型材料汇编》，讲好海原脱贫攻坚故事，奏响海原脱贫攻坚最强音。

【意识形态】 2019年，严格落实意识形态工作有关要求，县委常委会研究意识形态工作3次，举办了2期全县领导干部“坚持底线思维，着力防范化解重大风险”专题学习班，压实工作责任，强化风险研判，确保社会和谐稳定。

【中心组学习】 2019年，对全县各级党委（党组）理论学习中心组学习进行统一安排，量化指标，细化要求。截至目前，县委理论学习中心组已开展23次集中学习，其中交流研讨18次。开展了庆祝中华人民共和国成立70周年主题征文、微宣讲比赛等活动，进一步提高干部理论政策水平。开展了宁夏2019年“新时代乡村阅读季”走进海原推进活动，建设“书香海原”，培育农民阅读习惯，提升农民文化素养。

【学习强国学习平台】 2019年，举办培训会，组建了县委宣传部—乡镇、部门（单位）党（工）委—党支部纵向到底的三级组织架构，落实分片包保责任制。注册上线党员6551人、非党员3896人。

【扫黄打非】 召开全县2019年“扫黄打非”工作会议和联席会议，突出开展“五项专项行动”。共开展联合执法整治行动5次，查处收缴盗版书籍262本、盗版光盘319张等违法用品。扎实开展“扫黄打非”进基层站点工作，各乡镇覆盖80%。

【政策宣传】 2019年，在《中卫日报》、海原县电视台开辟《图解政策》专栏，对国家和区、市、县相关政策进行解读宣传。印制发放《2019年政策汇编》《建档立卡户政策图解》共7500多份，组织县乡村三级干部宣传解读脱贫攻坚相关政策。绘制了千面文化墙，深入各乡镇和重点区域督导检查社会宣传阵地。

【重点报道】 2019年，县内各媒体积极策划，精心选题，创新栏目，对全县重点工作推进情况进行动态报道，对工作当中的亮点经验和典型人物进行重点报道。县内媒体宣传报道4700余篇。

【融媒体中心建设】 2019年，多方学习，积极筹备，精心策划，努力打造具有较强传播力、竞争力的新型主流媒体。县级融媒体中心已经挂牌，县委常委会议研究通过融媒体改革方案，正在按照改革方案抓紧制定完善详细的建设方案，力争2020年4月底前正式运行。

【整治网络环境】 2019年，深入开展网络生态治理、网络“清朗”等专项行动，对全县各类网站、微信公众号、微博、论坛、贴吧、网络快手等进行了摸底排查，对传播低俗不良信息、编造虚假信息、发布违规信息等平台，分别依法采取了永久封号、禁言处罚、申请关停等措施，进一步营造了清朗的网络空间，全年全县网络舆情较为平稳。

【评选先进】 2019年，对县委、政府表彰的160名脱贫攻坚工作先进个人择优逐步采访报道，命名表彰了75名道德模范、移风易俗模范户、星级文明户和文明家庭。对道德模范代表进行了慰问。开展了倪岩等同志先进事迹宣讲活动39场次，在全县形成正向激励。

【移风易俗宣传】 2019年，印发《海原县治理高价彩礼 推动移风易俗专项行动方案》《海原县移风易俗助力脱贫攻坚系列活动方案》。开展“红白理事会作用发挥年”活动，举办了全县红白理事会会长培训班。建立县文明委成员单位包村机制，32个文明委成员单位履行社会责任，结对帮扶贫困村，定向指导督促村镇党组织抓好移风易俗宣传。

【精神文明创建】 召开县文明委2019年第一次全体会议暨移风易俗工作推进会，印发5个创建管理办法，推进文明村镇创建。对2018年届满的县级文明单位、文明村镇进行考核验收，命名6个文明单位、8个文明村（社区）、18所文明校园。

【爱国主义教育】 将每月第一个工作日确定为升国旗日，组织广大党员干部群众定时参加升国旗仪式，十一期间，举行了“同升一面旗、同唱一首歌”活动和“倡导国庆新民俗、打造爱国活动周实践探索‘九个一’活动”。广泛开展“我们的节日”主题活动，举行“学雷锋志愿服务月”“缅怀革命先烈，弘扬爱国精神”等活动。

【文化建设】 2019年，开展了“三下乡”、送春联下乡、社火展演、农民春晚、灯谜晚会等活动，编写赠送春联13500余幅，制作灯谜1800多条。围绕中华人民共和国成立70周年，举办了篮球运动会、广场舞大赛、秦腔大赛及“我和我的祖国”专题晚会等系列文化活动。出版发行了本土作家随笔专辑《岁月有痕》，散文集《望海原》。开展了庆祝中华人民共和国成立70周年演讲、诵读比赛和广场文化艺术活动。加快文化馆总分馆服务体系建设，建成了海原县文化馆高崖乡分馆和三河镇分馆。乡镇文化站、图书馆以及村综合文化服务中心专管员队伍，实现全覆盖。举办了一期文学创作、摄影、书法培训班。举办了2期全县村级综合文化服务中心专管员培训班。举办了“花儿”代表性传承人培训班，奠定了人才基础。

【全域旅游宣传】 2019年，狠抓规划定位、夯实基础、项目带动、宣传推广四个关键，举办了海原县第二届文化旅游节系列活动暨2019年“关桥梨花节”、西安镇首届乡村文化旅游节、史店乡第二届大美田拐旅游节、第二届中国农民丰收节暨宁夏（海原）第四届高端肉牛大赛等，促进全域旅游工作取得新进展。

【对外宣传】 2019年，围绕学习贯彻习近平新时代中国特色社会主义思想和党的十九大，十九届二中、三中、四中全会精神，讲好中华人民共和国成立70周年取得历史性成就、发生历史性变革的故事，讲好海原攻坚克难、精准脱贫的故事，不断提高海原的美誉度和知名度。借助全县举办的文化旅游节、肉牛大赛、西海固区域公用品牌发布推介会等载体，以承接区、市举行的主题采访等主要平台，通过举办各类新闻发布活动，邀请各类媒体参与全县重点工作、重点活动报道。县内外主流媒体、网站先后刊发报道4700多篇，其中国家级媒体已报道80多篇（条）。尤其在《宁夏日报》开设一月一期的《海原观察》专版，已经刊发10个专版，对重点工作进行了深度报道。

【组织领导】 2019年，结合“党政机关作风建设年、干部队伍素质提升年”活动，按照中宣部和自治区、中卫市党委宣传部安排，全面把握强“三性”增“四力”的丰富内涵，先后召开了动员会、推进会，加强督查力度，下发了督查通报。通过实施“1845”工作法（18项规定动作、4项自选动作、5项创新动作），确保全县宣传思想文化战线强“三性”增“四力”教育实践工作取得实效。组织开展了大调研活动，共完成高质量调研报告6篇。举办宣传部支部“不忘初心、牢记使命”主题教育读书班，集中学习研讨21次，进一步提升了宣传部干部的能力和素质。实行归口管理、审核把关、目标责任、定向约稿四项制度，坚持每周至少有3篇、每月至少有10篇信息上报区、市党委宣传部，整理上报117篇信息，被中宣部采用2条、自治区党委宣传部采用8条。县委、政府主要领导先后多次调研指导宣传思想文化工作，从各方面优先解决宣传思想工作存在的困难，尤其重点进行资金保障。

统战工作

【概况】 2019年，县委统战部在县委的坚强领导下，坚持以习近平新时代中国特色社会主义思想为指引，以党的十九大精神为主线，认真贯彻全国、区市统战部长会议精神和县委部署要求，凝聚团结统战力量，不断适应新形势，探索新思路，解决新问题，坚持靶向施策，强化问题治理，坚持宗教中国化方向，依法加强宗教事务管理，着力解决宗教领域突出问题，深入开展民族团结进步创建活动，积极引导各民族群众共同团结奋斗、共同繁荣发展，不断开创统一战线工作新局面。

【思想政治引领】 2019年，把习近平新时代中国特色社会主义思想，党的民族政策、宗教工作基本方针和自治区党委十二届四次全会精神，作为各级党委中心组、各级干部理论学习重点内容，制订计划、列出专题，深入学习、融会贯通。举办全县副科级以上领导干部"坚持底线思维，着力防范化解重大风险"专题培训班2期，开展1期全县副科级以上领导干部学习民族宗教政策理论大讲堂，分期举办全县村党支部书记、第一书记专题培训班3期，共举办18期乡村干部民族宗教政策专题学习班，实现了党员干部和国家公职人员学习党的民族宗教政策全覆盖。通过加强思想引导，进一步提高了各级干部做好民族宗教工作的思想自觉和工作本领。

【教职人员管理】 2019年，制定《海原县宗教"三支队伍"培训工作实施方案》《海原县基层宗教人士"三定"学习工作方案》。组织开展基层培训活动，共举办全县宗教人士和宗教场所管理人员培训班2期，分乡镇举办宗教人士培训班18场次。对3名优秀中青年教职人员推荐选送到北京师范大学接受学历提升教育。通过面对面、多形式的学习宣传教育，积极引导宗教人士和信教群众牢固树立马克思主义民族观宗教观，进一步坚定"四个自信"，增强知党恩、听党话、跟党走的思想自觉。突出宗教场所重点，紧紧围绕宗教活动场所组织建设、制度建设、队伍建设，结合和谐寺观教堂创建活动，进一步提升全县宗教活动场所管理规范化、制定化。

【"四进"宗教场所活动】 2019年，印发《习近平论民族宗教工作》《宗教事务条例》《中华人民共和国宪法》《民族宗教理论政策法律法规学习读本》。"四进"宗教场所活动在2018年474座的基础上又增加98座，"四进"达到了全覆盖。通过深化社会主义核心价值观引领，使广大信教群众"三个离不开""五个认同"的思想不断增强。

【民族团结进步创建】 2019年，大力实施"八大工程"，深入推进"585"创建行动计划，全力打造民族团结进步示范县。抓好示范带动，着力提升了创建成效。制定《海原县创建全国民族团结进步示范县活动实施方案》《海原县创建民族团结进步示范县测评指标体系》，明确目标任务，细化分工，靠实责任，强化考评机制，不断提高创建工作上台阶、上水平。2019年，创建自治区级民族团结进步示范单位3个、市级23个、县级52个；创建自治区级"和谐寺观教堂"10个、市级25个、县级198个，1名同志获得全国民族团结进步模范个人称号。搭建活动平台，着力打造了创建品牌。以"民族团结月"活动为载体，打造民族团结进步教育"八进"品牌。充分发挥典型示范引领作用，在曹洼乡脱烈等10个村培树团结带领各族群众共同致富、共同发展的典型，打造“文明乡村”创建品牌；在树台中学等10个学校培树师生互尊互学、包容友善的典型，打造“民族团结手牵手”育苗品牌；在海新区税务局、建设社区培树帮助少数民族发展经济、解决实际困难的典型，打造“我为基层送服务”能力提升品牌；在关桥乡王湾等20个宗教场所培树爱国守法、团结和谐的典型，打造“规范和谐寺观教堂”品牌，激发各族群众维护民族团结，争当先进模范的热情。积极探索实施“创建活动＋乡村振兴战略”“创建活动＋精准扶贫”“创建活动＋中华优秀传统文化教育”等创建举措，扩大民族团结进步事业的影响力。坚持把创建工作融入党的建设、精神文明等工作中，融入精准扶贫、移风易俗当中，不断激发群众脱贫攻坚内生动力，引导各族群众把有限的精力放在发展生产、改善生活上，把智慧和力量凝聚到脱贫致富奔小康上来，确保创建工作方向正确、内涵丰富、务实有效。

【脱贫攻坚】 2019年，全县以脱贫攻坚统领民族宗教工作，以民族团结进步创建促进脱贫攻坚行动。找准工作切入点和结合点，组织动员统一战线各团体，立足各自特色和优势，深入开展统一战线助力扶贫攻坚行动。整合少数民族发展资金，全面用于脱贫村基础设施建设、产业发展等项目，2019年共争取少数民族发展资金1790万元。积极开展“百企帮百村”助力脱贫攻坚行动。通过牵线搭桥，让需求与资源精准对接、有效落地。一年来共对接区、市帮扶企业和商会14个，联系帮扶9个乡镇10个行政村，积极开展扶贫帮困和公益慈善等事业，助力加快群众脱贫步伐。

网络安全和信息化工作

【机构改革】 2019年1月，组建县委网络安全和信息化委员会，设立县委网络安全和信息化委员会办公室为县委网信委常设办事机构、县委工作机关（正科级）。任命马海军为网信办主任，马进堂为网信办副主任，加挂海原县互联网信息办公室牌子。2月，因机构改革职能调整，将海原县网络信息管理服务中心（机构规格为副科级事业单位，原主管单位是县委宣传部）机构及编制人员（核定编制数4人）整体划转至县委网信办。3月，召开县委网信委第一次会议，会议审议通过《中共海原县委员会网络安全和信息化委员会工作规则》《中共海原县委员会网络安全和信息化委员会办公室工作细则》。是月，中共海原县委办公室印发《中共海原县委网络安全和信息化委员会办公室职能配置、岗位设置和人员编制规定》，明确了县委网信办主要职责（主要负责互联网信息内容管理、指导协调网络舆情信息工作、网络阵地建设管理、网络安全、网信干部队伍建设等）、岗位设置及人员编制（行政编制5人，其中主任1人、副主任2人）。

【意识形态】 2019年，严格落实《海原县党委（党组）网络意识形态工作责任制实施细则》，认真贯彻落实中央和区、市、县党委关于网络意识形态工作的各项决策部署，压实了主体责任，形成党委（党组）统一领导，党政齐抓共管，宣传、网信部门组织协调，有关部门分工负责的网络意识形态工作格局。

【宣传舆论引导】 2019年，坚持正确政治方向、舆论导向、价值取向，加强网上正面宣传和舆论引导，不断加强网络内容建设。深入推进“争做中国好网民”系列工程，积极开展网上理论传播、舆论引导和文化发展，努力构建网上网下同心圆。充分利用好各类网络媒体平台，丰富议题设置，开展系列网上主题宣传活动，壮大网上舆论引导主阵地。

【网络舆情处置】 2019年，加强网上网下问题的解决，积极走好网上群众路线，不断加强对各乡镇、各部门（单位）网络舆情应对处置的指导和督查，建立完善网信工作风险提示回复制度，确保了海原县网络舆情平稳可控。

【网络空间治理】 2019 年,坚持依法管网治网,持续开展"清朗"、网上"扫黄打非""净网"等系列专项清理整治行动。严厉打击网络违法犯罪活动,加大对网络谣言、淫秽色情等各类不良有害信息的治理。严格落实《党委(党组)网络安全工作责任制实施细则》,加强对各类网站、重要信息系统的安全检查,及时通报系统漏洞,预警网络安全风险,提升网络安全保障能力,持续深入开展网络安全知识技能宣传普及,切实增强全社会网络安全意识。

机构编制

【概况】 2019 年,机构改革结束后,将海原县机构编制委员会改为海原县委机构编制委员会,作为县委议事协调机构。调整优化县委机构编制委员会的领导体制。县委机构编制委员会办公室为县委机构编制委员会的办事机构,承担县委机构编制委员会的日常工作,作为县委工作机关,归口县委组织部管理。挂事业单位登记管理局牌子,现有行政编制 6 名,实有人员 8 人。

【党政机构改革】 2019 年,市县机构改革启动后,按照党中央和区、市县党委的部署,县委、政府高度重视,紧盯"动员部署、组建挂牌转隶、研究制定'三定'规定和定岗定员、总结评估"五个阶段任务,县委主要领导挂帅,深入改革一线调研,现场解决改革中存在的问题。政府主要领导召开专题会议推动机构改革任务落实。改革后,县委机构 10 个,政府机构 25 个。

【人大、政协机构改革】 2019 年,为更好地发挥职能作用,人大常委会党组进一步健全县人大组织制度和工作制度,推进人大履职能力建设。为优化政协专门委员会设置,设立提案和委员联络委员会、经济委员会、教科文卫体委员会、社会治理委员会 4 个专门委员会。

【综合行政执法改革】 2019 年,按照《关于印发〈关于深化生态环境综合行政执法改革的实施意见〉等 5 个改革实施意见的通知》(宁党办〔2019〕96 号)文件精神,市场监管、农业、文化、交通运输 4 个领域的综合行政执法体制改革全面推开。组建县市场监管综合执法大队,进一步完善农业、文化、交通领域三支综合执法队伍的机构编制方案,提请县委机构编制委员会研究审定。为实现自然资源执法力量综合管理、统一行使执法职权,组建县自然资源综合执法大队,在县国土资源执法监察大队加挂"县自然资源综合执法大队"牌子,负责全县国土资源、林(草)地、湿地、野生动物资源的保护等各项工作。

【组建中卫市生态环境局海原分局】 2019 年,认真落实《关于设立市、县(区)及市属开发区(工业园区)生态环境机构等有关事项的通知》(卫编委发〔2019〕29 号)文件要求,中卫市生态环境局海原分局、综合行政执法队伍和检测机构已调整到位,人员划转工作也基本落实到位。

【事业单位改革】 2019 年,按照自治区党委编办《关于转发〈中央编办关于地方机构改革期间推进和规范事业单位调整的通知〉的通知》,同步推进事业单位改革。一是整合划转后相同或相近的事业机构,按照"编随事走、人随编走"的原则,整合撤销职责不饱满事业单位 11 个,因工作需要新成立事业单位 19 个。二是对因主管部门整合需要调整隶属关系的和因职能调整需要调整隶属关系的 21 个事业单位进行调整,涉改的事业编制及人员全部有序划转。

【贯彻落实《中国共产党机构编制工作条例》】 2019 年,成立县委机构编制委员会,组织召开海原县机构编制委员会第一次会议,传达学习了习近平总书记在中央机构编制委员会第一次会议上的讲话精神,研究通过了《中共海原县委机构编制委员会工作规则》《中共海原县委机构编制委员会办公室工作细则》和《海原县人事调配规定》，编办全体干部职工结合“不忘初心、牢记使命”主题教育认真学习《条例》。进一步严格机构编制管理，强化机构编制刚性约束。

【实名制信息库】 2019年，按照“控住总量、盘活存量、动态调整”原则，对全县机构、总编制、实有人员、在编人员等进行全面梳理核对。按照各部门“三定”规定和相关机构编制文件，对实名制库信息管理平台的党群部门和实有人员情况等各项数据进行逐一核对，保证平台数据与单位实际相一致。实时更新实名制信息库，严把入编审核关，对2019年招录的公务员、选调生、事业单位人员和高层次人才人员信息进行入库备案，进一步提高机构编制科学化和规范化水平，以保障县委、政府中心工作顺利开展。

政策研究

【理论学习】 2019年，通过主任办公会、周二政治理论学习和参加区市县举办的专题培训等形式，系统学习了习近平总书记关于党的建设、经济发展、改革开放、精准脱贫、生态文明、法治建设等重要讲话精神，用以武装头脑、指导实践、推动工作。坚持把学习贯彻习近平新时代中国特色社会主义思想与落实自治区党委十二届六次、七次全会，市委四届六次、七次全会，县委十四届五次、六次全会精神相结合，主动服务县委中心工作，聚焦“三大战略”“六个方面重点工作”，谋划协调推进改革，深入开展调查研究，为坚决打赢脱贫攻坚战、推动海原高质量发展贡献了政研智慧和改革力量。

【调查研究】 2019年，围绕全县脱贫攻坚、深化改革等重点工作，研究制定了《海原县2019年脱贫攻坚重点课题调研活动方案》，确定了32项重点调研课题，扎实开展调研活动。完成了《海原县“离土”产业发展调研报告》《华润“基础母牛银行”模式助推脱贫攻坚调研报告》《促进海原县城乡居民人均可支配收入可持续增长的调研报告》《海原县发展壮大村集体经济的调研报告》等多篇调研报告，编辑印发《调研专报》4期。其中《海原县“离土”产业发展调研报告》被中央政策研究室《学习与研究》，自治区党委《宁夏工作研究》和《共产党人》，中卫市《调查与思考》刊发，《创新“三种模式”助力脱贫富民》和《加快科技创新步伐、提升县域创新能力》改革调研信息，被自治区党委《宁夏工作研究》采用。

【文稿起草】 2019年，重点围绕经济社会发展、产业转型升级、乡村振兴、脱贫富民、深化改革等重大决策，起草制定了《海原县2019年“3+6”重点工作分工方案》《中共海原县委全面深化改革委员会2019年工作要点》《关于实施乡村振兴战略的意见（修订）》《中共海原县委财经改革委员会2019年工作要点》《海原县推进高质量发展的实施意见》《海原县2019年度目标管理考核办法》《2019年乡镇效能目标管理考核细则》等文件，以及县委深改会议、财经会议主持讲话和县委相关领导理论文章、党课讲稿等，切实提高了文稿的思想性、针对性和指导性。

【深化改革】 2019年，制定了县委全面深化改革委员会2019年工作要点，统筹区市部署涉及海原县的改革任务，结合实际，谋划确定了85项重点改革事项，明确了责任单位、配合单位、完成时限，突出改革重点、夯实改革责任。组织召开县委深改委会议3次，传达学习并贯彻落实中央和区市党委深改会议精神，听取重点改革任务推进情况汇报，审议通过改革方案20余个。为更好地推动工作落实，将专项改革小组由原来的7个调整为10个，及时与改革重点单位沟通对接，适时跟踪，深入推进；制定了《海原县2019年全面深化改革重点改革事项督察计划》，谋划部署、领导领衔、会议调度、督察督办、考核评价等改革推进落实机制更加完善。2019

年初确定的85项改革任务中有70项已完成或完成阶段性任务，15项正在稳步推进。共向自治区党委改革办信息平台和市委改革办报送改革信息170余篇，改革宣传工作质量明显提升。

【财经工作】 2019年，制定了县委财经委员会工作规则、县委财办工作细则和《海原县委财经委员会2019年工作要点》，确定了23项财经工作任务，跟踪督导工作进展情况，积极协调相关部门解决调研督导过程中发现的问题，推动工作顺利开展。

【效能目标考核】 2019年，认真落实为基层减负专项整治部署要求，进一步修改完善了《海原县2019年度目标管理考核办法》和《2019年乡镇效能目标管理考核细则》，使考核任务和指标更加明晰、赋分更加科学合理，更有利于推进任务落实。制定印发了《关于落实区、市效能目标管理考核任务责任分工方案》，将2019年区市效能目标管理、深化改革及乡村振兴考评任务进行了分解，确保目标明确、责任到人。

【党的建设】 2019年，健全完善政研室工作职责、改革办工作职责、财办工作职责、廉政制度等9项工作制度，进一步完善工作岗位分工，明确工作职责，严格考勤制度，推动工作专业化、规范化、制度化。认真学习贯彻习近平总书记在中央和国家机关党的建设工作会议上的重要讲话精神，扎实推进机关党建“三强九严”工程，严格执行“三会一课”、支部主题党日等制度，先后组织党员集中学习26次，开展支部主题党日活动5次，党支部书记讲党课2次。准确把握“不忘初心、牢记使命”主题教育总要求，全面落实四项重点措施，着力推动主题教育走实走深。共开展集中学习22次、研讨交流9次、党性教育1次、警示教育2次、先进典型教育12次，深入基层调研撰写调研报告1篇，检视发现问题9条，制定整改措施11条，已整改完成8条。

【脱贫帮扶】 2019年，先后8次召开会议研究部署帮扶工作，研究制定了《县委政研室2019年脱贫攻坚工作实施方案》和《县委政研室关于落实自治区党委第一巡视组专项巡视海原县脱贫攻坚工作反馈问题整改方案》，将工作目标和具体任务逐一细化，明确责任领导和责任人，全力推动任务落实。根据柴梁村入户核查情况和制定的帮扶措施，立足“两不愁三保障”，引导183人外出务工，55户贫困户发展产业脱贫；结合为民服务解难题“十个一”活动，筹措资金3.25万元，解决了2户边缘贫困户危房改造和驻村工作队灶房建设资金短缺问题；积极协调县水务部门维修改造灌溉渠道3500米，协调七营镇为村部前硬化道路修建排水设施，解决了群众放水难、出行难问题。联合柴梁村党支部开展“扶贫日宣政策、访农户、话脱贫”主题党日活动，通过学习习近平总书记对扶贫工作的论述、宣讲扶贫政策、举行脱贫攻坚政策有奖问答等，加深群众对扶贫政策的熟知度，提升柴梁村党建和脱贫攻坚工作水平。严格执行干部联系帮扶贫困户工作机制，结合开展“进农家院、干农家活、查农家情、暖农家心”活动，督促干部每月定期深入28户联系帮扶贫困户家中，讲政策、访民情、解民忧、纾民困。通过宣传引导，28户帮扶对象中有15人外出务工，16户发展牛、羊、兔养殖增收。27户已全部退出贫困户。

老干部服务管理

【落实政策待遇】 2019年，海原县委组织部组织离退休干部召开“我看新中国成立70周年新成就”座谈会。春节期间，走访慰问离休干部、退休县处级干部、困难党员及干部遗孀104人，发放慰问金10.4万元。七一建党节前夕，对全县健在的15名离休干部和1名离休干部家属进行了走访慰问，发放慰问金3.2万元，并为他们送去中华人民共和国成立70周年纪念章。

【意识形态教育】 2019年，海原县委组织部在离退休干部中扎实开展了从严整治党员信仰宗教和参与宗教活动问题"回头看"，建立完善了教育转化工作台账，对2018年排查出的信仰宗教和参与宗教活动的离退休干部党员逐人再次进行了排查，确保整治效果不反弹。

【精神文化生活】 2019年，海原县委组织部先后举办海原县老干部"庆祝建国七十周年""礼赞新中国、感恩共产党"等系列文体比赛活动，极大地丰富老干部的精神文化生活。组织老干部积极参与全区"庆祝建国七十周年征文" 和延安精神研究会征文2次，上报稿件20篇。参加各级书画展4次，上报书画作品30余幅。

【干事创业平台】 2019年，海原县委组织部充分发挥"三缘型"（地缘型、趣缘型、业缘型）离退休干部党支部的核心作用，引导广大离退休科技工作者开展科技文化下乡活动，为广大群众和社区居民送去科普知识。老科协离退休干部党支部与郑旗乡撒台村、甘盐池管委会盐池村互联共建，搭建了专家、企业、村集体交流合作平台，为打赢脱贫攻坚战发挥了余热，奉献了力量。

【关心下一代工作】 2019年，海原县委关心下一代委员会积极争取江苏省江阴市祝塘镇爱心企业为海原中小学校捐款15万元、服装1000套，捐赠音乐器材100件、儿童玩具10箱。

党校工作

【教育培训】 2019年，以学习贯彻落实习近平新时代中国特色社会主义思想、中共十九届四中全会精神、自治区第十二次党代会精神、市委四届六次全会精神、县委十四届五次全会精神等为主题内容，联合县委组织部、县委办、网信办、统战部、财政局、教体局、人社局、就业局、扶贫办、应急管理局、农业农村局、宁南医院等单位（部门），举办各类主体培训班、业务培训班、论坛25期，培训学员5516人。其中举办大型论坛2期，分别为"首届宁夏心血管疾病预防与康复论坛暨第三届宁南地区心血管病论坛"和"宁夏（海原）第四届高端肉牛产业发展论坛"。8月17日至23日，与应急管理局联合举办的全县应急救援队伍技能培训班首次实现培训班达到7天的学制要求。

【理论宣讲】 2019年，根据县委统一部署，充分利用冬季党员轮训、七一等时间节点，组织教师围绕十九大精神、十九届四中全会精神、《中国共产党章程》、党史、《中国共产党问责条例》、习总书记来宁视察重要讲话精神、马克思主义民族宗教观、脱贫攻坚、扫黑除恶、"不忘初心、牢记使命"主题教育等内容深入全县各乡镇、部门（单位）进行宣讲，全年开展理论宣讲36场次，宣讲人数达到3000余人，保质保量完成了全年宣讲任务。

【师资素质提升】 2019年，完善教研管理服务，开展教学研讨活动7次，参加全区党校系统理论研讨会、座谈会3次，外派教师10人次分别赴北京、上海、福建、深圳以及自治区党校、市党校参加各类师资培训进修。通过学习外地先进的办学授课经验，进一步提高党校教师的教学水平和教学理念，为构建学习型师资队伍和党校的全面发展起到了积极的作用。在全市党校系统"用学术讲政治"优质课评比中2名教师分别荣获二等奖、三等奖。

【教学和基层调研】 2019年，鼓励教师通过积极开展理论下基层活动，进行专题调研、专题研讨。积极推进新型智库建设，构建教学、科研、咨政一体化的教学科研工作格局。组织全体职工围绕习近平新时代中国特色社会主义思想、习总书记来宁视察重要讲话精神、马克思主义民族宗教观、脱贫攻坚、"不忘初心、牢记使命"主题教育等内容，完成理论征文10余篇、调研报告2篇，报送各类信息30

多篇。

【办学水平】 2019 年,自治区党委党校(宁夏行政学院)会同自治区党委组织部、自治区人力资源和社会保障厅等部门,对全区 18 所市县级党校、行政学院(校)开展了办学质量督查评估,根据督查评估得分,海原县党校为优秀等次。同时,实事求是地指出了海原县党校办学工作中存在的问题和不足,并提出了相应的整改意见和建议。海原县党校对反馈意见的整改工作高度重视,坚决做到即知即改、立行立改,并以此为重要契机,进一步提高办学质量和办学水平。自《中国共产党党校工作条例》颁布后,全校认真学习、深刻领会《条例》精神实质,努力掌握《条例》的基本内容和具体要求,充分认识《条例》颁布实施的意义,把思想和行动统一到《条例》上来。对标对表《条例》寻找存在的问题,抓好整改落实,主动担当作为,扎扎实实推动《条例》落到实处、见到实效,推动党校工作再上新台阶。

【精准扶贫】 2019 年,海原县党校负责七营镇杨堡村、北咀村,郑旗乡撒台村帮扶工作,联系帮扶建档立卡贫困户 84 户。年初认真制订了《县委党校 2019 年帮扶工作计划》,明确了工作职责、目标任务及具体要求。校领导亲自带队经常深入镇、村、扶贫户家中,与村"两委"班子共谋发展之策,与帮扶户共商脱贫之计。全体教职工认真做好入户调查、表册填报、政策宣传、结对帮扶,大力鼓励帮扶户发展养殖业,联系外出务工和落实贷款,切实帮助贫困户解决生产生活中的问题和实际困难。积极开展单位结对帮扶和送温暖活动,为甘城乡乔畔村乔畔小学捐赠书包 100 个,发放建档立卡户明白袋 110 个;与乔畔村党支部联合开展"进农家院、干农家活、查农家情、暖农家心"主题党日活动,讲专题党课,召开座谈会,开展调查研究,帮助贫困户干农活;结合"不忘初心、牢记使命"主题教育,认真开展消费扶贫,帮助三河镇菜农销售滞销芹菜 800 千克,以实际行动帮助群众化解当前困难。

【基础设施建设】 2019 年,为满足县级党校 150 人同期培训住宿的要求,新建的 2 号宿舍楼主体已全部完成。县委、政府主要领导及分管领导高度重视新建 2 号宿舍楼项目,多次调研,实地查看项目进度。8 月 31 日,县委主要领导调研了新建 2 号宿舍楼项目建设情况,并作出重要指示,有效推进了工程的建设进度。新建 2 号宿舍楼附属工程、室内配套工程、家具及信息化设备采购已全部完成,2 号宿舍楼投入使用后能够满足大规模培训干部的要求。

【党风廉政】 2019 年,积极开展"四抓四比"双争竞赛活动,坚持每月开展支部主题党日活动及"三会一课"制度,严格执行党员积分制管理,加强党员干部政治思想教育、师德师风锤炼和机关效能建设。高标准、高质量开好组织生活会和民主生活会,不断增强党校班子及个人自我净化、自我完善、自我革新、自我提高的能力。深入实施"三强九严"工程,扎实开展"不忘初心、牢记使命"主题教育。主题教育集中学习了《习近平关于"不忘初心、牢记使命"重要论述摘编》《习近平新时代中国特色社会主义思想学习纲要》《中国共产党党章》《关于新形势下党内政治生活的若干准则》《中国共产党纪律处分条例》《中国共产党问责条例》,学习了习近平总书记视察宁夏时的重要讲话精神和对宁夏工作的重要指示批示精神,专题学习了党的十九届四中全会精神,督促党员干部利用学习强国平台自学,主动为离退休党员送学。集中学习 69 次,交流研讨 11 次,撰写发言提纲、心得体会 37 篇,推动了主题教育往深里走、往心里走、往实里走,全面提升了党员综合素质。校党支部全面认真落实党风廉政建设责任制,严格落实中央八项规定精神,及时制订了《县委党校关于加强党风廉政建设工作计划》,层层签订党风廉政建设目标管理责任书,全面落实"一岗双责",严格开展"党政机关作风建设年、干部队伍素质提升年”活动。

【意识形态】 2019年,坚持思想政治工作不动摇、不松懈、不掉队的原则,在学习宣传贯彻落实十九大精神、习近平新时代中国特色社会主义思想、社会主义核心价值观等多方面发挥了前沿阵地作用,从更深的战略意义、更高的目标追求,加强认识意识形态工作的重大意义,以高度的政治自觉、有力的政策措施落实意识形态工作的各项任务,牢牢掌握意识形态的领导权、主动权,把意识形态工作和党校重点工作同安排、同部署,纳入年终绩效考核的主要内容,不断增强干部职工的责任意识。

【干部心理健康教育】 2019年,为了有效促进全县机关事业单位干部职工心理健康服务工作,积极关注全县机关事业单位干部职工心理健康问题,及时对全县机关事业单位干部职工进行心理疏导,确保机关事业单位干部职工能够用饱满的热情、积极的态度、乐观的心态面对工作,更进一步提高工作效率。县委组织部决定在党校建立海原县干部心理健康教育咨询中心,该中心于2019年2月建成,总投资25万元,设有个体咨询室、音乐放松室、接待室、宣泄室、沙盘室5个功能室。针对基层事业单位特点及干部职工身心健康状态,海原县党校与中科博爱(北京)心理医学研究院银川分院签订《心理健康服务项目合同》,中科博爱(北京)心理医学研究院银川分院每年选派专家、教授和心理咨询师在专题培训班上开展心理讲座、团体辅导、义诊、管理员辅导、跟踪随访。已开展心理辅导10次、心理测评5次、沙盘辅导2次、个案咨询200余次,接待来访人员700余人、发放心理测评表460余份。

海原县人大常委会

综 述

【概况】 2019年,常委会全面落实县委决策部署,主动服务全县发展大局,强化一线意识,保持一线状态,"不忘初心、牢记使命",依法履职、为民尽责,圆满完成了县十七届人大三次会议确定的各项任务。全年共召开常委会会议11次、主任会议12次,听取和审议"一府两院"专项工作报告21件,开展视察、检查、执法检查和专题调研14次,依法作出决议决定9项,人事任免62人次,提出审议意见28条,为促进全县经济社会发展和民主政治建设作出了积极贡献。

【政治建设】 2019年,常委会坚持把讲政治作为人大工作的生命线,牢固树立"四个意识",坚决维护习近平总书记核心地位、坚决维护党中央权威和集中统一领导,始终同以习近平同志为核心的党中央保持高度一致。自觉把人大工作置于县委领导之下,坚持重大问题及时报告、阶段性工作定期报告、工作动态随时报告,不折不扣落实县委部署要求,确保县委的主张通过法定程序成为全县人民共同意志。牢牢把握"不忘初心、牢记使命"主题教育总要求,始终坚持"四个贯穿始终",着力在学习教育求深、调查研究求实、检视问题求准、整改落实求真上下功夫,共开展理论中心组学习26次,开展集中研讨10次,形成调研报告4篇,检视问题45个,坚持立查立改、按期整改,检视问题已全部整改完成,主题教育取得阶段性成果,常委会及机关广大党员干部的初心使命得到进一步强化,精神状态得到进一步提振,斗志干劲得到进一步激发,奉献担当的力量和共识进一步凝聚。常委会坚持把服务县委中心工作作为履职尽责的核心要务,在推进县委决策部署高效落实中彰显人大担当。坚持"一线"工作法,主动融入脱贫攻坚工作大局,既做监督者、督促者,又做推动工作的实践者和参与者,全面履行包抓乡镇各项职责,认真落实扶贫开发领导小组、脱贫攻坚第一督导组、扫黑除恶专项斗争工作领导小组等工作职责,尽心尽力地协调解决乡镇、部门工作中所面临的困难和问题,全力促进县委重大决策部署得到贯彻落实。

【视察脱贫攻坚】 2019年,组织常委会组成人员和部分人大代表对2019年脱贫攻坚工作进行了全面视察,针对工作中的短板弱项和突出问题,积极提出意见建议,督促县人民政府及有关部门切实强化政策宣传，努力提高技能培训实效，不断壮大到户产业培育发展，健全完善扶贫资金监管运行机制，激发群众内生动力，细化措施解决移民搬迁遗留问题，有效促进了各项攻坚任务的顺利开展。同时，常委会组成人员身体力行，带头参与脱贫攻坚；人大机关干部踊跃结对、倾情帮扶，所包村户贫困面貌明显改善；全县270多名人大代表立足本职岗位，充分发挥各自作用，积极投身扶贫事业，凝聚起了脱贫攻坚的强大合力。

【监督检查】 对计划、预算2019年上半年执行情况和2018年财政决算情况进行了监督检查，支持审计部门依法履行审计监督职责，提出意见建议12条，确保县十七届人大三次会议审查批准的计划、预算得到较好贯彻执行。认真落实政府向人大常委会报告国有资产管理情况制度，首次听取和审议了国有资产管理情况报告，推进国有资产管理公开化、透明化。发挥预算联网监督中心作用，实时监督财政预算执行情况，提高了预算决算审查的实效性和针对性。高度重视政府债务风险防控，督促县人民政府去存量、遏增量，年度化解任务已圆满完成。依法作出决议、决定9项，审查批准县人民政府2019年预算调整方案和2018年财政决算，促进了全县经济社会平稳健康发展。

【推动产业提质增效】 2019年，紧盯“一主四特”优势特色产业发展，常委会相关委室组织开展了多次专题调研，常委会组成人员和部分人大代表进行了全面视察，听取和审议特色产业发展情况专项工作报告，在提质扩规增效方面提出意见建议11条，督促县人民政府加快农业产业结构和布局调整，加大招商引资力度，优化产品供给，提升品牌效应，拓展特色农产品营销渠道，实现群众稳定持续增收。

【改善民生福祉】 2019年，牢固树立以人民为中心的发展思想，紧盯群众最关心、最直接、最现实的利益问题，精准选取监督议题，着力推动县人民政府及其职能部门在发展中保障和改善民生。依法审查批准预算草案报告，确保全县75%以上的财力用于民生领域。高度关注教育、健康扶贫政策落实，常委会组成人员深入一线开展视察，督促县人民政府积极改善办学条件，持续深化教育改革，全面落实教育扶贫政策，狠抓教师队伍建设，推动了教育扶贫工作发展。聚焦全县各乡镇卫生院和村卫生室标准化建设，推动提高村卫生室使用率，全面落实好大病集中救治、慢病签约服务等政策，确保救治对象享受到各医疗保障政策待遇。综合运用视察检查、专题调研、审议专项工作报告和满意度测评等方式，对棚户区改造、市场监管体系建设、农村人饮水和为民承诺实事办理等工作进行了监督，依法推动民生工作落实落细，人民群众的获得感和幸福感不断增强。

【督查修复生态环境】 2019年，牢固树立绿色发展理念，把改善生态环境，建设天蓝、地绿、水美的美丽海原作为一条“生命线”来守护，积极助推“生态立县”战略的大力实施。对《中华人民共和国环境保护法》《中华人民共和国环境保护条例》贯彻执行情况进行了执法检查，听取和审议了县人民政府关于生态环保工作的专项工作报告，依法作出审议意见6条，督促县人民政府严格执行相关法律法规，继续打好蓝天、碧水、净土“三大保卫战”，切实解决大气污染、水质恶化、土壤污染等突出问题。配合区、市人大开展了“中华环保世纪行——宁夏行动”跟踪调研督查检查活动，推动了中央和自治区环保督察反馈问题的整改落实。

【司法监督】 2019年，专项听取和审议法院、检察院、公安局、司法局扫黑除恶专项斗争情况报告，建议创新宣传教育途径和方法，建立各有关部门信息共享、合力攻坚的工作机制；对法检两院工作进行执法检查，结合审判执行、法律监督、公益诉讼、深化改革及队伍建设等各项工作，依法提出审议意见

10 条，进一步推动法检两院忠实履责、服务大局。组织常委会组成人员和人大代表参加案件评查、检察开放日和旁听庭审等活动 50 余人次。

【法律普及实施】 2019 年，认真贯彻县委关于加强法治宣传教育的部署要求，督促司法行政部门深化“法律八进”活动，扎实推动“七五”普法决议的贯彻实施。认真开展《中华人民共和国统计法》《宁夏回族自治区预算审查监督条例》等法律法规贯彻实施情况的执法检查，督促县人民政府着力解决法律法规贯彻实施中的实际问题。积极配合区、市人大开展的执法检查和立法调研，进一步推动相关法律法规在全县的贯彻实施。

【人事任免】 全年共任免国家机关工作人员 30 人次，人民陪审员 32 人，补选市四届人大代表 3 人，保证了党委人事意图的顺利实现。全面落实宪法宣誓制度，先后组织新任命国家工作人员进行宪法宣誓 4 场次，进一步弘扬宪法精神、提高全民宪法意识。

【服务保障】 2019 年，以提升履职能力为重点，积极组织市县人大代表开展集中培训，邀请自治区和县委、政府相关领导，围绕贯彻习近平新时代中国特色社会主义思想，做好脱贫攻坚、民族宗教工作和新时代人大代表履职等内容，举办代表培训专题讲座，进一步提升了代表的专业知识和履职能力，增强代表为民履职的责任感和使命感。扩大代表知情权，共邀请人大代表列席人大常委会议及参加视察检查、专题调研等活动 120 余人次，有效激发了广大代表的履职热情。

【代表建议办理】 2019 年，把督促“一府两院”办理代表建议意见作为监督工作的重要抓手和作为保障代表权利、促进工作落实的重要途径，县十七届人大三次会议确定的 24 条代表建议，县人民政府高度重视，认真办理，已办结 21 件，暂无条件办理 3 件，办结率 87.5%，答复率 100%。

【联系人民群众】 2019 年，坚持群众路线，深化“双联”活动，每位常委会组成人员同 3 名基层人大代表保持密切联系，通过走访、电话、信函等多种方式，经常听取意见建议，认真回应代表和群众的关切。建成乡镇人大“代表之家”17 个，行政村“代表工作室”116 个。依托“海原人大”微信公众号和代表工作微信群，定期推送法律法规知识和惠民惠农政策，及时收集基层代表建议意见，有效拓宽了人大代表反映民意、建言献策的途径。在提升乡镇人大工作水平上持续发力，指导乡镇人大丰富闭会期间的代表活动，规范召开乡镇人代会和主席团会议，进一步推动乡镇人大工作和基层代表工作规范有序。

【自身建设】 2019 年，深入学习贯彻习近平新时代中国特色社会主义思想、党的十九大和十九届四中全会精神等政治理论，认真学习贯彻习近平总书记对地方人大及其常委会工作作出的重要指示精神，筑牢依法履职的思想基础。不断加强对宪法、组织法、代表法、监督法等法律法规和人大业务知识的学习掌握，积极参加区市党委、人大举办的各类专题培训和学习研讨活动，乡镇人大主席的思想认识和履职能力得到有效提升。坚持把纪律挺在最前面，严格遵守党章党规党纪和中央八项规定精神，认真履行从严治党和意识形态主体责任，扎实推进“党政机关作风建设年、干部队伍素质提升年”活动，坚决整治“四风”问题。加强对人大各委室的领导，修订完善机关工作制度，加大机关干部学习培训力度，使人大机关作风和干部形象进一步转变，工作效率和服务质量进一步提高。

重要会议

【第十七届人民代表大会第三次会议】 1 月 22 日至 24 日，海原县第十七届人民代表大会第三次会议在海原县政府礼堂召开。会议听取和审查县人民政府工作报告；审查、批准了《海原县2018年国民经济和社会发展计划》执行情况与《2019年国民经济和社会发展计划（草案）》的报告，批准《2019年海原县国民经济和社会发展计划》；审查、批准《2018年全县财政预算执行情况》与《2019年全县财政预算（草案）》的报告，批准2019年全县财政预算；听取和审查县人大常委会工作报告；听取和审查县人民法院工作报告；听取和审查县人民检察院工作报告；选举县监察委员会主任、县人民检察院检察长、补选县十七届人大常委会委员。

【第十七届人大常委会第十八次会议】 1月9日，海原县人大常委会主任罗成玉主持召开海原县第十七届人大常委会第十八次会议。会议审议了《关于接受丁生国辞去海原县第十七届人民代表大会代表职务的议案》《关于接受余正帮辞去海原县第十七届人民代表大会代表职务的议案》《关于接受张国顺辞去市四届人大代表职务的议案》《关于接受李学明辞去市四届人大代表职务的议案》《关于提请补选市四届人大代表的议案》。

【第十七届人大常委会第十九次会议】 1月11日，海原县人大常委会主任罗成玉主持召开海原县第十七届人大常委会第十九次会议。会议审议了县十七届人大三次会议相关会务材料，听取和审议了《县十七届人大二次会议代表建议意见办理情况》的报告、《2018年政府为民承诺实事办理情况》的报告，决定召开县十七届人大三次会议的时间、地点及会议议程，表决县第十七届人民代表大会代表变动情况和补选代表的代表资格审查报告，审议人事免职议案。

【第十七届人大常委会第二十次会议】 1月17日，海原县人大常委会主任罗成玉主持召开海原县第十七届人大常委会第二十次会议。会议审议《关于调整海原县第十七届人民代表大会第三次会议的召开时间的决定（草案）》。

【第十七届人大常委会第二十一次会议】 1月26日，海原县人大常委会主任罗成玉主持召开海原县第十七届人大常委会第二十一次会议。会议传达学习中卫市四届人大三次会议精神和县十七届人大三次会议精神。审议《海原县人大常委会2019年工作要点（草案）》《海原县人大常委会2019年听取和审议各项报告计划（草案）》、2019年度县人大及其常委会讨论决定重大事项安排。

【第十七届人大常委会第二十二次会议】 4月10日，海原县人大常委会主任罗成玉主持召开海原县第十七届人大常委会第二十二次会议。会议传达学习十三届全国人大二次会议精神；听取和审议县人民政府关于市场监管体系建设情况的工作报告和县人大常委会检查组检查报告，并对市场监管体系建设情况专项工作报告进行满意度测评；审议辞职和人事任免议案。

【第十七届人大常委会第二十三次会议】 4月18日，海原县人大常委会主任罗成玉主持召开海原县第十七届人大常委会第二十三次会议。会议解读了《习近平关于总体国家安全观论述摘编》精神，审议人事任免议案。

【第十七届人大常委会第二十四次会议】 6月11日，海原县人大常委会主任罗成玉主持召开海原县第十七届人大常委会第二十四次会议。会议传达学习习近平总书记主持召开中央全面依法治国委员会第二次会议精神，听取县法院、检察院、公安局、司法局关于扫黑除恶专项斗争工作进展情况汇报，审议辞职和人事任免议案。

【第十七届人大常委会第二十五次会议】 8月19日，海原县人大常委次会主任罗成玉主持召开海原县第十七届人大常委会第二十五会议。会议传达习近平总书记对地方人大及其常委会工作作出的重要指示及纪念地方人大设立常委会40周年座谈会精神、自治区党委十二届七次全体会议精神、自治区十二届人大常委会第十三次会议精神。听取和审议县监察委员会 2019 年上半年工作开展情况的报告、县人民法院 2019 年上半年工作开展情况的报告和县人大常委会检查组的检查报告、人民检察院 2019 年上半年工作开展情况的报告和县人大常委会检查组的检查报告、全县教育扶贫工作情况报告和县人大常委会检查组的检查报告、全县生态环境保护工作情况报告和县人大常委会检查组的检查报告。会议对监委、法检两院及教育扶贫、生态环境保护 5 个专项工作报告进行满意度测评。

【第十七届人大常委会第二十六次会议】 11 月 5 日，海原县人大常委会主任罗成玉主持召开海原县第十七届人大常委会第二十六次会议。会议传达学习 2019 年 9 月 16 日出版的第 18 期《求是》杂志发表的中共中央总书记、国家主席、中央军委主席习近平的重要文章《在庆祝全国人民代表大会成立六十周年大会上的讲话》，传达学习《中国共产党第十九届中央委员会第四次全体会议公报》，听取和审议县人民政府关于全县脱贫攻坚工作情况的报告和县人大常委会视察组的视察报告、县人民政府关于 2019 年国民经济和社会发展计划上半年执行情况及“十三五”规划中期评估情况的报告和县人大常委会检查组的检查报告、县人民政府关于 2018 年财政决算和 2019 年财政预算上半年执行情况以及国有资产管理情况的报告和县人大常委会检查组的检查报告、县人民政府关于 2019 年上半年审计工作情况的报告和县人大常委会检查组的检查报告、县人民政府办公室关于县十七届人大三次会议代表建议意见办理情况的报告。对扶贫、发改、财政、审计四个专项工作报告进行满意度测评。审议县人民政府《关于调整 2019 年县本级财政预算的议案》、县人大常委会主任会议《关于提请确认对县十七届人大代表田仕珍采取刑事强制措施的议案》，审议人事免职议案。

【第十七届人大常委会第二十七次会议】 12 月 27 日，海原人大常委会主任罗成玉主持召开海原县第十七届人大常委会第二十七次会议。会议传达学习自治区党委十二届八次全会精神，听取和审议相关工作报告和视察（检查）报告。

海原县人民政府

综 述

【概况】 2019年，海原县坚持稳中求进工作总基调，全面贯彻落实新发展理念，坚定不移推动高质量发展，持续打好“三大攻坚战”，接续实施“三大战略”，统筹抓好稳增长、促改革、调结构、惠民生、防风险、保稳定各项工作，攻坚克难，拼搏实干，保持了经济平稳健康发展，较好地完成了县十七届人大第三次会议确定的各项目标任务。全年地区生产总值增长7%，全社会固定资产投资增长13.6%，社会消费品零售总额增长7.8%，地方一般公共预算收入同口径增长7%，城乡居民人均可支配收入分别增长8%、11%。部分主要经济指标走在全区前列，主要约束性指标完成区市下达任务。

【脱贫攻坚】 2019年，聚焦“两不愁三保障”目标标准，按照“55104”脱贫攻坚部署，整合扶贫涉农资金7.6亿元，补入农村自来水1.2万户，自来水普及率达到99%、供水保证率达到100%；改造农村危房8726户，实现农村安全住房全覆盖；17个移民集中安置点全部回迁入住。购买建档立卡公益性岗位3253人，兑付劳务奖补资金2516万元。争取资金4122万元，资助贫困学生52039人次，义务教育阶段因贫失学辍学学生全部清零。贫困患者基本医保、大病救治、家庭医生签约服务实现全覆盖。争取闽宁资金5300余万元，建成17个扶贫车间、史店卫生院等一批闽宁帮扶项目，引进卡立方、金邦芯片等闽籍企业，闽宁协作实现从“一家企业”到“一个产业”的“聚”变。华润定点帮扶、“百企帮百村”等社会帮扶深入推进。年内脱贫出列贫困村5个，减贫5646户19253人，累计减贫25476户99788人，126个贫困村全部脱贫出列，44个深度贫困村全部稳定退出，全县综合贫困发生率降至0.83%，接受了市级初审、自治区和国务院扶贫办第三方专项评估，“基础母牛银行”模式和安全饮水、安全住房、健康扶贫等工作得到了国务院扶贫督导组的充分肯定，达到了贫困县退出标准。

【经济发展】 2019年，开工项目98个，完成投资41亿元，实现招商引资到位资金30亿元。顺利完成第四次全国经济普查。紧盯“一主四特”优势特色产业和“三带两园六基地”农业提质增效目标，开工建设肉牛精深加工项目，挂牌运营宁夏西海固高端牛产业研究院，累计赊销西门塔尔基础母牛30871头，全年建成肉牛示范村10个，高端肉牛饲养量达到 27 万头；建设富硒硒砂瓜基地 1 万亩、小杂粮示范基地 15 个，马铃薯种植面积稳定在 60 万亩，瓜菜、小杂粮种植面积分别达到 16 万亩、40 万亩。加快农特产品品牌销售推广，成功举办宁夏（海原）第四届高端肉牛大赛、“西海固”区域公用品牌发布会和系列农特产品推介会。紧盯工业转型发展目标，加快推进华电新能源李俊堡 10 万千瓦风力发电等重点项目，104 个村级光伏扶贫电站建成并网发电，闽宁科技园投产运营，培育规上工业企业 2 家。紧盯第三产业提档升级目标，新增限上商贸企业 4 家，建成乡村物流分拣配送中心，布设村级电商服务站 135 个，农产品网络销售额达到 1810 万元。成功举办乡村文化旅游节系列活动，全年接待游客 46.8 万人次，创收 2040 万元。

【城乡建设】 2019 年，编制海原县“一带两廊”发展规划，统筹产业发展、基础设施建设、要素配置、城镇建设，着力推动城乡一体化发展。完成棚户区改造 1058 套，东城、向阳及西湖二期小区完工并回迁安置，建成华山公园、全民健身中心等一批城市休闲设施，新修市政道路 12.9 千米，投放运营出租车 110 辆。调整优化海兴区“一园三区”功能布局，建成农副产品精深加工及仓储物流基地配套工程等。有序推进李旺、七营、贾塘、西安特色集镇建设，建成 2 个美丽集镇和 3 个美丽村庄，改造户厕 9161 座。黑城至海原、红羊至西吉、李俊至关庄公路即将建成通车，新改建农村公路 202 千米，硬化村组道路 252 千米，张麻公路被评为“宁夏最美农村路”。开通 9 条农村客运专线，行政村全部通客车。新修高标准农田 5 万亩，发展节灌面积 1.6 万亩，治理水土流失面积 67 平方千米。实施农网电力改造工程 8 个，建成通讯网络基站 138 个，有需求的自然村全部通上了动力电和宽带网。

【生态环境】 2019 年，办结销号中央环保督察组“回头看”反馈投诉件 20 件、自治区党委环保督察组反馈投诉件 1 件。深入实施蓝天、碧水、净土行动，空气优良天数比例达 94%以上。建成县城清洁煤配送中心，加大“散乱污”工业企业整治，淘汰黄标车 157 辆。认真落实河湖长制，累计整治河湖“四乱”问题 85 个、关闭拆除砂场 31 家，整治砌护清水河等骨干流域 25.4 千米。完成老城区、南坪水库县级水源地规范化建设，调整划定畜禽养殖禁养区 21 处，建设乡镇污水处理站 6 座。建成贾塘垃圾填埋场和 63 家畜禽规模养殖场粪污处理设施，测土配方施肥 132 万亩，残膜回收率达 91.6%。开展大规模国土绿化行动，完成营造林 11.84 万亩，森林覆盖率达 9.44%。

【改革创新】 2019 年，不断优化营商环境，减税降费 5168 万元，超额完成全年清理拖欠民营企业、中小企业账款任务。深化“放管服”改革，完成“互联网 + 监管”系统信息录入，不见面办理率达 80.5%。启动不动产登记“一窗受理、集成服务”，搭建全县工程建设项目审批平台。实行登记注册全程电子化、“44 证合一”“双随机、一公开”监管，商事制度改革深入推进。提升科技创新能力，全社会研究与试验发展投入经费增长率达 30%以上。积极防范化解重大风险，稳妥化解政府债务。农村商业银行挂牌开业，新增乡镇金融服务网点 4 个。深化农村产权制度改革，150 个村壮大村集体经济实现全覆盖。推进综合医改，定点医疗机构全部实施“一站式”结算服务。“路长制”“地长制”等创新改革稳步推进。

【民生事业】 2019 年，把 75%以上的财政支出用于保障和改善民生，15 件民生实事全部办结。办成普惠性幼儿园 53 所，新建和改扩建学校 47 所。推进“互联网 + 教育”示范县创建，学校网络覆盖率达到 95%。加强“互联网 + 医疗健康”推广应用，医共体覆盖面达到 66%，县域内住院就诊率达到 90%。下放低保审批权限，强化农村低保与扶贫政策衔接，将 2.71 万名建档立卡贫困人口纳入农村低保并提高标准。新建和改扩建4个社区日间照料中心,儿童福利院和148个“儿童之家”建成运营。完成残疾人康复中心主体工程。加强退役军人服务管理，累计安置退役军人105人。完成技能培训9037人,发放创业担保贷款7220万元,转移就业8.8万人,创收13亿元。新建文化馆和关桥、海城文化站，打造文化大院示范点10个，送戏下乡演出152场次,放映数字电影2380场次。

【社会治理】 2019年,深化扫黑除恶专项斗争,打掉了一批恶势力犯罪团伙,中央扫黑除恶第二十督导组交办线索全部办结,扫黑除恶专项斗争取得阶段性成果。积极推进三河镇“枫桥式”公安派出所创建,化解矛盾纠纷2600余件。撤销合并和新命名村委会20个，累计建成150个农村社区服务站、11个城市社区,改造了85个村级办公场所供暖设施。严格落实安全生产责任制，建成危险化学品风险点、危险源电子“一张图”管控系统,深化重点行业领域隐患排查整改,强化食品药品安全监管,安全生产形势持续稳定。扎实开展根治欠薪攻坚行动,加大信访积案化解力度。创建全国民族团结进步模范集体2个,区市级示范单位50个。稳妥治理宗教领域突出问题,宗教活动场所“四进”实现全覆盖。同时,审计监督、广播电视、统计调查、妇女儿童、地震气象、应急救援、防灾减灾等事业取得新成效。

【自身建设】 2019年,深入开展“不忘初心、牢记使命”主题教育,对标对表中央决策部署,修订完善财政资金拨付审批、政府投资项目等多项管理制度。严格执行重大事项向人大报告制度,自觉接受人大法律监督、政协民主监督和社会舆论监督,办复人大代表建议24件、政协委员提案50件。圆满完成政府机构改革,政府职能进一步优化。巩固提升全国基层政务公开标准化规范化试点成效,义务教育政务公开和校务公开的好做法被全国推广。深入推进法治政府建设,全面推行行政执法“三项制度”改革，政府部门法律顾问实现全覆盖。办结“12345”政务服务热线反映问题1320件,累计发行政府公报2500份。严格落实“基层减负年”各项要求,深入开展“党政机关作风建设年、干部队伍素质提升年”活动,会议文件和督查检查考核大幅精简。认真落实党风廉政建设责任制,严格执行中央八项规定精神及其实施细则,驰而不息纠治“四风”。“三公”经费同比下降13.6%,政府执行力和服务水平进一步提升。

重要会议

【第46次常务会议】 1月13日,县长许正清主持召开县人民政府第46次常务会议,县委常委、副县长韩玉江、吴秉凯,副县长丁芳、罗永珍、王爱强出席会议;县人大常委会副主任田风梅,人大代表马辉真、马富有、苏卫明、田秀玲、田蓉,政协委员杨应旭、冯进国、张国芳、杨世雄、陈刚应邀参加会议。会议研究审定了《政府工作报告》《2019年民生实事征集情况报告》《海原县扶贫济困送温暖活动实施方案》。会议还研究了其他事宜。

【第47次常务会议】 2月16日,县长许正清主持召开县人民政府第47次常务会议,县委常委、副县长童颢、吴秉凯,副县长丁芳、金钟河、罗永珍、邢连平、王爱强出席会议;县人大常委会副主任杨正福、政协副主席米力芳,人大代表李海军、田志鹏,政协委员许海军、马进福应邀参加会议;各相关乡镇(街道办、管委会)、各部门(单位)负责人列席会议。会议研究审定并原则同意《海原县2019年农业农村暨脱贫攻坚工作会议筹备方案》《海原县2019年脱贫摘帽工作方案》《海原县2019年危房改造助推脱贫攻坚行动实施方案》《海原县2019年农村饮水安全助推脱贫攻坚行动实施方案》《海原县2019年交通运输助推脱贫攻坚行动实施方案》《海原县2019

年就业创业助推脱贫攻坚行动实施方案》《海原县2019年扶贫车间促就业助推脱贫攻坚行动实施方案》,对相关工作进行了部署。会议还研究了其他事宜。

【第48次常务会议】 2月16日,县长许正清主持召开县人民政府第48次常务会议,县委常委、副县长童颢、吴秉凯,副县长丁芳、金钟河、罗永珍、邢连平、王爱强出席会议;县人大常委会副主任但升,政协副主席米力芳,人大代表李海东、王华,政协委员许海军、马进福应邀参加会议;各相关乡镇(街道办、管委会)、各部门(单位)负责人列席会议。会议研究审定并原则同意《海原县人民政府全体(扩大)会议筹备方案》《2019年政府工作报告任务分工方案》《2019年民生计划15件实事办理工作“五定”方案》《海原县第十七届人大三次会议人大代表建议意见分解办理“五定”方案(送审稿)》《海原县政协十一届三次会议提案建议办理“五定”方案》《海原县人民满意窗口创建行动实施方案》《海原县2019年文化旅游助推脱贫攻坚实施方案》,就相关工作进行了部署。会议还研究了其他事宜。

【第49次常务会议】 3月5日,县长许正清主持召开县人民政府第49次常务会议,县委常委、副县长郭玉峰、薛军勇,副县长丁芳、金钟河、罗永珍出席会议;县人大常委会副主任段成宝、县政协副主席米力芳,人大代表田蓉、李小梅,政协委员海秀琴、许海军应邀参加会议;各相关乡镇(街道办、管委会)、各部门(单位)负责人列席会议。会议研究审定并原则同意《海原县人民政府2019年度督查工作要点》《海原县乡村振兴战略总体规划修编说明》以及继续落实好消防救援人员优待相关政策事宜。会议还研究了其他事宜。

【第50次常务会议】 3月22日,县长许正清主持召开县人民政府第50次常务会议,县委常委、副县长郭玉峰、蓝主保、薛军勇,副县长丁芳、罗永珍、孙占宏,县长助理许坤煌出席会议;县人大常委会副主任但升,人大代表王新林、李小梅,政协委员程小香、姚文梅应邀参加会议;各相关乡镇(街道办、管委会)、各部门(单位)负责人列席会议。会议研究审定了《海原县坚持发展“枫桥经验”进一步加强人民调解工作的实施意见》。听取了海原县创建自治区“双拥”模范县工作汇报、海原县“互联网+教育”建设推进情况汇报,传达学习了李克强总理关于安全生产工作的批示、王勇国务委员在全国安全生产电视电话会议上的讲话和咸辉主席在国务院办公厅内部情况通报第97期上的批示精神。会议还研究了其他事宜。

【第51次常务会议】 4月2日,县长许正清主持召开县人民政府第51次常务会议,县委常委、副县长郭玉峰、薛军勇,副县长丁芳、金钟河、罗永珍、孙占宏出席会议;县政协副主席米力芳,人大代表张廷荣、李月清,政协委员杨敏霞、杨应旭应邀参加会议;各相关乡镇(街道办、管委会)、各部门(单位)负责人列席会议。会议研究审定并原则同意《海原县2019—2020年度购买公务用车社会化服务实施方案》《海原县推进“互联网+教育”建设行动计划(2018—2022年)》《海原县不动产登记“一窗受理,集成服务”工作实施方案》,对相关工作进行了部署。会议还研究了其他事宜。

【第52次常务会议】 4月23日,县长许正清主持召开县人民政府第52次常务会议,县委常委、副县长郭玉峰、薛军勇,副县长丁芳、罗永珍、孙占宏出席会议;县政协副主席米力芳,人大代表苏卫明、李小梅,政协委员蒋振彤、海秀琴应邀参加会议;各相关乡镇(街道办、管委会)、各部门(单位)负责人列席会议。会议传达学习了全区农业农村和水利重点工作座谈会精神并研究了海原县贯彻落实意见。研究审定并原则同意《海原县2019年信访工作要点》《海原县汽车商贸城划行归市集中经营实施方案》。

会议还研究了其他事宜。

【第53次常务会议】 5月9日，县长许正清主持召开县人民政府第53次常务会议，县委常委、副县长蓝主保、薛军勇，副县长丁芳、金钟河、罗永珍、孙占宏、张赞军，县长助理许坤煌出席会议；县政协副主席柳璞，人大代表李百英、王新林，政协委员武芳梅、马永胜应邀参加会议；各相关乡镇（街道办、管委会）、各部门（单位）负责人列席会议。会议听取了全县公安机关纵深推进扫黑除恶专项斗争进展情况的汇报，并安排了相关工作。研究审定并原则同意《海原县突发公共事件总体应急预案》及7个专项应急预案《海原县财政资金拨付审批管理暂行办法》。研究了解决全县驻村工作队就餐问题事宜。会议还研究了其他事宜。

【第54次常务会议】 5月24日，县长许正清主持召开县人民政府第54次常务会议，县委常委、副县长郭玉峰、蓝主保、薛军勇，副县长丁芳、金钟河、罗永珍、孙占宏出席会议；人大常委会副主任段成宝，政协副主席柳璞，人大代表苏卫明、田蓉，政协委员王海霞、杨应旭应邀参加会议；各相关乡镇（街道办、管委会）、各部门（单位）负责人列席会议。会议传达学习了国家统计局《关于宁夏回族自治区灵武重大统计违纪违法案件责任追究情况的通报》，研究审定了《国务院安委会第十二考核巡查组来卫考核巡查反馈问题整改方案》《国务院安委会第十二考核巡查组危险化学品安全专项巡查反馈问题整改方案》《海原县农村人居环境整治工作考核办法（试行）》及专报制度和《海原县2019年农村人居环境整治重点工作分工方案》等。会议还研究了其他事项。

【第55次常务会议】 5月24日，县长许正清主持召开县人民政府第55次常务会议，县委常委、副县长郭玉峰、蓝主保、薛军勇，副县长丁芳、金钟河、罗永珍、孙占宏出席会议；人大常委会副主任段成宝，政协副主席柳璞，人大代表苏卫明、田蓉，政协委员王海霞、杨应旭应邀参加会议；各相关乡镇（街道办、管委会）、各部门（单位）负责人列席会议。会议研究了《海原县农村饮水安全工程运行管理方案》《海原县2019年庆祝六一国际儿童节活动方案》等。会议还研究了其他事项。

【第56次常务会议】 6月2日，县长许正清主持召开县人民政府第56次常务会议，县委常委、副县长薛军勇，副县长丁芳、金钟河、罗永珍、孙占宏、张赞军出席会议；人大常委会副主任杨正福，政协副主席柳璞，人大代表刘正忠、田兴胜，政协委员王海霞、杨应旭应邀参加会议；各相关乡镇（街道办、管委会）、各部门（单位）负责人列席会议。会议传达学习了中共中央办公厅《关于解决形式主义突出问题为基层减负的通知》，自治区党委办公厅、人民政府办公厅《关于解决形式主义突出问题 为基层减负的具体措施的通知》，自治区人民政府办公厅《关于解决形式主义突出问题 为基层减负的实施细则的通知》，中卫市人民政府办公室《关于进一步规范领导干部请假报告的通知（暂行）》。研究审定了《海原县地方病防治专项三年攻坚行动实施方案（2018—2020年）（送审稿）》《海原县全面推行行政执法公示制度、执法全过程记录制度、重大执法决定法制审核制度的实施方案（送审稿）》等。会议还研究了其他事项。

【第57次常务会议】 6月14日，县长许正清主持召开县人民政府第57次常务会议，县委常委、副县长薛军勇、郭玉峰、蓝主保，副县长丁芳、金钟河、罗永珍、王永军、孙占宏出席会议；人大常委会副主任但升，政协副主席米力芳，人大代表田风花，政协委员肖成应邀参加会议；各相关乡镇（街道办、管委会）、各部门（单位）负责人列席会议。会议研究审定了《海原县2019年优化营商环境实施方案》《海原县扶贫车间管理办法》《海原县"散乱污"工业企业整治工作实施方案》《海原县贯彻落实中央环境保护督察“回头看”及水环境问题专项督察反馈意见整改方案》和《宁夏(海原)第四届高端肉牛大赛筹备方案》等。会议还研究了其他事项。

【第58次常务会议】 7月5日，县长许正清主持召开县人民政府第58次常务会议，县委常委、副县长薛军勇、郭玉峰，副县长丁芳、金钟河、罗永珍、张赞军出席会议；人大常委会副主任段成宝、政协副主席杨常林、人大代表李小梅、政协委员王海霞应邀参加会议；各相关乡镇(街道办、管委会)、各部门(单位)负责人列席会议。会议传达学习了中共中央《关于李平同志搞形式主义、官僚主义案件查处情况及其教训警示的通报》，国务院扶贫开发领导小组《关于解决“两不愁三保障”突出问题的指导意见的通知》，咸辉主席和王和山副主席调研海原脱贫攻坚工作时的讲话精神和新修订的《中华人民共和国政府信息公开条例》；研究审定了《海原县2019年政务公开工作要点》《海原县2019年拖欠农民工工资突出问题专项整治工作方案》等。会议还研究了其他事项。

【第59次常务会议】 7月18日，许正清县长主持召开县人民政府第59次常务会议，县委常委、副县长薛军勇、郭玉峰，副县长金钟河、罗永珍、孙占宏、张赞军出席会议；人大常委会副主任杨正福、政协副主席杨常林、人大代表王新林、政协委员刘正忠应邀参加会议；各相关乡镇(街道办、管委会)、各部门(单位)负责人列席会议。会议听取了海原县减税降费工作进展情况汇报和海原县2019年上半年经济运行情况汇报，研究审定了《海原县“防风险除隐患遏事故保大庆”安全生产百日专项整治行动实施方案》《海原县关于贯彻落实食品药品安全党政同责的实施意见》等。会议还研究了其他事项。

【第60次常务会议】 8月2日，许正清县长主持召开县人民政府第60次常务会议，县委常委、副县长郭玉峰，副县长丁芳、金钟河、罗永珍、孙占宏、张赞军出席会议；人大常委会副主任但升、人大代表王宗龙、政协委员肖成应邀参加会议，各相关乡镇(街道办、管委会)、各部门(单位)负责人列席会议。会议传达学习了国务院办公厅《关于促进家政服务业提质扩容的意见》，国家统计局《防范和惩治统计造假、弄虚作假督察工作规定实施办法(试行)》，自治区统计局《关于深入学习贯彻执行〈防范和惩治统计造假、弄虚作假督察工作规定实施办法（试行)〉的通知》和第十一次全区民政会议精神。研究审定了《海原县非物质文化遗产传承基地展品征集工作方案》《海原县2019年草原生态保护补助奖励实施方案》等。会议还研究了其他事项。

【第61次常务会议】 8月22日，县长许正清主持召开县人民政府第61次常务会议，县委常委、副县长薛军勇、郭玉峰，副县长丁芳、金钟河、罗永珍、孙占宏、张赞军出席会议；人大常委会副主任段成宝、政协副主席柳璞、人大代表马辉真、政协委员刘正忠应邀参加会议；各相关乡镇(街道办、管委会)、各部门(单位)负责人列席会议。会议研究审定了《海原县生态环境损害赔偿制度改革方案（试行)》《海原县深化文化市场综合行政执法改革实施方案》《全县教育大会暨“互联网+教育”示范县建设推进会会议筹备方案》等。会议还研究了其他事项。

【第62次常务会议】 9月3日，县长许正清主持召开县人民政府第62次常务会议，县委常委、副县长薛军勇，副县长丁芳、金钟河、罗永珍、张赞军，县长助理许坤煌出席会议；人大常委会副主任杨正福、政协副主席米力芳、人大代表马富有、政协委员马海文应邀参加会议；各相关乡镇(街道办、管委会)、各部门(单位)负责人列席会议。会议研究审定了《海原县关于加快补齐全面建成小康社会短板的实施方案》《海原县关于推动高质量发展的实施意见》《海原县深入开展货运车辆超限超载执法环境专项整治工作方案》等。会议还研究了其他事项。

【第63次常务会议】 9月10日，县长许正清主持召开县人民政府第63次常务会议，县委常委、副县长薛军勇、蓝主保，副县长金钟河、罗永珍、孙占宏、张赞军出席会议；人大常委会副主任杨正福、政协副主席柳璞、人大代表马辉真、政协委员程小香应邀参加会议；各相关乡镇（街道办、管委会）、各部门（单位）负责人列席会议。会议传达学习了李克强总理对全国秋冬季森林草原防灭火工作电视电话会议作出的重要批示、应急管理部党组书记黄明在全国安全防范工作视频会议上的讲话，听取了全县“防风险除隐患遏事故保大庆”安全生产百日专项整治暨“大排查、大整治、大执法”活动开展情况的汇报，研究审定了《海原县城区夜景亮化工程实施方案》等。会议还研究了其他事项。

【第64次常务会议】 9月27日，县长许正清主持召开县人民政府第64次常务会议，县委常委、副县长薛军勇、郭玉峰，副县长丁芳、金钟河、孙占宏、张赞军出席会议；人大常委会副主任杨正福、政协副主席杨常林、人大代表王宗龙、政协委员杨占虎应邀参加会议；各相关乡镇（街道办、管委会）、各部门（单位）负责人列席会议。会议传达学习了习近平总书记在河南考察调研时的重要讲话精神和自治区党委常委会、中卫市政府常务会传达学习精神，研究审定了《海原县河道采砂规划编制报告》等。会议还研究了其他事项。

【第65次常务会议】 10月15日，县长许正清主持召开县人民政府第65次常务会议，县委常委、副县长蓝主保，副县长丁芳、金钟河、孙占宏、张赞军，县长助理许坤煌出席会议；人大常委会副主任段成宝、政协副主席米力芳、人大代表马辉真、政协委员马海文应邀参加会议；各相关乡镇（街道办、管委会）、各部门（单位）负责人列席会议。会议研究审定了《海原县“雪亮工程”项目建设实施意见》《海原县2019年“雪亮工程”项目建设实施方案》《海原县扶贫车间管理办法》《海原县“互联网+医疗健康”示范区建设实施方案》等。会议还研究了其他事项。

【第66次常务会议】 10月29日，县长许正清主持召开县人民政府第66次常务会议，县委常委、副县长薛军勇、郭玉峰、蓝主保，副县长丁芳、金钟河，县长助理许坤煌出席会议；人大常委会副主任但升、政协副主席柳璞、人大代表张廷荣、政协委员海秀琴应邀参加会议；各相关乡镇（街道办、管委会）、各部门（单位）负责人列席会议。会议研究审定了《海原县开展社会保障兜底对象集中供养工作实施方案》《海原县推进城市安全发展的实施意见》《海原县全面实施预算绩效管理工作方案》《海原县推进县域创新驱动发展实施方案》等。会议还研究了其他事项。

【第67次常务会议】 11月12日，县长许正清主持召开县人民政府第67次常务会议，县委常委、副县长薛军勇、郭玉峰，副县长丁芳、金钟河、孙占宏、张赞军出席会议；人大常委会副主任段成宝、政协副主席米力芳、海兴开发区管委会副主任李存斌、人大代表张晓霞、政协委员李进兴应邀参加会议；各相关乡镇（街道办、管委会）、各部门（单位）负责人列席会议。会议传达学习了《中国共产党第十九届中央委员会第四次全体会议公报》《中共中央关于坚持和完善中国特色社会主义制度　推进国家治理体系和治理能力现代化若干重大问题的决定》和自治区党委常委会传达学习党的十九届四中全会精神，研究审定了《海原县完善耕地地力保护补贴政策实施方案》《海原县推行建设项目区域评估改革的实施方案》等。会议还研究了其他事项。

【第68次常务会议】 11月26日，县长许正清主持召开县人民政府第68次常务会议，县委常委、副县长薛军勇、郭玉峰，副县长丁芳、金钟河、孙占宏、张赞军出席会议，人大常委会副主任杨正福、政协副主席柳璞、人大代表马富有、政协委员李进兴应邀参加会议；各相关乡镇（街道办、管委会）、各部门（单位）负责人列席会议。会议传达学习了习近平总书记向国家综合性消防救援队伍授旗并致训词一周年座谈会精神和训词精神，全国安全生产电视电话会议精神，听取了迎接自治区安委会 2019 年度安全生产和消防工作巡查考核工作准备情况的汇报，研究了《海原县安全生产集中整治方案》《海原县职业技能提升行动实施方案（2019—2021 年）》《海原县湿地保护修复制度工作方案》等。会议还研究了其他事项。

【第 69 次常务会议】 12 月 18 日，县长许正清主持召开县人民政府第 69 次常务会议，县委常委、副县长薛军勇、郭玉峰，副县长丁芳、金钟河、张赞军出席会议；人大常委会副主任但升、政协副主席米立芳、人大代表马辉真、政协委员马永胜应邀参加会议；各相关乡镇（街道办、管委会）、各部门（单位）负责人列席会议。会议传达学习了中央经济工作会议和自治区党委十二届八次全会精神、习近平总书记在中央政治局第十九次集体学习时的讲话精神，研究了《关于县十七届人大三次会议代表建议意见办理情况的报告》《关于县政协十一届三次会议提案建议办理情况的通报》和《关于 2019 年民生实事办理情况的报告》等，听取了海原县防范化解重大风险工作情况汇报。会议还研究了其他事项。

政务公开

【组织领导】 成立了政府县长任组长、分管副县长任副组长、50 个责任部门主要负责人为成员的全县政务公开工作领导小组，并成立了海原县政务公开办公室，配备 3 名专职工作人员，具体指导全县政务公开工作。各乡镇（管委会、街道办）和政府各部门均成立了以主要领导任组长的政务公开领导机构和政务公开办公室，配备 1 名专（兼）职工作人员负责本单位政务公开工作，真正建立起上下联动、协同推进、高效运行的工作格局，有力保障了政务公开工作扎实推进。同时，将政务公开工作经费纳入了 2019 年财政预算，列支 150 万元。完善了《海原县政务公开工作制度》《海原县政务公开工作考核制度》《海原县政府网站维护管理制度》等 32 项工作制度，健全了组织协调、公开属性审查、依申请公开、政策解读、政民互动、平台建设、考核评议、责任追究等全链条的制度体系，力促政务公开标准化规范化。

【办文办会】 2019 年，制定印发《海原县关于进一步规范公文标识政府信息公开属性有关事项的通知》，把政府、政府办公室公文标识公开属性贯穿于公文起草、签发、办理全流程，明确主动公开、依申请公开、不予公开等属性，做到签文稿纸、审查登记、正式发文、网上公开全统一。将“五公开”要求贯穿于会议办理全过程，1 至 10 月邀请人大代表、政协委员及利益相关方列席政府常务会 20 次。同时，在县人民政府门户网站发布政府常务会研究事项会议纪要 65 期。

【完善公开制度】 2019 年，印发《海原县人民政府信息公开指南的通知》《推进社会公益事业建设领域政府信息公开的实施意见》《推进公共资源配置领域政府信息公开的实施意见》《推进重大建设项目批准和实施领域政府信息公开的实施意见》《关于印发海原县 2019 年政务公开工作要点的通知》，细化分解了 2019 年政务公开工作的具体牵头和责任落实单位，做到责任分工明确，任务落实具体。

【事项清单】 2019 年，对照 13 个重点领域涉及的公开事项，依据各乡镇（管委会、街道办）、各部门（单位）的权力清单、责任清单、公共服务事项清单、群众高度关切的事项清单，从县、乡两个层级进行梳理，形成了名称规范、分类科学、指向明确、全面精准的政务公开事项清单，做到试点领域公开事项底数清、情况明、数据准。

【标准目录】 2019 年，根据政务公开事项清单，对照全面推进决策、执行、管理、服务、结果“五公开”要求，突出标准要素的完备性和标准查询的便利性，多次深入到 13 个重点领域所涉及的部门和乡镇进行反复修订完善、合法性审查等，编制完成了试点领域公开事项标准目录 13 套 884 项、乡镇公开事项标准目录 255 项，并建立了动态调整机制，在海原县人民政府门户网站发布政务公开事项目录和清单，方便公众查询，同时按照“三安全一稳定”“两秘密一隐私”相关要求，将公开后可能危及国家安全、经济安全、公共安全、社会稳定的 48 个事项纳入负面清单管理。

【政府网站建设】 2019 年，完善县人民政府门户网站栏目，设置《政务公开》《新闻中心》《办事服务》《政民互动》《走进海原》一级栏目 5 个，《海原县文件》《动态要闻》《政府公报》《政策解读》《回应关切》《意见征集》等二级栏目 35 个，《征地补偿》、拆迁安置、《义务教育》等重点领域栏目 13 个；制定了《县人民政府办公室关于做好政府门户网站内容保障工作的通知》，明确保障栏目、保障方式、内容审核，确保政府网站内容及时更新；聘请第三方负责监测政府网站安全防护工作，确保政府网站安全性；及时发布《政府网站监管年度报告》、政府信息年度报告，未发生因公布不及时被扣分或通报情况；开设《办事服务》专栏，接入宁夏政务服务网（海原站），最大限度为群众和企业办事提供便捷性；开设征集调查、在线访谈、咨询投诉类栏目，充分听取群众意见，做实群众关心的重点领域工作；严格名称域名、网站标识、网站链接、站内搜索、页面分享等，提高政府网站规范性。

【智能监管平台】 2019 年，投资 90 余万元开发建设海原县政务公开智能监管平台，设置《五公开》《政务公开目录》《政务公开清单》《我为政务公开工作提建议》等栏目，集中发布政务公开工作制度 32 项、政务公开流程图 99 个及 13 套试点领域政务公开事项标准目录等信息，为基层政务公开工作提供规范遵循。同时，开通信息公开红色预警功能，信息发布量少且不及时的部门和乡镇自动进入红色预警区，倒逼各部门（单位）、各乡镇（管委会、街道办）及时准确公开政府信息，确保群众全方位获取政府信息。

【创刊政府公报】 2019 年，坚持传达政令、宣传政策、指导工作、服务社会的办刊宗旨，以赠阅为主要发行方式，创刊发行 5 期《海原县人民政府公报》，共 2500 份。在政府门户网站首页开设《政府公报》专栏，实现网上同步发布。

【政务公开栏】 2019 年，各乡镇（管委会、街道办）、各部门（单位）统一设置含有部门简介、领导班子成员及工作职责、政务公开制度、政务公开事项目录及“五公开”信息等内容，及时向群众公布扶贫资金、涉农资金、危窑危房改造、建档立卡贫困户进退、学生资助等信息，确保通过传统公开方式，获取群众关注度高的信息。

【重大建设项目批准和实施领域政府信息公开】 2019 年，重点公开资格预审公告、招标公告、中投候选人公示等招投标信息 145 条；公开征地告知书以及履行征地报批前程序的相关材料、建设项目用地呈报说明书、农用地转用方案等信息 386 条。重大项目批准和实施领域政府信息公开数量较 2018 年同期增长 3 倍。

【社会公益事业建设领域政府信息公开】 2019 年，重点公开脱贫攻坚、社会救助和社会福利、教育、基本医疗卫生、环境保护、灾害事故救援、公共文化体育七大领域信息。脱贫攻坚领域，及时向社会公开扶贫政策，扶贫规划，扶贫项目名称、资金来源、实施期限等信息，公开贫困识别、贫困退出、扶贫资金分配等信息 1002 条。社会救助和社会福利领域，重点围绕城乡低保、特困人员救助供养、临时救助等事项，全面公开救助对象认定、救助标准，福利补贴申领及申请审批程序等相关政策，有针对性地公开救助款物的管理使用等信息 1638 条。义务教育领域，立足办好人民满意的教育，进一步加大教育信息公开力度，重点公开义务教育、学前教育、特殊教育、职业教育、高等教育等方面的信息，重点公开相关政策、困难学生资助实施情况等信息 589 条。基本医疗卫生领域，重点公开重大疾病预防控制、国家免疫规划、健康扶贫政策落实情况等信息 415 条。食品药品安全领域，重点公开监督检查、监督抽检、行政处罚、监督检查结果、召回等信息 703 条。环境保护领域，重点公开环境污染防治和生态保护政策措施、实施效果等信息 255 条。公共文化体育领域，重点公开公共文化体育的服务保障政策、服务体系建设等信息 136 条。公开文化遗产保护、公共文化体育设施名录等信息 65 条。灾害事故救援领域，准确及时发布自然灾害、重大事故灾难等工作情况及动态信息 24 条。主动公开救助款物和捐赠款物的数量、使用情况，救助对象及其接受救助款物数额等信息 283 条。社会公益事业建设领域政府信息公开数量较 2018 年同期增长 5 倍。

【公共资源配置领域政府信息公开】 2019 年，重点公开住房保障、国有土地使用权出让、矿产权出让、政府采购、国有产权交易、工程建设项目招投标 6 大领域信息。住房保障领域，主要公开城镇保障性安居工程规划建设方案、年度建设计划信息、建设计划完成情况信息、农村危房改造相关政策措施执行情况信息(包括农村危房改造政策、对象认定、补助资金分配、改造结果)；住房分配方面，主要公开保障性住房分配政策、分配对象、分配房源、分配结果等 479 条。国有土地使用权出让领域，主要公开土地供应计划、出让公告等信息 152 条。政府采购领域，主要公开采购项目公告、采购文件、采购结果、采购合同等采购项目信息 316 条。工程建设项目招投标领域，主要公开依法必须招标项目的审批核准备案信息、市场主体信用等信息。除涉及国家秘密、商业秘密外，公布招标公告、中标结果、合同订立及履行等信息 488 条。公共资源配置领域政府信息公开数量较 2018 年同期增长 2 倍。

【政策解读】 2019 年，积极运用数字化、图片图解、视频等可视化方式，在“两微一端”新媒体对涉及面广、社会关注度高的 2019 年脱贫攻坚工作实施方案等政策性文件进行解读，让群众听得懂、好明白、能理解。完善政务舆情收集、会商、研判和回应机制，避免发生负面舆情事件；建立政民互动机制，整合开通“12345”政务服务热线和领导信箱，建立“统一平台、一号对外、集中受理、分级办理、统一回复”的工作机制，对群众的咨询建议、求助事项和意见投诉等及时转办答复。截至目前，“12345”工单共受理 1348 件，已办结 1320 件，办结率 98%；县长信箱共受理 77 件，办结 73 件，正在办理 4 件，办结率 95%。完善网民留言查看、处理和反馈机制，对网民建议和诉求，力求做到“有问必答”。

审批服务

【概况】 2019 年 1 月 25 日，海原县审批服务管理局挂牌成立，核定行政编制 5 名，实有工作人员 4 人。下设 1 个县政务服务中心，核定事业编制 8 名，实有工作人员 5 人。政务服务中心管辖县城政务大厅和海兴区政务大厅。县城政务大厅共进驻全县 39 家单位，设置 61 个窗口，进驻工作人员 102 人；海兴区政务大厅共进驻单位 22 家，设置 24 个窗口，进驻工作人员 33 人，主要服务海兴开发区企业及周边的三河镇、七营镇、李旺镇、高崖乡、郑旗乡、李俊乡、九彩乡、甘城乡 8 个乡镇。

【行政审批制度改革】 2019年，海原县审批服务管理局按照“环节最少、程序最简、时效最短、效率最高、服务最优”的目标要求，按“全集中”的服务理念，将涉及企业和群众办事的39个部门的716个政务服务事项和公共服务事项整合到政务大厅办理，为企业和群众办事提供了便利，基本实现“进一扇门，办成一揽子事”。

【窗口工作人员管理】 2019年，海原县审批服务管理局印发《关于进一步加强政务服务中心窗口工作人员管理的通知》，对政务服务中心人员管理、人员调整、工作纪律、服务水平等方面作了明确要求。7月3日至11日，举办政务服务礼仪培训班，并为政务服务中心工作人员统一配发工作制服，进一步提升窗口工作人员的职业素养和服务水平。

【政务大厅布局】 2019年，海原县审批服务管理局在县城政务大厅一楼设置12家单位27个工作台，二楼设置27家单位34个工作台。同时对业务量少，进驻事项单一的窗口进行了整合，设立综合服务窗口3个。对海兴区大厅进行了维修改造，设置了22家单位24个工作台，按照县委、政府的统一要求，结合海兴开发区实际，设置企业代办窗口，增加税务局、经发局、安监局、住建局、环保局、水投公司、电力公司、供暖公司等部门窗口，全面实行“一站式”服务。

【工程建设项目审批制度改革平台】 2019年，海原县审批服务管理局设置了8个工程建设项目审批工作台，将住建、自然资源、发改、文广等部门职能进行了整合。同时及时配置了相关办公设备，并对呼叫系统进行了完善。工程建设项目审批制度改革工作已全面开展。

【后勤保障】 2019年，海原县审批服务管理局和就创局协调对接，县就创局为政务服务大厅调配“40、50”人员13名，加强了大厅保洁，环境卫生提升档次。与军人事务管理局协调对接，为政务大厅调配保安2名，强化了大厅办事秩序。3月18日至4月30日，对县政务大厅用电和消防方面的安全隐患进行了排查整改。共发现11处安全隐患，其中，用电安全方面6处，消防安全方面5处，并对排查出的隐患逐一登记造册，制定了相应整改措施，共花费2.5万元，已全部整改到位，为政务大厅正常运行提供了安全保障，有效解决了人员密集场所安全隐患问题。

【政务服务体系】 2019年，海原县政务服务网络基本形成。全县县直机关单位和2个管委会、17个乡镇，150个行政村、10个社区均接入电子政务外网，配备了电脑、打印机、投影仪、高拍仪等设备，形成了以县政务服务大厅为龙头、乡镇民生服务中心为支撑、村（社区）代办点为网点的三级政务服务体系。

【扫黑除恶】 2019年，海原县审批服务管理局成立由主要负责人任组长的专项工作领导小组，制定印发了《海原县审批服务管理局开展扫黑除恶专项斗争实施方案的通知》，机关党支部及局党组学习3场次，发布微信36条。滚动播放永久性电子显示屏2个、固定宣传栏1个、举报箱1个、易拉宝6个，印发《扫黑除恶专项斗争应知应会宣传手册》150册。

机关事务管理

【思想教育】 2019年，海原县机关事务管理局组织全体党员及干部重点学习《习近平新时代中国特色社会主义思想学习纲要》《习近平关于“不忘初心、牢记使命”重要论述摘编》《中国共产党章程》《中国共产党支部工作条例（试行）》《党政领导干部选拔任用工作条例》等内容；多次召开会议，积极组织干部职工集中并深入学习了习近平总书记在“不忘初心、牢记使命”主题教育工作会议、中央政治局第十五次集体学习、中央和国家机关党的建设工作会议和在内蒙古考察并指导开展主题教育时的重要讲话，自治区党委十二届四、五次全会，市委四届五次全会等会议精神和扫黑除恶专项斗争、脱贫攻坚和“两学一做”学习教育常态化制度化等应知应会知识。推进“不忘初心、牢记使命”主题教育有序开展，共开展集中学习25次，读书班期间围绕“践行初心使命、主动担当作为”进行交流研讨2次，开展专题研讨8次，党组书记讲党课1次，同时，组织中心全体党员干部及职工学习了优秀党员黄文秀等先进事迹，观看了教育警示片《守住第一次》《榜样4》《我和我的祖国》以及《党章电视辅导材料》。对对照党章党规找出的问题、调研发现的问题、群众反映的问题等进行系统梳理，全部建立了问题整改台账，班子共查找出问题5条。

【公务用车管理】 2019年，海原县机关事务管理局严格执行公务用车回单位停放，定点加油、维修管理；健全完善专人负责，建立公务用车使用台账，严格公务用车使用人员、时间、事由、地点等信息登记，统一派车、明确路线，严格执行车辆派遣、驾驶、检查等规定；填报报销凭证，要求票据与本车号、出车日期、出车次数、派车单一致；重新制定了车辆申请派修单，车辆维修保养必须提前填写派修单。配合县纪委对全县公务用车标识化工作进行全面检查，已规范了全县公务用车标识的张贴。完成全县公务车辆北斗卫星安装工作，共计249辆公务用车纳入了“全区一张网”范围，并举办了《公务用车信息管理运行培训会》，安排专人为全县各单位（部门）公务用车申请人安装“公务用车易”手机APP，提高信息化管理手段，不断降低公务车辆运行成本，切实提升车辆保障服务能力。同时配合县纪委对全县各单位保留的公务用车使用情况进行了督查并督促及时整改。采购公务车7辆。

【公务接待】 2019年，海原县机关事务管理局明确接待范围，对于没有上级文件、公函的客情一律不予接待，对非公务事宜或借考察名义来海原县旅游等活动一律不予接待，对不符合接待标准的一律不予接待。严格执行公务接待标准及程序，规范“客情通报”编制，明确“客情通报”内容，严格控制用餐标准、陪餐人数；实行“一事一结”结算制度；严格执行费用报销制度，报销做到“一票两单”，即发票、派餐单、通知单和“客情通报”齐全；顺利完成全县大型接待任务及活动。截至目前，共计接待上级领导来海调研、考察等活动316余次。

【办公用房信息统计报告】 2019年，海原县机关事务管理局举办全县党政机关办公用房管理信息系统培训班，对全县各单位信息的规范性、完整性、真实性进行了核实。通过办公用房信息平台掌握了全县党政机关办公用房管理信息，进一步提升了办公用房管理的信息化、标准化和规范化水平。顺利完成了全县党政机关办公用房信息统计报告工作。

【公共机构节能】 2019年，海原县机关事务管理局顺利完成全县2018年公共机构节水型单位验收工作，通过设置节能宣传栏，利用宣传画、海报，向群众发放宣传册、宣传品共800余份，并向群众解答有关节能、低碳等方面的问题，号召全县人民群众将节能意识根植于心，将节能理念转化为全民行动，节约用电、用水，减少燃油消耗，反对浪费，带头做勤俭节约的传播者、推动者、实践者、示范者。

中国人民政治协商会议海原县委员会

综　述

【概况】 2019年1月17日，按照政协章程规定，经政协海原县第十一届委员会第十四次常委会议协商决定，同意施磊、林源、王帅帅辞去政协海原县第十一届委员会委员，增补严海军、焦寿长、郭鹏飞为政协海原县第十一届委员会委员。4月9日，按照政协章程规定，经政协海原县第十一届委员会第十七次常委会议协商决定，同意郭吉武因工作调动辞去政协海原县第十一届委员会委员，增补张斌为政协海原县第十一届委员会委员。截至12月31日，海原县政协十一届委员会党组书记、主席为张斌，副主席为杨常林、米力芳、柳璞，有常委19名，委员137名。

【政治理论学习】 2019年，政协常委会坚持把学习贯彻习近平新时代中国特色社会主义思想作为首要政治任务，以政协常委会重点学、主席会集体学、主要领导解读学相结合，党组理论学习中心组学习与机关"二五"学习相结合，并借助学习强国APP等多种形式，认真学习了习近平新时代中国特色社会主义思想和党的十九届四中全会精神，中央、自治区党委政协工作会议精神等，全年组织召开党组理论学习中心组学习32次、常委会学习6次、主席会学习10次，通过高频次和全覆盖的学习，广大政协委员和机关干部树牢"四个意识"、坚定"四个自信"、做到"两个维护"的思想自觉和行动自觉进一步增强。

【业务学习】 2019年，学深走实《中共中央关于新时代加强和改进人民政协工作的意见》和《中共宁夏回族自治区委员会关于新时代加强和改进人民政协工作的实施意见》等政协政策的学习，共开展调研前业务知识培训8期，参加区、市政协学习培训9次，业务学习会20次、专题培训班2期，牢牢把握新时代对人民政协工作的新要求，准确把握党和国家的路线方针政策和县委、政府的重大决策部署；同时把围绕协商议题组织集中学习作为履职活动的必经程序，做到"不学习不调研、不调研不协商"，切实增强了政协委员和机关干部协商议政的针对性和实效性。

【"不忘初心、牢记使命"主题教育】 2019年，政协常委会按照"守初心、担使命，找差距、抓落实"总要求，压茬推进"四项教育"，始终把学习教育、调查研究、检视问题、整改落实贯穿主题教育全过程，始终坚持以上率下、示范带动，主题教育取得了阶段性的成果。共组织集中学习32次，举办为期1周的读书班，开展专题研讨9次，交流调研成果2次6篇，县政协党组班子检视问题50条，逐一销号整改，帮助基层解决实际问题67个。

【党的建设】 2019年，政协党组坚持把党建工作和推动履职实践结合起来，定期研究党建工作和阶段性重点工作，全年召开党组会议10次，切实担负起把方向、管大局、保落实的领导作用。认真落实“一岗双责”制度，严格执行重大问题请示报告制度，严格贯彻落实中央八项规定及其实施细则精神，深入推进整治“四风”工作。建立“两会两联系”工作机制，有效发挥了功能型党支部的政治功能和党员委员先锋模范作用，实现了党的组织对党员委员的全覆盖、党的工作对政协委员的全覆盖。

【脱贫攻坚战】 2019年，利用区、市、县三级联合调研平台，积极探索创新与区市政协联动，对海原县如何稳定实现可持续脱贫工作开展了协商调研活动，提出补齐脱贫短板的举措。县政协领导班子全体成员分别主抓了包保乡镇脱贫摘帽和全县脱贫攻坚督导、扶贫信息比对等工作，通过驻村蹲点、召开专题会、双周汇报会、分析研判会和参与脱贫攻坚大起底大排查工作等方式，查真情、出实招、补短板，助推了全县脱贫摘帽工作稳步有序推进。如针对李旺镇“十一五”5个移民安置点遗留问题，精准提出了“321”帮扶措施，得到县委政府高度重视，督促有关部门整合资金208.14万元，帮助群众更换屋瓦、门窗及维修围墙。

【政治协商】 2019年，县政协常委会聚焦推进社会建设和民生改善，围绕全县农村环境综合整治、学前教育、公交运营、养老服务机构运营等内容，进行专题调研视察，先后完成6项调研、2次视察，召开8次专题协商座谈会、2次专题议政性常委会、2次提案办理协商会，协商议政更加灵活、更加经常，为县委、政府决策提供了参考。如首次召开专题议政性常委会议，邀请县政协参加单位和有关部门负责人、中卫市驻海政协委员列席，面对面协商，点对点商量，广开言路，集思广益，提出的“稳产业，夯实可持续脱贫基础”等意见建议被区市政协采纳。采取市县政协上下联动调研模式，对营商环境提出的构建亲清关系、落实优惠政策和加大扶持力度等意见，得到县委、政府高度重视。

【完成县委交办任务】 2019年，由1名分管副主席、2名专委会成员和24个委员基层联系点的政协委员共同参与扫黑除恶、农村基层组织整顿工作，2名专委会成员全程参与县委“不忘初心、牢记使命”主题教育巡回指导和县委第九轮巡察工作，圆满完成各项任务，尤其是李旺镇马莲村、关桥乡脱场村、街道办北坪社区3个基层组织软弱涣散问题得到有效整治。

【提案和社情民意】 2019年，共提交提案100件，审查立案41件、作为意见建议处理9件。会同党政部门精选6件县级领导督办重点提案，县委、政府主要领导领衔督办《关于支持民营经济发展的提案》和《关于加快建设中心集镇污水处理设施的提案》，起到了很好的示范带动作用，产生了良好的社会效应。对2019年19个提案承办单位和50件提案建议进行了量化考核和提案质量“互评”，进一步强化了提案办理前、中、后全程协商，使提案办结率达到100%。共收集整理社情民意20余条，其中《关于单老户双老户如期脱贫的建议》《关于解决建档立卡户慢性病外地就诊费用的建议》《关于进一步加强华润基础母牛繁育技术服务的建议》被中卫市政协采纳并得到县委、政府重视，县委主要领导批示，促进了有关问题的解决。

【监督视察】 2019年，围绕农村安全饮水、住房、道路建设、医疗卫生、产业发展等方面的10个项目，组织开展全县重点项目监督视察工作，形成了一个总报告、四个专题报告和一个社情民意，为促进县域经济全面发展献计出力。对海原县《中华人民共和国土地管理法》贯彻落实情况进行了视察，在有效规范土地使用、矿产资源开采、森林草原资源保护方面建净言、献良策。

【委员知情明政】 2019 年，坚持常委会听取有关工作通报制度，先后听取全县经济运行、法检两院和为民服务办实事等情况通报。认真落实政协委员特邀监督员、民主评议员统一选派机制，共委派政协委员 70 人次列席县人民政府常务会、县人民法院案件庭审会等，为委员知情明政和开展监督工作创造了条件，充分发挥了委员在民主监督中的主体作用。

【发挥桥梁纽带作用】 2019 年，县政协常委会积极落实协商于决策之前的机制，围绕全县宗教事务依法管理情况，广纳群言，提出全面落实依法管理宗教事务工作责任制、强化宗教政策法规宣传教育等意见建议，为深入推进海原县创建自治区民族团结进步示范县工作提供了决策参考。定期慰问宗教界代表人士、民族宗教界委员，走访宗教活动场所，协助县委和政府做好协调关系、理顺情绪、化解矛盾、增进团结的工作，社会和谐的良好局面得到进一步巩固。

【文史与联谊】 2019 年，发挥文史资料"存史、资政、团结、育人"的作用，出版《山海情深——闽宁扶贫协作 20 年海原专辑》，真实客观地反映了闽宁扶贫协作的成果。利用外省市县政协来海原县考察的有利时机，加大宣传海原的力度，六盘山片区全国政协精准扶贫交流推进会第五次会议考察人员对海原县精准扶贫工作把脉定调，给予了高度评价和充分肯定。协助自治区、中卫市政协围绕医疗卫生体制改革、人民法院立案和执行情况等开展调研视察工作 16 次。

【庆祝政协成立 70 周年】 2019 年，召开庆祝中国人民政治协商会议成立 70 周年各界人士座谈会和专题理论研讨会，征集交流发言 72 篇。组织部分政协委员和机关干部参加中卫市政协举办的 "壮丽 70 年　奋斗新时代"文艺演出比赛等系列活动，充分展示了政协各参加单位和政协委员的履职风采和精神风貌，有效激发了广大委员奋进新时代、展现新作为的责任感和使命感。

【自身建设】 2019 年，修订完善了《海原县政协党组理论学习制度》《海原县政协功能型党支部工作制度》《海原县政协各专门委员会定期向主席会议、常委会议报告工作办法(试行)》等 8 项制度，为规范政协工作提供了制度保障。突出政协常委示范引领，带头做好新时代"委员作业"，发挥了"关键少数"的积极作用。按照"懂政协、会协商、善议政、守纪律、讲规矩、重品行"的要求，强化委员责任担当、增强委员履职本领，加大委员管理考核，对履职不到位的 3 名政协委员给予提醒谈话。政协党组将原有的 3 个专委会设置为 4 个专委会，进一步优化专委会的配置。按照"党政机关作风建设年、干部队伍素质提升年"建设的方案，坚持从严教育、从严管理干部，完善效能考核、优化职责分工，坚持从"做了什么""做了多少"向"做出了什么效果"转变，有力促进了政协工作提质增效。

重要会议

【十一届三次委员会议】 1 月 18 日至 20 日，中国人民政治协商会议宁夏回族自治区海原县第十一届委员会第三次会议在海原县举行，会议应出席委员 137 人，实到 121 人。会议由县政协副主席米力芳主持，中卫市委常委、海原县委书记、海兴开发区党工委书记徐海宁作了讲话，会议审议通过了县政协党组书记、主席郭吉武代表县政协十一届委员会常务委员会所作的工作报告，县政协副主席杨常林代表县政协十一届委员会常务委员会所作的提案工作情况的报告。会议期间,与会委员们列席海原县人大十七届三次会议第一次全体会议,听取并讨论了《政府工作报告》等;听取并审议通过了《县政协十一届三次会议政治决议》和《县政协十一届三次会议关于提案审查情况的报告》。会议收到提案100件,经提案委员会审查立案的41件,作为意见建议处理的9件。

【十一届四次委员会议】 5月6日,中国人民政治协商会议宁夏回族自治区海原县第十一届委员会第四次会议在海原县举行,会议应出席委员137人,实到124人。会议由县政协副主席杨常林主持,中卫市委常委、海原县委书记、海兴开发区党工委书记徐海宁作了讲话,会议审议通过了《县政协十一届四次会议选举办法》《总监票人、监票人名单》,补选了县政协十一届委员会主席,会议以全票补选张斌为县政协十一届委员会主席。

【十一届十四次常委会议】 1月17日,县政协十一届十四次常委会议在政协会议室召开。会议审议通过了《县政协十一届十四次常委会议议题》,传达学习了《中央经济工作会议精神》和《自治区党委十二届六次全委会精神》,审议了《关于召开政协海原县第十一届委员会第三次会议的决定》和县政协十一届三次全会会务文件、《政协海原县第十一届委员会常务委员会工作报告》《政协海原县第十一届委员会常务委员会关于十一届二次会议以来提案工作报告》《海原县政协2019年协商工作计划》和《关于增补政协海原县第十一届委员会委员名单》。

【十一届十五次常委会议】 1月19日,县政协十一届十五次常委会议在海原西河生态饭店召开。会议听取了各组讨论情况的汇报,审议了《县政协十一届三次会议政治决议》,审议通过了《海原县政协2019年协商工作计划》。

【十一届十六次常委会议】 1月20日,县政协十一届十六次常委会议在海原西河生态饭店召开。会议听取了各组讨论情况的汇报,审议通过了《县政协十一届三次会议关于提案审查情况的报告》和《县政协十一届三次会议政治决议》。

【十一届十七次常委会议】 4月9日,县政协十一届十七次常委会议在政协会议室召开。会议审议通过了《县政协十一届十七次常委会议议题》,传达学习了全国"两会"精神,审议了《关于郭吉武同志辞去政协海原县第十一届委员会委员、主席职务的辞呈》《关于增补政协海原县第十一届委员会委员名单》,协商通过了县政协常委会2019年工作要点,通过了有关人事事宜,审议通过了县政协十一届四次全会会务文件。

【十一届十八次常委会议】 5月6日,县政协十一届十八次常委会议在政协会议室召开。会议审议通过了《县政协十一届十八次常委会议议题》,听取了县委组织部关于补选政协海原县第十一届委员会主席候选人情况的说明,审议了《关于补选县政协十一届委员会主席候选人建议名单》《政协海原县第十一届委员会第四次会议选举办法》,协商推荐了《总监票人、监票人名单》。

【十一届十九次常委会议】 5月6日,县政协十一届十九次常委会议在政协会议室召开。会议听取了各小组讨论情况汇报,审议通过了《关于补选政协海原县第十一届委员会主席候选人建议名单》《政协海原县第十一届委员会第四次会议选举办法》《总监票人、监票人名单》。

【十一届二十次常委会议】 8月9日,县政协十一届二十次常委会议在政协会议室召开。会议审议通过了《县政协十一届二十次常委会议议题》,传达学习了《2019年陕甘青宁四省(区)六盘山片区政协精准扶贫交流推进会第五次会议精神》《汪洋主席在全国地方政协工作经验交流会上的讲话》《关于印发〈政协中卫市委员会关于加强委员队伍建设的意见〉的通知》，审议了《关于如何实现稳定可持续脱贫情况的调研报告》《全县学前教育管理情况调研报告》《全县宗教事务管理情况调研报告》《全县农村环境综合整治情况调研报告》《全县重点项目视察报告》。

【十一届二十一次常委会议】 12月31日，县政协十一届二十一次常委会议在政协会议室召开。会议传达学习了《习近平总书记在中央政协工作会议暨庆祝中国人民政治协商会议成立70周年大会上的讲话》《自治区党委十二届八次、九次全体会议精神》《陈润儿同志在自治区党委十二届八次全体会议上的讲话》《中共宁夏回族自治区委员会关于新时代加强和改进人民政协工作的实施意见》，听取了政府《关于2019年为民办实事情况的通报》、政府《关于2019年提案办理情况的通报》《关于法检两院工作情况的通报》，审议了《土地管理法执行情况调研报告》《公交运行情况调研报告》《养老服务体系建设情况调研报告》。

专门委员会工作

【提案与文史资料委员会】 2019年，对十一届三次会议提案、建议办理情况进行督办、视察，与承办单位沟通协商，积极开展提案催办和督办，首次召开提案征集协商座谈会和提案提办质量互评等活动；对如何实现稳定可持续脱贫情况、全县公交运行情况进行了调研；负责编辑出版《山海情深——闽宁扶贫协作20周年海原专辑》。

【经济法制与环境保护委员会】 2019年，对全县农村环境综合整治情况、优化营商环境情况、土地管理法贯彻落实情况进行了调研，对全县重点项目开展情况进行了视察。

【教科文卫体与民族宗教委员会】 2019年，对全县学前教育工作、全县宗教事务依法管理情况、全县养老服务体系建设情况进行了调研。

纪检监察

综　述

【政治监督】 2019年，海原县纪委始终围绕重大部署开展政治监督，坚持党中央和区市县党委决策部署到哪里，监督检查就跟进到哪里，对落实主体责任不力的53人给予党纪政务处分，对247人给予组织处理，查办巡视巡察问题线索31件，问责处理42人，确保了“两个维护”的有力落实。

【扶贫领域问题专项治理】 2019年，海原县纪委面对脱贫攻坚重任，协助党委积极履行监督职责，查处扶贫领域腐败和作风问题147件，给予党纪政务处分25人、组织处理26人，有力巩固提升了脱贫成效。强力推进扫黑除恶专项斗争监督执纪问责，立案查处25人，党纪政务处分14人、组织处理13人，移送司法机关1人，认定保护伞3人。在“不忘初心、牢记使命”主题教育中牵头开展漠视侵害群众利益问题专项治理，公布整治成果81条，推动解决问题1349个，查处问题23起，责任约谈23人，给予党纪政务处分26人、组织处理34人。

【纠治“四风”】 2019年，海原县纪委坚持日常监督和专项督查相结合，紧扣重要节点、关键岗位，深入开展违反中央八项规定精神突出问题及领导干部利用名贵特产和特殊资源谋取私利问题专项整治，深挖细查隐形变异“四风”问题，以“零容忍”态度惩治顶风违纪问题，查处违反中央八项规定精神案件4起，给予党纪政务处分8人、其他处理31人，明确释放出“越往后盯得越紧、执纪越严”的强烈信号。纪委监委严格贯彻落实中央和自治区“基层减负年”有关要求，从严明政治纪律的高度整治形式主义、官僚主义。以“党政机关作风建设年、干部队伍素质提升年”为抓手，围绕在编不在岗和“五不为”等问题，对全县干部纪律作风和帮扶工作问题进行集中整治，先后通报50个乡镇（部门）、318名干部，提醒谈话89人、责任约谈280人次，有力巩固了全县作风建设持续向好发展。

【反腐败斗争】 2019年，海原县纪委紧盯脱贫攻坚、工程项目、环境保护等重点领域和关键环节，坚持发现一起，查处一起，严查重处职务违法和职务犯罪，全年立案120件156人，给予党纪政务处分129人、组织处理304人，以强有力的执纪问责，切实强化“不敢腐”的震慑。坚持以案促改，深刻剖析发现的漏洞和问题，下发建议书111份，督促相关单位健全制度、堵塞漏洞，着力强化“不能腐”的体制机制。与此同时,积极认真做好查办案件“后半篇文章”,以案示警,以案促改,以案正风,以案肃纪。坚持把法纪教育列为干部教育培训的“必修课”,常态化开展警示教育,不断强化党员干部底线意识,持续巩固“不想腐”的自觉。

【管党治党】 2019年,海原县纪委综合运用听取汇报、个别谈话、检查抽查等形式,强化近距离、常态化监督,推动主体责任和监督责任贯通衔接、协同发力。坚持失责必问、问责必严,不断提高问责政治性、精准性、实效性。坚持惩前毖后、治病救人,综合考虑事实、态度和执法标准,精准运用监督执纪“四种形态”教育转化和处理党员干部553人次,其中,用第一种形态处理432人,占比达到78.11%,监督执纪由“惩治极少数”向“管住大多数”不断拓展,监督质效明显提升。全县信访举报量和处分人数分别大幅下降49%和25.9%,“关口前移、预防为主”的思路得到有效落实,“减总量遏增量”的目标基本达成,党员干部守纪律、讲规矩意识切实增强,群众满意度显著提升。

【纪检监察体制改革】 2019年,海原县纪委持续深化党的纪律检查体制、国家监察体制和纪检监察机构改革,推动制度优势向治理效能转化。坚持党对纪检监察工作的全覆盖、全方位、全过程领导,着力加强对乡镇纪委工作的领导,切实增强监督的独立性、权威性。持续深化纪检监察体制改革,成立8个派驻纪检监察组,实现派驻监督全覆盖,充分发挥“派”的权威和“驻”的优势。坚决执行《中国共产党纪律检查机关监督执纪工作规则》《监察机关监督执法工作规定》,进一步健全监察调查工作安全工作制度,严格规范审查调查程序,切实提高了纪检监察工作法治化、规范化水平。

【巡察工作】 2019年,海原县纪委先后召开4次常委会、5次书记专题会暨巡察工作领导小组会议研究工作,修订完善《县委巡察工作规划(2017—2021年)》,建立《关于规范巡察沟通工作的意见(试行)》等5项制度。坚持“发现问题、形成震慑、推动改革、促进发展”工作方针,全年开展3轮巡察,巡察部门、乡镇22个,发现问题409个。延伸巡察村(社区)53个,发现问题763个。召开巡察问题集中反馈会22次,进一步压实整改责任。将巡察成果运用与纪律审查紧密结合,建立向县级分管领导发送巡察整改意见抄告书制度,对7个已巡察的党组织和有整改任务的部门进行督查回访,对整改不力的30名责任人进行了责任约谈。

巡察工作

【概况】 2019年,中共海原县委巡察工作领导小组办公室始终牢牢把握“发现问题、形成震慑、推动改革、促进发展”的工作方针,全面落实中央、区、市党委关于巡察工作的决策部署,坚定不移地开展政治巡察,紧盯“关键少数”,强化巡察监督,巡察成果不断拓展。全年,共开展3轮巡察,涉及7个乡镇,15个部门,延伸巡察43个行政村。

【总体规划】 2019年,海原县委高度重视巡察工作,坚决贯彻落实政治巡察要求,县委书记认真履行第一责任人的职责,全面部署党委巡察工作。把巡察工作纳入县委全年工作要点,对开展巡察工作作出明确要求,县委巡察工作领导小组会和县委常委会及时传达学习中央、区、市党委关于巡视巡察工作重要会议和文件精神,研究贯彻落实意见,严格审定巡察工作规划、工作要点、制度等重要文件,及时研究解决机构、编制、人员等具体问题;认真听取每一轮巡察情况汇报和专题报告,研究巡察中发现的普遍性问题和重大问题。对推进巡察工作、落实整改责任、运用巡察成果提出具体要求,确保巡察工作掷地有声。

【机构保障】 2019年,海原县委召开专题会议,成立了纪检巡察服务中心，从其他单位挤出12名事业编制充实到纪检巡察服务中心，其中，专门给巡察办核拨并选调5名事业编制干部。巡察机构共有干部11名、行政编制6名、事业编制5名。同时，巡察机构已实现办组分离，其中巡察办5名编制、巡察组6名编制、巡察机构11名人员已全部到岗开展工作，为全县顺利开展巡察工作提供了人力保障。

【巡察规划】 2019年，海原县委对照编办机构改革后的单位设置情况修，订完善了《县委巡察工作规划（2017—2021年）》和《中共海原县委2019年度巡察工作要点》，明确今后巡察工作的总体要求、目标任务和思路举措。同时，安排巡察办牵头专门成立督查组分两批次对7个已巡察的党组织和有整改任务的部门进行督查回访，确保巡察工作取得实效，全县巡察覆盖率已达到63.1%。

【制度建设】 2019年，海原县委巡察工作领导小组牢牢抓住制度建设这个根本，始终把健全完善巡察制度摆在重要位置，结合实际制定《关于规范巡察沟通工作的意见（试行）》《海原县委巡察工作协作配合规程》《中共海原县委员会巡察工作“后评估”制度》等制度，为巡察工作规范有序开展提供了制度保证。

【巡察整改】 2019年，中共海原县委巡察工作领导小组办公室把发现问题和解决问题结合起来，对发现的问题在给被巡察党组织下发反馈意见的同时给包乡领导发了抄告书，对9名县级领导进行抄告，共发出抄告书18份，给相关部门下发了整改通知书，做到巡察工作人人有责。对发现的问题线索及时移交纪委监委进行查处。发现问题315个（包含6至8轮，第九轮巡察正在进行，未统计在内），移交问题线索5个，已移交纪委监委处置。给予党内警告处分1人、政务警告处分1人、通报批评2人、责任约谈23人、诫勉谈话2人、提醒谈话1人、书面检查1人，共收缴违纪资金27.38万元。

【交叉巡察】 2019年，海原县开展的第一轮巡察着重构建上下一体、市县联动的巡察工作新格局，由市委巡察办统筹三县（区）巡察力量，成立3个交叉巡察组，实行地域回避式交叉巡察。

【重点巡察】 2019年，中共海原县委巡察工作围绕重点开展工作。一是聚焦全面从严治党开展巡察。重点巡察党的领导、党的建设、全面从严治党责任制落实情况，领导党风廉政建设和反腐倡廉工作是否有力等，通过开展巡察，促进全面从严治党在基层落地生根。二是聚焦扶贫领域腐败问题开展巡察。围绕2019年全县脱贫攻坚摘帽年，重点围绕脱贫攻坚政策执行情况；农村危房改造、移民搬迁方面违规违纪情况；在推进脱贫攻坚工作中责任传导落实不到位，履职不力、作风不实情况；挤占、挪用、套取扶贫领域资金和其他扶贫领域方面的腐败问题情况进行全面体检。三是聚焦贯彻落实“党政机关作风建设年、干部队伍素质提升年”建设和扫黑除恶专项斗争开展巡察。2019年，始终将落实“党政机关作风建设年、干部队伍素质提升年”、开展扫黑除恶专项斗争、民族宗教工作治理和意识形态等重点工作纳入巡察内容。

群众团体

海原县总工会

【概述】 2019年，海原县总工会有干部职工22名，其中女职工11人；主席1人、常务副主席1人、副主席1人、挂职副主席1人、兼职副主席1人；经审主任1人，二级科员2人、三级科员2人；事业编1人；社会化工会干部13人。另外，设有困难职工帮扶中心，办公设施齐全，制度上墙，并配备了4名工作人员（均是职业化工会干部4人）。设有职工文化活动中心，面积1240平方米，有健身房、乒乓球室、多功能室、职工书屋、电教室等，有工作人员3名（其中职业化工会干部2人）。

【工会改革】 2019年，认真贯彻落实自治区、中卫市、海原县全面深化改革领导小组工作要求，充分履行"忠诚党的事业、竭诚服务职工"使命担当，积极主动，全面谋划，按照增"三性"、去"四化"、强基层、促创新的改革总体思路，根据《海原县工会改革方案》，坚持问题导向，坚持服务发展，广泛听取意见建议，有序、有力、有效地推进了工会改革工作的深入开展。4月15日，召开了海原县总工会第九届二次全委（扩大）会议，会议总结了海原县工会第九届一次会议以来的工作，安排了2019年的工作工会，海原县工会改革正在稳步推进。海原县总工会在区、市总工会和县的领导下，团结务实、开拓进取，争取用更大更为显著的优异成绩推动全县工运事业新的发展。

【工会经费】 2019年，全县预算工会经费1154万元，拨付各基层工会经费693万元，收缴工会经费465.9万元。

【组织建设】 全县现有机关企事业单位工会组织175家（机关事业单位工会152家、企业工会20家、其他工会组织3家），工会会员27450人，办理工会会员服务卡22047张。2019年，通过现场指导、基层自主建会、会员网上入会等方式建立基层工会组织15家，发展会员1886人。指导5家基层工会组织进行换届，将新组建工会组织及会员信息录入宁夏工会工作服务平台工会组织及会员管理系统，并对系统中工会组织及会员信息有变动的及时进行相关处理，确保工会组织及会员信息的准确性。指导创建了3家"合格职工之家"，推荐申报市级"先进职工之家"3家。全县专兼职工会干部534人，其中女工会干部183人。工会经审组织151家，专兼职工作人员397人；工会女工组织152个，专兼职女工委员268人。全县工会组建率达96%，职工入会率达98%。

【维权维稳】 2019年，县总工会本着维护本县职工队伍和社会政治稳定的原则，充分发挥资源优势，健全完善维权机制，坚持以职工为本，主动、依法、科学维权，切实维护广大职工(农民工)的合法权益。签订企业集体合同和工资专项集体合同21家。邀请国家注册高级心理咨询师陈沛在海原县三家企业(闽宁、国华、泰丰)作了3场次心理健康大讲堂。全年共计接访41人，信访维权2人已全部给予调解，12人给予生活救助，7人大病，20人已上报档案。积极开展"七五"普法及"遵法守法、携手筑梦"服务职工、农民工法治行动。与乡镇工会所辖的企业组建劳动争议调解组织，组建率达85%以上。

【劳动竞赛】 2019年，县总工会充分发挥各级工会组织在稳定职工队伍、服务企业发展中的积极作用，以创建"工人先锋号"为主要载体，带动了各方面的竞赛活动，形成了全方位、多层次的劳动竞赛新格局，把职工的积极性凝聚到促进发展上来，在全县掀起了学知识、练技能、提素质的热潮，为推动海原县经济社会又好又快地发展做出了新贡献。坚持以"创双优"活动为主线，以班组建设为重点，大力开展创先争优劳动竞赛和职工岗位技能竞赛活动。举办了海原县家政服务技能大赛1次。联合县卫健局开展护理技能大赛1场次，联合县应急管理局开展"安康杯"安全生产竞赛活动1次，联合政务大厅开展了礼仪技能大赛，组织参加市技能大赛3场次。

【民主管理】 2019年，依据《宁夏回族自治区企业民主管理条例》和《宁夏回族自治区企业工资集体协商办法》为基石，以"保岗位、稳收入、促和谐"为目标，组织基层单位深入开展"春季要约"和集体协商工作，目前海原县共签订集体合同12份，签订率达100%，其中区域性集体合同2份，行业性集体合同1份。定期召开协调劳动关系三方会议，深入开展三方联合执法检查，扎实推进示范单位创建工作，加大对拖欠农民工工资企业处置力度。

【劳模管理】 截至2019年年底，海原县共有全国劳模4名、自治区级劳模38名、市级劳模13名、自治区五一劳动奖章11名、自治区工人先锋号2个、中卫市五一劳动奖状1个、中卫市五一劳动奖章2名、中卫市工人先锋号1个。年内，推荐了2019年全区五一劳动奖状奖章和工人先锋号。完善劳动模范档案库，定期对劳动模范系统予以更新，及时、准确、全面地反映劳动模范新增、调出、退休、去世等动态情况。在国华农机制造有限公司和万绣庄剪纸刺绣合作社创建劳模创新工作室2家（党建带工建，工建促党建模式）。春节前夕慰问全国、省部级劳模43人，发放慰问金14.5万元；组织2名省部级劳模赴云南疗养休养；举办了全县"劳动最光荣奋斗最幸福"劳模事迹报告会一场次；上报区级技能型人才5人(卢慧琴、杨成鹏、杨成珠、拓守忠、钱芙蓉)。

【宣传教育】 2019年，先后举办了"我与祖国同成长"全县职工征文大赛、"喜迎祖国70华诞·携手共铸中国梦" 全县职工徒步探险活动、"与健走同行·与健康同在"全县职工健步行活动、全县女职工拔河比赛、全县职工书画作品展大赛，与海原教体局、中国联通公司合力举办"乒乓在沃"第七届中国联通乒乓球挑战赛海原赛区选拔赛。组织职工参加中卫市"歌颂祖国70载，共筑伟大中国梦"合唱比赛，并取得二、三等奖；组织职工参加"中国梦·劳动美·中卫好·我与祖国共成长"系列活动，在故事演说大赛中，荣获二、三等奖，在职工读书演讲比赛中，荣获二、三等奖，并获得优秀组织奖；上报书画作品48幅参加职工书画作品展，并获奖；组织职工参加由中卫市总工会举办的"喜迎建国七十年　同心筑梦立新功"知识竞赛，并荣获二、三等奖；联系晟瑞房地产公司为海原县干部职工赠送价值3万元的图书。

【阵地建设】 2019年，搭建红歌咏流传平台，免费为红歌说唱团及社会爱好者长期提供排练场地；在人社局、国税局、倪岩劳模创新工作室等单位打造职工书屋8家，每家提供1万元图书。筹措资金13万元在县交通局、西湖社区打造全县职工文化活动阵地。在西湖社区联合团海原县委建立爱心超市1家。在美团外卖、出租车公司投资3万元打造“户外劳动者之家”2家，为户外劳动者提供休息的地方。

【扶贫工作】 2019年，针对海原县芹菜滞销问题，县总工会牵头研究下发了《关于落实消费扶贫工作实施方案的通知》，组织动员全县广大干部职工认购“爱心菜”，全县各机关干部职工共计购买“爱心菜”860吨，价值120万元，为全县消费扶贫工作助力；为帮扶村贾塘乡黄坪村解决3.5万元经费(其中，1.5万元用于困难家庭建房，2万元用于购买电脑、打印机等设施)；召开“消费扶贫，助力脱贫”会议，倡导全县工会组织为职工发放福利时首先要考虑乡镇特色农产品。在全县职工徒步行活动中以关庄荞面作为奖品，助力关庄农特产品销售；为解决全县砂甜宝硒砂瓜专业合作社西瓜滞销问题，联合农业农村局向社会各界发起了购买硒砂瓜的倡议；为驻村队员购买了人身意外伤害保险及对驻村干部进行了体检；单位6名干部共帮扶贾塘乡黄坪村、关桥乡张湾村30户建档户，已协调帮助彻底解决了“两不愁三保障”的问题，帮扶干部如期到帮扶户中开展帮扶工作。

【送温暖活动】 2019年，“两节”期间慰问困难企业2家（10万元），慰问困难职工（农民工）47人(5.8万元)；上报全国级困难职工(农民工)档案54户，上报省级困难职工(农民工)档案85户。开展“夏送清凉”活动，为一线困难职工330余人送去防暑降温用品，共计2万元。慰问消防指战员1次。对全县困难女职工进行了“两癌”筛查，“两癌”筛查共计144人，费用共计48240元(每人335元)。

【经审工作】 2019年，对县总工会2018年度本级经费预算执行、专项资金及固定资产管理使用情况进行了审计，对县总工会2019年上半年经费预算执行情况进行了审查，对下抽查审计45家，覆盖面达到了25%。通过审查审计，共发现问题11条，未发现重大经济问题。

【党的建设】 2019年，扎实开展“不忘初心、牢记使命”主题教育，认真落实党建主体责任，坚持以党建带工建、工建促党建，落实“三会一课”制度。认真落实党风廉政建设“两个责任”“三个清单”，开展“党政机关作风建设年、干部队伍素质提升年”活动，切实履行“一岗双责”，严肃党内政治生活，推动全面从严治党向纵深发展。联合县委宣传部组织开展了全县“奋进新时代、礼赞新中国”微宣讲大赛、举办了海原县庆祝建国70周年征文等活动。

【干部培训】 2019年，组织10余名工会干部参加了全总、区总、市总举办的各类业务培训班。县总工会组织举办全县工会干部、职工代表培训班2期，参与培训人数达60余人，全县工会干部服务职工群众的能力和水平明显提升。

共青团海原县委员会

【思想引领】 2019年，以习近平新时代中国特色社会主义思想教育、引导、激励、感召青年，广泛开展了“青春心向党　建功新时代”主题实践活动20余场次。五四期间，组织基层团干部及青年志愿者赴六盘山红军长征纪念馆，重温革命历史，接受“沉浸式”精神洗礼，增强听党话、跟党走的思想和行动自觉；在海原一中、海原二中分别举行了18岁成人仪式和标准化退队入团仪式，并在全县推广，以仪式感教育增强青少年的责任感和使命感。开展了“我和我的祖国”征文比赛，弘扬以爱国主义为核心的伟大民族精神。开展“鲜花朵朵送雷锋”公益活动，采取广泛组织和集中宣传相结合的方式，积极传播“学习雷锋、奉献社会、提升自我”的志愿服务理念，推进学雷锋志愿服务常态化和制度化。开展了扫黑除恶知识网络竞答，发布了《致全县青少年开展扫黑除恶专项斗争的一封信》，增强青少年对扫黑除恶知识的知晓率和参与扫黑除恶专项斗争的积极性。举办单身青年相亲联谊会1场次，引导青年树立正确的婚恋观。举办了“礼赞新中国　奋进新时代”演讲比赛，增强青年爱党、爱国的情感认同。通过新媒体广泛开展思想引领工作，创作了“我和我的祖国”快闪、《抵制高额彩礼》微电影等原创作品，通过微信公众平台及时发布中央及区、市重要会议精神和脱贫攻坚、移风易俗、扫黑除恶等政策内容248条。为进一步推进“不忘初心、牢记使命”主题教育，在全县各级学校共青团组织和少先队组织中开展了“党在我心中”系列活动，广泛开展党史教育、国情教育、革命传统教育、爱国主义教育，深入推进社会主义核心价值体系教育，在中小学生中掀起爱国、爱党的热潮。

【社会实践】 2019年，暑假期间，招募165名在校大学生开展社会实践活动，进村入户宣讲脱贫攻坚、移风易俗、扫黑除恶等政策法规；积极参加环境卫生整治、农民文化艺术节、农民篮球运动会等文体活动；通过微信、抖音、快手等新媒体平台宣传推介本地农产品，活动覆盖99个村7225户。

【表彰活动】 2019年，组织开展了“五四红旗团委、团总支(团支部)”“优秀共青团干部”“优秀共青团员”“优秀少先队辅导员”“优秀少先队员”等推选表彰活动和“青年岗位能手”“新时代好少年”“向上向善好青年”“青年文明号”等寻访表彰活动，用榜样的力量引导激励青年。

【服务脱贫攻坚】 2019年，紧紧围绕县委、政府脱贫攻坚工作总体安排，结合共青团工作实际，积极投身脱贫摘帽攻坚战。为稳步推进青春助力脱贫攻坚工作，激发贫困青年群众勤劳致富愿望，提振主动脱贫精气神，团海原县委经认真调研，广泛征求乡、村两级和农村青年的意见，积极探索在三河镇富陵村、苋麻村建立“青·扶志”爱心超市2个，开启了青春助力脱贫攻坚的新模式。开展了脱贫攻坚青年典型评选、乡村美丽庭院创建评选等活动。组织志愿者积极服务海原县第二届文化旅游节系列活动、宁夏(海原)高端肉牛大赛。认真做好华润集团“一对一”帮扶资助海原县300名贫困大学生，每人每年4000元，直至本科毕业；组织召开了华润集团帮扶海原县贫困大学生见面会，完善了帮扶沟通联系机制。充分发挥海原县希望公益服务中心作用，争取宁夏青基会支持，资助贫困大学生133人，累计金额58.5万元；资助贫困高中女生100人，累计金额12万元；资助小学生180人，累计金额5万元；为高崖乡红古小学、树台乡九年一贯制学校援建音乐教室，累计金额8万元；为七营镇5所学校50个班级每班捐赠一个图书架及208册图书；为200名孤寡老人发放羽绒服等御寒衣物；为郑旗乡南山村、关桥乡张湾村贫困学生发放学习用品。组织30名品学兼优的贫困家庭学生赴安徽省合肥市中国科学技术大学参加游学系列活动，5名中学生赴上海市参加“塞上骄子”沪上行夏令营活动，10名中学生参加青少年高校科学营厦门大学分营活动。联合中科大研究生支教队开展第三届海原科技展活动。充分发挥西部计划志愿者作用，组织志愿者赴乡镇开展脱贫攻坚、移风易俗志愿服务10场次；中科大研究生支教队筹资30万元、厦门大学研究生支教队筹资80万元用于贫困学生资助。挖掘青年创业典型，推荐张学智参加由团中央举办的“精准扶贫·助力农产品上行”项目评选，并已入选2019年优秀项目。积极落实闽宁对口协作，在中卫市团委的支持下，福建省漳州市团委捐赠价值10万元的课桌凳400套。认真开展驻村帮扶工作，选派2名干部分别在关庄乡庙湾村、西安镇小河村驻村，认真做好后勤保障工作。积极开展部门帮扶活动，在关桥乡张湾村开展政策宣讲4场、座谈交流会2场；为村部购置了2套办公桌椅；帮助解决村“两委”工作力量，定点分配1名西部计划志愿者，临时选派了3名西部计划志愿者协助开展工作。资助张湾村贫困大学生3人、贫困中学生2人，为全村每户发放一个资料收集袋，用于收集扶贫手册、户口本、扶贫政策宣传彩页等资料。积极组织开展了“进农家院、干农家活、查农家情、暖农家心”主题活动，协助村“两委”举办了张湾村首届农民文化艺术节，表彰奖励了环境整治、尊老爱幼、致富能手、“我脱贫　我光荣”优秀代表、优秀大学生等先进人物，进一步增强了农民群众的参与感、获得感和幸福感，提振了村民主动脱贫的信心。

【青少年维权】 2019年，大力推动青少年合法权益维护工作，扎实开展重点青少年群体服务管理和预防犯罪工作，认真履行扫黑除恶专项斗争成员单位职责，制定印发了《关于进一步加强特需关爱青少年专项排查整治工作的实施方案》，结对帮扶11名特需关爱青少年。

【志愿者活动】 2019年，组织志愿者开展“关爱行动”“阳光助残”等志愿服务活动21场次，参加公共秩序维护、文明交通、平安建设、生态文明志愿服务12场次，引导群众知礼仪、重礼节、讲道德。组织开展了“礼赞新中国　奋进新时代”禁毒公益彩虹跑和“倡导全民禁毒·弘扬全民健康·共建平安海原”全民健身活动，引导青年远离毒品、养成积极向上的生活习惯和良好心态。组织开展了“七彩假期”“艺术守望者”等特色志愿服务活动，帮助留守儿童开阔视野、拓展知识面。建立“团干部+社工+志愿者”志愿服务新模式，借助青年志愿者及春苗、蒲公英两家社工组织，在海原县黎明社区、建设社区持续开展了“特需青少年关爱”“预防青少年违法犯罪”“红领巾课堂”“心理辅导”“亲子课堂”“艺术夏令营”等服务。全年组织开展了扫黑除恶、禁毒、法律、安全生产等宣传活动15场次。

【党的建设】 2019年，共组织主题党日活动12次、专题学习12次、警示教育2次、集中学习41次。稳步推进“不忘初心、牢记使命”主题教育，严格按照要求做好学习教育、调查研究、检视问题、整改落实等各项工作。

【基层团组织建设】 2019年，认真做好基层团组织规范化建设，认真落实“三会两制一课”制度，扩大团组织影响力；积极完善“智慧团建”系统管理，规范了团员学社衔接和团员发展、管理等工作；认真做好团员调控工作，加强对发展团员的管理工作。稳步积极推进少先队改革工作，充分发挥少先队在立德树人中的作用，《习近平总书记致少先队建队70周年的贺信》在全县少先队组织中掀起了学习的热潮。举办了全县基层团干部“强业务能力　促基层活力”专题培训班，全县教育系统团干部和少先队辅导员150余人参加，增强了团干部的业务能力，夯实了基层团组织基础。

海原县妇女联合会

【妇女思想引领】 2019年，充分利用海原县“妇女之声”公众号，转载了习近平新时代中国特色社会主义思想，习近平关于扶贫论述摘编，全国、区、市妇联会议精神，扶贫政策、扫黑除恶、禁毒、家庭教育等相关知识；编辑撰写妇工信息，挖掘新闻亮点，扩大妇联影响力；利用县、乡、村(居)级妇联组织微信群、QQ群等媒体传播好声音、传递正能量。在街道办南苑社区、西安镇胡湾村等多地组织开展了“巾帼心向党　礼赞新中国”群众性宣传教育活动。举办以传统旗袍秀为底蕴的文艺汇演，彰显了锐意进取、创新有为的时代风采，引导妇女坚决听党话跟党走。

【文明家庭建设】 2019年，开展了纪念第109个三八国际劳动妇女节暨表彰大会，对6个先进集体和54名先进个人及家庭进行了表彰奖励。举办“我参与 我脱贫 我光荣”演讲比赛，发动基层开展最美家庭“我说我家故事”分享会，光荣榜和好家风、好家训宣传展示，群众自编自演文艺节目等丰富多彩的活动。常态化开展“最美家庭”选树活动，受表彰的全国最美家庭1户、区级最美家庭3户、市级最美家庭5户、县级最美家庭10户。5·15国际家庭日期间，表彰了“最美兵妈妈”14名、“最美军嫂”4名、“最美军人家庭”2户。部分乡镇、村开展了最美家庭选树表彰活动。在全县开展“最美庭院”创建活动，加大宣传力度，发放倡议书1万余份，制作横幅22条，发放各类宣传品5000余份，表彰奖励最美庭院10户、平安家庭19户，推荐市级最美庭院20户、自治区级最美庭院10户。

【巾帼扶贫扶志】 2019年，联合教体局开展了“诵读红色经典 传承红色基因”亲子朗诵比赛；启动“家家幸福安康工程”，开展“家校协同 让孩子健康成长”家庭教育主题宣传活动启动仪式，举办自治区家庭教育骨干讲师(海原专场)培训班，对县直部门妇委会主任、乡村部分妇联主席、各学校家庭教育骨干、县妇联全体干部100余人进行了为期三天(5月30日至6月1日)的培训。开展“爱润万家 好家庭 好家教 好家风”送课下乡，配合宣传部开展了“先进模范暨家风家教巡讲会”，邀请区、市宣讲团开展家庭教育，“护航春蕾” 等宣讲活动60余场次，7000余人参加。在七营镇马莲村、西安镇胡湾村等开展妇女实用技术培训5期，培训妇女450人。

【妇女创业担保贷款】 2019年，净增妇女创业担保贷款2017万元，扶持316人，累计发放1.4亿元，扶持2471人次，贴息591.8万元。2012年至今累计发放6.4亿元，扶持妇女16000余人次，落实贴息资金近4000万元；争取母亲小额循环项目80万元。

【关爱妇女】 积极组织基层妇联宣传、动员群众购买“爱妮保”健康保险，争取政府配套保费156.63万元，共收缴237.35万元，赔付102.5万元，受益人数32人次。救助“两癌”贫困妇女。救助“两癌”患者35人，每人1万元。争取“爱茉莉”两癌筛查项目资金43万元，免费为3000名农村妇女进行“两癌”筛查。争取“加油木兰”项目资金246万元，为0岁至100岁49933名建档立卡女性2019年度每人投保70元，在读高中生每学期理赔500元，大病每人理赔2万元。教育理赔83.95万元、1067人，医疗理赔4万元、2人。

【帮扶慰问】 2019年，春节期间，市妇联、县财政、爱心人士及自筹慰问资金42500元，慰问贫困妇女、孤残儿童共66人；为四中40名女孩发放资助金4.8万元；选派四中3名品学兼优的“春蕾计划”女孩参加新东方举办的北京夏令营活动；帮助2个特殊儿童家庭分别申请到一套廉租楼房；六一期间，为双河九年一贯制学校359名学生每人捐赠一顶安全帽，价值5000元。

【法制宣传】 2019年，利用三八维权周、“5·15”国际家庭日等节日开展各类法制宣传活动20余次，组织巾帼志愿者发放各类宣传彩页、宣传品10万余份；深入曹洼乡开展2场次“推动移风易俗 树立乡风文明”宣传活动，入户走访了曹洼、白崖、脱烈3个村50余户。

【维护妇女权益】 1. 法制讲座。举办“和谐婚姻家庭大讲堂”“抵制高额彩礼 反家庭暴力法” 宣讲20余场次，对15个脱贫销号村实现了全覆盖。2. 妇女维权队伍建设。选配2名村妇联主席到宁夏家和职业学校“婚师”班学习；累计推荐9名妇女担任人民陪审员；联合司法部门为每个乡镇、村(居)配备法律顾问 1 人,印制发放"一村(社区)一法律顾问"妇女维权便民服务卡 10 万余份。3. 健全工作机制。与法院建立了家事纠纷联动化解机制备忘录;与检察院联合,加大儿童性侵案件的预防力度。4. 维权阵地。在新莱园律师事务所成立妇女儿童工作站,进一步维护妇女儿童合法权益。

【《宁夏回族自治区妇女权益保障条例》培训班】 2019 年,对县直各部门(单位)、各人民团体、县属各企业分管领导、妇委会主任、工会主席、部分职工代表、青年志愿者及县妇联全体干部 180 余人进行了《宁夏回族自治区妇女权益保障条例》培训。

【妇女信访】 2019 年,充分发挥婚姻家庭矛盾纠纷调解委员会作用,全年受理婚姻家庭纠纷 321 起,成功调解矛盾纠纷 277 起,解答关于婚姻家庭法律法规咨询 400 多人次。畅通 12338 热线,热情接待,及时处理信访案件。

【基层组织建设】 2019 年,建立健全妇联执委分组制度,指导乡镇、村(居)进行执委分组,充分发挥妇联执委作用,在有条件的乡镇、村(居)妇女之家进行"五亮"工作,进一步扩大妇联组织的影响力和凝聚力。联合县委组织部、党校在县委党校举办全县妇联干部素质能力提升培训班,对各乡镇(街道、管委会)、行政村(社区)妇联主席、部分乡镇(街道、管委会)、行政村(社区)妇联执委,县妇联全体干部及妇联执委近 170 人进行了培训,进一步提高全县妇联干部的履职服务能力,夯实基层妇联组织落实妇女工作基础。

【青壮年文盲妇女培训】 2019 年,针对"两规划"重难点指标,召开工作推进会,督促各成员单位对标对表,认领任务,强化措施。在全县各乡镇(街道办)、村(居)开展"精准扶贫妇女文化素质提升班",对全县 4000 名青壮年文盲妇女进行了培训,结业 126 人,累计发放《识字大王》5000 余本。

【"不忘初心、牢记使命"主题教育】 2019 年,按照县委主题教育办工作要求,紧紧围绕"守初心、担使命,找差距、抓落实"的总要求,认真开展了主题教育,把学习教育、调查研究、检视问题、整改落实贯穿主题教育全过程,抓好十个关键动作一以贯之。原汁原味、一字一句通读了《中国共产党章程》《习近平关于"不忘初心、牢记使命"重要论述选编》《习近平新时代中国特色社会主义思想学习纲要》;对八个专题一一进行了交流研讨,及时召开了交流调研成果会;在机关支部、帮扶村贾塘乡双河村讲了两次专题党课;对妇联班子和班子成员采取书面征求、设立意见箱,谈心谈话、基层工作微信群等多种方式,充分听取基层广大妇女对妇女工作的意见建议。共发放征求意见表 60 份,个别谈话 3 次,设置意见箱 1 个,征求各类意见建议 5 条,检视问题 2 个;对照中央巡视督查督导反馈、党章党规、《准则》《条例》、"四个对照""四个找一找"等方面,共梳理查摆出党的政治建设、脱贫攻坚、群众路线等领域 4 条突出问题,制定整改落实工作措施 14 条。召开对照党章党规找差距会议、妇联党组领导班子"不忘初心、牢记使命"专题民主生活会、党支部组织生活会和民主评议党员。针对存在的问题,从"四个对照""四个找一找"五个类别的问题清单进行全面梳理汇总,逐一分析问题产生的深层次原因,不怕揭短亮丑、敢于动真碰硬,为主题教育走深走实注入了动力,达到了主题教育"理论学习有收获、思想政治受洗礼、干事创业敢担当、为民服务解难题、清正廉洁作表率"的目标。

海原县残疾人联合会

【贫困残疾人摸底大排查】 2019 年,为准确了解和掌握贫困残疾人的政策享受及需求情况,县残联下发《关于开展贫困残疾人政策落实情况大摸底大排查工作的通知》,残联抽调 8 名干部,成立两个工作组，对全县17个乡镇1个管委会就残疾人享受政策情况进行大摸底大排查，切实做到村不漏户，户不漏人,残疾人摸排工作全覆盖。通过核准贫困残疾人的信息,确保符合条件的残疾人户全部纳入建档立卡和低保的范围。全县持证残疾人16301人,其中重度残疾人7445人,建档立卡残疾人7172(其中未脱贫2121人),纳入低保的9251人,享受残疾人生活补贴9685人,护理补贴5636人。

【残疾人证清理核查】 为确保各项民生政策真正惠及残疾人,从4月开始海原县残疾人联合会启动三、四级残疾人证清理核查工作,对在2018年1月1日前办理的11017名三、四级持证残疾人进行重新评定。通过核查,对已康复且不符合办证条件的6468人一律注销其所持残疾证。

【残疾人就业及培训】 2019年,因地制宜,结合实际,委托有资质的培训机构对300名就业年龄段的农村贫困残疾人进行硒砂瓜种植、基础母牛养殖等实用技术培训,对100名未脱贫建档立卡农村贫困残疾人进行"订单式"手工绳编技能培训,通过培训使残疾人或其家属掌握1至2门实用技能,提高自我发展和增收能力。4月,与财政、税务部门联合下文,对全县各用人单位的残疾职工进行年审,并通知各行政、事业和各类用人单位到税务大厅进行自核自缴残保金。帮助残疾人从事个体创业、自谋职业,对39名自主创业残疾人进行了摸底调查,每人发放2000元补贴资金。积极与扶贫、就业部门对接,安排公益性岗位就业55名。

【残疾人社会保障】 2019年，配合民政局做好困难残疾人生活补贴和重度残疾人护理补贴的发放，为9685名困难残疾人每月发放100元生活补贴，为5636名重度残疾人每月发放80元护理补贴。通过与宁夏爱以德养老服务有限公司签订服务协议，为100名重度肢体、智力、精神残疾人实施居家托养服务。开展"阳光助残小康计划"项目,与扶贫、农业部门配合,整合资金,因地制宜,为300户未脱贫建档立卡贫困残疾户每户发放扶贫资金2000元,帮助他们发展生产。配合卫健、社保等部门,对全县一、二级残疾人由政府代缴城乡居民医疗、养老保险,从而解决残疾人看病难的问题,以及养老无后顾之忧。配合乡镇和住建部门,为43户残疾人家庭做好贫困残疾人家庭危房改造。

【残疾人家庭无障碍改造和燃油补贴发放】 2019年,制定实施方案,在海城、关桥等5个乡镇,对161户困难残疾人家庭实施居家无障碍改造,共计发放改造金额67.5万元。完成残疾人燃油补贴项目,对筛查出的400名确认对象每人发放260元的补贴。

【残疾人康复】 2019年，认真实施好0至6岁贫困残疾儿童抢救性康复项目,集中开展残疾儿童康复培训班,训练脑瘫儿童26名、智障儿童8名、孤独症6名、转介33名。开展残疾人假肢、矫形器装配工作,完成假肢取型12例、矫形器10例,11月底统一装配。继续实施贫困精神病患者康复救助项目,已完成免费服药150名,发放价值93662元的药品,住院救助8名,报销医疗费8182元;继续开展残疾人辅助器具免费发放活动，共免费发放轮椅、盲杖、助听器等辅具1857件,极大地方便了残疾人出行,改善了残疾人生活质量。申请新建5600平方米的残疾人康复中心及综合服务设施,项目主体工程已完成。

【残疾人宣传文化】 2019年，组织开展第二十九次"全国助残日"活动,围绕"自强脱贫,助残共享"主题,扎实有效地开展形式多样、内容丰富的系列助残宣传活动,进一步营造全社会关心、支持残疾人事业的良好氛围。与县委宣传部、县妇联联合下发文件,组织开展"全国残疾人自强模范""家风家教和移风易俗模范户"宣讲活动19场,通过示范引领,激发残疾人内生动力,增强脱贫增收的自信心。

【残联干部职工队伍建设】 2019年，修订完善了单位内部管理制度，做到了用制度管事、管人，增强干部职工认真履行职能，服务残疾人的责任意识、服务水平明显提高，团结、干事、发展的氛围进一步形成，服务领域不断拓展，为残疾人办实事、办好事成为干部职工的自觉行动。围绕“迎着困难问题上，围着服务残疾人转”主题活动，进村入户，对未脱贫残疾人进行入户走访，帮助他们解决生活中的困难和问题。根据中国残疾人联合会改革和区市全面深化改革总体部署要求，完成海原县残疾人联合会改革工作。

【残疾人维权信访】 根据县信访工作领导小组的总体要求和部署，成立县残联信访工作领导小组，制定实施了应急应对方案，明确责任。共接待、办理残疾人和家属来信来访532人(件)次，法律政策咨询26人次。

海原县科学技术协会

【党建＋科建】 2019年，每周详细安排干部职工学习内容，并扎实开展好主题党日活动。为提升“党政机关作风建设年、干部队伍素质提升年”活动，与县妇联、南苑社区联合开展扫黑除恶专项活动，在牌路山生态公园设点开展科普宣传，发放科普宣传资料1000多份，发放科普口袋200多份，接受群众咨询服务50多人次；与县委组织部、郑旗乡撒台村党支部开展“不忘初心、牢记使命”庆七一主题党日活动，与县老科协共同赴西吉县将台堡红军会师纪念馆开展主题党日活动，与县老科协举办庆七一“礼赞新中国，感恩共产党”老同志红歌比赛。7月19日在关桥乡方堡村与宁夏老科协、宁夏农科院老科协、县老科协及方堡村5个党支部联合开展了“不忘初心、牢记使命”主题党日活动。9月28日上午海原县科协、老科协举行国庆70年华诞“礼赞共和国　奋进新时代”老科技工作者和老干部诗歌朗诵比赛活动。9月21日，联合教体局开展全县中小学科技辅导员观摩培训活动，在观摩完隆德二中科技馆后，科协组织干部职工和参培老师到六盘山红军长征纪念馆开展主题党日活动。

【科技扶贫】 2019年，县科协为基层科协建立科普长廊共72米；为群众发放纸杯10万个，围裙3000个，科普宣传包3000个，科普宣传毛巾3000个，印发科普宣传册2万本，投入资金10万余元。已为帮扶点郑旗乡撒台村落实帮扶资金9万余元。3月22日，由县科协、老科协牵头，宁夏老科协、海原县政府主办的宁夏首届藜麦产业发展交流会在海原成功举行。5月9日，召开藜麦种植示范点播种座谈会，区、市、县专家现场观摩了藜麦种植。6月22日至24日，区老科协联合海原县老科协赴山西考察藜麦产业，藜麦产业发展推动了县域经济持续健康发展，带动贫困户增收致富，在全县脱贫摘帽、打赢脱贫攻坚战、全民建成小康社会进程中发挥了重大作用。7月30日，成功举办宁夏科技专家助力脱贫攻坚行动中卫(海原)集中服务活动启动仪式，本次活动以“聚力科技扶贫攻坚、推动特色优势产业发展”为主题，贯彻落实中央脱贫攻坚重大决策部署和自治区党委十二届五次、六次全会精神，充分发挥科协组织在精准扶贫攻坚中的组织优势和人才聚集优势。

【组织建设】 4月1日，组织科协、老科协工作人员到平罗县科协单位开展“三长”经验交流学习，深入企业、社区、乡村开展广泛调研，理论联系实际，不断改善工作方式，创新发展思路，提升“三长”工作水平。联合县委组织部制定《海原县加强基层科协组织建设“3+1”工作实施方案》，进一步动员引领、团结服务广大科技工作者，把广大基层一线科技工作者更加紧密地凝聚在党的周围，为助力海原脱贫攻坚贡献智慧和力量。海原县基层科协共有19名主席、57名兼职副主席。

【“三下乡”活动】 1月,精心组织、积极参加了县委宣传部组织的在西安镇小河村开展的“三下乡”活动启动仪式,科协设立了“科学技术普及咨询台”,展出了科普知识展板,发放了1500余份宣传资料,接受了群众科普知识方面的咨询。全年共开展送科技下乡活动79场,举办农业实用技术培训班50期,培训农民近3000余人,辐射带动1.6万余人,接受并解答疑难问题近200人;7月30日“2019年宁夏科协脱贫攻坚集中服务活动”在海原县启动,海原县科协、老科协派出12名专家参与,开展农民科学素质及种植、养殖培训26场,涉及6个乡镇10个村。结合“科技活动日”“三下乡”活动,共发放各种宣传资料2.1万册,联合老科协共编写活动简报《海原科普》94期。

【科技周活动】 2019年,联合县委宣传部、县科技局印发了《海原县2019年科技活动周及“科技工作者日”活动方案》,并于5月20日在县南门广场举行了2019年科技活动周启动仪式,联系各成员单位组织开展本单位的科技活动;与海原县委宣传部、农业农村局、科技局、教体局、卫健局等单位积极配合区、市、县邀请专家及团队进行“礼赞共和国 追梦新时代——科技志愿服务行动”全县公益讲座讲坛、科普成果展示、科技服务等活动;与老科协围绕县委、县政府中心工作,落实“三长”联系工作机制,继续举行科普下基层系列活动,推进社会科学普及向基层——乡镇、学校、医院、社区、企业延伸。服务地方经济和社会发展,服务社会及基层群众,开展形式多样、各具特色、参与度广的公益性科普服务活动。科技周期间,共举办农业技术培训8期,受益人数350多人;种养殖培训8期,受益人数300余人;卫生与健康讲座5期,受益人数达800余人;科普宣传进校园1期,共有1780名师生参与活动;举办流动科技活动展1次,共有3000多学生和家长参加。积极配合中国科协和自治区科协办好“大手拉小手科普报告宁夏行(海原)巡讲活动”,本次活动使海原县青少年近距离领略了科学家的风采,通过与老科学家面对面交流,激发青少年科学兴趣,培养促进青少年科学素质的提升,本次活动受益师生达4500人。荣获中国科协2019年全国科普日活动优秀组织单位。

【青少年校外科普活动】 2019年,组织参加第34届宁夏青少年科技创新大赛暨青少年机器人竞赛、中卫市第五届机器人竞赛,取得了优异的成绩。9月21日至22日,联合海原县教体局在全县范围内开展中小学科技辅导员观摩暨培训活动,加强了海原县各科技馆的管理,进一步完善了软、硬件建设,真正为学生创建了一个展示才能、提升创新素质的氛围和场所。

【全民科学素质提升活动】 6月20日,副县长孙占宏主持召开了2019年全民科学素质领导小组会议,并对后期全民科学素质工作作了详细部署。县委宣传部、县妇联、县残联、县种养殖协会联合进行家风家教助推移风易俗技能培训3场次,受益人达1500多人。县卫健局邀请9名专家进行专家下基层助力脱贫攻坚讲座,共4场次,受益人达380余人。县网信办举办网络知识培训2场次,受益人数280余人。全县各单位组织扫黑除恶培训,共计5000余人参与。县科协邀请中科院专家进行“信息与网络战争”宣讲活动,受益学生达980人。县委组织部组织全县干部职工进行“抵御风险”等主题培训6场次,共计1000余人参与培训。

【互联网+科普】 2019年,成立科普基地20所;在南苑社区、郑旗乡撒台村分别建立科普服务站,并开展了一系列活动;在海原县广播电视台开设科普专栏,每周宣传一期科普知识;利用微信公众号、社区网站、社区视频播放设备、使用“科普中国”APP推广科普信息化,借助网络渠道,宣传最新科普知识,让居民无时无刻感受到科普的力量。共有

38篇科协信息刊登在科普中国APP上，中国科普信息宣传量746人518815篇。

【建言献策】 2019年，编辑《海原县老科协建言献策》6期，全部得到了中卫 市委常委、县委书记徐海宁的批示和高度评价。在第一届中卫市老科协论坛活动中，海原县老科协上报了16篇建言献策调研报告，获得一等奖1篇、二等奖1篇、三等奖1篇、优秀奖5篇的开门红；积极参与中卫市老科协第二届论坛活动，推荐上报建言献策调研报告12篇。9月10日，中卫市老科协“助力乡村振兴、献策脱贫攻坚”论坛活动中，老科协推荐的10篇报告中有两篇分别获得二等奖、三等奖，其他8篇报告获得优秀奖。

【农村中学科技馆】 2019年，争取资金450万元建设15所村级中学科技馆并投入使用。各校充分利用科技馆开展各类活动，让农村18460名学生“零距离”接触科技、探索奥秘，强化了他们讲科学、爱科学、学科学、用科学的意识。通过实地考察和调研，科协决定在李俊中学科技馆建立青少年机器人基地，逐步提升海原县青少年的动手实践能力、逻辑思维能力、团队协作能力、科学创新能力。

【经费争取】 2019年，根据区财政厅、区科协有关文件的要求，结合海原县实际情况，科协为各级协会争取各类专项经费资金166万元，有力地促进了协会的发展。

海原县文学艺术界联合会

【思想政治建设】 2019年，通过集体学习、个人自学、党组会、支部会、党员大会、文艺家座谈会、文艺工作者培训会等形式，紧密结合宣传文化系统强“三性”增“四力”活动，深入组织学习贯彻习近平新时代中国特色社会主义思想、党的十九大精神、党的十九届四中全会精神，学习习近平总书记在文艺工作座谈会上的讲话、习近平总书记致中国文联、中国作协成立70周年的贺信等，坚决贯彻落实习近平总书记重要指示批示精神，及时传达学习贯彻落实中央、区、市、县党委有关会议精神、相关文件和讲话精神，牢固树立“四个意识”、坚定“四个自信”、做到“两个维护”。扎实开展“不忘初心、牢记使命”主题教育活动。组织集体学习22次，开展专题讨论10次，学习交流4次，讲党课2次，撰写学习心得人均2篇，举办读书班7次，开展革命传统教育3次、意识形态学习教育2次、先进典型教育3次、警示教育2次，完成调研报告2篇。

【文艺惠民】 2019年，按照全县“三下乡”活动总体安排，组织书法协会会员50多人次深入到西安镇小河村、树台乡、三河镇红崖村开展送春联活动，为群众分别送去春联1200余幅、福字2000余张。同时，协同工信商务局举办了“年货节”送春联活动；协同石嘴山银行、文化馆、图书馆举办了送春联活动。组织了近15名摄影绘画爱好者参与了关桥乡方堡村梨花文化节摄影绘画活动。春节期间举行了在县委、县政府办公楼前书写张贴春联活动。协同网信办参与了西安镇、树台乡、关桥乡采访采风活动，展示了海原县人文历史、经济发展和脱贫攻坚取得的成就。组织作协、摄协参加了2019年中国农民丰收节暨宁夏(海原)第四届高端肉牛大赛。组织作协参加了自治区党委宣传部举办的“新中国成立70周年”理论征文活动；组织书法、美术协会参加了自治区纪委、自治区宣传部、自治区文联关于征集廉政书画作品投稿活动；组织书法协会参加了宁夏第十一届书法篆刻临摹展，宁夏书法名家春联展以及全区“新中国成立70周年”书画展；参加了市委宣传部、市新闻传媒集团、市文联“新时代·新中卫——庆祝新中国成立70周年”主题征文活动，投稿78篇，荣获一等奖3名、二等奖6名、三等奖6名、优秀奖12名；参与了县工会组织的“书香三八”“新中国成立70周年”征文活动。“书香三八”活动投稿104篇，荣获一等奖3名、二等奖6名、三等奖9名、优秀奖32名。开展了庆祝新中国成立70周年文学书画摄影征文活动，共有文学、书画、摄影爱好者近百人参加，12人分别荣获文学类散文、诗歌、小说一、二、三等奖，6人分别荣获美术类作品一、二、三等奖，12人分别荣获摄影类一、二、三等奖。

【《南华山》编辑出版】 2019年，坚持正面宣传、弘扬正能量的政治导向，突出时代性和地方特色，扎扎实实办好《南华山》季刊。围绕新中国成立70年来，海原县在经济发展、社会进步、民族团结、脱贫攻坚、文化传承、民生改善、生态建设等方面取得的巨大变化和辉煌成就，刊发了一大批文学、书画和摄影作品，深受好评。

【作品出版】 2019年，协同县工会为海原籍作家李正甫举办了散文集《岁月有痕》发行仪式，为全县各工会及广大文学爱好者共发放1000册；为海原文学作者田玉珍筹备出版反映海原大地震、发扬震柳精神的散文诗集《望海原》，联系协调为老干部李正山出版了《陶石文赏析》。

【人员培训】 2019年，邀请中国作协会员、一级作家、原《朔方》副主编、现宁夏文学院导师赵建银（梦也）和《朔方》编辑部编审曹海英举办了为期3天的文学创作培训班，为海原作协广大会员和文学爱好者进行现场培训授课和作品点评。邀请自治区书协主席宋琰、宁夏摄影家协会理事张军分别进行了书法培训和摄影培训班，培训班采取讲座、现场指导、点评等方式进行培训，深受广大文艺爱好者欢迎。

【文艺活动】 2019年，积极与自治区、中卫市文联和各协会交流、联系，协同自治区民协开展了《海原花儿》纳入中国大戏征集、录制和彩排工作；协同市摄影家协会深入三河镇红城村文化大院开展了民间戏剧演出采风活动；配合自治区民协开展了庆祝新中国成立70周年《宁夏花儿》一书的资料搜集、整理和编撰工作。

海原县伊斯兰教协会

【学习教育培训】 2019年，深入学习宣传习近平新时代中国特色社会主义思想，学习十九大精神和自治区第十二次党代会精神，教育引导干部职工和教职人员进一步增强“四个意识”、坚定“四个自信”、做到“两个维护”。深入开展“不忘初心、牢记使命”主题教育，紧紧围绕“守初心、担使命，找差距、抓落实”的要求，坚持把学习教育、调查研究、检视问题、整改落实四项重点措施贯通起来，有机融合、统筹推进。在做好干部职工思想教育的基础上，加强对教职人员的教育培训。一是“三定”学习和“三学一做”活动组织得力。认真联系协调各乡镇抓好每季度的“三定”学习活动和教职人员“三学一做”主题教育，督促教职人员学习习近平新时代中国特色社会主义思想，学习宪法和法律法规，学习中华优秀传统文化，并为他们印制了《海原县伊斯兰教教职人员“三学一做”主题教育学习笔记》，引导宗教人士加强学习，努力提高自身素质。二是加强宗教人士培养。先后组织106名宗教人士参加区、市举办的各类培训班，3月6日组织召开县伊协五届六次常委会议，重点学习宣传了2019年海原县民族宗教工作要点及新修订的《宁夏回族自治区伊斯兰教教职人员资格认定实施办法》；4月1日，配合县委统战部举办了全县宗教人士培训班，培训教职人员150多人；11月28日举办伊协全体委员培训班暨五届三次全委会议，使广大教职人员提高了政治站位，增长了学识，开阔了眼界，提升了服务能力，为全力做好民族宗教工作奠定了坚实的基础。

【教职人员聘任管理】 2019年，严格按规定对189名教职人员办理了聘任书，使全县办理聘任书的聘任率达99%,并全部进行了登记备案。教职人员档案管理在全区伊协被推广学习。严格执行《宁夏回族自治区伊斯兰教教职人员聘任实施办法》,对没有宗教场所登记证和伊斯兰教教职人员资格证的人员坚决不予办理聘任书,杜绝了无证开学情况的发生。从7月20日开始,对全县教职人员资格证进行审核和换发,已审核1146人,正在上报区伊协审核制证。1至2月组织人员到宗教场所督促检查“三学一做”、教职人员考核等落实情况,切实提高了教职人员的规范化管理水平。

【“卧尔兹”演讲】 2019年,以社会主义核心价值观为统领,经常性地组织宗教人士踊跃撰写民族团结、维护稳定等方面的演讲稿和心得体会文章,共征集推荐优秀演讲稿4篇。推荐1名优秀人员参加中央统战部组织的培训班学习;海原选手丁义学在全国演讲比赛中获得第三名的好成绩。9月30日,成功举办以“迎大庆,感党恩,助脱贫”为主题的中卫市第六届、海原县演讲比赛。

【活动场所管理】 2019年,以爱国爱教、知法守法、团结稳定、活动有序、教风端正、管理规范、安全整洁、服务社会为标准,协助统战部门开展了“民族团结进步创建”以及“四进”活动,积极参与活动管理,保证了活动安全有序开展。

【脱贫攻坚】 2019年,认真贯彻落实县委、县政府的各项决策部署,督促干部职工经常到帮扶村和帮扶对象家庭走访调研,掌握情况,出谋策划,帮助解决实际困难和问题。要求每月必须深入帮扶村1次,到帮扶对象家1至2次,帮助他们尽快脱贫致富。3月,3名干部被抽调到中卫市扶贫攻坚督导组开展工作;9、10月主题党日活动组织职工个人购买贫困户芹菜350千克、香水梨150千克,奉献一片爱心;组织演讲300多场次,为196户困难群众、残疾人、老年人等捐款捐物价值91200元。

海原县工商业联合会

【概况】 2019年,全县有工商联会员356人,其中个人会员289人,企业会员67人,商会1个。执委46人,兼职企业家副主席13人。

【非公有制经济发展】 2019年,指导建材行业商会于上半年组织14家会员及2家赞助单位举办了3·15大型促销活动,期间各商家共计签单398单,总值400多万元,带动就业人数30多人;联系县检察院向部分民营企业家开展开放日活动并召开座谈会,支持民营企业家的合法经营,全力护航民营经济,为海原经济发展添砖加瓦;深入民营企业,就海原县优化营商环境措施、减税降费政策、扫黑除恶专项斗争及安全生产等工作进行宣传;组织开展以“守法诚信经营、坚定发展信心”为重点的非公有制经济人士社会主义理想信念教育培训班,使非公有制经济人士社会主义理想信念得到加强。

【贫困村帮扶】 2019年,先后5次主动对接行政村、帮扶企业以及区工商联,通过积极争取、耐心引导说服帮扶企业,在贫困村教师培训、资助大学生以及危窑危房改造补助、困难户救助、改善基础设施、产业发展等方面共捐助资金近150余万元。积极争取自治区工商联支持,对接河南郑州医美健康产业集团给海原县贫困乡(镇)卫生院、深度建档立卡贫困村卫生室和部分建档立卡贫困村捐赠分配了90台电位治疗仪,有力助推了“三保障”的进一步落实。

【参政议政】 2019年,海原县工商联对有关非公有制经济如何健康发展等问题进行了调研,了解非公有制经济人士思想动态以及非公有制经济发展对营商环境的要求;引导非公经济领域的政协会员、人大代表参与百姓关注的问题,非公有制经济发展遇到的难题等,提出可行性的建议和意见。

法 治

政法与综合治理

【维护国家政治安全】 2019年，海原县政法委坚持把维护国家政治安全放在首位，守土担责、守土尽责，扎实开展国家安全领域重大风险排查和防范化解工作，坚持问题导向，细化防范措施，强化责任落实，排查化解涉及政治、经济、文化等领域风险点68个。严密排查涉暴涉恐安全隐患，加强对邪教重点人员管控。建立重点人群跟踪教育管控机制，对个别重点群体、各重点人员强化正面接触和教育训诫，实现盯得住、不失控。有力维护了全县政治社会大局和谐稳定。

【扫黑除恶专项斗争】 聚焦“深挖根治”阶段性目标，全力推进打击惩处、打财断血、打伞破网、综合治理、基层治理和宣传发动等举措落实落地，扫黑除恶专项斗争取得重大阶段性成果。摸排各类线索274条，核查完毕208条，核查率75.9%；成功打掉恶势力团伙3个，依法判决3件19人；深挖彻查认定涉恶案件“保护伞”3人，实现“打伞破网”零突破；扎实开展重点行业领域突出问题专项治理，查处各类案件326起666人，收缴赌资万元，罚款万元，关闭取缔采砂采矿场115家。扎实推进中央扫黑除恶第二十督导组反馈意见整改落实，有力地促进了专项斗争持续深入开展。

【法治海原建设】 建立县级实战化综治中心平台，实现与市综治中心和县公安局联通。推进乡镇综治中心标准化建设，综治中心综合职能得到充分发挥；组建村（社区）综治信访工作站、扫黑除恶专项斗争联络站、村警室和公共法律服务工作室四位一体工作室161个，实现综治工作下沉前移。坚持和发展新时代“枫桥经验”，推行政法机关联动大调处机制，建立律师参与化解和代理涉法涉诉信访案件工作机制，组织开展了以拆迁安置、脱贫攻坚和农民工工资等为重点的矛盾纠纷排查化解工作，共排查矛盾纠纷4244件，调解成功3986件，成功率93.9%。妥善做好刑事被害救助和司法救助工作，共落实刑事被害救助8人、司法救助14人，发放救助金42万元。全县信访形势持续稳中向好，梳理摸排了历年信访积案114件，已化解108件，化解率95%，本级信访总量降低，实现了“零非访”。稳步推进“七五”普法工作，严格落实普法责任制“四清单一办法”，坚持领导干部带头学法，持续推进干部职工学法用法。扎实开展“法律八进”活动，组织“法律明白人”培训86场次3.23万人，培养“法律明白人”骨干450人，通过新媒体推送法律常识、以案释法230余次，干部群众的法治素养得到进一步提升。大力开展禁毒工作，全县1369名吸毒人员全部纳入管控，社区戒毒和社区康复执行率达到100%；破获贩卖毒品案件1起，批捕犯罪嫌疑人2名，缴获毒品海洛因2.35克。认真做好铁路护路联防工作，多举措开展爱路护路宣传活动，大力开展铁路沿线安全隐患专项整治，压实工作责任，推动了铁路护路各项措施落实。

【司法体制改革】 紧盯制约政法工作的机制体制问题，全面推进以司法责任制为核心的四项基础性改革，坚持院庭长办案制度，完善院庭长审判管理监督，积极推进审判公开；优化检察工作职能配置，完善入额院领导、员额检察官办案定期通报机制，推进公益诉讼工作开展；深入推进以审判为中心的刑事诉讼制度改革，执法制度建设和执法能力建设进一步完善；扎实推进公共法律法务实体平台建设，有效推动“互联网+”“互联网+公共法律服务”、律师公证行业改革。

【执法办案】 2019年，县人民法院共受理各类案件6325件，比2018年同期上升11.49%，审(执)结5908件，比2018年同期上升13.66%，结案率为93.4%。其中受理执行案件2190件，执结2025件，执结率为92.47%，执结率为全区第一。县人民检察院共受理审查批捕案件100件158人，批准(决定)逮捕68件94人，比2018年同期分别上升11.5%和20.5%。受理移送审查起诉案件134件182人，提起公诉134件171人，比2018年同期分别上升26.4%和13.2%。全面推进认罪认罚从宽制度落实，办理认罪认罚从宽案件60件66人，适用率33.85%。落实宽严相济刑事政策，依法不批准逮捕64人，占比40.5%，决定不起诉9人，占比4.95%。县公安局共立各类刑事案件685起，破案291起，共抓获犯罪嫌疑人200人，起诉179人。查处各类交通违法行为6.8万起，行政拘留224人，淘汰黄标车157辆，交通事故四项指标数比2018年同期分别有所下降。县司法局受理法律援助案件663件，其中民事案件360件、刑事案件71件、行政案件5件，开展法律帮助57件，办理公证案件170件。政法各部门辛勤努力的成果得到了上级业务部门认可，县人民法院荣获“全国维护妇女儿童权益先进集体”，县人民检察院被继续确认为自治区级“文明单位”，县公安局三河派出所被公安部表彰为“成绩突出集体”，县法律援助中心被司法部评为“全国公共法律服务先进集体”，李旺镇人民调解委员会被司法部评为“大排查、早调解、护稳定、迎国庆专项活动表现突出集体”。

审 判

【概况】 2019年，海原县法院共受理各类案件6307件，比2018年同期上升11.21%；审(执)结5629件，比2018年同期上升9.71%，结案率为89.25%。新收案件数、结案数均有较大幅度上升。

【惩治犯罪】 2019年，海原县法院共受理刑事案件153件174人，审结138件144人，结案率为90.2%，比2018年同期上升0.86%。从严惩处严重危害群众生命财产安全犯罪，审结“两抢一盗”犯罪案件20件24人，故意伤害犯罪案件9件12人，切实增强了人民群众安全感；严厉打击涉毒品犯罪，审结涉毒犯罪案件3件3人；深化以审判为中心的刑事诉讼制度改革，严格落实罪刑法定、疑罪从无、证据裁判等原则，完善庭前会议程序，推进刑事案件律师辩护全覆盖。坚持宽严相济刑事政策，正确适用认罪认罚从宽制度和速裁程序，依法对64名主动认罪、悔罪的刑事被告人宣告缓刑。

【民事纠纷】 2019年，海原县法院共受理民商事案件 3812 件，审结 3409 件，比 2018 年同期分别上升 13.82%和 9.64%，结案率为 89.42%。依法保护诚实守信、公平竞争的市场经济秩序，积极防范化解金融风险，审结涉银行贷款、民间借贷类案件 1013 件。促进乡村振兴发展，审结涉农村土地纠纷等案件 3 件，保障农业农村改革顺利进行。着力优化营商环境，认真落实执行合同、企业退出中小投资者保护任务，依法审结企业破产和强制清算案件 3 件，努力营造稳定、公开、透明、可预期的法治营商环境。依法保障民生权益，审结土地承包、房屋买卖、劳动争议等涉民生案件 18 件。稳妥处理婚姻家庭关系，审结婚姻、赡养、抚养类纠纷案件 824 件，发出人身安全保护令 2 份。助力脱贫攻坚，妥善审理涉及农村土地流转、苗木种子、房屋拆迁纠纷案件 21 件；依法审理交通事故、物权纠纷等侵权类案件 145 件，切实保护公民人身权和财产权。

【行政争议】 2019 年，海原县法院受理行政案件 79 件，审查非诉执行案件 82 件，审结 139 件，结案率为 86.34%。注重行政争议实质性化解，完善联席会议制度，推进行政机关负责人出庭应诉工作，被诉行政机关负责人出庭案件 14 件，出庭率 100%。建立有效沟通机制，对房屋登记、土地确权等领域行政争议，主动加强与相关行政机关沟通联系，加大调解和解力度，从源头上预防和减少行政案件，调解、撤诉案件 8 件，撤诉率 32%。进一步加强监督引导，加大司法建议书推送力度，监督支持行政机关依法行政。

【执行工作】 2019 年，海原县法院共受理执行案件 2181 件，执结 1943 件，执结率为 89.09%，同比 2018 年同期分别上升 6.6%和 10.08%，执行到位标的 4983.73 万元，执行信访办结率和化解率均为 100%。集中开展巩固基本解决执行难工作成果，涉党政机关、涉民生案件专项执行等行动，统一清理超期未结案件和跨区域的系列关联案件执结等一批钉子案、骨头案。强化执行联动配合，充分利用高科技，完善被执行人财产网络查控机制，网络查控被执行人房产、车辆 3798 次，冻结银行存款 5697 次。加大失信惩戒力度，利用法院公众号、海原政府网站、广场电子大屏等曝光失信被执行人，坚决打击拒不执行判决、裁定行为，拘留 137 人次，限制高消费名单库 979 人，微信曝光 381 人，累计发布失信被执行人名单信息 615 条，不断压缩“老赖”生存空间，着力构建“一处失信、处处受限”的信用监督和惩戒机制。

【审理黑恶势力犯罪案件】 2019 年，海原县法院共受理涉恶案件 3 件，审结恶势力犯罪案件 2 件，判处 8 人。依法审理马××、杨××、杨××3 人社会影响较大的涉恶案件，马××等 3 人寻衅滋事、敲诈勒索案，分别判处 3 人有期徒刑 11 至 15 年不等，并处罚金、没收违法所得 154845.99 元。依法审理余××等 5 人寻衅滋事案，分别判处 5 人有期徒刑 1 年 8 个月至 1 年 9 个月不等。加强线索摸排，组织干警对 2013 年以来已结和未结各类案件进行逐案排查，从中摸排涉黑涉恶犯罪线索及“保护伞”线索，共摸排案件 2.5 万余件，发现问题线索 59 条，共收到举报线索 28 条。

【综合治理】 2019 年，海原县法院共向曹洼乡、三河镇等有关单位发送司法建议书 9 份；打击非法采砂，保护生态环境，公开审理了高正峰等 7 人非法采矿、非法占用农用地案，分别判处 7 人有期徒刑 4 年 2 个月到 4 年 8 个月不等，严厉打击扰乱社会秩序等犯罪行为；审理了李×廉租房、驾驶证、升级驾驶证诈骗案，判处其有期徒刑 11 年 3 个月，并处罚金 10 万元。积极参与村“两委”班子任职资格联审工作，共向贾塘乡等乡镇“两委”班子成员任职联审 25 人，回函民政局、组织部、人大、政协、政法委县级联审 550 人。

【宣传工作】 2019 年，海原县法院扎实做好社会宣传、自媒体宣传和内部宣传 3 项工作，先后在各乡镇、社区、海兴集中宣传6次，发放宣传资料6500余份、提供法律咨询120人次。加强以案释法，通过涉恶案件公开审理、公开宣判、编辑推送典型案例等方式强化宣传；展示人民法院扫黑除恶工作成效和扫黑除恶的坚定决心，推送典型案例1件，公开开庭涉恶案件2次。通过在微信公众号开辟专栏，在院机关张贴通告、悬挂横幅、电子显示屏滚动播放宣传标语，动员全院干警结合扶贫帮扶工作入户宣传扫黑除恶专项斗争相关知识等方式，努力使扫黑除恶专项斗争真正达到全党动员、全民知晓、全员参与。

【司法为民】 2019年，海原县法院努力缩短诉讼周期，降低诉讼成本，减轻群众诉累，制作了立案须知、诉讼风险告知书、诉讼费计算办法、诉讼文书格式等诉讼指导资料，引导当事人进行诉讼。按照诉讼费用缴纳办法规定，对建档立卡户、低保户等确有困难的53件案件当事人减缓免诉讼费用38.67万元。

【司法公开】 2019年，海原县法院充分利用审判流程、庭审活动、裁判文书、执行信息四大公开平台公布信息，完善审判流程公开，当事人可随时查询各类案件审理情况。以信息技术促司法公开，实现了办案全程留痕、案件庭审全程同步录音录像、案件执行实时指挥，共在网上直播155件公开开庭案件，公布400件执行信息，公开5944份裁判文书，以接受监督，促司法公开。积极推进司法民主，有效提升人民陪审员来源的广泛性、代表性，陪审员参审案件584件。先后举行公众开放日活动，邀请“两代表一委员”、群众代表等89人次来院旁听、座谈、观摩，人民陪审员陪审案件245件，并辅助以电子显示屏、微信、法院官方网站等多种形式公布审判动态，有效提升审判执行工作透明度，以司法公开倒逼队伍司法能力大提升。

【脱贫攻坚】 2019年，海原县法院干警进村入户走访慰问500余人次，为马湾村、韩庄村、关庄村帮扶物资3.6万余元，发放宣传资料2000余份。加强防范和化解扶贫领域金融风险，积极协助配合金融部门开展恶意逃废银行债务和建立扶贫小额信贷等债权债务执行绿色通道工作，对扶贫领域金融涉诉案件及时受理，快审快结快执。加强移风易俗以案释法宣传，借助《宁夏法治报》直播平台，在贾塘乡后塘村现场直播成功解决一起返还高额彩礼执行案件，在线观看人数达14.6万余人。

【司法体制改革】 2019年，海原县法院完善司法责任制、审判团队运行机制、审判委员会改革和职业保障机制等制度体系，完善人员业绩考评机制，增强改革的系统集成能力；按照《基层法院内设机构改革方案》要求，坚持精简、务实、效能原则，整合内设机构，并根据人员类别，科学设定庭室人员，深入推进内设机构改革；坚持放权与监督并重，强化院庭长审判监督管理责任，健全案件质量监管机制，常态化开展案件评查，确保监督及时到位，评查案件5629件，服判息诉率97.12%。全面推进院庭长办案常态化，适当提高院庭长办案比例，使优秀审判资源回归一线。院庭长办案共3971件，占全院办案数的62.96%。按照《中华人民共和国人民陪审员法》在司法局会同公安局随机抽选，法院会同司法局严格考察的基础上，提请人大常委会任命16名陪审员，落实随机抽选、参审职权运行、履职追责和激励等机制，畅通群众参与司法的渠道。

【民事诉讼调解】 2019年，海原县法院适用民事简易程序和小额诉讼程序审结案件2955件，占结案总数的80.2%。加强诉前联动调解工作，通过人民调解、行政调解、司法调解的有效衔接，最大限度地实现对社会矛盾纠纷“统一受理、集中梳理、归口管理、依法办理、限期处理”，实行民商事案件诉前调解和委托第三方参与调解，有效提高工作效率。在立案阶段调撤处理案件216件，委托408件，调解成功90件，调解成功率为22%。深入推进信息化与审判工作深度融合，进一步完善涵盖审判、执行、办公三大类，包括电子档案、数字法庭、执行案款等应用系统推广运用，运用大数据开展质效分析，助力审判质效管理。

【队伍建设】 2019年，海原县法院充分发挥资深法官的传、帮、带作用，建立起年轻法官培养机制，使青年干警更快地适应审判实践的需要，组织法官、法官助理等人员到高校培训3次，派人到兄弟法院学习3次，开展庭审观摩7次。坚持正确的用人导向，对业务能力突出、品德优秀、大家公认的干警予以提拔重用。同时落实优秀人才向办案一线倾斜的司改精神，对13名干警工作进行调整，做到人尽其才、各尽其能，队伍活力不断迸发。

【党风廉政建设】 2019年，海原县法院建立以岗位职责为基础、业务流程为主线的廉政风险防控体系，定期开展审判监督司法巡查，坚决查处法院干警滥用职权、枉法裁判、失职渎职等违纪违法行为，开展纪律作风专项督查8次，审务督察14次。始终坚持以零容忍态度惩治司法腐败，严肃查处违纪违法案件，确保队伍清廉、司法清明。

【人大法律监督】 2019年，海原县法院认真贯彻人大及其常委会的决议、决定，认真做好审议意见贯彻落实，向人大常委会专题报告扫黑除恶、执行等工作2次，根据审议意见改进工作。真心接受政协民主监督，认真办理政协委员提案，配合县政协开展市执行、立案专题调研工作，虚心听取意见建议，办结政协委员提案5件。邀请人大代表、政协委员参与法院工作观摩日活动、旁听审判、监督执行、视察座谈89人次。依法接受检察机关诉讼监督，落实检察长列席审委会制度，办理检察建议6次。广泛接受社会监督，建立司法与新闻媒体互动机制，畅通民意，沟通渠道，耐心倾听群众需求。满足人民群众知情权、参与权、监督权。

检　察

【概况】 海原县人民检察院核定政法专项编制38名、工勤编制5名。现有干警38人(员额检察官12人、司法辅助人员12人、司法行政人员5人、工勤人员5人，聘用制书记员4人)。有内设机构5个，分别是办公室、第一检察部、第二检察部、第三检察部、政治部。被自治区文明委评为“区级精神文明单位”，先后有15人(次)荣获上级表彰奖励。

【维护社会安全稳定】 2019年，共受理审查逮捕案件100件158人，批准(决定)逮捕68件94人，提起公诉134件171人，其中，审查起诉故意杀人、抢劫等严重暴力犯罪28件37人，盗窃、诈骗等多发性侵财犯罪22件32人，涉毒犯罪4件5人。积极参与全县集中打击整治“黄赌毒”违法犯罪专项活动。办理认罪认罚从宽案件60件66人，适用率33.85%。贯彻宽严相济刑事政策，对犯罪情节轻微、社会危险性较小的16名犯罪嫌疑人依法不批准逮捕。

【化解信访矛盾纠纷】 2019年，积极践行新时代司法为民理念，严格落实最高人民检察院“群众来信件件有回复”要求，100%做到信访事项7日内程序性回复、3个月内实体性答复。不断完善12309检察服务中心功能，畅通群众反映诉求渠道，扎实开展矛盾纠纷排查化解工作。认真做好重要时间节点的信访维稳、分析研判和风险评估工作，积极参与“平安海原”建设。共办理群众来信来访86件次，律师参与接访12人次，检察官释法说理、普法说法263人次。

【三大攻坚战】 2019年，在各乡镇设置检察联络点，派出员额检察官累计144人次，认真做好受理举报、控告、法律服务及社会治安综合治理防范化解等工作。加大生态环境司法保护力度，依法批捕非法吸收公众存款案1件1人，依法批捕破坏环境资源犯罪案4件9人，起诉2件7人。坚持把开展国家司法救助工作作为服务打赢脱贫攻坚战的切入点，与县扶贫办联合开展了为期4个月的司法救助大排查活动。办理国家司法救助案件15件18人，发放救助金17.3万元。筹措资金2万元帮扶甘城村建档立卡贫困户进行危窑危房改造。

【服务民营经济】 2019年，会同县工商联出台《关于建立健全检察机关与工商联沟通联系机制实施办法》，制定服务保障民营企业发展实施意见，提出17条工作举措，为民营经济发展提供有效法律服务和支持。开展涉非公经济案件立案监督和羁押必要性审查专项活动，坚持可捕可不捕的不捕，可诉可不诉的不诉，最大限度让民营企业家踏实办企业、安心谋发展。组织开展“检察护航民企发展”检察开放日和“问需企业、服务民营经济发展”主题党日活动，28名党员分别深入5家民营企业，广泛开展走访调研，认真听取司法需求。

【扫黑除恶】 2019年，高度重视涉恶案件办理，选优配强专业化检察官办案团队，建立健全扫黑除恶办案机制制度8项。坚持提前介入引导侦查取证，注重深挖彻查，加强线索研判，依法快捕快诉。专项斗争开展以来，共依法批准逮捕3件17人，决定逮捕1人；审查起诉涉恶案件4件21人，法院作出生效判决3件12人。发出行业综合治理类检察建议4份，移送各类线索32条，配合开展任职资格联审1055人(次)，组织观摩庭审2次，开展专项斗争宣传76场(次)。

【刑事诉讼检察监督】 2019年，加大对有案不立、有罪不究等问题的监督力度，监督侦查机关立案8件15人、撤案10件16人。严格落实罪刑法定和证据裁判规则，追捕3人，追诉3人，追加遗漏罪行9起，对确有错误的刑事判决提出抗诉1件，向侦查、审判机关制发《纠正违法通知书》11份、检察建议6份。加强驻所检察和社区矫正监督工作，向监管场所、司法行政机关制发《纠正违法通知书》2份、检察建议6份。依法对179名社区矫正人员开展巡回检察，对4名符合特赦条件的罪犯进行同步监督。依法开展羁押必要性审查，变更强制措施8人。

【民事行政检察监督】 2019年，办理民事审判活动违法行为监督案20件、执行监督案20件，制发检察建议40份，采纳率100%。深入开展虚假诉讼专项监督，立案审查民事虚假诉讼案5件，提出再审检察建议5份，法院采纳并撤销原裁定。办理支持妇女儿童、老年人、残疾人等起诉维权案13件，支持农民工起诉讨薪案8件，涉及农民工18人，薪资11.5万余元。

【公益诉讼检察监督】 2019年，坚持双赢多赢共赢理念，紧盯群众关心的热点难点问题，以生态环境、资源保护、食品药品、国有财产保护等领域为重点，主动加强与行政执法机关的协作配合，全面履行公益诉讼职责。全年办理行政公益诉讼案31件，制发诉前检察建议31份，督促行政机关清理垃圾30余吨、农用残膜68.5亩，关停非法采砂厂10家，处罚非法牙科诊所1家。督促40余家“老年餐桌”规范运行，12家乡镇卫生院配齐配全硬件设施，公益保护成效明显。

【行政执法检察监督】 2019年，办理行政检察监督案25件，针对行政审判、执行活动制发检察建议10份，制发类案监督检察建议19份。受理督促行政机关怠于履行职责案15件，制发检察建议15份，督促行政机关依法履责。结合开展“行政非诉执行”专项监督，督促追缴违法减免企业行政罚款本金19.5万元，保护国有财产安全。通过行政执法与刑事司法衔接平台，监督行政执法机关移送案件12件，公安机关立案侦查12件12人。

【未成年人检察】 2019年，联合县教体局共同推动落实最高人民检察院“1号检察建议”。深入56所学校开展校园安全隐患专项检查，制发检察建议

15 份，推动健全预防未成年人受侵害长效机制，共建“平安校园”。继续深化“法治进校园”活动，选派 28 名干警担任法治副校长，举办宣讲会 33 场次，发放资料 22654 册，受教育师生达 5470 余人。开展“携手关爱、共护明天”检察开放日，邀请学校师生走进检察机关，共商保护未成年人对策。组织 85 名学生到青少年法治教育基地接受教育，对 2 名未成年被害人进行心理疏导治疗，为 14 名未成年人开展观护帮教和临界预防(全部复学)。

【队伍建设】 2019 年，坚持把开展“不忘初心、牢记使命”主题教育作为重大政治任务，聚焦“守初心、担使命，找差距、抓落实”总要求，以上率下、示范带头、学研查改。结合开展政法系统正风肃纪集中整治和“党政机关作风建设年、干部队伍素质提升年”活动，坚持刀刃向内正风肃纪，坚决整治形式主义、官僚主义等突出问题。着眼专业化目标，组织开展岗位练兵，积极参加专题培训，研学典型案例，全面提升检察干警的政治理论素养和专业技能水平。加强司法办案风险防控，以案为鉴，廉洁从检。全年干警队伍无违法违纪现象发生。

公　安

【政治安全保卫】 2019 年，围绕中华人民共和国成立 70 周年安保攻坚，建立由国保部门牵头，相关警种协调联动的“3+1+N”合成作战预警工作体系，梳理排查政治、社会管理等“七大领域”风险点 22 个，摸排稳控各类重点群体 19 个、重点人员 130 名，落地核查境外务工留学人员 254 名，走访邪教组织重点人员 8 名。实施“五见面”措施，对 15 名关注人员、8 名重点涉军人员常态化稳控，产生各类预警信息 10843 条，实现了情报线索预警率、核查率、稳控率三个 100%及重点群体“零进京非访”“零赴银集访”目标。

【社会综合治理】 2019 年，自觉把扫黑除恶专项斗争作为重要政治任务，科学谋划，精心组织，摸排各类线索 266 条，核查办结线索 203 条，办结率 76%，其中录入全国扫黑除恶平台线索 179 条，办结 158 条，办结率 88%。认真整改落实中央督导组通报反馈问题整改，核查办结中央督导组交办线索 25 条，其中立案侦查 5 起。整改共性问题 9 个、个性问题 1 个。累计向纪委监委、县扫黑办移交问题线索 37 条。打掉涉恶团伙 3 个，抓获犯罪嫌疑人 22 名，破获刑事案件 14 起。摸排非法高利贷放贷案件线索 28 条，非法集资融资案件线索 1 条。对 8 名非法高利放贷的犯罪嫌疑人采取刑事强制措施，专案侦办中央督导组交办的宁夏华天小额贷款有限公司涉嫌非法吸收公众存款案，采取强制措施 1 人。对阻碍清水河治理、偷采砂石等违法行为依法打击，行政拘留 8 人；强力开展整治乱采滥挖矿产资源违法犯罪打击专项行动，侦破刑事案件 17 起，抓获犯罪嫌疑人 22 人，在全县范围形成强大震慑，乱采滥挖现象得到有效遏制，形成了主动回填复坑的良好局面，赢得了广大人民群众的普遍认可，得到区市县领导的充分肯定。聚焦脱贫攻坚过程中是否存在“村霸”“宗族家族”势力操纵基层政权、阻挠破坏、欺行霸市、保护伞等问题，组织纪委监委、组织、政法各部门工作人员，深入开展“大排查、大起底、大整治”。瞄准矛盾纠纷突出、举报线索集中、村“两委”工作难度高、脱贫政策实施阻力大的脱场村等 3 个软弱涣散重点村，驻点整治，靶向打击，健全了村级“两委”班子，信访矛盾多发的乱象得到有效遏制。通过标本兼治，综合治理，全县社会风气根本好转，民风得到极大转变，全县各项事业尤其是脱贫攻坚工作顺利推进，信访秩序平稳有序，扫黑除恶专项斗争成效明显，社会各界普遍赞誉。

【犯罪打击】 2019 年，坚持将打击的锋芒对准群众反映强烈的突出违法犯罪，快速侦破命案 2 起，抓获各类逃犯 43 名，其中“云剑行动”抓获逃犯 17

名，提前完成目标任务并在全区作了经验交流发言。杨东副主席专门作出批示予以充分肯定，公安厅发来贺电通报表扬。目前，共立各类刑事案件685起，破案291起，共抓获犯罪嫌疑人200人，起诉179人；破获贩卖毒品案件1起，抓获并批捕犯罪嫌疑人2名，缴获毒品海洛因2.35克，查获吸毒人员10名；查处非法行医案件3起，核查公安部推送案件线索77起，反馈74条。

【公共安全监管】 2019年，积极落实重点行业安全主体责任，强化隐患治理，清查网吧、宾馆、酒吧KTV、出租房等场所3000余次、落实整改176处，责令停业整改25家；排查非煤矿山67家(次)、烟花爆竹批发单位11家(次)，发现并整改安全隐患4处；收缴土枪3支、子弹65发，查处非法持有管制刀具案件6起，行政处罚6人；检查危险化学品使用单位86家(次)，发现安全隐患18处，现场整改12处，实现了危爆危化物品“零流失、零被盗、零炸响”。

【道路交通管理】 2019年，先后组织3次专项交通违法集中整治行动，严查超速、超载、酒驾、毒驾、涉牌涉证等严重交通违法行为，查处各类交通违法行为6.8万起，行政拘留224人，淘汰黄标车157辆。交通事故四项指标数比2018年同期分别下降0.31%、3.61%、0.57%、2.84%；固化隐患“清零”，排查交通隐患22处，立项落实整改15处，统筹建设甘盐池治安检查站、超限站，建成10个交通劝导站。

【禁毒工作】 2019年，有序推进禁毒示范创建，全县1367名吸毒人员全部纳入管控，社区戒毒、社区康复执行率达到100%，吸毒人员3年戒断巩固率达到63.35%。

【公安基础建设】 1.打造“枫桥式派出所”。投入300万元在三河派出所打造“枫桥式派出所”创建试点，建立标准化办案区。全县以创建“枫桥派出所”为载体，全面推广枫桥经验，统筹社会资源参与社会治理，构建多元化化解矛盾，成立450人组成的“海原义警”队伍，全时空守护平安，零距离服务群众。2.推广“一室引领两队”警务新模式。依托社区警务建设，在派出所设立综合指挥室、案件查处队和社区警务队，建立以队室协作、队队协作、警组协作为主要内容的综合作战机制，构筑维护稳定第一防线、为民服务第一阵地、治安防控第一堡垒、化解矛盾第一前沿。3.“互联网+公安政务服务”改革。对车驾管理业务窗口进行了全面优化整合，实现了受理、审核、缴费、发证“一次排队，一次办结”，落实“四个减免”“一证即办”的承诺。推行“互联网+公安政务服务”工作，推广应用“宁警通”，80%以上服务事项网上办理。

【队伍建设】 2019年，以党的建设为统领，始终坚持党对公安工作的绝对领导，突出政治建警，精心组织开展“不忘初心、牢记使命”主题教育，召开中心组理论学习、专题学习、读书班集中学习、研讨班交流学习29次，找准问题、担当使命、谋划发展、抓好落实，主题教育取得了明显成效，被县委主题教育办公室推荐为市、县典型。落实党风廉政建设“过程管理”“清单管理”，采取“学、查、改、建”一体化纠偏方式方法，拉条列单，清单管理，对账销号，责任约谈3人，提醒谈话8人，辞退协警17人。坚持素质强警，举办2期全警能力素质提升培训班，305名民警全部参加执法资格考试、“政治轮训”；创新“实战+”能力培养和提升机制，全员“跟班上案”，先后有65名年轻民警被抽调参与区、市、县扫黑除恶专项斗争实战锻炼，培养了一批执法办案后备力量。把爱警护警惜警作为基本责任担当，为民警及辅警人员办理人身意外保险，组织参加体检；争取政府支持550万元化解债务，投入400万元装修侦查指挥中心大楼，新建1个派出所，投资50万元改善基层派出所办公设施，为290名辅警全套购买服装，激发了工作活力，提振了全警精气神，先后有5个集体、75人取得了公安部、区、市、县表彰奖励。

司法行政

【政治建设】 2019年，海原县司法局坚持党对司法行政工作的绝对领导，不断深化对习近平新时代中国特色社会主义思想的学习，狠抓意识形态、党建、党风廉政和反腐败工作安排落实，年初下发各项工作计划，签订目标管理责任书，形成党组书记亲自抓、其他班子成员按照“一岗双责”分别抓、各股室处所分工负责的齐抓共管工作格局。扎实开展“不忘初心、牢记使命”主题教育，将理论学习放在第一位，补足思想之钙。不断推进“党政机关作风建设年、干部队伍素质提升年”活动，进一步转变干部队伍作风。高度重视县委巡察工作，能够深化思想认识，坚持把纪律和规矩挺在前面、立足长远、巩固整改成效，从而有效地推进全局工作。

【法治政府建设】 2019年，海原县司法局先后召开县委全面依法治县委员会第一次会议和全面依法治县委员会办公室第一次会议，审议出台《中共海原县委员会全面依法治县委员会工作规则》等文件。不断健全依法决策机制、政府权责清单和行政执法“三项制度”建设，出台《海原县全面推行行政执法公示制度 执法全过程记录制度 重大执法决定法制审核制度的实施方案》，把好行政执法“事前、事中、事后”关。指导各部门建立法律顾问制度，确保各级行政执法机关依法履行职责。共梳理制定县级政务服务事项主项616项、子项1209项，实际进驻716项，可实现不见面办理事项973项，不见面办理率达到80.5%。受理行政复议案件6件，办结6件，办结率为100%，其中维持原行政机关决定5件，终止复议1件。办理行政应诉案件40件，结案32件。同时，不断加强全县执法队伍建设，对行政执法人员资格重新审核确认，注销清理138个过期不合格执法证件，重新上报申领执法证628人，审核通过602人，并组织考前培训以及统一考试，通过316人，通过率为实际参考人数的60%。

【普法宣传教育】 2019年，海原县司法局成立县守法普法协调小组，完善普法责任制联席会议制度。结合海原县机构改革和普法工作要点，对新组建政府职能部门普法责任制“四清单一办法”重新梳理并积极向社会公告。开展“以宪法为核心的中国特色社会主义法律体系学习宣传专项活动”“加大普法力度，助力乡村振兴战略”和“生态立县 与法同行”等主题法治宣传教育活动。积极开展“法律八进”活动和“法律明白人”培训，全年培育基层法治宣传员165人，法律服务工作者149人，普法骨干500余人，“法律明白人”3.23万人。

【公共法律服务体系建设】 2019年，海原县司法局继续加大公共法律服务体系建设资金投入，为县级中心和6个乡镇服务站投资10万余元，配置了法治触摸一体机、身份证识读器等设备，不断优化服务环境。把公共法律服务作为维护群众合法权益的重要载体去延伸，积极开展为小微企业“法治体检”，同时简化援助流程，开展远程视频法律服务，加强村居法律顾问建设。截至12月底，全县共受理法律援助案件663件，其中民事案件360件、刑事案件71件、行政案件5件、开展法律帮助57件、办理公证案件170件。代写法律文书200余份，为当事人提供法律咨询3000余人次，开展法治讲座68场次，开展专题宣传10次，发放宣传资料1万余份，化解了一大批社会矛盾，有效地维护了当事人的合法权益。

【扫黑除恶】 2019年，海原县司法局共开展各类专项斗争宣传活动212次，配合县委组织部、政法委开展“以案释法”基层行讲座35次，通过司法所普遍摸排、律师事务所代理案件报备及接受人民群众举报，共排查线索11条，全部移交县扫黑办，律师代理黑恶势力辩护6件。

【社会综合治理】 2019年,海原县司法局下发《海原县关于坚持发展“枫桥经验”进一步加强人民调解工作的实施方案》,积极开展各类矛盾纠纷排查化解活动。全县各级人民调解组织共参与排查化解各类矛盾纠纷1689起,其中,各乡镇村(居)人民调解组织共受理811起,成功779起,成功率96%;各级人民调解组织共受理法院转办诉前调解案件272件,调解成功33件;各专业性行业性调委会共受理调处矛盾纠纷599起,成功459起;受理信访案件7起,调解成功7起。

【监管帮扶】 2019年,海原县司法局不断加大社区服刑人员和刑满释放人员监管帮扶力度,全县175名在册社区服刑人员无脱管漏管和再犯罪现象发生。以2018年全区“智慧矫正”推进会在海原县召开为契机,持续加强对“两类”人员监管和帮扶,提高信息化管理水平。开辟社区矫正扫黑除恶专项斗争“第二战场”,不断深化对社区服刑人员、刑满释放人员的宣传教育和线索摸排,及时掌握“两类”人员在当地的现实表现、接触人群,切实做到底数清、情况明。

【表彰奖励】 2019年,海原县司法局被中卫市局评为全市司法行政工作先进集体。普法工作手段形式多样、成效显著,荣获中卫市政法工作先进集体,并在9月举办的全区普法与依法治理工作培训班上作了经验交流。公共法律服务履职为民,案件数量和质量都走在了全区前列,法律援助中心被司法部评为全国公共法律服务先进集体,并荣获法律援助“中彩金”项目优秀实施单位称号,于12月28日在北京参加了表彰大会。以实现“矛盾不上交”专项行动为契机,着力推进矛盾纠纷“大调解”专项行动且成效明显,李旺镇人民调解委员会被评为“大排查、早调解、护稳定、迎国庆”专项活动表现突出集体。着力推进业务工作与信息化建设深度融合,于12月全区司法所会议上作了经验交流。随后,《中国法制报》对海原县司法局相关工作作了专题采访。社区矫正股马小惠被评为全国社区矫正机构先进个人,法律援助中心杨正聪被评为全国公共法律服务工作先进个人。

法治政府建设

【概况】 2019年,海原县法治政府建设工作坚持以习近平新时代中国特色社会主义思想为指导,深入学习贯彻党的十九大,十九届二中、三中、四中全会精神,紧紧围绕统筹推进“五位一体”总体布局和协调推进“四个全面”战略布局,增强“四个意识”、坚定“四个自信”、做到“两个维护”,按照《海原县法治政府建设工作实施方案(2017—2020年)》的部署,坚持依宪依法执政,深化司法体制改革,统筹推进社会治理法治建设,努力推动全民普法守法,深入推进法治政府建设,努力开创法治政府建设工作新局面。

【工作规划】 2019年,贯彻落实中共中央办公厅、国务院办公厅印发的《党政主要负责人履行推进法治建设第一责任人职责规定》,把法治建设纳入全县发展总体规划和年度工作计划,坚持法治建设与经济社会发展同部署、同推进、同督促、同考核。政府常务会议、专题会议多次研究涉及法治政府建设方面的具体工作,推动法治政府建设各项任务落地落实。将法治政府建设工作纳入全县效能目标考核中,全面落实党对法治政府建设的领导,加大对各行政执法单位依法行政、重大行政决策项目依法决策的监督检查。将法治政府建设工作各项工作经费纳入县财政预算。

【完善工作机制】 2019年,由于机构改革,政府法制办职能划转到县司法局,成立县委全面依法治县委员会。委员会下设办公室于司法局,具体负责法治建设工作的规划、协调、指导和监督。召开县委全面依法治县委员会第一次会议和办公室第一次会议，明确了工作职责，部署了2019年依法治县重点任务，研究部署了法治政府建设工作。成立了执法、司法、守法普法3个协调小组，研究制定了各协调小组规则和工作细则等，构建了法治政府建设横向到边、纵向到底的责任体系，使法治建设工作形成了级级有责任，层层抓落实的良好格局。严格落实法治政府年度报告制度，每年向县委、人大及市党委、政府报告法治政府建设工作，并通过政府门户网站向社会公开。

【集中办理审批事项】 2019年，县政务服务中心按照"环节最少、程序最简、时效最短、效率最高、服务最优"的总体要求，始终致力于将有审批职能的部门集中起来，在政务服务大厅统一办公，实行一个窗口对外、一条龙服务，规范了办事程序，减少了审批环节，优化了审批流程，缩短了审批时间，提高了行政效能。县城政务大厅进驻全县39家单位，设置61个窗口，进驻工作人员102人。海兴区政务大厅设置24个窗口，进驻单位22家，进驻工作人员33人，主要服务海兴开发区企业及周边的三河镇、七营镇、李旺镇、高崖乡、郑旗乡、李俊乡、九彩乡、甘城乡共8个乡镇。

【政务服务事项目录清单】 2019年，严格落实"两个清单"制度，全面梳理和公开行政许可、行政征收、行政给付、行政确认等行政职权及公共服务事项。按照"四级四同"（国家、区、市、县要"同一事项、同一名称、同一编码、同一标准"）的要求，梳理制定县级政务服务事项主项616项、子项1209项，实际进驻716项，可实现不见面办理事项973项，不见面办理率达到80.5%，乡镇（街道）政务服务事项目录39项，夯实了"一张网"运行基础。

【网上办理】 2019年，依托宁夏行政审批与公共服务系统，积极推进各部门各业务系统在线办事入口一律接入到海原县政府网（宁夏政务服务网——海原县），变多网受理为一网受理。2019年，进驻政务服务大厅部门（单位）通过网上办结50772件，乡镇民生服务中心通过网上办结18708件。

【优化服务流程】 2019年，大力推行"一表申请、一窗受理、一网通办"模式，全面启动不动产登记"一窗受理、集成服务"。2月27日，县审批服务管理局牵头，组织协调海原县税务局、住建局、不动产登记中心联合召开了"关于不动产登记流程优化"工作接洽对接会议。按照自治区国土资源厅、住房和城乡建设厅、地方税务局、国家税务局《关于印发不动产登记一窗受理集成服务实施方案的通知》（宁国土资发〔2017〕555号），进一步推动不动产登记与房屋交易、税费缴纳工作的有效衔接，切实做到便民利民，同时结合海原县大县城建设和棚户区改造的需要，下发了《海原县不动产登记"一窗受理，集成服务"工作的实施方案》，窗口整合已完成，待自治区自然资源厅集中审批软件安装后，全面开展工作。

【规范性文件制定监督】 2019年，深入贯彻落实《中共中央关于加强党内法规制度建设的意见》，加强对党内法规的合法性审查，建立健全党内法规制度执行情况监督检查常态化机制。制定了《海原县人民政府办公室〈关于全面推行行政规范性文件合法性审核机制的实施方案〉》和《海原县人民政府办公室〈关于公布行政规范性文件制定主体和合法性审核机构〉的通知》，对海原县44个行政规范性文件制定主体和合法性审核机构予以公布。建立规范性文件合法性审查和备案审查制度。对拟制定的规范性文件，采取召开座谈会、讨论会、下发征求意见函、政府法律顾问进行合法性审核等多种形式，广泛听取意见，并提交政府常务会议进行"会审"。规范性文件出台后，及时在政府网站进行公布，提高规范性文件透明度。加强对政府合同、协议的起草、谈判、审查、签订、备案、履行、变更、解除、终止直至失效的全过程管理。分类制定政府合同示范文本，提高政府合同文本质量，切实防范政府合同中的法律风险。截至目前，政府法律顾问审核规范性文件、公告、协议、合同、“三定”方案、权力清单等80件，达到规范性文件合法性审核100%；规范性文件的制定严格按照行政规范性文件“三统一”制度，2019年县政府及县政府办公室共出台规范性文件13件，全部通过县政府网站公布。

【重大行政决策】 2019年，严格执行《海原县人民政府常务会议工作规则》和《海原县人民政府工作规则》，根据县人民政府全体会议、政府常务会议重大决策事项范围，建立海原县重大行政决策目录清单，将海原县2019年棚户区改造计划、海原县育才公园项目等涉及城市建设、民生保障、环保等方面的重大行政决策列入2019年重大行政决策目录清单，不断推动重大行政决策按照公众参与、专家论证、风险评估、合法性审查和集体讨论决定等法定程序进行。需要向县委、向人民代表大会及常务委员会报告的重大决策，严格上报审议。政府常务会议邀请人大代表、政协委员、政府法律顾问列席达到全覆盖。

【公开事项清单】 2019年，对照13个重点领域涉及的公开事项，依据各乡镇(管委会、街道办)、各部门(单位)的权力清单、责任清单和公共服务事项清单、群众高度关切的事项清单，从县、乡两个层级进行梳理，形成了名称规范、分类科学、指向明确、全面精准的政务公开事项清单，做到试点领域公开事项底数清、情况明、数据准。

【公开标准目录】 2019年，根据政务公开事项清单，对照全面推进决策、执行、管理、服务、结果“五公开”要求，突出标准要素的完备性和标准查询的便利性，多次深入到13个重点领域所涉及的部门和乡镇进行反复修订完善、合法性审查等，编制完成了试点领域公开事项标准目录13套884项、乡镇公开事项标准目录255项，并建立了动态调整机制，在海原县人民政府门户网站发布政务公开事项目录和清单，方便公众查询，同时按照“三安全一稳定”“两秘密一隐私”相关要求，将公开后可能危及国家安全、经济安全、公共安全、社会稳定的48个事项纳入负面清单管理。

【公开重点领域政府信息】 2019年，印发《推进社会公益事业建设领域政府信息公开的实施意见、推进公共资源配置领域政府信息公开的实施意见、推进重大建设项目批准和实施领域政府信息公开的实施意见》和《海原县2019年政务公开工作要点》。2019年政府信息公开数量较2018年同期增长3倍以上。

【行政执法】 2019年，制定了《海原县全面推行行政执法公示制度执法全过程记录制度重大执法决定法制审核制度的实施方案》，开展行政执法主体资格清理，对行政执法主体资格和法人代表重新审核确认。截至目前，共审核确认45家行政执法单位；梳理行政执法人员资格，对已经取得宁夏回族自治区行政执法证的行政执法人员资格重新审核确认，注销清理138个过期不合格执法证件。第一批行政执法人员资格考试中，各行政执法机关上报申领执法证628人，司法厅审核通过602人，并组织考前培训及统一考试，通过316人，通过率为60%。取得执法证件的人员已通过“互联网＋监管”平台和政府网站公示行政执法人员信息，做到持证上岗，接受广大人民群众的监督；行政执法人员资格补考也已完成(成绩尚未公布)。对各行政执法机关由国务院各部门根据法律、行政法规规定制发的行政执法证件进行备案，共备案27个，进一步健全执法运行监督制约体系，切实解决执法乱作为、不作为等突出问题。

【行政复议】 2019年，行政复议机关配备2名具有资质的复议工作人员受理行政复议案件。2019年共受理行政复议案件6件，办结6件，办结率100%，其中维持原行政机关决定5件，终止复议1件。

【行政应诉】 2019年，出台《关于聘请县人民政府法律顾问的通知》，聘请海原县12名资质良好的律师担任政府法律顾问，充分发挥律师在促进依法行政、推进法治政府建设方面的积极作用。2019年，共受理行政应诉案件40件，共计审结32件，驳回诉讼请求10件、驳回上诉22件，撤销2件，调解1件，未审结5件，行政应诉案件胜诉率87.5%，行政机关负责人出庭应诉率不断提高。

【生态环境保护机制建设】 2019年，县检察院与县河长办联合开展“携手清四乱，保护母亲河”专项行动，整治县域河流管理范围内的乱占、乱采、乱堆、乱建等“四乱”突出问题。市生态环保局海原分局对重点行业开展执法检查，加强重点行业监管，与中卫市监察支队联网，数据实时上传，提高了生态环境监管水平。在大气污染防治上，投入4769万元，完成老城区、南坪水库2个县级水源地规范化建设，开工建设乡镇污水处理站6个，其中，高崖乡、李旺镇、七营镇、郑旗乡污水处理站已投入试运行，贾塘乡、西安镇污水处理站已开工建设，计划2020年6月底前投入运行。在土壤污染防治上，完成全县土壤污染状况调查评估，未发现疑似污染地块。

【优化营商环境】 2019年，全县注册登记前置审批事项由2013年11月的226项清理减为32项，实现“一次性告知、一窗式受理、一站式办理”。实施全程电子化网上登记注册，做到了“数据多跑路，群众少跑腿”；除法律、行政法规另有规定和国务院决定保留的32项登记前置审批事项外，其他事项一律不再作为登记前置审批。取消户外广告登记、计量检定员证，整合餐饮服务许可证、组织机构代码证办理，将二类医疗器械经营许可、食品加工小作坊生产许可改为备案。对登记环节申请材料实行形式审查，通过注册登记APP进行实名认证，提交材料齐全、符合法定要求的一日办结。截至2019年5月1日，全县所有企业（含合作社）均持有加载统一社会信用代码的“44证合一”营业执照。为帮助民营企业完善治理结构，健全管理制度，防范法律风险，化解矛盾纠纷，推动将法律保护关口进一步前移，司法行政系统开展了“三个一”法治体检活动，进一步促进民营企业依法决策、依法经营、依法管理、依法维权，为民营企业筑牢“防火墙”。

【矛盾纠纷排查化解】 2019年，推行政法机关联动大调处机制，充分发挥司法视频联调作用，实现信访问题和重大矛盾纠纷数字化调解，视频调解覆盖到各乡镇；建立律师参与化解和代理涉法涉诉信访案件工作机制。有效整合政法资源，围绕重大活动，组织开展了以拆迁安置、脱贫攻坚和农民工工资等为重点的矛盾纠纷排查化解工作。全县共排查矛盾纠纷3586件，化解3484件，化解率97%。

【诉讼案件调解化解】 2019年，县法院积极探索有效解决案多人少矛盾的方法途径，深化案件繁简分流和多元化纠纷解决机制改革，挖掘内部潜力，真正实现繁案精审、简案快审。严格落实《关于建立完善春雨型调解机制 化解民间矛盾纠纷的实施意见》，加强诉前联动调解工作，通过人民调解、行政调解、司法调解的有效衔接，最大限度地实现对社会矛盾纠纷“统一受理、集中梳理、归口管理、依法办理、限期处理”，实行民商事案件诉前调解和委托第三方参与调解，有效提高工作效率。在立案阶段调撤处理案件220件，委托403件，调解成功90件，调解成功率为22%。有效减少纠纷类案件进入诉讼程序，推进了“诉源治理”。

【法律服务】 2019年，为县级公共法律服务中心和6个乡镇服务站投资10万余元，配置了法治触摸一体机、身份证识读器等设备，不断优化服务环境。把公共法律服务作为维护群众合法权益的重要载体去延伸，积极开展为小微企业“法治体检”，同时简化援助流程，开展远程视频法律服务，加强村居法律顾问建设。2019年以来，共办理法律援助案件663件，其中民事360件、刑事71件、行政5件、公证170件、法律帮助57件，代写法律文书200余份，为当事人提供法律咨询3000余人。

【规范信访秩序】 2019年，全县受理群众来信、来访及网投849批1351人次，比2018年同期批次下降14.2%、人次下降11.6%；其中集体访56批455人次、重复访92批227人次。中央扫黑除恶第二十督导组移交65件信访件、自治区党委第四巡视组移交34件信访件、国家信访局交办的1件信访件及省级领导包保化解的2件信访件均已全部办结；自治区信访局交办的6件信访件，办结4件，剩余2件由自治区信访局变更为稳控。县信联办梳理的114件历年信访积案，已办结108件，办结率95%。全县信访形势呈现出“两降两升”的态势，实现“零”进京非访，确保了70大庆期间和十九届四中全会期间社会稳定。

【法治教育培训】 2019年，法治宣传教育切实发挥机关单位在学习宣传中的“头雁”作用，牢牢抓住领导干部这个“关键少数”，以培育领导干部法律信仰，提高其运用法治思维和法治方式的能力为目标，将法律学习纳入各级党委（党组）理论中心组和主题党日学习内容，开展经常性的学习交流；将法律学习纳入国家工作人员年度网络学法考法内容，县委组织部、人社局加大网络学法督查力度；将法律学习纳入县委党校及县“七五”普法讲师团各类主题班培训内容，通过报告会、宣讲会、主题讲座、座谈会等多种形式开展宪法学习宣传；将法律学习纳入“不忘初心、牢记使命”主题教育，融入教育全过程，面向全体党员开展多形式、多层次、全覆盖的教育培训。

【普法责任制落实】 2019年，及时调整县依法治县领导小组，明确成员单位工作职责。下发《海原县关于全面落实普法责任制实施意见》，督促全县各普法责任单位落实普法责任主体职责，认真梳理“四清单一办法”并向社会公告，形成了党委政府统一领导、职能部门各司其职、人民群众广泛参与的“大普法”工作格局。

【以案释法】 2019年，结合《关于建立以案释法制度的实施意见》，推动在全县主要执法单位、司法行政机关初步建立以案释法工作运行机制，组织法官、检察官、社区民警、行政执法人员、律师开展经常性以案释法活动。加强法治宣传教育案例库建设，组织开展案例征集发布工作，深化“智慧普法”。

【主题法治宣传教育活动】 2019年，深入开展“加大普法力度，助力乡村振兴战略”“生态立县　与法同行”等主题法治宣传教育活动，开展“法律法规伴我行、民族团结一家亲”主题实践活动，传播以宪法为核心的社会主义法律体系。不断提高公务人员运用法治思维和法治方式解决问题的能力以及广大群众的法律素养。

【国家工作人员旁听庭审制度】 2019年，结合“谁执法谁普法”，各单位把旁听庭审与行政应诉工作有机结合，对涉及重大公共利益、社会关注度高或者可能引发群体性事件的行政案件，组织干部职工通过网络观看庭审视频或协调对接案件审理法院现场旁听庭审。有20家单位组织干部职工通过网络观看庭审活动，县法院邀请“两代表一委员”、群众代表等78人次到法院现场参加旁听庭审。

【基层依法治理】 2019年，深入开展法治县、民主法治示范村（社区）、依法治理示范单位、“法律八进”示范点、诚信守法企业等创建活动。2019年，海原县城隍庙被自治区命名为“法律进宗教场所”示范点。对国家命名的李俊乡联合村、九彩乡九彩村2个“全国民主法治示范村”进行了巩固提升。通过严格落实行政执法“三项制度”，将依法行政、文明执法活动向乡镇、街道、村居延伸，促进了全县执法环境的进一步优化。基层民主法治建设进一步完善，修订完善居民公约和村规民约，进一步规范了村民代表会议制度，有效提升了村民自治水平。

军 事

人民武装

【思想政治建设】 2019年，海原县人民武装部坚持以新时代中国特色社会主义思想和习近平强军思想为引领，以党在新时代强军目标为统揽，聚力改革强军，认真学习贯彻党的十九大和十九届二中、三中、四中全会精神，紧密结合自身实际，按照学习教育常态化、制度化、规范化要求，分别制订了主题教育、党委中心组学习、经常性教育、“三会一课”等6项具体方案和计划，确保各项工作按计划有力展开、有效落实。严格落实党委中心组学习制度，坚持读原著、学原文、悟原理，始终把跟进学习习近平系列重要讲话作为理论武装核心内容，持续深入抓理论武装，着力增强“四个意识”、坚定“四个自信”、做到“两个维护”，贯彻军委主席负责制。深入开展“不忘初心、牢记使命”和“传承红色基因、担当强军重任”主题教育，结合庆祝中华人民共和国成立70周年，在完成上级规定课目、规定动作的同时，将革命传统、形势政策、先进典型和警示教育与主题教育有机结合起来，在主题教育活动中穿插学习党史、新中国史、军史，大力弘扬爱国主义和强军胜战精神。配合主题教育，党支部(党小组)组织学习讨论交流，开展了党员承诺践诺和体会交流活动，深入宣传退伍军人先进事迹，协调宣传部、退役军人事务局开展了最美退役军人评选活动。结合民兵组织整顿和基地化训练等时机，在民兵组织中积极宣传学习贯彻党的十九大精神，深入开展“强军思想进连排”活动，从贯彻强军思想到践行强军目标，开展了8项主题教育，切实抓好民兵队伍的思想武装，确保民兵队伍永远听党话、跟党走。

【练兵备战】 2019年，海原县人民武装部严格落实军委国防动员部规定的日情况报告和重要情况报告制度，细化规范了值班和报告内容，按照宁夏军区党委《关于掌握处置突发情况检讨反思会议的通知》和军区首长讲话精神，结合辖区居民社情实际，举一反三查摆问题，研究对策措施，逐一完善修订了预案，确保战备方案实用管用，调整规范了基层战备库室和战备物资，随时做好应对突发事件的各项准备工作。

【军事训练】 2019年，海原县人民武装部认真贯彻落实新一代军事训练《条例》和《大纲》，下大气力抓紧首长机关和应急力量训练，组织军官和文职人员进行了军事理论、参谋业务技能、个人体能和综合演练等课目的训练;民兵结合组织整顿进行了2至3天的入队训练,高标准完成了普通民兵、基干民兵调整改革阶段性任务。坚持每月专武干部例会制度,组织开展业务专题培训,提升任职能力;选拔人员参加全区新任职基层武装部长集训,关庄乡武装部张腾飞取得个人综合成绩全区第一名和团体第二的好成绩。6月,组织民兵应急分队125人到中卫市区进行了为期12天的基地化轮训,受到军区检查组的高度肯定。12天的训练,贾塘乡武装部部长杨茹海、树台乡武装部部长李小虎、高崖乡武装部部长田原、海城镇武装干事马正荣4人,既是指挥员又是战斗员,一线组训,与民兵同吃同住同训练,展现过硬素质,发挥了显著作用。

【兵役登记】 2019年,海原县人民武装部专题召开武装工作会议部署任务,明确标准条件、完成时限和责任追究等具体事宜,各单位筹划到位、方法灵活、落实有力。通过各级共同努力,5月底前完成了全县3845名适龄青年的兵役登记工作,登记率为100%,在全区第一个完成兵役登记任务,在军区检查中得到高度肯定。

【征兵工作】 2019年,海原县人民武装部认真梳理总结以往征兵经验,加强组织领导,统筹安排部署,严密组织实施,形成军地合力。采取多种形式搞好宣传发动,利用广播、电视、微信、LED显示屏等现代传媒手段,积极向适龄青年宣传征兵政策,尤其加大对大学生应征入伍政策的宣传解读,激发广大应征青年的参军热情和动力。严格征兵体格检查和政治考核标准、条件、程序,严把定兵关口,狠抓廉洁征兵,圆满完成了新兵征集任务,大学生士兵占征集新兵的71%,县纪委、县医院、县公安局、县教体局全程跟进做好体格体检、政治考核和监督工作,把关严、无违纪,实现了连续7年"零"退兵,受到自治区、中卫市两级征兵办的高度肯定。李旺镇、高崖乡征兵工作宣传到位,组织严密,兵员质量高,完成任务好。

【基层建设】 2019年,海原县人民武装部强化制度落实,及时组织召开专武干部例会,学习法规制度、组织专业训练,努力提高专武干部开展武装工作的能力。严格按纲抓建、依法抓建,促进基层建设科学发展,提高基层武装部正规化建设水平。在乡镇脱贫攻坚任务重、住房紧张的情况下,各乡镇书记政治站位高、国防意识强,积极主动克服困难,解决武装阵地建设,共完成街道办、贾塘乡、树台乡、关桥乡、三河镇、关庄乡6个乡镇正规化建设达标任务。

【军地潜力调查】 2019年,海原县人民武装部专门召开县国动委会议,部署了动员潜力调查工作,明确了11类170余项潜力数据统计内容和任务分工,发动军地成员单位深入乡镇街道、企事业单位调研,收集掌握了重点潜力要素和行业目标信息,为合理布局、精准编建民兵组织提供了重要依据。县发改局、交通局、住建局、自然资源局、七营镇、曹洼乡等单位落实较好。

【民兵整组】 2019年,海原县人民武装部集中利用2周时间对全县民兵进行了整组点验,严格落实民兵调整改革要求,编实建强应急力量。共完成36支民兵分队调整编建,党员比例达到28.68%,退役军人达到35.74%,高中以上文化程度人员比例达到71.88%,基干民兵分队专业对口率达到40%,其中年龄在35岁以下的占58.15%,35岁以上的占41.85%。

【民兵调整改革】 2019年,海原县人民武装部专题组织召开军地协调会,成立深化民兵调整改革领导小组,军地共同研究制定方案,联合下发《海原县贯彻落实自治区后备力量建设计划的措施》,进一步明确责任分工,增强军地抓建合力。10月,人武部集中利用3周时间,对照深化民兵调整改革检查考评细则逐项过关验收,确保高标准完成任务。

【集体经济帮扶】 2019年，海原县人民武装部积极发挥桥梁纽带作用，协调军区投入160多万推进扶贫点郑旗乡吴湾村脱贫攻坚，军分区投入60多万元推进扶贫点贾塘乡后塘村肉牛养殖场建设。人武部通过实地调研，听取乡村意见，党委专题研究《2019—2020年人武部助力脱贫攻坚工作方案》，投入35万元，务实推进高台村养猪场、窑儿村军民油坊扶贫项目落地，发展村集体经济，产业帮扶脱贫，增加村集体经济和村民收入，助力脱贫销号。8月，在迎接军区扶贫工作检查考评中，得到军区的高度评价和认可，并在郑旗乡召开了军区部队扶贫推进会。

【退役军人服务】 2019年，海原县人民武装部制定《2019年人武部军烈属、退役军人脱贫帮扶和优抚解困工作实施方案》《深化运用军烈属和退役军人帮扶成果聚力提升备战打仗能力工作实施方案》，推动帮扶工作融入民兵调整改革、服务练兵备战；组成5个工作组，派出军地人员30多人，集中时间(6天)进村入户进行大走访大摸排，走访摸排348户退伍老兵，确定帮扶对象77户，按照"一户一策"帮扶措施，投入30万元，进行危房改造、教育医疗、产业帮扶。

【双拥共建】 2019年，海原县人民武装部邀请专家于八一前夕给党政干部开展国防形势报告会，组织县上机关干部和乡镇干部近200多人过军事日；结合征兵宣传，分别到海原县一中、回中，为4610名应届高中毕业生进行国防知识和征兵政策宣讲；8月下旬，结合学生军训成果验收，进行5场国防知识教育讲座，反响很好，进一步强化了国防意识和国防观念。同时，会同县委、县政府慰问了驻卫部队和海原籍退伍老战士、老红军、革命伤残军人及遗属；共同举办了八一双拥晚会等活动，增进了军民情谊。

武装警察

【思想教育】 2019年，海原县中队始终把"两本纲要"作为学习的重要内容，采取领读分享、挑选摘录、讨论交流等方式，不断增强官兵对习近平新时代中国特色社会主义思想的认知认同，持续强化官兵投身强军实践的行动自觉。为抓好总队党委全会精神贯彻，在利用政治教育、"三个半小时"等时机，组织集中辅导、系统学习的基础上，运用触屏电视滚动播放报告及讲话原文、主题词、关键语，制作专题板报，展评心得体会，使官兵抬头能看见、茶余饭后能听到，时时受感染、处处可学习，切实以上级最新理论统一官兵思想、指导工作实践、推动工作落实。坚持"贯穿一条主线，用好两本教材"要求，扎实开展"我心目中的战斗英雄"强军故事会、"读书伴我成长"、歌曲教唱、影视观赏等"传承红色基因，担当强军重任"主题教育配合活动，用好新闻评议、读书看报、社会实践以及电子阅览器等载体，将强军系列文化、党团日活动和经常性教育融入贯穿其中，做到主阵地灌注、多渠道渗透、全方位育人，增强政治教育的时代感、实效性。

【拥政爱民】 2019年，海原县中队组织官兵深入海原一小、特殊学校开展国防教育等共建帮扶活动，着力强化官兵的使命意识和责任意识。积极开展纪念五四运动100周年和建党98周年主题活动，与县委、县政府等17家企事业单位联合举办建军节庆祝活动，积极弘扬时代主旋律，积蓄强军兴军正能量。充分发挥"双四一""三互"等载体作用，跟踪做好新兵第二适应期、重点关注对象、考学落榜、愿望落空、家庭出现变故等人员思想心理稳定工作。

【军事训练】 2019年，海原县中队严格贯彻上级指示要求，坚持一点一滴打基础、一招一式练硬功，自主制作“千斤棒”，自行购置软梯、跨栏架等训练器材，扎实开展“五小练兵”和群众性大练兵活动，坚持每天一比赛、每周一擂台、每月一记录、每季一表彰，不断强化官兵训练有为、训练有位意识。始终坚持干部跟班作业、骨干组训示范、重难点科目干部亲自示教，着力解决训练方法不活、训练质量不高等问题。坚持每日拉动应急小组、开展执勤讲评，每周分析执勤形势、组织方案演练，每月开展执勤教育、进行综合演练，重要节日、敏感时期适时演练的方式，不断巩固执勤阵地，强化战备能力。先后圆满完成城区武装巡逻，中阿博览会设卡警戒等任务。

【安全管理】 2019 年，海原县中队聚焦迎接保卫新中国 70 年华诞，营造安全稳定环境。严格执行安全工作“八个规范”，每月分析安全形势，每周进行安全提示，建立官兵家属微信群，落实在外人员跟踪管理，确保兵撒一千里、安全不断线。将安全教育从课堂搬到日常，坚持每日刷新安全计时牌、诵读安全警示语，形成“时时抓安全、事事想安全、人人讲安全”的浓厚氛围。严密组织专项点验，扎实开展安全自查和“学条令、严管理、创安全、迎大庆”暑期百日安全竞赛活动，进一步稳固中队安全基础。紧盯“人车枪弹酒、水火电毒密、贷赌黄游群”安全要素防控，扎实开展“六个过一遍”活动和内部关系、道德法纪、心理常识教育活动，认真组织“网络赌博专项排查整治”和“人员大谈心、思想大排查、隐患大清理”活动，确保对官兵底数、现实表现、行为思想全面掌握。持续加强手机网络消费管控，对手机转账、存储内容、社交情况、网购物品、消费记录、软件使用等内容进行细化管理，从严落实“一人一机、一机一卡”管理要求。

【制度落实】 2019 年，海原县扎实开展“条令年”和“学党纪、学法规、学职责”活动，坚持从干部自身严起、从集合站队抓起、从军容风纪纠起，通过录像辅导、知识竞赛、队列会操等形式，组织官兵学习条令条例、规章制度，抓好歌声呼号、军容着装、礼节礼貌，不断强化官兵的法治素养和纪律观念，牢固树立管理要严、安全靠建理念，强化依法履职、按规办事的自觉性。中队实现连续 26 年安全无事故目标。

【后勤保障】 2019 年，海原县中队按照“伙食管理精细化”要求、“1126”和“6211”标准搞好伙食保障。严格落实食物验收、厨房值日、定制食谱、卫生防疫和经济民主制度，确保管理到位。坚持每月开展“厨艺展示”和“名菜点评”活动，在提高后勤人员炊事技能的同时增强官兵参与伙食管理的热情。针对兵员地域广、饮食差异大的特点，经济民主组和炊事员坚持每周五组织问卷调查，充分收集官兵建议，确保官兵吃得可口、吃得舒心。积极协调目标单位，推进隔离围墙建设；主动联系县政府和驻地单位，协调松树、龙爪槐等苗木 30 多株，自主种植草皮 100 余平方米，自行设计书写“严格训练、严格要求”训练标语，确保“武化、绿化、正规化”营区环境建设要求有效落实。

经济管理

宏观管理

【概况】 2019年，发改局制定并下发《海原县2019年国民经济和社会发展计划》，坚持计划调控和经济形势分析制度，每月对县域经济运行情况进行调度，针对产业结构调整、投资状况、农业农村发展、企业运行、经济改革等方面存在的突出问题进行分析研究，认真撰写经济分析报告，提出对策和建议，为县委、政府科学决策提供了参考。2019年，预计全年全县地区生产总值同比增长7%，全社会固定资产投资同比增长8.5%，社会消费品零售总额同比增长7.5%，规模以上工业增加值同比增长5%，地方一般公共预算收入同口径增长7%，城镇常住居民人均可支配收入同比增长8%，农村常住居民人均可支配收入同比增长10%。完成区市下达的节能减排降碳指标任务。再退出15个贫困村，减少贫困人口1.9万人，贫困发生率降低到1%。

【脱贫攻坚】 2019年，发改局按照“55104”脱贫攻坚思路，根据《海原县脱贫攻坚三年行动方案》《海原县深度贫困村脱贫攻坚项目实施方案》等具体政策措施，有针对性地谋划产业扶贫、就业扶贫、教育扶贫、健康扶贫、金融扶贫、易地搬迁扶贫、社保兜底扶贫、农村危房改造等系列政策。聚焦“两不愁三保障”，全力脱贫攻坚。紧紧围绕专项扶贫、行业扶贫、社会扶贫和市场扶贫格局，精准施策、精准脱贫。科学把握乡村发展规律和趋势，高标准高质量地编制完成《海原县乡村振兴战略规划（2018—2022年）》和《海原县“一带两廊”发展规划（2018—2035）》及13个专项规划，勾画出“两廊两核四镇”空间发展布局，明确了目标任务，部署了重点工程、重点计划、重点行动，细化落实政策改革措施，为海原县脱贫攻坚战略提供重要参考依据。建成了104个村级光伏扶贫电站，对2015年度建设的4座8.19兆瓦村级光伏扶贫电站进行了全股权回购，制定了《海原县光伏扶贫电站收益分配管理办法》并经过县扶贫开发领导小组会议研究通过印发。发改局认真落实监管责任，按照任务分工，积极争取落实扶贫项目，制定行业部门助推脱贫攻坚实施方案，指导督促乡镇和管委会落实任务。选拔熟悉农村工作、愿意扎根基层的业务骨干担任贫困村的“第一书记”，带领村“三委”成员，进村入户，精准识别，精准制订发展计划，精准落实项目。

【固定资产投资】 2019年，按照县委、政府的总体安排部署，紧紧围绕《乡村振兴战略》和《海原县"一带两廊"发展规划》，按照"四个心中有数、五个落到实处"的项目管理法和"五定"责任工作法，建立了项目管理台账，实行重点项目县级领导包保责任制，实行项目月调度制度，将全年目标任务分解到月，把每月投资目标任务分解到各项目单位，结合"四抓四比"活动每月进行量化考核打分，有力地促进了各类建设项目如期开工建设。为全力推进全县基本项目建设进度，充分发挥投资对经济发展的拉动作用，每个季度举办重点项目开工仪式，通过高位协调、定位征迁、创新机制等工作措施，有效推进项目建设进度，多措并举利用项目建设拉动投资增长。2019年，高质量谋划编制项目130个，年度计划投资50.5亿元，其中，续建项目55个，年度计划投资29.2亿元；新开工项目75个，计划投资21.3亿元。全年固定资产投资目标任务为41亿元，比2018年同期增长10%以上，其中，农村产业化类项目6个，年度计划投资0.92亿元；生态建设类项目16个，年度计划投资3.6亿元；重大基础设施建设类项目64个，年度计划投资34亿元；民生及社会事业类项目27个，年度计划投资4.7亿元；工业及商贸类项目17个，年度计划投资7.1亿元。全县已开工项目98个，开工率75%。年初确定的33个重点项目，开工26个，开工率79%。完成固定资产投资23.12亿元，比2018年同期增长18.6%。

【协调服务】 坚持把发展风电能资源作为供给侧结构性改革的主要抓手，加大对企业的服务力度，深入项目一线协调解决项目建设中存在的选址、征地补偿等问题，主动为企业提供各种便利，促进项目尽快开工建设，增加有效投资。2019年，海原县企业投资新能源项目2个，总投资21.5亿元，计划当年完成投资17.8亿元，前期工作已全部完成。其中，华电海原李俊堡一期100兆瓦风电项目，总规模10万兆瓦，投资7.5亿元。计划3月底前复工，11月建成并网发电，2019年完成投资3.8亿元。华润新能源海原呱呱山20万兆瓦风力发电项目，总规模20万兆瓦，投资14亿元。12月建成并网发电，2019年完成投资14亿元。

【项目管理】 2019年，根据国家发展改革委印发《必须招标的工程项目规定》和《海原县政府投资项目管理暂行办法》，积极推行项目在线审批制度，将重点项目全部纳入自治区在线审批平台审批，简化了审批程序，提高了审批质量。通过投资项目在线审批平台共审批项目316个，计划总投资65.9亿元，其中，政府投资项目264个、计划投资28.7亿元、社会投资项目52个、计划投资37.2亿元。继续实行项目控制价管理，做到项目无论大小、无论先后，成熟一个，审批一个，开工建设一个，共审查各类项目180个，送审价13.85亿元，审定价12.92亿元，审减0.93亿元，审减率6.7%，有效节约了建设资金。加强项目储备力度，把项目储备工作纳入"四抓四比"活动，实行月评比、年考核。按照自治区相关文件及中卫市重点项目"五定"责任工作法和"6+8"重点工作分工方案要求，结合县级领导包保重点项目分工方案，深入项目施工现场，实地调研项目建设过程中存在的困难和问题，及时做好协调、沟通服务，并形成书面督查通报或汇报材料，向县委、政府领导反馈项目建设情况，切实为项目扎实有序推进做好跟踪服务。

【价格监管】 2019年，建成价格监测预警系统，监测品种由原来的15种增加至28种，对粮油等重要生活必需品价格实行定期监测。积极开展减税降费工作，清理后的行政事业性收费单位由原来的26个缩减为18个，收费项目由原来的63项缩减为28项。规范价格认证工作，2019年上半年共受理刑事案件19起，涉案金额共283.39万元。规范行政机关和经营服务性收费，深入推进"放管服"改革，根据自治区物价局中介服务收费、行政事业性收费、政府定价或指导价的有关政策，完善海原县行政事业性收费清单，规范了收费行为。开展一系列价格监督检查工作（房地产价格专项检查，假日开展巡查工作和公平竞争审查工作）。

【粮食安全监管】 2019年，积极开展粮油市场监督检查，会同市场监督管理局等部门，对县级成品粮油的入库、农村义务教育学生营养改善计划粮油配送质量等进行监督；对纳入统计范围的加工企业和粮油经营企业进行了粮食流通经营情况统计；对全县粮油加工、批发、零售等企业和重点环节经营行为进行监督；利用价格监测点，密切关注市场价格趋势，掌握市场粮油流通等情况。加强应急成品粮储备，储备成品粮油148.5吨（任务数330吨），年周转量达3000吨以上；推行产销衔接的粮食订单工作，落实粮食订单1万吨。原粮储备方面，4000吨原粮由中卫市正达粮油购销公司代储，并分两年落实到位，其中，2018年末已经落实小麦1000吨、水稻800吨，2019年末落实小麦1000吨、水稻1200吨。

【经济体制改革】 2019年，根据区、市相关意见，建立符合高质量发展要求的指标体系和目标导向，研究出台推动高质量发展方案，确定了海原县高质量发展的主攻方向和具体任务，组织起草了《海原县关于推动高质量发展的实施意见》提交县委十四届六次全会审议通过。按照海原县深化改革领导小组2019年工作要点的要求，继续强化行政审批、公务用车制度、社会信用体系建设等改革工作。调整完善了公车制度改革方案，进一步明确了乡镇车辆保障范围，参照周边市县做法，对原方案中乡镇车辆保障范围由“本乡镇行政区域”调整为“本乡镇政府驻地所在行政村”，按照区市公车改革相关文件精神，拟定了《关于海原县事业单位公务用车改革核减取消车辆实施封存处置管理的通知》，正在进行事业单位公车改革方案编制完善工作。全面推行政务公开制度，制定了发改局政务公开工作实施方案，通过县政务公开平台对项目的建议书及批复等进行公开。全面推行社会信用体系建设制度，通过“中国·宁夏”门户网站对行政许可和行政处罚进行双公示。建立县区一体化发展机制，落实好《关于进一步加强海原县与海兴开发区县区一体化融合发展的意见》《关于进一步加快海兴开发区经济社会发展的意见》，努力实现公共服务、资产投资、招商引资等各类资源整合，优化布局。

【“不忘初心、牢记使命”主题教育】 2019年，制订主题教育工作方案和学习计划安排表，成立工作领导小组和主题教育工作指导组，确保各项工作有序推进。通过举办局党委领导班子读书班和各党支部集中学习，确保干部在规定时间内读原著、学原文、悟原理和学习研讨。扎实开展“四项教育”，举办理论宣讲1次，支部书记轮训6人次，观看红色影片7场次、警示教育片1场次，参加先进事迹报告会3场次，开展主题教育知识测试6场次，干部职工集中学习31次。汇编学习资料和应知应会口袋书，进一步提高了学习的主动性和积极性。成立4个调研小组，深入企业、项目建设工地以及各相关业务单位进行专题调研，了解工作需求和意见建议，形成高质量的调研报告4篇，举办专题党课7场次。坚持问题导向，广泛征求意见建议，检视剖析，深入查找存在的问题和短板弱项，制定整改方案，全力推进整改落实。

【基层党建】 2019年，认真履行党委书记抓党建工作第一责任人职责，严格执行“三重一大”和党建工作例会制度，共召开局党委例会15次，分析解决新情况和新问题。“三会一课”、民主生活会、组织生活会、支部主题党日、中心组理论学习等党内制度进一步落实。注重在不同领域中发展党员，2019年新发展党员6人，其中非公企业2人、国有企业1人、机关事业单位3人。扎实开展党员组织关系集中排查、机关党建“灯下黑”问题专项整治、党建促进月活动、星级服务型党组织创建等基层党建重点工作任务。深抓干部队伍建设，制定“党政机关作风建设年、干部队伍素质提升年”活动实施方案和“四风”突出问题整改方案，紧紧围绕“四风”突出问题，坚决治理“慵、懒、散、软”，引导党员干部做合格党员、当干事先锋，巩固作风建设成果。创建微信群、QQ群，积极开展学习强国网络学习和干部职工网络培训活动，打造发改局基层党建新媒体阵地。

【党风廉政建设】 2019年，严格执行民主集中制原则和中央八项规定精神，落实“五个不直接分管”“三重一大”、领导干部个人重大事项和婚丧喜庆“双报告”制度等规定，扎实开展违反中央八项规定精神和扶贫领域专项治理工作，在项目审批、验收、资金拨付、控制价格管理等重点岗位，设立廉政风险点。针对各级巡察反馈的问题以及自己查摆、群众评议出的各类问题，主动认领，列出清单、建立台账，完成一个、销号一个，切实抓好整改落实。

招商引资

【概况】 2019年，海原县工信局先后10次赴北京、福建、江苏等地开展招商引资工作，邀请北京、广东等地的企业考察团来海原县考察项目，共接待各地企业负责人130余人次，实施招商引资区内外项目29个，完成到位资金27.836亿元，完成目标任务30亿元的92.79%。1至9月，实现社会消费品零售总额9.27亿元，比2018年同期增长9.2%，完成目标任务的79.1%；完成扶贫消费销售额12288.51万元，完成目标任务的102.4%。清偿拖欠民营企业、中小企业欠款7817.35万元，完成2019年清欠任务的103.21%。开办电子商务创业就业知识培训班31场，建设村级电商服务站135个，农村产品网络销售1530万元，完成年初目标任务。新建扶贫车间17个，投入运营7个，吸纳就业人员681人，其中建档立卡户209人。

【主要指标】 2019年，全县实施招商引资项目29个，实现到位资金27.836亿元，完成中卫市下达海原县区内外项目到位资金目标任务30亿元的92.79%(其中区外项目21个，实现到位资金25.39亿元，完成自治区下达海原县区外项目到位资金目标任务20亿元的126.95%)；1至9月，实现社会消费品零售总额9.27亿元，比2018年同期增长9.2%，完成目标任务的79.1%；预计2019年全年实现社会消费品零售总额11.72亿元，比2018年同期增长7.5%；1至10月，受风况、限风限电及线路补贴停止发放影响，4家新能源发电企业中2家企业增加值处于负增长；同时受华创风能同期基数的影响，全县规上工业增加值同比下降18.4%。

【招商宣传】 2019年，海原县工信局在杭州召开硒砂瓜上市媒体发布会暨招商引资推介大会1次、在福建漳州举办海原县名特优新农产品推介会暨招商引资推介大会1次，扩大了海原县尤其是农特产品在外的影响力度。同时利用微信、电商平台等新型媒体和外出参加推介会等渠道推介海原县产业优势、资源优势和招商引资优惠政策等，全方位多角度扩大海原县在外的知晓度和吸引力。针对全县草畜、马铃薯、瓜菜、小杂粮等特色产业和劳动力资源优势，科学编制招商项目宣传册，为对外招商宣传和投资客商全面了解海原，提供规范明晰的第一手资料。

【招商举措】 2019年，海原县工信局出台《海原县2019年优化营商环境实施方案》，以工程建设项目审批、企业开办手续、建筑工程施工许可办理等16个方面为导向，精准解决企业实际需求，提高服务效率；建成海原县闽宁产业园。闽宁纺织制品有限公司、卡立方智能科技有限公司、闽宁电脑刺绣有限公司、深圳金邦智芯科技有限公司4家招商引资企业已入驻园区投产运营，主要从事服装服饰加工、智能卡制造、电脑刺绣等,共解决就业681人,其中建档立卡户209人,有力助推脱贫攻坚。

【招商服务】 2019年,海原县工信局赴北京、福建、江苏、浙江、云南等地开展招商引资工作15次100余人次;邀请北京、广东、福建、江苏、安徽等地企业考察团来海原县考察项目,共接待各地企业负责人130余人次,引进了新希望万头奶牛场、海原县三塘一坪"后塘"高效节水冷凉蔬菜基地、华润高端肉牛精深加工等项目落户海原县;设立海原县企业服务中心,配备专职人员,积极协助投资商对接办理各项手续,做好落地企业跟踪服务和扶持政策兑现落实,真诚热情、细致周到的服务落地企业。

工业管理

【清理民营企业欠款】 2019年,海原县拖欠民营企业及中小企业欠款主要涉及7个政府部门(交通局、教体局、卫健局、自然资源局、县委党校、公安局、文广局),拖欠主要原因为项目配套资金未到位和部门项目未完成决算,以及个别项目无资金来源等;欠款总额为15052.39万元(工程款12901.54万元、物资采购款2150.85万元)。按照自治区清欠工作要求,2019年计划完成拖欠民营企业及中小企业账款任务50%的7526.195万元。已偿还7906.33万元,完成2019年清欠任务的105.1%,完成欠款总额的52.52%。

【兑现企业奖补资金】 2019年,海原县工信局将宁夏圣特保温材料有限公司、海原县闽宁纺织制品有限公司、宁夏海原国华农机制造有限公司、海原县卡立方智能科技有限公司、海原县闽宁电脑刺绣有限公司纳入申报名单,经工信厅审核后区财政厅拨付资金318万元,对企业进行扶持。2019年,兑付闽宁纺织制品公司53万元,卡立方智能科技公司80万元,合计133万元。

【淘汰落后产能】 2019年,海原县列入淘汰落后产能清单整治企业4家(海原县高崖乡振翔机砖厂、海原县天润建材有限责任公司、西安镇张正德机砖厂、海原县郑旗乡盛源机砖厂),4家机砖厂包含在"散乱污"工业企业整治的9家机砖厂中,海原县对企业进行了合并整治。4家机砖厂1家(海原县天润建材有限责任公司)断水断电、企业停产,设备未拆除;其余3家整治完毕。

【拆迁"散乱污"企业】 2019年,海原县工信局牵头,各乡镇、自然资源局、环保局海原分局等相关部门配合,将列入整治的9家机砖厂断水断电,其中2家(盐池红宝建材有限公司、树台乡东升机砖厂)于2019年11月拆除砖窑及周边附属设施;2家(西安镇张正德机砖厂、海原县郑旗乡盛源机砖厂)已报废,废弃砖窑作为饲养羊只及收废品场所;3家(海原县高崖乡振翔机砖厂、海原县海团机砖厂、海原县林辉建材有限公司)全部停产,断水断电,设备拆除;2家(海原县天润建材有限公司、海原县七营镇金鑫机砖厂)停产,断水断电,设备未拆除。

扶贫车间

【扶贫车间】 2019年,先后在西安镇、树台乡、李旺镇、七营镇等8个乡镇建成扶贫车间17个。投产运营的扶贫车间7个,海原县闽宁科技园4个,扶贫车间预计总产值1.2亿元,招录培训员工566人,其中建档立卡户146人;西安镇西安村扶贫车间招录培训员工47人,其中建档立卡户17人;树台乡树台村扶贫车间招录培训员工44人,其中建档立卡户13人。对接企业进行前期设备购置及人员培训的扶贫车间8个,分别在七营镇南堡村、七营镇柴梁村、李旺镇杨山村、李旺镇团庄村、李旺镇李旺村、郑旗乡西沿村、史店乡田拐村、西安镇白吉村。11月中旬竣工的扶贫车间2个,分别在贾塘乡贾塘村、贾塘乡双河村。

【落实优惠政策】 根据《海原县2019年度扶贫财政援宁资金项目清单》(海扶组办发〔2019〕7号),为入驻闽宁科技园企业兑付各类补贴总计861.1742万元,其中兑付海原县闽宁纺织制品有限公司厂房装修补贴200万元;兑付海原县闽宁电脑刺绣有限公司厂房装修补贴161.1742万元;兑付海原县卡立方智能科技有限公司厂房装修补贴400万元、机台补贴300万元。

市场监督管理

【监管机制】 2019年,海原县先后5次召开县委常委会、政府常务会议,听取食品药品安全工作汇报,研究相关落实事宜。制定《海原县党政领导班子成员食品安全责任清单》《海原县食品药品安全突发事件应急预案》等文件,各相关部门、乡镇按要求和职责分工,层层动员部署,推进落实相关内容。将食品药品安全工作纳入全县工作要点和部门乡镇年度及社会综合治理考核内容,按照1%权重将市场监管工作纳入乡镇年度目标责任制考核,定期不定期督查考核,层层落实责任,考核激励机制逐步完善。

【工商注册管理】 截至2019年10月20日,全县注册管理服务各类市场主体17004户(家),其中各类企业2360家(含农民专业合作社532家)、个体工商户14644户。2019年新注册企业452家、资本17.83亿元,比2018年同期分别增长20.77%、8.18%;新注册农民专业合作社91家、资本1.67亿元,比2018年同期分别增长11.5%、10.2%;新注册个体工商户2485户、资本5.8亿元,比2018年同期分别增长为21.58%、33.87%。推进商标战略实施,引导企业申请商标注册,新申请商标146个、注册商标5个,全县有注册商标390个。

【脱贫攻坚】 2019年,海原县市场监督管理局按照“政府引导、群众参与、品牌带动、内外兼顾”原则,注重发挥餐饮行业商会作用,打造海原特色餐饮示范店12家,扶持海原籍群众新开办小餐馆151户、吸纳从业人员623人(其中建档立卡户人员89人)。在积极推进部门帮扶任务的同时,牵头对接联系相关企业和个体户帮助销售农副土特产品,组织落实消费扶贫任务1027万元,助推了全县脱贫摘帽工作。

【食品药品监督管理】 2019年,海原县质量技术监督管理局深入开展食品生产、流通及餐饮服务各环节领域执法检查和药品医疗器械等专项整治。强化示范引领作用,安排开展了四部门食品安全问题联合整治,食品安全示范街区、重点行业示范店创建等工作。组织落实食用农产品240个批次、小食品检测45个批次,完成率100%,对检测出的10个不合格农产品进行了处置;2019年,安排快速检测任务3160批次,已完成2640批次,预计11月底全部完成。组织流通领域商品抽检58个批次,对抽检不合格的14个批次商品经销行为均立案查处。完成化妆品、药品、中药饮片等抽检96批次,食品药品安全治理水平得到提升。

【质量技术监督管理】 2019年,海原县质量技术监督管理局指导华润集团所属的海原华润农业有限公司申报国家农业标准化试点,促进农产品质量和农业生产经营效益提升。指导海原县阅海养老服务有限公司参与申报国家基本公共服务标准化试点,以促进海原公共服务标准化品牌培育。排查全县公众聚集场所锅炉、电梯等重点监控特种设备安全隐患54条,下达《特种设备安全监察指令书》19份。配合自治区特检院检验设备163台,全部合格。办理特种设备安装告知168台,使用登记57台,注销设备19台,办理车载气瓶使用登记695台,有力保障了特种设备安全运行。开展“计量惠民、计量为民”等活动，对政府定点蔬菜销售店在用577台(件)计量器具免费强制检定，对在用33家125台加油机使用的251把加油枪进行周期检定，合格率100%。

【系列市场专项整治】 2019年，海原县质量技术监督管理局以农贸市场、城乡结合部、学校周边等为重点场所，以小作坊、小食杂店、小市场、小摊点、小饮食店、小诊所(六小)为重点对象，通过严把准入、排查登记、加强抽查检查等措施，组织开展了节日市场、红盾护农、校园周边环境、高速公路服务区等专项整治。检查各类市场主体2.74万余家。查处无证无照经营主体84户，下发《责令整改通知书》271份，规范办照221户。依法查处各类经济违法违章案件79起，收缴罚款28.98万元。

【扫黑除恶】 2019年，海原县质量技术监督管理局摸排整治突出问题、乱象447个、纠正并规范未严格执行自律经营制度等违规行为为595户次，下发《责令整改通知书》412份。召开企业经营户专题座谈会9场次，摸排疑似线索5件，其中3件已核查办结，2件正在研判核查、分流办理中。

【营造安全消费环境】 2019年，海原县质量技术监督管理局开展“3·15”“3·31”“质量月”等宣传服务活动，受理解决消费者投诉107件，挽回经济损失6.09万元。变更规范企业和个体工商户注册名称、字号86家，排查问题经营户7513户(次)、下架商品16类48种22.5万瓶(袋)，更换新门头标识2528家。“3·15”活动结束后，对没收查获的食品、药品、农资等九大类61个品种64014件(瓶、盒、袋)、标值5.11万元假冒伪劣商品，集中展示后，拉运至城郊垃圾填埋场进行无害化处理。推行“双随机、一公开”制度，强化事中事后监管，加强经营异常名录、严重违法失信企业名单管理。评选表彰诚信经营示范单位10家、召开重点行业企业负责人约谈会3场次。企业累计列入经营异常名录961条，移出异常名录279条；合作社累计列入经营异常名录375条，移出异常名录165条；个体工商户标记经营异常状态13614条，恢复正常2097条。

【环境保护及污染防治】 2019年，海原县质量技术监督管理局在县城三岔河建成并投入使用占地3000平方米全封闭的县城洁净煤配送中心，目前已采取集中经营方式将县城11户散煤经营户收纳其中；起草并报请县政府审定，以县政府名义发布《关于加强散煤治理的通告》，全面禁止劣质散煤销售。组织专项检查9次，清理取缔无照经营摊点17个，新规范办理营业执照11家，指导建立煤碳进货台账65册，对各乡镇60个露天经销煤碳经销点存煤全部遮盖；配合县住建局、教体局和各乡镇，对全县684户餐饮经营户(学校食堂238所)油烟污染进行整改规范。全县餐饮经营户实行煤改气或电312户，其中县城232户已规范174户、乡镇452户已规范138户。

经济调查

【统计调查监测】 2019年，海原调查队多次召开会议，对《关于深化统计管理体制改革 提高统计数据真实性的意见》《统计违纪违法责任人处分处理建议办法》《防范和惩治统计造假、弄虚作假督察工作规定》精神进行深入学习，并就贯彻执行《意见》《办法》《规定》提出了具体要求。同时，安排专人从总队借阅《意见》《办法》进行深入学习，提升思想认识。以提高数据质量为核心，建立防范和惩治统计造假、弄虚作假责任制，积极主动进行自查自纠，发现问题及时整改。2019年，开展业务培训6次，累计培训人数300余人次，提高调查对象的配合度，确保数据来源真实准确。

【调研和信息分析】 2019年，海原调查队干部职工积极下乡进行调研，拓宽视野、开阔思维，在专题调研以及信息分析写作方面不断探索，完成了许多高质量的分析报告。共完成重大信息调研20期，被宁夏调查总队内网采用信息分析52篇、简报55篇，县领导批示14篇。其中多篇调查信息为海原县委、政府及相关部门在进行经济形势分析研判、制定相关政策的决议上提供了具有重要参考价值的意见和建议。

【居民收支调查】 2019年，海原调查队设立了居民收支调查AB岗，采取“以老带新”的模式，以提升业务水平为目标，开展相关调查，顺利完成了各月报表任务及各季度季报工作。每季度业务主搞人员就季报中存在的问题召开例会与业务人员进行交流总结。同时为提高调查户的配合程度及记账水平，海原调查队于5月下旬及11月，先后组织召开了居民收支调查记账培训会，并邀请总队居民收支调查处处长、业务骨干以及县有关部门负责人与会，通过讲解记账工作的重要性、记账方法、记账要求以及一些注意事项，引导记账户提高记账的配合度与积极性，提升记账能力，进一步夯实居民收支调查的基础工作。同时，每月月报由包点人员下乡入户，深入了解调查户的记账情况，同时与调查户亲切交谈，增进与调查户之间的感情，提高调查户的配合度。

【春播与产量调查】 2019年，海原调查队圆满完成农作物春播意向、春播面积调查、夏粮及秋粮实割实测工作。根据《国家统计局宁夏调查总队办公室关于组织开展无人机驾驶员培训的通知》，海原队选派农业调查业务骨干赴安徽参加无人机驾驶统一培训，为无人机在农业调查方面的应用打下了坚实的基础。

【消费价格调查】 2019年，海原调查队开展的居民消费水平和价格指数调查工作顺利进行，业务人员每月召开业务例会，和采价员面对面商讨并总结经验，并且每月陪同采价员一起采价，督导采价工作的同时，也深入一线了解市场行情，寻找价格变动原因，掌握最新动态，为撰写评估报告收集素材。在业务人员及采价员的协同配合下，消费价格调查工作保持稳中求进的总基调。

【月度劳动力调查】 2019年，海原调查队严格按照月度劳动力调查方案和制度开展调查，每月按时召开例会，总结上月工作中存在的问题，并就当月的调查工作中所注意的事项进行部署。除了日常张贴公告、发放致调查户的一封信、挂横幅等之外，海原调查队委托海原县联通公司以群发短信的方式对劳动力调查工作进行宣传，累计向各调查样本点所在乡镇(街道办)群发短信2次，共计10万条，确保调查户知悉劳动力调查工作，提升现场调查质量。

【畜禽监测调查】 2019年，海原调查队主要畜禽监测调查工作在样本轮换的基础上，启用了新的样本点。3月，组织召开主要畜禽监测调查培训会，会议强调了开展畜禽监测调查的必要性以及保障数据质量的重要性，对制度方案进行了再学习，并对报表填写和规范台账提出了更高要求。业务人员AB岗协同调查，确保数据平稳过渡衔接，避免数据突变，顺利完成了各季度畜禽调查工作。

【网络安全】 2019年，海原调查队成立网络安全工作领导小组，精心组织实施，通过传达学习《网络安全法》有关规定以及习近平总书记关于建设网络强国的系列重要指示精神，进一步增强干部职工网络安全意识；及时对单位的信息系统、统计专网联网服务器及办公电脑管理情况等进行了逐一详细的检查，切实做到网络安全零隐患。

【统计法治宣传】 2019年，海原调查队以“12·4”国家宪法日和第十届“统计开放日”为契机，印制《统计法实施条例》，结合海原县统计局印制的《统计法律法规汇编》一书，再配备印有国家统计局海原调查队精美字样的手提袋及环保杯200余份，在活动现场进行发放，鼓励民众参与其中。印制《居民人均可支配收入知识解读手册》10000余册，通过向各相关单位及群众发放，增强了群众对于人均可支配收入的了解，对于积极配合做好调查工作具有重要意义。开展人均纯收入知识专题宣讲2次，累计参与讲座人数达500余人次，从人均纯收入的构成、测算等方面进行详细讲解，为各相关部门进行居民收入测算提供了重要依据和方法，同时也借机宣传了部分统计法律、法规条款以及居民收支调查工作，提升了海原调查队的品牌影响力。

【帮扶工作】 2019年，海原调查队有4名职工承担了帮扶贫困户的扶贫任务，每人负责5户的联系帮扶工作。帮扶干部先后8次进入到贫困户家中，与贫困户亲切交谈，掌握家中基本人口信息、致贫原因等情况。响应县委、政府号召，为切实帮助贫困户解决滞销问题，积极购买贫困户的芹菜等农产品，还借助微信群、QQ群等网络平台宣传贫困户的农产品，发动亲朋好友购买贺堡村的芹菜500余千克。

【统计执法】 2019年，海原调查队通过参加统一的统计执法考试，有1名在职干部考取了统计执法证，共有3名干部职工持有统计执法证，进一步加强统计执法力量及队伍。7月，根据总队统一安排，海原调查队抽调了执法骨干与其他市县队的统计执法人员联合组成检查组，对主要畜禽监测工作开展"双随机"统计执法检查。

【评先选优】 2019年，国家统计局海原调查队被中共海原县委、海原县人民政府授予"2018年度支持地方经济发展先进单位"称号。在宁夏调查总队举办的庆祝新中国成立70周年暨"不忘初心、牢记使命"第二批主题教育"学新中国史　记统计数据"比赛中荣获团体二等奖，其中有1名参赛队员被评为"记忆之星"。在宁夏调查总队主办的"喜迎新中国成立70周年·塞上轻骑杯"篮球邀请赛中，与中卫调查队组成的中卫地区代表队荣获该项赛事第一名。

统　计

【第四次经济普查】 县委、县政府高度重视第四次经济普查，下发《海原县人民政府关于开展第四次全国经济普查的通知》；成立由政府分管副县长任组长，19个单位和各乡镇负责人为成员的县经济普查领导小组；先后制定《海原县第四次全国经济普查领导小组成员单位职责》《海原县第四次经济普查质量控制办法》《海原县第四次经济普查领导小组办公室工作规则》等制度，确保普查工作落实到位、执行有力。县经济普查领导小组办公室（以下简称"普查办"）先后派出3名业务骨干赴石嘴山市参加了全国经济普查试点工作；组织县普查办工作人员、乡镇分管领导、普查指导员和普查员共计76人参加了市经普办组织的单位名录清查培训和正式登记工作培训；县普查办分两次举办了为期8天的"两员"培训班，全县各乡镇分管领导及"两员"、各成员单位分管领导和业务骨干以及"四上企业"统计人员参加了培训；县普查办还组织业务人员多次深入乡镇进行现场教学，并进行手把手的操作培训。县普查办联合县委宣传部对全县普查宣传动员工作进行了总体安排，制定了切实可行的宣传规划，并下发《关于认真做好第四次全国经济普查宣传工作的通知》。县普查办积极组织各乡镇召开经济普查动员会，在各乡镇悬挂宣传横幅300余条，发放宣传彩页2万余张、宣传毛巾5000余条；利用海原手机平台、微信群、QQ群等平台大面积传播县经普宣传视频，并在县电视台连续3天播放分管副县长的宣传动员讲话，使经济普查工作家喻户晓、人人皆知，为经济普查顺利开展营造了良好的社会氛围。先后4次召开工作调度推进会议、15次专项督导，有力地促进了单位清查工作扎实有效地开展。组织局各专业人员和乡镇（街道）普查办利用近2个月的时间集中进行数据审核和改错。全县共清查法人单位2218家、产业活动单位349家、个体户14150家(其中抽样户1306家)。

【统计报表和调查】 2019年，通过加强对各专业基层统计报表数据质量的控制，县统计局对基层统计报表认真审核、汇总，对主要指标数据认真进行分析和评估，完成了国民经济核算，农业、工业、能源、建筑业、批发零售、住宿餐饮业、固定资产投资、劳动工资、人口、社会、重点服务业等专业的统计年报和定期报表工作。根据自治区调查方案制度要求，按时完成了限额以下商贸业抽样调查、规模以下服务业抽样调查、规模以下工业抽样调查以及基本单位名录库的维护、妇女儿童"两纲"监测、生态移民监测等统计调查工作。

【依法统计】 2019年，深入学习贯彻落实《统计法》《防范和惩治统计造假、弄虚作假督查工作规定》《统计违纪违法责任人处分处理建议办法》《关于深化统计管理体制改革 提高统计数据真实性的意见》等相关法律法规；印发《海原县"统计数据统计服务质量提升年" 实施方案》《2019年全县统计数据质量核查工作方案》，紧紧围绕"提高统计数据质量，提升统计服务水平"主线，突出问题导向，着力提升全县统计工作水平。认真贯彻落实中央、区、市关于深化统计管理体制改革，提高统计数据真实性的意见和行动计划，坚持应统尽统，不重不漏，及时全面客观地反映发展，服务发展。

【数据分析监测】 2019年，认真落实局领导干部联系乡镇、企业制度，局领导干部坚持每月都要联系乡镇和企业进行调研和督导，及时发现和解决工作中存在的困难和问题。加强数据审核、监测和调度，每月联网直报期间，各专业人员盯紧靠牢，随报随审，确保联网直报率达到100%；局内部坚持每月都召开经济形势分析会议，围绕全年目标，对主要经济指标进行分析研判，关注走势，有效引导预期。

【联网直报】 2019年，严把"四上"企业数据质量关，坚持即报即审制度，加强对上报数据的平衡关系、逻辑关系等方面的审核，发现问题及时反馈企业修改，确保一套表上报数据质量。进一步巩固统计"四大工程"建设，不断强化基本单位名录库建设，完善小微企业、文化产业名录库。积极拓展联网直报领域，将工业园区统计、劳动工资统计、乡镇基本情况统计等统一纳入联网直报系统。目前全县共有"四上"企业30家，其中2019年新入2家。

【统计"星级"管理】 2019年，成立海原县统计"星级"管理工作领导小组，由分管副局长负责乡镇和"四上企业"统计站评星工作，指定专人具体负责协助基层统计站做好资料整理和业务指导工作，确保统计星级管理工作取得实效。已有13个乡镇被评为三星级统计站。

【统计执法检查】 印发《2019年全县统计数据质量核查工作方案》《关于开展全县统计执法检查工作的通知》，严格按照工作方案核查数据质量，认真组织核查了部分"一套表"调查单位，对辖区内的20家企业单位进行了统计执法检查。经检查，全县统计数据基本准确，统计基础工作较为扎实。

【统计信用体系建设】 2019年，印发《关于报送统计从业人员统计信用档案的通知》，督促各乡镇、部门及"四上"企业认真组织开展统计从业人员信息填报工作，并安排专人建立统计人员信用档案信息库，推进依法统计，营造良好的统计生态环境，提高统计运作效率、数据质量和服务水平。

【统计台账】 2019年，印制了大量的统计台账，分发给全县各乡镇、部门及企业，督促其结合自身特点和需求，建立健全统计台账，并要求其做到统计台账的记载必须与原始记录数据衔接，做到准确、及时、连续、完整、清晰，方便查询。

【统计业务培训】 8月30日，在海原县西河生态饭店举办了全县统计工作培训班。全县各乡镇(街道办、管委会)、海兴开发区统计工作分管领导及统计员,县直各部门(单位)、教育卫生系统涉及统计的部分行业单位及"四上"企业统计员,共计130余人参加了培训。会上就统计相关法律法规和统计执法、基本单位名录库维护、固定资产投资、人口抽样调查等相关知识进行了讲解。

【统计监测】 2019年,深入开展县域经济、金融机构人民币存贷款、规模以上工业经济、城乡居民消费、粮食生产、畜牧业出存栏、规下服务业运行、农业经济、能源消费等方面的分析研判,对苗头性、倾向性问题,及时收集信息,掌握动态,深入调研,力求准确反映发展现状和科学预测发展趋势。每月都对全县经济形势进行分析,找出不足、查摆问题,对工业、固定资产投资、贸易服务业等主要经济指标发展及时提出意见和建议。定期不定期到调查单位走访调研,形成一批高质量的调研分析报告。编印《2018年海原县经济要情手册》,共撰写和发布统计公报3篇、统计分析59篇、统计动态信息34篇。

【行政区划代码划分】 2019年,加强与民政局、自然资源局、编办等部门及社区的沟通联系,全面收集、掌握民政部门有关文件,掌握并核实各乡镇街道区划代码和城乡属性调整、变更及征地、建设用地、政府驻地迁移、村级单位拆分(合并)等情况,及时更新对应的统计用区划代码和城乡划分代码。认真进行平台学习,在上报系统完成统计用区划代码变更操作,按照《统计用区划代码和城乡划分代码编制规则》和上报系统的具体要求,对有变更的单位进行准确操作。根据县人民政府关于同意撤销和新增村(居)民委员会的相关批复,撤销了甘城乡石景村、严湾村,贾塘乡贺川村,李旺镇罗塘村、黑岭村、九道村、九牛村、上川村、北梁村、中川村、罗泉村,曹洼乡老虎村、南川村,郑旗乡何庄村、老鸦村、后山村等17个村民委员会;新增了李旺镇团结村、北滩村、罗川村,贾塘乡贾塘新村4个村民委员会及幸福社区居民委员会;将海兴开发区的凤凰、兴业居委会变更至三河镇。根据《乡级单位和村级单位命名规则》(国统办设管函〔2019〕325号)要求,将团结、文联、黎明、建设4个类似居委会变更为居委会,将涵养林总场变更为南华山自然保护区管理处,将虚拟村委会变更为南华山虚拟生活区,将肆营变更为四营,将吴池变更为吴渠,将南湾变更为南河,将陆窑变更为六窑,将伍营变更为五营。

【队伍建设】 2019年,对乡镇(街道)统计工作继续实行目标管理,修订完善了乡镇(街道)统计工作目标管理考核细则,分解细化全年工作任务,量化考核,促进了工作落实。局机关修订完善了相关工作制度,使各项工作有章可循,促进工作规范化、制度化。认真参加区市组织的业务培训,并扎实开展本县业务培训,不断更新统计干部的知识储备,激发进取精神。2019年,有7名机关干部多次参加了市级以上组织的各类统计业务培训,在本县积极举办各乡镇、部门、企业统计业务培训班2次,培训人数共180余人次。

【脱贫攻坚】 2019年,加强与帮扶村海城镇高台村的联系,积极和村委会成员对该村困难户进行排查,了解困难群众的生活需求,能解决的及时解决,不能解决的及时和乡镇政府和民政局联系,帮助解决困难群众吃饭、穿衣、住房、取暖等方面的困难。11名干部职工,帮扶对象在九彩乡九彩村5户、九彩乡元套村35户、关庄乡庙湾村5户、李旺镇马莲村5户、李俊乡蒿滩村5户、李俊乡蔡祥村5户。全体帮扶干部制订了详细的帮扶计划,每月至少一次深入帮扶户家中,切实解决帮扶对象的实际困难,使全局脱贫攻坚工作取得了实实在在的成效。

审 计

【概况】 海原县审计局核定人员编制17名,均为公务员编;领导职数3名(局长1名、副局长2名)。2019

年实有人数17名(含借调农业农村局1名),其中,副科级以上领导干部3名、主任科员3名、副主任科员1名、科员9名,工勤1名。2019年,依法审计了2018年度县本级预算执行和其他财政收支情况,延伸部门预算执行审计5个。同时完成经济责任审计6个、领导干部自然资源资产离任审计1个、政府投资审计7个、扶贫等专项审计及审计调查项目6个,共计20个项目。经审计,发现县财政和延伸审计的预算单位存在滞留或结余财政资金122138.09万元,查出违纪违规和管理不规范问题资金285299.8万元。提出审计建议34条。撰写审计专报、简报、信息共15篇。

【财政审计】 按照年度审计项目计划安排,在对2018年县本级预算执行和其他财政收支情况审计的基础上,延伸审计了5个一级预算部门和单位。财政审计重点关注财政政策执行情况及财政支出的真实性、合法性、效益性。通过审计,发现滞留或结余财政资金、工程管理不规范、违规采购等问题。针对存在的突出问题,向被审计单位提出了有针对性的意见和建议,推动财政体制改革进一步深入,促进了财政资金管理进一步规范,防范了财政风险。

【经济责任审计】 以促进部门科学发展和领导干部守法守纪、廉洁用权、干净干事为目标,重点关注贯彻执行中央、区市县重大决策部署、重大改革任务推进、预算执行和财政财务管理情况,贯彻落实中央八项规定、厉行节约反对浪费相关要求情况,以及遵守廉洁从政有关规定等情况,着力反映国家财政政策执行、公共财政管理、项目建设和民生保障等政策执行方面存在的突出问题。2019年,完成领导干部任期经济责任审计项目6个。对审计发现的惠民资金拨付滞后、"三公"经费超预算支出、往来款项清理不及时等7个问题提出了审计建议。

【领导干部离任审计】 2019年,为推动加快生态文明体制改革,贯彻落实《领导干部自然资源资产离任审计规定(试行)》,促进领导干部履行自然资源资产管理和生态环境保护责任为目标,对原林业局局长开展了自然资源资产离任审计。原林业局自然资源离任审计紧扣林场职能职责,从严审查林地征用和侵占、林木保护、人工造林、退耕还林等情况,揭示生态环保政策中存在的问题,促进自然资源环境政策的落实。

【政府投资审计】 2019年,围绕县委政府中心工作,以促进提高项目单位管理水平,发挥建设项目资金效益为目标,重点关注项目预算安排是否科学合理、资金使用效率,项目建设进度及项目预算执行、决算等情况。完成中医院迁建项目、九彩乡2014年美丽村庄项目工程决算、2018年县城规划区房屋(土地)征收补偿、三河镇美丽村庄建设等政府投资审计项目6个。通过审计发现投标预算未响应招标文件、招标资料不完善、未按照合同施工等18个问题,已提出审计建议。

【专项资金审计】 2019年,以推动中央和自治区重大政策措施贯彻落实,促进经济持续健康发展为目标,以解决关系群众切身利益为出发点,促进政令畅通,发挥实效。2019年,完成扶贫专项审计及清理拖欠民营企业、中小企业账款专项审计调查等项目6个。

【审计整改落实】 2019年,审计局认真履行审计监督职责,高度重视审计整改工作,严格落实审计机关审计整改督促检查责任,加强对审计整改结果的跟踪检查,对各级审计机关发现的问题进行汇总梳理,建立审计整改台账,实行审计整改对账销号制度,对审计整改情况进行集中和动态管理,确保审计整改到位。对审计发现反馈的问题,及时跟踪回看,督促责任单位整改落实。被各审计单位高度重视,积极采纳审计建议,认真落实审计整改主体责任,整改落实2018年审计发现的问题23个,加快资金支付进度7.77亿元,规范资金管理和使用2.59亿元,制定完善相关规章制度5项。

(供稿人:白云峰)

农业经济

综 述

【概况】 2019年，全县共完成农作物种植200.95万亩，其中夏粮15.3万亩(小麦10.3万亩、豆类5万亩)、秋粮131.8万亩(玉米31.3万亩、马铃薯60.2万亩、糜谷荞40.3万亩)、经济作物28.12万亩(油料11.2万亩、中药材0.42万亩、小茴香2万亩、硒砂瓜6万亩、葱韭蒜2.28万亩、露地蔬菜5.63万亩、设施农业0.59万亩)，其他农作物25.73万亩。

全县牛、羊、猪、鸡饲养量分别达到27万头、158.63万只、10.15万头、180.5万只，存栏分别达到13.74万头、68.64万只、4.57万头、86万只，出栏分别达到13.26万头、89.99万只、5.58万头、94.5万只。肉类总产量36533吨，禽蛋总产量5850吨。

实现农牧业总产值42.87亿元，其中种植业21.58亿元、牧业21.29亿元。农牧渔业增加值15.33亿元，其中种植业10.7亿元、牧业4.63亿元。农村居民人均纯收入3832元，占全县农村居民人均可支配收入的40%。

【产业扶贫】 2019年，以35个出列、深度贫困村，91个巩固提升村为重点，制定出台了《海原县2019年农业产业化助推脱贫攻坚实施方案》和《海原县2019年统筹整合使用财政涉农资金实施方案》，围绕“一主四特”产业，落实产业扶贫项目30项，覆盖贫困人口26755户103458人，配套制定34项产业扶持政策，统筹整合财政涉农资金20496.43万元，华润基础母牛赊销资金3000万元。

【农牧业安全生产】 2019年，农业农村局高度重视安全生产工作，先后召开专题会议4次、例会7次。及时调整农业农村安全生产委员会，成立安全生产防灾减灾及动物疫情处置应急救援队伍。认真贯彻落实中央有关安全生产工作重要指示、批示精神及区、市、县有关安全生产工作部署。抓住“3·15”“安全生产月”及新型职业农民培训和安全检查行动，大力宣传农机、农产品质量及非洲猪瘟防控等重点农牧业安全生产知识及安全防范技能，共开展安全培训11场次643人次，发放各类宣传材料23种8万余份，为农业产业稳定、安全发展打下了良好的安全基础。深刻吸取“3·21”“7·20”等重特大安全事故教训，扎实开展了春节、春耕备耕暨“两会”等重大节会安全生产大检查、农业领域安全专项检查、安全隐患“大排查大整治”“打非治违”、农产品质量安全问题专项整治及“防风险除隐患遏事故保大庆"安全生产百日专项整治行动,共排查整治各类一般安全隐患 75 起,立案查处违法生产经营 4 起、没收违法农药 400 袋、行政罚款 1.5 万元,切实保障了农牧业生产安全。

【集体资产清产核资】 2019 年,全县农村集体资产清产核资工作任务已全面完成。共清理核实账面资金 41150.99 元,经营性固定资产 227135 元,非经营性核实固定资产 191779228.79 元,债务金额 3009060.87 元,资源性资产面积 6083478.16 亩。全面推行"村廉通"民主管理机制建设,全县 150 个行政村已全部设立村级财务专账,完成任务的 100%;村集体收入已纳入村级账户管理的达到 98%;开展"村廉通"民主信息平台服务的村占比达到 95%。已招聘 20 名"三资"管理代理会计人员,并全面进行了培训上岗。

【农村集体经济成员身份界定和股权量化】 2019 年,制定印发了《海原县农村集体经济组织成员身份界定和股权份额量化实施方案》和《海原县农村集体经济成员身份界定指导意见》。以试点先行、整体推进的工作方式,计划于 2019 年年底前全面完成全县 150 个行政村村集体经济组织成员身份界定工作、2020 年 5 月底将村集体资产股权份额量化到位。

【土地流转】 2019 年,鼓励合作社、家庭农场和种植大户开展土地承包经营权流转,扩大规模化经营和生产经营效率,全县土地承包经营权流转新增面积 81251 亩;通过短期土地托管代耕代种方式,托管土地 7.4 万亩。累计流转和托管面积达到 23.9 万亩,占土地确权面积的 11.4%,土地流转和土地托管速度趋于加快。

【村集体经济】 2019 年,通过华润"基础母牛银行"获得固定分红年收益 5.534 万元的村 124 个,通过四季鲜企业入股分红年收益 10 万元以上的 2 个村;随着我县光伏发电项目建设和并网运行,2020 年预期 126 个贫困村每个村集体分红 10 万元以上。争取自治区壮大村集体经济扶持项目 22 个村,其中 2018 年 4 个村,每个村扶持 200 万元;2019 年 18 个村,每个村扶持 100 万元。县财政对全县无村集体经济的 20 个非贫困村每个村投入村集体经济扶持资金 50 万元,实现了全县 150 个村村集体经济全覆盖。

【高标准农田建设】 2019 年,4.78 万亩高标准农田建设任务,已开工项目 11 个,其中高效节水项目 9 个 1.299 万亩;高标准农田建设项目 2 个,面积 5360 亩,已完成工程量的 80%。在西安、郑旗、贾塘三个乡镇建设高标准农田 27000 亩,11 月底完成工程量的 80%以上。

【扫黑除恶】 2019 年,高位强力推进农业农村领域扫黑除恶专项斗争,对全县农村集体"三资"领域侵占集体资产情况摸底调查,制作和悬挂扫黑除恶宣传条幅 33 幅,张贴《开展扫黑除恶专项斗争、营造清风正气发展环境——致全县广大群众的一封信》200 份,发放扫黑除恶宣传单 500 余份,张贴公告 700 余份,填报乡镇、管委会"三资"问题线索排查统计表 18 份,排查合作社 240 余家,走访调查农户 96 户。排查出涉黑涉恶线索 1 条(已上报县扫黑办),其他乱象 14 条。在乱象治理上,大棚房清理中设施农业用地部分改变用途 3 起,开展农资市场专项整治 5 次,检查农资店 180 家次,假冒伪劣食品专项整治检查 14 家,立案查处农业违法 6 起,综合治理成效显著。

【党风廉政建设】 2019 年,全面统筹落实党委主体责任和班子成员"一岗双责"责任,研究制定了党风廉政建设主体责任清单和问题、任务、责任"三个清单"。以"三会一课"等制度为基本形式,扎实推进"两学一做"学习教育常态化制度化。一年来,共组织党委中心组学习 11 次,局党委组织集体学习 30 次,各支部组织集体学习 48 次、讲党课 22 场次,专题讨论18场次、警示教育活动16场次。召开专题民主生活会1次，专题组织生活会和民主评议党员工作6次。严格执纪问责，开展谈心谈话120人次，干部任前廉政提醒谈话7人次、诫勉谈话16人次、责任约谈14人次、书面检查47人次。严格落实领导干部廉政档案、婚丧喜庆“双报告”制度，全局党员干部职工婚丧喜庆“双报告”7人。积极配合县纪委开展案件查办工作，给予2名党员领导干部党内严重警告处分，扣回不遵守考勤制度违纪扣款12279元，补扣2名违纪人员被采取强制措施期间多领取的工资共计19614.4元，降低基本退职费待遇1人，辞退1人，开除1人。对局属各站所开展督查5次。对全县涉农扶贫项目资金开展和资金兑付情况进行专项督查2次。开展“大棚房”问题专项清理整治Ⅰ类问题3个。

养殖业

【肉牛产业】 2019年，依托华润“基础母牛银行”模式，引进西门塔尔基础母牛32899头，向17个乡镇1个管委会117个村9302户赊销30473头，其中，2019年赊销2787户次7008头。建档立卡贫困户建成棚圈964座，打造10个高端肉牛养殖示范村，完成犊牛回购232头。注册了宁夏西海固高端牛产业研究院有限公司，并已启动运营，针对畜牧技术人员开展黄牛改良技术培训400余人次，按照政、校、企三方合作协议，以政府购买服务的方式每年投资500万元，用于肉牛产业研究。成功举办2019年中国农民丰收节暨宁夏(海原)第四届高端肉牛大赛，积极推进全县高端肉牛产业良种化、标准化、规模化、品牌化、市场化进程，提升宁夏西海固高端肉牛品牌影响力、市场竞争力和社会知名度；制定《海原县肉牛产业发展规划(2019—2023)》。确立17家社会组织承接动物防疫社会化服务工作，全力推进动物防疫社会化服务改革。对全县防疫人员、养殖合作社、养殖大户、养殖场进行了专题培训，累计培训8场480人次。华润6万头高端肉牛精深加工厂全面开工建设。完成活牛供港40批894头。

【滩羊产业】 2019年，依托盐池县滩羊品牌“借船出海”，制定了《海原县2019年滩(肉)羊产业发展实施方案》《滩羊产业发展合作框架协议》，全县10481户建档立卡户养殖滩羊142845只，建设棚圈330座。

种植业

【马铃薯产业】 2019年，全县马铃薯种植60.2万亩，其中建档立卡户8412户完成马铃薯种植4.75万亩，户均5.6亩。以建档立卡贫困户为重点，采购发放优质种薯2000吨、原原种600万粒，推广一级种薯45万亩，脱毒种薯覆盖率达到75%。重点建设海城段塬、曹洼脱烈马铃薯脱毒种薯繁育示范基地，关庄庙湾、树台大嘴马铃薯新品种示范推广基地。

【富硒瓜菜】 2019年，全县瓜菜种植面积达到16万亩，其中硒砂瓜6万亩、蔬菜10万亩。重点建设西安现代农业产业园和西安、高崖、三河、关桥等设施瓜菜基地，西安、郑旗、李旺、贾塘等冷凉蔬菜基地，关桥万亩富硒硒砂瓜基地，史店、海城、李旺等红葱基地，三河菌菇生产基地“一园五基地”。新建三河镇团庄麒麟西瓜拱棚、海城镇王井村蔬菜大拱棚，关桥乡罗山村、七营镇五营村设施全钢架大中拱棚1800亩1010座。

【小杂粮产业】 2019年，全县完成小杂粮种植40.2万亩，其中9026户建档立卡户完成小杂粮种植13.43万亩，户均14.8亩。以市场为导向，强化龙头带动，推广应用新品种、新技术、新机械、新服务

“四新”模式和“五个百分百”标准，推进小杂粮种植、加工、销售全产业链发展。重点建设产业带上示范基地15个，建设新品种引种基地3个，科技示范园区7个。基地主推“四代一包”农业托管机制，由专业合作社、企业组织为农户开展“代耕、代种、代管、代收和包销”服务，发挥新型经营主体技术装备优势，有效解决农村劳动力老龄化、兼业化，土地撂荒、无人种地现状，带动普通农户发展适度规模经营，促进农业节本增效和绿色可持续发展。全县小杂粮标准化种植面积达到15万亩，其中“四代一包”托管面积达到10万亩。

农村环境

【农村人居环境整治】 2019年，县财政投入农村人居环境整治工作经费3000万元，以“五清一改一绿化”为主攻方向，累计动员8.8万人次参与人居环境整治行动，共清理农村生活及建筑垃圾11.21万吨，清理河道沟渠153处7.66万吨，清理拆除残垣断壁危旧房屋、危旧院落3.86万间(处)，清理农业生产废弃物5.74万吨，清理乱堆乱放乱搭乱建3.65万处，投入各种机械2.67万台(辆)次，实现了村庄清洁行动全覆盖，农村人居环境脏乱差问题得到持续改善，村容村貌得到进一步提升，农民生活质量得到进一步提高。

【厕所革命】 2019年，全县完成户厕改造9161座(含水冲式厕所、三格式无害化卫生厕所、生态降解型卫生厕所)，完成率97.4%；乡村公厕建设完成25座基础建设，其中5座进入室内安装。

【农村生活垃圾和生活污治理】 2019年，建成4个污水处理站，2个污水处理站正在建设中，建成生活垃圾填埋场1座、垃圾中转站2个，购置垃圾装载转运车辆45辆，配置垃圾箱、垃圾桶2200个，选址建设垃圾场(点)22处。

【农村环境整治】 2019年，增设2500名公益性岗位，专项招录建档立卡贫困户用于完善农村环境卫生保洁机制，把公益性岗位与保洁员有机结合，把网格化管理模式与“181”环卫保洁机制有机结合，实现了村庄保洁人员全覆盖。

【农业面源污染防治】 1. 土壤污染防治。完成测土配方施肥技术推广面积133.1万亩，较2018年增加7.3万亩。农药使用量49.09吨，较2018年减少2.5吨。化肥使用量2.03万吨，较2018年减少0.01万吨。2. 畜禽养殖废弃物资源化利用。建成堆粪场44个11273平方米，积污池3个3200立方米。畜禽粪污年总产生量为108.45万吨，粪污全部采用堆肥发酵还田利用模式，利用率达100%；直连直报规模养殖场78家，配套粪污资源化利用63家，配套率达80%。3. 农用残膜回收及污染防治。全县回收残膜946.58吨，加工颗粒150吨，农用残膜回收率达到90%(覆膜量)以上。

脱贫攻坚

综 述

【概况】 2019 年，扶贫办共有在编人员 41 人，其中扶贫办行政编制 10 个，扶贫开发服务中心事业编制 31 个（含参公管理人员 14 人占用扶贫开发服务中心事业编制），有挂职副主任 3 人，借调人员 1 人。截至 11 月中旬，全县 126 个贫困村已全部出列，累计减贫 25537 户 99828 人（2013 年年底核定贫困村 141 个、建档立卡贫困对象 32613 户 122495 人，贫困发生率 30.26%。经移民搬迁撤并行政村 15 个，历年动态调整贫困对象减少 6029 户 19305 人，现有贫困村 126 个，贫困人口 26584 户 103190 人），2019 年出列 5 个贫困村，减贫 5437 户 18555 人，剩余未脱贫人口 1047 户 3362 人，贫困发生率下降到 0.83%，实现了“两不愁三保障”目标标准，全县无漏评和错退户，群众满意度达到 95% 以上，贫困村基本公共服务领域主要指标接近全国平均水平，全县达到脱贫退出标准。2019 年预计全县农民人均可支配收入将达到 9450 元，比 2018 年同期增长 11%。

【惠民政策】 2019 年，全面推行农村低保与扶贫政策两项制度衔接，适时提高供养标准。争取资金 200 余万元，连续两年为高龄、特困供养和 60 岁以上贫困老人购买人生意外伤害险，做到“应扶尽扶、应保尽保”。初步建成以敬老院为支撑、老饭桌为补充、居家养老为主的养老服务体系，妥善安置 401 名建档立卡特殊人群，解决其衣、食、住、行、医等困难问题。

【深度脱贫】 2019 年，把深度贫困地区和特殊贫困群体脱贫作为打赢脱贫攻坚战的一项重中之重的工作，在项目安排、资金投入、组织保障等方面加大倾斜力度，聚焦深度贫困村实施产业提质增效、饮水安全巩固提升、危房改造、基础设施补短板等工程，聚焦特殊困难群体实施健康扶贫、残疾人扶贫、老年人养老保障等工程，因地制宜，逐村逐户细化攻坚方案，分类制定个性化扶持政策，精准施策，靶向攻坚。44 个深度贫困村已稳定出列，贫困人口稳定退出，“两不愁三保障”全面实现，基本公共服务能力全面提升。

【脱贫成效】 2019 年，严格按照程序标准，完成 5 个贫困村出列和 5437 户 18555 人贫困人口的脱贫任务；完成新识别贫困人口 90 户 369 人，返贫 5 户 19 人；完成边缘户摸底及信息采集录入 903 户

3480人，脱贫监测户摸底及标注417户1924人；完成区办历次反馈疑点信息数据核准修正及通过系统自查发现问题数据核准修正工作。

【扶贫问题整改落实】 2019年，把各级各类巡视、考核反馈问题整改落实作为一项重要政治任务，坚持“责任不落实不放过、问题不解决不放过、整改不到位不放过”原则，认真解决突出问题，确保反馈问题整改“清零”。中央第八巡视组反馈问题、2018年脱贫攻坚成效考核反馈问题、中央脱贫攻坚专项巡视自查自纠发现问题、自治区党委第一巡视组专项巡视反馈问题、自治区扶贫办调研督导反馈问题、国务院扶贫开发领导小组督查反馈问题、中卫市大普查反馈问题、农工党宁夏区委监督检查反馈问题均已整改完成，并建立长效机制。县级自评自验、自治区行业部门专项检查、中卫市脱贫摘帽初审反馈问题正在全面整改。

【扶贫资金管理】 2019年，整合资金7.57亿元，实施57类6580个子项目，主要投入村组道路、产业扶持、农村人饮、危房改造、光伏扶贫项目等。建立全县脱贫攻坚重大项目用地台账，用好用活增减挂钩政策，产生节余指标97.52亩，实现指标交易90亩，收益2700万元，解决了海原县脱贫攻坚资金短缺问题。制定了《海原县涉农扶贫资金管理办法》等管理制度，财政、审计、纪委监委联合定期对扶贫资金使用情况进行督导检查，定期通报扶贫资金使用情况。认真执行扶贫项目资金三级公开制度，充分利用“云MAS”信息服务平台发送财务收支短信功能，公开财务收支信息，接受群众监督，确保涉农扶贫资金规范运行。

【作风建设】 2019年，全面开展基层减负及解决形式主义、官僚主义突出问题整治工作，大幅压减文件会议，严格依照职权范围和工作需要进行发文、控制会议次数、参会人员和会议时间。县委、政府发文数较上年度压减30%以上，召开会议较上年度压减30%以上。规范督查考核，制定年度督查考核计划，实行报备管理制度，严控督查数量及频次，增加硬性指标和群众评价指标权重，主要看工作实绩，杜绝“痕迹主义”，切实为基层干部松绑，加大干部关爱力度。2019年以来，选派16名科级干部担任驻村第一书记或工作队员，提拔优秀驻村第一书记和工作队员11名，召回驻村干部17名。

【表彰奖励】 2019年，海原县扶贫办获自治区扶贫开发办公室颁发的“2019年全区扶贫系统先进单位”、县委、县政府颁发的“巾帼文明示范岗”奖励。李明星被县委表彰为“扶贫开发工作先进个人”。

基本保障

【义务教育】 2019年，严格落实“七长负责制”“双线控辍制”和“四包责任制”，确保义务教育阶段学生“零辍学”。全面落实教育惠民政策，构建从学前教育到小学、中学、大学直至就业的全程帮扶机制，精准资助各学段学生14567人次，累计2245.65万元，确保贫困家庭学生上好学、上得起学。

【基本医疗】 2019年，建立“基本医保+大病保险+医疗救助+扶贫保+政府兜底”多重保障网，全面落实“先诊疗后付费”和“一站式”结算机制，分类管理大病2029人、慢病7242人、重病48人，集中救治大病患者1055人，实现建档立卡贫困人口基本医疗保险、签约服务全覆盖。

【安全住房】 2019年，通过“八个一批”安置方式，因户施策，拆除危旧房屋11072座，改造8726户，危房全部清零，回迁入住7310户，入住率达83.8%。

【安全饮水】 2019年，紧盯水量、水质、用水方便程度和供水保证率“四个饮水安全指标”，维修主干管网471.6千米，新建蓄水池123座，完成自来水补入12140户，自来水普及率达到99%，供水保证率达到90%以上，水质达标率达到100%。

脱贫产业

【主导产业】 2019年，完善“1+4+X”政策，大力发展草畜、马铃薯、枸杞中药材、瓜菜、小杂粮“一主四特”脱贫致富主导产业。全县肉牛饲养量达到25.05万头，肉羊饲养量达到152万只，马铃薯种植60万亩，小杂粮种植40.2万亩，瓜菜种植16万亩，区域特色优势产业2.7万亩。

【村集体经济】 2018年，积极探索创新村集体经济发展模式，124个村通过华润“基础母牛银行”获得固定分红，年收益5.534万元，2个村通过四季鲜企业入股分红年收益10万元以上，实现全县贫困村村集体经济全覆盖。

【技能培训与就业】 2019年，围绕劳务输出、交通运输、刺绣剪纸、特色餐饮“四大离土”品牌，确保贫困家庭至少有1人掌握1至2门致富技能。加大劳务技能培训力度，培训6411人，转移就业8.69万人，创收12.25亿元以上。设立公益性岗位4092个，建成扶贫车间17个，引导和帮助587人到产业园区务工，留守妇女、有基本劳动能力的残疾人等1130人就近就业，人均月收入达1600元以上。

【金融扶贫】 2019年，建立金融机构尽职免责机制和免担保、免抵押、全额贴息、购买“扶贫保”的“两免一贴一保险”金融扶贫机制，确保推动金融扶贫政策落实到位。全县金融扶贫小额信贷余额25077户12.05亿元，覆盖率达91%以上，户均贷款4.8万元。深入推进“扶贫保”政策落实，投入1654.73万元为全县所有建档立卡贫困人口续保了大病医疗补充险和人身意外伤害险、农业保险，实现贫困户“扶贫保”全覆盖。已理赔626.01万元。

【生态扶贫】 2019年，全面落实退耕还林、退牧还草等政策，优先选聘贫困户为生态公益林护林员，共选聘了贫困户护林员1270名，贫困户有了“绿色”靠山，实现了脱贫致富。同时，积极探索电商扶贫、科技扶贫、光伏扶贫、文化旅游等扶贫新业态，构建多点发力、多业增收的产业扶贫新格局。建成村级电商服务站点135个，建成31.2兆瓦村级光伏电站，完成8.19兆瓦村级光伏电站回购，为126个贫困村增加村集体经济252万元。

基础设施建设

【村道建设】 2019年，新建农村公路201.86千米、巷道硬化252.2千米、生产沙砾路82.4千米、窄路加宽57千米，实现通村道路硬化、通自然村道路硬化或砂砾化全覆盖。

【易地扶贫搬迁】 2019年，全面完成“十二五”遗留465户1706人、“十三五”易地扶贫搬迁3634户15200人的任务，建成县内移民安置点32个。筹资7596.62万元，建设17个集中安置点，彻底解决移民遗留问题。大力推进移民安置区产业发展，培育发展“一村一品”富民产业。

【文体卫生建设】 2019年，扎实推进村级综合文化服务中心建设，全县150个行政村村级文化服务中心、文化广场实现了全覆盖，并配套安装了健身器材；加大村级卫生室改造升级，全县150个村卫生室全部实现了标准化，配齐了村医。

【电力及通讯设施建设】 2019年，投入资金6585.6万元，全面实施农网和低电压台区升级改造工程，实现有需求的自然村全部通动力电。建设116个网络基站，实现网络信号全覆盖。

【农村环境】 2019年，全面贯彻落实农村人居环境整治“三年行动”计划，扎实推进“厕所革命”，投入300万元，实施垃圾清理、绿化美化工程，村容村貌得到了明显改善。

对口帮扶

【闽宁对口扶贫】 2019年，认真贯彻落实闽宁对口扶贫协作会议精神，加强与福建漳浦县在资金扶持、产业合作、劳务协作、人才交流、社会帮扶、携手奔小康等方面的协作发展，两县携手奔小康的做法及成效被作为典型案例，在国务院扶贫办举办的全国携手奔小康行动培训班会上进行书面交流。两县开展考察学习和合作交流5批次，人才交流达71人次。向福建转移就业373人，其中建档立卡贫困劳动力198人。安排扶持资金4500万元，实施扶贫项目12个，扶持闽宁科技园、菌菇产业园等发展。

【华润定点帮扶】 2019年，探索实施了华润"基础母牛银行"产业发展模式，建立高端肉牛产业发展"六大体系"，建成"西海固"高端肉牛产业研究院，开工建设海原华润农业高端肉牛精深加工项目，延伸肉牛产业发展链条，切实增加产业附加值，有效带动9302户贫困群众脱贫致富。

【百企帮百村】 2019年，22家企业结对帮扶我县24个贫困村，累计投入帮扶资金1254.6万元，主要用于贫困村基础设施、产业发展等项目。38家区内企业主动履行社会职责，为全县贫困群众捐钱捐物，助推脱贫攻坚。

【部门帮扶】 2019年，区、市、县共安排144个部门结对帮扶150个贫困村，投入帮扶资金3138.56万元，帮扶贫困村基础设施建设和产业发展。全县又调整安排14个部门帮扶23个非贫困村。

社会管理

人力资源管理

【人事管理】 2019 年,人社局根据《海原县机构改革方案实施意见》,完成了涉改部门(单位)事业人员转隶。进一步强化全县机关事业单位工作人员的管理,对全县长期病假人员 124 人进行备案管理,严格执行病假工资。初步编辑《海原县党政机关事业单位工作人员管理制度汇编》,待定稿后印发,力促进一步落实各部门(单位)的人事管理主体责任,方便学习贯彻相关人事制度和规定。

【人才工作】 2019 年,人社局圆满完成 2019 年事业单位公开招聘工作和岗前培训工作。采取"走出去、引进来"的办法深入北京、陕西、吉林等地公开招聘急需紧缺高层次人才。制定了《海原县高层次人才服务基地人才公寓管理办法》《海原县引进急需紧缺高层次人才安家补助费发放办法》,建成了海原县高层次人才公寓,已配套装潢 20 套公租房,安置了招聘引进的高层次人才。为服务期满 1 年的 4 名高层次人才申请安家补助费每人 1 万元。修改完善《海原县干部人事调配工作若干规定》,进一步规范了人事调配工作。推荐上报享受自治区特殊津贴 6 人和"塞上英才"4 人。向自治区人社厅申报海原县西海固高端肉牛产业发展研究院、海原县金福博物馆和宁夏锦彩生态农业有限公司(特色小杂粮)作为新建专家服务基地,力促高质量特色产业提档升级、健康发展。

【职称评审】 2019 年,人社局严格按照全区各系列职称评审条件,组织全县专业技术人员参加 90 学时的网络公需课培训学习。根据岗位空缺情况,对 619 人取得相应资格的专业技术人员进行聘任晋级。向区市申报评审高级职称 8 人、中级职称 10人。

【专业技术人员培训】 2019 年,人社局组织开展全县农村紧缺学科教师培训和全县中医药适宜技术培训,拨付培训费用 1.6 万元,培训 210 人。实施职业教育扶贫培训活动,征集职业教育需求专家 7 名,开展建筑工程、汽车技术、"互联网 + 教育"等方面培训场次 13 场,培训课时 26 学时,学生 1735 人次,教师 158 人次。成功开展了"百名专家基层服务行"活动,对教育、卫生、水务、农业、文化等领域专技人员、师生等培训近 2000 人次。

【欠薪治理】 2019 年,人社局大力推进"1116"制度建设,严格落实农民工工资保证金制度,缴存农民工工资保证金 3950.8 万元，账户累计金额 7481.9 万元。全面实行工程款与工资分账管理制度，全县工程建设领域在建项目农民工实名制管理率、劳动合同签订率、22%进度款拨付率等均达到 95%以上。严格管理劳动合同，2019 年在建工程项目签订劳动合同并备案 8180 人。严格规定工程管理，做到工程款与工程进度有机衔接，对政府投资工程项目资金加强监管，严禁施工企业带资承包，从源头上预防了因拖欠工程款导致欠薪发生。

【劳动监察】 2019 年，建立健全欠薪预警机制。大力推进“两网化”建设，在全县范围建立了劳动保障监察一级网格 20 个，共落实兼职协管员 40 名，保障了劳动保障监察业务顺利开展。依托根治欠薪“冬季攻坚”专项行动，人社、住建、发改等多部门联合开展农民工工资支付专项检查，持续加强行政执法和刑事司法衔接，对易发生重大劳动保障违法行为的行业领域和曾经发生过重大劳动保障违法行为的企业增加执法检查频次。全年共协调化解欠薪问题 55 起，劳动监察部门立案查处 3 起，共为 642 名农民工追回劳动报酬 555.88 万元，欠薪案件数、欠薪金额、欠薪人数指标较 2018 年同期下降分别为 21.62%、22.75%、20.64%，没有出现因欠薪问题导致的群体性越级上访事件，所有欠薪案件全部清偿。积极落实失信惩戒、守信激励机制，审核、开具无拖欠农民工工资证明 268 份，对有不良记录的坚决不予开具无欠薪证明，限制其招标。积极落实“三个办法”推行工作，对 25 家规模企业进行劳动保障诚信等级评价，并通报相关部门，实施联合惩戒。

【便民服务】 2019 年，为社保、就业等经办服务窗口安装了电子屏、叫号机和查询机，配置了便民服务设施，更新了办公设备，优化了办公环境，方便群众办事。严格落实 6 项业务下沉工作，实行企业和机关事业参保缴费网上申报，简化办事事项 17 项，精简申报材料 32 件，实现了线上线下“一站式”经办服务，群众办事更便捷。强化宣传引导，进一步推广和使用“掌上 12333”手机 APP，坚持让数据多跑路，让群众少跑腿，促进社保业务便捷高效开展。通过政务服务平台办理社会保险业务 25128 件，157 个单位实现网上自助申报缴费。全年成功办理激活社保卡 25782 张，缴费 11850 人次。

【扫黑除恶】 2019 年，通过召开局务会议、党组会议、扫黑除恶专题会议等，及时传达区、市、县扫黑除恶专项斗争相关文件和会议精神，认真研究部署各项活动。结合人社领域工作实际，充分借助各种宣传平台、宣传渠道和宣传媒介，强化宣传氛围营造。建立电话、信件、网络“三位一体”举报平台，进一步畅通人社领域涉黑涉恶线索举报通道，共接到各级信访件 30 件，涉及养老保险、农民工工资、职称等方面，现已全部办结。通过实名举报摸排拖欠农民工工资涉乱线索 2 条，已移送公安部门。

【脱贫攻坚】 2019 年，结合结对帮扶村实际，制订《海原县人社局 2019 年定点帮扶工作计划》《就创局帮扶曹洼乡硝沟村和西安镇范台村驻村工作实施方案》，全面落实帮扶责任。围绕“两不愁三保障”具体要求，结合支部主题党日活动、入户调查、座谈交流等形式，领导班子成员深入帮扶村，全体干部职工每月至少进村入户一次，宣传就业扶贫、社会保险等各项政策，落实、制订帮扶计划等。为海城镇武塬村党员活动室配置电脑，安排公益性岗位 38 名，每人每月 853 元。在海城镇开展职业技能培训共 3 场次，培训 88 人，劳务输出 280 人次。在曹洼乡硝沟村、范台村组织开展了“帮扶对接助脱贫，扫黑除恶见行动”活动。安置农村建档立卡户公益性岗位 47 人，组织参加各类培训 322 人，劳动力转移就业 787 人，务工收入 1355 万元，兑付劳务奖补 60.24 万元。通过协调县交通局，为武塬村三道自然村硬化 3 条主巷道 1.67 千米，切实解决群众出行难问题。筹集 8000 元对 2 户危房改造无能力搬迁入住的建档立卡贫困户进行了帮扶，并组织干部职工积极为贫困户捐赠衣物等。严格落实县委消费扶贫工作部署，筹集8800元购买红羊乡术川村胡麻油880斤，筹集6050元购买贾塘乡芹菜3500千克、辣椒600千克、卷心菜1500千克，为帮扶村如期脱贫、增收尽绵薄之力。通过技能培训促进劳动力转移就业、创业担保贷款、闽宁劳务协作、劳务奖补、消费扶贫、智力扶贫等措施，积极争项目、跑资金、传技术、拿规划；主要领导亲自督战，分管领导直接负责，驻村书记、工作队员紧盯项目政策落实，确保了人力资源管理局帮扶的海城镇武塬村、曹洼乡硝沟村、红羊乡术川村、西安镇范台村及干部帮扶的郑旗乡撒台村等280户贫困户全部具备了脱贫条件。

劳动和社会保障

【职业技能培训】 2019年，制定下发《海原县2019年城乡劳动力就业技能培训实施方案》，重点围绕建档立卡贫困劳动力，按照“企业订单、培训机构列单、劳动者选单、政府买单”的培训机制，开展精准培训，完成各类培训9037人，其中精准脱贫能力培训4039人，完成目标任务的115.4%；开展城乡劳动力技能培训2199人，完成目标任务的110%；对有汽车驾驶培训需求的建档立卡贫困户应培尽培，已培训持证2799人。建立运输服务网络，采取“互联网＋信息部＋运输公司＋运输户”模式，搭建货运信息平台，整合物流信息资源，拓宽信息收集渠道，初步形成以县城为中心，6个乡镇为节点的运输服务网络，实现抱团发展，互利共赢。

【劳动力转移就业】 2019年，通过区政府网站、电视台、微信公众平台等媒体和印发宣传材料、制作一次性口杯、抽纸等形式广泛宣传就业创业政策。依托县委党校开展劳务中介机构法人和劳务经纪人培训197人，累计培育劳务经纪人582人，培育劳务中介公司28家，激发其引领带动的积极性和主动性，劳务中介组织带动转移就业占比近50%。完善配齐了驻新疆、内蒙古、银川、浙江、广东、福建漳浦、江西南昌7个驻外劳务服务中心主任、副主任。巩固22个500人以上劳务基地。出台《海原县建档立卡贫困劳动力转移就业奖励补贴办法》，对外出务工建档立卡贫困劳动力创收1万至3万元的，给予1000至3000元劳务奖补。兑付劳务奖补11900人2272.09万元，转移就业8.82万人（其中贫困劳动力11900人），完成目标任务8万人的110%，创收13.01亿元。

【全民创业】 2019年，针对种养大户、建档立卡户、高校毕业生等重点群体开展创业能力培训10期295人，完成目标任务的100%。指导各乡镇遴选推荐组织开展创业致富带头人培训520名，完成目标任务的100%。重点围绕致富带头人、种养殖大户、餐饮、劳务经纪人等创业个体积极办理创业贷款。发放创业担保贷款620笔5342.5万元，完成目标任务4000万的133.6%。培育创业实体360个，创造新岗位824个，带动就地就业2290人，分别完成目标任务的112.5%、117.7%、104.1%。

【闽宁劳务协作】 2019年，积极与福建漳浦县等地对接，加强互访考察，召开劳务协作座谈会，对接闽宁企业举办了专场招聘会，组织全县劳务中介和劳务经纪人62人、致富带头人30人赴福建漳州科技学院进行了学习和提升培训。向福建厦门天马微电子股份有限公司输送顶岗实习学生104人。2019年，福建省出台了《关于推进闽宁劳务协作就业扶贫工作的通知》，给予宁夏籍建档立卡户赴福建就业交通、就业补贴每人最高达13500元，通过11场“春风行动”闽宁专场招聘会、劳务中介组织法人和劳务经纪人培训班、微信公众平台、电视台、发放宣传材料等大力宣传赴闽就业扶持政策，先后动员组织5批373人海原城乡劳动力赴福建企业就业，其中建档立卡贫困劳动力155人，完成目标任务的155%，有效地推动了海原县贫困劳动力到福建企业稳定就业，增加收入。

【落实就业创业扶持优惠政策】 2019年，争取自治区指标，安置公益岗位728人，其中农村建档立卡公益性岗位583人、城镇公益性岗位145人。2019年，建档立卡公益性岗位人员月生活补贴853元，年收入10236元/人。修改完善《海原县扶贫车间管理办法》。开展就业创业登记1304件，其中完成就业登记877件，失业登记427件，申请灵活就业人员社会保险补贴1392人，城镇新增就业1034人，失业人员再就业389人，就业困难人员就业145人，城镇登记失业率为3.82%。全力开展高校应届毕业生就业服务，离校未就业应届高校毕业生就业率达到95.1%。

社会保险事业管理

【社会保险】 2019年，认真贯彻执行《中华人民共和国社会保险法》《社会保险费申报缴纳管理规定》等社会保险法律法规，抓宣传营氛围，抓扩面促参保，抓征缴保发放，进一步扩大社会保险覆盖面。企业职工基本养老保险参保18912人，完成目标任务18571人的102%，征缴保险费22013万元；机关事业单位养老保险参保12623人，完成目标任务12334人的102.26%，征缴保险费14911万元；失业保险参保9592人，完成目标任务9592人的100%，征缴保险费613万元；工伤保险实施全民参保计划，实现项目参保全覆盖。共有415个项目单位办理了参保，其中新保158个、续保31个，共计参保12502人，完成目标任务12000人的104.18%，征缴保险费478万元；城乡居民养老保险参保160210人，完成目标任务160100人的100.1%，征缴保险费1391.21万元；被征地农民参保601人，征缴保险费1916万元。

【社会保障卡】 2019年，黄河银行补卡5183张，首次制卡4268张；农行补卡207张，首次制卡17张。全县社保卡持卡人数达到553221万人，持卡率为100%，有33055退休人员养老金已通过社保卡发放，电子社保卡申领与使用工作正在积极推进。

【社会保险待遇】 按照国家和自治区统一部署，积极落实基础养老金由中央、自治区和县财政分级负担机制，及时调整退休人员基本养老金，2014年10月1日以来，65名机关事业单位退休人员进行养老金重新核算和补发；城乡居民人均月基础养老金从170元提高到180元，从2019年1月开始发放。年人均养老金达到2185元。

【社会保险扶贫政策】 2019年，对建档立卡未标注脱贫的贫困人口，三级和四级智力、精神、视力残疾人，特困供养人员由政府按照100元缴费标准全部代为缴费，同时享受30元的财政补贴，而且对年满60周岁未参加城乡居民基本养老保险或缴费不足15年的特困人员，由民政部门按照100元缴费标准补缴至满15年，次月享受城乡居民基本养老保险待遇；同时对年满55周岁不满60周岁至今仍未参加养老保险的劳务移民，由政府按照100元缴费档次代其一次性最多补缴5年养老保险费，达到60周岁时直接享受城乡居民养老保险待遇；重度残疾、低保、五保等特殊困难缴费群体按照100元缴费标准给予全额或部分代缴费，全面解决贫困人口无力缴费的问题。为60988人申请政府代缴养老保险费792.84万元，资金已到账，并计入个人账户。

【减税降费】 2019年，分别将城镇职工养老保险单位缴纳部分、失业保险、工伤保险费率分别降至16%、1.5%、0.96%，使得213个参保企业少缴基本养老保险费1828.90万元，其中，降低缴费基数企业少缴1040.39万元，降低缴费费率企业少缴

788.51万元；失业保险因降低缴费费率及基数，使得269个参保企业少缴失业保险费492.57万元，其中，降低缴费基数企业少缴13.58万元，降低缴费费率企业少缴478.99万元；对106家参保企业已经全部退还工伤保险费61.32万元。

【被征地农民养老保险】 2019年，将被征地农民养老保险工作作为当年重点工作狠抓落实，早做预算、精准分析、主动对接，争取对691名被征地农民养老保险政府补贴资金2891万元，维护了被征地农民养老保险权益。自2015年全县启动被征地农民养老保险政策以来，政府补贴资金全部到位，在中卫市乃至全区率先实现被征地农民养老保险全覆盖、零欠账。

【退管服务】 退休人员年检资格认证工作实行手机APP、线上线下、视频、实地认证等方式，极大地方便了群众，受到了社会的赞誉。企业退休人员10331人，已年检认证9767人，认证率95%。机关事业单位退休人员38190人，已年检认证33384人，认证率87.4%。机关事业单位、企业职工退休死亡人员在家属申报的情况下我们做到凡死必查，不唯死亡证明和个人申报。通过现场检查和非现场检查相结合的监控制度，核对出未申报死亡人数251人，追回多领养老金173.9万元，其中机关事业单位未申报死亡55人，追回多领养老保险金71.2万元；企业未申报死亡196人，追回多领养老保险金102.7万元。追回城乡居民养老保险重复领取、疑似死亡冒领、服刑人员冒领等31人7.25万元。

【工伤保险待遇支付】 2019年，加强工伤保险待遇支付管理，及时落实工伤保险待遇调整政策，工伤待遇支付14人，支付金额244486.18元。支付14人伤残费用601251.63元，支付2人生活护理费用37136.26元。支付13人供养亲属抚恤金，费用124201元。

【宣传工作】 2019年，围绕群众特别是建档立卡贫困人员在社会保险方面关心的热点、难点问题，抽调业务人员，组成培训及宣传工作组，分赴全县17个乡镇，通过现场讲解、解惑释疑、引导操作等方式，对1700多名乡村干部和群众代表进行了培训和宣传，发放《社会保险宣传培训手册》5000册，《2019年度城乡居民基本养老保险宣传册》36000册，建档立卡贫困户人均一册，并通过有线电视和微信公众号、媒体滚动播放宣传标语，使社会保险政策进千家入万户，进一步提高了群众和全社会对社会保险工作的关心和支持，取得了很好的成效。

【社保基金监管】 2019年，制定《海原县社会保险基金运行保障制度》《海原县社会保险基金管理内部控制制度》《海原县社会保险财务经办制度》。建立岗位制约机制，根据县编办核定的机构编制方案，设置了办公室、退管股、养老股、稽核股等8个股室及工作人员岗位，明确了岗位职责。规范了退休人员养老金发放流程，实现了养老金全区统发，取消了手工报盘模式，减少了中间环节，杜绝了人为干扰，有效地防止了基金流失，确保了基金安全。加大年检资格认证和死亡核查力度，做到了仿冒堵漏，使基金更加安全。

【服务能力建设】 2019年，开展“业务大讲堂”活动20场次，组织业务人员参加区内外培训45人次，对乡镇社保经办人员集中培训5场次，提高了业务人员的经办能力和服务水平。按照标准化要求对县社保经办大厅进行了改造，为经办服务窗口安装了电子屏、叫号机和查询机，配置了便民服务设施，更新了办公设备，优化了办公环境，方便了群众办事。积极与信用联社对接，在社保大厅开设了社保卡挂失、激活和缴费服务窗口，社保卡的办理、挂失、激活和缴费实现了“一站式”服务，全年成功缴费12324次。县乡联动开展集中宣传6次，深入乡村现场培训25场5000余人次，引导5000多名群众安装使用“掌上12333”手机APP，发放宣传资料

10万份，通过有线电视和公众媒体滚动播放宣传标语，使社会保险政策进千家入万户，进一步提高了群众和全社会对社会保险工作的关心和支持。

医疗保障

【城镇职工医疗保险】 2019年，城镇职工基本医疗保险参保单位233家，其中机关65家、事业83家、企业85家。参保职工17541人，完成自治区下达目标任务数16000人的109.63%。其中在职职工12712人，退休职工4829人；机关7081人、事业7654人、企业2806人。实际缴费人数12712人，缴费基数总额75640万元。基本医疗保险基金收入7564万元，基本医疗基金支出7206万元，其中统筹基金支出2759万元，个人账户支出4447万元。基本医疗保险基金使用率95%。上年累计结余13777万元，当年结余359万元，基金累计结余14136万元，基金可支付月数23个月。职工住院3495人次，平均住院天数9天，住院率14.94%；医疗总费用3371万元，统筹支付2065万元，公务员医疗补助和大额医疗补助支出491万元；次均住院费用9645元、次均统筹支付7184元，实际报销比74.49%，自费348万元，政策范围内报销比86.38%。职工门诊大病22672人次，总费用913万元，统筹支付537万元，大额医疗补助支出45万元，实际报销比63.8%；普通门诊统筹90876人次，医疗总费用1081万元，统筹支付156万元。

【城乡居民基本医疗保险】 2019年，城乡居民基本医疗保险参保367156人，完成自治区目标任务数366500人的100.18%。其中成年人247969人，中小学生儿童118020人，大学生1167人。城乡居民基本医疗保险基金收入25873万元。基本医疗基金支出25483万元，基金总体使用率101.6%。上年累计结余21379万元，当年结余390万元，本年累计结余21769万元，基金可支付月数10个月。城乡居民住院53639人次，平均住院天数10天，住院率14.6%。住院总费用39241万元，统筹支付21843万元；次均住院费用7316元、次均统筹支付4072元，实际报销比55.66%，自费5423万元，政策范围内报销比64.59%；门诊统筹119万人次，医疗总费用5715万元，统筹支付2585万元，实际报销比45.23%，自费533万元，政策范围内报销比50%；门诊大病69335人次，总费用2339万元，统筹支付1055万元。

【职工生育保险】 2019年，生育保险参保单位215家，参保人数12329人，其中女性5298人，完成自治区下达目标任务数10000人的123.29%。生育保险基金收入339万元、支出225万元。享受生育保险待遇497人次，其中女职工生育医疗费用255人次、48万元，生育津贴20人次、49万元；男职工生育津贴223人次、128万元。基金使用率66.37%。上年累计结余1184万元，本年结余114万元，基金滚存结余1298万元，基金可支付月数62个月。

【医疗救助】 2019年，医疗救助人员149814人，其中建档立卡贫困人口112411人。参保缴费补助人数149814人，补助参保资金2896万元。住院救助16290人次，支出2010万元；门诊救助27136人次，支出231万元。

【医保扶贫】 一是推进全民参保计划，实现贫困人口100%参保。围绕建档立卡贫困人口参保缴费工作，提高贫困人口参加医疗保险个人缴费补助标准，参加三档的特困供养人员和二级以上重残人员给予760元全额补助；全县建档立卡人员应参保人数为103442，实际参保人数103442人，参保率100%。二是提高贫困人口医保待遇。政府兜底保障4696人次，医疗总费用为5313.45万元，其中，基本医疗报销2723.65万元、大病保险报销291.67万元、大病保险财政补助333.60万元、医疗救助

522.99 万元、“扶贫保”报销 109.41 万元、财政兜底 883.68 万元、个人自付 448.45 万元、个人自付比例为 8.44%。3. 贫困人员就医报销。建立健全健康扶贫“一站式”结算平台，已覆盖到所有医保联网定点医疗机构，医疗费用实施基本医疗保险、大病保险、大病保险财政补助、“扶贫保”、医疗救助和政府兜底“一站式”结算，解决了过去需要分别去民政、扶贫、卫生、保险公司等相关部门申办报销费用核算环节多、审核时间长、多头跑的弊端，使参保患者享受到快捷高效的医保结算服务。

【医保基金管理】 坚持收支“两条线”和财政专户管理，专款专用。切实改变基金结算方式，全面取消业务办理中的现金结算；积极开展基金安全和业务风险评估，对经办业务各个环节进行全面梳理，合理确定业务运行风险和关键环节、关键岗位，强化内部审计监督和内部制约机制。认真组织工作人员对参保单位缴费基数、缴费人数进行核定，并将核定结果由用人单位在本单位醒目位置张贴公示，便于参保职工进行政策咨询和监督举报。自 2019 年 5 月 1 日起，统一按全区城镇非私营单位就业人员工资和城镇私营单位就业人员平均工资加权计算的全口径城镇单位就业人员工资核定社保个人缴费基数的上下限，个人缴费工资最低为全区城镇单位就业人员工资的 60%，最高为全区城镇单位就业人员工资的 300%。全年医疗保险、生育保险参保单位减轻医疗保险缴费负担 156 万元。全年预付定点医疗机构城乡居民基本医疗保险住院统筹费用 12007.6 万元，其中公立医疗机构 10136 万元、民营医疗机构 658 万元，预付乡村两级门诊统筹费用 1213.6 万元。通过落实总额预付制度，缓解了医疗机构垫支压力，切实保障了广大参保人员基本医疗权益。推进按病种付费方式，选择临床路径明确、诊疗技术成熟、费用稳定的实行按病种付费。主要包括 14 周岁内急性淋巴细胞白血病、儿童急性早幼粒细胞白血病、先天性动脉导管未闭合、先天性肺动脉狭窄病种等 30 种门诊大病以及城乡居民生育补助。

【医药机构协议管理】 全县基本医疗保险定点医疗机构 28 家、定点零售药店 51 家。与“两定”机构签订了服务协议，协议签订率达到 100%，明确各自的权利和义务，明确总额控制指标、管控指标、考核评估指标等，细化管理措施以及违约处理内容，完善退出机制。加强与卫健局、市场管理局等有关部门的协调配合，促进医药机构做到因病施医、合理检查、合理用药，依法为参保人员提供必要、合理的基本医疗服务，控制医疗费用的不合理增长。

【绩效考核】 由县医保局牵头，联合县卫健局、财政局、市管局组成联合检查考核组对各医疗机构进行“服务质量”考核。考核内容主要包括通用性指标和重点疾病的临床过程评估，考核结果与 20%的门诊、住院预留经费挂钩。平时考核分数占 20%，上半年考核分数占 30%，年度考核分数占 50%。考核 95 分（含 95 分）以上的 100%拨付预留经费；考核 95 分以下的，考核分数每降低 1 分扣除预留保证金的 1%。通过绩效考核，进一步规范了医疗机构的医疗服务行为。7 月 15 日至 30 日，采取听、查、看的考核方式对全县医药机构进行了考核和通报。

【稽核检查】 2019 年，定期不定期到定点医疗机构稽核检查，发现问题及时进行整改。采取“八查八核实”“八查八核实”（查病人，核实参保身份；查诊断，核实住院条件；查处方，核实用药目录；查病历，核实施治规程；查病程，核实住院期限；查清单，核实收费标准；查药价，核实药招规定；查台账，核实报销金额）的工作机制推进监管制度化、规范化。加大处罚力度，对于违规操作，严格按照《社会保险法》进行处罚。在海原大河医院、海兴开发区大河医院、冈宁医院、华山医院 4 家协议医疗机构安装人面识别系统，有效防止了挂床住院、冒名就医等医疗行为；利用医保监控系统和重点监控指标筛查，对监控确认的高度疑点案件进行实地调查，对违规问题进行处理；认真开展医保服务医师诚信管理工作，建立诚信管理档案库，并签订医师服务协议500多份，签订率达到100%。对乡村两级“定点”医疗机构基本药物目录执行情况、村医处方、网络畅通及使用等开展定期核查。同时对1万元以上医疗费用全部与就医机构实行电话核对，对外伤就医和大额医疗费用进村入户调查核实，严控假发票和冒名顶替现象的发生。

【打击欺诈骗保专项治理行动】 2019年，成立专项行动领导小组，制定专项行动实施方案，对全县28家协议医疗机构和51家协议药店进行了逐一核查。查出挂床住院52例，扣回违规支付医保基金101686.72元；存在不合理治疗、不合理用药住院患者21例，扣回违规支付医保基金15926.35元；查出6家协议药店存在串换药品问题，扣回违规支付医保基金12230.5元。拒付、追回12例外伤患者住院费用，涉及152629.73元；查处重复报销1例，涉及住院费用23401.39元。利用医保系统审核结算费用时，直接拒付共计29212.74元。

【机构改革】 先后与人社局、民政局、卫健局对接，2月20日完成城乡居民基本医疗保险、生育保险等医疗保障业务的移交；4月1日完成医疗救助业务的移交；6月31日对健康扶贫政府兜底保障业务进行移交。

【异地就医直接结算】 2019年，全县198家村卫生室、全区490家定点医疗机构、所有协议零售药店已全部实行即时核报、即时结算。城镇职工基本医疗保险区内住院直接结算1119人次，医疗总费用1304万元，基本医保统筹基金支付778万元、大额医疗补助支付101万元、公务员医疗补助96万元；门诊大病7941人次，基本统筹支付246万元、大额医疗补助支付21万元；个人账户结算80417人次、支付1275万元。城乡居民基本医疗保险区内住院就医直接结算10021人次，总费用1亿元，基本统筹支付4817万元；门诊大病结算17292人次，总费用780万元、基本统筹支付395万元。全年异地备案992人次，跨省异地就医直接结算187人次，总费用620.18万元、支付医保统筹基金373.69万元。与北京、上海、天津、陕西等16个省份实现了跨省就医直接结算工作，减轻了参保人员垫资负担和家庭经济负担，真正实现了让数据多跑路、让群众少跑腿。

【医保信息化】 2019年，依托互联网和自治区医疗保险信息管理系统，在全县范围内开通网上经办服务工作，参保单位和经办机构之间“不碰面”便可实现参保人员增减变动、缴费基数申报和常用信息查询等社会保险业务的办理，有效推进医保电子化服务进程。同时，及时下沉城乡居民基本医疗保险参保缴费业务，将医疗保险信息系统延伸到基层，打造更为方便快捷的基层经办平台。

【社保政策宣传】 2019年，采取多种方式方法广泛、深入、有效地开展社会保险政策宣传。一是创新宣传模式。按照以人为本的要求开展全方位宣传，以媒体宣传、手机APP、“12333”热线、微信及手机短信、举办社会保险政策培训、深入用人单位开展宣传等方式大力强化医保政策宣传。围绕脱贫攻坚，印发了《医疗保障精准扶贫政策解读》3.5万份，发放到全县所有乡镇、社区、卫生院及帮扶人和责任人手中，扩大健康扶贫政策的宣传实效；围绕扫黑除恶专项斗争和打击欺诈骗保专项活动，在县域定点医药机构发放张贴扫黑除恶线索举报公告，用悬挂横幅、电子屏滚动播放宣传标语、张贴海报、公布举报电话、发放宣传资料等多种形式向广大人民群众进行宣传，切实提高广大人民群众对欺诈骗保的识别能力。开展了“大宣传、大走访”活动，把建档立卡贫困户、边缘户和特困人员等群体作为重点，逐乡(镇)、逐村、逐户进行入户排查走访动员,现场宣传讲解医疗保障扶贫政策,切实做到把医保服务送到基层,把医保政策宣传到基层,把医保问题解决到基层,真正打通服务群众的最后一千米。

就业创业和人才服务

【概况】 2019年,制定下发《海原县2019年就业创业助推脱贫攻坚行动实施方案》,县人社局、就创局根据县委和政府文件要求细化工作方案,分别下发了《海原县就创局贯彻落实就业扶贫重点任务责任分工“五定”方案》等工作方案,先后整改销号中央、省际交叉考核和自治区反馈问题15个,周一召开工作例会,听取上周工作汇报,解决就业扶贫工作中存在的问题,部署周内工作任务。通过制定工作方案,细化工作任务,压实工作责任,狠抓工作落实,不断推进就业扶贫工作。

【技能培训】 2019年,重点围绕建档立卡贫困劳动力,积极开展职业技能培训,增强就业技能,拓宽就业渠道,加快脱贫步伐。按照“企业订单、培训机构列单、劳动者选单、政府买单”的培训机制,坚持项目整合、统筹培训的原则,由人社部门牵头,整合就业、扶贫等部门培训项目,统筹资金、统一政策、统一备案,各乡镇、部门共同参与,各负其责,分层次开展培训。结合培训需求,按照方便群众的原则,由乡镇负责摸清培训需求并组织人员、提供场地,培训机构按照培训大纲和计划,就近就地开展培训。结合市场用工需求,有针对性地开展各类职业技能培训。全年完成各类培训9037人,其中精准脱贫能力培训4039人(家居清洁250人、挖机354人、装机300人、育婴员99人、烩小吃150人、中式烹饪390人、剪纸50人、刺绣100人、电焊工1046人、电工453人、手工编织437人、缝纫工77人、牛肉拉面87人、砌筑工246人),完成目标任务3500人的115.4%;建档立卡贫困户汽车驾驶员应培尽培,已培训持证2799人;开展城乡劳动力技能培训2199人,完成目标任务2000人的110%。2014年以来累计开展各类职业技能培训48261人,其中培训建档立卡贫困劳动力33996人,占总培训人数的70.4%,全县26523户建档立卡贫困人口户均掌握1门以上技能。

【转移就业宣传】 2019年,利用电视台、微信公众平台、宣传彩页、宣传画等大力宣传转移就业优惠政策,同时结合扶贫宣传,在全县建档立卡户家中以张贴宣传画等形式广泛宣传就业创业政策。海原县调研报告《做实“离土”文章　提升脱贫质量》被中共中央政策研究室主办的《学习与研究》采用,在《调查研究》版块全文刊发。

【劳务中介培育】 2019年,依托县委党校开展劳务中介机构法人和劳务经纪人培训197人,提升整体素质,选树劳务中介和劳务经纪人典型进行表彰奖励,激发引领,带动积极性和主动性,累计培育劳务经纪人582人名,培育劳务中介公司28家,劳务中介组织带动转移就业占比近50%。积极配齐配强海原驻新疆、内蒙古、银川、浙江义乌、福建和广东6个劳务服务中心主任、副主任。9月11日在江西南昌挂牌建立了海原县驻南昌劳务服务中心,通过建立驻外劳务服务中心,切实加强海原县务工人员管理和服务,增强就业稳定性。巩固提高内蒙古包头、青海诺木洪等22个500人以上劳务基地就业能力,加快定向吸引转移就业。

【转移就业扶持】 2019年,制定出台《海原县建档立卡贫困劳动力转移就业奖励补贴办法》,对外出务工建档立卡贫困劳动力创收1万至3万元的,给予1000至3000元劳务奖补,兑付劳务奖补11900人、2272.09万元,转移就业8.82万人(其中贫困劳动力11900人),完成目标任务8万人的110%,创收13.01亿元。已形成建筑工程、汽车驾驶、特色餐饮和剪纸刺绣四大劳务品牌，建筑行业从业人员2.1万人，交通运输从业人员2.2万人，餐饮行业从业人员1.3万人，剪纸刺绣从事人员约0.2万人，四大品牌年创收近8亿元，有力推动了劳动力转移就业。

【公岗就业】 建档立卡户公益性岗位是海原县精准施策、精准扶贫的重要举措，由乡村两级从有安置意愿而且有劳动力的建档立卡户中筛选确定，并依据建档立卡劳动力的技能特长和自身特点就地安置为乡村文化管理员、劳务信息员、河道维护员、道路清洁员、“老饭桌”服务员等岗位。2019年争取自治区指标安置公益岗位728人，其中农村建档立卡公益性岗位583人、城镇公益性岗位145人，2019年建档立卡公益性岗位人员月生活补贴853元，年收入10236元/人。全县在岗服务公益性岗位2154人，其中农村建档立卡公益性岗位1592人、城镇公益性岗位562人。通过公益性岗位兜底安置就业，精准帮助建档立卡贫困劳动力就近就地就业，鼓励他们转变观念，激发内生动力，增强脱贫致富信心。这一举措已成为乡村建设的重要力量。

【扶贫车间】 建设扶贫车间是海原县推进建档立卡贫困劳动力就近就地稳定就业、加快脱贫步伐的又一重大举措。通过修改完善《海原县扶贫车间管理办法》，给予扶贫车间培训和就业补贴，扶持企业发展，吸纳建档立卡贫困劳动力就近就地就业。派专人进驻园区为闽宁科技园和海兴区企业协调组织招工培训等事宜，通过在县城各社区、乡镇各行政村张贴招聘简章，在县电视台、微信公众平台等媒体大力宣传，组织8名海原网红现场直播宣传等，不断加大扶贫车间招工宣传力度。指导劳务中介和劳务经纪人为扶贫车间在县城设点招工，深入各乡镇开展宣传招工等。举办“春风行动”“民营企业招聘周”等专场招聘会，积极为闽宁科技园及扶贫车间组织招工，截至11月底，在闽宁科技园就业584人，其中建档立卡贫困劳动力173人，人均月收入2200元以上。建成西安镇西安村、树台乡树台村、李旺镇新源村等25个扶贫车间，解决就地就近就业229人，其中贫困劳动力120人，人均月收入1800元以上。通过扶贫车间吸纳就业，增加建档立卡贫困户就业稳定性，加快建档立卡户向产业工人转变，最终实现脱贫。

【全民创业】 2019年，全面落实创业培训、农村致富带头人创业能力培训、创业担保贷款、创业园区建设等基础举措，深入推进全民创业工作。针对种养大户、建档立卡户、高校毕业生等重点群体每年开展创业能力培训10期295人，完成目标任务的100%。指导各乡镇遴选推荐组织开展创业致富带头人培训520名，完成目标任务的100%。重点围绕致富带头人、种养殖大户、餐饮、劳务经纪人等创业个体积极办理创业贷款。截至11月底，发放创业担保贷款620笔5342.5万元，完成目标任务4000万的133.6%。培育创业实体360个，创造新岗位824个，带动就地就业2290人，分别完成目标任务的112.5%、117.7%、104.1%。

【就业服务】 2019年，开展就业创业登记1304件，其中完成就业登记877件、失业登记427件、申请灵活就业人员社会保险补贴1392人。截至11月底，城镇新增就业1034人，完成目标任务800人的129.3%；失业人员再就业389人，完成目标任务的111.1%；就业困难人员就业145人，完成目标任务的241.7%；城镇登记失业率为3.82%。失业保险参保人数9590人。失业保险基金收入576.47万元，其中，失业保险费收入532.79万元，利息收入41.45万元，转入资金2.23万元。基金支出353.85万元，其中，为274人支付失业保险金142.99万元，为249人支付基本医疗保险费23.32万元，为1名在职职工发放技能提升补贴0.15万元，上解调剂金162万元，为5家企业发放稳岗补贴24.43万元

（企业职工受惠人数734人），为157人发放临时价格补贴0.96万元。失业保险基金累计结余2171.21万元。

【高校毕业生就业】 2019年，通过开展高校毕业生就业服务月、全国人力资源高校毕业生就业服务周及电话跟踪回访服务等举措切实加强高校毕业生就业服务。截至11月底，海原县2019年离校未就业应届高校毕业生实名模板登记未就业高校毕业生1401人，跟踪服务1364人，其中：推荐就业1229人，升学5人，自愿未就业66人，正在求职60人，联系不上37人，其他4人，离校未就业应届高校毕业生就业率达到95.1%。认真开展高校毕业生人事档案和组织档案接转工作，2019年以来共登记、接收应届高校毕业生人事档案2524份，转出187份；接收组织档案33份，转出组织档案5份。认真落实高校毕业生“三支一扶”及事业单位实习生管理服务工作，根据服务单位上报月考勤按月及时核发生活补贴及社保补贴；认真开展2019年高校毕业生“三支一扶”及事业单位实习生岗位需求征集工作，征集全县各单位“三支一扶”岗位需求331个，事业单位实习生岗位需求300个；认真开展高校毕业生“三支一扶”网上报名初审工作，网上报考海原县“三支一扶”服务项目共937人，初审通过926人。认真开展青年见习工作，2019年申请命名老庄稼、卡立方、电脑刺绣、闽宁纺织、华胜衣纺5个企业为青年见习基地，积极发布企业见习招聘公告，并为5个企业选派青年见习生，推动企业正常运营。通过实地走访、电话、视频等形式扎实开展“三类人员”使用管理和上班到岗情况督查，对个别服务单位下发了整改通知单，对未到岗上班“三类人员”进行了约谈，对长期未到岗“三类人员”取消服务资格，有效地强化了“三类人员”管理工作。截至11月底，全县“三支一扶”在岗人数334人（2018年度89人、2019年度183人），实习大学生在岗人数287人，企业青年见习生在岗22人。

【精准帮扶】 2019年，认真开展曹洼乡硝沟行政村结对帮扶工作，制定了《就创局帮扶曹洼乡硝沟村和西安镇范台村驻村工作实施方案》，全局干部职工22人共联系帮扶贫困户105户，已脱贫83户，退出4户，未脱贫18户。2019年年初，帮助硝沟行政村制定了《硝沟村2019年产业发展总体规划》，联合开展了“帮扶对接助脱贫、扫黑除恶见行动”和“不忘初心、牢记使命”主题党日活动，开展了“进农家院、干农家活、查农家情、暖农家心”主题活动，举办了“海原县精准扶贫优惠政策问答”竞赛活动，现场发放了宣传品268份，慰问困难群众和老党员12人，发放宣传册和宣传彩页共1000余份，帮助硝沟理清发展思路。截至2019年11月底，曹洼乡硝沟村安置农村建档立卡户公益性岗位24人，组织参加各类培训222人，劳动力转移就业183户307人，务工收入368万元，兑付劳务奖补20.14万元，为554户建档立卡户发放贷款2154万元。硝沟村自来水入户率100%，义务教育入学率100%，建档立卡户基本医疗全覆盖，全村建档立卡户142户，已脱贫138户。2019年年底，全村人均可支配收入约7800元。派遣3名同志到西安镇范台村驻村开展驻村帮扶活动，为范台行政村购买了电脑、打印机、桌椅等办公设备，提升了办公质量；为287户建档立卡户发放贷款1350万元；为范台村配备公益性岗位人员23人；组织开展各类培训100人，外出务工人员480人，劳务创收近987万元，兑付劳务奖补156户40.1万元。范台村自来水入户率100%，义务教育入学率100%，建档立卡户基本医疗全覆盖，全村建档立卡户235户，已脱贫215户。2019年年底，全村人均可支配收入约8180元。

退役军人事务管理

【机构组建】 2019年，县退役军人事务局自组建以来，平稳有序地完成退役军人服务中心机构挂牌、人员转隶、“三定”设置、经费保障等工作；县委成立了由县委书记任组长，县长任第一副组长的县委退役军人工作领导小组，全年召开领导小组专题会议3次。同时通过政府常务会议、县长办公会议专题研究退役军人编制、人员、经费等问题，为县退役军人服务中心核定事业编制8人，编制数位居全区第一。以政府购买服务方式为各乡镇（街道、管委会）配备退役军人服务专职人员22人，并开展业务培训2次；推动完成全县19个乡镇（街道、管委会）、160个行政村（居）退役军人服务站组建挂牌、人员整合及室内布置工作。

【经费保障】 2019年，县政府为县、乡、村三级服务机构划拨退役军人办公经费76万元，信息采集经费69万元，双拥工作经费85万元，安排办公大楼维修改造经费60万元。实现了服务机构建设“五有”目标，形成了横向到边、纵向到底、覆盖全员的服务保障体系。

【优抚安置】 2019年，完成9名退役士兵安置任务，为73名自主就业退役士兵发放一次性经济补助资金292万元。走访慰问1072名重点优抚对象，发放前三季度优抚资金419.3万元，发放民族团结奖67.2万元。为68名退役军人和转业士官拨付工资147.8万元，发放民族团结奖20.4万元。积极协调社保、医保、财政、税务、民政等部门完成部分退役士兵社保接续前期准备工作，对全县符合社保接续的退役军人进行摸底确认和经费初步核算，有符合政府安置条件退役士兵645人，其中安置到行政事业单位417人，需社保接续退役军人228人，经测算需要资金1463万元（单位承担部分）。部分退役士兵社保接续工作全面启动，收到申请158份。2018年清零工作中，就44名下岗失业退役士兵完成养老保险接续18人，完成医疗保险接续22人。

【化解信访矛盾】 2019年，实行分管领导和科室负责人带班及24小时应急值班制度，按照“谁接访、谁负责、谁跟踪处理”的原则，实行每周领导干部接访制度。实行涉军信访工作窗口前移、重心下移、责任下行，健全信访督查、信访回访和信访调研三项制度，落实信访工作管理目标责任制和责任追究制，及时掌握动态，把矛盾解决在萌芽状态。2019年累计受理来信来访298件，办结298件，接待来访430人（次）。

【退役军人信息采集】 2019年，通过电视、网络、微信公众号、发放公告等宣传方式，提升退役军人信息采集知晓率。拓展县、乡、村信息采集服务渠道，提供就近采集服务。对年事已高、行动不便的退役军人组织专班上门采集。全年完成退役军人和其他优抚对象县域内信息采集4043人。

【退役军人就业创业】 2019年，为12名退役军人协调创业贴息贷款120余万元。为参加汽车驾驶技术培训的22名士兵拨付补助资金92400元。根据市场需求和劳动力意向，组织19名退役军人参加自治区退役军人专场招聘会，签订意向性协议8份。紧密结合全县脱贫攻坚工作，按照政府引导、社会参与、市场运作的培训新模式，积极引导退役军人参加初级技能培训、汽车驾驶技术培训、农村实用技术培训、致富带头人培训，不断推动退役军人就业创业工作取得新进展。

【脱贫攻坚】 2019年，海原县主要领导高度重视退役军人建档立卡工作，要求各乡镇、各部门加大对退役军人贫困户的扶持力度。分管副县长带领相关部门领导深入全县所有乡镇（街道、管委会）调研军人“三群体”脱贫攻坚工作，对全县军人“三群体”建档立卡户进行全面摸排。经排查，海原县有军人

"三群体"建档立卡户 588 户,已脱贫 449 户,未脱贫 139 户。组织人员对 139 户未脱贫户全部进行入户走访,全面掌握贫困状况。协调民政部门将全县所有 50 岁以上符合低保条件的退役军人全部纳入低保范围,切实解决了这部分退役军人的实际生活困难。全力帮扶本单位结对帮扶村。组织全体干部职工对结对帮扶村进行实地走访,并提供 20000 元资金用于改善贫困村基础设施建设;班子成员联合邮储银行开展金融扶贫及扶贫政策宣讲活动,发放生活慰问品 3500 余元。开展"进农家院、干农家活、查农家情、暖农家心"主题活动,与农户同吃、同住、同劳动,并组织干部职工购买农户剩余农副产品 1000 余元,为农户提供了力所能及的帮助,同时增进了党群、干群关系。督促单位帮扶干部每月开展入户走访,认真履行帮扶责任人职责,全力助推全县脱贫攻坚工作。

【扫黑除恶】 2019 年,多次召开专题会议进行安排部署。成立扫黑除恶专项斗争工作领导小组,并指定专人负责,制发本系统扫黑除恶专项斗争工作方案、线索摸排计划,以各乡镇(街道、管委会)退役军人服务站为单位,全面摸排辖区内问题线索。不断强化舆论宣传氛围,通过制作宣传横幅、设立举报信箱、张贴宣传画、发放宣传材料、开通微信公众号转载相关案件文章等方式扩大群众对扫黑除恶专项斗争的知晓率。累计印发宣传资料 4000 余份,转载相关案件文章 20 余篇。

【党建工作】 2019 年,县退役军人事务局组建后,坚持党建与业务两不误两促进,结合"两学一做"学习教育常态化制度化,逐步研究制定完善了各项规章制度。坚持"三会一课"、支部主题党日、周五政治理论学习及党建党风廉政建设工作季度例会制度,不断加强党员干部的政治理论及业务学习,着重提升思想政治站位与综合业务素质。2019 年共开展党组中心组学习 12 次、干部职工政治理论学习 46 次。深入开展第二批"不忘初心、牢记使命"主题教育工作,以学习《习近平新时代中国特色社会主义思想学习纲要》《习近平关于"不忘初心、牢记使命"主题教育论述摘编》及习近平重要讲话为重点篇目,将学习教育、调查研究、检视问题、整改落实贯穿主题教育全过程,达到以主题教育推动工作落实的目的。

【退役军人党员管理】 2019 年,海原县有退役军人党员 1779 名。与县委组织部门联合行动,开展了退役军人党员"五个一"活动,即一次重温入党誓词、一次支部书记讲党课、一次退役军人座谈会、一次走访慰问、一次进军营活动,积极引导广大退役军人重忆军旅生活、重温使命初心,切实增强了退役军人党员的政治荣誉感和身份认同感,为他们自觉珍惜荣誉,始终保持军人本色增强了信心,为密切军民关系,加深军民鱼水情谊营造了浓厚氛围。认真开展退役军人党组织关系转接工作,设立退役军人党组织关系一站式服务点,由县委组织部门直接负责退役军人党组织关系转接工作。

【党风廉政建设】 2019 年,严格落实党风廉政建设主体责任和监督责任及"一岗双责"制度,班子成员带头做出承诺,认真履行党风廉政建设主体责任,切实担负起党风廉政建设全面领导责任;加强队伍作风建设,制定完善退役军人事务各项工作制度和程序规定,形成按制度办事、以制度管人的工作格局,力争建成一支作风过硬、廉洁奉公、勤政为民、敢于担当、忠诚干净的创业队伍;制订学习计划,加强宣传教育。组织党员干部开展各种警示教育活动,通过支部书记讲廉政党课、宣读案件通报、廉政教育、主题教育活动提醒等多种方式,加强对班子成员和党员干部的党性党风党纪教育和廉洁从政教育;加强学习教育,养成良好的学习习惯,认真履行党章和宪法赋予的职责,局党组和领导班子对照党章党规找差距,查视存在的问题并制定整改措施逐一落实，不断增强纪律意识和规矩意识，认真落实各项优抚政策。

【光荣牌悬挂】 2019年，召开专门会议进行研究部署，制定工作方案，明确责任分工。举办"光荣之家"挂牌启动仪式，现场为30名退役军人颁授光荣牌，宁夏电视台《新闻联播》对海原县授牌仪式进行了播报。全面排查光荣牌悬挂对象底数及情况，组织工作专班上门悬挂，确保不漏一户。

【优抚对象体检及慰问】 2019年，通过招投标方式选定医疗机构，以男428元/人、女456元/人的标准为全县1086名重点优抚对象进行了体检。组织开展对退役军人中的建档立卡户和部分退役军人的走访慰问，深入了解他们的所想、所需、所盼。在春节、八一、十一前夕开展对驻卫、驻海部队和重点优抚对象、退役军人、现役军人家属的慰问，发放慰问金(慰问品)15.5万元。

【最美退役军人选树】 2019年，推送全国"最美退役军人"1人；区级"模范退役军人"2人，"退役军人工作模范单位"1个，"退役军人工作模范个人"1名；向中卫市推送优秀退役军人先进典型3例，推送市级"最美退役军人"9人，"双拥"工作先进集体4个，"双拥"工作先进个人3人；评选表彰县级"最美退役军人"35人，"双拥" 工作先进集体15个、"双拥"工作先进个人17人。

【烈士褒扬】 2019年，清明节在县烈士陵园开展"传承·2019清明祭英烈"活动，县四套班子成员、驻海部队官兵、全体公安干警、县"双拥"成员单位干部职工及广大中小学师生、青年志愿者1200余人参加；国庆节前夕组织开展了"缅怀革命先烈、弘扬爱国精神"活动，市委主题教育第三巡回指导组成员、县四套班子成员、法检两院领导、驻海部队官兵、公安干警全县各部门(单位)领导干部、广大师生、共青团员、少先队员代表共1021人参加。

【"双拥"模范县创建】 2019年，组织召开全县"双拥"工作推进会，周密部署，详细安排。印发《"双拥"模范县创建工作方案》及工作任务分解表，进一步压实工作责任。在各乡镇(街道、管委会)打造"双拥"示范点并组织推广，分管领导带队对各乡镇"双拥"模范县创建工作开展经常性指导，对照自治区"双拥"模范县创建标准，认真补短板、找差距，逐条逐项抓好落实。广泛开展"最美退役军人""好军嫂"学习宣传活动，推动活动进农村、进机关、进校园、进社区、进军营。

民　政

【民生保障】 2019年，海原县民政局按照《关于印发〈海原县2019年社会兜底保障攻坚行动实施方案〉的通知》要求，成立了以政府分管副县长为组长的海原县社会保障兜底工作领导小组，民政局全体干部职工分4个小组走访入户进行全面排查摸底，重点围绕2019年在册未脱贫建档立卡家庭、农村低保家庭、重度残疾人家庭、单亲家庭、大病家庭、特困供养人员、困境儿童、低保边缘户、已脱贫的在册低保建档立卡户进行全面排查摸底，共走访25789户61723人。同时将排查摸底反馈意见呈报县四大机关主要领导、分管领导和包乡镇县级领导。通过本次整改，取消农村低保对象27人，新申请纳入农村低保对象1786人，有效地发挥了社会保障兜底功能，实现了农村低保制度与扶贫建档立卡政策的有效衔接。为实现"两不愁三保障"目标，完善最低生活保障制度，推进最低生活保障审核审批改革，进一步提高基层便民、惠民服务水平，建立优质高效的低保工作机制，于5月将低保审批权限下放各乡镇，各乡镇均按程序进行低保审批。

【村低保补助】 2019年，海原县民政局为保障兜底家庭稳定脱贫，经县政府研究同意，提高农村低保补助标准（一类人员补助标准400元/月/人；

二类人员补助标准 300 元 / 月 / 人；三类人员补助标准 240 元 / 月 / 人），新补助标准从 5 月起执行。同时为进一步规范农村低保等社会救助管理工作，充分发挥城乡居民最低生活保障制度的作用，县人民政府常务会议先后两次研究修订完善了《海原县人民政府关于印发海原县城乡居民最低生活保障管理办法的通知》和《海原县人民政府关于修改海原县城乡居民最低生活保障管理办法的通知》。

【脱贫宣传】 2019 年，海原县民政局针对困难群众关切，提高低保透明度，结合保障兜底入户核查工作，宣传低保申请条件、办理流程、保障类别、补助标准和临时救助、高龄津贴、孤儿养育津贴、特困供养津贴及制度，并在各乡镇、行政村公示栏和村组人员密集场所张贴发放 6 万余份宣传材料。针对全县村（居）、组干部人员变动频繁，对民政救助政策掌握不深不透，对群众宣传不透彻，分三组于 9 月 26 日至 30 日在全县各乡镇、村（居）、组开展民政救助政策宣讲培训，通过对城乡低保、临时救助、特困供养、高龄津贴、孤儿、困境儿童及留守儿童、困难残疾人生活补贴和重度残疾人护理补贴政策进行宣讲培训，同时将民政救助政策制作成 PPT 通过微信群向广大群众进行宣传，有效地提高了群众的政策知晓率和满意度。

【医疗救助】 2019 年，海原县民政局修订完善《海原县城乡低收入困难群众医疗等临时救助实施方案》，形成以城乡最低生活保障制度为基础，以养老、高龄等专项救助为辅助，以临时救助和社会帮扶为补充的社会救助体系，最大限度地保障困难群众的基本生活，临时救助困难群众 2.1 万人次，发放临时救助资金 4009.88 万元。扎实开展“救急难”工作，有效发挥各乡镇、街道办“救急难”服务平台和村居信息员的作用，及时报告核实辖区内因遭遇突发事件、意外事故等情况而陷入生活困境的困难群众，对因患危重疾病，遭遇火灾、交通事故或其他特殊原因造成家庭生活特别困难的家庭和个人给予“急难”救助。

【社会救助】 2019 年，全县城乡低保对象 61228 人，其中城市低保对象 12254 人、农村低保对象 48974 人，共发放保障金 28289.71 万元。通过专项治理和年检共取消农村低保对象 2759 人、城市低保对象 2104 人、高龄 278 人、特困供养人员 126 人、孤儿 15 人、残疾两项补贴人员 492 人。

【低保工作】 海原县民政局结合 2018 年脱贫攻坚专项巡视整改及 2019 年社会保障兜底工作，2019 年农村低保专项治理工作重点整治低保领域形式主义、官僚主义及未脱贫建档立卡户中的重病、重残对象纳入低保情况及“漏保”问题，核查农村低保专项治理过程中是否存在“人情保”“关系保”的问题，低保经办人员、村（居）委会干部和党政机关、企事业单位干部职工直系亲属纳入低保备案情况以及资金监管使用情况。全县已有 41 个单位的 411 名职工的直系亲属完成低保备案 629 人。

【养老服务】 2019 年，海原县初步建成以海原县阅海养老服务中心、县城中心敬老院、海兴开发区敬老院为支撑，南苑日间照料中心和 44 个“老饭桌”为补充的养老服务体系。共有特困供养人员 887 人，3 所敬老院共入驻特困供养对象 285 名，其中失能失智和半失能失智特困供养对象 85 名，共发放特困供养津贴 732.3 万元。对全县散居失能失智特困对象进行体检，并积极宣传动员其入住敬老院。海原县老年养护院建设项目总投资 2196.54 万元，主体已建设完成。海原县北坪社区日间照料中心建设项目主体已完工。西湖、东城社区日间照料中心已改造完成，并配备了设施设备，购买完成了凤凰和兴业社区日间照料中心，并配备了设施设备。

【基层治理】 2019 年，海原县民政局督促各乡镇健全村务公开及民主管理、民主协商等 11 项制度，积极推行农村社区网格化管理，推动村民代表会议规范运行，规范了村务公开的时间、形式、内容、流程，完善了网格化管理。完成了全县150个行政村、11个城市社区特别法人社会信用代码赋码颁证工作。进一步加强了全县村务公开及民主管理工作，确保村务公开和村民代表会议制度落到实处，组织对全县所有行政村进行了督查，并督促乡镇进行了整改。

【扫黑除恶】 2019年，海原县民政局制定《海原县民政局扫黑除恶专项斗争工作方案》，以聚焦重点深挖涉恶涉黑线索，严格规范村（社区）“两委”换届选举，健全党组织领导下的村（居）民自治机制等7个方面为主要任务，建立了工作信息报送制度，对涉及把持基层政权涉黑涉恶线索进行摸排，对涉及行业领域的7个方面进行整改，并将线索和整改进展情况及时报送县扫黑除恶专项斗争工作领导小组办公室和自治区民政厅扫黑除恶专项斗争工作领导小组办公室。

【农村基层阵地建设】 2019年，海原县民政局根据县委组织部印发的《村（社区）“两委”成员县级联审办法》（海党组发〔2019〕66号）要求，与县纪委（监委）、县委统战部、县检察院、县人民法院、县公安局、县税务局、县卫健局、县市场监管局、县信访局联合开展了村委会成员县级联审工作，完成了对村委会成员拟补选的41名县级联审工作。共建设完成7个农村社区服务站。完成三河镇凤凰社区购买，现已进驻办公。兴业社区由开发商正在建设，已完成二层主体建设。

【关爱儿童】 2019年，全县共有孤儿和困境儿童827人，其中父母双亡孤儿49人，困境儿童756人，集中供养22人。救助标准为机构养育孤儿每人每月1249元，孤儿每人每月937元，困境儿童每人每月731元，均按月足额发放。共发放孤儿养育津贴936.4万元。进一步完善困境儿童管理制度，积极与河南第二慈善医院、嫣然基金会联系，完成25名唇腭裂儿童治疗。全面开展“抚康计划”，评估筛查确定治疗27人。加强农村“三留守”关爱督导员培训力度，于7月份组织全县“三留守”督导员集体培训，提高业务素质。“儿童之家”已完成148家，全县村居级覆盖率达92.5%，督促乡镇和村居委会正规儿童之家管理运行，确保开放时间，提高活动质量。儿童福利院已完成装饰装修及文化建设，于9月正式运营，入住无监护能力的孤儿及困境儿童22人。

【婚姻登记】 2019年，海原县民政局实行免费照相、免费复印等便民服务。对离婚实行预约制，在预约期间内进行司法调节，有效降低了离婚率。2019年以来共办理结婚3293对，离婚700对，补发结婚证3182本、离婚证87本。

【殡葬管理】 2019年，海原县民政局为全面贯彻全国关于开展违法违规私建“住宅式”墓地等突出问题专项摸排工作电视电话会议精神，制定《海原县关于开展违法违规私建“住宅式”墓地等突出问题专项摸排方案》，进一步规范和加强殡葬管理，在全县范围内开展违法违规私建“住宅式”墓地等突出问题专项摸排工作。

【社会组织管理】 截至2019年年底，全县共登记各类社会组织41家（其中社会团体18家、社会服务机构23家），备案20家。积极推进社会组织健康发展，加大社区社会组织培训发展力度，依托街道服务中心，有针对性地培育发展一批适应居民物质文化生活需求的社区社会组织，积极探索政府向社会组织转移职能、购买服务和奖励扶持政策措施。围绕培育发展的重点，进一步完善备案管理制度，为社区社会组织参与社区服务提供平台和指引。

【志愿服务】 2019年，高崖乡高湾村、树台乡红井村实施了贫困人口社会工作服务项目，为贫困人口通过个案、小组的方式提供专业化社会服务，让贫困人口通过专业化服务相关情况有了清醒的认识。并在建设社区、黎明社区、南堡村、关庄乡实施了老年人、儿童专业化服务。大力弘扬“奉献、友爱、互助、进步”志愿服务精神，完善海原县志愿服务登记、培训、管理、招募、记录制度，着力发展壮大志愿者队伍。广泛开展志愿服务活动，促进全县志愿服务活动经常化、制度化、规范化，推动海原县精神文明建设工作深入开展。

【区划地名管理】 2019 年，海原县民政局制定《海原县乡(镇)级行政区域界线和部分行政村村界勘定工作实施方案》，通过公开招投标的方式完成海原县行政区域界线勘定工作。成立海原县清理整治不规范地名工作领导小组，召开成员单位联系协调和动员部署会，完成本级进一步清理整治不规范地名工作实施方案的制定，从成员单位中抽调专人组成包括专家在内的评审论证组。为开展清理整治不规范地名营造良好氛围。

信　访

【概况】 2019 年，全县信访形势呈现出“两降两升”的态势。全县本级信访量有所下降，受理群众来信、来访及网上信访 787 批 1288 人次，比 2018 年同期批次下降 15.2%、人次下降 10.6%。70 大庆期间和十九届四中全会期间，海原县无人进京上访。

【上级移交信访事项办理】 2019 年，中央扫黑除恶第二十督导组移交海原县办理的 65 件信访件，办结率 100%；自治区党委第四巡视组移交海原县办理的 34 件信访件，办结率 100%；完成国家信访局交办的 1 件信访件(马金智信访件)；完成省级领导(自治区人大常委会副主任董玲)包保化解的 2 件信访件；自治区信访局交办的 6 件信访件，已办结 4 件。海原县信联办梳理的 114 件历年信访积案，已办结 108 件，办结率 95%。

【信访事项控制指标】 2018 年按照自治区信访事项及时受理率、按期办理率、群众满意率、群众参评率，县级信访局和责任单位的及时受理率均为 100%，责任单位按期办结率为 100%；信访机构参评率为 100%，责任单位参评率为 99.28%；信访机构满意率为 100%，责任单位满意率为 88.32%。

【信访综合工作】 2019 年，层层签订信访工作责任书，机构改革后，信访督办局改名为信访局，局长兼任县政府办副主任。为方便接待群众来信来访，积极推行网上信访。截至年底，海原县网上信访占比 71.87%，移动端信访占比 48.32%，依托《全区网上信访信息系统应用通报》，开展信访事项回访工作。全年受理、办理信访件不存在办理不规范问题。为公正公平解决信访事项，积极开展信访事项复查复核办理。共受理复查复核信访件 9 件，已按程序办结 9 件。按照区市要求，深入推进信访工作制度改革和信访法治化建设，依法分类处理信访诉求，保障合理诉求依照法律规定和程序得到合理合法的结果。

【越级访治理】 2019 年，2 人先后越级访 55 批 55 人次；到自治区越级上访 24 批 44 人次，未发生到自治区层面的集体访。

【联动配合】 2019 年，认真落实《关于妥善处置群众到自治区党政机关上访联动工作方案》，配合做好自治区党政机关上访处置工作。全县未发生属地配合不力、劝返工作不到位情况。

【信访宣传】 全年累计报送各类信访简讯、简报 13 篇，组织业务培训 1 次，培训 89 人次；发放扫黑除恶专项斗争《应知应会手册》200 余份、宣传彩页 500 余份，制作宣传展板 4 个、悬挂条幅 2 条，有效扩大了宣传面。

应急管理

综　述

【概况】 2019年全县发生生产安全事故5起，死亡7人，其中较大事故一起，死亡5人，事故起数较2018年持平、死亡人数上升75%，亿元GDP生产安全事故死亡人数为0.118，控制在年度指标0.252以内。全县各乡镇遭受洪涝、冰雹。生物、低温冷冻灾害袭击涉及2569户10596人，农作物受灾面积达34765.6亩，直接经济损失约1834.2万元。共排查整治农村农业领域各类一般安全隐患44起，立案查处违法生产经营4起，共计行政罚款15000元。

【应急管理改革】 2019年，海原县应急管理局结合机构改革，构建"统一领导、权责一致、权威高效"的应急管理体制，明确全县应急管理和安全生产等政策措施，组织指导协调安全生产类、自然灾害类等突发事件应急救援，统筹应急救援力量建设，指导消防监督、火灾预防、火灾扑救等，指导协调森林和草原火灾、水旱灾害、地震灾害和地质灾害等防治工作。及时调整海原县突发事件应急管理委员会等6个议事协调机构组成人员；健全完善应急预案体系，按照机构改革职能整合后的职责分工，及时编制修订《海原县突发公共事件总体应急预案》等7项应急预案；强化应急救援队伍建设，统筹推进以消防救援队为骨干的突击力量，以防汛抗旱、抗震救灾、森林防火等专业性队伍为基本力量，以企业专兼职队伍、社会救援力量为辅助力量的队伍体系建设。组建县级应急救援队伍12支1286人，乡镇及部门专业抢险队伍26支1597人，基干民兵抢险队伍22支900人，群众机动抢险队伍50支3189人。

【责任体系建设】 2019年，海原县委常委会议3次、政府常务会议6次，听取全县应急管理及安全生产工作汇报，分析安全生产形势，研究解决突出问题；县安委会召开全体(扩大)会议4次、专题会议6次，及时传达党中央、国务院和区市各级领导有关应急管理及安全生产重要指示批示精神及各级安委会会议精神，并对全县各阶段应急管理工作进行总结和部署。县政府年初同各乡镇(街道办、管委会)、县安委会各成员单位签订了安全生产责任书及防汛抗旱责任书，各乡镇、部门与各企业层层签订了责任书，推动安全生产暨应急管理责任制落实。县委、县政府主要负责人先后带队调研、督查检查应急管理及安全生产工作，班子成员按照各自分工多次带队检查分管领域安全生产工作；人大、政协联系领导担任安全生产督查组组长，带队督查，落实“党政同责、一岗双责”制度。

【问题整改】 4月20日至22日，国务院安委会第十二考核巡查组对中卫市2018年度安全生产和消防工作进行考核，经认真梳理，对标检查，发现存在共性问题有6条，海原县制定《国务院安委会第十二考核巡查组到中卫考核巡查反馈问题整改方案》，均已整改到位并在长期坚持执行；国务院安委会危险化学品安全专项巡查组在中卫市共巡查危险化学品企业4家，发现问题28条，政府、部门反映问题11条，危险化学品综合治理方面31条；发现海原县存在共性问题有41条，其中政府层面7条、部门层面25条、企业层面9条，海原县制定《国务院安委会第十二考核巡查组危险化学品安全专项巡查反馈问题整改方案》，对危化品企业的标准化建设县级建设已完成，第三方评价完成后报区市应急管理厅验收。其余需要应用信息技术手段提高企业安全生产技术水平的问题现正按照《海原县安全生产风险点、危险源电子“一张图”系统建设实施方案》逐步进行，平台建设已全部建成。

【道路交通领域安全整治】 2019年，海原县应急管理局共查处各类交通违法行为68344起，其中非现场查处47668起、现场查处20676起。简易程序19898起，一般程序778起，稽查布控拦截车辆1070辆，无证驾驶382起，酒、醉驾68起，行政拘留224人，超员137起，假牌套牌31起；工程车超载490起；淘汰黄标车157辆。大力整治货运车辆超限超载行为，查处超限超载车辆400余辆，卸载货物8000余吨，劝返3000辆，联合交警扣分1670分；查处非法营运“黑车”106辆，在扣7辆，罚款32.8万元。

【建筑施工领域监管】 2019年，海原县应急管理局共开展安全生产专项检查9次，对在建项目累计检查160余次，签发整改通知书178份，停工整改通知书5份。个人诚信记分21起，无罚款；企业扣分4起，罚款8起，共9.9万元。

【人员密集场所监管】 2019年，海原县应急管理局检查商场、宾馆、网吧、KTV、医院、敬老院、宗教场所等社会单位共138家，发现安全隐患52处，督促整改41处，限期整改11处，现已整改到位。

【特种设备监管】 2019年，海原县应急管理局共检查危化品企业9家、涉危特种设备相关企业84家。检查特种设备数496台(只)，排查出公众场所压力容器、车载气瓶等重点监控设备安全隐患37条，下达《安全监察指令书》2份。对检查中发现的少数特种设备使用单位应急预案不完善、记录不健全等问题，均一对一帮助企业整改完毕。按照《国务院安委会办公室关于开展瓶装液化石油气安全专项治理工作的通知》(安委办〔2019〕13号)要求，县安委办协同成员单位对辖区公众聚集场所的电梯、压力容器、游乐设施以及危险化学品相关特种设备开展集中检查，重点检查针对盛装毒性程度为极高度危害介质、易燃易爆介质的承压类特种设备、公交车和出租车使用的车用气瓶。

【非煤矿山监管】 2019年，海原县应急管理局排查发现隐患数8条，其中执法立案数4起，罚款7万元。对马营机砖厂立案处罚人民币2000元、兴旺机砖厂立案处罚3000元，排查其他机砖厂隐患12条，已现场整改到位。

【危险化学品领域整改】 2019年，海原县应急管理局对全县危险化学品40家企业实现全覆盖检查，发现安全隐患19处，均已整改到位；执法立案7起，罚款1万元，已收缴到位。

【水利工程领域安全整改】 2019年，海原县应急管理局针对水利建设工程施工企业岗位安全生产责任制落实，施工现场安全管理制度建立及落实，从业人员安全教育培训，特种作业人员从业资质等，由主要领导带队，先后多次深入施工一线，累计检查宁夏水利水电工程有限公司等12家施工企业，共发现存在安全隐患5家10起，现已全部整改到位。

【火灾隐患整治】 2019年，海原县消防救援大队共检查社会单位1264家(次)，发现火灾隐患及违法行为1242处，督促整改火灾隐患1190处，办理行政处罚案件42起，临时查封16家，责令“三停”16家，罚款19.12万元，挂牌督办1起。

【安全生产“百日安全专项整治行动”】 7月20日，海兴开发区苋麻河橡胶坝体破裂，导致6人死亡、2人轻伤。事故发生后，县委、县政府立即召开安全生产专题会议，研究部署下阶段安全生产工作，县安委会各成员单位认真贯彻落实全县安全生产会议精神及徐海宁书记、许正清县长关于安全生产工作要求，认真组织开展安全生产重点领域“大排查、大整治、大执法”专项检查。县安委办及时下发《关于开展重点领域安全隐患“大排查大整治”的紧急通知》(海安委办发〔2019〕36号)，各乡镇、各部门和生产经营单位高度重视，及时建立领导机构，制定隐患排查方案，主要负责人带队，对道路交通、建筑施工、人员密集场所、危险化学品、水利、农业等领域采取“四不两直”(不发通知、不打招呼、不听汇报、不用当地部门人员陪同，直奔基层、直插现场)方式进行了全面排查。共排查隐患407条，已销号隐患294条，113条隐患正在整改中。

【汛期隐患排查整治】 2019年，海原县应急管理局强化应急管理，强化主动防御，层层落实防汛责任制，积极开展防汛准备及防御工作，超前部署，落实措施。汛前，各乡镇对辖区内的防汛度汛工程设施进行了全面系统的自查和认真梳理，共组织检查水库50座、节灌蓄水池67座、水保工程72座。对查出的128条安全隐患详细登记，按照“七定”方案制定出切实有效的防范措施，明确责任，限期整改。汛中，对汛前排查出的隐患整改情况进行了一次详细检查，共检查125次。结合“百日安全专项整治行动”，又对重点安全隐患进行了一次大排查、大整治，共检查139次。对隐患整改不到位，影响安全度汛等问题，制定整改“五定”方案，限期整改。汛期完成整改隐患191条，对11条一时难以整改的，制定了切实可行的防御预案，落实转移路线、临时安置点、明确责任人，其余7条制定了相应的防范措施，安排专人值守。同时，严格落实防汛行政首长责任制，精心编制修订防洪预案，强化防汛队伍组建及抢险物资储备等工作。1至9月，全县平均降水量为507毫米，较历年(1981至2010年)同期气候平均值偏多178.3毫米，较2018年偏多36.4毫米，较2017年偏多47.8毫米。汛期没有发生人员伤亡和财产损失事故。

【救灾资金使用】 2019年，海原县相继遭受了干旱、暴雨、洪涝等自然灾害，给群众生产生活造成了极大困难，受灾群众缺粮、缺水、缺衣被、缺取暖用品等问题日益突出；进入2019年汛期以来，各乡镇均不同程度遭受暴雨、冰雹等自然灾害和地质灾害(滑坡)的侵袭，玉米、油料等农作物累计受灾面积达32670亩，直接经济损失1767.2万元。根据自治区财政厅、应急管理厅《关于下达2018年中央自然灾害生活补助资金的通知》(宁财建指标〔2019〕4号)，为保障受灾群众的基本生活，下拨救灾资金407.5万元，减少受灾群众的损失。

【自然灾害排查】 2019年，海原县应急管理局积极开展灾害风险调查和重点隐患排查工作，重点普查崩塌、滑坡、泥石流、地面塌陷、黄土湿陷以及病险水库、山洪沟道等风险因素。建立风险隐患台账，制作县级行政单元自然灾害风险图和自然灾害综合区划图。共排查地质灾害点147处，完成搬迁避让、核销李俊双沟等自治灾害点70处。

【森林草原防灭火巡查】 2019年，海原县应急管理局以“不怕一万、就怕万一”的心态抓防灭火，以

“宁可千日无火,不可一日不防”的干劲抓防灭火,以守土有责、履职尽责的政治责任感投身于森林草原防灭火工作,深入包保防火单位开展督察检查,对南华山自然保护区、各乡镇、国有林场开展巡查检查30余次,切实加强森林草原防火重点治理单位的跟踪检查,着力强化各项防灭火措施的落实。进一步细化扑火应急预案,强化扑火力量,加大扑火物资的储备力度,确保扑火物资充足。

【宣传教育培训】 2019年,海原县应急管理局在“5·12防灾减灾日”“10·13国际减灾日”等宣传日活动期间,利用党报党刊、电视台等主流媒体和微信微博等新媒体,宣传党的安全生产方针政策,普及安全和应急避险常识,强化警示教育,营造浓厚安全氛围。通过举办集中宣传咨询日,电视台发布公告、播放新闻报道,公示汛期各库坝、险工险段的责任单位及责任人名单,鸣放防空警报,党政机关工作人员消防培训及就地疏散演练,提高了各级党政干部及社会群众的防灾减灾责任意识、自觉意识。安全生产月期间,全县紧紧围绕“防风险、除隐患、遏事故”主题,组织举办了全县乡镇、部门分管安全生产领导和安全员安全生产行政执法能力提升培训班;对非煤矿山、建筑建材、电力、危险化学品等重点企业负责人和安全员进行集中培训;开展安全生产宣传咨询日集中宣传活动;开展县级应急演练活动;举办中小学生安全生产有奖征文竞赛活动;举办“安康杯”“青年安全生产示范岗”“巾帼志愿者”安全知识有奖竞赛活动;在县电视台设立安全生产警示教育专栏;面向村、社区、企业开展“我和我的祖国安全生产70年”主题微宣讲活动;举办“礼赞新中国·奋进新时代”“防风险、除隐患、遏事故”广场文艺晚会等一系列宣传活动。

【技能培训】 8月17日至23日,海原县应急管理局组织对消防救援大队、海兴开发区消防救援大队、国网海原供电公司和国网海兴开发区供电公司以及海原县住建局、海原县自然资源局、海原县应急管理局、海原县南华山管理处共计110人的应急救援队伍,在海原县委党校进行了一次综合性的技能培训,培训达到“加强战备,严格训练,主动预防,积极抢救”目的,并做到“召之即来,来之能战,战之能胜”,确保形成统一指挥、专常兼备、反应灵敏、上下联动、全民参与的应急救援体系。

消防救援

【党的组织建设】 2019年,海原县消防救援大队党委坚持每月召开党委会、党支部会议,落实议教议训、重大开支和重大事项等集体研究决策制度,从而使大队党委发现和解决问题能力显著增强。大中队共召开党委会议43次,召开党支部会议43次,党小组会议11次,解决事项62项。大队团支部召开会议11次,武警委员会召开会议11次,发挥作用明显。中队党支部被评为先进基层党组织和“五四红旗”团支部,1人被支队评为优秀共青团员,同时发展入党积极分子2人、党员发展对象3人、预备党员3人。

【主体教育】 2019年,海原县消防救援大队共开展集中教育学习18次,专题研讨17次,撰写发言交流材料160余篇,开展主题教育专题党课5次,主题教育应知应会理论测试3次。在此期间,大队还邀请县应急管理局联合开展主题教育党日活动2次,不断丰富了主题教育内容,营造了浓厚的学习氛围。同时大队党委坚持问题导向,通过内部谈心座谈、走访辖区重点单位、深入消安委成员单位座谈交流等方式,征求意见80余条,并围绕“如何结合当前消防队伍形势任务,践行‘两严两准’,有效提升队伍依法从严治队水平,维护队伍集中统一和安全稳定”专题召开座谈会2次,问卷调查27人次,梳理问题清单10条,并对存在问题制定了10

条整改措施。举行国庆70周年誓师大会，不断提升指战员敢打必胜的战斗决心。做好先进典型培树和中队四级消防员李永风先进事迹宣讲工作，借助微信公众号平台提升宣传成效；通过拍摄《我和我的祖国》《我和国旗合个影》视频短片和成立党员先锋队，为新中国成立70周年献礼，引导指战员聚焦初心使命、投身消防事业；制作营区思想教育展板34块，签署安保承诺书40份，营造安保核心区和主题教育宣传的浓厚氛围。筹备做好安保之星、战时思想教育及主题教育等工作。

【反腐倡廉】 2019年，海原县消防救援大队开展廉政领域未办结问题线索大起底工作，部署执法领域群众身边腐败问题专项整治工作，组织全体指挥员填写干部近亲属涉消事项申报表，建立完善干部近亲属基本信息情况，按照支队纪委部署逐一排查干部职权范围内的线索信息，建立干部亲属从商档案，主动收集相关资料信息，不漏一人上报支队纪委。开展"两个专项行动"和"五个自查"等活动，大队依托聘请5名来自不同行业、部门代表为社会消防廉政监督员，建立消防接访常态机制，主动听取群众及社会消防廉政监督员对消防工作的意见和建议。同时建立常态化廉政教育机制，围绕党风廉政教育课题，结合党纪法规、典型案例进行警示教育，每月开展一次廉政教育，将法治意识在消防指战员心中筑牢。

【文化建设】 2019年，海原县消防救援大队邀请县书法协会进行书法教学2次，目前中队二级消防战士雷智同志已为主题教育和训词1周年活动贡献书法作品5份，取得不错的成效。同时主动联系海原县文工团指导中队"一队一特色"文艺节目编排工作和八一联欢活动，编排快板《学训词、铸忠魂》，并在海原县八一文艺汇演和支队训词1周年文艺晚会表演，赢得上级的赞扬。

【双拥工作】 2019年，海原县消防救援大队成立了"学雷锋活动小组"，通过走访慰问辖区敬老院的孤寡老人，深入辖区供电局、乡政府、学校等消防重点单位开展消防知识讲座，为离市区偏远地区送水等方式，搞好双拥工作，树立了良好的消防队伍的形象。11月23日，海原县1名1岁孩童在大队门口与父母走失，大队积极与派出所民警联系，帮助找到孩子父母，暖心救助，赢得了全县老百姓高度赞誉。海原县委、县政府专题研究出台《海原县消防救援人员优待政策》，解决大队全体指战员的后顾之忧。

【安全稳定】 2019年，海原县消防救援大队紧紧围绕实战打赢制胜能力，从难、从严摔打锤炼队伍。圆满完成了新中国成立70周年庆祝活动等一系列安保工作。成功处置了各类抢险救援与火灾扑救任务，并以精细化、正规化为抓手，强化队伍管控能力，全年未发生一起安全事故案件。深入开展"百日安全防事故大排查""百日安全创建活动"和保密法制宣传月活动。严格落实各项会议制度，大队召开指战员大会23次，安全形势分析会11次，中队召开队务会47次，坚持从细小抓养成、以制度抓落实，队伍生活正规，内部关系和谐，指战员、消防文员及政府专职消防员精神面貌良好，规范化管理意识明显增强。

【岗位练兵】 2019年夏训期间，中队围绕九项体能训练科目，对达标率低的科目开展针对性训练，中队全体指战员的体能素质得到大幅度提升。结合大队实际，统一全体指战员思想，细化、量化各岗位人员训练内容、标准与要求，按照"训练就是实战"的指导思想，扎实开展全员岗位大练兵活动。根据总、支队岗位练兵要求，按计划开展训练，针对指战员业务素质不同，岗位不同，适时开展了合成操法训练，持续抓好夏训体能和操法训练；针对指战员不同身体素质和不同岗位，开展力量、耐力、灵活性、爆发力、协调性训练，训练时按照实战要求，实装、出水，一定程度上锻炼了指战员实战意识。中队坚持分科目、分类别、分强度体能训练，结合指战员实际，狠抓基础体能训练，做到每天都有体能训练。实行周月考核制度，根据考核成绩，查漏补缺，通过训练，指战员体能成绩较冬训有了进一步提升。在总队2019年夏训比武竞赛活动中，中队消防员王勇治取得400米物资疏散第三名的好成绩；在总队后勤部组织的装备技师比武竞赛中，中队消防员芦四站在机动链锯、无齿锯操作维修竞赛项目中分别取得第二名、第三名的优异成绩。针对海原县辖区实际，大队积极组织开展了“六熟悉”及灭火救援实战演练，采取日间和夜间相结合、主战与联合社会单位相结合的方式，进一步加强了对辖区道路、消防水源，各类消防安全重点单位的熟悉，完善了灭火救援预案，使每位指战员对演练过的单位做到情况清、底数明。通过不定期的实战演练，切实检验了指挥员的指挥能力、战斗员的灭火救援及协同作战能力。中队针对各类场所单位开展灭火实战演练120余次，进一步增强了队伍实战能力。

【灭火救援】 2019年，海原县消防救援大队共接警出动96次，出动车辆154台次，出动警力894人次，抢救被困人员6人，抢救财产价值57.8万元。其中，参与火灾扑救60次，出动车辆115台次，出动警力660人次；参与抢险救援36次，出动车辆38台次，出动警力228人次；抢救、疏散被困群众6人。在大队协助下，中队对辖区市政消火栓情况进行了全面普查，督促水务、住建等相关部门及时对存在问题的消火栓进行维护保养和补充，根据普查实际情况，辖区市政消火栓数量实有190个，完好163个，损坏、占用、锈死或无水27个，完好率85.8%。

【安全隐患排查】 2019年，海原县消防救援大队坚持每周进行单位整体安全隐患分析排查并上报支队，开展个人自身安全隐患排查106余次，大力消除安全隐患；整理完善相关台账资料，结合夏训工作，持续抓好训练安全；进一步做好指战员思想摸排工作，掌握指战员思想动态，确保队伍安全稳定；分析研判单位安全形势，深入开展安全防护训练、事故案件警示教育等活动，对排查发现的问题及时进行了整改。

【保密工作】 2019年，海原县消防救援大队按照总队活动方案要求，以“堵漏洞、补短板、强弱项”为工作方向，大队严格落实各阶段工作任务，活动期间，对指战员手机、U盘、移动硬盘等存储载体进行针对性检查12次，对有可能涉及失泄密隐患的因素进行及时整治与清查。与此同时，大队丰富教育形式，通过保密安全教育、观看保密警示教育片等途径助推活动深入开展，使指战员的保密意识得到了进一步加强，活动取得了预期效果。

【文员管理】 2019年，海原县消防救援大队以文员日常管理为抓手，实行文员绩效考核制度，每周对文员进行2小时的军姿和队列训练，增强了文员纪律观念和自觉守纪意识，形成了严谨的工作作风，养成了良好的思想意识和行为习惯。大队值班人员每天坚持对大队卫生、办公秩序、警容风纪等进行检查评比。文员言谈基本达到条令化、规范化、制度化。

【事故处置训练】 2019年，海原县消防救援大队成立了交通事故救援专业队，针对性地组织了车辆破拆、紧急避险、绳索救助等训练11次，使全体指战员能够适应新时代消防救援队伍的发展需求，队伍综合应急救援能力和指战员业务素养得到了显著提升。

【监管体系】 2019年，海原县消防救援大队积极推动政府部门落实消防安全责任制，提请县人民政府先后召开了全县消防工作会议、联席会议、常务会议、春夏火灾防控工作动员部署会、今冬明春火灾防控动员会等14次会议(有12次会议许正清县长亲自参加，并邀请县委、人大、政协有关领导参加),县安委办发文部署消防工作6次,政府研究解决重大消防工作难题8项。县委书记徐海宁、县长许正清多次对消防工作作出批示,县四套班子有关领导亲自带队开展消防检查15次,市委常委、县委书记徐海宁,县委副书记、县长许正清,县委常委、常务副县长薛军勇先后3次调研指导全县消防工作。

【部门监管】 2019年,海原县消防救援大队积极督促公安、教育、住建、文广、卫生、教体、市场监督、应急管理、供电等部门落实消防安全行业主管责任,实行行业内部消防安全标准化管理,健全行业部门消防安全情况通报、会商研判、联合检查等机制。提高行业部门认真履行各自消防安全监管责任意识,各行业部门对消防工作的参与度得到了明显提升。2019年以来县各行业主管部门主动与大队联合开展了"防风险保平安迎大庆"消防安全执法专项行动、电动自行车综合治理、文物古建筑消防安全专项检查、商业综合体消防安全专项检查、电气火灾综合治理、出租屋和校园周边经营性场所消防安全专项整治等一系列消防安全专项治理工作,形成了各司其职、齐抓共管、合力清患的社会化监督管理格局。行业部门联合开展检查30余次。同时,各行政主管部门通过专项整治,严格督促本行业单位落实消防安全主体责任。大队及时向行业主管部门抄告火灾隐患及发布行业消防安全提示30次。

【网格化管理】 2019年,海原县消防救援大队共深入乡镇、街道办、社区、派出所指导40次,发放网格化管理手册400份。推动各级政府、派出所落实网格化管理工作,定期组织街道办、派出所、社区网格员进行消防检查培训。同时大队按照"有人员、有器材、有战斗力"和"救早、救小、3分钟到场扑救初起火灾"的要求,实现100%的重点单位、100%的社区微型消防站建立并使其规范运行。组织全县微型消防站开展业务技能比武竞赛及随机拉动演练,全面提升了微型消防站扑救初期火灾的能力。

【火灾扑救能力】 2019年,海原县消防救援大队为提高社会单位物防、技防水平,积极推广安装简易喷淋和独立式感烟火灾探测报警器,先后安装独立式感烟火灾探测报警器125套,推动5家社会单位安装简易喷淋设备5套,全面提升了社会单位自我扑救能力。

【清剿火灾隐患】 2019年,海原县消防救援大队共上门服务指导60余次,帮助社会单位消除整改火灾隐患30余处。出动警力3578人次,检查单位场所1785家,发现并督促整改火灾隐患或违法行为1693处。下发《责令改正通知书》876份,下发《重大火灾隐患整改通知书》2份,实施行政处罚54起,责令"三停"23家,临时查封22家,行政拘留10人,办理开业前消防安全检查,罚款25.02万元,火灾调查65起(简易调查59次,一般火灾调查6次,移交火灾调查1次;合格12家,不合格12家)。

【场所监管】 2019年,海原县消防救援大队强化对"九小场所"的监管力度,提请县公安局督促公安派出所严格落实消防安全检查主体责任,加强消防监督检查工作,采取每季度通报派出所执法检查情况。时刻紧盯"九小场所",确保了各类"九小场所"的消防安全。截至目前,大队实地指导派出所12次,集中开展民警消防培训2次,促进派出所检查单位3096家,切实提高了派出所消防监督人员的执法水平。

【安保工作】 2019年,海原县消防救援大队紧盯全国"两会"、新中国成立70周年以及春节、五一、十一等重要节日,不断加强消防安全保卫工作,重大活动和重要节日期间,主动联合各行政主管部门开展针对性防火检查,并督促各类单位、场所在重点区域实行"实名制"巡防看守。共组织各行政主管部门在活动、节日期间集中开展消防安全联合检查

(夜查)40次。

【宣传工作】 2019年,海原县消防救援大队成立宣传领导小组,专门负责消防宣传工作。2019年共开展公益性培训42次,覆盖40000人;社区消防宣传大使进家庭82次,消防志愿者参与消防宣传36次,"七进"宣传活动共计55次,科普基地开放共计34次。分别悬挂和张贴横幅80多条、海报1000余张,发放消防知识手册30000余份、消防手提袋4000个。向支队、总队两级网站推送宣传稿件561篇,公众号发布了消防宣传图文消息1000多条。"119"消防宣传月活动期间,大队共发放消防知识手册10000余份、消防扑克1000余副、悬挂横幅30余条、张贴海报200余张,微信公众号普及人员15000余人,社会参与宣传人数5000余人次。大队所开展的消防宣传活动,掀起了"119"消防宣传热潮,大大提升了辖区群众消防安全意识,全面普及了消防安全知识,让"119"消防宣传月的影响和作用进一步深入人心。

【后勤保障】 2019年,海原县消防救援大队完成了车辆外观涂改、警灯更换以及总队2019年度车检工作,为每一辆执勤车辆安装了防寒保温帘,配备了车载热水器。同时积极协调县政府、应急管理局申请拨付200余件森林灭火救援器材装备,对现有库存器材、执勤器材进行了逐一核实登记,确保了账物相符。完成2019年度新旧资产衔接工作,指派专人对各库室资产进行核对,确保资产数据与实际相符,同时完成2018至2019年度资产推送工作,确保了资产账务与会计账务相一致。每月定期公开各类经费开支,实现经费保障正规有序。2019年地方财政预算收入261.5万元,实际拨付到账274.5万元,拨付年度预算的100.05%。先后投入10万余元应用于日常维护、营房维修、库室改造等工程,完成了俱乐部、健身房地胶铺设,厨房墙面和吊顶,库室外墙粉刷、防水处理,大队营区梯台防护栏等工程,同时投入4万余元完成了大队电子门禁。为了进一步做好防寒措施,大队投入0.5万元对库室防护窗户进行了加厚完善,投入1.3万元对车库暖气管道进行了增设和维护,确保车辆在冬季处于良好的执勤备战状态。

城乡建设与交通运输

城乡建设

【概况】 2019年，海原县共实施各类项目40个（续建21个、新建19个），开工建设项目40个，竣工31个，正在建设9个，完成固定资产投资10.84亿元（其中：工程项目投资7.34亿元，危房改造投资3.5亿元），完成任务108%，有力推动了城乡建设各项工作的顺利开展。

【危房改造】 2019年，按照脱贫攻坚“两不愁、三保障”要求和县委、县政府总体部署，通过干部职工入户摸排、航拍影像资料比对和聘请第三方鉴定公司鉴定等方式，对全县危房底数进行了详细排查。为实现危房清零，坚持以拆促建的原则，通过“四种建设”方式（农户自建、政府统建、企业助建、部门帮建）及“八个一批”（原址翻建一批、异地迁建一批、加固维修一批、公租扩面安置一批、补偿退出一批、周转安置一批、亲属合住一批、直接拆除一批）等措施进行解决。2019年共实施危房改造8726户，直接拆除10782户，通过移民搬迁、周转安置、补偿退出、公租扩面等方式解决1668户。实现全县危房全部清理，农村居民住房安全得到了有效保障，顺利通过脱贫攻坚第三方验收组验收。

【棚户区改造】 2019年，自治区下达海原县棚改任务为470户940套（其中：北坪社区330户660套、东城社区40户80套、项目建设区100户200套），完成西湖商网157户315套，完成房屋丈量评估2161户，签订征收协议1076户折合1820套，累计完成1233户2135套，完成棚改任务的227%。续建东城小区、西湖二期及向阳小区3个棚改小区，合同总价款96193.73万元，除西湖二期商网正在进行扫尾工作以外，其余已全部完工并组织回迁入住。

【基础设施建设】 2019年，实施15条15.8千米市政道路，已完成东城路北段、黎明路南段等12条道路12.9千米；剩余运财巷、联富汽车城道路、兴盛西街3条道路正在建设中，计划于2020年6月底前建成投入使用。实施的华山公园、休闲公园、回小停车场等8个基础设施项目已全部建成并投入使用。

【乡村建设】 2019年，自治区下达海原县美丽集镇项目2个（曹洼乡、关桥乡），美丽村庄3个（红羊村、脱烈村、薛套村），已全部完工并投入使用。

【项目建设】 2019年，房地产开发投资建设共计5

个，计划总投资198703万元，建设面积612095平方米。嘉禾园小区计划总投资35404万元，建筑面积99075平方米，目前一期所有住宅及商业已全部完工，正在进行基础设施工程施工；格兰美景计划总投资34833万元，建筑面积124406平方米，已完成34栋楼主体工程施工，正在进行装饰装修工作；闽宁华府计划总投资58494万元，建筑面积177181平方米，已完成A段商业楼施工、14栋住宅楼及幼儿园主体工程施工，正在进行装修，其余正在进行主体工程施工；富民花园二期计划总投资15530万元，建筑面积39411平方米，5栋住宅楼主体已完工，正在进行装修；康乐园小区计划总投资5000万元，建筑面积15500平方米，住宅主体已全部完成，正在进行室内外装修工程，计划2020年6月底全面建成交付使用。

【招商引资项目】 2019年，实施清洁煤配送中心招商引资项目，建设2500平方米清洁煤配送仓库1座及管理用房等其他配套设施，该项目已建成并投入使用。

【项目监管】 2019年，严格落实项目建设“四制”管理和五方责任主体制度，坚持质量与安全并重的原则，紧紧围绕建筑施工、危险化学品、有限空间作业、特种设备、扬尘治理等领域深入开展综合执法检查4次，专项执法检查8次，通报施工、监理企业43家，行政处罚9起，处罚金额10.97万元，扣除企业诚信分值4起，处罚项目经理、总监等个人诚信分值21起，有力保证了建设领域质量和安全生产稳中向好。

【招投标管理】 2019年，累计完成房屋建筑和市政基础设施工程招标34项，中标总价41301.81万元，节约资金1924.51万元。实现重大工程项目应招尽招目标。

【城市管理】 2019年，巩固深化“以克论净”深度保洁模式，道路机械化清扫率达到65%以上；推行第三方机构承包运营模式，将关桥、高崖、李旺等12个乡镇辖区主干道路沿线村庄的垃圾收集清运处理委托第三方外包公司（宁夏二泉环保科技有限公司）运营，竭力推进我县环卫保洁和垃圾处理规范化、现代化。按照“强转树”专项行动要求，大力开展城市管理执法工作，重点围绕“十乱行为”加大巡查处置力度，查处占道经营、渣土车抛漏等各类违法违章案件105起，清理违法小广告万余条，行政处罚3万余元，拆除违法建筑物4500余平方米，有效遏制了各类城市乱象的发生。

【公租房管理】 2019年，开展公租房专项治理行动，结合扫黑除恶专项斗争摸排线索，对公租房领域涉恶涉乱行为进行全面整治，清退不符合入住条件住户990户，规范手续829户。对清退出的房屋及时组织摇号分配，保证入住率达标。同时，在政务大厅设立专门窗口，便于群众进行公租房的申请办理。

交通运输

【干线公路升级改造】 G341黑城至海原段，全长39.22千米，项目总投资15688万元，路基桥涵基本完成，正在做路面工程，完成投资1.28亿元，预计年内建成。S311李俊至关庄公路，全长31千米，项目总投资16616万元，路基桥涵全面完成，路面工程完成70%，完成投资1.36亿元，预计年内建成。S103线海原至西吉公路海原段全长9千米，路基桥涵正在施工，完成总量的75%，完成投资3000万元。

【农村公路建设】 2019年，计划新改建农村公路167千米，实施窄路加宽项目57千米，实施村组道路硬化180千米、生产沙砾路75千米，完成道路安全隐患治理150千米。4月开工新建的90千米全部完成，正在做交工验收；关桥至麻春公路25.1千米，关桥经双河至贾塘公路37.4千米，完成交工验收工作;窄路加宽57千米全部完成;村组道路硬化180千米、生产沙砾路75千米,安全隐患整治150千米,全部完成。根据县委、县政府领导近期调研全县脱贫攻坚工作指示和县人民政府9月8日在李旺镇召开的脱贫攻坚座谈会议精神要求,交通运输局安排分管领导、技术人员会同设计技术人员及时对非销号村群众出行存在的突出问题及群众反映强烈的、亟须解决的村组硬化道路进行了勘察,共勘察村组道路硬化项目14个、39.868千米,过水路面1处、0.1千米,隐患治理工程1个。计划新增建设资金3294.12万元,已完成项目前期手续办理。

【冬春季防滑】 2019年,根据冰雪天气实际,及时启动《海原县道路除雪防滑保畅工作预案》,共投入人力1100余人次,机械89台次,铺撒融雪盐7吨,融雪剂39吨,防滑沙1400余方,确保了道路安全畅通。

【日常养护】 2019年,根据道路养护的季节性作业特点,按月下达公路养护指令性作业计划。春融季节以处治路面翻浆为重点,及时恢复路况;夏季以排水设施清理维护为重点,在汛期前完成了各项排水设施的维护清理工作,降低了水毁灾害发生率。累计清扫路(桥)面1800余万平方米,清理边沟38.80万米,清理路肩194.8万平方米,整修林带14万平方米。

【道路安全隐患排查整治】 2019年,交通运输部门不断加大道路安全隐患排查整治力度,投入资金750万元,对七营至南坪、红堡至灰条沟等17条乡村道路的452处安全隐患和三座危桥进行了治理,消除了安全隐患。7月,大部分乡镇连降中到大雨,共造成12条道路72处水毁。水毁发生后,交通部门职工全力投入水毁抢修中,水毁抢修率达到100%,确保道路安全畅通。

【整治超限超载】 2019年,联合公安交警、路政等部门,抽调执法人员20余名,成立了联合执法组,对县内工程车辆和途径我县境内的大型运输车辆超载行为进行专项整治,共出动执法人员1500余人次,执法车辆680余台次,发放宣传单10000多份,检查各类超限车辆4000余辆,与交警同步处罚货车超载100余起,卸货180余吨,拉砂车辆卸货380多吨,劝返车辆104车次,有效遏制超限超载运输车辆对公路的损坏与撒漏现象带来的安全隐患,为群众出行提供了安全、舒适的行车环境。

【春运工作】 2019年,合理制定停发班计划,及时发布防范冰雪天气预警信息,提醒驾驶员减速慢行。春运期间,累计发班次1.21万余次,运送旅客22.8万余人次,实现了春运期间零事故、旅客零滞留。发布冰雪天气预警信息10000余条,有效防范了安全生产事故的发生,为春运工作提供了有力的安全保障。

【非法营运治理】 2019年,共出动执法车辆300余辆次,执法人员1800余人次,共查处非法营运车辆119辆、查扣非法营运车辆16辆,有效打击了非法违法运营行为,全县客运市场非法营运势头得到遏制。

【安全生产】 2019年,深入贯彻落实区、市、县安全生产工作会议精神,着力抓好安全生产源头管理和各项防范措施的落实,巩固安全生产的良好态势。从管人、管车、管路三方面入手,进一步完善横向到边、纵向到底的安全监管工作网格,促使安全生产“两个主体责任”双落实。结合季节性、重点时段的安全生产工作特点,组织开展安全生产综合大检查。2019年共组织安全检查22次,对检查中发现的突出问题和事故隐患提出限期整改,督促相关单位及时落实整改措施,取得了较好的成效。

【党的建设】 1.落实党建工作责任制。按照县委2019年党建工作要点具体要求,交通运输局局党委及时召开会议,研究部署交通系统党建工作,制定了2019年交通系统党建工作方案,对夯实责任传导压力，完善机制强化保障等方面提出明确要求，进一步强化了党建主体意识和责任意识。2. 规范党内组织生活。修改完善了“三会一课”、领导干部双重组织生活、民主评议党员、谈心谈话、党组织书记抓机关党建工作述职评议等党内组织生活制度，有效增强了组织生活的政治性、时代性、原则性。3. 作风和廉政建设。持续推进“一把手”负总责，分管领导具体抓落实、班子成员按分工各司其职的工作机制，签订了党建党风廉政建设责任书，形成党委书记、党委委员和支部负责人三层责任落实主体，层层分解责任，层层传导压力。充分利用党委中心组学习、党员大会等机会，组织党员干部职工认真学习《中国共产党章程》《中国共产党问责条例》《习近平关于“不忘初心、牢记使命”论述摘编》等政治理论知识，不断提高党员干部职工廉洁意识，增强拒腐防变能力，坚持警示教育常态化，年内向干部职工通报了 18 起违纪案件查处及问责情况，组织干部职工观看警示教育片 2 次。积极开展廉政文化建设活动，通过在干部职工电脑上设置廉政屏保、转发廉政短信、节假日廉政提醒等形式，确保了党员干部职工紧绷廉政自律和作风建设的这根弦，切实提高廉政意识和“红线”意识，营造了良好的廉政建设氛围，做到紧抓廉政建设不放松。

【扫黑除恶】 2019 年，调整了交通运输系统扫黑除恶专项斗争工作领导小组，充实了扫黑除恶专项斗争工作人员，系统领导小组组长亲自部署、亲自调度指挥交通运输系统扫黑除恶专项斗争。制定印发《海原县交通运输系统下阶段扫黑除恶专项斗争工作安排》和《海原县交通运输行业领域扫黑除恶专项斗争突出问题集中整治工作实施方案》，对扫黑除恶工作进行总体部署，领导小组先后召开扫黑除恶专题工作会议 10 次，研究解决扫黑除恶工作中遇到的问题；组织系统干部职工开展扫黑除恶专项斗争培训会 1 次，参培干部职工 80 余人，参加全区交通系统扫黑除恶专项斗争业务培训 2 人 1 次，进行扫黑除恶专项斗争知识考试 3 次，局机关、运管及公路段干部职工 221 人次参加了考试。通过墙体标语、悬挂横幅、展板、电子显示屏等形式，在单位办公场所、车站、公交候车厅、农村公交招呼站等人口密集场所进行广泛宣传，局机关、局属单位、天豹公司海原汽车站候车大厅等场所先后累计悬挂宣传标语 30 余条，单位院内制作扫黑除恶宣传橱窗 20 余次，辖区公路沿线刷写墙体宣传标语 19 条，公路段、汽车站 LED 显示屏全天候不间断滚动播放扫黑除恶专项斗争宣传内容，城市公交与出租车粘贴扫黑除恶宣传标语 200 余条，城市公交候车亭、农村公交招呼站张贴宣传标语 60 余幅，发放宣传彩页、折页等资料 5000 余份，营造了良好的扫黑除恶宣传氛围。局党委结合交通运输工作实际，准确把握黑恶势力特征，通过开展调查问卷，公布举报电话，设置举报信箱等形式，重点针对交通工程建设中强揽工程、煽动闹事、非法占地、阻挠工程建设，在道路运输行业中存在的敲诈勒索、吃拿卡要和运输站场欺行霸市等重点行为开展集中细致的排查工作。年内共排查出涉黑线索 12 条。养路段、养护工区加强公路巡查治超工作，依法查究超载、侵占、损坏、污染公路及桥梁等各类危及公路通行安全的违法行为。共开展路面巡查 96 次，开展公路范围内摆设摊点、堆放物品以及“滴洒漏”污染公路等涉路违法行为专项整治行动 26 次。加强公路建设工程行业检查力度，协调查纠挡工、阻工等违规行为。共开展工程行业领域检查 25 次，检查施工企业工地 50 次，下发整改通知 11 份，整改 11 份，整改率 100%。

【扫黑除恶专项斗争突出问题集中整治】 2019 年，根据县扫黑办的统一要求，交通运输局党委及时研究制定了《海原县交通运输行业领域扫黑除恶专项斗争突出问题集中整治工作实施方案》，成立了以政府分管县领导为组长，交通、县扫黑办、运管、执法局主要领导为副组长，相关单位抽调的工作人员为成员的交通运输行业领域扫黑除恶专项斗争集中整顿工作领导小组(设立了办公室在运管所)，重点围绕明确目标人群、突出重点区域、紧盯违法行为三个方面认真梳理确定了10个方面的重点整治内容，积极主动协调公安交警、执法局等部门，扎实开展联合整治工作。整治工作中，采取明察与暗访相结合的方式开展工作，针对投诉举报的重点人、重点车，有针对性地查处；不断强化重点时段重点路段的执法检查工作，凡是涉嫌非法营运的车辆，坚决查扣，共出动执法人员到站、场、点稽查共980人次，出动执法车辆530辆次，检查车辆200余辆，查处非法营运“黑车”20余辆，查处道路运政案件共23宗。

【队伍建设】 2019年，制订《海原县交通运输局“党政机关作风建设年、干部队伍素质提升年”活动实施方案》，结合全局“学习型、服务型、创新型”机关建设活动，以“遵规守纪、担当作为、务实进取”为主题，以“坚定理想信念，全面正风肃纪，夯实基层基础，强化执行落实”为主要内容，扎实开展“两年活动”。制定和完善了《海原县交通运输局干部职工考勤管理制度》《干部廉洁自律规定》《海原县交通运输局理论业务学习制度》《工作作风建设制度》等。采取知识讲座、知识竞赛、演讲比赛、心得交流、以考促学等形式，强化干部队伍的培训和继续教育工作。积极开展警示教育2次，组织干部职工观看警示教育片2部，剖析系统内外的违法违纪案件，教育干部从中吸取教训，引以为戒。

【主题教育】 2019年，成立了以局党委主要负责人为组长，其他班子成员为副组长，机关和所属单位主要负责人为成员的局主题教育领导小组，研究制定交通运输系统主题教育实施方案，组织召开动员部署会议，对主题教育进行动员部署。同时，利用LED滚动播放、微信和QQ群及公众号及时推送宣传等形式，深入宣传党中央精神和区、市及县委部署要求。制定了学习教育工作计划，明确个人自学、集中学习研讨安排和工作要求；坚持读原文悟原理，配发《习近平关于“不忘初心、牢记使命”论述摘编》《习近平新时代中国特色社会主义思想学习纲要》等学习书籍，组织引导全局党员干部集中时间、集中精力，逐字逐句、原汁原味研读学习教育有关书目及学习内容。通过设置征求意见箱、发放征求意见稿等多种形式，面向上级部门、机关股室、局属单位以及党员群众深入征求意见建议。局领导班子和班子成员严格落实“四个对照”“四个找一找”逐项对标对表，自觉认领，从交流研讨、调查研究、征求意见、对照党章党规等7个方面全面深入查摆突出问题，逐一梳理汇总、全盘统筹考虑，确保“四个要件”找准、查深，形成较完善的个人问题清单，保障了整改落实工作的针对性、实效性。

【建议提案办理】 2019年，共承担办理区、市、县人大建议6件，政协提案10件，办结16件，办结率为100%。

【获得荣誉】 2019年，海原县交通运输局被评为“2019—2022年度自治区文明单位”。张湾至麻春公路被评为2019年度“宁夏最美农村路”。海原县交通运输局被自治区劳动人事厅、交通运输厅推荐为全国交通系统先进集体。

电力供应

国网海城供电公司

【概况】 2019年，国网海原县供电局完成售电量2.03亿千瓦时，比2018年同期增长2271.52万千瓦时；实现售电收入0.96亿元，售电平均单价完成445.57元/千千瓦时，电费回收率100%。供电可靠率99.818%，综合电压合格率99.997%，均完成下达指标。全年未发生人身重伤或死亡事故；未发生恶性误操作事故；未发生本单位负有责任的对重要用户停电和社会影响严重的事故；全年共发生八级设备事件1次，比2018年同期减少1次。截至12月31日，公司连续安全运行5661天，年内实现了3个百日安全天数。公司荣获自治区2018年度安全生产先进集体荣誉称号，配电运检班荣获国网公司先进班组称号，公司机关党支部荣获国网中卫供电公司电网先锋党支部称号，1人荣获国网宁夏电力有限公司先进生产（工作）者称号、2人荣获国网中卫供电公司先进生产（工作）者称号，1人荣获国网中卫供电公司先进班组长称号、1人荣获国网中卫供电公司卫电优秀好青年称号、2人荣获国网中卫供电公司十佳供电所所长称号。

【安全生产】 2019年，国网海原县供电公司严格落实安全生产各项部署，坚持“以人为本、生命至上”的安全发展理念，以“三个常态化”引领安全生产，严格安全监督检查，狠抓安全生产秩序，有效应对各类安全管控压力。结合春、秋检，扎实开展设备消缺和定检工作，累计完成配网设备检修232台，红外测温37条线路，消除缺陷632处，确保了电网安全运行。加强现场管控，严控施工、检修、抢修等作业现场安全，加大安全稽查力度和反违章力度，对违章行为进行曝光，以考核倒逼习惯养成，作业现场习惯性违章得到有效遏制。年内，“海原变526南华线与南华变518西湖线联络工程”被国网宁夏电力有限公司安质部评为遵章现场。落实“线长责任制”，加大非停线路治理力度。定期开展线路巡视工作，监督线路通道治理及缺陷隐患闭环管理，努力压降线路频繁跳闸次数，累计发现缺陷隐患252处，带电消除7处，停电消除233处，消缺率95.24%。持续开展“扫雷”行动，累计发现各类缺陷隐患593处，消缺480处，消缺率80.95%，其中严重、紧急缺陷消缺率100%。按照“能带电不停电”的检修消缺工作原则，累计开展带电作业116次，有效减少了配网户均停电时间，提高了供电可靠性。顺利通过行协安全性评价验收，完成大面积停电事件应急演练，完成70大庆、中高考及政府重要活动等保电工作30余次。

【电网建设】 2019年，国网海原县供电公司下达农配网、生产技改大修、专项成本、业扩配套、基建等项目共98项，资金1.199亿元，新建10千伏线路197.53千米，改造10千伏线路35.17千米，新建10千伏电缆线路7.74千米，新增柱上断路器84台，新建分支箱15座、箱式变压器4座，容量2520千伏安；新增柱上变压器42台，容量10400千伏安，新建0.4千伏线路107.91千米，极大提升了海原地区的供电可靠性和电压质量。结合第二批自愈开关安装项目，加强10千伏线路站内、站间联络，截至目前城农网实现联络线路30条，联络率81.08%，较2018年提升38.23%；N-I通过率达到72.97%，较2018年提升31.83%；绝缘化率71.51%，较2018年提升31.23%，大力提高了供电可靠性。

【经营管理】 2019年，国网海原县供电公司新增客户7528户，比2018年同期增长38.07%，售电量首次突破2亿千瓦时，同比提升12.55%；2019年应收电费9610.76万元，实收9610.76万元，电费回收率100%。营业基础大幅提升，全年累计更换09版欠压表计1.5万块，更换破损表箱3281只，安装高速宽带模块3.4万只。台区线损合理率达到99.54%，较年初提升5.28%。打击窃电取得显著成效，2019年共查处窃电及违约用电60户，追补电费及违约金88.39万元，完成年度任务的252.54%。全面完成村级光伏7个电站扶贫项目的投运，容量31.2兆瓦。完成“煤改电”245户，解决了85个村级活动场所动力用电问题，电能替代电量802.03万千瓦时。5月在国网宁夏电力有限公司用电检查竞赛中，4名参赛人员全部满分；6月，在国网宁夏电力有限公司（宁东站）反窃电竞赛中取得第一名好成绩。

【营商环境】 2019年，国网海原县供电公司加快报装接电速度，简化客户办电手续，高压平均接电时间由63.37天压减至43.87天，同比压减19.5天。实施低压业扩零投资7440户，完成新增业扩配套项目27项，总投资2467.78万元，解决了业扩报装用电的难题。完成5个安置小区、四季鲜农贸市场等5000余户低压报装及3座供热站、12座换热站、23个城区道路亮化项目，海原县中医院、海原县文化旅游广电局等政府重大新建项目工程和民生工程的用电报装，受到了海原县政府的高度赞誉。全年累计发生各类投诉57起，较2018年减少61起，压降率51.69%。

【所站基础建设】 2019年，国网海原县供电公司建成红羊供电所，特种车库7月份竣工，9个供电所全部通过国网宁夏电力有限公司全能型考评验收。建立供电所职工积分考核制度，劳者多得，违者处罚，按月兑现，有效激发了职工工作的干劲。同业对标得到有力强化，积极开展重点、难点指标的分析研究，找差距、定措施，建立健全考核机制，努力提升同业对标排名，全年指标在18个县公司中排第11位，较2018年提升6位。

【党的建设】 2019年，国网海原县供电公司深入学习贯彻习近平新时代中国特色社会主义思想，完成“不忘初心、牢记使命”主题教育，组织集中学习6次，召开对照检视剖析会1次、专题民主生活会1次、专题组织生活会1次。着力推进党员管理规范化，强化党员教育，严格组织生活，组织召开党委会议21次，研究议题28项，中心组学习16次，专题研讨发言8人次，下属党支部召开支委会12次，召开党员大会4次，举办党课4次，召开专题组织生活会2次，开展主题党日活动12次，邀请党校老师讲授专题党课2次，深入基层调研16次。“党建+”工程顺利推进，党建引领作用充分彰显。持续推进党风廉政建设“两个责任”落地，规范制度执行，“一岗双责”成效明显。积极配合提级巡察,梳理需整改问题线索 12 件,立行立改问题 24 件,制定整改措施 82 项,全面完成整改落实。脱贫攻坚工作深入推进,配合县委、县政府完成关庄乡责任人帮扶、红羊乡石塘村单位帮扶和甘城严湾村、武塘村驻村帮扶工作,助力脱贫攻坚工作得到海原县委、县政府高度赞誉和充分肯定。

国网海兴供电公司

【概况】 2019 年,国网中卫市海兴供电公司完成电网投资 1.26 亿元;完成售电量 4.19 亿千瓦时,超额完成 3.46%;营业收入 1.63 亿元,比 2018 年同期增长 5.48%;线损合理率 98.54%。长周期安全生产 4212 天。

【安全生产】 2019 年,严格执行生产作业现场“十不干”,认真落实“三个常态化”工作要求,强化生产作业现场安全管控,八级设备事件较 2018 年同期下降 1 起,设备异常较同期下降 8 起。加强安全基础管理,完善安全监督管理机构设置与人员配置,常态开展安规普学普考和“安全日”活动。积极开展反违章和违章记分活动,组织开展配电网工程和小微现场安全稽查工作,监督检查“两票”执行情况,规范作业人员作业行为,杜绝工作中出现的不安全因素,累计稽查现场 221 人次,发现违章 51 处,积分 138 分。加大配网自动化项目的实施,完成 20 条整条线路共 119 台自愈开关安装及自愈逻辑投入工作。配电自动化设备覆盖线路 26 条,配电自动化覆盖率 100%,接入配电自动化主站线路 26 条,接入率为 100%。强化应急保障能力,开展了海兴公司 2019 年大面积停电实战桌面推演,通过了宁夏电力行业协会专家团为期一周的安全性评价。

【电网建设】 2019 年,下达三个批次 37 大项,计划资金 1.26 亿元。已完工 73.3%,投资进度完成 1.25亿元,完成投资的 99.21%。2019 年工程实施后将新增 6 条 10 千伏线路,共计 32 条线路,联络率 100%;N-1 通过率提升至 93.75%(甘城变 513 石景线、514 严湾线不满足 N-1);绝缘化率达到 91.15%;户均容量 2.78 千伏安;10 千伏平均供电半径 14.2 千米。

【经营管理】 2019 年,积极开拓电力市场,主动服务,增供扩销,加快业扩报装速度,报装户数 5057 户,容量 6.56 万千伏安;持续优化营商环境,4689 户用户“零投资”接电,减少客户办电成本约 260.5 万元,高压报装 106 户,容量 4.23 万千伏安,低、高压平均接电时长同比分别降低 0.04 天和 12.26 天。积极推广电能替代,改造电采暖 131 户3200 千伏安。以同期线损治理为契机,强化营销基础管理,治理高损、负损台区 18 台,合理率达到 98.54%。开展节能降耗工作,发挥营销稽查队作用,积极开展警企联合,严厉打击窃电,查处窃电用户 23 户,补收电量 6.16 万千瓦时,补收电费及违约金 13.12 万元。居民线上缴费率达到 91.05%,非居民线上缴费率为 80.7%。办电窗口进驻海兴开发区政务大厅,深入推进“全能型”乡镇供电所建设,服务“最后一千米”能力进一步增强。优质服务不断深化,共发生投诉 64 起,较 2018 年同期 149 起减少 85 起,压降率 57.05%。

【党的建设】 2019 年,成立了海兴公司党总支和机关、农电两个党支部。对现行规章制度认真进行梳理,修订完善了党总支委员会议事规则和“三重一大”决策实施细则等公司制度。按照“守初心、担使命,找差距、抓落实”的总要求,扎实开展“不忘初心、牢记使命”主题教育系列活动,高质量召开主题教育专题民主生活会和支部组织生活会,评议出优秀党员 5 名。清单式推进党风廉政建设“两个责任”落地,通过学习典型案例通报、观看廉洁视频、参观固原监狱、节前发送廉洁提醒短信等多形式开展党风廉政教育活动,“一岗双责”成效明显。配合宁夏巡视组开展提级巡察工作,并按照巡察出的问题制定整改落实方案。

邮政通信

邮　政

【概况】 2019 年，总收入完成 1013.54 万元，比 2018 年同期增长 1.61%，完成预算的 87.61%，其中代理金融类完成 584.96 万元，比 2018 年同期下降 7.56%，完成预算的 86.14%；包裹业务类完成 109.72 万元，比 2018 年同期增长 34.46%，完成预算的 74.89%；邮务类完成 248.86 万元，比 2018 年同期增加 10.43%，完成预算的 90.89%；其他类业务完成 70 万元，比 2018 年同期增加 21.32%，完成预算的 121.74%。邮储余额 30137.33 万元（北街营业所余额 17369.17 万元、建设路营业所余额 12768.16 万元）。

【金融类业务】 2019 年，储蓄收入累计完成554.51 万元，较 2018 年同期下降 8.14%，完成年预算的 87.46%，储蓄余额全年累计 30137.33 万元。保险收入完成 30.34 万元，完成年预算的 67.42%。储蓄短信收入完成 17.34 万元，完成年预算的 75.39%。

【保险营销】 2019 年，县分公司的期缴保险完成 193.9 万元，比 2018 年同期增长 1521%。通过转型，转变网点人员的营销观念，掌握营销的技能，县分公司每阶段制定 TST 营销活动，不断强化网点的销售技能，同时通过 TST 营销活动提升网点人员的收入，提高大家的营销积极性，逐步使保险发展成为常态化发展。

【包裹业务】 2019 年，海原县寄递事业部寄递业务收入累计完成 109.72 万元，比 2018 年同期增长 34.46%，完成年度预算 74.89%。其中标快实现资费收入 36.32 万元，比 2018 年同期增长 45.98%，完成年度预算 74.12%；快递包裹完成 57.67 万元，比 2018 年同期增长 78.88%，完成年度预算 88.72%；普通包裹完成 15.73 万元，比 2018 年同期下降 35.56%，完成年度预算 74.9%。

【小微电商客户开发】 截至 9 月底，新兴电商平台客户共 33 家，成功揽收 8457 件，实现寄递收入 5.26 万元，揽收业绩取得了可喜的成绩。从 7 月开始月寄递收入突破 10 万元，创历年最好水平，增加寄递业务的同时，巩固了农村寄递市场，提高了市场率。

【文传类业务】 2019 年，文传类业务收入完成 189.91 万元，同比增长 15.69%，完成年预算的 100.59%。函件完成 31.48 万元，完成年预算的 149.9%；集邮完成 57.92 万元，完成年预算的 83.94%；报纸、杂志完成 81.13 万元，完成年预算的 108.17%。

【项目开发】 2019 年，在县分公司领导大力支持下，市场部主任、客户经理等相关人员紧抓社会热点，积极联系目标单位，1 至 9 月累计开发项目 8 个，实现收入 17.25 万元，其中函件实现收入 15.4 万元，占 1 至 9 月收入的 50.89%；集邮实现收入 1.85 万元，集邮项目开发能力相对比较薄弱。

【产品销售】 在 2019 年生肖贺岁中积极销售《瑞猪添福》生肖文化专题册、《己亥送福》红包重点产品实现集邮收入 10 万元；在春耕特训营期间积极销售航天体检卡，实现函件收入 1.8 万元，积极联系目标单位，成功销售《习近平在正定》图书 743 本，实现图书收入 4.90 万元。在秋收特训营期间积极销售《金玫瑰》30 套，实现函件收入 6.29 万元；在中华人民共和国成立 70 周年主题营销活动中，全员共同努力，成功销售庆祝中华人民共和国成立 70 周年产品，实现集邮收入 14 万余元。

【渠道类业务】 2019 年，渠道类业务收入完成 58.95 万元，比 2018 年同期增长 3.66%，完成年预算的 69.35%。其中分销完成 51.47 万元，完成年预算的 90.30%；电子商务完成 7.48 万元，完成年预算的 26.71%。

【重点项目】 2019 年，累计完善邮乐购站点 37 处，完善占比 45%，掌柜贷过审网点 5 处，完成计划目标 65%。“福至新春”销售目标 21 万元，完成销售额 15.83 万元，完成进度 75.38%，未完成营销目标；“粽情端午”目标 12.6 万元，完成销售额 12.6 万元，完成进度 100%；“思乡月”目标 21.4 万元，完成销售额 21.7 万元，完成进度 101.4%。“邮联”战略合作，8 月正式启动以后累计开卡 205 张，实现收入 15375 元，销售给大学新生 227 本，实现收入 8172 元，分销销售 2000 元、电子引流券 800 元。

【发展亮点】 在 9 月“月满中秋”营销战役活动中，实现销售额 6.03 万元、营销能手实现销售额 4.7 万元。发挥渠道建设作用，县分公司组织召开订货会，实现 15 个乡下代办点订货销售额 3.2 万元；揽投队伍在投递过程中积极宣传营销，实现销售额 2.5 万元；在“618”电商节活动中，共分享 302 户，提交订单 231 单，累计订单金额 7606.43 元。

中国电信海原分公司

【概况】 2019 年，财务收入完成 4712.4 万元，完成 R0 进度 83%，完成 R1 进度 76.3%，10 月累计预算完成率 91.7%。移动用户新增 40701 户，移动用户净增 6210 户；宽带新装 8190 户，宽带净增 9008 户，ITV 新增 6100 户，ITV 净增 3199 户。

【重点业务】 2019 年，政府 OA 办公协议续约，保存量收入 60 万元 / 年；其他行政、事业单位非涉密性电路保有 15 条，年收入 23 万元。金融行业电路保有 23 条，年收入 20 万元。医卫行业电路保有 175 条，年收入 50 万元。安全类监控电路，新增签订海原县公安局 90 秒违停电路、智能交通 / 卡口电路、高速路口高频监控电路共 34 条，新增年收入 10 万元。非涉密性电路新增签订 7 条，新增年收入 10 万元。

【存量客户维系】 2019 年，海原电信维系人员协同各厅店及社区店，共计举办逢“6”星级客户尊享活动(存量提质活动)35 场，提升用户感知，降低客户离网率，按照规定动作常态化执行并对代理商维系团队多频次进行帮扶、指导及交流；日常通过四加(加天翼高清，加号卡，加宽带，加包)、四升(升不限量，升融合，升 4G，升百兆)、一续(到期续约)手段，共计办理存费业务 317 户，签转畅享套餐 2031 户，新装宽带 545 户。截至 11 月底，1 至 7 星客户收入保有率完成 90.25%，4 至 7 星客户收入保有率完成 86.69%，移动存量用户保有率完成 67.32%，宽带存量用户保有率完成 82%。

【渠道拓展】 2019年,销售网点共计121个,其中自建他营30个、他建他营91个。实体渠道共计109个,其中自建他营30个、他建他营79个。2018年新引入代理商24家,其中自建他营店面6家、他建他营店面18家。拓展泛渠道网点共计161户,其中农村泛渠道网点122户、城市泛渠道网点39户;泛渠道网点录员共计134户,其中农村网点录员107户、城市网点录员27户;具有销售能力的有效网点共计50户,其中农村38户、城市12户。

【网络能力建设】 2019年,光纤到户建设完成27个点位,安装16路光分295个,交付端口4720个。管道建设6处,全长850米,新建人井10个。完成27个基站光缆布放,布放24芯光缆110千米,安装OLT设备6套。

【线路保障】 2019年,完成海原—省界一级干线路修路影响地段施工“三盯”工作共计53处;完成一级干沉降4.1千米,对海原—省界、海原—冯川线路进行标准化整治,对标石刷漆、描字、写号、喷国防光缆标志共计1830块,标牌刷漆、喷字50幅、更换损坏标石90块,完成本地网线路史店、曹洼模块局出局光缆割接2次共计光缆23条,对海原回小、海原二中基站光缆进行改道割接2次共计6条,基站光缆抢修5次,光纤到户光缆抢修42次,对海原管辖范围内一、二级干线及县城管道进行GPS信息采集,徒步巡检及采集共计106千米。

【无线基站维护】 2019年,处理基站故障28次,对海原管辖范围内所有基站进行维护巡检、作业计划执行,基站作业计划本更换,并核对各基站内业务,更新ODF资料,替换作业计划本78本。

【电源整治】 2019年,根据分公司下发的《关于机房标准化建设》和《老旧设备退网》专项工作,完成12个模块局标准化整治,二维码标签打印粘贴更换520张,废旧尾纤拆除105条,更换树台模块局、红羊模块局老化线缆150米,更换海原传输机房首信电源头柜,更换线缆120米,对海原母局2台油机以及模块局8台油机进行保养维修。

【装维服务】 2019年,完成全公司宽带11356部、ITV9938部的装移机。宽带装移机履约率平均99%以上,宽带装移机平均时长10.6小时,政企宽带装移机平均时长优于这个指标。宽带当日装履约率大于98%,宽带重复故障率均小于6%,各项指标均按公司考核要求完成。光衰不达标整治工作,抽调精兵强将成立整治小组,全年完成1320户。高端客户更换终端有序进行,全年更换光猫1056户,机顶盒628户。加大智能组网业务培训力度,提高智能组网水平和营销能力,办理安装了205部智能组网业务。

中国联合网络通信有限公司
海原县分公司

【概况】 2019年,联通海原县分公司全年收入指标3500万元,实际完成3100万元,移网业务收入2785万元,固网业务收入315万元。2019年海原县分公司划分为两个小单元,分别为海原城区网格和海原乡镇网格;海原城区网格内设支撑中心、渠道中心、政企中心、地推中心、营业厅,有工作人员20人。海原乡镇网格内设渠道中心和地推中心,有工作人员12人。

【基础设施】 2019年,联通海原县分公司投入资金400万元,新建L900网络基站43个。至年底,全县有通信基站276个,网络覆盖达乡镇(管委会)18个,行政村覆盖率100%,自然村覆盖率99%。LTE网络完成30个高负荷站点带内CA扩容,对高负荷低速率小区进行优化调整,调整后效果明显(重点区域县城、李旺、七营、三河)。针对高掉话低接通站点、CSFB回落成功率等KPI指标,加强TOP小区处理,并对问题点进行闭环管控,建立常态化监控语音网络和感知机制。

【窗口服务】 2019 年，联通海原县分公司为提升客户感知 NPS,针对排队时长、微笑服务、投诉处理等存在的问题,以“首问负责、限时办结”极力解决。加强服务礼仪规范,不定期地进行业务知识摸底考试，以营业厅为单位进行业务知识及礼仪规范竞赛,现已有了明显的提升,电话回访及短信测评中用户满意度排名在前。营业厅及核心渠道悬挂“百倍努力 10 分满意”条幅,同时各厅内摆放服务网点受理人及电话展架,提升用户口碑。

中国移动公司海原分公司

【概况】 2019 年，海原移动公司有员工 41 人,平均年龄 35 岁,其中党员人数 8 人,均为本科学历。下设要客班、营业厅、集家客支撑班 3 个班组,划分了海城西分局、海城东分局、李旺分局、海兴分局 4 个分局和渠道营业网点。

【政治建设】 2019 年，海原移动公司通过不断完善学习制度,创新学习载体、搭建学习平台等有效手段,激发员工的学习动力,提升员工队伍素质,着力培养员工树立正确的世界观、人生观、价值观。始终把政治理论学习作为党员学习教育的首要任务,年初制定了年度学习计划，做到了年初有计划、月度有安排。公司全体员工关注“文明宁夏”公众号,建立了公司微信群,鼓励公司员工发表文明理性的舆论,号召广大团员传播文明,引领风尚,争做文明网络的主力军。为展现企业优良“家”风,培育清风正气氛围,发出了《家风、家训、家教倡议书》,传播分享了家风学习宣传语。对核心价值观进行了广泛宣传,让员工入脑入心,引导员工树立爱岗敬业、诚实守信、服务客户、奉献社会的职业道德理念。组织开展反腐倡廉主题教育月活动,党支部书记讲党课活动、党建述职、党纪党规知识竞赛活动、邀请专家作警示教育讲座、观看警示教育片、手机短信答题、征集警示箴言等形式多样、内容丰富的活动,增强员工纪律意识、规矩意识,切实提高干部职工的廉洁自律意识和依法办事、拒腐防变能力。

【精神文明建设】 2019 年,海原移动公司成立党员联络员、党员突击队、青年突击队,在雷锋纪念日、3·15 消费者维权日、5·17 电信日等重要节点,普及维权知识,大力宣传移动惠民信息,下乡走访客户,面对面沟通,真诚服务广大用户。建立志愿者服务队,大力弘扬“奉献、友爱、互助、进步”的志愿者服务精神，以志愿行动不断指引青年员工成长成才。号召全体员工登录“宁夏志愿者网”进行志愿者注册,全年注册志愿者人数占员工人数的 100%。

【文化生活】 2019 年，海原移动公司充分发挥党政工团“推动发展、服务员工、凝聚人心、促进和谐”的作用,组织实施“暖心工程”,配备完善了“职工之家”硬件设施,及时满足了员工业余文化生活的需要。

【定点帮扶】 海原移动公司连续多年为扶贫村捐赠物资,2017 至 2019 年捐赠物资合计金额达到 9 万余元,有效改善乡镇办公条件;走访困难农户,送去慰问金及米、面、油等食物;开展村民共建活动,为经济困难农户改善住房条件，建设公共设施等。每年高考期间,专门组织青年志愿者在沙坡头区各高考点设立“考生服务点”,为参加考试的学生提供志愿服务。

自然资源和生态保护

国土资源

【概况】 2019年，海原县自然资源局正式组建，整合了国土、林业、草原及城乡规划等职责并实现了集中统一办公。一年来，坚持以创新驱动、脱贫富民和生态立县“三大战略”为引领，积极发挥规划先导、空间保障与生态修复职能，努力破解机构改革前规划类型过多、数据重叠冲突等制约发展难题，全面推进统一调查、统一规划、统一监督、统一整治职权，重点围绕国土空间规划、用地保障、生态修复、资源保护、深化改革、脱贫攻坚、扫黑除恶及党的建设等方面重点工作，全力做好自然资源各项工作。

【扶贫帮扶】 1.选强配优驻村第一书记和工作队员。共选派6名党员干部(驻村第一书记2名、驻村工作队员4名)分别在树台乡韩庄村、红羊乡红堡村、红羊乡张元村、九彩乡马圈村和关庄乡庙湾村进行驻村帮扶;组织197名干部职工结对帮扶树台乡韩庄村、甘盐池管委会盐池村等13个乡镇987户贫困户，通过政策宣讲、因户施策，为贫困户制定了帮扶措施，鼓励贫困村发展致富产业，增强内生动力，通过回访，贫困户满意度整体较好。2.部门帮扶。由单位班子成员带队，先后6次到甘盐池盐池村、高崖乡三分湾村和联合村进行专题调研，通过与村“两委”班子座谈交流，详细了解贫困户的困难和需求，梳理制定了详细的帮扶措施，筹措资金20万元，帮助盐池村用于建设基础设施和发展产业。同时，积极研究并协调相关部门，帮助高崖乡联合村和三分湾村发展产业，改善基础设施。

【规范矿产资源开发利用】 2019年，根据县人民政府办公室《关于印发海原县关闭退出建筑用砂矿和取缔非法开采点工作实施方案》要求，对全县11条县级河道内的31家建筑用砂矿和25处非法采砂点进行了关闭取缔，督促企业和违法当事人对采坑进行了全面恢复治理，恢复治理工作已全部完成。

【整治自然资源行业乱象】 2019年，以中央扫黑除恶专项斗争第二十督导组督导宁夏为契机，加大自然资源乱象整治和违法行为查处力度。一是对全县31家关闭退出建筑用砂矿和25处非法采砂点进行重新摸排，对其中造成矿产资源重大损失的10处违法行为，严格按照法律程序，移交公安部门进行依法处理。二是制作扫黑除恶宣传展板10块，发放宣传单6000余份、宣传册500余份、悬挂横幅65条,开展宣传讲座2次,公布了扫黑除恶线索举报电话,设立了举报箱,进一步畅通了线索举报渠道。三是开展自然资源动态巡查180余次,发现违法行为80起,其中现场制止32起、立案查处48起(违法占地18起、非法开采30起),罚款金额90余万元,恢复土地78亩。四是对自治区自然资源厅下发的436个卫片图斑(其中土地卫片图斑293个、矿产资源图斑8个、"大棚房"另案处理图斑50个、森林资源图斑70个、违建别墅图斑15个)进行排查鉴定。通过鉴定,涉及违法占地图斑48个,已完成拆除7个,移送原州区1个,立案调查19个,正在调查21个;涉及"大棚房"另案处理拆除图斑25个,完成拆除17个,剩余8个正在整改;涉及森林资源图斑70个,立案处理68个,未立案2个(其中1个为林业生产附属用地,1个为农民危房改造用砂图斑);涉及矿产资源图斑8个,完成拆除6个,立案查处2个。五是坚持刀刃向内,成立扫黑除恶深挖彻查专项调查组,深入各乡镇与村"两委"及群众代表召开座谈会8场次,发放《海原县自然资源局扫黑除恶专项斗争乱象整治"回头看"群众满意度问卷调查》90余份,发放或张贴《致全县自然资源领域扫黑除恶重点"乱象"区域内广大人民群众的一封信》1000余份,发放《海原县自然资源领域扫黑除恶深挖彻查"保护伞"问卷调查》48份,对包庇纵容、吃拿卡要、索贿受贿等违法行为开展了调查。

【脱贫攻坚问题整改】 2019年,结合自治区党委第一巡视组专项巡视海原县脱贫攻坚工作反馈问题及各级各类巡视、巡查、审计反馈问题,海原县自然资源局共梳理、认领各类问题45件,截至2019年年底,已完成整改40件,正在整改5件。一是自治区党委第一巡视组边巡边改反馈问题4件,已全部整改到位并销号;二是自治区党委第一巡视组专项巡视海原县脱贫攻坚工作反馈问题11件,已全部完成整改并销号。三是中卫市脱贫攻坚大普查反馈的生态扶贫问题26件,已完成整改21件,剩余5件正在整改;四是县脱贫攻坚第二督导组专项督查2019年第一季度脱贫攻坚重点工作反馈问题4件,已完成整改4件(1件需要长期坚持)。

【"不忘初心、牢记使命"主题教育活动】 9月16日,召开"不忘初心、牢记使命"主题教育工作部署会议,主题教育工作开展以来在县委主题教育工作领导小组办公室的坚强领导下,在县第六巡视指导组的正确指导下,自然资源局严格按照"守初心、担使命,找差距、抓落实"总体要求,把学习教育、调查研究、检视问题、整改落实贯穿主题教育全过程。1.学习教育。组织领导班子开展了为期一周的读书班,重点对《习近平关于"不忘初心、牢记使命"论述摘编》《习近平新时代中国特色社会主义思想学习纲要》以及习近平总书记有关讲话精神进行集中学习并交流研讨,共安排集中学习9次、交流研讨4次。2.调查研究。聚焦行业领域突出问题,领导班子成员分别围绕中央第二环保督查"回头看"转办件办理情况、脱贫攻坚、生态建设和矿山恢复治理等方面开展了调研,共调研22天,发现问题17个,已解决问题12个。3. 检视突出问题。通过征求意见和自查自纠,领导班子共检视出问题5条,目前整改销号2条;领导班子成员共检视出问题8条,年底整改完毕。4. 整改落实。结合中央环保督察、中央扫黑除恶专项斗争督导及自治区党委第一巡视组等各级各类巡视巡察反馈问题,建立台账,制定措施,加以整改,除1件环保督察转办件外,其他事项全部整改到位。

【耕地保护责任】 2019年,继续推行基本农田和耕地保护"地长制",明确"地长"责任人1559人,其中一级地长37人、二级地长432人、三级地长1090人。完成了全县永久基本农田划定,推行基本农田定位、定量、定人管理模式，建立健全各类各级耕地保护台账，落实乡镇人民政府耕地保护主体责任，由县人民政府与乡镇签订保护目标责任书19份，乡镇与行政村签订责任书166份，靠实了保护责任。设立基本农田保护标识149个(其中保护碑17个、双立柱32个、界桩100个)，做到了全面落实永久基本农田“建表册、入图库、落地块、明责任、设标识”。

【国土空间规划】 2019年，充分发挥规划在经济社会和城市建设中的引领作用，统筹安排、谋后而动，先后编制完成海原县“两核四镇”发展规划、海原县城发展规划，完成全县村庄分类调查和西安镇小河村(试点)村庄规划编制；同时积极开展国土空间开发保护现状评估、生态红线评估及永久基本农田储备区补划和清理核实工作。2019年共召开规委会5次，对育才公园、北苑小区、第六幼儿园等13个项目规划设计方案进行了审定。完成了土地规划修改2次，涉及海兴开发区华润农副产品精深加工项目、李旺镇韩府农村服务社区、李俊污水处理站等11个项目的5257亩土地。完成城乡规划审批项目64项，其中办理项目选址意见书7件、建设用地规划许可证10件、建设工程规划许可证25件、乡村建设规划许可证20件、临时工程证2件，切实做到规划审核把关，资源合理配置，为脱贫攻坚和乡村振兴奠定了坚实基础。

【重大建设项目用地】 2019年，坚持实行脱贫攻坚和重大项目用地手续办理“跟踪制”和“销号制”，全力以赴从土地规划修改、报批、征收到供应，做好“一条龙”服务。用足国家对深度贫困地区建设用地可以边建边报和基础设施、易地扶贫搬迁、民生发展等建设项目确实难以避让基本农田的，可以占用基本农田的特殊政策，边建边报用地3200亩，其中占用基本农田1010亩（主要是危房改造占用)，全县没有因为用地原因影响项目建设，为脱贫攻坚提供了用地保障。完成西安镇天都山旅游风景区游客服务中心、海兴开发区农副产品深加工及仓储物流基地、海原第六幼儿园、李旺镇李旺村幼儿园、海原县第八小学、海兴开发区第二小学项目等土地预审24宗、面积2250亩。完成海原县2019年第一批次城镇项目、海原县甘盐池(二期)光伏项目等土地报批4批次525.9315亩，其中，经区厅批复3个批次480.0825亩，另一个批次45.849亩正在组建报批中。完成国道341(三河至海原)公路、李俊至关庄公路等项目土地征收3660.67亩，其中，涉及集体土地2971.82亩，大县城建设土地688.85亩。完成供地29宗、面积1376.15亩，其中：出让土地19宗、面积342.85亩，收缴土地出让金3624.19万元；划拨用地10宗、面积1033.314亩，涉及公共设施和基础设施用地5宗、面积30.375亩，道路用地4宗、面积989.4亩，工业(振发光伏)用地1宗、面积13.539亩。完成西安镇新希望牧业等14家设施农用地备案、面积1102.52亩。完成全县危房改造用地测量2886户、面积1752亩，其中零散户2584户、面积1386亩，集中安置20个302户、面积366亩。

【资源资产统计】 一是开展全县第三次国土调查工作，对全县耕地、园地、林地、草地、城镇及工矿用地等自然资源进行了全面调查，截至目前，成果已通过了国家核查验收，全图斑差错率仅为0.13%。二是完成全县10条县级河流、38条乡村级沟道、51座水库、72座淤地坝、45处水源地的河湖水域岸线划界确权外业工作。三是联合自治区水文环境地质勘察院对全县地质灾害隐患点进行“拉网式”排查，确定全县地质灾害隐患点115处，其中滑坡38处、崩塌12处、泥石流43处、不稳定斜坡22处。采取积极措施对地质灾害进行实时监测和有效防范，配合李俊乡政府，对联合行政村双沟自然村受威胁的8户居民实施搬迁避让，确保群众生命财产安全。

【"房地一体"确权登记】 2019年,根据外业测量全县共涉及"房地一体"所有权87706宗。累计完成公示64932宗，资料整理50301份，证书打印34998本，证书发放22416本，档案电子化完成4个行政村417户,剩余工作正在稳步推进。项目涉及全县18个乡镇（管委会）、144个行政村、86321户,初步审定符合确权发证的为69200户,涉及宅基地总面积75298.05亩(含集体建设用地2568.15亩、国有建设用地99.3亩)。

林草资源

【国土绿化】 2019年，积极开展大规模国土绿化行动和经济林建设工程，累计完成林草建设任务12.05万亩。完成南华山外围区域水源涵养林建设提升工程11万亩(人工造林3.4万亩、未成林补植补造4.6万亩、退化林分改造1万亩、封山育林2万亩),项目建设地点涉及红羊、树台、西安、关庄、郑旗、贾塘、李俊等11个乡镇及月亮山和西华山2个林场。

【经济林建设】 2019年，完成经济林建设6200亩。其中在三河、七营、高崖、关桥、郑旗5个乡镇完成枸杞种植3000亩，在李旺镇集中连片种植苹果200亩，在关桥、史店2个乡镇完成香水梨1500亩,在西安、史店、三河、李旺4个乡镇完成庭院经济林1500亩。在三河、七营、高崖和西安镇建成枸杞烘干设施80吨/批、次。

【城乡绿化】 2019年，完成城乡绿化2200亩,其中完成县城及周边绿化300亩,涉及万福路北延伸段、西河路南延伸段、海同公路改线段完成主干道路绿化680亩,涉及国道341海兴开发区段、省道204线曹洼段、预西公路李俊段。完成乡村绿化1220亩，主要是为各乡镇供应苗木22万余株，完成甘盐池管委会、曹洼乡脱烈村2个美丽村庄绿化。

【退耕还草】 完成2016年度新一轮退耕还草续建工程2120亩,其中甘盐池1300亩、红羊乡230亩、树台乡590亩,认真做好2015至2018年度新一轮退耕还林成果巩固，并顺利通过国家级核查验收。同时,海原县被评为宁夏唯一荣获全国生态建设突出贡献奖的先进集体。完成《海原县国土综合整治与生态修复项目规划》编制工作,并于9月26日完成2019年度海原县三河镇六窑、唐堡等村的生态修复项目招投标,项目已进入施工阶段,计划2020年10月完成竣工验收。

【生态保护补偿机制】 2019年，争取生态护林员公益性岗位1662人，其中建档立卡贫困人口生态护林员1270人、天保护林员331名、重点公益林护林员61名。按照严格的选聘程序和管理办法,建立了森林草原资源网格化监管体系,靠实了森林草原资源管护责任,由自然资源局与各国有林场签订森林资源管护目标责任书6份,与全县护林员签订森林资源管护协议1662份，确保了自然资源保护面积、四至界线和责任人职责"三落实"。

【森林防火及有害生物防治】 2019年，争取森林草原防火信息化建设资金560万元,建成森林草原防火指挥部1处,森林草原监测瞭望塔2座,为护林员人手配备了巡护记录仪,切实增强了森林草原防火信息化建设能力。成立禁牧防火督察组,开展禁牧防火督察110余次,下发整改通知书36份,对全县生态移民迁出区养殖棚圈和羊只数量进行了摸排登记,督促乡镇进行限期拆除。积极开展森林草原病虫害防治工作,落实鼢鼠防治10万亩,落实病虫害防治5万亩。

【集体林地确权登记】 2019年,编制印发了《海原县关于完善集体林权制度实施方案》《海原县集体林地"三权分置"改革试点工作方案》《海原县2019

年林下经济建设方案》等文件，正在积极开展集体林地“三权分置”改革试点工作。编制完成《海原县关于支持鼓励社会资本投资林业的指导意见》和《海原县集体林地经营权流转登记颁证管理办法（试行）》等文件，完成林权抵押贷款370万元。

【第二环境保护督察组“回头看”转办件办理】 2019年，中央第二环境保护督察组“回头看”期间，海原县共收到转办事项14批次21件，除597号转固原市办理外，其余20件全部由海原县办理。截至2019年底，已办理完成并销号19件，正在准备销号1件（895号）。

生态环境

【大气环境质量】 2019年，中卫市生态环境局海原县分局紧盯$PM_{2.5}$、PM_{10}和优良天数等指标，积极配合牵头部门开展砂石料厂、砖厂、建筑工地、道路施工工地、道路扬尘防控整治，先后整治“散乱污”企业5家。集中供热锅炉全部安装脱硫、脱硝、除尘及在线监测设施。制定并实施《海原县散煤污染治理专项整治工作方案》，加强散煤煤质市场管控和使用企业（居民）监管。有效落实工地“六个100%”扬尘防控措施，加强对施工现场的监督管理。完成32家加油站双层罐和地下油罐更新改造工作。积极配合农业农村部门对秸秆、垃圾焚烧进行专项巡查，建立秸秆、垃圾禁烧长效监管机制，有效防治大气污染，空气质量明显改善。12月17日，自治区生态环境保护领导小组办公室发布1至11月全区环境空气质量排名通报，海原县在全区14个县（市、区）环境空气质量综合指数及同比改善幅度排名中位居第五。

【水环境质量】 2019年，中卫市生态环境局海原县分局积极配合水务部门整治河湖“四乱”突出问题84处。与自然资源部门联合执法，关闭取缔环评不达标砖厂25家，升级改造3家。投入1284万元，完成老城区、南坪水库2个县级水源地保护区水源地规范化建设工程，水质均达到III类标准。投入3485万元，开工建设6个乡镇污水处理站项目，其中高崖、李旺、七营镇项目已投入试运行。委托第三方服务机构对老城区、南坪水库水源地及清水河海原段地表水体断面水质进行检测分析，老城区、南坪水库水源地水质均达到III类标准，达标率为100%，清水河海原段地表水体断面共监测12次，达标10次，达标率为83%，目标要求达标率为70%。

【土壤环境】 2019年，中卫市生态环境局海原县分局开展并完成土壤污染状况调查及评估工作，未发现疑似污染地块。建立农村垃圾“村收集、乡运转、县处理”机制，配置环卫车辆24辆、垃圾箱510个。推广测土配方施肥技术应用，实现化肥使用“零增长”。

【污染减排】 2019年，中卫市生态环境局海原县分局加强建设项目环境行政审批管理，坚持“先评价，后建设”原则，坚决杜绝高污染和国家明令禁止、淘汰等不符合产业政策的企业落户，从源头上控制环境污染。扎实推进污染减排，截至12月底，据海原县污水处理场在线监测系统数据显示，化学需氧量实际消减量704吨（目标任务消减量192吨）、氨氮实际削减量132吨（目标任务消减量35.4吨），海原县超额完成年度目标任务。

【生态环境监管】 2019年，中卫市生态环境局海原县分局紧盯污染重点区域，创新环境监管方式，加大综合执法监管力度。通过采取“双随机、一公开”监管措施，强化日常动态巡查，严肃查处不正常运行自动监控设施及逃避监管等违法行为。2019年，共出动检查人员282人次，监察企业91家（次），发现并督促环保隐患企业5家，立案查处5起，处罚9.74万元，办理信访投诉举报25件，办结率100%。

南华山自然保护区

【项目资金争取】 2019年,完成天然林保护工程、生态公益林工程和天保管护五险项目资金争取工作,其中天然林保护工程33万亩资金330万元、生态公益林8.5万亩69万元,天保管护五险资金40万元。项目资金的及时到位,保证了保护区基础设施的建设和维护工作、基层雇佣护林人员工资;各管理站经费的及时到位,为加强和保护南华山生态安全提供了资金保障。完成重点工作林木病虫鼠兔害监测和防治15万亩,完成资金20万元;完成灵光寺重点林区天地一体化遥感视频监控系统建设任务,完成投资300万元。

【森林防火】 2019年,专门抽调人员组织防火宣传队,深入周边30多个村组、学校,采用播放宣传录音,刷写标语,发放宣传册等方式开展森林防火宣传,出动宣传车辆50余车次,发放宣传材料20000余份。在重点林区重点时段设立森林防火临时检查站,向过往车辆和村民发放《宁夏回族自治区防火条例》等宣传材料,防火宣传面达100%,从而使森林防灭火工作家喻户晓,人人皆知。严格执行巡查督查制度和实行防火期24小时值班值守制度。严格落实责任制,确保在防火紧要期做到山有人管、林有人护、火有人防、责有人担。防范措施到位,对海西公路南华山段及重点林区道路两侧20米范围的杂草进行清除;坚持在西海公路等重点路段巡查,加强对野外火源的管控;对进入林区从事副业生产的人员、车辆认真进行了检查登记;加大对进山旅游、上坟祭祀、林区生产等进山人员的管理,对林区内坟地以及常住外来人员等进行登记;继续加大重点林区技防投入,筹措资金对灵光寺重点林区实施视频监控全覆盖,全面提升森林防灭火工作应急管理效能和水平。

【禁牧封育】 2019年,通过层层落实责任,加大禁牧封育力度,在做好平时禁牧封育工作的同时,8月至9月利用2个月时间,集中精力对南华山禁牧封育问题突出的站点进行重点整治,并将车辆直接下派到各管理站,坚持天天巡护。对10起偷牧人员进行宣传教育,对4期偷牧羊(牛)数量较大,性质恶劣的进行了罚款处理,共上缴国库罚款14000元。

【环保整治】 2019年,全面梳理和核查2017年、2018年"绿盾"专项行动发现问题的整改完成情况,并按照全国"绿盾2019"保护地强化监督工作部署视频会议精神和"绿卫2019"各项活动要求,各管理站在各自辖区全面开展人类活动排查监测工作,责任落实到人。对非法采集森林草原野生植物行为、非法猎捕野生动物行为、破坏保护区生态环境行为进行了重点打击。共发现3起非法挖沙行为,其中报警立案处置1起,罚款1480元。

【脱贫攻坚】 2019年,派驻3名干部组成扶贫工作队,专门驻贾塘新村开展扶贫帮扶工作。单位48名职工分别帮扶贾塘乡、海城镇、关桥乡三个乡镇的7个行政村227户建档立卡贫困户。曹洼乡曹洼村调整为南华山自然保护区管理处定点帮扶村后,保护区主要领导和分管领导多次进村入户进行调研,成立工作组蹲点进行帮扶。针对村部办公设施差,筹措资金7600元为村部购置了8套办公桌椅,改善了村部办公条件。管理处及时联系租用铲车1台、挖机1台,帮助曹洼村的20多户农户进行了危房拆除和院落平整,并对村庄残垣断壁进行拆除和整理,共计投入资金48370元,有效推进了该村危窑危房改造工作和环境治理工作的开展。

【党的建设】 2019年,筹措资金1.4万元用于党员活动室的布置和党建宣传资料的制作。8月,开展了"进农家院、干农家活、查农家情、暖农家心"主题党日活动,共慰问结对帮扶贫困党员和群众15户,每户慰问金500元，共计7500元；预购土豆等农产品10吨，价值16000元；发放脱贫攻坚、移风易俗等宣传资料200余份。深入开展“不忘初心、牢记使命”主题教育，先后开展党组班子读书班一次（集中学习5次），专题研讨2次；党支部集体学习3次，观看电影1部，撰写观后感1次；开展党员轮训1次（共3天）、研讨交流2次；共检视问题9条；党支部书记参加专题培训1次，党支部书记讲专题党课1次。年初制定全年党风廉政工作计划，专题研究党风廉政建设工作4次。7月，组织召开1次警示教育大会，用县内违纪违法鲜活案例教育党员干部，取得较好效果。熟练运用监督执纪“四种形态”，对有倾向性、苗头性的问题及时进行谈话提醒，共计谈心谈话3次涉及30人次。先后对基层干部职工开展活动情况督导了4次，机关作风得到了转变。

【法制宣传】 2019年，共计开展法治宣传活动10余场次，悬挂宣传横幅20余条，发放宣传物品（毛巾、围裙、门帘）5000余条，集中组织职工学习干部法律知识读本11次，开展法治讲座2场次，宣传人数达3000余人。组织干部职工参加扫黑除恶专项斗争应知应会知识考试1次。

商贸流通

综 述

【行业运行】 2019年,为拓宽消费渠道,优化消费环境,健全和完善消费品市场流通体系,印发了《海原县2019年开展消费扶贫 助力脱贫攻坚战行动方案》。消费扶贫工作以深化农业供给侧结构性改革为契机,以农业农村资源为依托,以"三产"融合发展为核心,以"九进九销"为主要途径,在海原县有序有效开展。完成扶贫消费销售额12288.51万元。

【商贸活动】 2019年1月,按照自治区商务厅扩内需促消费工作需求,为扩大消费,活跃市场,举办了海原县首届年货节;7月23日至28日,在漳州成功举办了海原县名特优新农产品漳州推介会。在福建漳浦开设了海原县名优特农产品展销馆,共销售农产品400万元。组织海原县7家企业参加了第125、126届广交会,共完成订单145万美元。培育入库了国鑫能源、西河饭店2家线上企业。

【电商扶贫培训】 2019年,开展电子商务创业就业知识培训班31场,共计培训1355人次,其中建档立卡户人员1000人。开展电商应用知识宣讲26场,共计参学人员1011人,其中建档立卡户人员397人。

【便民服务】 全县共建成村级电商服务站135个,其中贫困村电商服务站112个,开通代购代卖、代缴代取、小额金融服务、农资采购等便民服务。全县村级服务站累计服务村民12万人次,其中建档立卡户人员5.3万人次,农村电商便民服务效益良好。

【电商销售】 2019年,开展对传统合作社转型升级,加大电商营销业务的培训力度,深入贫困村开展产销对接。走"电商企业+贫困户"模式,与贫困户签订购销协议,通过产前订单认购、产中技术指导、产后打包销售等措施,解决了贫困户"买难卖难"问题,实现企业发展、贫困户增收"双赢"。县内马铃薯、小杂粮、甜瓜、大红葱、牛羊肉等农副产品网络销售达1530万元,完成年初目标任务。

【乡村物流配送】 2019年,已建成海原县乡村物流分拣配送中心并投入使用,整合县域内10家物流企业,开通4条乡村物流配送专线,组建4支乡村物流配送小分队,配备运输车辆,实施下乡包裹集中统一配送,实现当日配送到乡镇,2日内到村组(村级电商服务站),乡村快递配送率达98%,有效解决乡村配送"最后一千米"问题。完成下乡物流配送 120 万单,完成年初目标任务。

粮　食

【粮食流通统计调查】 2019 年，海原县粮食和物资储备局全面完成了纳入统计范围内所有粮油加工企业、经销企业的流通情况统计工作,重点对海城、西安、高崖、树台、李俊 5 个乡镇年初供需平衡及来年 4 月末居民存粮进行了专项调查。

【粮油市场监督检查】 2019 年，海原县粮食和物资储备局会同市场监管等部门,对县级成品粮油的入库及农村义务教育学生营养改善计划粮油配送质量进行监管;对全县粮油加工、批发、零售等企业和重点环节经营行为进行监督；利用价格监测点，密切关注市场价格趋势，掌握市场粮油流通等情况。对县域内 4 家粮食收购企业的收购资格证进行了年审。

【粮食库存数量和质量大清查】 2019 年，海原县粮食和物资储备局按照“坚持问题导向、底线思维，全面清查、突出重点,完善机制、压实责任”的要求，对全县政策性粮食库存数量和质量进行了大清查，承储企业粮食库存账实相符、账账相符;库存粮食质量指标、品质指标以及食品安全指标均达标合格。

【“优质粮食工程”建设项目】 2019 年,海原县粮食和物资储备局根据自治区人民政府办公厅转发自治区粮食局、财政厅《关于大力实施“优质粮食工程”意见的通知》及自治区粮食局、财政厅《关于印发“优质粮食工程”实施方案的通知》文件精神,海原县 2018 至 2019 年计划建设的 3 个粮食产后服务中心,已全部进入最后的验收阶段。

【粮食订单】 2019 年，海原县粮食和物资储备局开展以“送政策、送订单、送农技、送服务”为主要内容的惠农服务活动,将订单收购的各项优惠政策宣传到村、组、户。落实粮食订单(玉米)1 万吨,并与 4 家粮食收购私营企业签订粮食订单，订单面积 1.4 万亩。

【应急储备粮】 2019 年，海原县粮食和物资储备局为进一步构筑全县粮食安全体系,确保粮食市场供应和应急供应,保持粮食市场价格稳定,切实提高粮食应急保障能力,按照《海原县应急粮食储备方案》的要求,完成原粮储备 4000 吨,其中小麦、水稻各储备 2000 吨,完成 640 吨成品粮油储备任务。

供销合作

【概况】 2019 年，围绕服务乡村振兴发展大局和推动农村产业融合发展,以“五个供销”为发展目标,以“实体化、市场化”改革为方向,以密切关注农民利益为核心,以小杂粮、马铃薯产业融合发展为重点,推动小杂粮、马铃薯生产加工、销售一体化发展。全系统现有各类人员 332 人,其中,县社机关工作人员 10 人(其中:公务员 1 人、事业人员 4 人、政府购买公益性岗位 5 人)、企业下岗职工 103 人、离休干部 1 人、退休职工 171 人、抚恤人员 47 人。企业已全部改制,职工妥善安置,下岗职工的历史遗留问题得到彻底解决。供销合作社设有党支部、理事会、监事会、系统工会。县社机关内设办公室、财务统计股、综治办。现有社属企业 5 家、基层供销社 16 个(其中原基层社 7 个、新型基层社 9 个),领办农民专业合作社 12 个。海原县农民经纪人协会挂靠在供销社,现有会员 313 人。

【主要经济指标】 2019 年，全系统实现销售总额 8100 万元,比 2018 年同期增长 12.7%。其中消费品零售额 900 万元，比 2018 年同期增长 2.3%;售给农民的农业生产资料 3080 万元，比 2018 年同期增长 0.5%;农副产品销售额 4100 万元,比 2018 年同期增长 0.7%。

【党的建设】 1. 理论学习。社党支部认真履行党建工作职责，采取支部书记讲党课、班子成员讲党课、专题研讨、心得交流、知识考试等形式开展学习教育。认真组织学习了中央和区、市、县委的有关文件精神，把思想和行动统一到中央和区、市、县委的决策部署上来；组织开展学党章党规、学系列讲话和《中国共产党党组工作条例》《中国共产党纪律处分条例》以及党的十九大精神等专题学习。充分利用每周五学习日，强化党员职工理论学习，做到学习有计划、有笔记、有心得。2. 送温暖活动。七一期间慰问退休党员 13 名，给每位退休党员送去慰问金 600 元，与他们拉家常、谈心得，使老党员时刻感受到党组织的温暖。3.“不忘初心、牢记使命”主题教育。组织党员干部职工召开了主题教育动员会。要求全体党员干部以高度的政治责任感、良好的精神状态和扎实的工作作风，努力实现理论学习有收获、思想政治受洗礼、干事创业有担当、为民服务解难题、清正廉洁作表率的具体目标，并以读书班、讲党课、开展“四项教育”等形式强化主题教育学习。党员干部认真对照专题研讨交流、调查研究、检视问题、整改落实等环节，坚持深入基层、深入群众，多层次、全方位、广渠道地了解实际情况，紧扣研讨主题，认真检视思想认识和具体工作中存在的问题。认真梳理习近平总书记的指示精神，从习近平新时代中国特色社会主义思想中找方向、找对策、找方法。坚持边学边改、立查立改，以整改落实成果检验主题教育成效，为深化供销社综合改革提供坚强的组织保证。“不忘初心、牢记使命”主题教育开展期间，通过上门送、邮寄等方式，为年老体弱、行动不便、异地居住的退休党员送去了《习近平关于“不忘初心、牢记使命”论述摘编》、学习计划表和学习笔记本，让这些退休党员不漏学、不缺课。

【脱贫攻坚】 2019 年，认真学习贯彻习近平总书记关于脱贫系列重要讲话精神以及中央扶贫开发会议和区、市、县脱贫攻坚会议精神，落实县委、县政府脱贫攻坚的部署，扎实做好“1 对 5”帮扶工作。督促帮扶职工每月最少两次进村入户，通过发放宣传册、面对面讲解等形式，向所帮扶的贫困户宣传、讲解党和政府的工作部署、精准扶贫工作以及惠农政策，对外出务工人员进行电话联系沟通，让群众了解情况，明白支持扶贫工作，真正做到真扶贫、有实效，为做好扶贫工作打下了坚实基础。与西安镇薛套村“两委”班子和驻村工作队对接，共同研究制定每户帮扶计划，理清发展思路，尽力帮助解决贫困户的实际困难。组织、动员干部职工开展消费扶贫，机关 4 名干部职工人均认购“爱心菜”50 元，以实际行动帮助菜农解决芹菜滞销问题，彰显初心、担当使命。

【安全生产】 2019 年，按照“安全第一、预防为主”的安全经营工作方针，根据行业特点及本系统安全生产经营实际，组织人员定期不定期开展安全大检查，特别是春节、五一等重大节日前都进行安全经营大检查、大整改活动，排除安全隐患。配合县应急管理、公安、市管等部门，对全县烟花爆竹市场进行专项整治活动，净化烟花爆竹市场，对没有自治区供销社标识的伪劣产品没收销毁，及时消除了安全隐患，为完成全年各项目标任务营造良好环境。

【规范农村食品经营秩序】 3 月 28 日至 30 日，海原县供销社假冒伪劣食品整改领导小组成员与农业农村局、市场监督管理局、工信商务局及公安局等部门负责人分 4 个小组在全县 13 个乡镇进行暗查暗访，全面整改中央六部委暗查暗访中发现的 72 个问题，后期仍进行回查，张贴了加强农村假冒伪劣食品治理的宣传材料，共发放宣传材料 1000 余份，减少了当前农村食品市场存在的突出问题和风险隐患，切实维护了广大农民群众饮食安全。

【“七五”普法】 2019 年，制定了“七五”普法年度工作计划，明确了指导思想、基本原则、目标任务、基本要求等方面的内容。建立健全普法教育工作长效机制，落实普法教育工作责任制，教育引导干部职工坚持干什么学什么、缺什么补什么，有针对性地加强相关法律知识的学习，切实提高依法办事能力。以“12·4”法制宣传日、“法律八进”活动为契机，深入学习宣传宪法、党章、党内法规等法律知识，提高了干部职工的法制意识，普及了法律知识。做到了普法教育工作年初有安排、年中有检查、年终有总结、个人学习有笔记。

【机构改革】 2019 年，海原县供销社负责人多次深入乡镇调研，针对供销社系统基层组织普遍存在经营规模小、实力弱、服务和带动能力不强等问题，围绕全县产业融合发展，组织人员严格对照新型基层供销合作社建设标准，深入各乡镇认真选点，新建新型基层供销社 3 家，即海原县海城葱蒜供销合作社、海原县贾塘小杂粮供销合作社、海原县树台生荣农机服务供销合作社。

【社有资产管理】 2019 年，成立“三农”服务公司，由新聘用的一名大学生担任公司经理。公司主要管理社有资产、项目建设、新型基层社建设，为农民提供农业产业化方面的服务。5 月，会同自然资源局对社有资产进行了全面的清理、登记办证，农资公司、西安供销社、李旺供销社等 6 家企业和基层社的土地证已办到了企业名下。

【项目争取】 2019 年，为海原县永鑫特色农产品供销有限公司争取项目资金 50 万元，资金已拨付到企业，机器设备已购买到位，年前已开业运营。

烟草专营

【政治建设】 2019 年，坚持把党的政治建设摆在首位，深入学习贯彻习近平新时代中国特色社会主义思想和党的十九大精神，坚持“三会一课”，多形式开展主题党日活动，先后开展志愿服务、廉政教育、红色革命教育、学榜样等活动。召开党员大会 6 次、支委会 14 次、党小组会议 22 次、党课 5 次，开展了 2 次党员志愿服务、1 次红色革命教育、4 次廉政警示教育等，丰富了组织生活。加强党员队伍管理，按照标准流程发展党员，严把党员出入管理，2019 年局（分公司）党支部 1 名预备党员按期转正、1 名入党积极分子列为发展对象。

【党风廉政建设】 2019 年，开展集中整治形式主义、官僚主义专项行动，承接和落实市局（公司）开展集中整治形式主义、官僚主义工作任务 2 项，制定措施落实整改。严格落实《中卫市烟草专卖局（公司）卷烟零售市场“天价烟”问题集中治理工作重点》要求，抽调营销、专卖人员开展了自查和检查，未发现问题。按照《中共中卫市烟草专卖局（公司）党组关于印发开展“不忘初心、牢记使命”主题教育专项整治十个具体实施方案的通知》要求，对号入座，主动认领，对《机关党建工作不规范问题专项整治实施方案》《专项整治基层党组织软弱涣散实施方案》进行了自查，共归纳整理问题 7 个，已整改 6 个，整治率 85.7%。

【“不忘初心、牢记使命”主题教育】 2019 年，先后开展 3 次集中学习教育、2 次调查研究，检视问题 48 项，已整改 38 项。按照“不忘初心、牢记使命”专题民主生活会要求，领导班子聚焦主题，把握要点，对照新时代中国特色社会主义思想和党中央决策部署，对照党章党规，对照人民群众新期待，对照先进典型和身边榜样，深刻检视问题、剖析根源、形成领导班子及个人对照剖析材料。

【卷烟销量】 截至 11 月底，完成卷烟销量 7097箱，同比增加 106.6 箱，增幅 1.52%，完成年度卷烟销售计划 7375 箱的 96.2%；完成销售毛利 5326.6 万元，同比增长 354.7 万元，增幅 7.1%；销售重点品牌 6495.5 箱，占比 91.5%，同比增长 6.7%；卷烟销售结构同比增长 3.4 元 / 条；存销比为 0.58，在超进度完成年度目标的同时，有效调控稳定了辖区卷烟市场，为中卫烟草高质量发展贡献了应有的力量。

【培育品牌】 2019 年，对中华（软）、中华（硬）、芙蓉王（硬）、兰州（硬珍品）、白沙（精品二代）、云烟（紫）、红塔山（硬经典）7 个三类以上主销规格，定期分析满足率、动销率与库存指标，及时采取有效措施，保持份额稳定。注重品牌宽度提升，选取全市市场表现较好的新品以及潜力规格促进区域品牌宽度提升。截至 11 月底，上市新品规格考核指标均达到考核要求，辖区品牌宽度 48.5 个，较 2018 年同期提升 3.5 个，细支卷烟销售 464.8 箱，比 2018 年增加 68.6 箱，占总销量比重达 7.03%。

【终端平台建设】 截至 11 月底，终端改造客户 586 户，占比 55%；超额完成年度终端改造 45%的目标任务。准确把握终端分级标准，细化客户分类，有效利用终端分类结果指导客户拜访，鼓励引导有条件客户加入云 POS 工作中，终端信息化逐步提升，截至 11 月底，开通云 POS 客户 140 户，占比 13%，年度目标超额完成。

【卷烟打假】 2019 年，全面运行五部门《联合打击物流寄递环节涉烟违法行为工作机制》，严格落实“雷霆 2018-Ⅱ号”专项行动，对快递企业、物流托运和重点路段嫌疑车辆进行联查联防。对边界市场、重点区域、重点客户，采取“5+2”的方式进行重点检查。截至 11 月底，查处各类假私案件 74 起，查获假私卷烟 6.88 万支，涉案金额 11.482732 万元，其中 5 万元或 5 万支以上假烟案件 1 起。

【市场监管】 截至 11 月底，查处各类真品卷烟案件 10 起，查获实物 4.06 万支，涉案金额 5.0795 万元，市场净化率始终保持在 98.5%以上。注重在零售终端建设和自律互助小组建设两个方面进行节点式管理，截至 11 月底组建零售户自律互助小组 63 个，覆盖 1081 户零售客户；特色自律小组 8 个，覆盖面占辖区持证零售客户的 99.63%。

【证件管理】 2019 年，开展许可证“两清”整治和中小学周边卷烟零售店排查治理工作，灵活使用许可证管理办法和实施细则，对新办证客户限时进行回访，对其他持证户进行逐一核对和清查。每月组织对“两卷”的实质和程序进行自查，切实杜绝了假案、错案、空案和超权限案四类问题发生，实现了行政执法工作的严谨性。截至 11 月底，辖区共有卷烟持证户 1085 户，持证比例为 2.67‰，持证户总数同比 2018 年增加 20 户；行政复议、诉讼败诉案件为 0；零售许可“五日办结制”执行率 100%；烟草专卖零售许可证使用不规范等问题 0 发生。

【规范经营】 围绕“一项”活动，严防“两条”禁线，突出“四项”措施，坚决做到“两个”一起的内部监管工作举措，即“1242”工作举措，切实做到了预防重大卷烟外流案件发生和“主观故意、组织参与、内外勾结”违法违规经营行为。截至 11 月底，与零售客户签订规范经营承诺书 258 份，建议营销部门调整供应策略 28 户次，下发规范经营建议书 8 份，未发生 5 万元以上或被上级部门通报、督查、追责的卷烟外流案件。

石油销售

【概况】 中国石油中卫分公司海原片区共有加油站 10 座、加气站 1 座，其中 101 省道 65 千米有 6 座加油站，分别是香水、李旺、七营、韩府、黑城、鑫宝加油站；海兴开发区 1 座中心加油站；海原县城有加油（气）站 4 座，分别是南门、东环、小河加油站，海城加气站。

【加油站管理及营销】 2019 年，海原片区完成了 5 座加油站双层罐改造，油品销售较上年有所减少。片区油品全年任务为 69000 吨，1 至 11 月油品销售 61767.5 吨，比 2018 年同期增加 316.4 吨，增幅 0.6%，其中汽油增加 576.7 吨，柴油减少 215.4 吨；

片区全年非油品任务850万元，1月至11月非油销售总额为718.5032万元，比2018年同期增加销售64.5427万元，非油整体增幅为9.87%，其中店销比2018年同期下半年3.19%。完成全年任务的85%。

【党的建设】 2019年，海原片区党支部始终以创建示范党支部为目标，充分发挥党支部战斗堡垒作用和党员先锋模范作用，以"三会一课""主题党日活动"为载体，以党建项目化为抓手，紧紧围绕经营销售中心工作组织开展工作，夯实党建基础，提升服务水平。通过定目标、定责任、定要求，充分发挥党组织及党员干部带领员工攻坚克难、破解难题、提升绩效的引领和示范作用，从重点突破到整体推进，促进党建工作与企业中心工作的深度融合。海原片区党支部对党小组重新进行改编，将党小组建立在捆绑加油站上，当捆绑加油站两位经理意见不一致时，由党小组组长主持党小组会进行讨论、分析、决策。海原党支部还根据委员特长，设置了支部委员＋功能小组，分担片区的工作，形成上下联动，齐抓共管的党建工作新局面。

财政　税务

财　政

【概况】 2019年，地方财政一般公共预算收入完成2.1亿元，同口径增长7%，完成预算的100%，其中税收收入1.27亿元、非税收入0.83亿元。一般公共预算支出完成58.61亿元，为变动预算的98.14%。地方政府性基金预算收入完成3642万元，下降86.7%，完成调整预算的100%。政府性基金支出完成4.13亿元，完成变动预算的98.1%。

【地方财政收入】 2019年，积极应对经济持续下行压力，努力克服税基狭窄、政策性减收等因素影响，坚持依法治税，着力加强综合治税体系建设，推进非税收入电子化征管改革，促进地方财政收入应收尽收、足额入库。通过强化主体税源监控、加强小税种征管、加大清欠力度、非税收入弥补等措施，千方百计挖掘增收潜力，确保地方财政一般公共预算收入如期完成既定目标。

【上级财政补助】 2019年，自治区财政共下达海原县一般性转移支付补助资金42.61亿元，增长38.79%，其中财力性转移支付补助资金25.51亿元，增长10.3%，为兜牢“三保”底线奠定了坚实的基础。同时，牢固树立“过紧日子”思想，坚持厉行节约，大力压缩一般性支出，严守“三公”经费只减不增红线。全年一般性支出下降10%，“三公”经费下降13.6%。清理盘活财政存量资金1.05亿元，弥补财力困难。

【财源培育】 2019年，全面落实县区融合发展战略，支持提升县城及海兴开发区城市服务功能，改善投资环境。牢固树立财源建设和招商引资“一盘棋”思想，坚持同步部署、一体推进。投入资金500万元落实招商引资企业奖励扶持政策。筹措资金7100万元，全面建成闽宁科技园，闽宁纺织、深圳卡立方、西平章仔电脑刺绣、深圳金邦智芯科技等企业相继入驻并运营。安排资金6200万元，实施海兴开发区农副产品深加工及仓储物流园建设。支持安徽联福汽贸、四川新希望乳业等企业落地投产，财源建设工作取得新进展。

【脱贫攻坚投入】 2019年，紧扣“55104”工作思路，紧盯“两不愁三保障”标准，按照“因需尽整”原则，精准制定统筹整合使用财政涉农资金实施方案，整合资金7.6亿元，用于贫困村及贫困人口路、水、房等基础设施建设和产业扶持等项目。及时兑付耕地地力保护、退耕还林、草原生态奖补等涉农补贴资金,促进农民增收。统筹政府财力、行业专项、社会帮扶等资金,投向脱贫攻坚,聚力脱贫摘帽。2019年全县脱贫攻坚领域投入资金达31.74亿元,占财政支出的一半以上。

【金融扶贫】 2019年,严格落实扶贫小额贷款"免担保、免抵押和执行基准利率"及财政贴息政策,建立风险补偿金1.63亿元,引导银行机构加大扶贫小额信贷投放力度,对有产业发展能力和资金需求的18至65岁建档立卡户实行"应贷尽贷"。2019年,全县扶贫小额贷款余额2.53万户12.05亿元,户均贷款4.94万元,其中当年新增2.27万户10.34亿元,超额完成自治区下达的新增贷款5.9亿元目标任务。严格落实"扶贫保"政策,切实发挥金融助推脱贫攻坚的生力军作用。

【社会保障】 2019年,统筹征缴社会保险基金9.33亿元,其中县财政配套2.57亿元,保障养老、医疗、工伤、生育、失业等社会保险制度运行。配合完成企业职工养老保险省级统筹工作。全力保障政府为民承诺实事资金投入,按照月人均10元的标准再次提高城乡居民基础养老金发放水平。投入城乡居民大病医疗救助资金6742万元。安排资金5250万元,支持稳定和扩大就业,补充壮大全民(妇女)创业贷款担保基金。投资4180万元,实施残疾人康复中心项目建设,保障敬老院、儿童福利院、农村老饭桌等政府福利机构运行。积极落实退役军人安置、优抚等政策,支持创建"双拥"模范县。拨付各类救助资金3.13亿元,确保城乡低保户、特困供养户、高龄老人、孤儿、重度残疾人等弱势群体及受灾群众的基本生活。

【社会公共事业】 2019年,投入资金4.37亿元,用于农村义务教育薄弱学校改造、高中办学条件改善及幼儿园建设等项目,确保义务教育"两免一补"、营养改善计划、困难学生资助等政策落实。安排资金1.46亿元,支持海原县中医院医疗设备购置、危旧乡镇卫生院翻建、村级卫生室改造等项目,促进公共卫生服务、公立医院改革、基本药物制度改革等政策见效。筹措资金3.51亿元,保障城乡基础设施建设项目征地拆迁,推进农村路网改造、市政设施完善等项目。投入资金6330万元,实施全民健身中心续建、文化馆新建、融媒体中心平台建设及全域旅游等项目,促进非物质文化遗产保护、"两馆"及中小学体育场地设施免费开放、农村电影免费放映等项目落地,丰富群众文化体育活动。

【社会管理保障】 2019年,预算安排扫黑除恶专项斗争及禁毒工作经费600万元。投入资金4800万元,落实公安协勤、社区矫正、政府专职消防队员等政府购买服务人员生活补助及政法保障经费。支持县委巡察、组织、宣传、统战及工青妇等党群工作运行。保障"七五"普法、信访维稳、应急管理、市场监管、审计、行政审批服务、《海原年鉴》编纂、统计调查、地震事业、档案管理等工作落实。推进实施乡镇派出所改扩建、村级活动场所供暖设施改造、村级(社区)为民服务等项目,培育发展壮大村集体经济。足额落实村级组织人员待遇报酬及运行经费,支持解决驻村工作队就餐问题,改善脱贫攻坚一线职工的工作、生活条件,增强基层组织的凝聚力、向心力和战斗力。

【防范政府性债务风险】 2019年,按期足额偿还政府债务本息1.7亿元。争取新增地方政府债券及亚洲开发银行贷款资金5.03亿元,保障棚户区改造、郑九公路升级等重点项目实施,缓解财政支出压力。严格审核政府投资项目资金来源和工程变更增量,强化管控隐性债务风险源头。稳步消化"存量",通过甄别剔除、审计核减、预算安排资金偿还等措施化解隐性债务3.3亿元,超计划完成化解任务。针对被财政部列为债务风险提示地区的问题,及时制定政府债务风险提示地区退出方案,加强风险指标测算,积极落实退出措施,确保2020年实现退出目标。

【防范金融风险】 2019年，组织开展金融风险排查，对县域内注册(经营)范围有“融资租赁、投资理财”等字样的企业及合作社进行全方位、多角度、拉网式排查，摸排上报涉嫌非法集资线索1条。加强防范非法集资风险宣传，引导群众远离非法集资。全面推进农户评级授信工作，支持金融机构释放黑名单5390户，完成评级授信6.92万户，其中建档立卡户实现全覆盖。建立扶贫小额信贷风险防范机制，对到期及逾期贷款按月进行监测提示，督促放贷银行做好清收工作。2019年，全县扶贫小额贷款逾期率为0.27%，针对逾期户分类启动相应清收程序。

【财政金融环境】 2019年，建立拖欠民营企业欠款台账，多方筹集资金1.52亿元全额安排化解，提前完成清偿任务。制定支持民营企业融资服务工作指南，进一步优化金融服务，缓解企业“融资难、融资贵、融资慢”问题。累计注入担保基金5746万元，撬动银行机构为民营及小微企业、合作社、家庭农场、致富带头人等新型经营主体提供担保贷款434笔1.9亿元。2019年，全县银行机构存款余额90.39亿元、贷款余额60.31亿元，贷存比66.7%，增长8.9个百分点。积极推动“引金入海”计划，引进落地建设银行，完成信用联社改制农商行。积极推进普惠性金融服务下沉，切实提升乡村金融服务功能。消除金融服务空白盲点乡镇4个，红羊信用社已开业运营，郑旗、曹洼、关桥3个网点正在装修。金融机构累计布设乡村“三农”服务站170处、便民服务点279个，设置并提供各类自助机具1839台。2019年，海原县被自治区评为金融环境创建先进单位。

【落实“减税降费”政策】 2019年，深化财政“放管服”改革，制定贯彻落实“减税降费”工作方案，明确任务清单，压实工作责任，促进更大规模减税降费优惠政策落地生根。2019年，全县共减免各项税额3391万元，占全口径税收收入的10.5%。社保降费1777万元，占应收社保费的3.1%。全面落实国家和自治区取消、停征、减免行政事业性收费和政府性基金政策，促进企业轻装上阵，释放改革红利。

【创新驱动战略】 2019年，围绕“一主四特”特色优势产业体系，加大农业科技投入。2019年，县级财政科技投入670万元，增长34%，支持西海固高端牛产业研究院、闽宁科技园开展科技研发。筹措资金4500万元，用于高层次人才引进及“互联网+教育”“互联网+医疗健康”等项目实施，保障宁夏(海原)第四届高端肉牛大赛、“西海固”区域农产品公用品牌转让及发布等品牌强农措施落实。加强老科协、特色产业专家服务团队科技扶贫工作保障，支持实施科技指导员创业行动、农业科技示范、科普行动等科技兴农项目。争取自治区一、二、三产业融合、农业供给侧结构改革等资金7580万元，用于草畜、马铃薯、硒砂瓜、小茴香、葱韭蒜、小杂粮等产业补贴、良种繁育及科技成果转化，促进特色优势产业提质增效。

【生态立县战略】 2019年，拨付资金5880万元，用于海兴开发区人工湿地公园建设、大气及水体污染防治、农村污水处理、集中供热脱硫补贴等方面。投入美丽小城镇、美丽村庄项目建设资金4250万元。安排资金4.28亿元，实施清水河治理、农村饮水安全巩固提升改造、国土绿化、南华山外围涵养林建设、农田水利建设、农村“厕所革命”、移民迁出区复垦等项目，支持落实河长制、地长制以及矿山河湖沟道整治等，保障空气质量及水质监测、气象事业等维持工作运行，推进蓝天、碧水、净土“三大行动”。

【预算管理改革】 2019年，认真贯彻落实《中华人民共和国预算法》，修订完善《海原县财政资金拨付审批管理暂行办法》；坚持“零基”预算和增量预算相结合，严格按照“两上两下”的方式开展部门预算编制工作，提高财政预算编制水平；严格执行法定预算，规范预算追加管理，增强预算“刚性”约束；持续推进国库集中支付电子化管理改革，全面推广使用公务卡，严控暂付款“只减不增”，强化国库现金管理；主动公开财政预决算和部门预决算信息，自觉接受监督。

【预算绩效管理】 2019年，制定《海原县全面实施预算绩效管理工作方案》，理清绩效管理路径，强化绩效目标导向，积极构建全方位、全过程、全覆盖的预算绩效管理体系。加强预算绩效评价工作，组织项目单位实施预算绩效自评，重点选取棚户区改造、涉农整合等项目开展第三方绩效评价，2019年评价项目20个，评价资金13.49亿元。对第三方绩效评价报告反馈的问题，及时下达被评价单位整改落实。

【国有资产管理】 2019年，完善行政事业单位国有资产管理信息系统，初步建立了“全面、准确、细化、动态”的资产基础数据库。全面开展国有资产清查工作，进一步摸清行政事业单位“家底”，推进资产管理与预算管理、财务管理相结合，确保国有资产安全、完整。严格执行国有资产处置制度和审批程序，规范资产处置行为，推动国有资产管理科学化、规范化。

【政府采购】 全面推广运用宁夏政府采购公共服务平台，积极构建规范透明、公平竞争、监督到位、严格问责的政府采购工作机制。加强采购人及采购代理机构监督，依法依规回应处理供应商质疑、投诉。严格落实“管采分离”，强化政府采购项目预算审核和采购方式审批，确保交易项目“应进必进”。2019年，全县政府采购项目进场交易107场次，预算金额2.94亿元，采购金额2.69亿元，资金综合节约率8.5%。

【财政监督管理】 积极支持纪检监察、审计监督、项目稽查等工作，强化协作配合，形成监督合力。组织实施执行中央八项规定、隐性债务化解、新增地方债项目资金预算执行、会计信息质量等专项检查。清理规范惠农补贴资金发放规程，提高资金发放时效。积极开展单位内控制度建设和政府综合财务编报工作。运用中央财政扶贫资金动态监控平台，对各类财政扶贫资金分配、下达、支付及绩效目标执行等实行逐环节、全流程、穿透式监控，促进财政扶贫资金精准使用，并及时发挥效益。

税 务

【概况】 2019年，海原县国税局共组织各项收入66520万元，其中税收收入23182万元，为2018年同期的96.28%，完成年初税收计划29700万元的78.05%（县级收入8794万元，为2018年同期的95.29%，完成年度计划12300万元的71.50%）；社保费累计收入38962万元，为2018年同期的97.66%；非税收入入库629万元，为2018年同期的76.15%；其他收入入库3593万元，为2018年同期的162.07%。

【税源管理】 2019年，海原县国税局认真分析税源结构，对辖区内纳税人的生产经营情况进行全面梳理，做到税源清、数据明，把握税收主动权。根据实际重新确定30万元以上重点税源企业33户，对重点企业建立台账登记管理制度，重点监控，及时掌握重点税源变化情况。

【减税降费】 2019年，海原县国税局共有管户5260户，其中增值税一般纳税人195户，在第一、第二、第三轮减税降费宣传辅导中已全部辅导完毕。其中，通过纳税人学堂进行政策宣传培训2次，辅导户数共计422户，推送短信、微信、邮件1152条，大厅面对面辅导85次，上门一对一辅导156次，电话辅导289次，发放宣传册共计7350册。完成金三网报税系统退税文书4000多条，维护存款账号账户 554 人，预计退税 20 多万。小微企业普惠性减税共计 7471240.26 元，其中涉及放宽小型微利企业标准加大企业所得税优惠力度政策纳税人 307 户，减税共计 1732433.96 元；涉及提高增值税小规模纳税人起征点政策纳税人 152 户，减税共计 3020737.46 元；涉及减征增值税小规模纳税人“六税两费”政策纳税人 4602 户，减税共计 2718068.84 元。深化增值税改革中享受增值税税率调整及配套措施优惠政策纳税人 191 户，减税共计 1162863.42 元。

【欠税清理】 2019 年，海原县国税局持续加强个体工商户定额、跨区域涉税事项、普通发票、新欠风险控制、纳税人二次逾期申报处罚、简易处罚及简易注销等日常管理工作，创新催报催缴方式，合理简化或合并纳税人申报缴税次数。做好欠税清理工作，严控新欠的增长。共欠缴税款 1285.30 万元，其中陈欠 1281.09 万元，新增欠税 4.21 万元；共清理欠税 1114975.28 元（其中，清理 2019 年新欠 895295.66 元、陈欠 219679.62 元）。

【企业所得税核查】 2019 年，海原县国税局对 24 户企业逐一进行后续管理核查工作。调增应纳税所得额 21.55 万元，调减应纳税所得额 2.4 万元，补缴企业所得税 5.22 万元、滞纳金 0.35 万元，税款均已入库。企业所得税汇算清缴情况：盈亏户 468 户，盈利企业 335 户（其中查账征收 56 户、核定征收 279 户），盈利面 42.95%；亏损企业 132 户；零申报 312 户（其中查账征收 211 户、核定征收 101 户）占企业总户数的 44.87%。汇算清缴共实现利润总额 36235.12 万元，应纳税所得额 23187.17 万元，应纳所得税额 5796.79 万元，汇算清缴期应补（退）所得税额 1133.67 万元（其中，应补所得税额 1135.53 万元、应退所得税额 1.86 万元），所得减免 17106.07 万元，减免所得税额 139.25 万元，实际应纳所得税额 5657.54 万元，预缴所得税额 4523.87 万元，应补（退）所得税额 1133.67 万元。对企业所得税管理平台发现的问题进行核查落实，共计 60 余户次，已经逐户核查落实。对企业所得税管理平台发现的问题进行核查落实，共计 200 余户次，已经逐户核查落实。

【个人所得税管理】 2019 年，工资薪金个人所得税的电子申报率和正确率一季度均达到 100%。实际享受专项附加扣除人数 2811 人次。对内开展办税人员培训，理解政策要义，做到“学得精、懂得透、讲得清、办得好”。对外积极开展纳税人辅导，重点抓好对纳税人的“一对一”“面对面”辅导，确保纳税人对新政策知晓到位、理解到位、运用到位。充分发挥税收宣传和舆论引导的作用，广泛宣传个人所得税过渡期政策及执行日期、申报方法及流程等方面的内容，让更多人了解个人所得税改革政策知识，及时充分享受到税收改革的红利，营造了个税改革良好的正面舆论宣传氛围。

【土地增值税管控】 2019 年，海原县国税局管辖房地产企业 23 户，入库土地增值税 479.81 万元，比 2018 年同期增长 267.92%，增收 349.4 万元。加强土地增值税的项目管理。对取得的开发土地和开发项目实施项目管理，并建立相应的台账进行跟踪管理，实时对开发项目进行监控。加强预缴管理，使得土地增值税按规定及时预缴入库。加强土地增值税的核定征收，按照规定对不能实现查账征收的个人房地产及土地交易以及其他房地产交易所产生的土地增值税实行核定征收。

【资源税管控】 2019 年，海原县国税局管辖资源税主要有水资源、砂石、黏土、石英砂 4 种。截至目前累计入库资源税 229.07 万元，其中砂石 146.71 万元，占资源税净入库税额比重 64.04%，较 2018 年同期增收 35.48 万元，增长 31.90%。开展了对砂石料行业的实地走访调研工作，加强对砂石行业纳税人的宣传辅导，在税收征管上采取了有效措施，使得砂石资源税比 2018 年同期增长较大。

【税收执法】 2019年，海原县国税局成立了海原县税务局依法行政工作领导小组，制定海原县税务局《2019年度普法依法治理工作要点》，确保2019年“七五”普法工作有序运行。共整理“七五”普法资料盒34个。共走访企业215户，广泛征求纳税人和缴费人对税务机关税收执法、打击违法犯罪、纳税服务的意见建议。

【“获得”平台应用】 2019年，海原县国税局印制《宁夏税务“获得”服务平台操作概要》500份，要求分局(所)高度重视，抓好落实，截至9月29日海原局“获得”平台共注册企业3048户，激活企业3048家，激活率100%。进一步完善落实“三项制度”工作，促进依法行政。行政执法公示涉税事项清单落实到位的有34项。

【脱贫攻坚】 2019年，海原县国税局严格加强驻村工作队管理，深入细致做好驻村扶贫，六一前夕为帮扶村小学生送去校服20套，教师节前夕慰问驻村留守老师。3月起，全局干部职工人均接到5户精准脱贫个人帮扶任务后，举办精准脱贫知识培训，干部职工利用下班、周末等时间，认真做好走村入户工作。

【精神文明建设】 2019年，海原县国税局顺利通过自治区文明单位重新申报验收，荣获全区“七五”普法中期先进集体，全市“军民共建”先进集体，税政二股获得区级“巾帼文明岗”荣誉，纳税服务厅承继自治区级“青年文明号”集体。

银行保险

中国农业银行股份有限公司海原县支行

【概况】 2019年，农行海原县支行各项存款余额298919万元，存量、增量同业份额分别为34%、16%。其中：个人日均存款较年初增加12800万元，余额153800万元，位居同业第二。各项贷款余额132133万元，增量11042万元。个人贷款余额116066万元、增量7575万元，位居同业第二。

【控险增效】 2019年，农行海原县支行不良贷款余额527.75万元、占比0.4%，资产质量持续保持良好状态。实现中间业务收入1639.71万元。聚焦"稳健发展行"定位，扎实推进"三大计划"，着力向发展要效益、向转型要效益、向控险要效益。实现拨备前利润9604.31万元、拨备后利润9309.81万元、净利润7091.13万元，分别完成分行计划的97.01%、102.08%和106.15%。

【金融扶贫】 2019年，农行海原县支行农户小额、精准扶贫贷款余额分别为69940元、27699万元，直接带动6069户建档立卡贫困户脱贫致富。海龙、东郊支行迁址装修如期完成，服务乡村振兴战略、服务"三农"、服务脱贫攻坚等能力显著增强，数字化转型基础进一步夯实、客户体验度得到全方位满足。

【资金组织】 2019年，农行海原县支行深植"存款立行""存款增收"理念，统筹开展"春天行动""万马奔腾"综合营销活动，制定上门营销、闭环营销、外拓营销等增存举措，打出公私联动、扩户提质、上下同欲、领导跟进、全员行动和大小"装篮""组合拳"，推动存款总量提升。2019年，各项存款时点余额298919万元、日均余额323200万元。

【贷款投量】 2019年，农行海原县支行聚焦"一主三特"产业、"三带两园六基地"和"两廊两核四镇"建设，持续加大"三农"、普惠领域信贷投放力度，各项贷款余额132134万元，较年初增加11041万元。突出个贷优先发展战略，聚焦个人住房、城乡居民消费、"网捷贷"精准发力，新增非农户个贷5294万元，余额28067万元。做好普惠金融服务，新增普惠金融贷款5717万元，完成"两增两控"目标，连续9年监管达标。围绕支持民营经济导向，民营小微企业贷款余额795.8万元，占比5%。如：发放贷款200万元，支持政府引进的"闽宁帮扶模式"——闽宁纺织公司，吸纳农民工285人就业，其中建档立卡贫困户97户，预计人均月收入2500元；

为众鑫苗木培育专业合作社发放贷款200万元，带动合作社社员117户共同致富；为亘牛专业合作社发放贷款150万元，带动建档立卡贫困户86户劳动致富。

【中收业务】 2019年，农行海原县支行紧跟分行“巩固优势、补齐短板”的战略导向，注重“亩均论英雄”，强力推进“掌银”APP、专项分期、信用卡和外呼业务等战略性业务，推动实现中间业务收入1639万元，完成率位居全区农行第1名。信用卡、网络金融业务同比多收215万元、115万元，占比分别达到58.35%、25.93%，完成分行年度计划的118.67%、107.19%。公司中间业务收入、机构中间业务收入、托管业务收入、个金中间业务收入、对私理财业务收入、信用卡业务收入6项指标，超额完成分行序时计划，占比42.85%。

【转型升级】 2019年，农行海原县支行持续优化信贷业务结构，全年新增个贷5294万元，余额达28067万元，增量、存量占比分别达到69.9%、24.2%，分别提升50个、0.75个百分点。深入推进“扩户提质”，新增法人贷款客户1户。加快重点线上化业务转型发展，“掌银”月均活跃客户15602户，贴码收单商户340户，完成分行年度计划的107.6%、136%；全力做大分期规模，实现信用卡消费信贷交易额3829万元，较年初增长239%。“营销宝”推广应用进展顺利。以闭环营销和个贷智能作业为重点，大力推广应用“营销宝”，不断提高营销效率和线上化服务水平。年末，“营销宝”网点破零率、个贷智能作业替代率均为100%。积极营销大额存单、结构性理财等特色稳存增存产品，有效满足客户差异化需求，年末留存资金10300万元。

【服务“三农”】 2019年，农行海原县支行重点支持“有土”“离土”产业，累放涉农贷款88689万元，余额92682万元。着力构建“物理网点＋自助银行+惠农通服务点＋互联网金融平台”“四位一体”服务渠道体系，全面实施“金穗惠农通”工程，在金融服务空白乡镇建设离行式自助银行5个，在行政村设立243个惠农服务点，电子机具覆盖率100%。着力搭建线上服务渠道，积极推广“惠农e通”、手机银行、微信银行，农民坐在炕头就能办理农行业务。将“惠农e贷”作为金融扶贫、服务“三农”推进“一号工程”的着力重点，积极发放“枸杞e贷”“西芹e贷”“黄牛e贷”等特色线上融资产品，助力贫困户搭上互联网金融服务快车。2019年年末，“惠农e贷”较年初增加10899万元，增幅为389%，余额13582万元，惠及农户2638户。与宁夏大磨坊杂粮开发有限公司、海原县杞香源电子商务有限责任公司合作，利用总行金融服务平台，搭建面向全国的扶贫商城和微信商城双交易渠道。12月末，平台交易订单1214份、交易金额10.08万元，开创了当地消费扶贫带动贫困户脱贫的先河。强化金融扶贫顶层推进，制定金融支持脱贫攻坚三年(2018—2020)方案，聚焦“精准”要求，实施规划引导、产业带动、模式创新多措对接，新增发放精准扶贫贷款28227万元，新支持建档立卡贫困户6069户。

【不良清收】 2019年，农行海原县支行累计清收不良贷款487.4万元，完成全年计划的191.13%。年末，不良贷款余额708万元（含信用卡不良贷款184万元)控制在分行计划之内，不良占比0.54%，不良余额、占比保持全区农行优良地位。

中国建设银行海原支行

【党风廉政建设】 利用每周例会组织全体员工学习习近平新时代中国特色社会主义理论，开展“不忘初心、牢记使命”主题教育活动，党支部每个党员对照党章党规找差距并撰写自查报告，每月1日组织员工参加海原县升旗仪式，组织员工参加区分行、中卫分行5次警示教育活动，8次员工行为排查，及时撰写新闻报道24篇，心得体会5篇，增强全体员工守初心、担使命的思想自觉和行动自觉。

【存款基础】 2019年3月18日，建行海原县支行试营业以来，利用网点STM机的优势，为客户开立账户，与海原县供水公司、海原县供热公司进行业务洽谈，目前通过建行“悦生活服务平台”就代收水费、采暖费业务达成初步合作意向；截至12月底，储蓄卡新增6741张，开立对公账户80个，全行一般性存款新增8873万元，完成全年计划的49.3%，其中企业存款新增6118万元、个人存款新增2755万元。成功申请信用卡580张，办理装修分期15笔150万元，聚合支付25户，成功安装POS机15户。

【社会帮扶】 2019年，在区分行相关部门支持下，支行领导多次到贾塘新村调研，并及时上报贾塘新村调研报告，向贾塘新村帮扶捐助10万元，用于贾塘新村32名建档立卡户改善保障性住房条件。

【裕农通村村通】 2019年，支行组成五组裕农通突击队入户，全力推进裕农通业务拓展，全年共拓展120个裕农通服务点，确保年底基本实现了海原县裕农通服务点全覆盖，真正落实总分行“裕农通村村通”战略布署，为当地脱贫攻坚提供金融支持。

【金融政策宣传】 2019年，先后通过参加海原县政府各类宣传活动、史店乡金融支持种植养殖产业发展对接会、西安镇白吉村自治区保险“五进入”活动、贾塘乡王塘村宁夏（海原）第四届高端肉牛大赛、海原县总工会、海原县审批服务管理局“庆祝中华人民共和国成立70周年”晚会等活动，向农民发放宣传彩页300份，办理ETC85个，办理储蓄卡90个，向海原县人民展示建行形象；邀请150位农户加入“海原建行金融服务平台”微信群互动交流。

海原县农村商业银行

【主要经营指标】 2019年，海原县农村商业银行存款增速趋缓，其中：个人存款实现稳步增长。至12月末，各项存款余额442137万元，较年初减少53660万元，降幅10.83%。贷款投放稳步增长，支持实体经济力度逐步加大。截至12月末，各项贷款余额407493.97万元，较年初增加15428.82万元，增长4.04%。资产质量有所提升，风险得到有效控制。截至12月末，全辖全口径不良贷款0万元，五级不良贷款余额（含信用卡）1979万元，较年初下降9万元，不良率为0.47%，较年初下降0.05个百分点。盈利水平稳中有增。截至12月末，实现净利润11156万元，同比减少2949万元，降幅20.91%。

【战略类指标】 2019年，海原县农村商业银行离柜业务替代率94.59%，完成黄河银行计划任务指标105.10%；手机银行新增有效户16136户，完成黄河银行计划任务指标97.30%；社保卡激活18660张，完成黄河银行计划任务指标139.25%；新增工会卡开卡1841张，完成黄河银行计划任务指标368.20%；营销“校易收”10户，完成黄河银行计划任务指标100%；个人理财产品（保本）销售余额达17044万元，较年初增加989万元，增长6.16%；各项贷款占比74.08%，完成黄河银行下达≥50%的计划任务；新增可贷资金用于当地比例192.42%，完成计划任务≥70%的目标；涉农及小微企业贷款占比55.53%，完成计划任务（55.14%）；大额贷款占比为0，完成计划任务（逐年下降直至低于30%）；涉农与小微企业贷款增速7.92%，高于各项贷款增速1.24个百分点；普惠型农户贷款和普惠型小微企业贷款（扣除重复部分）增速5.56%，低于各项贷款增速1.1个百分点；农户信用覆盖41.98%，较计划任务差1.75个百分点；农户建档评级覆盖84669户，较年初增加566户，完成计划任务；小微企业信用覆盖3585户，较年初减少101户，未完成计划任务；小微企业建档评级覆盖3585户，较年初增加101户，未完成计划任务；农户与小微企业信用覆盖42750户，较年初增加84户，完成计划任务。

【监管指标】 2019年，海原县农村商业银行拨备余额21626万元，拨备覆盖率为1067.76%，较年初提高59.05个百分点；资本充足率为22.25%，较年初提高2.94个百分点；拨贷比为5.19%，较年初下降0.06个百分点，高于监管标准2.69个百分点；其他主要指标均优于监管标准。

【存款营销】 2019年，海原县农村商业银行通过开展“喜迎建国70年，立足岗位创佳绩”“大干100天”等营销业务竞赛活动，遏制个人存款下降趋势。截至11月末，个人存款余额231578万元，较年初增加13268万元，增长5.42%。积极对接企事业单位，全面营销对公存款。因2018年末财政集中拨款导致时点余额虚高、县域同业竞争加剧，对公存款总体增长乏力。截至11月末，对公存款余额225261万元，较年初减少52227万元，降幅18.82%。

【贷款投放】 2019年，海原县农村商业银行全面推广妇女创业、全民创业小额贴息贷款，实现金融支持精准扶贫范围、对象、广度等多方面突破，为金融扶持辖区农户致富、顺利实现脱贫搭建了融资平台。截至11月末，投放妇女创业贷款余额7777.66万元，惠及创业妇女1418人；投放全民创业贷款余额6266万元，惠及创业人员776人。加大对建档立卡贫困户、产业带动户、生态移民户信贷支持。截至11月末，投放建档立卡贫困户贷款13295户59831万元，较年初增加1114万元，增幅1.9%。以城镇居民个人综合消费贷款、随薪贷、随时贷、个人商用房按揭贷款、个人住房按揭贷款等为抓手，稳妥投放消费类贷款，截至11月末，投放消费类贷款17651万元，余额18745万元。投放民营、小微企业贷款4户1700万元，较年初增加9万元，增幅0.53%。截至11月末，五级不良贷款余额1909万元，较年初下降79万元，降幅3.97%，收回置换、核销不良贷款29万元。

【远程授权管理】 2019年，海原县农村商业银行及时与黄河银行远程授权中心沟通，针对柜面远程授权业务中存在的各类问题，共下发远程授权工作月报11篇，授权拒绝率由年初的4.63%下降到2.73%，有效增强了柜面合规办理业务的意识。

宁夏银行海原支行

【存款指标】 截至12月15日，各项存款余额40908万元，其中对公存款31178万元，占比为76.21%；储蓄存款9511万元，占比23.25%；结构性存款219万元，占比0.54%。滚动日均存款58934.45万元，较年初减少9783.47万元。

【贷款指标】 截至12月15日，各项贷款余额32638.71万元，较年初增加1476.99万元，其中公司类贷款7727.97万元，占比23.68%；个人类贷款24910.74万元，占比76.32%。本年度以扶贫小额贷款为主，当年累计投放1640户，金额7955万元。

【质量指标】 截至12月15日，支行违约贷款549.54万元，违约率为1.68%，全部为新增违约贷款。其中关注类贷款70万元，次级类贷款10万元，可疑类贷款439.54万元，损失类贷款30万元。

【效益指标】 本年度营业收入3231.50万元，主要为贷款利息及手续费收入，营业支出1371.24万元，主要为存款付息支出和业务管理费。实现利润1860.26万元，人均利润157.42万元。

【“不忘初心、牢记使命”主题教育】 2019年，严格按照总、分行党委部署要求，狠抓落实，紧紧围绕中心工作，坚定不移全面从严治党、从严治行。党支部认真开展“不忘初心、牢记使命”主题教育，以党的政治建设为统领，以提升组织力、强化责任落实为重点，持续在抓基层、打基础、补短板、提质量、强效果上下功夫，不断提高党员理论水平，牢固树立“四个意识”,增强“四个自信”,做到“两个维护”。支部通过开展多层次党建实践活动、思想交流研讨会、讲党课、自评与互评的方式,坚定不移地认真落实党建工作。

【客户营销宣传】 2019年,“走出去” 宣传产品和服务,“引进来”增加客户、增加结算;注重营销储蓄存款和理财产品,突出考核管理机制。以营业大厅为主要宣传阵地,在重要节假日通过做厅堂微沙龙、大堂经理向等待办理业务的客户介绍理财产品、存款、信用卡业务等方式,加深客户对我行业务的了解度;组织人员在人口密集的菜市场、广场、超市门口向过往的群众一边普及金融知识,一边介绍银行的产品,在当地赢得了好评;根据海原县地广人稀的特点,支行在偏远地区发放扶贫贷款的同时,向当地百姓介绍我行的产品,并对百姓有疑惑的金融知识问题进行解答。

【信贷业务】 截至12月15日,各项贷款余额32629万元,较年初增加1467万元;累计发放扶贫小额贷款5394户26260万元,有余额的3526户17402万元,占全行贷款余额3.26亿元的53%。本年度放贷户数覆盖率141.55%;新增贷款7851万元,完成率143.53%;贷款余额完成率156.49%;户均贷款4.94万元。持续发放按揭贷款和小微企业贷款,本年度按揭贷款发放34户783.5万元;小微企业贷款余额为6927.97万元,较年初增加了942.4万元。努力防范化解信贷风险,确保信贷资产安全。客户经理严格遵守信贷制度,实行“贷前调查,贷中审查,贷后检查”的原则,通过“问、看、查、核”,掌握客户的心理、需求和计划,大力支持有发展意愿、能力的个人和企业组织再生产。

【风险管理】 2019年,支行认真开展“巩固治乱象成果 促进合规建设”、员工行为自查工作、消费者权益保护等工作自查,杜绝自查工作流于形式、做表面文章,坚持即查即纠、立查立改,对自查出来的问题一起开会讨论学习,争取在以后的工作中不再犯同样的错误。分行与支行、支行与各部室层层签订《案件防控目标责任书》,明确全行员工案防工作岗位职责,确保案防工作落到实处。要求员工要严格执行各项规章制度,认真履行职责,对有章不循的现象严肃处理问责。支行本年度成立了风险科,要求风险科对贷款金额较大的客户进行实地调研,从源头上防范风险。

【扶贫帮扶】 2019年,每位员工在堡子村有5名帮扶对象,每月利用休息时间进村对帮扶对象宣传精准扶贫政策,了解帮扶对象的家庭状况及致贫原因,力所能及地解决问题,引导扶贫对象提高内生动力,克服“等、靠、要”思想,争取早日脱贫。分行分派一名业务骨干长期驻扎在帮扶点海原县九彩乡马圈村,配合村部开展扶贫工作;支行多次到帮扶村海原县九彩乡九彩村、马圈村入户调查,深入了解当地百姓的生活状况,并向当地困难党员送去米面油,为困难学生送去书包等学习用品。

石嘴山银行海原支行

【概况】 2018年6月26日,石嘴山银行海原支行正式开业,在海原县共有一家营业网点,位于文联路1号营业楼,共有员工8人,其中女员工3人、男员工5人。行员工平均年龄28岁。截至2019年11月末,理财余额1438万元,较年初增加1032万元。共开卡6238张,其中有效卡4777张。

【存款】 截至2019年11月末,各项存款余额30828万元,较年初增加7021万元,完成全年计划任务的54.01%。其中:对公存款(活期)18690万元,较年初较少1304万元;储蓄存款12138万元,较年初增加8325万元,完成全年计划任务的138.75%。日均存款31626万元,较年初增加7298万元,完成全年任务的91.23%。其中:对公日均存款 23428 万元，较年初增加 3284 万元，完成全年计划任务的 65.67%；储蓄日均存款 8198 万元，较年初增加 4183 万元，完成全年计划任务的 133.82%。

【贷款】 截至 2019 年 11 月末，贷款余额为 5831.74 万元，较年初增加 2695 万元，扶贫小额贷款 2175.98 万元，较年初增加 1233 万元；创业贷款 2300 万元，较年初增加 1799 万元。完成扶贫贷款任务，完成率为 109.31%。无欠息、逾期及不良贷款。

【柜面业务】 截至 2019 年 11 月末，个人结算账户合规率 100%，对公账户合规率 100%。存量账户电子对账率 100%。按照总行相关规定进行反洗钱数据的核实、上报、补录工作，无延时上报情况。

邮储银行海原县支行

【概况】 2019 年，邮储银行海原县支行有员工总计 20 人，行领导 2 人、综合管理 1 人、营业中心 5 人、会计出纳 2 人、信贷经理 7 人（借调 1 人于 12 月 23 日回来）、理财经理 1 人、客户经理 2 人（其中 1 人在李俊乡红星村任第一驻村书记），支行在岗人数 19人。

【金融支持】 2019 年，投放各项贷款 2042 笔 12193.3 万元，其中“三农”贷款投放 1753 笔 11805.3 万元、消费贷款投放 288 笔 1240.5 万元、小企业贷款投放 1 笔 100 万元。各项贷款结余 4483 笔 23316.45 万元，较年初增加 1806 万元，增速 7.8%，其中“三农”贷款结余 4229 笔 21991.92 万元、消费贷款结余 253 笔 1224.53 万元、小企业贷款结余 1 笔 100 万元。再就业贷款结余 478 笔 3152 万元。扶贫贷款结余 2860 笔 11775 万元，累计发放扶贫贷款 4703 笔 19687 万元。

【精准扶贫】 2019 年，海原支行为有效推进精准扶贫工作，一方面积极与村两委领导协调沟通，通过新产品“惠农易贷”，延长贷款期限，灵活还款方式，缓解农户还款压力；另一方面强化信贷业务渠道建设，以信用村建设为抓手，依托县域经济发展特点，重点通过农业、畜牧产业链条的深度连片开发，努力做到整乡推进扶贫工作。以自然村为单位，通过村支书积极动员，集中时间入户调查，向广大农户宣传银行金融知识、扶贫贷款政策，帮助和引导贫困农户正确认识国家金融扶贫政策，积极争取享受国家扶贫优惠政策，增强主动脱贫意愿，加快金融脱贫工作步伐。认真贯彻落实中国银保监局、财政部、中国人民银行、国务院扶贫办《关于规范和完善扶贫小额信贷管理的通知》及自治区地方金融监督管理局、扶贫办、宁夏银保监局印发《关于进一步加强扶贫小额信贷管理的意见》文件要求，2019 年海原县支行发放的所有扶贫贷款，严格执行扶贫贷款额度在 5 万元以下、3 年期以内，无担保、无抵押、基准利率贷款。

【驻村帮扶】 2019 年，海原县支行积极响应国家政策，坚决执行海原县政府落实扶贫攻坚工作的安排，海原县支行安排客户经理马乾到李俊乡红星村驻村帮扶，已驻村 3 年多的时间。4 月，调整曹洼乡脱烈村为海原县支行帮扶村。支行积极做好扶贫干部的监督检查。8 月，区分行前往红星村对我支行驻村干部实地调研。对扶贫贷款项目进行实地查看，了解项目实施及实效情况，对贷款客户进行访问，掌握帮扶对象对邮储银行扶贫工作的真实感受和评价。

【金融特色扶持】 2019 年，海原县支行安排专人与妇联和劳动就业局对接，优化流程，多措并举加快贴息贷款的宣传营销和市场拓展工作。劳动就业局新注入担保金 300 万元，通过共同走访调查客户，已放款 740 万元，剩余 67 户客户因受外部环境影响，协调到次年 1 月放款。

【消费贷款】 2019 年，海原县支行发放非住房消费贷款288笔1240.5万元，全年净增187户612万元，通过开展“邮薪贷”业务的宣传与发放工作，邮储银行海原县支行以网络为依托，客户线上申请、线上审批，大大提升了海原县特色金融扶持准度和效率。

【服务农村经济】 2019年，海原县支行强化信贷业务渠道建设，以信用村建设为抓手，依托县域经济发展特点，重点通过农业、畜牧产业链条的深度开发，同时进行详细的市场调研工作，及时开展小额贷款发放，为当地农民群众解决了贷款难的问题。11月，总行对信贷系统进行升级，优化操作流程及模式，更新10万元以内贷款执行单人调查模式，大大提高了信贷客户经理服务效率，同时实行利率精细化管理，对信用村贷款采用无抵押、无担保模式进行发放，通过政策扶持信用村的经济建设。

【服务城乡发展】 2019年，海原县支行积极开展支付结算体系建设，积极参与城乡居民养老保险等政策性工作的金融服务，大力推进银行卡发卡工作，批量开立军人保障卡4000余张，创建退役军人优先服务窗口，并针对退役军人群体开展半价吃火锅惠民服务活动，累计向退役军人群里发放各类贷款200笔1200万元。

【风险防控】 2019年，海原县支行扶贫逾期贷款有16户，逾期金额37.63万元。支行积极联系乡政府及村干部密切配合支行逾期催收，安排客户经理多次实地入户催收，其中有1户老百姓外出失联，乡镇正在积极配合联系催收。10月底，公安机关联合法院帮助支行催收效果较明显，一周时间催收回款12.3万元。海原县支行成立以来不良率一直未超过0.19%，不良金额未超过50万元。

住房公积金管理

【住房公积金归集】 截至12月31日，当年全县累计归集住房公积金2.45亿元，完成年度目标工作任务1.8亿元的136.11%。

【住房公积金扩面】 2019年，全县新增缴存单位8个，新增缴存职工448人，完成年初确定任务300人的149.33%。

【住房公积金个贷发放】 2019年，全县住房公积金贷款发放金额8858.6万元，发放户数253户，完成年度任务8000万元的110.73%。

【信息化建设】 2019年，海原县住房公积金管理中心通过“12329”服务热线、短信平台、手机APP、微信公众平台、门户网站、网上业务大厅，将公积金服务渠道无限扩展，为广大缴存单位和缴存职工提供功能更齐全、更便捷、更高效、更安全的住房公积金综合服务。对县农行1056笔委托存量贷款进行了稳妥有序的数据移植，实现了贷款业务自主核算。全面开展按月对冲还贷业务，有效缓解了职工还贷压力。

【业务检查监管】 2019年，海原县住房公积金管理中心按照市中心每月开展的电子稽查数据，对检查中发现的问题和不规范行为及时督促整改。建立健全“事前严审、事中规范、事后跟进”风险防控机制，严格实行购房合同登记备案制度，预防骗提、骗贷行为。严格实施房地产开发企业保证金和购房贷款提取资料真实性审查、核实、调查制度，最大可能杜绝虚假贷款、提款情况发生。加强贷后催收、管理工作，每月一审查，确保做到账账、账实相符。从严整治违规行为，执行违规提取使用住房公积金黑名单管理制度，加大对违规提取使用住房公积金缴存职工的惩戒力度。深入开展扫黑除恶专项斗争，严厉打击公积金领域涉黑涉恶的违法乱象。

【扶贫帮困】 2019年，海原县住房公积金管理中心共组织干部到李旺镇马莲村入户帮扶12次，为树台乡大嘴村筹措帮扶资金15000元，分中心抽调专人赴李旺镇马莲村开展扶贫。

中国人保财险海原支公司

【保费收入】 截至2019年12月31日，中国人保财险海原支公司全险保费收入8749.51万元，比2018年同期增长12.16%。其中，车险保费收入6057.89万元，较2018年同期增长9.69%；农险2401.81万元，较2018年同期增长35.61%；意健险244.65万元，较2018年同期下降17.84%；责信险27.31万元，较2018年同期增长20.34%；企财险2.6万元，较2018年同期增长13.36%；家财险13.07万元，较2018年同期下降92.74%；货运险2.18万元，比2018年同期下降50.95%。

【赔款支出】 截至2019年12月31日，中国人保财险海原支公司全种赔款支出5869万元，赔付率67.07%。其中车险赔款支出4468万元、非车非农险赔款301万元、农险赔款金额1100元。

【上缴税金】 截至2018年12月31日，中国人保财险海原支公司共上缴税金365万元，代收车船使用税358万元。

【车险】 2019年，中国人保财险海原支公司成立车险续保岗，负责提前核对提取公司一年来的每个阶段的续保明细，通过微信群等方式提前转发员工的业务明细，提醒业务经办人做好业务的提前联系和跟踪，大大减少了业务流失。通过出台阶段性的政策支持，加大效益性险种的奖励力度，引导全员挖潜新保源，极力倡导员工在新保和存量业务上动员客户在险种选择上尽量保全，提高重要险种的保额，在车均保费上下功夫。7月8日，成功投标了海原县机关事务服务中心车辆保险服务，取得了海原县机关事务服务中心所有车辆的承保权，遏制了部分车辆外流其他主体的现象。截至12月31日，车险共实现保费收入6057.89万元，较2018年同期增长9.69%。

【政策性农业保险】 2019年，农业保险在海原县新增险种8种，分别是芹菜、油菜花、苹果、香水梨、西甜瓜、枸杞、红梅杏、基础母羊，全面覆盖所有符合参保要求的建档立卡户。公司对接县委、县政府及财政局、扶贫办、农牧局、气象局等主要部门，争取政府及各部门的大力支持。提前向县委、县政府提交《海原县2019年农业保险实施方案》，并经县委、县政府主要领导审批后以县委、县政府下发正式文件给各乡镇。借助乡村两级干部会议开展农业保险工作动员会，挑选业务骨干利用业余时间在乡村通过PPT等形式开展农险知识下乡活动，真正使农业保险宣传走村入户。在七营、李旺、史店、贾塘、高崖等乡镇开展5场，参与农户3500人次。

【商业非车险】 2019年，中国人保财险海原支公司继续扬长避短，做好农机险保费14万元。加大全员分散性险种的考核力度，驾意险实现保费收入20.3万元，“人人安康”百万医疗保险2.3万元。截至10月底，学幼险保费收入168.08万元，为公司总体业务指标的顺利完成奠定了坚实的基础。依托“三农”网点优势，保证产品进村入户。开展农村大篷车等宣传活动，在乡镇集市期间发放宣传彩页，喷涂公司宣传广告，设置宣传栏，大力开展新产品宣传活动，扩大保险新产品在农户中的影响力。截至11月，仅三河营销服务部的农网商业非车险实现保费收入16万元，较2018年同期8.8万元增长81.8%。

中国人寿保险股份有限公司海原支公司

【概况】 2019年，公司实现总保费7100万元，比2018年同期增长4.3%。实现长险首年保费1527万元，比2018年同期增长25.9%。实现首年标保885万元，完成年度预算指标的149.2%，比2018

年同期增长 50.50%。实现长险首年期交保费 1507 万元,完成年度预算指标的 123%。实现 10 年期及以上期交保费 813 万元，完成年度预算指标的 141.20%。实现短险保费 2101 万元,完成年度预算指标的 118.2%,比 2018 年同期下降 9%。

【个险渠道】 2019 年,始终坚持 2+1 产品策略,全面推进销售转型升级,通过高效互助自展、职场小会、自展等多种形式运作,实现保障型、储蓄型、获客类产品同步推进。实现首年期交保费 1117 万元,完成年度预算指标的 118.90%,比 2018 年同期增长 19.80%;实现 10 年期及以上保费 659 万元,完成年度预算指标的 134.30%；实现首年标保 716 万元,完成年度预算指标的 142.4%,比 2018 年同期增长 50.10%。

【银保渠道】 2019 年,实现首年期交保费 391 万元,完成年度预算指标的 136.20%，比 2018 年同期增长 46.90%；实现 10 年期及以上保费 154 万元,完成年度预算指标的 181.20%;实现首年标保 168 万元,完成年度预算指标的 187.20%,比 2018 年同期增长 50.20%。

【团险渠道】 2019 年,成功实施百姓保、爱妮保、扶贫保、夕阳保、信贷保等业务。2019 年实现短险保费 1828 万元,完成年度预算指标的 115.20%,比 2018 年同期下降 13.50%。实现非政保业务 1069 万元,指标完成率为 67.40%;实现小额借贷险保费 460.88 万元,比 2018 年同期下降 31.62%,占渠道业务总量的 25.21%。

【队伍建设】 2019 年,大个险在册人力 309 人,年内新增人力 40 人,月均增员率 8.5%;月均长举人力 112 人,月均举绩率 41.20%;季均有效人力 148 人,比 2018 年同期增长 16%。银保客户经理在册人力 2 人,月均长险举绩人力 2 人。团险销售人力 24 人。

【运营服务】 2019 年,海原公司通过培训,推广运用 APP 科技服务能力大幅提升，无纸化投保应用率 92.45%,e 化服务有所提升，小额案件理赔时效较快,投诉率同比下降,有效解决了客户投诉、闹访等事件。

教育　体育

教　育

【概况】 2019年，全县现有各级各类学校338所，其中小学259所（县城小学9所、乡镇中心小学12所、村级小学87所，教学点151个）、中学22所（高级中学2所、完全中学1所、初级中学12所、九年一贯制学校7所）、职业技术学校1所，特殊教育学校1所、幼儿园55所（公办幼儿园52所、民办幼儿园3所）。全县共有在校学生87913人，其中，学前幼儿16538人、小学阶段在校学生39317人、初中阶段在校学生20510人、普通高中在校学生8293人、职业技术学校在校学生3187人、特教学校在校生68人。有教职工4696人。

【办学条件】 2019年，坚持项目建设、设备配置等资源向农村学校倾斜，利用农薄改造、普通高中建设、教师周转房等项目，获得投资2.6亿元，新建、改扩建海原回中、海原三小、郑旗中学综合楼和宿舍楼项目，郑旗中学综合楼和宿舍楼项目、七营镇第一小学扩建附属工程都正在施工中，关桥乡贺堡小学、七营镇七营村幼儿园等47所中小学及幼儿园，新建、改扩建校舍面积6.8万平方米，硬化运动场5万平方米，海原县第一小学综合楼已完成招投标。投资3861万元，为全县义务教育阶段学校采购单人课桌凳11200套、高低床1000套；为幼儿园购置玩具、幼儿桌椅、幼儿床及必要的办公设备；为海原县职业技术学校采购汽车实训设备1批、图书4万册、录播教室1间、音乐器材及实训车辆等；为海原一中购置备课计算机200台及校园监控等；建设智慧教室14间、在线互动课堂30间、多媒体教室60间。

【学前教育】 2019年，新开办幼儿园33所，新增幼儿班104个、幼儿学位3120个；全县学前教育三年毛入园率达82.23%。

【义务教育】 2019年，深入开展城乡学校结对帮扶工作，不断缩小城乡、区域、校际之间办学差距，推进义务教育优质均衡发展，小学六年巩固率达95.05%，初中三年巩固率达100.33%。

【高中教育】 2019年，加强高中学科建设和学科教师培训工作，积极应对高考改革和高中课程改革，强化高考备考，高考成绩持续攀升。

【职业教育】 2019年，突出联合办学，产教融合发展，深化校校、校企合作，县职业技术学校与北京商鲲、众志北方等15家企业签订校企合作协议，高职分类考试录取率100%,中等职业教育成为高中阶段教育新的增长点。

【特殊教育】 2019年，将生均公用经费标准提高到6000元,并纳入"两免一补"范围,全县三类残疾儿童少年入学率达到100%。

【体育事业】 2019年，将全民健身经费纳入财政预算,统筹解决全民健身经费120万元,有效促进了全县体育活动蓬勃开展。

【互联网+教育】 2019年,紧抓"互联网+教育"示范县建设机遇，先后争取自治区"互联网+教育"专项资金2460万元,县政府配套2000万元,用于全县学校智慧教室建设、在线互动课堂建设及海原一中、职业中学、五小示范校建设;实施学校网络改造提速工程,县城学校网络"千兆进校园、进班级"、乡镇各学校"五百兆进校园、进班级"、教学点"百兆进校园、进班级"加速推进。着力提升教师信息化素养，先后组织各中小学校长、骨干教师等505人次,到江苏盐城等区外教育发达地区跟岗培训;组织一线骨干教师赴银川、中卫等地学习交流280余人次;邀请宁夏教育云推广培训讲师开展送培送教活动，教师信息化教学理念和素养明显提升,推进了信息技术与教育教学融合应用。

【教师队伍】 2019年,建立科学合理的校长选拔、任用、考核机制,提拔任用校长4名,调整交流校长9名,调优结构,激发活力。举办了全县首届校长论坛,全县50名校(园)长立足信息化背景下推动教育高质量发展,结合本校实际,深入调研思考,撰写论坛交流发言,6名校长现场汇报交流，论坛参与人数近700人,增强了校长创新发展意识、提高了校长治校办学水平、激发教育内生动力。招聘特岗教师60名,全部补充到农村学校,城乡之间、校校之间交流校长及管理人员108名，交流比例达28.4%,交流教师535名,交流比例达13.3%,有效加强了农村学校、薄弱学校教师队伍建设。组织全县中小学教师参加了部编教材网络培训,教科研人员及政教主任能力提升培训150余人,开展各类骨干教师培训1998人次,培养县、市、区级骨干教师292名、330名、161名。组织全县性教学常规视导工作5次,覆盖各学区校。开展联片教研、送教下乡、教学观摩活动4次,参与活动教师近1200人。

【教育扶贫】 2019年,围绕"义务教育有保障"目标和标准,先后组织开展了"千名教师进百村大宣传、大摸排、大走访、大劝返、促脱贫""千名教师进万家大家访、送政策、抓控辍"活动,向群众发放口袋书9万余册、《致家长的一封信》20万余份,持续向家长、学生集中宣传义务教育法和各类教育惠民政策,发挥家校共建作用,共同做好学生思想教育工作,携手助力其完成学业。目前,实现了义务教育辍学学生"清零"目标。严格落实各项教育惠民资助政策,对贫困学生进行全学段、全方位精准资助,各学段资助受惠学生52039人次，累计资助金额4121.095万元；办理大学生生源地助学贷款9513人次,贷款总金额5915.315万元;义务教育学生营养改善计划、"两免一补"等惠民政策落实到位。

【信息技术普及应用】 充分利用智慧教室和网络资源，促进信息技术与课堂教学的深度融合,2920名教师能够熟练开展互动式教学,教师创作微视频453件,获得区市级奖励92件,晒课24650节,86节获得市级优课,35人获得自治区信息技术应用名师称号。

【思想政治】 2019年，认真落实习近平总书记在学校思想政治理论课教师座谈会上的讲话精神,按照"政治强、情怀深、思维新、视野广、自律严、人格正"标准,倡导学校在班主任和思想政治课教师选聘上优先安排党员教师,全县班主任和思想政治课教师党员教师占比均超过50%。通过举办党史国情知识竞赛、热爱家乡征文活动,征集教育系统感人故事、优秀家训编辑成册,广泛学习,用身边的典型教育身边的人，传播正能量。举办了“全县中小学创新素养教育艺术节”、组织开展了“庆祝中华人民共和国成立70周年爱国主义教育系列活动”和“礼赞新中国、奋进新时代”、高雅艺术进校园等汇演，使广大师生在求知、求美、求乐中受到启迪和教育，陶冶情操，形成良好的校风、教风和学风。

体　育

【全民健身宣传】 2019年，海原县体育运动中心通过海原教育微信公众号、学校橱窗、宣传栏、校园广播、黑板报、教育视窗，在县城街道、集市及大型体育活动赛事场所设置宣传版面、发放宣传资料等形式，及时宣传全民健身工作，宣传推广科学健身方法，提高群众思想认识，提升群众健身的热情。12月6日，举办全民健身大讲堂和健身常识讲座，为群众宣传普及体育健身科学知识，推广体育健身科学技术，有效引导了广大群众积极参加全民健身的活动。

【体育设施建设】 2019年，海原县体育运动中心在自治区体育局的大力支持下，投入325万元，建设牌路山森林公园健身步道3.92千米、海兴农贸市场和三河镇多功能运动场项目、甘城乡农民健身工程等项目，全面完成自治区体育局本年度下达的设施建设任务。按照《海原县全民健身实施计划（2016—2020年）》，实施县级公共体育设施“四个一”工程和完成街道、社区、乡镇、村级公共体育设施建设要求，“46343”工程完成80%以上，极大改善了全民健身基础设施。

【全民健身活动】 2019年，海原县体育运动中心举办全县中小学冬季长跑比赛、新年登高活动、第二届农民篮球争霸赛、“欢乐冰雪　健康中国”海原挑战赛、方棋等全民健身季赛事活动，组织了海原县2019年“梨花节”自行车越野赛、全县职工徒步行、足球赛、篮球赛等宁夏第五届全民健身节赛事活动，组织全县工间操比赛等全民健身日赛事活动，先后自主开展全县教职工排球赛、全县“联通杯”乒乓球比赛、羽毛球赛、“嘉禾园杯”海原县第一届篮球精英挑战赛、2019年海原县“建设杯”篮球邀请赛等9项活动。2019年共计举办群众体育赛事20次，涵盖了农民、职工、学生、妇女、老年人和社区等各行各业各类人群。

【参加赛事】 2019年1至2月，海原县体育运动中心组队参加中卫市2019年全民健身季“欢乐冰雪　健康中国”系列活动和2019年全区第二届农民篮球争霸赛决赛活动，并取得第四名的好成绩。5月，组队参加了自治区第九届少数民族传统运动会，分别参加了方棋、花炮、木球、摔跤、武术等6个项目的比赛，取得1银、4铜。6月，组织参加了自治区第十三届学生运动会，分别参加了田径、篮球、健美操和啦啦操4个项目的比赛，取得1银、1铜。7月，组织参加了全区健身气功站点联赛，取得1金、2银、2铜。5月、8月，参加自治区第十五届运动会，取得2金、1银、5铜。

【社会体育指导员培训】 2019年，海原县体育运动中心积极组织人员参加上级体育部门举办的一级、二级社会体育指导员培训班。同时，举办县三级社会体育指导员培训班，先后举办广播体操、广场舞、太极拳三期培训班，共培训社会体育指导员247名，其中一级37名、三级210名。

科学技术

综　述

【概况】 2019 年，海原县科学技术局有人员 12 人，全部为大专以上学历，中级以上职称 6 人。全县科技工作以脱贫攻坚为统揽，以深入实施创新驱动战略为主线，实施“科技支宁”东西部合作项目，打造小杂粮科技示范基地 5 个，协调宁夏大学 44 名科技扶贫指导员和本县 65 名“三区”(边远贫困地区、边疆民族地区、革命老区)科技人才，深入贫困村开展科技扶贫。组织培育科技型中小企业 4 家，与西北农林科学院联合建设宁夏西海固高端牛产业发展研究院，与宁夏大学建立产学研科技示范基地和实训基地。组建 7 个特色优势产业专家服务团队，充分发挥创新人才在产业扶贫中的助推作用。利用科技活动周等形式，组织专家开展以畜牧养殖、作物栽培、果树修剪、健康保健等为主题的宣传培训活动，提高企业自主创新能力和农民科技素质，营造全社会创业创新的浓厚氛围。

【东西部合作项目】 2018 年以来，海原县抢抓科技部和宁夏联合实施的“科技支宁”科技扶贫东西部合作项目机遇，以脱贫攻坚为总揽，聚焦优势特色产业发展，借力宁夏农科院固原分院、山西农科院、宁夏大学等院校专家力量，采用“科研院校 + 科技部门 + 龙头企业 + 基地 + 农户” 的政产学研用一体化科技示范服务体系，围绕小杂粮，实施“六盘山特困地区小杂粮精准扶贫技术集成示范”项目，通过引进新品种、推广新技术、运用新模式，加快先进适用科技成果转化，让科技真正下沉田间地头，创造了杂交谷亩产 646 千克的历史之最，实现亩收入 2000 元，受到各级领导的关注和群众的普遍欢迎。2019 年，继续借助“科技支宁”科技扶贫东西部合作项目在海原县实施的契机，在全县深度贫困村扩大小杂粮种植面积，转化、推广、应用先进适用科技成果，突出新品种、新技术、新业态、新模式“四新”举措，在贾塘、郑旗、关桥、海城建成小杂粮高效种植示范基地 5 个。基地以张杂谷 13 号为对照，引进张杂谷、晋谷系列等谷子品种 20 个；以固糜 21 号为对照，引进宁糜系列等糜子品种 7 个。应用列入科技部旱作农业八大重点技术之一的“渗水地膜波浪式机穴播技术”，采用测土配肥技术，实现良种良法配套，农机农艺融合，采取渗水地膜穴播、普通地膜穴播、不覆膜抗旱精量条播等 5 种种植方式进行对比试验，通过不同品种、不同种植方式的试验示范种植，建立研究、示范、推广一体化的科技成果推广模式。每个基地核心区500亩，基地总规模达到1.17万亩，辐射带动全县小杂粮渗水地膜精量穴播技术种植2.2万亩，对扩大小杂粮产业规模，加快小杂粮产业提质增效、助推脱贫攻坚奠定产业基础。

【科技扶贫指导员】 2019年，自治区科技厅选派宁夏大学的44位科技扶贫指导员，通过整合项目、资金，在海原县14个乡镇44个深度贫困村围绕特色优势产业，按照“一村一品”的思路开展科技扶贫，创新科技扶贫模式，变“输血式”扶贫为“造血式”培育。44名科技扶贫指导员和本县65名“三区”科技人才，建立科技扶贫工作站，以组团的形式开展科技扶贫。引进马铃薯、西甜瓜、玉米、小杂粮、蔬菜、牛、羊、鸡、猪、牧草等新品种28个，推广测土配方施肥和旱作高效节水、病虫害综合防控、肉牛快速育肥、羊病综合防治等新技术12项。采取分散指导和集中培训的方式培训农民109场次，培训贫困村农民5335人次，建立各类示范基地5456亩；培育新型农业经营主体2家，培育科技示范户420户，发放种子、肥料等物资53.49吨，营养舔砖1944件，农药6894袋(瓶)。

【“三区”科技人才】 2019年，在区科技特派员中心的大力支持下，海原县在科技特派员队伍中选派了30名“三区”科技人才，紧紧围绕县委、政府中心工作，以助力脱贫攻坚为目标，以推进科技创新为主线，凝心聚力，积极发挥自身优势，围绕种养殖业开展科技培训，协助村“两委”制定产业发展规划；与科技扶贫指导员组团开展服务，捆绑实施项目，引进新品种、推广新技术，建立各类科技示范基地，培育科技示范户，有效转化了一批科技成果。所有“三区”人才围绕特色产业共引进新品种36个，推广先进实用技术18项，开展科技培训121场次，培训农民5877人次，建立各类科技示范基地8956亩，培育新型农业经营主体1家，培育科技示范户525户，为贫困村农民发放种子、肥料等物资53.49吨，营养舔砖2259件，农药7114袋(瓶)等。引导贫困村农民多方增收，助力全县脱贫摘帽。

【科技特派员创业行动】 2019年，海原县科技特派员经调整后共有94名，其中在职科技特派员32人，非在职科技特派员62名。按照我县科技特派员管理办法要求，围绕我县“一主四特+X”产业规划，全身心投入创新创业一线，科技部门实行动态管理，分别于3月21日、6月4日和7月9日，召开科技特派员及“三区”人才工作推进会和项目启动会，全方位指导科技特派员发挥专业特长，带动贫困村群众创业增收。严格科技特派员项目网上申报管理制度，加强科技特派员创业行动指导和管理，2019年共争取实施自治区科技特派员专项7个，严格组织实施。9月16日至20日，安排两个考核组，对2018年实施的科技特派员专项和“三区”人才专项进行考核验收，对照项目任务书和三方协议内容进行实地查看、查看工作记录和相关档案资料、信息报送等，以此促进了工作，提高了服务成效，科技特派员项目到期验收率达到100%。组织科技特派员和“三区”科技人才在全县范围内开展现场会、集中培训、田间指导、观摩学习等形式多样的科技培训30余场次，培训农民1200人次以上，提高了企业自主创新能力和农民科技素质，营造了创业创新的浓厚氛围。

【农业产业化专家服务团】 2019年，按照县委、政府“一主四特+X”产业发展思路，组织、科技、农业、人社、科协等部门整合人才创新资源，聚集农业科技人才力量。选拔西北农林科技大学、宁夏大学、宁夏农科院、宁夏老科协、海原县有关专家120人，成立专家协调联络组，组建了高端肉牛、草畜、马铃薯、瓜菜、小杂粮、地方特色、农业机械化7个专家服务团队，制定下发了《海原县农业产业化专家服务团工作方案》，明确了各个专家服务团组成人员和工作职责。为确保专家服务团队发挥应有的作用，召开了海原县2019年农业产业化专家服务团工作会议，签订了服务协议书。同时，为了加强农业产业化专家服务团队管理，提高科技创新实效，发挥农业产业化专家服务团的作用，制定了《海原县农业产业化专家服务团管理办法》，明确了专家服务团主要职责、日常管理及考核办法等。7个专家服务团都围绕本产业发展状况研究制定了2019年工作计划，各自组织专家成员赴全县所有乡镇69个行政村和企业开展培训69场次，培训指导种植养殖户2054人，不但为种养殖户解决了亟须的关键技术，还通过进村入户开展技术咨询、技术指导工作，有效解决了服务对象的实际问题，取得了良好的社会效果。

【宁夏西海固高端牛产业发展研究院成立】 9月22日，宁夏西海固高端牛产业发展研究院在海兴开发区管委会正式挂牌成立，标志着海原县牛产业走向标准化、科技化。揭牌仪式由海兴开发区管委会主任张振红主持，中卫市市长李晓波、西北农林科技大学副校长钱永华揭牌，研究院负责人、西北农林科技大学教授、国家肉牛牦牛产业技术体系科学家昝林森，华润五丰有限公司助理总经理、海原县委副书记濮实介绍研究院情况并讲话。自治区科技厅、西北农林科技大学、宁夏大学、宁夏农科院、海原县等相关负责人50余人参加了揭牌仪式。宁夏西海固高端牛产业研究院是海原县政府、西北农林科技大学、华润集团公司三方合作共建的科研平台，研究院立足海原县草畜产业发展和脱贫攻坚需要，政校企、产学研合作，致力于宁夏西海固高端牛产业发展，为六盘山区脱贫致富、乡村振兴、经济发展献计出力。研究院由海原华润农业有限公司注册成立，西北农林科技大学负责科技研发和技术服务，海原县人民政府以购买服务的方式每年为研究院支持科技经费500万元，研究院按照现代企业制度管理和运行。

【党建工作】 2019年，组织定期集体学习，及时掌握党的政策理论。认真组织开展“两学一做”学习教育制度化常态化，今年以来，党组中心组学习27次，全体党员干部学习51次，支部领导上专题党课5次，使干部职工的政策理论水平和思想道德素质得到很大的提升。通过每月一次“主题党日”活动，充分调动了党员参加组织活动的积极性和主动性，增强了支部的凝聚力和创造力。开展党员信仰宗教和参与宗教活动问题专项整治活动，提高了党性修养。开展警示教育，加强党员廉政教育，利用微信平台、微信公众号，引导全体党员自觉反对“四风”，严格遵守中央八项规定，从细节入手，提前打好预防针，防患于未然。结合帮扶村关庄乡庙湾村实际，重点开展技术培训、政策宣传和“进农家院、干农家活、查农家情、暖农家心”活动。征集并落实微心愿3条，发放营养舔砖38箱，培训建档立卡户和马铃薯种植大户60人次；为帮扶村配置5套广播系统，积极动员帮扶干部消费扶贫，促进了科技扶贫任务的进一步推进。按照“不忘初心、牢记使命”主题教育的要求，及时成立组织机构，制定印发了《实施方案》，召开动员会议，确保组织到位、人员到位、工作到位，统筹推进，全面落实。坚持读原著、学原文、悟原理，全体党员集中学习11次，中心组（读书班）集中学习19次，班子集中开展研讨10余次，3名局领导结合分管工作积极发言，6名普通党员汇报了学习体会，局党组成员讲党课2次，开展革命传统教育1次，开展形势政策教育1次，开展先进典型教育2次，开展警示、案例教育2次，编印宣传主题教育信息18期。主要负责人调研8次，班子其他成员调研14次，形成调研报告3篇。领导班子征求意见建议10条，领导班子成员征求意见建议14条，针对查摆出的问题和列出的整改措施，领导班子成员以高度的政治责任感和事业心，坚持真学习、真调研，明方向、定措施，出实招、务实功，推进问题逐一解决落实。

【综治普法】 2019年，成立领导小组，制定了综治工作方案，明确了综治工作目标和工作重点。积极开展创平安活动，根据县综治委关于开展平安建设的工作要求，开展科技领域的扫黑除恶行动，营造出科技领域风清气正的环境。认真开展矛盾纠纷排查调处，及时发现问题，随时解决，切实将隐患消除在萌芽状态。加强内部管理，健全和完善规章制度，提高办事效率，提升服务能力。抓好普法工作，结合对法律法规的学习，不断增强干部职工的法治意识，提高干部职工学法、懂法、守法、用法，推进综治工作经常化、制度化、规范化。

农业科技

【小杂粮科技示范基地】 2019年，借力“科技支宁”东西部合作项目，在全县深度贫困村转化推广应用先进适用科技成果。在贾塘、郑旗、关桥、海城建成小杂粮科技扶贫示范基地5个，引进优质高产小杂粮新品种、渗水地膜精量穴播等技术，每个基地核心区500亩，基地总规模1.2万亩，辐射带动全县小杂粮新品种、新技术推广种植17.8万亩。

【对口帮扶】 2019年，紧紧抓住自治区科技厅帮扶机遇，在关庄乡高台村围绕主导产业，为农户提供马铃薯优质品种“冀张薯12号”20吨，“原原种”15万粒，“青薯9号”24吨，测土配方肥10吨，生物有机肥10吨，示范推广马铃薯“四位一体”种植技术、膜上覆土、粉垄技术500亩，引进藜麦示范种植20亩，示范种植油菜1000亩，引导高台村主导产业提质增效。培育养殖专业合作社1家、养殖示范户3户，有效解决高台村资金空白的问题，切实为高台村的脱贫带来生机。在关桥乡方堡村引进核桃新品种2个，试验种植70亩，引进水蜜桃品种7个，试验种植60亩。新建17座蔬菜拱棚，引进韭菜新品种2个，配套水肥一体化和滴灌设备，带动11户贫困户通过发展设施韭菜产业脱贫致富；发动群众新栽植香水梨500亩，推广生物有机肥施用新技术；推行“生物发酵床”养牛示范点1处，聘请专家举办培训班，培训农户400余人次。在关庄乡庙湾村，科技局通过责任帮扶、项目帮扶、扶志与扶智相结合的方式，利用主题党日、民情恳谈会等活动开展帮扶工作，解决实际问题，开展科技扶贫；下派1名工作队员开展驻村帮扶工作，为建档立卡户发放马铃薯专用肥128袋；引进基础母羊21只，举办种植、养殖培训班4场，培训农民261人次，宣传科技扶贫政策，助力脱贫攻坚任务的进一步落实。

【科技型企业培育】 2019年，引导2018年的4家科技型企业加强科技创新，应用新技术、新工艺，开展科技研究，通过宁夏科技管理信息系统“科技型企业监测”模块进行监测。加快科技研发步伐，围绕优势特色产业，对海原县国华农机制造、宁夏麦勒电器、海原县长隆现代农业、宁夏圣特保温、宁夏亨通肉食品5家中小科技型企业进行培育，加快了企业对新技术的应用和成果转化。

【科技创新平台建设】 2019年，加大与海兴开发区“一园三区”工业企业对接，摸清企业在科研投入、创新发展等方面的底数，开展对企业申报项目、科技研发后补助的争取、科技成果转化等内容的培训，组织3家企业积极参加宁夏创新创业大赛，与西北农林科学院联合建设宁夏西海固高端牛产业研究院，建成科技创新平台1个，与宁夏大学建立产学研科技示范基地和实训基地，积极争取认定自治区有机旱作农业科技示范展示区，培育由宁夏锦彩生态农业科技有限公司牵头建立的海原科技创新创业基地1个，助推了县域创新平台建设。

【县域创新驱动】 2019年，认真贯彻自治区“创新驱动发展30条”和中卫市“创新驱动22条”，坚持把实施创新驱动战略与脱贫富民战略相结合，制定《海原县创新驱动战略实施方案》和《海原县推进县域创新驱动发展实施方案》，出台了创新驱动政策，不断完善科技创新机制，着力培育创新生态县。把科技研发投入纳入县财政预算，初步形成了以县财政投入为引领，企业投入为主体的多元化科技投入机制，2018年全社会R&D投入经费371万元，投入强度达0.07%，实现了零的突破；2019年县财政R&D投入年度增长率达30%以上，新增技术合同成交额525万元。

【科技改革】 2019年，把机制改革作为县域高质量发展的重要支撑，组织召开海原县以需求为导向的科技项目形成机制征集会，印发《建立以需求为导向的科技项目形成机制改革方案》，广泛宣传、主动对接、深入挖掘，征集到科技需求项目4个、技术需求项目2个。进一步深化科技体制改革，加速推进科技成果转移转化，以科技供给助推经济社会高质量发展。制定《海原县加强科研诚信建设实施方案》，全面推进海原县科研诚信建设，规范了科研项目全过程的科研诚信管理，完善了科研诚信内部管理机制，加强对学术论文等科研成果的监管，坚持预防与惩治并举，自律与监督并重，营造了诚实守信、追求真理、崇尚创新的良好氛围。

【人才创新】 2019年，集聚县内外人才、资金、技术、信息等创新资源，深化院地合作、校地合作，开展产学研协同创新。依托资源禀赋、地理气候、良好生态环境和已具备发展现代生态农业的良好基础条件，积极争取旱作农业(小杂粮)示范展示园区建设。构建以“新品种引进试验，新品种、新技术、新农艺、新模式示范推广，绿色有机小杂粮产品精深加工，小杂粮电商物流，生态循环农业”为主的科技创新示范展示区，引领海原县域特色有机旱作小杂粮产业高质量发展，为人才创新提供发挥才智的有利空间。不拘一格聚集科技创新人才力量，引人、引智、引技并重，借助“科技支宁”东西部合作项目的实施，集聚山西农科院、西北农林科技大学、宁夏大学、宁夏农林科学院专家教授及本土人才，组建7个特色优势产业专家服务团队，围绕全县农业产业化发展要求，充分发挥创新人才在产业扶贫中的助推作用，分类别、分产业开展全方位科技服务，强化科技人才支撑力度，为高质量发展搭建了智力平台。

【科技周宣传】 2019年，与县委宣传部、县科协牵头，开展“科技强国　科普惠民”及“礼赞共和国　追梦新时代”的科技活动周活动。27个县直部门162名工作人员参与本次活动。活动期间，共展出各类展板43块，发放资料36200份、宣传手提袋3000余个。组织专家开展以畜牧养殖、作物栽培、果树修剪、健康保健等为主的宣传培训14场次，引导广大群众树立“学科学、爱科学、讲科学、用科学”的良好风尚，提升全民科学素质。

【科技培训】 2019年，结合科技扶贫指导员、“三区”人才、科技特派员创业服务，组织企业参加宁夏“企业服务行”、宁夏创业创新大赛等培训，在全县范围内开展现场会、集中培训、田间指导、观摩学习等形式多样的科技培训30余场次，培训农民1200人次以上，提高了企业自主创新能力和农民科技素质，营造了全社会创业创新的浓厚氛围。

防震减灾

【概况】 2019年，将《中华人民共和国防震减灾法》纳入全县干部职工“七五普法”的学习内容，不断增强干部职工的防震减灾的法制观念。围绕科技活动周、“5·12防震减灾日”等时间节点，在各乡镇集贸市场等人员密集场所，开展防震减灾方针政策、法律法规宣传活动，向社会公众普及防震减灾方针政策、法律法规,并不断创新宣传形式,探索建立科学有效的防震减灾法规大众教育机制。

【宏观观测】 2019年,全县境内设有宏观观测点22处,观测员22人,宏观观测网点覆盖全县。观测点主要分布在1920年海原大地震断裂带上,从北西到南东干盐池、西安、菜园、海城镇、田拐、李俊一线,布点达15处;沿清水河地质构造断裂带上布点高崖、李旺、黑城、甘城4处;沿月亮山北麓断裂带布点树台、关庄、红羊3处,并设有防震减灾助理员,应急支援者、灾情速报员。

【监测预报】 截至2019年年底,全县安装预警仪14台,固定GPS观测仪4台,流动GPS观测仪24个。组织宏观观测员召开季度震情会商3次,对可能与地震有关的异常现象和地震预测意见进行了综合分析研究;通过对全县22个宏观观测点和24个流动GPS观测仪严密监控和上报的信息分析,未出现宏观异常现象。

【建设工程抗震设防管理】 2019年,先后对海原县文化旅游广电局建设、海原县民政局东城社区老年人日间照料中心、宁夏电力海兴供电公司特种车辆库、宁夏京能新能源有限公司关桥光伏电站、海原县残疾人康复中心、县教体局、康乐园二期等项目开展了抗震设防确认。2019年,审批抗震设防确认书42项。地震博物馆实行免费开放8小时,接待参观者9000余人次。

【科普宣传】 2019年,先后利用防灾减灾日、科普宣传月、下乡帮扶等活动形式,组织工作人员采取上街设点等形式,以地震基本知识、自救互救知识、应急避险知识等为重点,开展形式多样的防震减灾宣传教育活动,印制宣传册5万册,发放《地震防灾避险知识手册》《防震减灾知识宣传挂图》《海原大地震连环画丛书》及地震科普知识宣传单23000余份,展出防震减灾科普知识展板10块,咨询人数达5000余人。

【应急演练】 2019年,为更好贯彻落实《中华人民共和国防震减灾法》,先后在“5·12”“7·28”“12·16”等重要纪念日,深入开展不同形式的应急救援演练。根据县委、县政府的要求,对全县地震应急预案进行了更新,对应急响应与事权划分、组织机构与职责、监测与预警的处置及预案的启动与实施重新修订并予以下发,同时要求各部门、企事业单位依据本预案对各应急预案进行了修订。

【海原大地震百年纪念献礼项目】 1.《海原大地震》影片拍摄。积极和中央军委后勤保障部金盾影视中心合作,编写完成了电影《海原大地震·1920》剧本,影片名称暂定为《火娃》或者《海原大地震·1920》,预计2019年年底开机拍摄,拍摄费用由该影视中心投资。2. 地震博物馆改造。海原地震博物馆主体建筑和馆区环境建设整体占地面积60亩,分为上下层两个展区,总体建设面积2350平方米,总投资100万元。3. 筹备“海原大地震”学术研讨会。已经与宁夏大学协商筹备学术研讨会相关事宜,并将成果转化,有力助推海原县经济社会发展。4. 建设海原震柳人文森林公园。该公园已经纳入西安文化古镇项目建设,力争在学术研讨会召开前形成初级规模。5. 筹划海原地震活动断裂带专题片。该片拍摄范围横线为位于全长237千米的海原地震活动断裂带上的各个县区,纵线反映1920年海原大地震前后的地震异常、赈灾自救以及新中国成立后,尤其是展现党的十九大以来人民生活和城乡建设取得的伟大成就。

气象科技

【概况】 2019年,海原县气象局有防灾减灾科、办公室2个职能科室,下设气象台、气象服务中心2个直属事业单位。在职职工13人,其中工程师6名、助理工程师2人;本科以上学历8人,占全局总人数的62%。

【气候特点】 海原气候属典型中温带大陆性季风气候,春暖迟、夏热短、秋凉早、冬寒长,气候特征明显,光能丰富;温度沿等高线分布;春温回升较快;降水量少且受地形影响,雨季集中,南北干湿不均;十年九旱,风大沙多;风向多为东南风,西、西北风次之,最少为东北风。2019年,全县平均气温8.1℃,年总降水量为564.3毫米,年日照时数为2480.2小时。与历年平均值相比:气温偏高0.4℃,降水偏多205.3毫米,日照偏少222.4小时。年一日最大降水量为53.1毫米,出现在8月26日。年极端最高气温为32.9℃,出现在8月15日,比历史最高值偏低2.7℃。年极端最低气温为-16.6℃,出现在1月31日,比历史最低值偏高9.2℃。本年度降水1月、3月、12月偏少,其余各月均偏多;气温3月、4月、8月、9月、11月、12月偏高,7月持平,其余各月均偏低;日照3月、4月、7月、9月、12月偏多,其余各月均偏少。年内出现6次大风天气,8次扬沙天气、2次轻雾天气、1次霾天气。本年度总体平均气温偏高,降水偏多,日照偏少,未出现重大灾害性天气。

【基础业务】 全年巡查和核查气象观测站39次和土壤水分站2次,每日分别于8、11、14、17和20时观测气象数据5次,每天按时制作发布天气预报。

【气象服务】 全年编写各类气象服务材料251期,其中气象信息专报72期、农用天气预报75期、林火监测服务专报100期、马铃薯专题预报4期;发布各类预警信号113次,其中地质灾害预警信息4条、山洪预警信息0条;短信平台发布预警信息187条,累计252562人次,电话服务累计350次(单位);采用电视、电子屏、大喇叭、手机短信、书面报告等多种形式提供公益气象服务。

【气象防灾减灾】 2019年,海原县气象局与相关部门签订合作及信息共享协议,更新气象信息员管理平台和升级气象预警信息发布平台;重新核实气象信息员队伍,并对乡镇、村级气象信息员开展培训,收集和更新发布对象。

【人工影响天气】 全年响应作业待命26点次,发射人工增雨火箭弹69枚,发射高炮消雹弹364发。2019年3月完成县域内火箭架年检,6月完成高炮巡检。人影装备年检率达100%。

【气象行政执法】 2019年,海原县气象局联合县安监局下发有关防雷防静电安全检测的文件,要求易燃易爆、人员密集场所、加油加气站等必须实行建筑施工防雷图纸审核和竣工验收制度,防雷设施必须每年接受防雷检测部门检测;对安装的防雷装置经防雷安全技术检测机构检测不合格的单位,限期整改。

【气象宣传】 全年先后利用"3·23世界气象日""5·12防灾减灾日""12·4法制宣传日"等,发放《中华人民共和国气象法》《宁夏回族自治区气象条例》《宁夏回族自治区气象灾害防御条例》《宁夏回族自治区雷电减灾管理办法》等气象法律法规及防雷小知识等相关宣传材料。

文化事业

综　述

【新闻宣传】 2019年,紧紧围绕县委、政府中心工作,坚持以精准扶贫、扫黑除恶专项斗争和庆祝中华人民共和国成立70周年系列活动等为宣传重点,扎实开展新闻宣传报道工作。整合海原广播电视手机APP、微信平台等新媒体,落实融媒体办公场所、人员、设备等,县融媒体中心建设框架形成,已具备运行条件。共完成《海原新闻》240期,新闻1600余条,平均单期新闻数量4条以上。宁夏电视台采用20余篇,《宁夏日报》采用2篇,《中卫日报》和中卫电视台采用85篇。其中《开学第一课》《家里有银行　日子牛起来》两篇稿件登陆学习强国平台。

【服务能力建设】 2019年,新建完成海原县文化馆及关桥乡和海城镇3个文化站;完成苍湾成林、三河秉宏等10个文化大院示范点建设;完成了高崖乡、三河镇等9个文化站分馆示范点建设,实现乡镇分馆全覆盖。投入206万元为全县111个村综合文化服务中心、42个农民文化大院、9个民间业余文艺团队、129个广场舞队配套了相关设施设备,完成全县应急广播体系建设,基层文化服务体系更加完善。

【队伍建设】 2019年,举办海原县公共文化服务能力提升,文化馆、图书馆、乡镇分馆管理员岗位等3个培训班,培训基层文化管理人员220余人次。同时,组织参加区市上级部门举办的各类文化旅游培训班、"三区"人才培训班、文化执法等专项培训30余人次。

【群众文化活动】 2019年,围绕中华人民共和国成立70周年大庆,编排完成20个精品文艺节目,深入开展送戏下乡扶贫演出152场次;全面开展农村数字电影放映宣传活动,放映婚丧嫁娶树新风、禁毒宣传、健康教育等数字电影2380场;举办百姓春晚、元宵节灯谜晚会、社火展演、第三届海原县"四小"比赛、庆祝中华人民共和国成立70周年"梨园春"秦腔大赛、广场舞大赛及传统文化进校园等重大文化活动;开展图书阅读服务,组织送图书"七进"活动8次,举办图书推荐展览及公益性讲座4次。

【文化交流】 2019年,积极参加了"欢乐中卫"全市群众文艺汇演、宁夏文化艺术节暨第十六届中国西部民歌(花儿)歌会、中卫市花儿传唱大赛及花儿歌会等区市文化交流演出活动5次。

【文旅融合】 2019年,全面实施海原县天都山旅游区基础设施建设工程，切实增强景区服务带动功能。完成天都山景区旅游步道、游客服务中心、3座旅游厕所等基础设施建设，为3A级景区创建打下坚实基础。海原县非物质文化遗产传承基地项目建设完成总工程量95%，11月底前全部竣工。

【乡村旅游】 2019年，完成郑旗乡盖牌村、红羊乡老庄村、李俊乡旅游小镇，史店乡田拐村休闲农业、九彩乡九彩村等旅游扶贫村建设。成功举办了2019年"关桥梨花节"开幕式、西安镇、史店乡田拐等乡村文化旅游节事活动3次，通过展示展售美食、农特产品、农副食品，带动建档立卡贫困户发展文化旅游产业增收脱贫。

【人员培训】 2019年，与北方民族大学联合完成24名刺绣、剪纸师资培训，集中培训刺绣、剪纸技能人员240人，组织企业参加广州文博会、山西太原中蒙俄国际商品博览会等文化旅游产品销售推介活动4次，进一步拓展我县刺绣、剪纸文化旅游产品渠道，提升产品知名度。

【非物质文化遗产保护】 2019年，公布了海原县级非物质文化遗产项目代表性传承人23名；申报了第四批中卫市级非物质文化遗产代表性项目"酸辣土豆丝制作技艺""仿古工艺品"包括文本、图片、视频资料2个，传承人27名；申报"方棋"评选国家级第五批非物质文化遗产代表性项目名录。举办了2019年"文化和自然遗产日"宣传展示系列活动，非物质文化遗产代表性项目"花儿"传承人40余人参加了培训。

【文物保护】 2019年，完成了文物保护单位名录填报、九彩坪拱北等三处区(省)级文物保护单位的档案建设，60处不可移动文物遗址保护界桩900根(套)的设立和高崖草场凤凰城址、祁家堡址、贺堡堡址的保护围栏建设。建成柳州和七营北嘴城址保护项目。

【文旅市场整治】 2019年，以文化执法体制改革为重点，完成县文化执法改革工作。加大文化娱乐经营场所的检查力度和频次，先后出动执法人员100余人次，共收缴迷信色彩书籍15本、盗版音像制品26盘；整改规范KTV娱乐经营场所5家；查处网吧违规接纳未成年人2家，关停网吧3家；对天都山、九彩坪景区按照行业乱象治理的要求，多次进行检查。

新闻传媒

【概况】 2019年，海原县广播电视台新闻宣传紧紧围绕县委、政府中心工作，充分发挥党的喉舌及桥梁纽带作用，关注全县大事要事，关注民生及社会热点，坚持以精准扶贫、扫黑除恶专项斗争和庆祝中华人民共和国成立70周年系列活动等为宣传重点，精心策划，认真组织，扎实开展新闻宣传报道工作。共完成《海原新闻》240期1600余条，平均单期新闻数量4条以上。

【脱贫攻坚宣传】 2019年，海原县广播电视台制定《海原县广播电视台扶贫攻坚宣传工作方案》，成立以台长为组长的脱贫攻坚宣传工作领导小组，在《海原新闻》栏目中先后开设"扶贫第一线""扶贫路上""扶贫先锋""脱贫攻坚　巾帼在行动""壮丽70年　奋斗新时代""落实进行时""爱国情　奋斗者"7个宣传专栏，定期和不定期深入乡村一线，以不同新闻视觉，多角度、深入挖掘各帮扶单位在开展精准扶贫工作中的好经验、好做法和取得的主要成效，对脱贫攻坚进行全方位、立体式宣传，营造出全民动员、全域扶贫的浓厚社会氛围，真正使精准扶贫、精准脱贫达到造声势、广宣传、暖人心的目的。共播出宣传扶贫工作的稿件179条。

【扫黑除恶专项斗争宣传】 2019年，海原县广播电视台主动与政法委、扫黑办、公安局、检察院、司法局、法院等职能部门协调配合，充分发挥广播电视以及微信公众号、海原电视台新闻门户网站、海原手机台(APP)的优势,大力宣传扫黑除恶工作。通过在《海原新闻》、门户网站、手机APP、微信公众号设置《扫黑除恶进行时》《扫黑除恶划重点微视频》《海原县扫黑除恶应知应会一日一学》等专栏,重点宣传了以下内容。持续宣传党中央、国务院及区市作出开展扫黑除恶专项斗争重大决策的重要意义,深入解读专项斗争的基本原则、基本目标和重大成果。在电视台开设《扫黑除恶进行时》、门户网站开始《扫黑除恶专项斗争》重点宣传海原县各部门开展扫黑除恶最新动态;在电视台、手机APP、微信公众号发布扫黑除恶宣传标语;及时转载转播全国及自治区扫黑除恶典型案例,共播发、推送各类扫黑除恶新闻及信息253条。通过在《海原新闻》栏目前加播整版字幕,在微信公众号和手机APP栏目下方推送扫黑除恶宣传标语,在手机APP和门户网站开设《图解扫黑除恶》,转载中央媒体有关扫黑除恶最新动态等多种多形式,全方位向广大群众普及扫黑除恶相关知识,让广大群众更直观、更深入地知晓扫黑除恶专项斗争的重大意义和开展扫黑除恶工作的重要性和必要性。

【主题宣传】 2019年,海原县广播电视台各栏目共播出庆祝中华人民共和国成立70周年和“不忘初心、牢记使命”主题宣传新闻稿件49条。以新闻战线强“三性”增“四力”教育实践工作为契机,组织开展好庆祝新中国成立70周年采访活动。新闻中心成立采访小组,深入全县各地,进企业、进农村、进机关、进校园、进社区,走进干部群众身边,从“小”切入,以“小”见“大”,聆听来自百姓的声音、故事、幸福感、获得感,展现我县70年波澜壮阔的发展;开设了《红色记忆》《谈变化　看发展》《庆祝新中国七十华诞　弘扬新时代尊师风尚》栏目。以消息、访谈、专题、微视频等融媒体报道形式,多平台、多角度、立体宣传海原县70年来经济社会发展的巨大成就和人民群众的美好生活,突出人民群众的获得感、幸福感、安全感。《红色记忆》栏目对海原县参加过抗日战争、解放战争、抗美援朝战争的3位抗战老兵的英雄事迹进行了深入挖掘和采访报道,形成了推崇英雄、铭记历史的良好氛围;《谈变化看发展》栏目从教育、卫生、道路交通、社会民生等各行各业入手,多角度、立体式宣传新中国成立以来,我县城乡基础设施建设和群众面貌发生的翻天覆地的变化,特别是党的十八大以来,在习近平新时代中国特色社会主义思想的指引下,全县经济社会等各个方面取得的喜人成绩;《庆祝新中国七十华诞　弘扬新时代尊师风尚》栏目深度报道了5位爱岗敬业、无私奉献的教师代表,展现新时代教师风采。在“不忘初心、牢记使命”主题教育宣传活动中,电视台开设了《“不忘初心、牢记使命”主题教育进行时》专栏,持续跟进主题教育开展情况。组织骨干力量深入基层、深入一线,及时报道我县各乡镇、各部门、各单位第一时间传达学习、动员部署、制订计划,高质量、高标准推进主题教育进展情况。报道全县各级党组织通过开展主题教育工作,在理论学习、思想政治、干事创业、为民服务方面展现的新变化和新成效。海原电视台新闻客户端、公众微信平台在首页推出了庆祝中华人民共和国成立70周年和“不忘初心、牢记使命”专题板块,与电视节目宣传同步,报道海原开展主题教育的生动实践。通过推送本县新闻、图文解读、公益广告,转载专题文章、报刊评论、短视频、网友留言等形式,宣传新思想,讴歌新时代,展现新气象,谋求新发展。对全县庆祝中华人民共和国成立70周年专题文艺晚会“我和我的祖国”进行了全程录制。经过后期精心制作,在电视、新闻客户端、微信公众平台中相继播出,进一步激发全县人民的家国情怀、爱国热情和民族精神,为庆祝新中国成立70周年献礼。按照县委宣传部要求,投资8万元,对电视台办公楼、机房楼进行了整体亮化和美化，为庆祝中华人民共和国成立70周年营造了浓厚氛围。

【对外宣传】 2019年，海原县广播电视台积极与区市新闻媒体联系，传送海原县亮点题材到区市媒体播出，对外宣传工作取得阶段性成效。宁夏电视台共采用海原县广播电视台新闻稿件25篇、《宁夏日报》采用稿件2篇、《中卫日报》和中卫电视台采用稿件85篇，其中，《“好日子是奋斗出来的”——海原县5户农民主动申请退出建档立卡户》《“明天计划”温暖孤残儿童》《海原：百年梨园花如海　芳菲四月俏争春》《海原硒砂瓜香飘杭州》《海原：促产业补短板　力争年内脱贫摘帽》《海原：自来水通灶台　农户告别吃水难》《海原：非遗“混搭”快闪　传统文化绽放新活力》《我县名特优新农产品走进福建漳州市场》《海原县督促整治农村人居环境》《海原县开展庆祝中国农民丰收节暨第四届肉牛大赛》等一批新闻稿件的陆续播出，凸显了地方特色，展示了海原的魅力，真实反映了我县人民群众积极向上的精神风貌和勤劳致富的质朴情怀，对外界认知海原、了解海原起到了积极的助推作用。

【融媒体中心建设】 11月18日，中卫市委常委、县委书记徐海宁主持召开海原县委2019年第40次(扩大)会议，传达学习中共中央宣传部等部委《关于加强县级融媒体中心建设的意见》《关于印发〈县级融媒体中心建设验收指导指标(试行)〉的通知》《自治区党委办公厅　人民政府办公厅印发〈关于全区媒体融合发展改革的意见〉的通知》，研究并审定县委宣传部提交的《海原县媒体深度融合发展改革方案》。按照此方案，海原县融媒体中心作为县委直属正科级公益一类事业单位，归口县委宣传部领导。改革主要内容涉及优化中心机构设置、完善编制管理机制、创新人事管理机制、建立经费保障机制、建立经营创收机制五个方面。融媒体中心建设从2019年9月开始，分四个阶段实施，到2020年5月通过全面测试、试运行。11月19日，海原县融媒体中心正式挂牌成立，标志着海原县迈出了探索媒体融合发展、实现传统媒体与新兴媒体深度融合新步伐。投资600多万元实施了电视台播出机房新建项目，使用面积约1500平方米，工程已竣工验收。开办自办频道、县电视台开通运行了海原TV公众微信平台、海原手机台(手机APP)、新闻客户端APP以及门户网站等新媒体平台，初步构建了各媒体平台资源共融、内容兼容、宣传互融、服务共融的工作体系。有手持高清摄像机9套、播音员提词器V6.01系统套、高标清电视节目制作系统5套、电视节目高清播出系统2套、虚拟演播室节目制作系统1套、高清直播系统1套。有工作人员43人，其中在编人员27人（50岁以上8人，参公5人)、控编2人、聘用人员7人、“三支一扶”5人、实习生2人。

【安全播出】 2019年，海原县广播电视台进一步修订完善《安全播出应急预案》，健全《安全播出值班制度》《值机员管理制度》《机房设备保养检修制度》《设备使用管理制度》《机房管理规定》等一系列安全播出制度，加强日常防范值守、巡查维护和应急演练，强化人员技术培训，提高应急处置能力。为保障新中国成立70周年及党的十九届四中全会等重大节庆活动期间的安全播出，9月以来，投资5万元实施了安全播出提升改造工程。先后对播出系统监视设备进行了完善或更新，对有线前端机房供配电线路进行了重新梳理和完善，布设了备用电源插座，安装了备用卫星信号地面接收设备，购置了卫星地面数字接收机2套(一主一备)。完成了播出机房备用供电线路改造，保证在市电停电时，播出机房能自动切换到发电机进行供电，确保安全播出万无一失。

广播电视网络

【经营情况】 截至2019年11月30日，总收入为92.37万元,完成目标的68.93%;主营业收入为57.9万元,完成目标的90.47%;多元化收入为34.47万元,完成目标的49.24%;续费率完成23.68%。新增用户216户,高清宽带用户2212户。预计到12月31日总收入为105.37万元,完成率为78.63%。

【重点工作】 2019年，完成海原县东城小区1200余户有线电视入网工程,完成国省干线海原至海兴开发区6000米的光缆改迁工程,完成G70高速高崖乡、李旺镇、七营镇下线引接工程,完成西安镇、关桥乡、贾塘乡、甘城乡机房协调及装修,积极开展海原县应急广播工程,正在实施中。

【农村光缆】 截至11月30日,海原分公司累计完成18个乡镇140余个行政村及自然村的光缆通达建设任务;协同区公司工程管理部、技术规划部等相关部门,完成乡村及中小城市所有项目的验收工作。

【安全传输】 2019年,分公司针对海原县境内150余千米的国省干线线路进行巡线员天天查,分公司周周看——要求三条线路的巡线员每天对各自负责的线路进行巡检，分公司人员做到每周查看一次,确保所有外线人员对三条线路的路由做到心中有数。2019年,共排除国干线路安全隐患2处。

史志编纂

【《海原年鉴》编辑】 2019年,海原县地方志办公室积极创新《海原年鉴2018》篇目构架,紧跟经济社会发展变化步伐,在内容收录上力求全面、准确、翔实。积极发动各单位参与到年鉴编辑工作中,为年鉴编辑提供大量翔实、权威的第一手资料,保证了年鉴编辑工作正常开展，上半年完成送审稿,6月底提交出版社审定,11月底《海原年鉴2018》定稿交付印刷厂,12月上旬完成出版发行工作。同时,按照自治区、中卫市地方志工作部门要求,及时完成上报《宁夏年鉴2019》《中卫年鉴2019》中海原资料的编写报送工作。

【史志资料征编】 2019年，海原县地方志办公室按照中卫市地方志办公室要求,抽调专人,全力以赴投入《中卫市志》海原资料征集编写工作,高质量完成资料搜集和征集工作,12月底前圆满完成编写任务。完成自治区党委党史研究室安排的《闽宁对口帮扶二十年口述史》海原县有关资料的征集上报工作。制定《中国共产党中卫市地方组织志》海原资料征集编纂工作方案,9月下旬顺利启动《中国共产党中卫市地方组织志》海原县资料的征集编写工作,11月上旬完成资料征集任务,年底前圆满完成海原资料的编纂、审定和上报工作。

【村镇志编写】 2019年9月，按照自治区地方志办公室的统一规划,全区首轮村志编纂工作正式启动。海原县西安镇党园子村的《园子村志》成为海原县进入规划的唯一一部村志。经充分调研和动员,10月初,园河村顺利启动海原县首部村志《园河村志》的编写工作。

【史志宣传】 2019年5月18日,按照自治区地方志办公室的安排,在宁夏图书馆开展地方志宣传日活动，海原县地方志办公室向自治区图书馆捐赠《海原县志(续修)》《海原史话》《海原年鉴》《海原红色记忆》等海原县近年出版发行的地方志图书近百册。利用各类媒体对海原县的历史文化进行宣传,其中“祁家堡子的红色标语”被中央电视台在《记者重走长征路》栏目报道。撰写《海原的红色文化》等讲稿,为有关单位开展讲党史课服务。开展史志研究,撰写《西夏南疆“萧关”故址及宋、夏对天都地区的经营述论》史志研究文章5篇,在《宁夏党史》《宁夏史志》等刊物上发表。

【资政服务】 2019年，海原县地方志办公室积极开展资政服务，向区市县有关领导和外来客商提供翔实史志资料，为他们全面了解海原县情做好服务。开展史志咨询服务，积极协助有关部门查阅史志资料。对郝沟村红军西征纪念馆、关桥堡红色遗址、县非遗中心革命历史展厅等的图文进行严格审定把关，并提出修改意见。

档案管理利用

【理论武装】 2019年，档案馆党支部结合“不忘初心、牢记使命”主题教育工作，组织全馆干部职工认真学习《习近平关于“不忘初心、牢记使命”论述摘编》、习近平新时代中国特色社会主义思想、十九届四中全会精神、习近平来宁重要讲话和指示批示精神等内容，充分利用每周二政治理论学习日、主题党日、讲专题党课等多种形式，认真开展学习，深入领会精神实质。通过不断地强化学习，全馆干部职工的政治素养有了较大提升，为进一步做好档案工作打下了坚实基础。

【机构改革】 2019年，机构改革完成后，县档案馆自觉接受县委办公室的监督与指导，遇事多请示、多汇报、多沟通，牢固树立“分工不分家”的思想。在工作中坚决服从大局，统一思想行动，强化责任担当，严明纪律规矩，扎实做好各项工作。积极落实县委办公室下发的《关于在机构改革中加强档案工作的意见》，抽调专业人员，积极作为，靠前服务，较好衔接，主动深入涉改单位指导档案工作，督促这些单位做好文件材料的整理归档工作，依法依规确定档案的归属流向，确保档案完整与安全。

【档案收集】 2019年，依法依规接受列入县级综合档案馆收集范围的档案，积极接收各类民生档案。2019年，陆续接收城市拆迁档案1200多盒、土地确权档案1300多盒。在精准扶贫档案方面，县档案馆抽调业务人员两名与扶贫办一起深入各乡村开展业务指导，指导乡村收集、完善各类扶贫资料，确保资料完整归档。

【档案利用服务】 2019年，县档案馆认真履行职责和服务承诺制，以热情接待、及时准确、优质高效的服务态度，依法为社会各界人士提供咨询、调卷查档、出印证明等服务，积极搞好档案开发利用，提高了档案服务的整体功能。2019年，共提供查阅档案服务1320人次，复印档案资料6250页。

【安全管理】 2019年，县档案馆贯彻执行《中华人民共和国档案法》《宁夏回族自治区档案安全管理暂行规定》及国家有关档案工作的方针政策，落实安全管理责任人，建立严格的档案安全岗位责任制，制定安全防范预案，对新馆档案库房监控设施等所有设备进行了多次检查与更新，确保了馆藏档案的安全。同时，为档案库房配备了密集架、灭火器、温湿计、防火防磁柜、打印机、监控等专用设备，使档案管理在硬件上有了保障，适应了现代化档案管理需求。为进一步确保档案安全，制定并实施了较为有效的措施：一是加强对归档文件的保管及保密力度，由档案管理人员统一集中管理，任何人不得擅自挪用，凡涉及保密的文件资料，认真做好传阅和保存工作；二是做到以人为本，努力提高档案管理工作人员的业务素质，共派出3名同志外出参加了档案专业技术和业务知识培训，通过培训学习，档案管理人员的业务素质得到明显提升。

【档案馆新馆投入使用】 2019年，在县委、县政府的大力支持下，海原县档案馆顺利完成搬迁。海原县档案馆新馆建筑面积2068平方米，三层框架结构，占地5.54亩，其中档案库房占地面积760平方米。一、二层为档案库房，三层为业务用房和办公用房，项目总投资721万元，其中县政府自筹101万元。

卫生健康

综　述

【互联网＋医疗健康】 2019年，县人民政府研究制定了《海原县“互联网＋医疗健康”示范区建设方案》，为推进“互联网＋医疗健康”构建了总体框架，明确了建设重点，提供了政策依据；全县19家乡镇卫生院接通政务外网，标准化村卫生室全部接通医保光纤，实现一卡通就医结算全覆盖；依托自治区远程会诊中心，县人民医院与37家区、内外三级医院，县域17家乡镇卫生院建立了“远程会诊”平台，实现全县县、乡医疗机构与部分区外及区、市远程医疗服务信息的互联互通，利用远程会诊系统诊疗患者1622人次，首诊在基层的就医服务模式逐步推开；建立了家庭医生线上服务平台，在线上线下为签约居民提供健康咨询、预约转诊、慢性病随访、健康管理和延伸处方等签约服务，实现了服务对象信息“只录一次”；县级公立医院引入第三方设立薪酬改革信息化模块，设置了临床、医技、医辅、行政四类核算单元，按服务岗位分组逐月确定人员薪酬总量，使医院“多劳多得、不劳不得”薪酬制度得到公平公正落实；两家县级公立医院购买了移动护士站，一线护理人员可随时对病人相关信息进行查询、核对、采集、执行和传输，提升了服务效率；县人民医院开通了电话预约挂号、自主挂号、自主缴费、自助打印检查报告等服务，方便了群众就医。同时，县人民医院电子健康码注册使用工作硬件网络已测通，软件建设已对接挂号、收费等工作，县中医医院、县妇计中心健康码注册使用工作正在启动对接。

【医共体建设】 2019年，将七营、三河、郑旗3家乡镇卫生院和南苑、黎明2家社区卫生服务站纳入以宁南医院和两家县级公立医院为中心的医共体范畴，形成了覆盖全县12个乡镇、2个社区服务站的医疗共同体，通过盘活人力资源，下沉常见病诊治，降低看病就医费用，规范卫生院诊疗行为，帮助乡镇卫生院开展5项新业务，建立了糖尿病、针灸科等5个专科联盟，县域内住院就诊率达到90%，基层门诊病人比2018年同期增长19.86%。

【医保支付】 2019年，实行门诊、住院总额预付制，提升基本医保基金使用效益。全县县级医疗机构门诊次均费用120.03元，住院次均费用4137元；基层医疗机构门诊次均费用36.3元，住院次均费用1596.82元，切实减轻了群众就医负担。

【药品供应】 2019年,进一步加强基本药物配备,县级医疗机构使用基本药物品种近400种,乡镇卫生院基本药物配备达到150种以上、非基本药物下沉药品50种以上,村卫生室基本药物配备达到120种、非基本药物下沉药品15种以上。通过取消药品零差率销售政策,每年减少群众就医费用600余万元。

【先诊疗后付费】 2019年,全县医疗机构全部制定了"先诊疗、后付费"流程,并在医院醒目位置公示,所有住院患者病例增加了"先诊疗、后付费"协议书,27家定点医疗机构全部实施"一站式"结算服务,极大地方便了患者就医。

【基层建设】 2019年,在加快推进县中医医院、县妇计中心、县人民医院妇儿综合楼续建项目的同时,政府投入近200万元为6个因撤村并组新设立的行政村新建标准化村卫生室,已全部投入使用;投入近2000万元对史店等4家卫生院实施改扩建,11月底前可完成主体工程,力争在2020年5月投入使用;同时投入50万元对关桥等3个卫生院及50多个村卫生室进行了维修维护,保证每个乡镇有一个政府办乡镇卫生院,每个行政村有一个标准化村卫生室,保障贫困人口"看病有地方"。

【基层药物配送】 2019年,通过落实药物下沉基层政策,基层医疗机构使用基本药物243种、非基本药物下沉药品57种,保证了乡镇卫生院、村卫生室开展基本医疗的需求。同时,协调医疗保障局对部分长期口服昂贵药物治疗慢病患者的用药调整到乡镇卫生院,通过补充用药目录,办理门诊大病簿,实现了农村大病患者"康复治疗在基层"的目标。

【健康教育】 2019年,围绕让群众"不得病""少得病",以促进健康为策略,以普及卫生知识为切入点,突出健康宣传教育,注重健康素养提升、健康环境改善,引导群众摒弃不良生活习惯,养成良好的健康生活方式,促进群众健康理念由疾病治疗向疾病预防为主的转变;卫生健康部门组织开展重点地区传染病、地方病流行病学调查,并针对重点人群制定个性化治疗方案和健康教育处方,提高疾病预防和干预的针对性和实效性;通过"海原卫生健康"微信公众号、家庭医生团队微信群等信息化平台,及时推送健康扶贫工作动态、行业资讯、扶贫政策、健康知识、服务信息,切实提高群众健康知识知晓率,培育群众自主自律的健康行为,实现健康宣传教育与公民健康促进的良性互动,全面提高居民疾病预防能力。

【人才队伍建设】 2019年,先后通过全区事业单位人员公开招考平台,招聘专业技术人员30名;通过全科特设岗位医生招聘平台,招聘专业技术人员5名。依托闽宁、山西太原联勤保障部队第985医院等对口帮扶项目,累计下沉21名资深专家,蹲点帮扶县人民医院完成胸痛中心、血液透析等重点专科建设,填补了海原县多项医疗业务空白。卫生健康部门统一建立全县村医管理档案,认真采集村医个人信息,详细记录村医学习培训、履职尽责等情况,把村医与系统在职干部职工同等对待,提升村医社会地位和政治归属感;对村医发放收入明白卡,严格落实绩效考核制度,逐步将村医学习、业务、考勤、绩效纳入规范化管理。落实执业(助理)医师、乡村全科助理医师每月1000元、800元的生活补助政策,提高乡村医生的待遇,激发了村医队伍积极向上的进取心和履职尽责、服务群众的责任心;统筹全县村医队伍人力资源,合理且标准化村卫生室村医配置,加强服务人口较多、服务能力较弱村卫生室村医配备,保证最基层群众"有医生看病",推动全县村级卫生健康工作平衡发展。

【业务培训】 2019年,按照"县指导、乡实施、村学习"培训机制,县人民医院向基层对口帮扶单位派驻10名专业技术人员开展短期交流培训。同时,各乡镇卫生院分批次、有计划地对乡村医生实施业务培训，有效提升了村医服务基层群众的能力，推动基层卫生健康各项工作落地落实。

【服务基层】 2019年，制定印发《海原县优质服务基层行活动实施方案》，明确了优质服务基层行的总体要求、主要内容、落实进度及推进措施，指导基层医疗卫生机构对照优质服务基层单位评估标准扎实开展自查评估，并对存在的问题逐条加强整改，引领基层医疗卫生机构规范发展。李旺、三河、西安、树台4家乡镇卫生院通过系统自评达到基本标准，为推进分级诊疗积累了经验，奠定了坚实基础。

【医疗服务】 2019年，研究制定《关于进一步改善医疗服务行动计划重点工作实施方案》，按照县乡村医疗卫生机构主责主业，将改善医疗服务行动计划30项重点工作任务细化分解到各级各类医疗卫生机构，并建立定期、不定期督查，上报工作进度机制，督促各医疗卫生机构科学建立预约诊疗制度，有序落实惠民举措，全面实施“美丽医院”工程，着力提升医疗服务质量和服务能力，使各级医疗机构群众就医环境持续优化，就医流程明显简化，就医行为更趋规范。

【医院感染专项排查】 2019年，与全区其他市县成立了海原县医院感染质量控制中心、医院感染管理委员会、护理质量控制委员会、医疗质量控制委员会，督查指导全县各级各类医疗机构，扎实开展医院感染管理和医护质量控制工作，完善了医院感染防控体系，使全县卫生健康系统院感防控意识显著增强，防控措施普遍落实，医疗安全保障能力进一步提升。

【生育与宣传】 2019年，坚持计划生育“一票否决制”，落实“全面二孩”政策，完成了18户少生快富项目户，427人奖励扶助，28人特别扶助，316户独生子女家庭等目标对象信息的审核、变更、录入、申报等工作。结合创建“健康促进县”活动，实施“文明倡导、健康促进、优生优育、致富发展、奉献社会”五大工程，利用5·15国际家庭日、5·29协会会员日、5·31国际无烟日等重要活动日，联合有关部门举办大型宣传活动，营造了“党政主导、部门协作、社会支持、家庭参与”的良好氛围。

健康扶贫

【制度建设】 2019年，研究制定《海原县2019年健康扶贫攻坚行动实施方案》等系列政策性文件，明确了健康扶贫目标任务、部门职责、落实责任、推进措施，构筑基本医疗、大病保险、大病财政补助、医疗救助、扶贫保、财政兜底六道防线，确保贫困人口看病有保障。先后组织召开健康扶贫整改部署会、工作推进会，根据不同时段的工作重点和问题短板，反复强化健康扶贫政治责任，明确攻坚目标，制定推进措施，对标各级各类调研督导反馈问题，逐一强化措施，落实责任，加强整改，制定健康扶贫工作分片包干责任制，业务部门领导包保到乡、卫生院包保到村、卫生室包保到户到人。同时，按照“县指导、乡实施、村学习”培训机制，分批次、有计划地对乡村医生实施业务培训，有效提升乡村医生服务基层群众的能力，推动健康扶贫各项目标任务落地见效。组织县级公立医院对2019年以来未享受“先诊疗后付费”政策的住院患者进行摸底回访、解释说明，签订谅解书。卫生健康局对“先诊疗后付费”政策落实不到位的医疗机构主要负责人进行责任约谈，建立了临床医生落实“先诊疗后付费”奖罚措施，以责任落实保证“先诊疗后付费”机制的全面落实；对照各级各类健康扶贫工作督查反馈问题清单，研究制定《海原县健康扶贫工作问题整改实施方案》，明确整改措施、责任领导、责任单位、具体责任人和整改时限，以问题销号确保健康扶贫工作政策措施、目标任务全面落实。

【专家下沉】 2019 年，依托区内外对口帮扶协议框架和千名医师下基层、凡晋必下帮扶机制，区内外先后向我县下沉心内科、外科等学科专家 40 名，县上向乡镇卫生院下沉县级专家 50 名开展蹲点帮扶，有效“盘活”了人力资源，进一步解决了农村群众“看病难”的问题。依托家庭医生签约服务团队，将政策宣传、建档立卡、签约服务等工作有机结合，严格按照扶贫对象确定标准，对健康扶贫对象进行反复摸排、仔细甄别，确保健康扶贫对象精准到村到户到人。通过精准落实基本医疗、大病保险、大病财政补助、医疗救助、扶贫保、财政兜底等健康扶贫政策，贫困患者住院个人自付比例仅为 8.3%。

【健康签约】 2019 年，对一般贫困人口和核准患病人口建立健康扶贫记录卡，翔实记录贫困患者住院费用、随访记录、用药指导、健康评估等，并针对不同管理人群规范开展家庭医生签约履约服务，全县 26755 户建档立卡户签约率 100%，大病、重病患者履约率均为 100%，慢病履约率 96.15%(303 人因不在家或搬迁无法履约)，重点人群签约覆盖率 85.5%，健康扶贫患者签约履约覆盖率达到 100%。

疾病预防控制

【大病救治】 2019 年，按照“乡摸底、县治疗、村随访，上下联、防致贫”工作模式，落实“三个一批”，对 34 种大病患者反复甄别建档，对确诊的大病患者制定个性化治疗方案，分批次进行集中救治，核准 34 种大病患者 1058 人，已救治 1054 人次，救治率 99.62%。对大病患者落实政府兜底保障政策，确保贫困患者看得起病、看得上病、看得好病，重病救治 49 人，救治率 100%。

【慢病管理】 2019 年，对慢病患者主要依托家庭医生签约服务团队开展定期随访、用药指导、康复治疗等服务，实施签约管理，慢病管理 7223 人次，管理率 100%。全县在册高血压、糖尿病、严重精神障碍患者健康管理率分别达到 87.2%、84.2%和 93.5%；加强结核病患者健康管理，深入推进“中盖”结核病三期项目(国家卫健委—羡茨基金会结核病防治项目)，持续完善肺结核患者免费筛查、转诊、治疗机制，对 132 例病人全部实施治疗规范管理。

【传染病防控】 2019 年，全面落实传染病、地方病综合防控措施，规范慢病管理，全县法定传染病报告发病率 223.5/10 万，疫情报告率、报告及时率均为 100%；加强基本公共卫生服务项目管理，各单苗接种率均达 95%以上，65 岁以上老年人健康管理率 57.5%。

【健康宣传】 2019 年，大力实施健康海原建设，结合防治碘缺乏病日、幸福家庭会员日、健康科普周、“爱眼日”等重大活动日开展健康宣传活动 150 余场次，健康教育巡讲进医院、学校、机关、企业、社区(村)80 场次，将健康教育常态化，营造健康支持性环境，推进健康海原建设，助力健康脱贫攻坚。

妇幼保健

【妇幼健康】 2019 年，实施母婴安全行动计划和健康儿童行动计划，扎实推进高危孕产妇筛查，全县产妇系统管理率 98.5%，高危孕产妇管理率 100%，5 岁以下儿童死亡率控制在 11.9‰，孕产妇死亡率控制在 20/10 万以内。

【民生项目】 2019 年，完成免费婚前医学检查 3282 对，孕前优生健康检查 2110 对；免费开展农村妇女宫颈癌筛查 5011 人、乳腺癌筛查 2385 人；新生儿四种先天性疾病筛查 3599 人、听力筛查 3554 人。

乡镇(场)与街道

海城街道

【“不忘初心、牢记使命”主题教育】 2019年,举办党工委中心组读书班7期,集中学习21次,交流研讨6次,党工委班子检视问题8条,班子成员检视问题25条;社区班子检视问题93条,班子个人180条;重点工作遗留问题118条。各党支部开展“不忘初心、牢记使命”集中学习共22次,党员参学率已达98%。发挥街道纪工委监督约束作用,对发现苗头性、倾向性问题及时提醒、诫勉谈话,做到抓早、抓小。结合软弱涣散组织整顿,重新调整了西湖社区、黎明社区“两委”班子成员7人,配齐配强了两个社区班子,为开展党的建设各项工作提供了坚强的组织保证;加大执纪问责力度,纪工委自办案件2起,对15人进行约谈,给予1人党纪处分,街道、社区党员干部的法纪意识明显增强。

【社会治理】 2019年,按照“有黑扫黑,有恶除恶,有乱治乱”的思路,采取“自上而下”和“自下而上”双向摸排,细化摸排区域,全面摸排线索,做到全覆盖、无死角。共摸排各类线索109条,其中上报县扫黑办36条线索,经县扫黑办核查,将17条线索已转相关部门进行办理。大力化解信访积案,建立重点信访稳控机制和每周五信访联席会议制度,对全街道的信访人进行全面摸排、梳理,千方百计寻找突破口,通过化解解决、交流感化、严厉处置、重点稳控等措施,争取年内实现信访积案“清零”,新信访件“零发生”。中央巡视组及督查组反馈转交2件已全部处结,长期多次进京上访件已办结2件,移交司法办结1件,区、市、县级上访件办结27件,深入一线主动排查化解24件。

【作风建设】 2019年,街道党工委高度重视社区“两委”学习,在社区“两委”中确立终身学习理念,以“三会一课”、主题党日为载体,狠抓社区“两委”学习。为了解决工学矛盾,8至9月,每个工作日晚上利用2小时,集中学习习近平新时代中国特色社会主义思想及中央、区、市、县主要领导讲话精神及有关文件精神,不断提高社区“两委”的学习能力。同时,按照“德才兼备、以德为先”的标准,对实绩突出、群众公认的,且在重点工作或完成急、难、重任务中表现突出的社区干部予以交流提拔或重用;对内部不团结、工作活力不足的社区干部予以降职或跨社区交流。对9个社区“两委”根据实绩不同程度进行调整补充了7人,交流任职15人,降职免职7

人，特别是对 9 个社区书记进行了跨社区交流，形成了“交流一个人、带活一班人、走活一盘棋”的良好局面，干部作风有了明显改善，工作正能量明显提高。

【征地拆迁】 2019 年，房屋征收共涉及 6 个项目区 2161 户。自 9 月 3 日以来，积极组织测绘、评估、审计三家公司逐户进行丈量，已测绘丈量评估 2161 户，占总户数的 100%，已签订协议 508 户。土地征收共涉及兴盛街延伸段、防洪渠等 6 个项目区 201 户 359.9 亩，已签订协议 122 户 177.2 亩。

【民生救助】 2019 年，坚持“应保尽保，应退尽退”的工作机制，取消条件好转低保 1882 人，新增低保 671 人，为困难群众发放临时救助 91.7 万元，享受残疾两项补贴 938 人。

【阵地建设】 2019 年，围绕阵地规范化标准化目标，采取多种措施切实解决了东城、团结、西湖、幸福 4 个社区阵地建设老旧、面积小等问题；东城社区新建办公场所 1700 平方米，西湖社区新建办公场所 1200 平方米，幸福社区新建办公场所 1000 平方米，团结社区新迁办公场所 1000 平方米。同时各社区根据活动阵合理划分功能室，科学设置便民服务中心、日间照料室、两代表一委员室、联合党委办公室等，促使社区阵地建设达标，增强社区为民服务的能力。

【环境治理】 2019 年，结合污染防治攻坚战，对街道范围内的河道进行清理整治，共清理河道垃圾 80 余方；关停拆除 13 家水源地中小型企业，清理各类垃圾 6000 余吨，恢复地貌 500 余亩。持续抓好环境卫生工作，建立督导检查和资金投入保障机制，确保背街巷道环境持续改善。开展违建巡查工作，已拆除清理违章建筑 11 处(约 600 平方米)，做到发现一起、清理一起。

【脱贫攻坚】 2019 年，有来自 14 个乡镇 1426 户 5777 人劳务移民，其中建档立卡户 833 户 3630 人。为确保贫困群众如期脱贫，创收 1855 万元结合街道实际，申请财政劳务奖补资金 500 万元，计划用于奖励劳务移民户，644 人已兑付 110.85 万元。安置公益性岗位 240 人，转入低保救助 899 人，研究解决低保救助 164 人。

海城镇

【脱贫攻坚】 2019 年，对标“两不愁三保障一收入”，以产业发展为抓手、就业创业为途径，基本实现了“村有主导产业、户有增收项目、人有致富技能”的目标任务，全镇共有建档立卡户 2248 户 8391 人，其中，已脱贫 2189 户 8191 人、未脱贫 59 户 200 人、拟脱贫 125 户 349 人(年底)，贫困发生率降至 0.76%。预计人均可支配收入 8651 元。

【两不愁三保障】 1. 安全饮水。全镇完成自来水补入户 2245 户；完成立杆入室 2723 户，院内建保温井 500 户，完成率 100%；改造维修自来水管网12.58 千米，建成蓄水池 13 座，完成率 163%；改造闸阀井 306 座。2. 危房改造。2019 年共实施危房改造 871 户，已全部竣工，回迁入住 522 户，入住率60%。3. 义务教育保障。镇域内现有接受义务教育学生共计 2722 名，2019 年在教育部门的大力支持下，联合海城学区排查劝返 17 名义务教育辍学学生，实现了零辍学目标。4. 基本医疗保障。新建卫生室 1 个，全镇建档立卡户医疗签约服务率 100%，签约人数 8529 人。全镇慢性病签约 754 人，大病救治 45 人，重病兜底 5 人，患病人群签约 100%。通过基本医疗、大病保险、医疗救助等政策的实施，切实减轻了贫困人口医疗费用负担，群众健康服务得到有效保障。

【生态移民】 1. 遗留问题化解。采取集中安置与插花安置相结合的方式，全力化解 4 个生态移民整村迁出村遗留问题。对堡子行政村安桥堡自然村遗留的38户农户,采取集中安置的办法,在刺儿沟安置农户38户。同时,对27户单双老户采取投亲靠友的方式进行妥善安置;对小山、陡沟、野狐坡3个自然村遗留的58户农户,采取农户自主插花安置、政府补助的方式进行了安置;实施山门村生态移民安置点住房维修工程,按照全县解决移民安置点暨移民迁出区遗留问题工作部署,加固维修住房345户,目前已全部维修完成。2.劳务移民社保信息迁转。海城镇"十二五""十三五"移民搬迁至老城区共173户,户籍等基本信息已全部移交完毕。为了使群众"搬得出、稳得住、能致富",鼓励扶持移民群众发展红葱等特色种植及牛羊养殖产业,有效增加了农民收入。借城郊优势,鼓励支持发展劳务产业,通过大力实施技能培训和劳务奖补政策,使每户移民搬迁群众至少有1人熟练掌握1项技能,为移民群众稳定致富奠定了一定基础。

【传统产业】 2019年,坚持以农民增收为目标,发挥政府主导作用,依托企业优势,按照"村集体+企业+农户"模式,引进中沙绿城(宁夏)农业科技发展有限公司继续提升段塬马铃薯种薯繁育基地建设质量;引进当地农业公司和合作社在武塬村和堡子村采取以"托管代种"的新型经营模式种植以糜谷荞等秋杂粮为主的农作物2.2万亩;全镇赊销华润基础母牛257头,牛存栏量达到3429头,羊存栏量达到17240只,逐步建成堡子、王井两个头牛养殖示范村。引导和鼓励建档立卡户发展优势产业,全年种植秋杂粮15000亩、玉米14000亩、马铃薯1040亩、菜籽582亩、红葱3608亩、禾草3133亩;在养殖业方面,完成基础母牛补栏704头、基础母羊补栏8049只、生猪187头,同时发展蜜蜂、肉驴、肉兔等其他特色养殖,全年兑付产业到户扶持资金886.57万元。

【转移就业】 2019年,完成致富带头人培训30人,完成工程机械驾驶及汽车驾驶技术培训159人、电工培训12人,正在培训100人。完成农村劳动力转移就业6618人,创收1909万元,其中建档立卡户转移就业1706人,创收456万元。通过产业政策扶持,草畜产业及特色种植业发展规模逐步扩大,群众发展的积极性、主动性明显增强,95%以上的农户户均都有1至2项稳定的增收致富产业。

【金融扶贫】 2019年,为解决建档立卡户缺少产业发展资金,积极与金融部门对接,前三个季度贴息287.89万元。积极落实"扶贫保"政策。通过金融扶贫政策的实施,为广大农户发展种养产业提供有力资金支持,解决了部分群众资金短缺问题,降低了农户投资风险。

【社会保障】 2019年,全镇上下在强化社会保障方面下足功夫,努力做好城乡低保与扶贫开发有效衔接,切实发挥社会保障在脱贫攻坚中的坚实作用。1.低保救助。清理不符合低保政策享受人员345人,新纳入符合低保条件的556人(其中建档立卡户308人),全镇现有农村低保2675户3525人,其中,建档立卡户中享受低保政策的1477户2161人(整户社保兜底13户27人)、五保户54户55人、重点优抚对象41人、孤儿44人、高龄190户190人。2.残疾人保障。全镇享受残疾人护理补贴351人(建档立卡户201人)、享受残疾人生活补贴692人(建档立卡户417人)。3.临时救助。累计发放临时救助238万元。

【村集体经济】 2019年,依托华润"基础母牛银行",7个贫困村村集体经济收益均达到5万元以上。积极多方争取,为王井村争取村集体经济资金200万元,为山门村争取村集体经济资金118万元,为北海村争取村集体经济资金50万元,通过新建冷库租赁和入股分红的方式增加村集体经济收入。

【环境整治】 2019年,结合农村危窑危房改造、饮水安全工作,坚持整治一片、巩固一片的原则,对全镇农村人居环境进行集中整治，各村空置院落、危旧房屋、土(危)墙等拆除率达到95%，全镇共拆除空置院落312座，危旧房屋1670户，土(危)墙7万余米，农村人居环境得到显著改善。加快推进农村“厕所革命”进度，压茬推进厕所改造，完成改造390户，完成总任务的81.4%。全年种植树木2.4万株，连片种植完成60亩人工林，村道绿化建设完成16千米，抚育管护树木3万株，在武塬村形成一道美丽的风景线。

【贫困村综合整治】 2019年，进一步强化基础设施建设力度，扎实推进双墩、三岔河、大树根3个贫困村农村环境综合整治项目及武塬、王井2个闽宁示范村建设项目，完成项目投资1318万元。项目建设有效改善了农村人居环境，为2020年乡村振兴战略实施起到了示范作用。

【村级道路建设】 2019年，全镇建设村道30.63千米，其中通村公路8.43千米已经全部完工，在武塬、高台、水洼等村共实施村道硬化22.2千米，村道加宽9000米，群众出行条件显著改善。

【信访维稳】 2019年，坚持召开信访维稳工作调度会议，特别是敏感期间，坚持每天研究矛盾纠纷隐患排查化解情况、信访老户稳控情况，查找问题症结，研究制定解决办法。同时，对信访维稳化解工作实行网格化管理，由8个包村领导统筹协调、解决本片区信访矛盾隐患，共化解上级转办各类信访件60件，取得较好的效果。

【扫黑除恶】 2019年，成立以党委书记为组长的扫黑除恶专项斗争工作领导小组，召开专题会议5次，召开镇村干部大会4次。通过入户讲解、培训等形式深入广泛宣传扫黑除恶知识，共发放扫黑除恶应知应会手册2000余份，在各主要道路刷写扫黑除恶永久性标语29条，在各行政村悬挂横幅49条，组织培训22次，设置8个举报箱，公开举报电话，畅通了信息渠道，提高了群众的知晓率，增加了群众的安全感和满意度。针对堡子村矛盾问题较突出的现象，积极配合县工作组先后与村组干部谈话16人次，深入786户农户家中，通过现场解说、发放宣传材料、询问等方式，为堡子村3300余人普及了扫黑除恶政策和知识。通过干部走访入户、群众举报等方式，全镇共排查出涉黑涉恶涉乱线索19条，上报县扫黑办8条。2条县公安局正在核查办理，9条线索经我镇扫黑除恶专项斗争领导小组研判分析认定属于矛盾纠纷，镇扫黑办已根据不同行业问题属性进行转办。目前全镇社会大局呈现出和谐稳定的良好局面。

三河镇

【概况】 2019年，全镇紧盯“两不愁三保障”目标，立足夯实产业发展基础，做好交通运输产业，做活劳务就业，初步形成了“一村一品”的产业发展格局，达到了“户户有增收门路”的目标。2019年，已完成脱贫54户163人，年底计划脱贫788户3200人，届时未脱贫剩有113户399人(兜底保障)，贫困发生率降至0.94%。预计人均可支配收入10780元。

【安全饮水】 全镇累计铺设主管网11.6万米、支管网13万米，完成自来水入户9434户，入户率100%(4户通过安装净水器解决)，其中入室5818户，建保温井6986户。

【危房改造】 全镇危房改造开工949户，竣工验收918户，竣工验收率96.7%(768户兑付)；回迁任务107户，回迁96户，完成90%。

【义务教育】 全镇累计排查出疑似义务教育阶段失学儿童79名，其中74名已劝返、失踪失联1名、无法联系1名、因身体原因送学上门3名，暂无辍学学生。

【基本医疗保障】 2019年，三河镇城乡居民医疗保险应缴费40787人，实缴37583人(新增建档立卡补缴78人),参保率92.14%,9390名建档立卡人员参保率100%;全镇慢性病签约521人,大病救治174人,重病兜底5人,群众健康服务得到有效保障。

【移民发展】 2019年,采取集中统建、原址扩建和分配公租房三种形式,解决住房问题。鹭海村采取原址扩建的形式解决32户移民住房问题(多人多代7户、住房面积不足13平方米的25户),已全部竣工。富陵村采取集中统建的方式解决8户移民住房问题,房屋主体及相关基础配套设施已建设完成,正在搬迁入住。社区、富陵村以及其他各行政村针对多人多代住房面积不足的问题,采取公租房的形式进行再次安置,共两批9村申请352户,已全部分配到位。黑城村规划区内旧院落评估、安置建房工作全面启动,156户评估工作已完成,签订拆除协议137户,安置建房开工75户、竣工74户,1户在建。

【环境整治】 2019年,结合农村危窑危房改造、饮水安全工作,三河镇坚持整治一片、巩固一片的原则,对全镇农村人居环境进行集中整治,各村空置院落、危旧房屋、土(危)墙等已基本拆除结束,拆除空置院落783户,危旧房屋2856间,残垣断壁53275米,清理生产、生活垃圾弃物32719吨;春季绿化栽植树木21200株,荒山治理任务7000亩已全部完成。加快推进农村"厕所革命"进度,压茬推进厕所改造,目前完成改造950户,完成总任务的88.8%。

【产业发展】 全镇完成玉米种植45500亩、马铃薯种植3650亩,完成牛补栏550头、羊补栏1115只。示范点和基地建设完成团庄村种植拱棚麒麟瓜1300亩、黄花200亩,四营村有机枸杞2000亩,六窑村黄花菜200亩,红城村红梅杏800亩,黑城村芹菜基地2000亩、温棚菌菇265亩,坪路村大田菌菇500亩,小河村紫薯400亩,富陵村庭院经济60亩。年初产业到户项目计划921.272万元,目前完成资金兑付680.03575万元,待兑付35万元,剩余206.23625万元用于支付社区公益性岗位工资。

【金融扶贫】 为解决建档立卡户缺少产业发展资金,积极与金融部门对接,为1454户建档立卡户贴息贷款6043.9万元。积极联系保险公司及时为建档立卡户购买大病补充医疗险和意外伤害伤残险,基础母牛和基础母羊养殖险、农业产品保险等,并积极对接人寿、人财保险公司开展理赔,先后理赔105起。通过金融扶贫政策的实施,为广大农户发展种养产业提供有力资金支持,解决了部分群众资金短缺问题,降低了农户投资风险。

【社会保障】 全镇上下在强化社会保障方面下足功夫,努力做好城乡低保与扶贫开发有效衔接,切实发挥社会保障在脱贫攻坚中的坚实作用。持续开展低保核查工作,清理不符合低保享受人员267人,将符合条件的952名(建档立卡户83户112人)农村贫困人员纳入低保,全镇建档立卡户中享受低保政策的885户1245人;符合条件建档立卡残疾人276人享受生活补贴,有力地推进了民政保障与扶贫开发两项政策有效衔接。

【村集体经济】 2019年,依托华润"基础母牛银行",6个贫困村村集体经济收益均达到5万元以上。积极多方争取,为小河、团庄、鹭海、红城、六窑5个村每村争取村集体经济资金100万元(已拨付80万元),为四营、唐堡、黑城、苋麻4个村每村申报争取村集体经济资金50万元,并积极对接宁夏银行为鹭海、小河2个村每村争取资金近30万元,为发展村集体经济持续注入活力。

【村级道路建设】 2019年,村道硬化41.77千米,其中涉及苋麻、辽坡、代店、黑城、唐堡、团庄、坪路7个村33.67千米基本完工,唐堡、团庄2个村剩余8.1千米正在加快建设;新铺沙砾路20.9千米,已全部完工,群众出行条件进一步改善。

【基层党建】 从严落实党委抓党建主体责任，层层落实党建工作责任制，形成了书记抓、抓书记，一级抓一级、层层抓落实的党建工作格局。1. 完善村级活动场所。新建坪路村村级活动场所1处、富陵村文化服务中心1处，全面完善兴业、凤凰2个社区村级活动场所，实现了15个行政村(社区)村级活动场所面积全部达到200平方米以上。2. 健全村级治理构架。大力推行"四议两公开"工作法。在村级重大事务决策等方面，严格按照"四议两公开"的步骤进行酝酿、讨论、决策、公开。截至目前，全镇各村通过实行"四议两公开"，群众反响良好。3. 规范发展党员。全镇2019年计划发展党员5名，已接收预备党员4名，截至年底对三年以上未发展党员的辽坡、苋麻、富陵、团庄4村进行销号。4. 整治软弱涣散村。2019年三河镇确定软弱涣散整顿村为苋麻、辽坡、唐堡、鹭海4个村，针对4个村存在的实际问题，坚持对症下药，制定整顿整治方案，确保整顿整治责任到人，措施到位，从严从实整治，争取年内销号。5. 选优配强村级班子。针对村级班子配备不齐不强的问题，实行动态调整、选优配强，13个村"两委"班子已全部配齐。6. 认真落实共产党员不准信教参教监督排查，开展了从严整治共产党员信仰宗教和参与宗教活动"回头看"工作，目前未发现新的信教参教党员。

【党风廉政建设】 2019年，全面落实党风廉政建设责任制，狠抓"两个责任"落实，严格落实"一岗双责"，与各镇直部门、各村党支部签订《全面从严治党目标责任书》，确保工作落实到位，责任落实到人。全力发挥执纪监督责任，严肃查处侵害群众利益问题，共组织处理镇村组三级干部58人，其中书面检查2人、通报批评4人、提醒谈话38人、责任约谈3人、诫勉谈话3人、党内警告3人、党内严重警告3个、留党察看1人、开除党籍1人。全面整改落实巡察反馈问题，对县委巡察组巡察回访反馈的问题，成立整改工作领导小组，建立问题清单和责任清单，逐项分解、逐项落实，确保整改工作落实到位。

【信访维稳】 2019年，坚持召开信访维稳工作调度会议，特别是敏感期间，坚持每天研究矛盾纠纷隐患排查化解情况、信访老户稳控情况，查找问题症结，研究制定解决办法。同时，对信访维稳化解工作实行网格化管理，由9个包村领导统筹协调、解决本片区信访矛盾隐患，共化解上级转办各类信访件196件，取得较好的效果。

【扫黑除恶】 成立了镇党委书记为组长，政府镇长，分管综治、组织、纪委的副职领导及派出所长、司法所长担任副组长，包村领导、相关站所(中心)负责人、纪检干事、司法所调解员、派出所干警为成员的扫黑除恶专项斗争工作领导小组。镇党委会议研究扫黑除恶8次，召开扫黑除恶专题会议2次，推进会议8次，开展督导工作2次，覆盖全镇13个行政村和2个社区。全镇累计在镇政府大院及村活动室外墙制作悬挂宣传栏15个，在各交通道路两旁刷写固定标语31处；宣传车上街进村宣传5天，发放各类宣传单及相关法律宣传资料14500余份；利用支部主题党日活动及新时代农民讲习所组织党员干部及村民培训学习48场次，参加人员5600余人次；利用短信、微信群及"三河镇公共法律服务"微信平台，发送宣传材料和典型案例65条。围绕13类打击重点，围绕重点行业领域查，翻出纪检及信访旧账查等，初步排查出各类线索42条，经调查核实、分析研判，其中18条为矛盾纠纷或信访案件，已通过司法或信访调解作出销号处理，17条归口转交相关部门处理(镇派出所9条、镇纪委8条)，4条上报县扫黑办处理。联合派出所、国土资源站等相关部门进行集中整治，先后破获各类刑事案件12起，受理治安案件111起，查处赌博案件6起、故意损毁财物5起、扰乱单位秩序4起，关停河道采砂场16家、砖场3家,关闭麻将室15处,拆除临时摊点4处;同时,加大对辖区内的22名在册社区矫正人员、89名在册刑满释放人员、135名在册吸毒人员(其中戒断三年未复吸77人,死亡4人)的排查和管控,了解其动向,防止被黑恶势力引诱拉拢。对已上报县扫黑办的4条线索紧盯不放,对每一起案件都查深、查细、查透;通过查处打击,教育、引导广大群众遵纪守法意识。自扫黑除恶专项斗争开展以来,始终坚持"有黑扫黑,有恶除恶,有乱治乱"的原则,在扫黑除恶专项斗争中取得了一些成效,为建设三河镇和谐稳定的社会环境奠定了基础。

李旺镇

【概况】 2019年,李旺镇党委、政府团结带领全镇广大干部群众深入学习贯彻习近平新时代中国特色社会主义思想和党的十九大、十九届四中全会及自治区第十二次党代会精神,紧紧围绕脱贫攻坚、扫黑除恶、产业发展、城镇建设、作风建设、民族宗教、信访维稳、乡村环境整治、民风建设等重点工作,真抓实干、锐意进取,使得全镇经济社会各项事业全面发展,人民生活水平不断提升。

【草畜产业】 按照"以草定畜"的发展思路,扩大优质牧草基地建设,加大牧草机械化、精细化加工及配送。在杨山、罗川、团结等村新种(更新)优质紫花苜蓿1000亩,全镇紫花苜蓿留床面积巩固在20000亩以上。加快"粮改饲"步伐,以杨堡为主种植青贮玉米1000亩,全镇种植一年生禾草4000亩。引进推广适宜我镇的牧草、玉米秸秆打捆机械,成立农机作业服务公司、农机专业合作组织,完成紫花苜蓿、作物秸秆机械化打捆3万亩。重点在杨山、杨堡、七百户、团庄、李旺、韩府、二道、红圈等村打造2万亩机械化打捆示范基地。

【特色产业】 以"企业+合作社+农户"的发展模式,通过土地流转和配套完善高效节水灌溉,在韩府、七百户村种植500亩冷凉蔬菜和300亩覆膜西瓜;以李果园村为主种植红葱5400余亩,全镇红葱种植面积达6000亩;以糜子、谷子为主,外引内推新品种、新技术,在二道、团庄行政村种植小杂粮3500亩,全镇小杂粮种植面积稳定在5000亩;通过土地流转、合作社管理模式,在新源、团结、李旺行政村以柴胡、黄芪、板蓝根为主种植中药材8500亩。

【养殖业】 继续推广华润"基础母牛银行"模式,健全扩繁体系,扩大养殖规模。全镇先后培育打造了杨堡、杨山肉牛养殖示范村。全镇肉牛养殖户2880余户,牛棚3200余座,肉牛品种主要有西门塔尔、秦川牛;羊养殖户1200余户,羊棚(圈)1235个,主要品种有滩羊、小尾寒羊。全镇牛存栏10000余头、羊存栏16000余只、鸡存栏25000余只,5000只以上养殖大户3家。完成了口蹄疫、小反刍、禽流感、包虫病等强制性疫苗接种,全镇动物防疫密度和防疫率达到100%。

【林业种植】 根据生态立县战略,全镇大力开展国土绿化植树造林活动,加强生态保护与修复。2019年完成乡村绿化植树0.3万株,完成红梅杏零星种植1.1万株,完成生态修复造林1.2万亩,完成秋季树木抚育3.5万株。聘用生态护林员42人,聘用天保护林员5人,管护林地面积5万亩,协管草原面积7万亩。

【农田水利建设】 扎实推进农田水利基本建设,农村人居环境整治,林木管护及森林、草原防火工作和河长制管理工作。共完成清淤农渠7千米、砌护渠道20.1千米,整修农路3.8千米,建设畦田6.97万亩、机深翻2.11万亩、机普翻6.55万亩、秋施肥0.74万亩,农村安全供水合格率达100%,农田残膜回收8.2吨、秸秆调制利用6万亩、秸秆还田0.5

万亩。打造完成杨山村高标准农田建设示范点及团庄村农田水利基本建设示范点。

【贫困基础信息识别】 高度重视综合贫困发生率、漏评率、错退率、群众满意度“四项”硬性指标，严格按照贫困户脱贫标准和退出程序，及时开展动态调整工作，做到“脱贫即退、返贫即入”。全镇共有建档立卡户 2015 户 7533 人，其中已脱贫 1931 户 7233 人、未脱贫 84 户 300 人，另有边缘户 46 户 181 人。

【项目资金兑付】 严格按照区、市、县有关脱贫攻坚项目库建设要求和宜养则养、宜种则种、宜工则工的原则，对项目库进行了不断完善和细化，脱贫规划更加精准。2019 年全镇兑付产业到户项目资金 819.6 万元，劳务奖补资金 100.27 万元，贷款贴息资金 218.46 万元。

【农村饮水安全】 全镇饮水安全工作已全面完成，水质监测已全部鉴定完成，水质全部达标。2019 年完成自来水补入户 2218 户，室外立杆移入任务 5366 户(其中立杆改造 3892 户、建取水井 1474 户)，供水点 18 座 239 户，分散式供水 68 户，蓄水池 2 座(团庄、二道各完成 1 座)，管道维修更换 3.6 千米。

【危窑危房改造】 按照“统筹规划、群众自愿、公开公正、分批实施”的原则逐步解决困难群众住房安全问题，组织镇村干部对辖区住房进行地毯式甄别排查，对符合危窑危房改造条件的住户应改尽改，确保每一户困难群众都能有安全住房。全镇 C 级房屋修缮加固 387 户，D 级危房存量 468 户，已全部完成改造，经验收合格 458 户，兑付资金 1320.7 万元。

【健康扶贫】 将建档立卡贫困人口全部纳入城乡居民基本医疗保险、大病保险和医疗救助保障范围，推进健康扶贫政策覆盖所有因病致贫或返贫的建档立卡贫困人口。完善并落实好乡村医生签约服务政策，共签约服务 16157 人，其中大病患者 192 人、慢性病患者 251 人。积极落实好降低大病保险起付线、“先诊疗后付费”“扶贫保”、政府兜底保障等组合政策，确保因病致贫返贫的建档立卡贫困人口年度住院医疗费用实际报销比例不低于 90%，或当年住院自付费用累计不超过 5000 元。

【教育扶贫】 对接贫困村需求，进一步优化幼儿园、小学和教学点布局，采取多种有效方式确保适龄儿童入学。强化义务教育控辍保学联保联控责任，制定“一村一策”方案，实施贫困学生台账化精准控辍，保障适龄儿童少年按时入学并完成义务教育。我镇义务教育阶段在校学生共 7252 人，零辍学。完善义务教育经费保障机制，实施好农村义务教育学生营养改善计划。实施好“奖、贷、助、补、免”组合的从幼儿园到大学的贫困家庭学生资助政策。

【基础设施建设】 扎实推进“四好农村公路”建设，行政村通客车率达到 100%，村级道路通畅率达到 100%；大力实施农网改造升级，农民生活照明及产业发展动力电全覆盖，贫困村有需求农户的动力电全部得到保障；创新推进“互联网 + 扶贫”模式，支持基础电信企业加大投资力度，截至目前 14 个行政村全部通光纤宽带、4G 网络；累计完成“十三五”易地搬迁 338 户 1559 人，其中银川兴庆区 244 户 1147 人，贺兰 50 户 227 人，海兴开发区 36 户 101 人，海原老城区 18 户 84 人，“十二五”简泉生态移民搬迁 188 户 793 人，“十二五” 海原老城区搬迁 140 户 552 人。移民迁出区遗留常住户全部搬迁并安置，其中统建住房 32 户、投亲靠友 7 户、自主购房 15 户。

【金融扶贫】 积极对接金融机构，力争有发展意愿和资金需求的贫困群众全部享受到小额贴息贷款。充分发挥金融扶贫“杠杆撬动”作用，协调金融部门，支持各村有养殖条件的发展养殖业，并对自主创业的提供资金支持。同时，宣传相关法规政策，坚决杜绝贷款逾期等不良信用现象的发生。建档立卡贫困户共贷款 1447 户 7367 万，有效解决了贫困户发展产业缺资金难题。

【产业扶贫】 2019年，完成赊销华润基础母牛1140头，补贴1107头，补贴资金222.2万元，自购基础母牛46头，补贴资金6.9万元；鸡、兔养殖共1135只，补贴1.445万元；生猪养殖68头，补贴资金3.4万元；蜜蜂养殖29箱，补贴资金1.16万元；棚圈建设231座，补贴资金80.88万元；完成马铃薯种植576亩，补贴资金11.52万元；玉米种植13822.6亩，补贴资金207.34万元；小杂粮种植1802.6亩，补贴资金27.04万元；油料种植562.6亩，补贴资金16.88万元。硒砂瓜种植119亩，补贴资金5.95万元；蔬菜种植87亩，补贴资金4.35万元；药材种植61.5亩，补贴资金1.23万元；枸杞种植23.5亩，补贴资金0.47万元；红葱种植1045.2亩，补贴资金52.26万元；饲草种植2955.6亩，补贴资金47.29万元；红梅杏种植2.5亩，补贴资金0.1万元。

【贫困劳动力转移就业】 2019年，全镇共发放劳务奖补资金907人100.27万元；加强技能培训，提高自身本领，已完成技能培训400人，其中电焊工培训200人，装载机培训100人，瓦工培训100人；加强产业扶贫信贷力度，让贫困户敢贷敢创业，建档立卡贫困户1447户共贷款7367万，兑付补贴资金218.46万元；打造就业扶贫车间，帮助贫困户实现"家门口"就业，共打造新源、杨山、团庄、李旺4个扶贫车间，其中新源村扶贫车间2018年已开始运行，务工人数100人左右，月增收约1500元，杨山、团庄、李旺3个扶贫车间已验收完成，即将投入使用，预计解决劳动力600人左右；购买公益性岗位，解决贫困劳动力就业问题，通过购买192个公益性岗位，月发放工资800元，增加贫困户自身"造血"功能，提高家庭收入；推进"光伏+"，增加贫困户、村集体资产收益。在县级光伏扶贫政策引导下，在新源村建设光伏发电站，覆盖带动5765户群众增加收入，项目红利持续20年。

【民生保障】 严格规范低保申请审查程序，按照"应纳尽纳、应保尽保"的要求，将符合条件的贫困群众全部纳入低保和特困供养保障范围，确保低保金按月发放。同时，持续开展低保专项整治活动，对现有低保户进行严格核查，不符合条件的坚决取消。截至2019年年底，共有农村低保3684户4943人、城市低保66户91人，月低保金发放1749540元，通过低保专项治理活动，全镇共清退城乡低保对象594人(其中农村低保对象589人、城市低保对象5人)，全镇在册孤儿110名（其中纯孤儿5人、事实孤儿104人、集中供养1人)，享受高龄待遇315人，享受五保待遇70人；开展受灾情况排查摸底和困难家庭临时救助工作，为全镇受灾群众发放春荒、春季救灾款44万元，发放临时救助资金404000元，发放贫困大学生临时救助1124000元，发放城乡低收入家庭大病医疗救助566500元，为城乡低收入家庭和集中供养特困人员发放大额临时救助258649.08元；协调相关部门，主动关心残疾人，按时发放生活补贴和护理补贴，截至目前，全镇共有持证残疾人940名(其中，一、二级残疾483人，三、四级457人)；积极解决留守老人吃饭难问题，在红圈和团庄村开设老年饭桌并正常运行，解决了17名60岁以上留守老人、残疾老人、空巢老人吃饭难问题，成立"儿童之家"14处，为留守儿童提供了活动娱乐学习场所；加强统筹城乡居民养老保险和城乡居民基本医疗保险收缴工作力度，积极推广使用养老保险网上认证和居民"掌上12333"社保APP，截至目前，全镇城乡居民养老保险缴费人数13126，已缴费3033人，参保率25.16%，全镇城乡居民医疗保险缴费人数37171，已缴费18720人，参保率50.36%。

【安全生产】 镇党委、政府对安全生产工作高度重视，严格落实"党政同责、一岗双责、齐抓共管、失职追责"的安全生产责任制度，先后出台了《2019年李旺镇安全生产工作安排》《2019 年全镇安全生产暨应急管理工作要点》《李旺镇 2019 年度公共安全保障行动隐患治理工作方案》等文件，确保安全生产和应急管理工作有序开展。2019 年内对镇区内道路交通、非煤矿山、医院、学校、餐厅、宾馆、宗教场所等单位的安全制度、安全设施、消防安全、应急措施等进行全面排查 75 次，做到底数清、问题明、整改彻底。同时，组织相关驻镇单位负责人及各行政村不定期检查辖区森林草原，严防秸秆草堆焚烧。

【社会综合治理】 全年共排查各类矛盾纠纷案件 98 件，其中中央扫黑除恶第二十督导组移交海原县党委、政府的信访件中，涉及我镇的一共有 4 件，12345 信箱 41 件，网上投诉 18 件，本人亲自来访 23 件，上级转办 11 件，微博反映 1 件，现在已成功化解 88 件。同时，加大对特殊人群的动态管控和社区禁毒康复力度。我镇现有社区服刑人员 20 人，刑满释放人员 90 人；有在册吸毒人员 205 人（死亡 8 人，社区康复 18 人，社区戒毒 6 人，戒断 3 年未复吸 119 人，社会面吸毒人员 34 人，药物维持治疗 9 人，服刑、看守所羁押 5 人，强制隔离戒毒 6 人）。深入开展扫黑除恶专项斗争，按照“有黑扫黑、无黑除恶、无恶治乱”的原则，加大扫黑除恶宣传打击力度，最大限度挤压黑恶组织滋生空间。全镇共收集线索 56 条，其中移交县扫黑办 7 条，镇村共摸排线索 30 条，镇派出所摸排 19 条；已办结 55 条，剩余 1 条正在调查。截至 2019 年 11 月 30 日，李旺派出所共接处警 850 起，立行政案件 97 起，立刑事案件 31 起，调解矛盾纠纷 267 起，处理群众求助 154 起，其他 282 起。

【环境整治】 围绕打造“整洁美丽、和谐宜居”新农村为目标，按照上级统一部署，突出“村庄整治、环境美化、乡村文明”等重点，积极实施改路、改水、改房、改厕，整治农村环境。筹措资金组织农户对安置点房屋进行修缮，其中换瓦 463 户、换门窗 192 户、换大门 308 户，共兑付资金 208.14 万元；共拆除危旧房屋 2341 户，其中危房拆除 603 户、移民迁出区拆除 1489 户、迁出点拆除 249 户，回迁 192 户，维持了村庄的原始自然风貌；依法拆除违章建筑 5 处 660 平方米，乱搭乱建 158 处，治理垃圾沟 9 处，清理村内沟渠数量 124 千米，移民迁出村拆除 1489 户院落，残墙 23000 余米；拆除危旧房屋 54800 平方米，拆除残墙断壁 25000 米，农村改厕 990 户，村组道路硬化 41.46 千米。

【党管武装】 在县人武部的领导和支持下，不断加强基层武装规范化建设，较好地完成了上级赋予的各项工作任务。同时，加强民兵整组工作，提高基层武装部力量。普通民兵 1354 名，编建 13 连，基干民兵 85 人（其中应急排 30 人、养路护路连 50 人、信息员 5 人），全部录入全国民兵信息网。全面完成县人武部下达的年度征兵任务，预征体检 79 人，应征入伍 10 人。

【文化建设】 充分利用文化广场、文化活动中心及乡村大舞台，组织群众在元旦、三八妇女节、五一劳动节等节日期间参加活动；积极参加县委宣传部等单位举办的秦腔、社火、广场舞大赛；举办文体活动 7 场次，放映数字电影 135 余场次。

【人口和计划生育】 完成孕前健康检 281 例，农村奖励扶助对象审核 27 人，申报新增农村奖励扶助对象 3 人，办理生育服务单 301 人，征收社会抚养费共计 14100 元。

【妇联工作】 镇妇联联合司法所积极开展“建设法治中国　巾帼在行动”活动，举办“2019 年海原县妇联干部素质能力提升培训班”，积极组织镇村两级妇联干部参加县妇联举办的“巾帼盛会”和“我参与　我脱贫　我光荣”演讲比赛。组织 233 名妇女进行“两癌”筛查，宣传动员 1552 名农村妇女购买“爱妮保”保险，完成比例达到 64.99%。

【基层党组织建设】 2019 年，将主题教育学习与中心组理论学习、支部主题党日等活动充分结合，通过集中学习、专题研讨、集中培训、开展四项教育等方式多方位提升理论水平。主题教育期间，班子共开展集中学习25次，专题研讨8次，党委班子讲专题党课18场次。开展为民服务解难题“十个一”主题活动，打造“党员先锋队”服务品牌，组织开展党员志愿服务等各类服务群众活动，推动主题教育成效转化为实践成果，党员为民办实事好事1527件。先后主持召开党建专题会议4次、党建工作推进会议2次，镇党委会13次研究部署党建工作，建立班子成员包村抓党建工作制度，所有班子成员下沉驻村开展工作，督促指导村干部开展基层党组织建设、脱贫攻坚等工作。与各党支部签订党建工作目标管理责任书，认真落实党建“第一责任人”责任，坚持亲自抓、亲自查，定期听取各党支部书记工作汇报，经常深入各村调研指导党建工作，查找不足，靶向治疗，对本年度履职不到位的3名村党支部书记进行责任约谈，以严问责推动责任严落实。年内组织处理34人，辞退不履职村干部6人，落实村“两委”成员资格县级联审，选优培强村“两委”成员22人。对标李果园村党支部软弱涣散表现形式，坚持问题导向，制定一对一整改措施，压实整改责任，软弱涣散局面得到彻底整顿和转化，村“两委”班子工作热情和积极性明显提高，班子的组织力、凝聚力和战斗力不断加强，为民服务能力明显提升，全村红葱种植5400余亩，经济创收500多万元，脱贫成效明显，被评定为县级脱贫示范村。为防止党员信教问题反弹，建立了党员信教问题摸排长效机制，排查信教党员。积极推进村级活动场所规范化建设，新扩建团庄、红圈村党员活动室，积极争取县委组织部资金11.49万元为新建村级活动场所配备办公设备，并为7个村配备了空气能取暖设施。全年考察接收预备党员8人、预备党员转正10人、培养积极分子30人。全年共培育村党组织带头人7人、致富带头人51人，在发展带动上，鼓励村党组织书记带头搞发展搞产业，全镇共有3位“双带合一”型村党支部书记，帮带户数100余户。

【党风廉政建设】 2019年，认真落实党风廉政建设党委主体责任和纪委监督责任，逐级签订责任书，明确党风廉政建设责任。坚持班子成员“一岗双责”工作清单、坚持党政正职“五不直接分管”制度。结合工作实际，科学合理进行班子成员工作分工，实现决策权、执行权、监督权的互相分离，形成副职分管、正职监督，职责明确、约束有力的制约监督机制。按照“四级”公示的要求，全面监督各项惠农资金的落实，对扶贫资金、粮食直补、农资补贴、危窑危房等各项惠农项目进行镇、村、社全面公示，确保落实到位；对低保核查核销工作进行了监督检查；对各站所负责人、村“两委”班子成员廉洁履职情况进行了督查。严格按照“属地管理、分级负责，依法及时就地解决问题与疏导教育相结合”的原则，建立了信访登记簿，开通了举报电话，设置了信访信箱，严格执行信访案件受理、办理、回复等各个环节的工作要求，做到事实清楚，定性准确，处理意见恰当，程序规范，手续完备。

【意识形态建设】 2019年，把学习贯彻习近平新时代中国特色社会主义思想作为首要政治任务，着力做实“不忘初心、牢记使命”主题教育、党委理论学习中心组学习、党员教育等“三大工程”，实现了党的创新理论学习全覆盖。镇党委班子成员利用7天时间，集中学习了《习近平关于“不忘初心、牢记使命”论述摘编》《习近平新时代中国特色社会主义思想学习纲要》，组织集体学习16次，开展专题研讨8次，结合主题教育，镇党委书记带头为全体党员干部讲专题党课，其他班子成员到所联系村讲专题党课15场次。开展“同升一面旗　同唱一首歌”庆十一活动，组织全体干部职工集中收看庆祝中华人民共和国成立70周年大会、阅兵和群众游行活动,为祖国母亲庆生。为深入学习贯彻习近平新时代中国特色社会主义思想,教育引导广大群众在新时代自觉弘扬践行爱国奋斗精神,先后评选出1名孝老爱亲道德模范、2名星级文明户、2户最美家庭。开展了网络意识形态阵地清理规范工作,进一步规范了"两微一端"及群组管理。

西安镇

【脱贫攻坚】 2019年,以脱贫攻坚统揽工作全局,聚焦"一收入两不愁三保障"目标标准,严格落实全县"55104"工作思路,向脱贫摘帽发起全面总攻,开展了一场集中攻坚、分秒必争的决战。全镇现有建档立卡贫困户2205户8695人、未脱贫84户240人,综合贫困发生率下降到0.90%。推行"菜单式"产业扶贫模式,扶持一户多产业或至少一产业发展,建档立卡贫困户赊销华润基础母牛779头、生猪补栏3500头、基础母羊补栏1500只,种植小茴香4800亩、瓜菜630亩、秋杂粮1.5万亩,兑付各类产业补贴资金1580万元,确保户户有产业,人人有增收。大力推进危房改造、安全饮水、基本医疗、控辍保学四大攻坚战,完成危房改造586户,自来水补入户575户、立杆内移2588户、新建保温井876个、蓄水池16座;劝返辍学学生19名、送学上门5名;慢性病签约1389人、大病集中救治467人、重病兜底4人、大病救助64人,全镇实现了安全住房、安全饮水、建档立卡户家庭医生签约服务和医疗保险全覆盖、义务教育阶段适龄儿童零辍学。大力推进烂旧危房、残垣断壁拆除,彻底清理"五堆",推行环境卫生网格化管理和"门前三包"责任制,落实河道保洁员13个、村庄卫生保洁员162个,9个村的村庄人居环境面貌焕然一新。

【产业结构】 坚持"引龙头、建基地、育产业、促脱贫"工作主线,培育形成小茴香、瓜菜、枸杞、草畜、劳务五大特色产业。1.小茴香产业。以园河村5000亩小茴香基地为中心,带动全镇种植茴香2万亩左右。2.草畜产业。扶持壮大园河天都民生、胡湾智通2个村级专业养殖合作社,引进新希望牧业顺利收购绿康源万头奶牛场,奶牛存栏达到了1200头,累计赊销华润基础母牛2077头,全镇猪、牛、羊饲养量分别达到5212头、5430头、5.4万只。3.瓜菜产业。以3200亩现代农业产业园区为核心,以商招商,引进企业合作社6家,建成3000亩压砂瓜基地、1200亩辣椒基地、1200亩广东菜心基地、1500亩西芹基地,瓜菜产业种植规模达到了万亩,成为全县冷凉蔬菜种植集中区和菜篮子基地。4.枸杞产业。巩固提升6000亩有机枸杞种植园区,带动全镇种植枸杞2000亩。5.劳务产业。推行"菜单式"技能培训,围绕9大产业基地和3个扶贫车间,打造镇内劳务基地,实现了2000多人就近务工增收,常年务工群众年收入达到2万元,探索出了贫困群众就近就业的"造血式"扶贫新模式。6.其他产业。扶持贫困户种植红葱3100亩、秋杂1.5万亩,养殖中蜂、肉驴等特色产业。同时,千方百计增加村集体经济收入,推行"四大"增收模式,目前,全镇9个村村集体经济全部达到了5万元以上,光伏扶贫电站正式投入运营分红,每个村将达到10万元以上,个别村将达到20万元。

【文旅古镇建设】 严格按照市委、市政府"一带两廊"及县委、县政府"两核两廊四镇"发展布局,坚持"抓规划、抓宣传、抓发展",完成了文旅古镇和菜园古村落总体规划,建成天都山游客服务中心,整修了菜园新石器文化遗址、哨马营震柳等景区基础设施,开辟了"菜园文化遗址—茴香花海—天都山—哨马营震柳—万亩枸杞基地—西安州古城—现代农业产业示范园"一日游旅游专线,成功举办了西安镇首届乡村文化旅游节,接待游客达1万人次,带动消费扶贫收入100余万元。

【光伏电站】 建成占地300亩的光伏扶贫电站,开工建设华润海原范台村60MWp复合项目、华润海原付套村30MWp复合项目,协调做好华电呱呱山风电厂落地前期土地环评工作。

【环境整治】 设有配套垃圾箱20个,垃圾集中临时收储点18个,拆除闲置院落682户,清理"五堆"5000余处,土危墙、残垣断壁100多千米,成功创建了小河、付套两个人居环境示范村。建成污水处理厂1座,完成改厕498个。排查整治砂场,完成复垦11个,关闭、拆除非法采砂场、砖厂5家,植树绿化1.7万余株,新增护林员38人,调整撤换6人。巩固提升新一轮退耕还林建设成果,健全了镇村河长制、地长制组织体系,建立了"路长制"责任体系。完成村道硬化28千米,建设沙砾路12千米,新建生产路11千米,自然村村道硬化实现全覆盖。

【美丽村镇建设】 建成薛套美丽村庄,迁扩建菜园、胡湾两个村部,实现了9个行政村"7室1中心5栏1院1广场"为一体的综合服务体系全覆盖,巩固提升了小河脱贫销号示范村、付套、西安、园河美丽村庄建设成果,建成小河法治广场。全镇生态环境得到进一步提升,镇村面貌发生了显著变化。

【民生福祉】 大力开展文化惠民活动,成功举办了西安镇首届乡村文化旅游节、范台篮球赛、"欢乐过大年文化进万家"文艺演出等系列惠民活动。大力开展城乡低保专项核查工作,清退不符合低保对象447人,新增低保840人,其中建档立卡贫困户2148人,两项政策融合率达80%以上,政策叠加效应进一步显现。全年发放民政救助资金、临时救助265万元,发放养老、低保、残疾补贴等资金1800余万元,社会保障体系实现全覆盖。大力推进移风易俗工作,评选表彰脱贫先进个人10人、脱贫示范户50户、道德模范2人、星级文明户2户、先进文明典型1户,选优树强先进典型,开展专题宣讲30余次,群众脱贫致富内生动力得到进一步激发。大力简化群众办事流程,在镇民生大厅张贴办事指南并设置政府信息查询点,全年共计接待群众4000余人,办理事件6000余起,办结率达100%。大力推进政务公开,全年累计向县政府网站和县政务公开平台公开民政救助、扶贫补贴、惠农资金等信息200余条,确保公平公正。

【社会治理】 1. 扫黑除恶专项行动。设立镇村宣传栏12处,刷写固定标语、悬挂横幅180条,制作大型永久性广告牌6座,组织宣讲40余次,摸排涉乱线索3条,办理中央扫黑除恶督导组交办案件7件、县扫黑办移交线索4件,全镇扫黑除恶工作稳步推进。2. 信访维稳。全年累计化解矛盾纠纷70余起,办结信访事件26件、12345政务服务热线47件,接待处理来信来访80余件,信访积案和重点信访案件得到了彻底化解,基本做到了案结事了。3. 安全生产。全面落实安全生产"一岗双责"制,道路交通、人员密集场所等专项整治取得实效,全镇安全生产形势总体平稳。4. 宗教事务管理。开展宗教领域"八项行动","四进"宗教场所36个,组织宗教人士培训学习3次,成功创建了胡湾、范台2个民族团结示范村及2个市级和谐寺观,"平安西安、法治西安"创建工作平稳推进。同时,工会、共青团、统计、妇联、人武、双拥等工作取得了新的进步。

【党的建设】 1. 政治建设。深入"不忘初心、牢记使命"主题教育,组织集中学习18次、研讨交流11次,开展"四项教育"观看电教片9次,形成调研报告10篇,撰写主题教育学习心得体会142篇,讲党课20余次,党支部书记讲党课11次,高质量完成"对照党章党规找差距"专题研讨交流和"不忘初心、牢记使命"专题民主生活会,农村党员集中学习参学率达到93%以上,检视查摆问题234条,合并制定整改措施86条,逐人建立整改台账限期整改,全体镇村干部更加树牢了"四个意识"、坚定了"四个自信"、做到了"两个维护"。2. 基层组织建设。严格干部队伍管理，严肃考勤制度，全面推行“4+1+2”民主治村模式，严格执行“543”党员管理办法，对64名流动党员实行网络化管理。严格党员发展程序，发展党员3名，预备党员转正7名，培养入党积极分子33名，调整驻村工作队第一书记2名、工作队员3名，促使驻村工作队成员履职担当作为。3.党风廉政建设。严格履行党风廉政建设“一岗双责”，深入贯彻中央八项规定精神，全面推广“村廉通”“廉情诊所”两大村级监督机制。深入推进扶贫领域腐败和作风整治，制定完善了全面从严治党“三个清单”，开展各类谈话114人次，通报批评6次44人次，责令向镇党委书面检查6人。强化监督执纪问责力度，2019年立案办理13件，其中立案办结1件、函询了结3件、初核了结9件，给予党纪处分1人。政府公信力、执行力、落实力得到进一步增强，群众满意度不断提升。

七营镇

【概况】 七营镇党委、政府在县委、县政府的坚强领导下，以习近平新时代中国特色社会主义思想为指导，认真落实习近平总书记视察宁夏重要讲话精神，深入贯彻党的十九大和十九届二中、三中全会精神，全面落实自治区党委十二届六次全会、市委四届四次全会及县委第十七届三次会议部署要求，坚持稳中求进工作总基调，坚持新发展理念，坚持推动高质量发展，以脱贫攻坚统领经济社会发展全局，坚决打好“三大攻坚战”，深入实施“三大战略”，各项工作扎实开展并取得一定成效。

【脱贫攻坚】 1.动态管理。坚持贫困户动态管理机制，实行贫困户进出精准化、动态化管理，对18户64人符合条件的贫困户和2户4人因病返贫户按程序纳入建档立卡扶持管理系统，对78户312人有车、有商品房等的建档立卡户及时作了脱贫不享受处理，当年稳定脱贫享受政策633户2347人。2.关注民生。紧盯“两不愁三保障一收入”脱贫目标，扎实开展逐村逐户摸排和自查自验工作，全镇累计完成自来水补入户650户、完成立杆入室(取水井)6726户；累计完成危房改造开工或完工658户，完成空置危房拆除737户。3.发展产业。全年完成种养殖产业验收及兑付产业补贴资金1770户1055.75685万元，其中涉及兑付建档立卡户1494户988.3039万元、边缘户86户33.45295万元。4.基础增保障。整合交通、水务、财政、扶贫、宗教等部门项目资金，完成村道硬化30.8千米，渠道新建、维修9000米，移民安置区房屋维修298户。5.金融扶持。协调农行、农村信用社为符合条件的贫困户兑付贴息资金102.6952万元，同时完成农业保险承保面积5.5万亩，其中涉及建档立卡户1430户，解决99户边缘户“两不愁三保障”方面突出问题，扶持资金38.39万元。

【特色农业】 在张堡、五营、高崖等村完成了2000亩枸杞新品种栽植和1000亩老旧品种改良，培育枸杞专业合作组织3家，新建枸杞烘干包装厂2家，有效延伸了枸杞产业的生产链条。大力发展瓜菜、经果林套种红葱特色产业。在张堡、五营村打造了一个1000亩瓜菜种植示范基地，稳步扩大小甜瓜、蔬菜种植规模；在张堡、马堡村完成了2000亩经果林套种红葱示范基地，有效解决了经果林产业前期收益低的问题；在7个贫困村完成秋杂粮、马铃薯等农作物种植8000余亩。

【草畜产业】 积极推广华润“基础母牛银行”模式，在精心打造马堡养牛专业村的基础上，鼓励全镇贫困户赊销华润基础母牛，全镇牛存栏7300头、羊存栏19000只，其中建档立卡户牛存栏3360头(华润牛存栏2864头)，标准化圈棚建设46座，完成紫花苜蓿种植3000亩、优质牧草种植5000亩。全镇牛、羊、鸡饲养量分别达到12000头、48000只和250000

万羽。

【劳务产业】 全镇当年累计输出劳动力4610人次,创收6092万元,其中建档立卡户家庭劳务创收486万元;全镇有各类运输车辆820辆,有各类商贸营业网点1280家,非农经济从业人员3860人,带动建档立卡户就业580人。

【生态绿化】 牢固树立"绿水青山就是金山银山"的理念,完成银平公路两侧林木抚育16千米共计5万余株。村庄植树绿化19561余株,有效绿化人居环境。全面开展冬春季护林防火宣传,狠抓禁牧封育工作,使偷牧、溜牧现象得到有效遏制,林业生态建设成果不断巩固。

【河长制】 建立健全镇村两级河长责任体系,督促镇村两级河长、巡河员22人参与定期、不定期巡河240余次,定期对镇辖区河道进行整治,清扫河道卫生,防止河道污染。

【环境整治】 完成农村厕所改造水冲式86座、旱改厕4座;累计出动车辆970台次,劳动力6120人次全面清理清除镇区街道、集贸市场、村级主干道路生产生活垃圾4300余吨、农业生产废弃物610吨,清理村内沟渠94条、清理乱堆乱建4560余处、清理拆除村庄残垣断壁13880米。长期雇用清洁工60名及时清运镇区主干道、村级道路两侧的白色垃圾和生活垃圾,实现垃圾定点收集、定时清运、集中填埋,农村人居环境得到明显改善。

【社会保障】 全年新增低保1106人,取消不符合享受低保条件227人;高龄认证362人,新增56人,取消55人;取消特困供养人员2人;摸底上报困境儿童42人;受理兵役登记58人;新增残疾人生活补贴37人、护理补贴29人,为全镇11名残疾人发放轮椅11辆;向全镇1872户发放救助资金217.5万元。大力宣传"两保"政策,完成孕前优生健康检查396对,养老保险参保率达到98%以上,医疗保险、大病医疗保险实现全覆盖,社会保险覆盖范围不断扩大,群众的利益得到了有效保障,幸福指数进一步提高。

【社会治理】 2019年,排查调处各类矛盾纠纷127起,成卷37起。扎实开展扫黑除恶专项斗争,摸排上报问题线索2条,认真开展安全生产检查76次,落实禁毒工作责任制,对100名在册管控人员实施三级网格管控机制,随时掌握、全面掌控吸毒人员的动态。推进退役军人事务服务站建设,落实基层武装阵地建设,工青妇等群团组织纽带作用发挥充分。落实安全生产"一岗双责"制度,与各村、辖区企业签订安全生产协议254份。组织工作人员深入道路交通、危险化学品安全、水利防汛安全等领域,认真开展安全生产十大专项整治行动,累计检查生产经营单位90余家,累计查处安全隐患10处,完成整改10处。

【党的建设】 2019年,坚持"三会一课"常规学,主题党日固定学,"不忘初心、牢记使命"专题学等日常学习200余场,形成调研报告、讨论交流、党课讲稿百余篇;召开党建工作会议3次,指导全镇14个党支部召开扫黑除恶专项斗争专题组织生活会,完成3个软弱涣散党组织前期整顿工作;深入推进党风廉政建设,持续开展扶贫领域专项整治活动,对脱贫攻坚、危房危窑改造等重点工作开展监督检查7次,紧盯节日"四风"问题,开展责任约谈37人;清退作风不实,精神懈怠村"两委"成员4名,其中村支部书记1名;给予3人全镇通报批评,1人诫勉谈话,以严的要求、严的标准全面推进从严治党向纵深发展。

贾塘乡

【概况】 2019年,在县委、县政府的坚强领导下,在人大、政协的监督指导下,紧紧围绕县委、县政府中心工作,超前谋划、狠抓落实,在脱贫攻坚、环境整治、产业结构调整、社会事业等方面实现了新突破。全年农民人均纯收入8590元,比2018年同期增长8.32%。全乡共有农业户籍人口8584户30340人，有建档立卡贫困人口1793户6581人，累计稳定脱贫1551户5872人,2019年计划脱贫168户472人、未脱贫242户709人,贫困发生率下降至0.78%。金融扶贫贷款户数共1776户,贷款金额7640.3万元,1至3季度共贴息200.25万元。共开工建设688户,其中建档立卡户174户,已全部完成危房验收工作。

【完成各级反馈的各类问题】 坚持以整改促落实,对中央专项巡视自查自纠发现的14个方面23项问题、2018年脱贫攻坚成效考核反馈的7个方面19项问题、自治区第四督导组反馈的5个方面13项问题、县脱贫攻坚督导组反馈的4个方面11项问题以及县脱贫摘帽自评自验工作组反馈的73条问题,责任到人,限时整改,已全部销号完成。

【农村安全饮水】 全年共完成管道改线18.23千米,新建王塘、黄坪500立方米,后塘300立方米及200立方米、贾塘新村200立方米5个蓄水池。目前，全乡完成自来水新入户1762户，入室改造1989户,保温井解决432户,全面完成管道检修,辖区内常住户水质监测报告发放全覆盖。

【义务教育全覆盖】 全乡共有7至15周岁适龄儿童5770人,建档立卡户学生1123人。其中县内就读4070人,县外就读1387人,休学1人,辖区内就读学生2659人。按照“控辍保学”义务教育保障要求,没有适龄辍学学生。

【基本医疗卫生全保障】 辖区共有村卫生室14所,其中标准化卫生室8个。在册执业村医18人,乡卫生院组建医生签约服务团队8个,全部实行包片负责制。对慢性病患者532人、大病集中救治11人、大病救助70人,全部实现签约服务,建档立卡户已全部购买医疗保险。收缴社会抚养费1例,完成“少生快富”36例;妇女孕前健康检查226例,妇女“两癌”免费筛查4572人。

【劳务技能培训】 累计输出劳动力7861人，其中建档立卡户2714人,兑付劳务奖补资金120万元;2019年完成各类技能培训412人；全乡安置公益性岗位共261人,2019年新增203名，护林员97名(建档立卡户74名)。完成建档立卡户学生享受春季“雨露计划”共151人22.65万元。

【闽宁协作对口扶贫及社会帮扶】 2019年投资100万元用于双河示范村巩固提升项目资金,投资王塘村90万元发展草畜产业。与福建漳浦县深土镇签订对口帮扶协议,3个贫困村签订结对帮扶协议,共获捐赠15万元用于产业发展。抢抓“百企帮百村”机遇,累计为马营、后塘、双河、王塘、黄坪村争取资金50余万元,用于救助困难学生、配套办公设备、发展产业和壮大村集体经济等。

【草畜产业】 建成王塘、后塘、南河、堡台等6个高端肉牛养殖专业村、后塘村华润万头肉牛养殖繁育基地;建成王塘村千亩小杂粮科技示范园区,王塘村成功承接配合举办了“2019年中国农民丰收节暨宁夏(海原)第四届高端肉牛大赛”;全乡牛存栏突破1万头,积极探索建立“基础母羊银行”模式,2019年滩羊保种选育2300只,羊存栏1.9万只。紫花苜蓿留床面积达7万亩以上,一年生禾草种植稳定1.5万亩以上,粮改饲5000亩。

【优势特色产业】 建成马营村枸杞、大蒜永久性果蔬基地,南河村西芹种植基地,种植大蒜、枸杞、西芹1700亩,秋杂粮20718亩,油料作物9914亩,覆膜玉米12070亩。兑付种养殖产业补贴资金1138.12万元。

【基础设施建设】 1.美丽集镇二期工程。投资489.44万元对贾塘乡1.3千米主街道拆除并重建,道路两侧铺设面包砖4820平方米，拆除重建旧水管道740米,全面改善城乡居民生活环境。2.农村厕所革命。建成公厕2座,完成街道水厕改造100座;旱厕建设(双河、黄坪)680座,成功打造黄坪村旱厕改造示范点。聘用村级环卫保洁员210人,与辖区所有常住户签订环境卫生“门前三包责任书”;成立乡级保洁公司,全面负责镇区街道及公共区域环境卫生整治工作。3. 双河示范村项目建设。投资780余万元打造建设双河村(南台、西湾自然村)示范村,拆除危窑危房231座、残垣断壁19750米,新建围墙9000米,新建大门106座,安装太阳能节能路灯100盏,投放安置垃圾箱180个,道路硬化3.5千米。

【秋冬季基本农田建设】 将农田水利基本建设作为实施乡村振兴、推行“河长制”的重要举措。共整修农路15.8千米,沟道整治4.2千米,秸秆利用1.5万亩,机深翻1.8万亩,机普翻4.2万亩,坡改梯1.76万亩,高效节灌1500亩,秋季残膜回收80吨。完成村级道路硬化21.264千米,协调完成贾双公路铺设37.433千米,黑海公路贾塘段建设13.5千米。

【民生保障】 以保障民生为目标,以人民对美好生活向往为抓手,推进全乡社会事业发展。持续开展低保核查工作,清理不符合低保政策享受人员14人(死亡)。全乡享受低保4809人,有建档立卡户2452人、高龄353人、五保41人、散居23人、集中供养18人、孤儿59人、残疾797人。对全乡人口社会保障情况进行全面核查,按照“应纳尽纳,应保尽保”原则,计划新纳入低保432户。

【社会管理】 1. 扫黑除恶。按照“有黑扫黑,有恶除恶,有乱治乱”的工作要求,开展深挖彻查摸排涉恶涉乱线索22条,办结17条。2. 信访维稳。共受理各类信访问题127件,办结123件,正在时限要求办理4件,办结率97%。充分发挥村级调解委员会的职能作用,严格落实信访工作责任追究及信访案件包保制度,妥善解决信访问题。

【安全生产】 对全乡辖区内存在安全隐患重点区域,非煤矿山、河道,道路、校园、商场等进行安全隐患排查50余次。依法关停非煤矿山4处,要求恢复原状;关停、拆除非法运营砖厂1座。做好冬春草原森林防火,确保安全生产各项任务落到实处。扎实开展了宗教场所安全隐患排查整改工作。

【基层党组织建设】 全面落实党委主体责任,强化党对基层建设、意识形态及党风廉政建设工作的领导,推进全面从严治党。加大对王塘村及贾塘村2个党支部软弱涣散整顿力度,选优配强南河、王塘、后塘、双河、堡台、马营“两委”班子成员。推广“4+1+2”民主治村模式,加大帮扶力度,狠抓工作管理,确保创收致富。对扶贫对象、项目安排、资金使用等内容进行评议审定,扎实开展扶贫领域腐败和作风问题“3+X”专项治理、村务公开和民主管理等工作,切实提高了基层组织管理水平。

关桥乡

【特色产业】 2019年,全乡共种植硒砂瓜4.5万亩,拱棚甜瓜1211座1000亩;小杂粮1.1万亩,露地蔬菜3800亩,新建拱棚设施韭菜17座,建成蔬菜用冰厂1处;集中建设香水梨示范基地2处1140亩,种植核桃50亩、水蜜桃50亩;依托地域优势,打造前河沿线贺堡村、方堡村、马湾村香水梨产业基地和后河沿线麻春村、罗山村、冯湾村硒砂瓜产业种植基地,初步形成关桥华润希望小镇产业帮扶中心、冯湾拱棚甜瓜基地、贺堡蔬菜种植基地、麻春河流域硒砂瓜产业带、贺堡河流域香水梨产业带、北部(八斗—脱场—王湾)小杂粮产业带“一中心两基地三产业带”的产业发展格局;依托现有养殖基础,积极打造贺堡村养殖示范村,全乡牛存栏数为1478头、羊存栏数为52310只;全乡计划兑付产业资金2223.55万元,已支付2149.47万元,支付率为96.67%。

【基础设施建设】 2019年，华润希望小镇建设全面完成，在原址新建房屋118栋，异地新建安置房屋20栋，新建两层沿街商铺197间，改造房屋85栋；新建2362平方米的党群服务中心和村部，新建1615平方米的产业帮扶中心，建设社区入口广场、童梦广场、烽火台广场等公共场所9817平方米；改造关桥中心小学、幼儿园、卫生院、乡政府计生楼、墓园围墙5座公共建筑；新建内部道路5.6千米，民居8320平方米（围墙总长5.2千米），院坪硬化户均15平方米，共计11100平方米；建成5个污水处理设施，日均污水处理量累计达87吨。完成通村公路建设项目34.7千米，“一事一议”村道硬化10.6千米，铺设沙砾路2000米，安装太阳能路灯102盏，村级道路通畅率达到100%。人饮工程稳步推进，完成自来水入户1359户，完成率100%；立杆内移3093户，完成率100%；开挖管道6.9千米，铺设管道26.3千米，新建蓄水池17座。年内完成危窑危房改造885户，回迁82户，拆除危房1225座。推行河长制，全面完成贺堡河道治理工程。完成关麻路、关双路道路整修建设；完成贺堡小学、方堡村村级场所建设；建成八斗村安置点，集中安置农户18户。

【精准扶贫】 2019年，大力实施产业扶贫，完成华润基础母牛赊销315头，完成种植马铃薯2400亩、饲草5600亩、玉米2700亩；大力实施金融扶贫，积极争取中卫市财政局等部门支持，筹措200万成立了关桥乡互助担保基金中心，和邮储银行全面合作，完成建档立卡贫困户贴息贷款2225户8900余万元。注重教育健康扶贫，实施建档立卡贫困家庭学生补贴政策，为符合条件的398名建档立卡户大学生每人补贴资金2000元。全乡建档立卡户基本医疗参保率达100%，养老保险参保率85%以上，广大群众参保的积极性逐年提高。精准识别贫困户，按照“五看十步法”，实现建档立卡户动态管理，清退不符合政策建档立卡贫困户49户147人；及时更新维护国办扶贫系统，更新“四化一满意”信息；全面完成符合兜底人员的摸排工作。紧盯易地搬迁，完成脱场、马湾村“十二五”“十三五”易地搬迁自筹款的收缴及房屋安置工作；闽宁帮扶、央企定点帮扶、“百企帮百村”、部门帮扶助推脱贫成效显著。全乡有三个深度贫困村分别与漳浦县霞美镇相关村和企业进行结对帮扶，接受捐资6万元。宁煤集团帮扶131.46万元，为王湾、脱场、八斗3个深度贫困村购置农业机械，平整土地，修筑沟坝。市县乡49个部门下派645名帮扶责任人结对帮扶全乡贫困户，因户因人制定帮扶计划，帮助实现脱贫。

【民生保障】 2019年，强化关爱“三留守”人员，配备“三留守”督导员11名；强化关心困难群众生产生活，对现有留守儿童60人和留守老人进行动态监护；积极争取民政部门支持，足额为全乡2809户3746人农村低保、50户82人城市低保、71名孤儿、102名五保户、250名80岁以上高龄老人发放各类津贴和救助资金；强化抓实“三类人员”核查工作，取消不符合享受农村低保576人、城市低保15人。

【劳务产业】 2019年，结合脱贫攻坚“五个一批”的工作要求，积极开展装载机、挖掘机、汽车驾驶员、刺绣等技能培训670人次，鼓励脱场、八斗等村剩余劳动力“离土”就业创业，切实增强贫困群众的自身“造血”功能，早日脱贫致富。全年实现劳务输出280余人次，务工收入40余万元，真正发挥了劳务经济在经济收入中“铁杆庄稼”的作用。

【文化教育事业】 2019年，大力开展全民社会主义核心价值观教育和传统文化教育，不断提升广大干部群众的文化自信，举办2019年关桥“梨花节”，开展自行车环行赛、戏曲擂台赛、梨园灯会、古装体验、梨园摄影绘画大赛、梨树认养活动、农夫市集八大主题系列活动，有力吸引各地游客10万人次，有效带动增收260万元。年内新建文化广场10个,11个文化活动室正常服务,9座乡村大舞台举行各类文化活动;各类娱乐、健身器材均已配备完善,举办文体活动20余场次,放映数字电影120余场次。扎实做好农村义务教育工作,积极配合教育部门完成义务教育均衡发展验收,各村幼儿园已正常投入使用。

【生态建设】 2019年,牢固树立和践行"绿水青山就是金山银山"的理念,完成关麻路、同海路、关双路两侧林带清除杂草、灌水、涂红刷白等抚育管护工作,对历年5.3万亩退耕还林地进行全面管护。坚持乡、村、组三级联动工作模式,成立"两禁"执法队,在辖区内进行常态化巡逻,确保"两禁"工作落到实处,全乡无偷牧溜牧现象,无秸秆焚烧现象,切实保障了全乡的生态安全。

【森林防火】 2019年,组建巡逻队不间断巡逻,各村每天利用广播广泛宣传森林防火法律、法规及政策,在各进山口、路口设立了醒目的严禁野外用火警示牌。发放了"清明上坟祭祀须知"宣传单2000余份,引导群众自觉破除陈规陋习,倡导文明新风,减少火灾隐患。

【安全生产】 2019年,坚持"党政同责、一岗双责、齐抓共管、失职追责",每名包村领导负责各村安全生产工作,组织开展了安全生产隐患大检查活动,全面开展安全生产工作并延伸到村,悬挂安全生产宣传标语26条,全年实现安全生产零事故。

【精神文明建设】 2019年,结合"十个一"为民服务解难题活动,举办"不忘初心、牢记使命"主题教育暨全国第六个扶贫日各类先进模范表彰大会,重温入党誓词,表彰脱贫示范户、模范党员、道德模范等10类166人。关桥村、王湾村申报市级文明村、县级文明村,在全乡形成了人心和善、家庭和美、人际和顺、社会和谐的发展局面。

【环境整治】 2019年,始终把改善人居环境,提升居民幸福指数作为开展各项工作的重中之重,严格实行目标管理责任制,建立村内卫生保洁队11个,实行网格化管理,建立健全了环卫保洁长效机制。每村选聘5名党员作为义务监督员负责日常监督,确保村容村貌每天都能够保持干净整洁;计划旱厕改造520座,目前已完成420座;新建垃圾点21个,清理"五堆"1.2万吨,拆除空置院落及危旧房屋1189座,拆除残垣断壁26905米,种植树木6882棵。全年出动机械365余台次、3856余人次,整治垃圾沟20余处,对全乡危房拆除垃圾、主干道沿线及各行政村脏、乱、差进行了全面整治,有力巩固了环卫保洁成果。

【社会治理】 2019年,共调处各类矛盾纠纷82起,其中法院转办件35件,妥善处理信访案件47起,接待来信来访群众168余人次,确保了全乡的和谐稳定;扎实开展扫黑除恶专项斗争,全乡累计开展宣传活动57场次,发送宣传信息674条、宣传单5000余张,摸排收集线索22条,均已办结。脱场村原主任因涉嫌寻衅滋事被县公安局依法拘留,冯湾村原支书涉黑涉恶线索正在核查。以创建"无毒社区"活动为载体,以清真寺、学校为宣传教育基地,充分利用禁毒法治课等契机大力开展宣传教育活动,提高了群众识毒、拒毒、防毒的能力。

【宗教工作】 2019年,全乡宗教场所摸底登记66所,对聘用的教职人员进行相关法律常识培训3场次,推行"五联五促"工作机制。

【年度征兵】 2019年,全面完成县人武部下达的年度征兵任务,预征体检32人,应征入伍8人;积极统筹开展"双拥"工作,退役军人管理工作规范有序。采集退役军人及现役军人家属信息并录入上报。

【群团组织】 2019年,乡妇联依托全县卫生扶贫政策及爱茉莉太平洋"妆典生命"公益项目"两癌"免费筛查643人,全面摸排留守儿童、留守妇女,建立了留守妇女儿童库,实时关注关爱留守妇女儿童;联合乡司法所,专门针对妇女儿童等弱势群体进行矛盾纠纷调解,受理婚姻家庭矛盾纠纷34起、调解成功28起,其中离婚纠纷32起、调解成功24起,加大法律法规普及宣传力度,发放《中华人民共和国宪法》等图书3400余册,开展妇女儿童权益保障及反对家庭暴力、维护家庭和谐等专题知识讲座2场。此外,全面完成农村集体资产、资源清查工作,完成第三次全国经济普查摸底工作;工会、妇女、儿童、青少年等社会事业蓬勃发展。

【基层党组织建设】 2019年,深入开展"三大三强"促脱贫富民行动和"两个带头人"工程,提升农村党组织能力,配齐配强了脱场、冯湾、张湾村班子成员,培养"两个带头人"58人,并将8名致富带头人列入村级后备力量进行培养,逐步提升了"两个带头人"融合度;持续整顿软弱涣散村党组织,采取"一支部一方案"的方式,有针对性地制定整改方案,细化整改清单,建立完善相关制度,深入走访排查化解矛盾纠纷,提高群众对政策的知晓率,加强了对村干部思想作风建设;以行政村为单位成立党员助农服务队,每个行政村聘用5名党性意识强、责任心强的党员作为监督员,配合村务监督委员会有效监督脱贫攻坚、扫黑除恶、基层组织建设等领域工作开展情况,提高监督实效,切实推动脱贫攻坚等各项重点工作,发挥基层党组织战斗堡垒作用、党员先锋模范作用;完善各项制度,促进工作规范化,加强村干部的考核,实行村干部述职制度,使党组织各项工作做到有章可循,有制可约;邀请党员代表、人大代表参加乡级脱贫攻坚工作现场观摩会,互检互学,进一步筑牢了基层党组织基础。深入推进"不忘初心、牢记使命"主题教育工作,结合农田水利建设,开展"联系困难群众、结对帮扶送温暖"活动,进农家院、干农家活、查农家情、暖农家心。

【党风廉政建设】 2019年,与各村村党支部书记、村委会主任、村会计、驻村第一书记进行了提醒谈话并签订了廉洁过节承诺书,党员干部签订廉政承诺书,同时进行不定期监督检查,严查干部履职情况。全年办结县纪委16件转办件,其中立案5件,给予诫勉谈话11人、党内警告处分3人、留党察看1人、开除党籍1人,下发督查通报6次,书面检查8人;《中卫日报》采用党风廉政建设信息7篇。推动"廉情诊所"和"村廉通"工作机制进一步巩固深化,全乡"坐诊"接访97人次,"看诊"监督25人次,"问诊"监督17人次,"巡诊"监督23次,"会诊"监督12人次,收集"非廉情"类问题122件,转办解决114件,正在办理8件。同时规范运行"村廉通"机制,开支合理,公开透明,用好每一分钱。乡财政所已给11个行政村村级账户拨付资金1065090元,目前已兑付11笔54624元,发送短信3645条。

高崖乡

【概况】 2019年,在县委、县政府的坚强领导下,全乡深入学习贯彻习近平新时代中国特色社会主义思想和党的十九大精神,坚持稳中求进工作总基调,贯彻落实新发展理念,以脱贫攻坚统揽全局,锐意进取,真抓实干,攻坚克难,咬定目标抓落实,聚焦问题补短板,坚持问题症结抓整改,顺利完成了全年既定的各项任务,全乡经济社会保持平稳健康发展。全乡总产值达到8.13亿元,比2018年同期增长11.7%。农民人均可支配收入达到11126元,比2018年同期增长18.9%。认真落实"六个精准""五个一批"要求,按照县委、县政府"55104"工作思路,严格执行"两不愁三保障"脱贫标准,脱贫462户1660人,贫困发生率下降到0.66%。

【产业增收】 2019年,全乡贫困户共新增基础母牛3001头,全乡牛存栏9150头、羊存栏23500只、鸡存栏70000羽、猪存栏308头,种植硒甜瓜5000

亩、枸杞7000亩、玉米6500亩、黄豆900亩、小麦3000亩、高粱400亩、蔬菜600亩。草场村注入200万元村集体经济资金，建成纸箱加工厂，已投入生产运营。已制定香水、振兴、三分湾、联合村入股分红方案。

【安全饮水】 全乡自来水入户5976户，其中2019年补入1080户，分散式供水20户，立杆入室4489户，其中2019年入室1654户；建设室外取水井1100座，人饮安全4项指标全部达标。

【危房改造】 2019年，全乡实施危房改造480户，已竣工405户，已验收400户，已完成入住396户，拆除危旧房320户，历年危房改造回迁107户，修缮加固284户。

【医疗救助】 2019年，村级基本药物达到120余种，乡卫生院基本药物达到200种以上，非基本药物下沉140种以上，建档立卡户年内住院自费不超过10%(5000元)，实现了建档立卡贫困户基本医疗保险、大病补充保险、慢性病签约服务全覆盖，完成家庭医生电子签约13303人。

【资金兑付】 2019年，共计兑付产业补贴960.338万元，劳务奖补资金38.55万元，2017年、2018年技能培训补贴19.838万元，兑付2019年技能培训补贴14.484万元。

【金融扶贫及劳务经济】 2019年，积极对接金融机构发放798户建档立卡贫困户贷款4840万元，前三季度贴息金额62.34万元。全年组织输出劳动力3500余人次，举办手工编织技能培训班3班146人、电焊培训3班150人，致富带头人培训38人。

【特色产业】 1.硒甜瓜种植。积极对接供电局，对草场村旱作节水园区及农户进行动力电改造；争取农业农村厅对口帮扶草场村旱作节水项目资金30万元，完成草场村园区158座桥棚棚膜更换工作，保障农户种植积极性，硒甜瓜种植达到5000亩，年产量为775万千克。2.枸杞种植。以联合、红岸村现有枸杞产业结构为基础，在联合、红岸、红古、高湾村完成补植补造枸杞500亩，逐步打造清水河流域枸杞长廊。全乡累计枸杞种植面积达7000多亩，摘收枸杞1250万千克。3.苹果种植。充分发挥联合、三分湾村苹果种植优势，对苹果种植基地进行补植补造和抚育管护，加大扶持力度，全乡苹果种植面积达5000余亩。以合作社为引领，打造苹果品牌，拓宽销售渠道，将苹果销往广州、内蒙古、福建等地，年销售额达到3000万元。4.覆膜西瓜种植。在高湾、联合、草场集中种植覆膜西瓜3000余亩，零散种植1000余亩，实现每亩2000元的高收益。

【农田水利建设】 2019年，以加强农田水利基本建设、提高农业综合生产能力为目标，完成渠道清淤6000米、秸秆利用22000亩、机深翻11000亩、机普翻23000亩、抚育树木1900株。增施有机肥8200亩，秋季残膜回收14吨，完成农户厕所建设510座，建设高标准农田4200亩，建设畦田5100亩。

【基础设施建设】 2019年，完成中央专项彩票公益金村道硬化项目3000米，交通局村组道路硬化项目7条18.088千米，农村道路3条11.962千米，共计33.05千米，实现10个行政村村组道路全部硬化；改建高湾村农渠、斗渠及支渠18.32千米；对接县水务局，铺设联合、振兴、三分湾渠道53.9千米；整修农路1.4千米，沟道整治0.6千米；建设高崖村污水处理厂1座；更换新民村农户屋顶瓦片94户，更换门窗51户。通过积极对接县委组织部，在振兴村新建村部263平方米，硬化场地1608平方米。

【环境综合整治】 2019年，结合“河长制”工作，累计发放宣传资料2000余份，宣传横幅15条，发动保洁员、护林员、公益性岗位人员、低保户等群众15500人次，清理畜禽养殖粪污等农业生产废弃物9360吨；投放机械634台辆，累计清理垃圾47700余吨；环境整治拆除危旧房屋1356处，清理残垣断壁48600米。集中清理整治兴高公路、银平公路等主干道路两旁及一斗渠至十斗渠的林带12条。严格按照县上春季绿化标准,在一斗渠至十斗渠及高湾村林带种植红梅杏11000株,在兴高公路两侧补植国槐2000株,在高崖村村道补植垂柳1600株,不断提高乡村绿化率。建立环境整治长效机制,全面改善农村居住环境。

【教育事业】 初三毕业生考入普通高中27人,考入中职85人,新考录教师3人,新建幼儿园5所,招收学前幼儿320人。对接协调县教体局,完成三分湾小学建设工作,计划建设香水村幼儿园,修建振兴村小学,并为香水村、振兴村在校大学生每人奖励1000元助学金,为两所小学学生发放了工作服和校服。成功劝返辍学学生24名,对33名因残因病无法入校的学生,开展送教上门服务。积极对接县有关部门,对2019年206名新录取一本、二本及高职大学生资助41.2万元。

【医疗服务】 2019年,对10个村卫生室进行维修,增加配备医疗器械。住院治疗实行"先诊疗后付费",医疗报销实行"一站式"结算。对高血压、糖尿病等重点人群实行"面对面"随访4次,老年人体检1350人,35至64周岁妇女"两癌"筛查821人,0至6周岁儿童视力筛查2600人。

【文化事业】 2019年,乡文化站建设乡村大舞台72平方米,振兴村新建文化广场1000平方米,成立海原县图书馆高崖分馆,配备书籍5000余本,配备文化管理员10名、图书管理员1名。放映数字电影100余场次,皮影戏进校园活动2场次,秦腔、京剧、眉户进社区活动7场次,开展其他文体活动24场次,荣获海原县元宵节社火展演"三等奖"。对接协调县文广局,正在实施草场村文化活动中心维修及文化广场硬化工程,为草场村社火队配备演出服80套,配套桌凳10套。

【社会保障】 2019年,不断加强特困群众、弱势群体的最低生活保障和社会救助力度,对全乡因病、因学、因灾等致使生活困难的家庭,发放临时救助204.51万元;新纳入低保户639人,其中,建档立卡贫困户235人,发放低保金888.46万元;残疾津贴87.01万元,高龄津贴74.13万元。充分利用"四化一满意"平台,实现为民服务办件量17860件。积极宣传倡导生育政策,完成"少生快富"5例,免费孕前健康检查132对,征收社会抚养费9例。

【信访维稳】 2019年,不断完善矛盾纠纷处置机制,落实领导接访制度,共受理各类来信来访58件,其中县信访局转办10件,办结8件,正在核查处理2件;办结"12345"政务服务热线48件。

【扫黑除恶】 2019年,严格落实党委主体责任,召开党委会研究部署17次,与乡党委班子成员、各站(所)长、村"两委"人员、党员签订目标责任书及承诺书96份。组织集体学习6次,培训6场次,考试2次,党委中心组学习3次,引导干部深化扫黑除恶专项斗争政策认识,提升干部工作方法。通过各种途径加强宣传,刷写永久性墙体标语65条,墙体喷绘40条,制作宣传展板5个,制作LED电子屏10个,组织开展宣讲会36场次,为扫黑除恶专项斗争营造了浓厚的氛围。大力开展涉黑涉恶线索摸排,印制扫黑除恶专项斗争线索摸排表8000余份,排查线索对象14例,经过深入核查和分析研判,2例由县公安局再查;12例属于个人纠纷,转办村级10例,转办派出所训诫2例。

【安全生产】 2019年,加大安全隐患排查力度,大力开展食品药品、道路交通、非煤矿山、建筑工程等领域整治;在重要路段、水库设立警示牌,并与相关责任人签订安全生产责任书,全乡无一例恶性安全事故发生,安全生产形势总体平稳,社会大局和谐稳定。

【党的建设】 1.从严管理党员干部。结合"党政机关作风建设年、干部队伍素质提升年"活动,加强党员干部教育管理,持续整顿干部作风,从严整治编在人不在、出工不出力等问题,引导党员干部转变作风、务实态度,为各项工作顺利推进提供了坚强的作风保证。2. 基层组织建设。严格按照县委组织部要求,整顿软弱涣散基层党组织 5 个。严肃党内政治生活,加强督导检查,各党支部认真落实“三会一课”支部主题党日等制度。加强村干部、驻村工作队管理考核,推动村干部履职尽责。3. “不忘初心、牢记使命”主题教育。对照“守初心、担使命,找差距、抓落实”总体要求,各党支部开展集中学习 89 场次,交流研讨 112 人次,送学 430 人次,累计讲授党课 12 次,检视问题 72 条,坚持边学边查,即查即改,以问题整改促学习成效,充分发挥党员先锋模范作用。4. 党风廉政建设。严格执行中央八项规定,加强公车管理,严控“三公”经费。加强廉政教育,召开乡村干部廉政警示教育大会 6 场次,帮助干部提升防腐拒变能力,保持廉洁自律。认真落党员干部婚丧嫁娶“双报告”制度,2019 年报备个人事项 4 人,引导党员干部认真落实八项规定精神。认真落实“廉情诊所”监督机制,严肃查处侵害群众利益问题,尤其是扶贫领域腐败问题,引导督促各级干部廉洁从政,为各项工作开展提供了坚强的纪律保证。

树台乡

【概况】 2019 年,树台乡党委、乡政府深入贯彻落实党的十九大、十九届二中、三中全会精神和自治区第十二次党代会精神,紧紧围绕区、市、县党委、政府确定的各项目标任务,聚焦“两不愁三保障”脱贫标准,紧盯基础设施和生态环境建设等重点工作任务,以务实的作风、踏实苦干的精神推动各项工作取得了长足发展。全乡 9 个行政村 63 个自然村 7027 户 26875 人,其中建档立卡户 2180 户 8615 人,2019 年脱贫 168 户 465 人,贫困发生率降至 0.62%。全乡种植马铃薯 3.5 万亩、秋杂粮 3.8 万亩,牛存栏 3224 头、羊存栏 20858 只,劳务输出 7320 人。预计 2019 年社会生产总值达 1.6224 亿元,增长 4%,农民人均可支配收入达 9553.6 元,增长 12%。

【万亩马铃薯产业】 2019 年,围绕韩庄—龚湾村、相桐—新庄村、二百户—浪塘村三条线路集中连片推广万亩马铃薯一级种薯种植和原原种繁育,全乡种植马铃薯 3.5 万亩,并在大嘴村建设 2000 亩马铃薯示范园。

【万亩秋杂粮禾草产业】 2019 年,探索“支部 + 合作社 + 科研院所 + 农户”产业运作模式,大嘴村、浪塘、韩庄等贫困村充分利用土地整理项目,全程机械化集中连片种植油菜、荞麦等秋杂粮 3.8 万亩,做实秋杂粮产业。韩庄村因地制宜,发展小而精特色产业,新种植百合 247 亩,全乡种植规模达 500 亩;新庄村通过土地流转,集中连片种植一年生禾草 1.8 万亩,全乡完成禾草种植 2.5 万亩。

【养殖业】 2019 年,巩固大嘴、相桐 2 个示范村养殖规模,培育龚湾、红井 2 个养殖村。全乡基础母牛补栏 2600 头、基础母羊补栏 9030 只、生猪补栏 590 头,完成浪塘、新庄、大嘴村滩羊选育 2300 只,2019 年赊销华润基础母牛 244 头,完成见犊补母 930 头;扶持全乡 9 个村贫困户完成基础母羊补栏,扶持二百户、树台、浪塘、韩庄村贫困户生猪补栏 590 头。

【劳务移民与就业】 2019 年,完成“十三五”劳务移民 64 户,全部搬迁至海城街道办幸福花园社区,已完成户籍迁转。完成泥瓦工、电工等技能培训 302 人,实现劳务输出 7320 人,主要集中在交通运输、建筑、餐饮服务等行业,创收约 8000 万元。引进晋江华闽织造有限公司在树台扶贫车间投资加工衣物,解决部分建档立卡贫困户及常住户妇女就业难问题。

【金融扶贫】 2019 年,新增小额信贷 1578 户 7296 万元,建档立卡覆盖率为 78.54%,完成贷款贴息

317.37万元。为9个村建档立卡户5537亩秋杂粮购买小杂粮种植保险,全乡建档立卡贫困户基础母牛养殖保险全覆盖,9个村8615名建档立卡贫困人口全部购买人身意外伤害险,在原有医疗保险的基础上,为全乡所有贫困户购买大病补充保险。

【危房改造】 2019年,树台乡危房存量737户,其中建档立卡户325户、极度贫困户62户。危房改造已全部竣工,进入验收、公示及资金兑付阶段。同时为解决群众因居住分散、无劳动能力、洪水易发等原因安全住房无法保障的问题,乡政府在小红水村统一征地38亩,集中安置30户农户,并为部分农户提供代建服务,解决危房改造劳动力缺乏的问题。全乡安全住房实现全覆盖。完成农户厕所改造503户,有效解决农村长期如厕难问题。

【安全人饮工程】 全乡完成自来水补入户608户、立杆入室2371户,户外保温井310座,管道维修改造45千米,新建蓄水池12座,66座蓄水池蓄水容积达8700立方米,全乡63个自然村全部通水,自来水入户率和通水率分别达到99%和100%,安全人饮实现全覆盖。

【村组道路】 争取彩票公益金项目,对刘家井、小红水等4个自然村7.733千米村道进行硬化,由交通局和水务局负责对龚湾村和条子沟村部分村道硬化,从根本上解决群众出行难问题。

【生态环境】 配合开展南华山外围区域水源涵养林建设工程,在树台村种植山桃、山杏、雨季柠条3000亩,在街道南入口种植榆树、柳树、新疆杨等8800株,全乡人居环境及村容村貌得到明显提升。

【社会救助】 2019年,全乡有农村低保户3428户4401人,其中建档立卡户1702户2283人、社会兜底229户480人;高龄193户193人,其中建档立卡高龄老人63户63人;特困供养人员65户66人,其中分散供养44户44人、集中供养21户22人;建档立卡户五保人员34户36人;孤儿36人,建档立卡户孤儿10户15人;经核查,现有残疾721人,其中一级和二级残疾376人、三级和四级残疾345人。各项补贴待遇年审、动态调整及待遇及时到位,做到建档立卡贫困户应保尽保。

【医疗保障】 全乡现有标准化村级卫生室11所,村医15人,设施设备齐全达标。2180户8615人建档立卡户医疗和“扶贫保”实现全覆盖,引导1395名妇女购买“爱妮保”保险。通过进村入户确定健康扶贫患者,建立健康扶贫患者健康档案,年均完成健康扶贫对象随访管理5200人次,家庭医生累计签约18095人,减免医疗费118万元,受益群众3.7万人次,其中零缴费1157人。

【教育事业】 2019年为新考入二本以上124名大学生捐资助学37.2万元,其中市委宣传部捐助12.4万元,帮助他们顺利完成大学学业。278名建档立卡户在校中高职学生享受“雨露计划”项目解决生活困难问题。全乡义务阶段实现零失学。

【文化事业】 2019年在相桐村成功举办庆祝新中国成立70周年暨捐资助学、脱贫示范户表彰大会,在大嘴、韩庄村举办观光旅游,推广乡村旅游。同时大力开展移风易俗活动,有效扭转高额彩礼风气,鼓励群众婚事新办、丧事简办。

【闽宁帮扶】 2019年争取闽宁帮扶资金100万元,帮扶韩庄村贫困户秋杂粮种植。同时,积极对接福建省漳浦县绥安镇,促使绥安镇绥南、大埔、京里3个村(社区)及漳州市毅闽实业、漳州锦客隆、福建扬基生物科技3家企业与我乡浪塘、大嘴、新庄3个深度贫困村结成帮扶对子,签订合作协议,制定合作项目。

【社会帮扶】 2019年县医保中心、信用联社、中国人民财产保险等单位帮扶我乡大嘴、浪塘等村34.8万元,用于农户危房改造、文化广场建设、贫苦大学生就学等方面,同时,天元锰业帮扶我乡价值12.64万元水泥395吨,助力我乡脱贫攻坚再上新台阶。

【河长制】 乡村两级15名河长加强定期巡河护河,确保河库坝持续良好运行;研究协商对西河树台段约800米河道进行综合治理,切实改善河岸环境,保障沿线农户生命财产安全。

【环境卫生】 结合危房改造攻坚战工作和全县“十个一”活动,拆除危旧房屋及空置院落1624户,动员公益性岗位、建档立卡户、低保户等人员,对小红公路沿线、各村主巷道、河道两侧白色垃圾及杂草等进行集中清理,并要求农户对房前屋后“五堆”进行彻底清理,村容村貌得到极大改观。绿水青山稳步实现,配合开展南华山外围区域水源涵养林建设工程,在树台村种植山桃、山杏2000亩,雨季柠条1000亩,南入口加强绿化建设,种植榆树6000株、柳树500株、新疆杨1300株、云杉500株、金叶榆500株,村容村貌及人居环境得到明显提升。

【农田水利建设】 建设树台堡子台等7处畦田0.63万亩,机深翻0.28万亩、机普翻4.95万亩,增施有机肥0.80万亩;整修农路6条7.3千米,沟道治理1.3千米;提高秸秆还田和利用效率,完成秸秆还田0.1万亩,秸秆调制利用0.3万亩;持续推进“厕所革命”,确保剩余200户农户厕所改造任务顺利完成,在树台街道和新庄村建设公共厕所2座;完成自来水立杆移入或建室外取水井2371户,新建集中供水点3处;完成残膜回收0.3万亩21吨。同时,动员林业站工作人员及护林员加大林区等区域看护防护和防火力度。

【信访维稳】 坚持以“四个防止”和“两个确保”为总体工作要求,强化网格化管理机制,畅通信访渠道,并加大矛盾纠纷排查化解力度。按照“三到位一处理”原则,办结县信访局转办中央扫黑除恶第二十督导组反馈信访件1件,自治区信访局转办件1件,网上信访平台信访件42件,12345便民服务热线75件,做到件件有回音,件件有落实,全年无群体性越级访或群体性事件发生。

【扫黑除恶】 根据扫黑除恶专项斗争三年行动,完成村“两委”成员资格审查,与各村、各站(所)负责人签订责任书,通过召开扫黑除恶专项斗争动员会、推进会、宣讲会,利用“美丽树台”公众号、入户摸排、悬挂横幅、刷写标语、制作大型户外广告牌、设立举报箱等方式,刷写固定标语120条、墙体喷绘2处、宣传灯箱50面、大型户外广告牌6块,结合脱贫攻坚政策宣传,联合司法所、派出所等站(所),全方位、多角度宣传扫黑除恶知识,在全社会逐步形成人人喊打的氛围。

【民族宗教】 严格落实区市县民族宗教工作部署,坚持宗教中国化方向,积极推进“四进”宗教场所和“和谐寺观”创建活动。创建韩庄村为民族团结进步示范村,创建3个区市级和谐寺观;“四进”宗教活动场所5所。

【安全生产】 全面落实“党政同责、一岗双责、齐抓共管、失职追责”的安全责任制和“管行业必管安全,管业务必管安全,管生产经营必管安全”的工作要求,狠抓安全生产工作,全年无重大安全生产事故发生。

【“不忘初心、牢记使命”主题教育】 2019年,坚持“守初心、担使命,找差距、抓落实”的总要求,通过学习教育、调查研究、检视问题和整改落实,进一步强化理论武装,改进工作作风,推动工作落实。集中学习研讨20次(其中读书班7次),完成坚定理想信念等8个专题讨论,检视问题35条。深入脱贫攻坚一线调查研究,撰写调研报告11篇,提出意见建议30条、制定措施17条。观看《周恩来的四个昼夜》《建党伟业》《永远在路上》等红色教育片、警示片。

【反腐倡廉】 坚持党要管党、全面从严治党,以党的政治建设为统领,以“党政机关作风建设年、干部队伍素质提升年”活动为抓手,持之以恒正风肃纪,深入推进反腐败斗争,形成风清气正的良好政治生态，为全乡打赢脱贫攻坚战，实现脱贫摘帽提供坚强纪律保证。乡党委先后12次听取和研究部署党风廉政建设工作，细化了9个方面15项内容，对9个行政村驻村第一书记、党支部书记、村主任、村监会主任进行了集中约谈，与各站（所）负责人、驻村第一书记、村“两委”负责人、村监会负责人签订了党风廉政建设目标管理责任书，建立了17名班子成员、各站（所）负责人廉政档案，施行动态管理，及时更新，并将廉政档案作为干部评优选先参考条件。截至目前，完成提醒谈话54人次，对12名乡、村干部进行了提醒谈话或责任约谈。

【党组织建设】 2019年，召开专题组织生活会，逐一列出存在问题的整改措施和整改时限，并按期完成整改。坚持党员分流管理，要求在村党员积极参加党内活动，定期为流动党员和年老党员送学上门，全体党员签订党员不信教不参与宗教活动承诺书。先后选派村主任和村支书参加新区党校和山东大学培训学习，增强理论知识。引进农业专业合作社，实行代耕代种集中连片种植秋杂粮约1万亩，增加农户收入。结合扫黑除恶专项斗争和“不忘初心、牢记使命”主题教育，邀请县司法局、民政局等单位开展扫黑除恶、法律法规等知识宣讲，组织党员干部观看警示教育片，引导党员形成清正廉洁、为民服务的高尚品质。截至目前，浪塘村发展预备党员2名、入党积极分子1名，培育致富带头人4名。

红羊乡

【概况】 2019年，各项目标任务全面完成，农民人均可支配收入达到9181元，为加速全面建成小康社会奠定了基础。全年减贫131户406人，累计完成减贫930户3631人，贫困发生率由年初2.58%下降到0.57%。

【产业扶贫】 2019年，制定《建档立卡户因户施策方案》，通过加大对贫困户的帮扶，与每一建档立卡户共商制定种植、养殖、劳务产业扶持计划，做到建档立卡户户户有产业，督促按照计划落实产业，促进增收。发展稳定可持续产业，形成以小红李、海西路两侧为主线，辐射南华山南麓（刘套、石塘、红堡）、月亮山北麓（张元、安堡）的马铃薯产业带，种植马铃薯4.5万亩；围绕坡改梯形成石塘、红堡、术川和红羊、前进、安堡、杨明两条秋杂粮产业带，种植荞麦、糜子、盖子等秋杂粮3万亩；大力发展草畜产业，种植饲草3万亩，截至年底，全乡羊存栏38624只、牛存栏1436头、生猪存栏1523头，同时，鼓励种植油料作物，发展养殖蜜蜂、兔子、驴等特色种养业。购买公益性岗位194人，完成技能培训310人，输出劳动力3600余人，在红李公路项目、绿化项目等就近务工360余人。

【危房改造】 2019年，紧盯“两不愁三保障”，贫困人口住房安全全部得到保障。全乡共完成危房改造520户，其中面积不达标补建59户。入住率达到98%。

【安全饮水】 2019年，全乡所有贫困人口饮水安全基本实现，常住农户自来水入户入室全部解决，用水农户供水保证率达到95%。共完成自来水入户2324户、立杆入室1244户，采取保温井解决安全饮水24户，采取分散式供水解决11户，排查解决冬天水易冻23户。完成9个行政村水质检测，铺设自来水给水管道167.04千米，建成蓄水池41座。

【教育扶贫】 2019年，严格落实教育扶贫相关政策，对6至16岁义务教育阶段学生2453人（本县1297人、县外1006人）落实教育扶贫政策情况进行排查，确保不落一人，将政策落实到位。同时，通过对建档立卡贫困户子女的摸排，中卫“离土”扶贫救助151人次，“雨露计划”救助564人次。劝返辍学学生34人，适龄儿童入学率100%。

【金融扶贫】 2019年，用活金融帮扶政策，累计发放产业扶贫贷款10363万元,帮助建档立卡户发展产业,增强了建档立卡户自我发展动力。扶持发展村集体经济。政府投资35万元,通过华润公司托管,9个村的村集体均分红5.534万元。

【医疗扶贫】 2019年,困难群众健康签约服务实现全覆盖,门诊报销、一站式服务等制度得到有效落实。完成术川、前进村卫生室维修和红堡村卫生室建设。建档立卡户全部购买医疗保险,非建档立卡户医疗保险购买达到95%以上,累计救助重大病患者102人次,315名慢性病患者全部完成签约服务。

【生态补偿】 2019年,继续强抓禁牧封育,选聘生态护林员83人,年均增收近1万元。购买生态保洁员等公益性岗位111人,带动户均增收4800元。

【问题整改】 2019年,严格对标贫困户脱贫退出指标,在结合2018年脱贫攻坚成效考核、落实中央脱贫专项巡视自查自纠、自治区党委脱贫攻坚专项巡视、自治区督导调研和中卫市脱贫攻坚大普查反馈问题整改的基础上,按照"两不愁三保障"要全员达标的思路,将全乡9个行政村3703户13414人(农业人口)全部纳入脱贫台账管理,建立了系统性台账,以各村户籍人口为基数,为每个自然村制定了建档立卡户、常住户(非建档立卡户)和非常住户"两不愁三保障"3个监测表,下发各攻坚队,对从业、住房、安全饮水、医疗、家庭成员医保、家庭学生就学情况进行筛查统计,确保村不漏户、户不漏人,筑牢最后防线。严格执行"两不愁三保障"标准,确保靶心不变、焦点不散。始终将建档立卡户作为重中之重,为每一个村制定了《脱贫攻坚摘帽任务书》,对每一个大普查排查出的问题、每一户的"两不愁三保障"实现程度、每一户产业、每一户的社会保障情况,进行了详细的部署,形成台账销号解决。

【基础设施建设】 2019年,硬化村道23.9千米,其中刘套村有8.38千米调整为砂砾化路,剩余15.52千米全部硬化完成。常住人口自来水全部入户,各村按照"七个一"标准配齐了文化活动设施,村部、医疗室光纤专线实现接通,运转正常。完成农村改厕工程,惠及群众365户,已完成198户。深入推进农田水利基本建设,注重盘活现有土地资源,刘套村安岘、樱桃坡改梯已开工,杨明村高标准土地整理、小高抽配套建设项目已开工,已平整水浇地2330亩。在全乡范围内集中开展春夏季农村环境综合整治战役,实行网格化管理,选聘保洁员88名,将每个村公共区域卫生分片到人,每个行政村确定了一名组长,对该村所有保洁人员进行监督和管理,形成环境保洁工作长效机制。坚持农村环境整治与危房改造工作同步进行,拆除危旧房屋884户、残垣断壁和残破棚圈3838处,人居环境条件和乡村整体环境面貌彻底改观。完成河道治理6千米,乡村绿化植树1.1万株。

【民生事业】 2019年,义务教育均衡发展通过初验,控辍保学工作成效明显,义务教育适龄儿童入学率达到99%以上。9个行政村标准化卫生室已全面建成,共配备电脑、药架、诊断床、健康体检一体机3套,使得人人享有公共卫生服务均等化,小病不出村、常见病不出乡的目标基本实现。全乡共有2403人纳入农村低保,33名五保老人全部进入县养老中心集中供养。195名重度残疾人护理费、补助及时足额发放,全年共为生活困难的群众解决临时救助金261.7万元,惠泽3036人,社保兜底功能进一步彰显。

【社会治理】 2019年,乡司法所有效调解矛盾纠纷45件。乡村两级及时办理信访案件78个,全年未发生一起进银赴京信访案件和群访事件。教育引导全乡各族干部群众牢固树立正确的民族观、宗教观,民族和宗教事务安全管理、教职人员选聘和民主选举等制度全部实现了规范化和法治化。社会主义核心价值观、国旗、报刊、文化书屋"四进"宗教场所全部有效落实。把“党政同责，一岗双责”扛在肩上，扎实开展经常性的隐患大排查工作，全年未发生一起安全责任事故。各村村规民约均已修订完善上墙，成立了红白理事会等，充分发挥村民自治组织作用，树立文明乡风。以建设法治政府为总抓手，依法治乡、政务公开等工作得到人民群众的认可。

【党的建设】 2019年，制定完善红羊乡党委中心组学习、干部集中学习、村三委班子政治业务学习等一系列规章制度。以“不忘初心、牢记使命”主题教育为契机，通过乡党委中心组集中学习、干部集中学习，促使乡村两级干部更加牢固地树立“四个意识”、坚定“四个自信”、做到了“两个维护”。组织政策宣传队，在9个行政村多次举办扶贫政策培训班，发放宣传手册1079本、政策挂图1079张；微信群推送政策语音，利用乡村大喇叭循环播放机关政策，提高贫困群众政策知晓率；组织47名大学生利用暑假进村入户宣传政策，对农户家中存在的问题反馈到各村及时解决。结合软弱涣散党组织整治工作，全面落实村干部坐班制度、第一书记和驻村工作队考核制度，打通了为民服务“最后一千米”。认真履行党委主体责任，制定党建工作“四个清单”和《党建目标责任书》，建立完善了领导包村制度。

关庄乡

【概况】 关庄乡位于海原县西南部，东接红羊乡，南接西吉县白城乡，西临会宁县刘寨、新源乡与白银市平川区复兴乡，北临树台乡。乡政府驻地下窑儿村，北至县城67千米。行政区划面积127平方千米，辖高台、关庄、窑儿、庙湾、宋庄5个村民委员会，32个村民小组，共有2436户8516人；耕地面积8万亩，其中退耕还林面积2万亩。乡境处月亮山西北麓，山大沟深，地形东南高，西北低，平均海拔约2200米。年均降雨量380毫米，年均气温3.6℃，无霜期110天，是全县地势最高，气温最低，无霜期最短的乡。农作物主要以小麦、豌豆、马铃薯、荞麦、胡麻等为主，是海原县的马铃薯种植基地之一。2019年，共完成固定资产投入7788万元，实现社会生产总值3.63亿元，比2018年同期增长8.7%；农村居民可支配收入9288元，比2018年同期增长11.9%。

【脱贫攻坚】 2019年年底，全乡共有建档立卡户720户2865人，2019年完成减贫任务58户178人，累计减贫698户2794人、未脱贫22户71人，贫困发生率8%。全乡共有享受农村低保1246人，其中建档立卡户852人，融合度为68%。有残疾人279人、享受养老1268人、高龄补贴82人、五保39人、孤儿4人、优抚对象4人。

【安全饮水】 认真贯彻落实《宁夏贫困地区农村饮水安全评价标准》的要求，大力实施2019年农村安全饮水巩固提升项目，逐村逐户进行了摸底排查，对全乡5个行政村32个自然村的农村安全饮水工程进行了全面、系统的改造和提升，在全乡范围内深入开展了人饮冻点排查，消除冻点隐患，同时，及时组建村级管水员队伍，选聘村级管水员7名，与施工队一道全程参与到安全饮水提升改造项目中，通过学技术、强本领，极大地促进了全乡人饮管理运行和供水保障。全乡共完成主、支管道维修更换16.2千米，新建蓄水池22座、联户井109座，修建集中供水点3处；完成补入户376户，立杆入室678户，入户改造191户，联户井改造98座，移户37户，自来水入户率98%，供水保障率100%，全乡农村安全饮水问题得到了彻底解决。

【教育事业】 2019年，全乡认真贯彻落实了学前教育建档立卡户家庭经济困难儿童和残疾儿童“一免一补”政策，对义务教育阶段落实了“三免一补”政策，建档立卡户中高职学生均实施了“雨露计划”，对二本以上大学生实施了“燕宝基金”，对建档立卡户三本以上在校大学生、研究生实施了中卫"离土"计划项目和"厚德资助"。在此基础上,乡党委、政府对历年考取中(高)职及三本以上的大学生147人均进行了奖励资助,在全乡范围内形成"重教、兴教"的浓厚氛围。全乡涉及建档立卡户贫困学生269人、边缘户贫困学生7人、低保户学生306人、孤儿4人。在县内就读464人(其中小学281人、中学183人),县外就读465人(其中小学289人、中学176人),休学1人,中学毕业67人,义务教育阶段零辍学,全乡义务教育阶段的适龄儿童均能够得到全员保障。

【卫生健康】 2019年,全乡720户2865人建档立卡户实现了基本医疗保障全覆盖。同时,为适龄妇女均购买了"爱妮保"保险,落实了大病签约机制、对"先诊疗后付费""一站式结算"等健康扶贫政策进行了广泛宣传,全乡共完成家庭医生签约6100人,签约率71.8%,其中建档立卡户签约2921人,签约率100%,慢性病签约1300人。2019年对个人住院自付费用超过5000元的一次性予以全部解决,有效防止了因病致贫、因病返贫。

【生态环境建设】 2019年,按照"属地管理、分级负责、无缝对接、全面覆盖、责任到人"的原则,建立"乡、行政村、责任区域"三级网格,将全乡5个行政村划分成69个责任区域,与相关责任人签订了工作目标责任书,制定了工作程序和工作要求。全乡环保工作由分管环保的副职领导负责,各村的环保工作由包村领导、支部书记负责,责任区域的环保工作由相应的网格员负责,确保环境监管工作责任到人,有效保证了网格化监管体系工作运行良好,在处理环境保护等方面发挥着越来越大的作用。

【金融扶贫】 根据建档立卡户的产业发展资金需求,对全乡所有建档立卡户落实了应贷尽贷。全年共完成扶贫小额贷款509户1962万,兑付贴息资金56.083万元。

【安全住房】 完成全乡5个行政村32个自然村的危窑危房评估摸排工作,共拆除危旧房屋1017户(其中移民搬迁148户、危房改造368户,空置危险房501户),对符合危房改造标准和条件的农户,采取逐村逐户的方式进行宣传动员,同时,针对部分符合危房改造条件且无能力改造的建档立卡户,在充分征求农户意愿的基础上,采取了统建的方式,保障了农户的住房安全。对危房改造无能力自筹资金的34户特困户,积极争取企业帮扶43.96万元,进行了有效解决。2019年,全乡共完成危房改造442户,其中建档立卡户183户、低保户111户、一般贫困户136户、残疾户12户,全乡农户安全住房均能够得到有效保障。

【马铃薯产业】 2019年,共争取区市县各部门帮扶马铃薯一级种250吨、原种42吨,原原种120万粒,种植马铃薯4万亩。在庙湾村打造了1065亩的马铃薯新品种示范基地,在关庄村打造了960亩的马铃薯种薯繁育基地,在高台村示范推广种植原原种200亩、原种800亩。通过种植示范基地(点)科学种植的示范引领和产量效益对比算账,为全乡进一步做优做强马铃薯主导产业奠定了坚实的基础。全乡2019年马铃薯总产值约4.5万吨,创收约4500万元。

【劳务产业】 全年完成劳务输出2217人,先后开展各类培训180人(任务数150人),培训完成率120%。其中刺绣50人、电工50人、砌筑工50人、创业致富带头人30人。全乡劳务输出人员主要从事煤炭掘井、电子、建筑、电焊、工程机械、餐饮等行业,重点在山西、内蒙古、灵武、银川、上海、广州、江苏等省市务工。全乡有劳务经纪人8人,带动农户常年稳定就业680人。2019年,全乡共完成劳务输出2217人,产业创收约2435万元。

【养殖业和秋杂粮种植】 全乡饲养羊10000只、生猪3200头、牛62头、鸡15000羽、大家畜608头、土蜂 800 箱。今年,鼓励建档立卡户补栏生猪 2400 余头、基础母羊补栏 8000 余只,养殖业创收约 1720 万元(羊 800 万元、生猪 800 万元、蜜蜂 120 万元);全乡种植秋杂粮 30000 亩(其中小麦 5000 亩、豆类 5000 亩、油料 5000 亩、荞麦 15000 亩),秋杂粮产业创收约 1060 万元。

【基础设施建设】 2019 年,完成了 S311 线道路提升改造项目 8.3 千米(关庄标段),关复路提升改造项目 13.4 千米,宋庄马圈自然村村道硬化 1.8 千米,宋庄马圈至庙湾下墩村道提升改造 700 米,窑儿村北岔至高台村胡尔岔村道硬化 4.5 千米,关庄村上、中、下套子村道硬化 2.86 千米。完成全乡2019 年农村安全饮水巩固改造项目,解决全乡 1416 户安全饮水问题。完成关庄乡街道人行道两侧面包砖砌护项目,建设通讯基站 3 处(宋庄村马圈、窑儿村大西沟、关庄村西沟),新建关庄乡卫生院综合办公大楼 400 平方米。

【帮扶单位项目资金】 全乡共争取宁夏回族自治区科技厅、宁夏农林科学院等 9 个帮扶单位项目资金 235.17 万元,涉及帮扶项目 23 个。其中宁夏回族自治区科技厅投入帮扶资金 83 万元,落实帮扶项目 4 个;宁夏农林科学院投入帮扶资金 6 万元,落实帮扶项目 2 个;宁夏国有资本运营集团公司投入帮扶资金 60.4 万元,落实帮扶项目 3 个;宁夏水务投资集团公司投入帮扶资金 32.71 万元,落实帮扶项目 4 个;宁夏煤炭勘测有限公司投入帮扶资金 27.96 万元,落实帮扶项目 3 个;宁夏再担保集团有限公司投入帮扶资金 18.5 万元,落实帮扶项目 2 个;中卫市科技局投入帮扶资金 1.5 万元,落实帮扶项目 1 个;县科技局投入帮扶资金 2.1 万元,落实帮扶项目 3 个;福建龙麟集团公司投入帮扶资金 3 万元,落实帮扶项目 1 个。

【民生保障】 全乡共落实转移性收入 1812.28 万元,有救助资金 99.16 万元,农村低保 1246 人 475.77 万元,高龄津贴 82 人 28.22 万元,五保金 39 人 23.06 万元,残疾人津贴 279 人 39.24 万元,优抚金、孤儿津贴 4 人 3.5 万元,养老金 1268 人 273.89 万元,草原补贴 98.343 万元,退耕还林补贴 148.34 万元,产业扶贫资金 607.79 万元。

【龙头企业示范带动】 高台村引进海原县绿谷生态农业发展有限公司,累计投入资金 70 万元,积极探索绿色生态林下经济发展新模式。共流转农户土地 3000 余亩,种植云杉、油松、山杏等树种 27000 多棵,种植杂粮、饲草 500 多亩,朝那鸡、珍珠鸡 10000 余只,养殖鸵鸟、野猪数十只,并吸纳了 35 户建档立卡户参与务工。在企业的示范带动下,农户共注册种养殖专业合作社 4 家,发展养殖大户 11 家,养殖示范户 6 家,有效带动了当地养殖业和劳务产业发展。同时,这种绿色生态林下经济发展模式成为关庄乡乃至海原修复生态与富民脱贫相互促进发展的范例。

【农户脱贫致富】 由窑儿村“两委”班子牵头,依托致富带头人注册的关庄乡裕亨种养殖专业合作社,建设 1500 平方米羊场 1 座,大力发展种草养畜,并吸纳建档立卡户 19 户,先后争取宁夏国有资本运营集团公司帮扶资金 49.7 万元,形成了“433”的村集体经济运营机制。2019 年,裕亨种养殖专业合作社共养殖基础母羊 350 只,盈利 17 万元,实现了家民增收、集体经济创收双赢。

【集体经济】 农副产品因受价格和销售渠道的影响,群众在种植业方面士气低落,积极性不高,大量土地出现撂荒现象。乡党委、乡政府通过调研后,积极争取宁夏回族自治区农林科学院与宁夏国有资本运营集团公司的帮扶,在窑儿村建设秋杂粮加工坊的基础上,建设军民油坊 1 处、醋厂 1 座,并以高于市场价收购农户的秋杂粮和油料作物,既解决了群众秋杂粮销售难的问题,又为村集体经济实现了创收,还激发了群众的种植积极性,增加了群众收入。

【党建和精神文明建设】 乡党委下设基层党支部7个(其中机关党支部1个、离退休党支部1个、村级党支部5个),全乡共有党员264人(农村党员232人、机关支部和退休支部32人),正式党员259人,2019年共发展预备党员5人,共培养入党积极分子15名。认真落实了每月1次的党委中心组学习制度,要求班子成员每月到村党支部检查指导工作不得少于2次,及时研究解决存在的困难和问题,形成了齐抓共管、责任明确、狠抓落实、跟踪问效的工作格局。2019年共召开乡党委会议23次,专题研究部署党建工作会议5次。共举办村"两委"干部党建业务培训2次,培训村干部114人次,组织党委中心组学习23次、干部理论学习34次,撰写各类心得体会180余篇。

【社会治理】 2019年全乡共发生3起刑事案件,治安案件26件,与2018年同期相比,发案率有所下降,未发生严重暴力事件、群体性事件,无越级上访人员。关庄乡积极上报重点场所视频监控建设点位信息,认真梳理重点场所,努力实现重点场所视频监控"全域覆盖、全网共享、全时可用、全程可控"的城乡一体化目标。进一步深化治安巡逻机制,乡派出所、综治办及各村开展经常性治安巡逻,每周不少于一次巡逻和检查督促,对关庄乡周边的治安重点场所进行重点巡视巡察,确保治安稳定,人人安居乐业。乡村两级干部有32人被吸收参与到化解各类社会矛盾纠纷中来,全乡6个调委会全建在网格中,努力构筑政府行政管理力量与社会民间自治力量互联、互补、互动的新格局。全年有效化解了各类信访案件10余件,成功调处了20余起矛盾纠纷,有力维护了地方社会稳定。

甘城乡

【概况】 2019年,甘城乡大力实施脱贫富民、乡村振兴战略,乡党委、乡政府确定了"1116"发展思路,即以脱贫攻坚为主线,以产业结构调整为抓手,以党员"543"管理为创新,主抓农业产业化、新型城镇化、交通建设、生态建设、民生服务、依法治乡六项重点工作,举全乡之力,攻脱贫之坚,力促全乡经济社会快速发展。全年实现农村居民人均纯收入7358元,比2018年同期增长12.5%。

【产业结构调整】 2019年,甘城乡继续加大产业结构调整力度,确定了"一主两特"的发展思路,主抓种草养畜主导产业,扩大红梅杏、西瓜特色产业,红梅杏特色产业初具规模,种植面积达5081亩,预计实现产值1700余万元;覆膜西瓜2980亩,预计实现产值450万元。坚持"扩牛稳羊"总体思路,全乡紫花苜蓿留床面积4.5万亩,草原生态17.92万亩,2019年引进华润基础母牛397头,牛存栏3586头、羊存栏2.14万只。同时,强化技术指导投入,加大技能培训力度,强制疫病全面免疫,全力保障养殖业高质高效发展。

【脱贫富民】 2019年,甘城乡以"一收入两不愁三保障"为目标,以"五个一批"和"六个精准"为抓手,对7个巩固提高村制定了村庄规划和产业发展规划,脱贫攻坚工作取得了实效。2014至2019年甘城乡累计脱贫727户2715人,贫困发生率由2014年的27.71%下降至现在的0.91%,现有未脱贫37户93人(其中返贫1户1人、新纳入1户7人)。共清理"五类"人员90户278人。

【安全饮水】 2019年,甘城乡共完成自来水入户894户、供水点供水40户、分散式供水75户,实现了1009户常住户安全饮水100%全覆盖;同时,完成自来水立杆入室830户,建设取水井763户,建设集中供水点 13 处,对 34 个自然村的人饮工程进行了维修改造,西海固脱贫引水甘城支线工程正常供水。

【危房危窑改造】 2019 年，甘城乡计划实施危房改造 192 户(其中建档立卡户 136 户),已竣工 192 户,已入住 185 户。C 级房维修加固 170 户(其中建档立卡户 126 户),D 级房直接拆除 533 户(其中建档立卡户 144 户),危房改造任务已全部完成。

【金融扶贫】 2019 年，甘城乡金融扶贫贷款 1766 万元,其中贫困户贷款 1351 万元,占 76.5%。金融扶贫贷款涉及 7 个行政村 465 户建档立卡贫困户，已完成第一季度贷款贴息 133518.1 元、第二季度贷款贴息 183097.69 元支付工作。

【技能培训及劳务输出】 2019 年，甘城乡紧紧依托县业务部门大力开展农村劳动技能和“两个带头人”培训,全乡共完成各类技能培训 500 人次,涉及工程车辆驾驶、厨师、红梅杏种植嫁接技术、西瓜繁育种植技术、西瓜田间管理、牛羊养殖技术等方面的农业技术。组织 26 名劳务经纪人建立村级劳务站 4 个，外出务工 2016 人次，预计实现劳务收入 3500 余万元,全乡上下形成了多渠道、全家庭,人人是劳力、全民动员的劳务产业格局。

【健康扶贫】 2019 年，甘城乡全面开展健康扶贫宣传,扎实做好送医上门和签约服务。完成送医上门 2226 人次，全乡 593 户贫困户慢病签约服务实现全覆盖,大病救助 27 人,患病农户自己支付均不超过 5000 元，大病分级诊疗和大病救助政策得到全面落实。

【教育扶贫】 2019 年，甘城乡建档立卡贫困户学生全部享受各类教育扶贫政策。有 6 名因重度残疾无法正常上学,均享受送学上门服务,全乡无适龄受教育儿童辍学现象,实现义务教育零辍学。

【生态建设】 2019 年，甘城乡完成 203 省道甘城段、24 千米盘甘公路和辖区内绿化树木及绿化树木的浇水、除草、涂红刷白等抚育管护工作;积极开展林业有害生物防治，有害生物无公害防治率达 90%以上;巩固好 4.89 万亩退耕还林成果,积极开展森林防火,加强对护林员的日常管理工作。全乡拆除空置院落 934 个,危旧房屋、窑洞 2335 间,残垣断壁 25283 米,清理生产、生活垃圾 1225 余吨。完成全乡 7 个村 34 个自然村人居环境整治。制定了甘城乡环境整治方案,建立“日保洁、周清扫、月评比、季观摩”机制,实行农户门前卫生“三包”责任制,开展农户卫生评比,对卫生不清洁家庭在全村予以公示,对卫生最清洁家庭在全村予以表彰。河长制管理做到按片区划,责任到人,任务到人,实行常态化管理。严厉打击毁林、破坏河道资源和矿产资源的违法行为,确保留住绿水青山。

【社会事业】 2019 年,甘城乡完成正常结扎 4 例,征收社会抚养费 1 例 0.5 万元,优生孕检 80 对,全部完成各项指标任务。进一步深化教育教学改革,加强学校管理,整合教育资源,实现教育均衡发展,提高管理水平和办学效益。多方筹措资金 11.8 万元,对 59 名一本、二本及高职以上困难学生进行资助。强化安全生产责任制,狠抓落实,层层签订责任书,定期安排部署,经常督促检查。严把道路交通安全关,严厉打击无牌、无证车辆上路行驶,重点开展农用车、摩托车违法载客整治活动;加大对非煤矿山、危险化学品、消防安全、食品安全、森林草原防火、人员密集场所的安全隐患排查和整治,通过定期不定期巡查、警示教育,确保安全生产责任到位、工作成效到位。

【精神文明创建】 2019 年，甘城乡各村把星级文明户、文明村镇等创建活动作为新时期农村精神文明建设的重要载体,通过在全乡广大农村组织开展“道德模范”“脱贫标兵”“移风易俗模范户”“星级文明户”“文明家庭”等评选活动,做到精神文明建设与物质文明建设有机结合。结合各村实际,大力弘扬社会主义核心价值观，继续开展丰富多彩的文化活动，做好数字电影进村服务工作，全年完成电影放映105场，完成总任务的100%，自乐班文化演出16场次。甘城乡文艺队在“礼赞我的祖国、舞动欢乐海原”广场舞大赛决赛中荣获二等奖。积极发挥各行政村文化室、农家书屋的作用，切实加强全乡精神文明建设。

【基础设施建设】 2019年，甘城乡新建道路工程4处(甘城至环县毛井乡硬化路1.7千米、三台村油路6.5千米、武塘跨沟硬化路1.4千米、乔畔4组砂砾化道路3.5千米)，全部由交通局实施，已全部开工建设。新建甘城乡卫生院，正在进行主体工程浇筑。新建双井、武塘两个扶贫车间，双井村的已竣工具备使用条件，武塘村的正在建设中。

【民生服务】 2019年，甘城乡重点向856户1126人低保户、6户8人五保户、83人高龄老人、140人残疾人、15名孤儿、25名优抚对象发放民政救助资金503万元(其中救灾款15万元，临时救助30万元)。建立群众诉求月月清制度，集民生服务中心、信访维稳中心、公安派出所、司法所“四位一体”工作格局，每周安排1名领导带领2名干部接访，针对复杂疑难问题，集中接待受理，办理答复，使群众诉求得到合理、有效解决。全年处理群众来信来访82件，办结82件。

【基层组织建设】 2019年，甘城乡扎实开展“不忘初心、牢记使命”主题教育活动。成立了领导小组，制定了主题教育工作方案，以“守初心、担使命，找差距、抓落实”为目标，把学习教育、调查研究、检视问题、整改落实贯穿主题教育全过程。在乡党委领导下，9个党支部全体党员，全部同步推进主题“不忘初心、牢记使命”主题教育，确保主题教育取得实效。实施“三大三强”促脱贫富民行动和“两个带头人”工程行动计划。全年共培训“两个带头人”27人次。配齐配强村“两委”班子和村监会班子，抓好乔畔、双井、三台、武塘四个软弱涣散党组织整改工作，实行村干部全职化上班管理制度。全年培养入党积极分子7名、预备党员3名。深入贯彻落实中央八项规定及实施细则精神和区、市、县党委有关文件要求，紧盯两个主体责任落实，在责任制落实、宣传教育、廉洁自律、机关效能建设、信访举报查办案件、勤廉为民、纠纷治乱、源头治理、党务公开等方面加大力度。执纪审查工作取得新突破，全年谈心谈话17人次，提醒谈话215人次，责任约谈2人次，通报批评3人次，完成转办案件3件。

郑旗乡

【概况】 2019年以来，郑旗乡坚持以习近平新时代中国特色社会主义思想为指导，深入贯彻落实党的十九大和区市县“两会”精神，全面落实各级脱贫攻坚和经济工作会议精神，按照县委、政府“55104”总体部署，全面提升脱贫攻坚质量、巩固脱贫攻坚成效，确保顺利完成2019年脱贫摘帽目标任务。全乡7个行政村全部脱贫出列，累计实现1379户5904人稳定脱贫，贫困发生率为1.32%。

【产业扶贫】 2019年，完成7个村产业验收和兑付工作，兑付补贴资金1030.9万元，其中：种植业验收34500亩、兑付补贴资金697.5万元，养殖业(基础母牛、母羊、特色养殖)补贴246.6万元，华润基础母牛补贴34.8万元，见犊补母补贴52万元。1. 特色冷凉蔬菜，在郑旗、吴湾和撒台村永久性蔬菜基地种植蔬菜5000亩，其中设施蔬菜25座(棚)，新建冰库2座。2. 特色秋杂粮示范带，做好“两山两川”秋杂粮产业带种植工作，辐射带动种植苦荞和糜谷等，引进合作社流转土地1.95万亩种植小杂粮(其中渗水覆膜谷子基地5000亩)、荞麦0.4万亩。发放马铃薯籽种260吨，种植面积5000余亩。3. 种植优质枸杞，农技协会规范撒台村千亩枸杞基地平整和品种改良 1600 亩。4. 推广草畜产业，在郑旗、吴湾和中坪等村种植优质牧草 1.1 万亩，其中甘农 3 号紫花苜蓿 2000 余亩、禾草 1500 亩。继续推广“基础母牛银行”和见犊补母，补栏华润基础母牛 55 户 141 头，优化建设万只羊场 1 处，养殖特色肉羊 3200 只，梅花鹿养殖场 2 处，养殖梅花鹿 200 头。全乡牛存栏 4650 头，其他大家畜 350 头、羊存栏 23750 只、鸡存栏 26000 羽。5. 劳务主导产业。完成劳务技能培训 390 人，组织劳务输出 6430 人次。全乡累计培训致富带头人 135 名，培训贫困户 300 人。新建扶贫车间 1 处，投产后解决 160 名建档立卡户妇女就近就业。

【农村饮水】 完成自来水入户 429 户，改造自来水 392 户，立杆入室 1800 户，分散式供水 31 户。建成联户井 110 个、蓄水池 15 个，完成管网维修 49.65 千米。新建调蓄水池 15 座(其中 1000 立方米调蓄水池 1 座、500 立方米 1 座)，解决水质不达标问题。

【义务教育】 强化控辍保学联保联控责任，实施贫困学生台账化精准控辍。前期摸排辍学学生 33 名，全部劝返。进一步优化学前、小学布局，确保适龄儿童完成义务教育。

【基本医疗】 城乡居民基本医疗保险、养老保险、大病保险和医疗救助保障实现全覆盖。完成中坪、撒台、西沿和吴湾 4 个村卫生室维修工作，累计签约服务 7436 人(建档立卡户 5345 人)，其中因病致贫人员 406 人（大病 83 人、重病兜底 1 人、慢病 302 人）。

【安全住房】 贫困人口住房安全基本得到保障，新建房屋 321 户，其中乡村代建补建 50 户，截至年底入住率达到 92%。空置院落 2263 户，完成拆除2218 户，完成率 98%；回迁任务 157 户，完成回迁 142 户，占 90.4%。

【扶贫信息台账】 做好国办系统数据核对纠错工作，严格落实“一月一比对”，完成 1506 条信息校对工作，清除并标注“五类”人员 170 户。动态信息增加 211 人，减少 171 人。户籍整顿合户总计 232 户(其中：建档立卡户合户 108 户、非建档立卡户合户 124 户)。信息外调整户外出 2102 户，其中区内 1830 户、区外 272 户。邀请县扶贫办个别指导和乡村全面参与的方式完善档案资料，指导各村档案资料归档整理。加大政策宣传力度，鼓励农户贷款发展合适产业，小额贷款贴息完成 1212 户 118.8万元。引导农户购买种植业、养殖业、农房等保险，帮助农户增强产业风险防控能力。

【扶贫问题整改】 严格履行主体责任，党委书记、乡长当好脱贫攻坚“双组长”，主要领导包片、班子成员包村，帮扶包保户，层层压实包抓责任。同时，成立乡级脱贫摘帽 10 个突击队和村级 7 个突击队。组织乡村干部、驻村帮扶干部、帮扶责任人户均入户 6 次，对全乡建档立卡户 1499 户、非建档立卡户中的边缘户进行全覆盖“地毯式”走访调研，完善扶贫手册信息，确保国办系统与手册一致。

【基础设施建设】 1. 美丽村庄暨文化旅游村后续项目。实施广场、停车场、路灯照明、给排水和绿化等工程，建成广场 2 处 1.1 万平方米，停车场 2 处 0.67 万平方米，安装路灯 72 盏，完成给排水 5.8 千米，绿化树木 1500 株。2. 西沿村扶贫车间及附属设施项目。新建扶贫车间 800 平方米、仓库 120 平方米，完成硬化场地等 2100 平方米。3. 机井建设项目。在郑旗村筹建机井 3 眼，旱改水地 650 亩，同时，做好中坪村、吴湾村和撒台村 9 眼机井的管护和运营。4. 村道新建维修项目。协调落实撒堡村通村硬化路 7.3 千米、砂砾化路 26 千米，撒台、郑旗等村道路硬化 5.3 千米，实施农村公路安全隐患整治 50 千米。5. 改善农村人居环境。组织村组干部、公益性岗位、建档立卡户和低保户等人员对黑海、郑曹和李贾公路沿线，河道两侧白色垃圾和各村主巷道垃圾集中清理，动员农户对房前屋后进行彻底清理,村容村貌及人居环境得到明显改善。

【社会保障】 1. 推进卫健工作。7个村标准化卫生室均配备电脑、药架、诊断床和健康体检一体机,实现基本医疗及基本公共卫生均等化服务。2. 社会保障体系。在册享受农村低保2343户3005人、城市低保40户54人、五保户18户19人、孤儿15户27人,282名重度残疾人护理费、补助及时足额发放,向生活困难的群众3150人发放临时救助金210万元。3. 文教工作。播放电影91场,向2019年考入高校109名大学新生发放资助金21.8万元。4. 移民工作。南山,撤堡撤村并组村移民98户,同时结合危旧院落拆除工作,积极动员投亲靠友5户,海兴开发区公租房安置124户。

【社会治理】 1. 扫黑除恶。认真贯彻落实党中央决策部署,加大宣传动员,广泛发动群众积极参与,形成震慑。2. 化解矛盾纠纷。积极发挥人民调解、司法调解等作用,推广"枫桥经验",扎实推进矛盾排查调处工作。接待信访群众236人次,有效化解上级转(交)办案件44件。未发生进银赴京信访案件和群访事件。3. 依法管理民族宗教事务。教育引导干部群众牢固树立正确的民族观、宗教观,教职人员选聘和民主选举等实现了规范化和法治化。加大"四进"和"三化"治理等工作,社会主义核心价值观、国旗、报刊、文化书屋"四进"宗教场所。4. 安全生产。扎实开展经常性的隐患大排查工作,未发生重大安全责任事故。5. 移风易俗。各村完善村规民约,成立了红白理事会等,充分发挥村民自治组织作用,树立文明乡风。

【基层党组织建设】 1. 落实党内基本制度。牢牢把握"守初心,担使命,找差距,抓落实"总要求,扎实开展主题教育工作。严格落实党委抓党建工作主体责任,结合脱贫攻坚等重点工作,配齐配强村"两委"班子3人,增强班子的凝聚力和战斗力。2. 坚定党员理想信念。开展中心组学习21次、例会学习25次。发放党章党规等必学材料500余册,脱贫攻坚政策汇编和挂图3000余份,结合为民服务解难题"十个一"活动,印发《郑旗乡基层党务工作实操手册》《郑旗乡"不忘初心、牢记使命"主题教育会议精神及相关文件汇编》和《郑旗乡"不忘初心、牢记使命"主题教育辅助学习材料》等60余册,组织15名大学生走访农户1200余户,对查出的不足和短板点对点、人对人解决。通过送学上门、微信推送和学习强国口播等内容向96名党员送学。举办庆祝新中国成立70周年"礼赞新中国,奋进新时代"系列活动,配合宁夏公共频道现场实景录制《咱们村的带头人》,开展脱贫攻坚政策宣讲和满意度"双提升"宣讲、扫黑除恶专项斗争、"以案说法基层行"宣讲、"法律明白人""抵制高额彩礼、反家庭暴力法"等活动16场次,举办"妇女文化素质提升"培训班1期。增强广大党员忠诚担当意识,号召广大党员干部群众更加主动、积极地投入到脱贫致富中。按照"急需急用急办"原则积极争取部门帮扶合力促脱贫,围绕产业项目、基础设施、科技服务等,宁夏军区、交投集团和中石油宁夏销售公司等企事业单位帮扶180余万元。3. 脱贫富民行动。对西沿、中坪、撒台和郑旗村等党员活动室进行维修,配齐村级小饭桌,有效激发基层组织活力。培训"两个带头人"30名,查漏补缺农村致富带头人82人、村级后备力量22人。对在册24家合作社进行重点走访和引导发展,引进4家合作社开展种植秋杂粮、万寿菊,养殖肉驴和梅花鹿等。同时,积极对接对口帮扶单位,邀请区农牧厅、林业厅和区科协等专家现场授课6场次,不断提升种养殖大户种养水平,为脱贫致富注入活力。4. 党风廉政建设。加强党员教育管理,增强党组织的组织力、战斗力,解决农村党支部软弱涣散的问题。坚持把纪律挺在前,深入推进"党政机关作风建设年、干部队伍素质提升年"活动,解决发生在群众身边的不正之风和腐败问题,发挥村监会作用，健全谈话室1个，加大查办群众身边的违纪违规问题处理力度。

李俊乡

【安全饮水】 2019年，全乡开展安全饮水工程改造，完成立杆入室，自来水入户率达100%，维修管道42.8千米，新建蓄水池3座，新建及维修闸阀井110座、联户井182个，全面解决了全乡群众的安全饮水问题。

【义务教育】 2019年，全乡有学校5所，教学点4个，幼儿园1所。在校学生1798名(包括学前、幼儿园)。全乡5至12周岁在校适龄儿童1338名县内就读895名，(其中：建档立卡家庭儿童515人、边缘户儿童8人、低保户儿童355人、残疾儿童9人、孤儿10人、休学2名)，县外就读443名。13周岁至15周岁适龄少年460人（其中：县内就读232名，县外就读100名，已毕业128名)，经摸底核查，无义务教育阶段辍学学生，全面保障义务教育阶段学生上学问题。

【基本医疗保障】 2019年，全乡有卫生室6个，基本医疗保险参保人数7768人，实现建档立卡贫困户全覆盖。大病患者21人，已全部集中救治。全乡完成慢性病签约服务479人，其中建档立卡户82人。家庭医生签约服务完成6394人。

【安全住房】 2019年，共完成危房改造167户，并委托专业机构对全乡房屋安全进行鉴定，并将《房屋安全等级认定表》全部发放到户，完成红星、蔡祥、蒿滩、联合、团结、李俊6个村查漏补缺纠错工作，确保全乡群众有安全住房。对联合村地质灾害点8户(30人)农户院落、房屋实行货币化征收，进行了妥善安置。同时，强化灾害点监测预警，安排专人值班执勤，进行全天候监测，确保群众生命财产安全。

【“有土”产业】 2019年，坚持“固定扩面”，继续巩固发展传统种植业，引导发展草畜产业，不断扩大马铃薯、玉米、秋杂粮等产业，加大禾草和紫花苜蓿种植面积。2019年共完成马铃薯、秋杂粮、玉米、饲草种植352.7亩、1281.2亩、3190.1亩、1320.9亩。以红星村高端肉牛养殖示范村为引领，鼓励贫困户通过华润“基础母牛银行”赊销发展牛养殖业。同时，根据各村实际合理发展羊产业，目前全乡建档立卡贫困户完成基础母牛补栏545头(其中华润赊销基础母牛213头)，基础母羊补栏1812只。利用联合村、团结村实际，鼓励建档立卡贫困户积极发展蜜蜂养殖，扩大增收渠道，全年完成特色种植177.5亩、特色养殖蜜蜂143箱、肉驴5头、生猪5口，建设棚圈97座，兑付各类产业资金690.88万元。

【“离土”产业】 2019年，完成“致富带头人”培训30人，汽车驾驶员培训120人，开展实用技术培训25人，“两后生”培训147人。建档立卡贫困人口实现劳务收入1200多万元，兑付劳务奖补资金119.3万元。

【金融扶贫】 7月底，全乡在各金融机构贷款余额1120户5524万元，其中建档立卡贫困户522户2428万元。完成建档立卡贫困户扶贫小额贷款贴息资金支付62.06万元，基本上做到了应贷尽贷。完成”扶贫保“建档立卡贫困户全覆盖。大力强化宣传，确保了扶贫小额贷款用于产业发展。

【反馈问题整改】 2019年，扎实推进各级各类督查检查反馈问题的整改落实工作，并按照一个问题一套台账，逐一销号。中央脱贫攻坚专项巡视自查自纠发现问题梳理认领22条，整改落实22条。2018年省际交叉考核反馈问题梳理认领18条，整改落实18条。自治区党委第一巡视组专项巡视海原县脱贫攻坚边巡边改移交问题梳理认领8条，整改落实8条。自治区党委第一巡视组专项巡视海原县脱贫攻坚反馈问题梳理认领8条，整改落实8

条。自治区扶贫办督查督导反馈问题梳理认领8条,整改落实8条。中卫市大普查反馈问题梳理认领124条,整改落实124条。县委主要领导督查检查反馈问题32条,整改落实32条。

【社会事业】 2019年,全乡纳入低保72户82人,建档立卡户59户67人,其中兜底9户25人。将276户430人中60岁以上符合政策的老年人全部纳入低保保障范围。不定期开展企业安全生产大检查,加大安全生产隐患排查整改力度,确保安全生产,杜绝安全事故发生;认真排查辖区内道路交通安全,与各行政村、农户签订农机作业安全责任书,杜绝农用车非法载人;对全乡所有非煤矿山、砖瓦场全部关闭,杜绝厂矿企业生产造成环境和大气污染。人大代表、政协委员联络工作水平逐步提高,党管武装工作得到坚持和加强,深化民兵调整改革工作顺利完成,组织民兵集中训练2次60人次、武装干事2人培训1次,完成预备役登记86人,全年征兵2人。共青妇及工会工作有序开展。

【基础设施建设】 2019年,实施村组道路硬化5.14千米,其中团结村0.896千米、联合村3.242千米、红星村1.002千米。完成潘西公路等主干道路绿化9.5千米,完成乡村义务植树5000株。投入装载机、挖掘机等工程机械6台,自卸车5辆,农用车12辆,累计清理河道、沟道积存垃圾42处,清理“五堆”750余处,清运生活垃圾、建筑垃圾5100吨。拆除空置院落和危旧房屋599户,拆除残垣断壁、土危墙6840米,使农村人居环境显著提升。

【信访维稳】 2019年,各行政村、各乡属单位承担从源头化解信访矛盾纠纷的责任,加大调处力度,提高调处率,按照“分级负责、归口办理”,“谁主管、谁负责”的原则,全乡共接到网上信访件5起,中卫市12345市长信箱件18件,现已全部高质量办结,并对所有办理信件进行“回头看”,确保已提出化解的案件不反弹,确保重点人员稳控在当地,实现信访积案“杜绝增量、减少存量、清仓见底”。

【扫黑除恶】 全年共培训24场次,进行集中宣传5次,制作扫黑除恶专题宣传片1期,在全乡范围进行集中入户线索摸排1次,入户数达1200户;发放各类扫黑除恶应知应会知识读本,组织干部考试2次,提高了宣传教育的针对性和实效性;在各行政村公路沿线、村级醒目位置分别悬挂横幅共78条、永久性标语20条,制作宣传栏18个、张贴海报600张、散发宣传单2500份,在全乡利用宣传车用大喇叭反复进行扫黑除恶政策播报,切实做到让扫黑除恶家喻户晓、人人皆知。重点组织走访、摸排辖区各社区服刑人员和刑满释放人员,做谈话记录,签署不参与涉黑涉恶涉乱承诺书,填写线索摸排表完成率98%;将鼓励积极检举揭发与深挖问题线索结合起来,做到及时发现、及时反馈、及时上报,为精准打击黑恶势力奠定坚实基础。结合脱贫攻坚自查自纠工作,制作入户摸排表,逐户宣传和摸排线索,让扫黑除恶专项斗争深入人心,传递到千家万户。

【农田水利】 2019年,整修农路2条5.2千米,建设畦田0.44万亩,沟道整治1.2千米,自来水立杆移入或建室外取水井243户,集中供水点4处。增施有机肥0.8万亩,机深翻0.19万亩,机普翻2.57万亩,秸秆利用0.6万亩,秋季残膜回收0.2万亩14吨,做好树木抚育管护及森林草原防灭火工作。

【河长制】 2019年,境内3条河流全面建立河长制工作机构,构建乡、村两级河长制网络体系,明确水资源保护,河道堤防保护、水污染治理、水环境治理、水生态修复和执法监管等任务。乡、村两级做好巡河,及时制止非法采砂、非法排污、垃圾乱倒等破坏河道行为。同时设立乡、村级“河长”,以河长制促进河水治理,实现河畅、水清、岸绿的目标。

【解决移民遗留问题】 2019年,建设集中安置点3个,对团结村牛堡、崖湾自然村,李俊村毛儿沟、马儿山自然村，联合村永丰、拐洼自然村，联合村冯沟、海子自然村政策性移民迁出区遗留人口和地质灾害带上的人口进行了集中安置。团结村崖湾安置点安置人口 27 户 134 人，李俊毛儿沟安置点安置人口 20 户 100 人，三河镇富陵安置点安置人口 28 户 120 人。对上窑、李洼两个移民整村迁出区进行了集中整治，解决了已搬迁移民“两头跑”的问题。

【党的建设】 2019 年，举办“致富带头人”培训班 1 期，共培训“致富带头人”30 名，选派 2 名优秀的带头人赴外省观摩学习。全年共培训有带动能力“致富带头人”18 名。全乡 2019 年已确定党员发展对象 8 名，其中 7 名已通过支部党员大会顺利接收为预备党员。全年共组织开展支部主题党日 50 余次，组织党员学习党的相关政策知识，开展义务劳动、重温入党誓词、交纳党费、共产党员的信仰、升国旗等活动，有效提升了党员的政治意识，促进了党员先锋模范作用的发挥。通过成立李俊乡“廉情诊所”监督工作领导小组，设立 6 个村级“廉情诊所”，以解决发生在群众身边的不正之风和腐败问题为重点，创新监督方式，拓展监督渠道，完善监督机制，促进基层权力规范运行，推动全面从严治党向纵深发展。李俊乡集中学习 18 次，集中研讨 1 次；开展调研 4 次，共有 23 人参与讨论，读书班学习 6 次；检视问题上报 4 条（党委班子 2 条、领导个人 2 条），整改 4 条。

九彩乡

【脱贫攻坚】 2019 年，紧紧围绕“两不愁三保障”目标，聚焦深度贫困村和重点人群，全面推进“五个一批”和“六个精准”，6 个行政村均培育了以种草养畜和劳务输出为主的主导产业，安全饮水、义务教育、基本医疗、安全住房等各项硬性指标全部达标，贫困家庭人均可支配收入达到 4000 元以上。每个贫困村级集体经济收入达到 5.534 万元，有标准化村卫生室，通硬化路、通公交、通动力电、通宽带，贫困村达到人居环境干净整洁的要求。马圈、元套深度贫困村稳定退出，马套、九彩、马湾、新庄 4 个一般贫困村得到有效巩固提升。全乡共有建档立卡户 360 户 1466 人、已脱贫 339 户 1398 人、未脱贫 21 户 68 人，贫困发生率为 1%。

【主导产业】 2019 年，培育了新庄、九彩、元套、马圈 4 个万亩优质牧草种植基地，紫花苜蓿留床面积达 5.1 万亩。结合实际持续拓展华润“基础母牛银行”模式，动员群众积极引进华润基础母牛 100 头，重点打造元套、新庄高端肉牛养殖示范村 2 个；扶持以养殖野鸡为主的七彩、国宝特种养殖专业合作社 2 家；牛、羊存栏分别为 3159 头、7069 只。逐步完善全面预防、及时预警、防控有力、运行高效的动物疫病防控体系，年内牛、羊、禽防疫密度达100%，牛、羊耳标佩戴率达 100%。全乡种植玉米、豆类及秋杂粮 23428 亩，重点在元套、新庄和马湾 3 个行政村集中连片种植秋杂粮 6000 亩，禾草 3533 亩，花椒存活 426 亩，建档立卡户产业覆盖率为 88.6%。完成残膜回收面积 0.26 万亩，残膜回收 18 吨，回收率达 100%。完成各类培训 4 期 161 人，稳固新疆吐鲁番采摘装运、内蒙古建筑搬运等劳务输出基地 6 处，稳固输出近 2607 人，创收达 136.42 万元。

【基础设施】 2019 年，完成元套、马湾寺阳、新庄古城村道路硬化 6.05 千米；整修农路 8 条 10.9 千米；完成元套、马圈、新庄、九彩行政村无害化厕所 120 座。郑九、九寺公路九彩段升级改造工程全面完成。对全乡 6 个行政村 23 个自然村 814 户农户的自来水进行了升级改造，安全饮水普及率 100%；完成危房改造 131 户，安全住房率达 100%，影响脱贫攻坚任务完成的自来水、安全住房问题彻底解决。围绕九彩坪旅游景观改建民族风情村 28 户，新建非物质文化传承基地、花儿传承基地和农副产品展销店一处。

【环境整治】 2019年,持续推进“清水畅河净源”行动及河湖“清四乱”专项行动,重点开展河道综合整治、农村生活垃圾及生活污水整治,河道内乱占、乱采、乱堆、乱建等问题的专项清理整治行动,清理“五堆”共2370吨,清运垃圾850车,清扫路面45千米;对“十一五”“十二五”生态移民迁出区危房和自发移民空置院落共拆除1290户,全力拆除残垣断墙,平整院落,积极营造道路畅通、环境优美、村貌整洁、管理规范的人居环境。

【生态修复】 2019年,完成九彩街道绿化25000平方米;中静公路两侧绿化云杉苗木3000株,新街道两侧绿化香花槐200株;修剪树木6000株、涂白刷红6000株。不断巩固生态修复造林成果,层层签订责任书,扎实做好封山禁牧和草原森林防火工作,对偷牧放牧实行零容忍,坚决保护生态,构筑生态屏障。

【科教文卫】 2019年,狠抓教育教学管理,不断优化教育资源配置,严格控制学生辍学率,适龄儿童、适龄少年入学率达100%。对符合享受“雨露计划”政策的44名学生发放补助6.6万元。完善九彩乡村级文化活动中心运行机制,深入开展各类文体活动,庆祝中华人民共和国成立70周年期间,举办了篮球运动会、爱国知识有奖竞赛活动,活跃丰富了乡村两级干部群众的精神文化生活。大力开展“我脱贫我光荣”和“移风易俗、弘扬时代新风”先进典型评选活动,对全乡56名先进典型进行了表彰奖励,不断倡树社会文明新风,有效激发群众脱贫致富内生动力,促进乡村振兴。

【医疗卫生】 2019年,全乡基本卫生签约3609人,纳入重病管理1人,大病管理110人,慢性病管理531人,乡村两级医疗人员每月定期对病患者上门服务,提出治疗意见,做到了早发现、早诊断、早治疗,管理治疗率100%。乡卫生院对所有住院治疗的病人全部落实了“先诊疗后付费”。

【民生保障】 2019年,全乡对低保进行了核查,取消42户46人,新增113户135人;取消残疾人补贴38人,新增18人。全乡现有农村低保669户1039人、五保供养15人、残疾261人,社会保障全部实现应保尽保。

【驻村帮扶】 2019年,各驻村工作队充分发挥自身优势和示范带动作用,农牧厅累计帮扶元套村60万元,中国银行累计帮扶九彩村50万元,海原县国税局累计帮扶马套村12万元,政府办累计帮扶新庄村1万元,重点扶持各村产业发展和民生改善,得到了群众一致好评。

【社会治理】 2019年,为不断加强和创新社会管理工作,建成了“六个一”(一个综合的工作机构、一个专职的调解队伍、一套顺畅的工作流程和机制、一条龙对接、一站式办理、一揽子解决)综治维稳大调解工作体系和机制,先后接待来访群众23起,调处率100%。深入推进扫黑除恶专项斗争工作,悬挂扫黑除恶专项斗争横幅48条、发放宣传单2500余份、出动流动宣传车12次,全乡23个自然村醒目位置张贴扫黑除恶专项斗争公告,同时公布举报方式,做到宣传无死角。核查上报线索2条。坚持民族宗教依法管理,积极引导“合坊并寺、合坊用寺”,妥善处理移民迁出区宗教场所;深入推进国旗、社会主义核心价值观、文化书屋、党报党刊“四进”宗教场所活动。深入开展民族团结进步示范乡创建活动,有力促进全乡民族团结进步、和谐发展。

【基层组织建设】 2019年,对九彩村等5个软弱涣散基层党组织进行集中整顿,村“两委”班子配齐配强、发展党员工作顺利、信访矛盾得到化解、党建水平有所提升,成效明显。扎实开展“不忘初心、牢记使命”主题教育活动,成立7个党支部指导工作组,全程指导督促各党支部主题教育开展情况。党委班子成员集中学习13次,专题研讨6次,班子领导讲党课10次;共查找出问题17条,已整改完毕;对外出务工流动党员、年老行动不便党员共31人进行结对帮学、送学的形式,确保党员学习全覆盖。严格执行《海原县村级班子及干部绩效考核管理办法》,加大对村级班子及村干部的管理考核力度,对于1名考核不称职的村干部进行了撤换。

史店乡

【概况】 2019年,紧紧围绕"5234"的工作思路,立足乡情,抢抓机遇,解放思想,苦干实干,不断开创全乡经济社会发展新局面,切实维护社会稳定大局,为全面建成小康社会而不懈努力奋斗。全乡有人口6369户22768人,常住人口14828人,农民人均可支配收入达到8560元,土地总面积22.1万亩,耕地14.1万亩,退耕还林面积3.46万亩。

【基础农业】 2019年,全乡种植小麦7413亩,玉米8510亩,秋杂粮2.2万亩,马铃薯6435万亩。

【特色产业】 围绕全乡2019年发展思路,立足优势,突出特色产业发展。运用"合作社+农户"联农带农机制,在史店村、苍湾村落实红葱基地5000亩,在苍湾村油坊院种植葱蒜800亩,在前川村发展花椒种植722亩,米湾村新种香水梨512亩,乡村绿化植树12000株,苍湾、史店庭院经济种树5800株,强化了深度贫困村产业发展基础。

【草畜产业】 全乡牛存栏2239头,羊存栏12885只,滩羊选育2070只。以养殖示范村、养殖大户为载体,通过示范引领全乡种草养蓄业的规模化发展,促进全乡种草养畜业向专业化、规模化、标准化、集约化方向发展,为全乡农业产业化发展奠定了坚实基础。

【休闲农业】 实施田拐村万亩红梅杏基地抚育管护工程,并间作种植油菜、荞麦8822亩,探索红梅杏管护长效机制,为发展乡村文化旅游奠定基础。2019年8月16日至20日,成功举办海原县2019年乡村文化旅游节系列活动暨"史店乡第二届大美田拐旅游节",策划举办庆祝祖国70华诞、"花海游园"全县职工千人健步走、河道越野场地赛、"红梅杏杯"篮球运动会和道德模范表彰等10余项活动。活动期间,约有4万人次游客观众到田拐村观光旅游,新华网、人民网等10余家媒体进行了广泛报道,充分展现了田拐丰富的文化旅游资源和开放文明的良好形象。

【脱贫攻坚】 2019年,对照"55104"目标任务,全面对标"两不愁三保障"要求,开展问题查找和整改清零,着力补齐义务教育、基本医疗、住房和饮水安全短板,全力冲刺脱贫摘帽,确保全乡同步全县如期脱贫。全乡现有建档立卡贫困户1660户6015人,2019年纳入边缘户42户156人,全乡社会保障兜底共30户64人。2014至2019年,累计脱贫7个贫困村,减贫1794户6940人,贫困率由2014年的31.3%下降到2019年的1.47%,目前所有贫困村均出列,剩余贫困人口139户335人。实现了"村有主导产业、户有增收项目、人有致富技能"。

【安全饮水】 全乡自来水已入户3911户,补入户670户,立杆入室1798户,管道维修更换81.7千米,新建蓄水池11座,联户井395座,安装保温井600个,建立集中供水点8处,现已全部实现安全饮水。

【危房改造】 完成危房改造651户,拆除土房土墙1095户,残垣断壁23137米,清理垃圾150吨。

【义务教育】 全乡摸排12名辍学学生,已全部劝返入学,并一直跟进,发现有辍学儿童立即劝返入学。史店学区对全乡8名残疾儿童定期组织人员送学上门。

【基本医疗保障】 各行政村均具备标准化村卫生室,均具备基本药品。精准识别患病人口987户1395人,实行家庭医生签约服务1793户,各村大病、慢性病全部签约到位,医生每月至少一次到患者家进行医疗服务;免费体检1959人次,全乡建档立卡户医疗保险全部覆盖。

【产业到户项目】 劳务输出6551人(建档立卡贫困群众2053人),聘用公益性岗位193人,光伏扶贫电站收益分红涉及308人。

【基础设施建设】 2019年全乡新改建农村公路13.04千米。新建史店村、田拐村扶贫车间两个,招工162人,建设苍湾安置区养殖园区二期,建设史店安置区排水渠及养殖棚圈85座。

【金融扶贫】 2019年积极对接金融机构建档立卡贫困户扶贫小额贷款7327.4万元,前三季度扶贫小额贷款贴息共计78.75万元;"养牛贷"涉及建档立卡户39户,贷款金额195万元,共贴利息21207.42元。

【资金兑付】 共计兑付扶贫产业补贴996万元,劳务奖补资金247.9533万元,公益性岗位兑付工资36.72万元。

【技能培训及电商扶贫】 全年共组织技能培训5班次,分别是:牛肉拉面培训班1次、挖机培训班1次、电焊培训班1次、瓦工培训班1次、家政培训班1次。海原县光伏扶贫贷款涉及建档立卡户305户,每户每年分红2492元。

【民生保障】 2019年,认真开展农村低保专项整治,通过对在册享受低保人员进行核查排查,共清退死亡,移民搬迁、脱贫、分户迁出等不符合享受低保条件人员151人,新纳入享受低保人员473人,确保应保尽保,应退尽退。全乡现有城市低保28户41人,农村低保2119户2992人,高龄172人,特困人员供养55户66人(分散31户35人、集中24户31人),新增建档立卡贫困低保户30户64人。残疾生活补贴616人,残疾护理补贴257人。高度重视农村养老和新农合工作。全乡新型农村合作医疗参合率达100%,积极开展大病救助保险,极大地缓解了群众看病难和看病贵的问题,最大限度地降低了因病致贫和因病返贫现象的发生。积极开展大学新生困难家庭资助活动,共资助困难家庭大学新生172人34.4万元。开展退役军人生活困难救助101人5万元。个人支付住院费用5000元以上14人补助10.3万元。特困人员和集中供养人员31人发放补助9.3万元,共计发放大病等家庭生活困难救助23.9万元。免费开展孕前优生健康检查203对,有效降低出生缺陷发生的风险,提高出生人口素质,人口和计划生育服务不断优化。教育、文化、医疗卫生工作有效加强,史店、徐坪和田拐3个老年饭桌运行良好,建成史店中心幼儿园和前川幼儿园,为幼儿提供更加充裕、更加普惠、更加优质的学前教育。

【党建工作】 进一步强化党委书记为全乡党建工作第一责任人的责任,完善乡党委班子成员联系党支部党建工作制度,乡党委与7个村党支部、1个机关党支部签订党建工作责任书,各党支部进一步明确党建工作责任人,乡党委党建工作领导小组切实履行职责,召开3次党建工作专题会议。以软弱涣散党组织整顿为抓手,选优配齐配强村"两委"班子,壮大后备队伍。以"三会一课"、主题党日活动为载体,对党员进行集中教育培训,共补选7名村"两委"班子成员,切实强化村干部队伍。全年接收预备党员3人,确定入党积极分子8人,不断为党组织建设注入新鲜血液。举办党建业务知识培训班、"四议两公开"专题培训班,加大村"两委"班子及后备干部业务知识能力培训,严格规范"三会一课"记录、公示公开程序,健全组织生活会,建立健全党建联系领导机制。严格按照村级活动场所规范化建设"七室一中心五栏一院一广场"要求,完善规范7个行政村基础设施,为更好地服务群众,助力脱贫攻坚提供基础保障。

【"不忘初心、牢记使命"主题教育】 为党员干部个人发放各类学习资料450余本；组织开展集中学习47班次，领导干部参与交流研讨58人次，党委班子成员及党支部书记讲党课8次，普通党员参与交流研讨63人次，参加形势政策教育280人次，参加先进典型教育338人次，参加警示教育257人次，开展6次专题学习研讨，在脱贫攻坚摘帽的关键时刻，为党员干部提振信心加油鼓劲。

【整风肃纪】 1. 落实“两个责任”。强化责任担当，明确职责分工，认真落实党委主体责任。切实落实党风廉政建设“一岗双责”，班子成员率先垂范，做到重点工作亲自部署、重大问题亲自过问、重点环节亲自协调、重要案件亲自督办。强化制约监督，突出职能定位，切实加强纪委监督责任。把全面从严治党、加强党内监督贯穿工作始终，对苗头性、倾向性问题及时提醒教育，做到令行禁止、政令畅通。2. 整改落实。深入开展“党政机关作风建设年、干部队伍素质提升年”活动，对15名“走读”干部进行了集中约谈，督促干部牢固树立规矩意识。对市第十四督导组反馈脱贫攻坚问题和各级部门督查检查问题列出整改清单，明确整改时限和责任人，强化督导落实，全部整改到位。扎实开展扶贫领域突出问题集中整治，围绕全乡脱贫攻坚和重点工作开展督导检查，对各村存在的问题及时反馈整改。对贯彻落实中央八项规定精神情况进行“回头看”，进一步巩固了专项整治成果。3. 民主监督。在全乡7个行政村全面推行“廉情诊所”和“村廉通”机制，全面加强村级民主监督，切实打通为民服务“最后一千米”。7个行政村“廉情诊所”共坐诊120次、看诊8次、问诊5次、巡诊6次、会诊8次，收集非廉情类问题147件，转办24件。全乡7个行政村“村廉通”账户全部开通并规范运行。4. 执纪问责。强化监督执纪“四种形态”，认真落实“五谈二会一报告”工作机制，累计谈话121人次，其中县包乡领导对乡党委班子提醒谈话9人次，乡党委、纪委负责人集中约谈乡村干部77人次，约谈村“两委”及村监会负责人、驻村工作组成员35人次，对新增村组干部进行了资格审查，任前廉政谈话7人。5. 惩治腐败。共受理问题线索12件，其中初核了结5件，给予组织处理5人；转立案4件，给予党内警告处分1人，党内严重警告处分2人，开除党籍1人；正在办理3件。积极配合县纪委开展执纪审查工作，参与核查中央扫黑除恶督导组、自治区党委第一巡视组、县扫黑办转交问题线索12件。

【社会治理】 认真贯彻落实区、市、县政法工作会议精神，立足史店乡实际，加强和完善社会管理综合治理工作机制，全面深化平安建设，着力完善社会治安防控体系，着力排查调处矛盾纠纷，着力加强基层组织建设，不断深化“平安史店”建设，确保了全乡社会和谐稳定和人民群众安居乐业。依托“农民讲习所”、宪法宣传日先后在各村组织扫黑除恶专项斗争宣讲会20场，开展扫黑除恶、禁毒等宣传教育活动10场，发放宣传手册10000余份，依托“互联网+法治宣传”的模式，大力开展新媒体法治宣传活动，集中开展扫黑除恶法治宣传活动，在全乡营造全社会参与打击黑恶势力斗争浓厚氛围，取得了良好的成绩。结合《史店乡开展扫黑除恶专项斗争线索摸排工作方案》，在辖区内开展拉网式排查，发放9500份摸排表，通过梳理研判整理出8条线索，现均有处理结果，并进行了一线索一档案存档。不断提高打击刑事犯罪的能力，深入开展扫除“黄、赌、毒”、反邪教的斗争。截至目前，共排查各类矛盾纠纷40起，调处成功40起，调处率100%，成功率100%。进一步加强乡村两级治安防范网络建设，以各个行政村为重点，切实加强基层综治机构的建设，以农村自然居住点划分责任区，组织各种行之有效的治安防范，开展联防互保。配齐配强乡村两级信息员8人，并以3条主要公路为干线，建立治安报警点7个，实行治安报警登记制度。截至目前,全乡未发生重大刑事案件,未发生重大治安案件。

【精神文明建设】 紧紧围绕培育和践行社会主义核心价值观,进一步深化群众性精神文明创建活动,建立完善红白理事会、村规民约等群众自治组织和章程,倡导婚丧节俭,反对大操大办,提倡节俭之风等系列主题活动,取得了明显成效。徐坪村被国家民族事务委员会评为"全国民族团结进步创造示范村"。发挥乡风评议、乡贤引领、典型带动、社会监督的力量,弘扬时代正气、树立文明乡风。表彰了15名移风易俗模范、脱贫标兵等道德模范榜样,成立乡脱贫攻坚政策宣讲队,围绕脱贫攻坚、移风易俗、扫黑除恶等方面开展集中宣讲4499场次,帮扶责任人宣讲15405场次,为村民送去精神套餐。通过教育引导、典型示范和村民自治等方式,充分发挥贫困群众的积极性和创造性,激发贫困群众的内生动力,实现从"要我脱贫"到"我要脱贫"的转变,助力全乡脱贫摘帽。

【文化事业】 成立海原县图书馆史店分馆,配备书籍2588本,配备文化管理员1名,图书管理员1名,放映数字电影118次,秦腔进村活动2次,荣获海原县元宵节社火展演三等奖,开展了大川村"手牵手　心连心"助力打赢脱贫攻坚战结对帮扶篮球友谊赛、米湾村广场舞比赛、田拐村第二届乡村文化旅游节等丰富多彩的群众文化活动。

曹洼乡

【脱贫攻坚】 2019年,对全乡范围内的人饮主支管道毁坏情况和冬季冻点进行全面排查,完成管网维修11处5.8千米,冻点维修11处830米,支管改线1处1200米。完成室外保暖取水井304座,补入自来水98户,立杆入室468户,全乡自来水入户率100%,供水及时率100%。基本医疗保障方面,全乡建档立卡户786户2777人基本医疗保险参保率100%。慢性病签约服务1851人全覆盖,其中常见慢性病患者519人,实现及时上门服务和回访。各村村医和120种常规药品基本配备到位。义务教育保障方面,通过摸排发现共有辍学学生10名,均已劝返入学。结合暑假"千名教师进万家"活动,加大了摸排义务教育阶段辍学情况,义务教育阶段学生入学率100%。安全住房保障方面,全乡187户危房,全部完成原址翻建,异地迁建6户,直接拆除166户,回迁34户,代建5户。全乡农村低保1017户1297人(其中建档立卡户618户838人、建档立卡兜底户126户253人),五保户28人(其中分散供养19人、建档立卡户10人);高龄老人78人(其中建档立卡户40人);孤儿14人(其中建档立卡户13人);残疾人739人(其中重度残疾119人、享受生活补贴454人、护理补贴113人,建档立卡人口408人)。

【实用技术培训】 2019年,加大农业实用技术培训力度,重点围绕特色种养、电子商务等内容,组织村组干部、致富带头人、养殖大户、种植养殖和电商实用技术等培训8场次,共246人,职业技能培训3场次,共150人,培训贫困劳动力328人,全乡输出贫困劳动力800多人,实现劳务收入4000余万元。

【扶贫问题整改】 2019年,收集整理中央脱贫攻坚自查自纠、国务院督查、2018年脱贫攻坚成效考核、自治区扶贫办调研督导组、中卫市大普查等各级检查反馈问题294条,已完成整改286条,剩余8条正在整改。

【扫黑除恶】 2019年,整合乡派出所、司法所力量和乡村组干部41人,对全乡1324户常住户进行"拉网式""地毯式"的线索摸排筛查,共收集线索7条,其中上级转办1条,不属于扫黑除恶2条,有价值线索4条,全乡先后刑事拘留4人(涉恶4人),

行政拘留13人,行政处罚15人。成功扫除马正山涉黑涉恶团伙,工作成效获得了中央第二十扫黑除恶督导组的肯定。

【农业经济】 2019年,制定各村产业发展计划,完成春覆膜青贮玉米种植12900亩、秋杂粮9200亩、荞麦5000亩、马铃薯4500亩、苦荞3500亩。以脱烈村为中心,辐射曹洼、白崖村房前屋后栽植红梅杏、河北凤梨等果树10000余株。赊销华润母牛964头,基础母羊补栏835只、生猪补栏560头。

【生态保护】 2019年,新增建档立卡户草管员16人,全乡护林员及草管员达75人,集中组织开展封山禁牧督查60余次,森林草原防火督查30余次,批评教育和处罚50余人次,有效遏制了偷牧放牧现象和森林草原火灾,全乡生态环境进一步改善。

【计划生育】 2019年,曹洼乡加强全乡人口服务管理,严格落实奖、优、免、补、扶等各项惠民政策,全年出生106人,出生率11.6‰,免费孕前健康检查任务数80例,完成39例,办理生育证403例,其中117例(一孩43例、二孩47例、三孩27例)基础知识知晓率达95%以上。以全国民族团结进步示范区创建为契机,扎实开展民族宗教工作"八项行动"、宗教"四进"活动,申报曹洼乡区级民族团结进步示范乡镇,曹洼村、脱烈村2个市级民族团结进步示范村。

【乡村环境】 2019年,全乡5个行政村同步开展了村庄环境综合整治,实行5村联拆联建,全乡311户危旧房屋、246座土窑和45781米烂土墙已全部完成拆除,拆除烂圈棚378座、临时搭建厕所301座。整治河道6千米,渠沟48条,清理垃圾14900吨,乱堆乱建2625处。完成204线两侧10米范围,共19千米的绿色通道建设,栽植杨树、榆树50000余株;河道整治延伸绿化75亩,栽植景观树木7种5000余株;村庄巷道及农户房前屋后栽植景观树木21200余株。各村"脏乱差"的问题基本解决,全乡人居环境明显改善。

【精神文明建设】 2019年,全乡广泛开展道德模范、最美家庭等评选,努力营造尊德崇善的浓厚氛围。发放移风易俗倡议书1000余份,组织群众签订移风易俗承诺书1200余份,红白理事会真正发挥监督指导作用;突出未成年人思想道德建设,深入开展"争当美德少年""志愿服务"等主题实践活动。着力构建了学校、家庭、社会"三位一体"教育网络。高标准打造曹洼乡综合文化站,组织文化惠民下基层,认真组织农民运动会、广场舞大赛等活动,极大地丰富了群众的精神文化生活。

甘盐池扶贫开发区(甘盐池种羊场)

【概况】 甘盐池扶贫开发区(甘盐池种羊场)位于西安镇西部,南树台乡,西接甘肃白银市平川区黄桥乡,北接沙坡头区蒿川乡,海靖公路东西过境。东至县城45千米,行政区划面积156.7平方千米,耕地面积9.8万亩,辖盐池行政村、羊场农队和张寨行政村(已撤销),退耕还林面积1.2万亩,草原面积30万亩。主导产业主要是滩羊养殖、草畜、小杂粮种植。种羊场管辖羊场农队和盐池行政村,辖区面积156.61平方千米。羊场农队总人口262户719人,常住户158户479人。盐池行政村有11个自然村,总人口694户2504人,常住人口436户1769人,有建档立卡贫困对象352户1373人,往年已脱贫350户1362人,本年度脱贫2户11人。

【党建工作】 2019年,甘盐池扶贫开发区管委会(甘盐池种羊场)以"不忘初心、牢记使命"主题教育为契机,加强学习型党组织建设。深入学习贯彻党的十九大和自治区第十二次党代会精神。先后组织开展集体学习20次、主题党日活动6次、民主生活会1次、组织生活会1次;强化党建责任制落实。全面落实党工委主体责任、"三会一课"制度和党员领导干部党建联系点工作制度，建立完善领导包村制度，制定并落实党建工作“四个清单”和《党建目标责任书》，加大党建工作考核力度。健全完善党建工作督查通报制度，推行半年促评和年底述职评议考核的党建工作考评机制，采取定期检查、平时督查的方式，加大对落实党建工作的经常性检查督办力度，对履职不到位的支部，视情况进行通报批评、诫勉谈话、限期整改。

【党风廉政】 2019年，甘盐池扶贫开发区管委会（甘盐池种羊场）严格落实党风廉政建设责任制，党工委和各党支部认真履行好党风廉政建设主体责任，确保主体责任层层传导力度不减。强化党支部书记管党意识、党风廉政责任意识，严格落实“一岗双责”。加强对领导干部，特别是关键岗位领导干部行使权力的监督。严格执行领导干部个人重大事项报告制度、诫勉谈话制度和党政领导干部问责制度。深入学习十九届中央纪委二次全会、区纪委十二届二次全会、市纪委四届三次全会和县纪委十四届三次全会精神，开展理想信念、宗旨教育、廉政法规和警示教育，引导党员干部廉洁从政，筑牢拒腐防变的思想道德防线。村级“廉情诊所”监督工作机制启动后，监督发放各类资金70余万元，为盐池村打赢脱贫攻坚战提供强有力的纪律保障。

【精准扶贫】 1.危房改造。2019年，甘盐池扶贫开发区管委会（甘盐池种羊场）危房改造项目总量75户，累计开工75户，其中盐池村63户、羊场农队12户，开工率100%；累计完工75户，验收合格75户，兑付资金51户，入住52户；回迁2户；利用扶贫工作等经费解决羊场C级房维修加固7户1.4万元，南山1户不够面积补建30平方米及门前道路硬化、外来户2户房屋建设补助约5万元。2.安全饮水。累计自来水入户101户（其中人畜共用32户），南山两户不具备入户条件的已安装净水机；累计完成自来水管头室外内移50户，保温井安装56个，完成300立方米和100立方米蓄水池2座，蓄水池建设全部完成；累计完成主支管道更换15.7千米，基本完成；新打机井一座，已出水。3.义务教育。摸排辍学学生6名，已劝返学生4名，2名因父母离异失联多年，已将户籍注销。金融扶贫。累计贴息32.9万元，其中：兑付一季度小额贷款贴息227户9.771万元，“养牛贷”贴息1.3595万元，第二季度贴息261户11.3565万元，第三季度贴息207户10.4124万元。4.产业扶贫。基础母羊补栏、禾草种植、荞麦小杂粮种植、枸杞种植，以及生猪补栏、肉驴养殖、棚圈建设等产业到户项目严格按照户均产业补贴资金不超过12000元标准，已逐项实施完成，共计兑付273.5645万元已兑付。中低产田坡改梯项目，累计完成石沟岘坡改梯4000亩、泉沟3000亩、南山3000亩，完成总量100%，同步进行了禾草和荞麦种植1600亩。

【综合治理】 2019年，甘盐池扶贫开发区管委会（甘盐池种羊场）深入开展平安创建活动，社会主义核心价值体系、国旗、文化书屋、党报党刊进宗教场所得到有效落实。深入开展“七五”普法活动，加大普法宣传力度，组织干部职工和群众学习宪法等法律法规。以开展扫黑除恶活动为契机，扎实开展各类矛盾纠纷大排查、大调解活动，全年共排查化解各类矛盾纠纷30余起。积极开展安全生产大排查、大整治活动，严格落实安全生产工作责任制，与企业签订安全生产责任书6份，集中关停非法采砂企业6家，捣毁陶土厂1家。全面做好信访维稳工作，深入排查各类矛盾隐患，接待群众来访30人次，办理“12345”市长信箱，书记、县长信箱转办信访案件11件，群众合理诉求全部得到有效解决。成立禁牧封育工作小组，充分发挥护林员作用，开展全天候巡查，禁牧封育工作取得了一定成效。

【环境整治】 2019年，甘盐池扶贫开发区管委会（甘盐池种羊场）制订《甘盐池管委会脱贫攻坚农村环境卫生整治行动方案》，按照方案安排细化目标任务，明确分工，责任到人，各队队长具体抓；广泛宣传，提高认识。深入村组农户，利用村民大会、村干部会议等有利时机，制作横幅、印刷标语以及黑板报等形式，广泛宣传新农村建设及环境卫生综合整治的意义，突出重点，全面推进。投入70余万元，开展了集中清理建筑垃圾。对县内移民的南山、泉沟、石沟岘和塘坡4个移民迁出区存在“两头跑”现象问题，集中攻坚，下大力气拆除旧危房315户，全部清零并复垦，恢复生态，彻底切断“两头跑”现象；集中整治残垣断壁，投入2辆挖机、2辆铲车，50余名公益性岗位工作人员，用近10天时间对邵庄、老城、高岘、唐坡等10个自然村30余千米残垣断壁集中整治，全部推倒摊平；利用扶贫日全民动员环境大扫除。联合帮扶单位县自然资源局开展“进农家院、干农家活、查农家情、访农户话脱贫”活动，当日悬挂横幅4条，设立政策宣传台1处，发放扶贫政策、秋季防火、禁牧封育、秸秆禁烧、爱护环境、扫黑除恶等宣传材料1000余份，提升工作的宣传面，使各项政策深入人心；积极组织甘盐池管委会、村队党员干部以及帮扶责任人80余人，充分利用政府购买公益性岗位人员56名(其中清洁工50名)，集中清扫盐池村房前屋后、河道沟渠、街道巷道、盐池新村的生活垃圾、白色垃圾以及乱堆的畜禽养殖粪便、污染排水等。新建垃圾处理场一处，成立了垃圾清理工作队，配备了铲车、叉车、垃圾清运车等大型机械，配置了大型垃圾桶30个、小型垃圾桶200多个，放置于街道和移民新村，收集各类居民生活垃圾。盐池村2600多常住人口，日均产生生活垃圾约1.5吨，年产垃圾达600余吨，集中处理率达85%，分撒处理率达10%，通过整治，整个盐池乡村环境面貌得到了改观，群众生活环境得到了改善。沿S305线盐池过境段11000米公路两侧种植榆树、槐树、柳树、樟子松等8000余株，村道、农户房前屋后种树9000余株，成活率达90%以上。

【计划生育】 2019年，甘盐池扶贫开发区管委会(甘盐池种羊场)孕前健康检查15对，征收社会抚养费4000元，发放计生宣传资料2000份(册)；计划生育率达85%，人口自然增长率达到10%。

人 物

人物简介

【全国民族团结进步模范卢俊才】 卢俊才，回族，海原县回民中学校长。1989 年，他怀揣着发展民族贫困地区教育事业的梦想在郑旗中学开始了教书育人的生涯。2008 年，卢俊才任海原县郑旗中学支部书记、校长。面对办学困难和学生辍学严重等问题，他加强学校内部管理，科学制定发展规划，努力提升办学吸引力，至 2011 年秋季，郑旗中学在校学生从 300 余人增加到 1300 人，不但郑旗乡没有了辍学学生，还吸引周边乡镇各民族学生争先择校前来寄宿就学。2014 年，在海原二中被县委确定为软弱涣散党支部后，卢俊才临危受命，从自身做起，率先垂范，不断优化学校内部管理，建立了海原二中“民族团结”教育品牌。学校先后获“全区民族团结进步创建示范学校”“五星级基层党组织”等多项殊荣，有 81 名少数民族教师被评为区市县级骨干教师，发挥了示范引领作用。2019 年 5 月，被选调到中卫市海原县回民中学任校长。他先后被评为自治区“优秀教育工作者”“中卫市名校长”。2019 年，被评为“全国民族团结进步模范个人”。9 月 27 日，全国民族团结进步表彰大会在北京召开，卢俊才赴北京参会并受邀参加了庆祝新中国成立 70 周年大会。

【全国模范退役军人罗忠诚】 罗忠诚，海原县郑旗乡吴湾村党支部书记。2013 年 12 月退役后，看到家乡父老仍生活在贫困之中，他毅然放弃留城机会返乡带领群众脱贫致富。2014 年，在党的富民政策和乡党委、政府的鼓励和帮助下，他成立了忠诚种植养殖专业合作社，带领全村百余户农民大力发展当地特色种养殖业，取得了较好的经济效益和社会效益。为了让村民过上好日子，他苦干实干，选好产业安民心。他以忠诚种植养殖专业合作社为平台，带领村民一道建设拱棚 25 座，每座拱棚年产值 1.6 万元；抢抓华润“基础母牛银行”信贷机遇，饲养高端肉牛 180 头，牛存栏 1600 头，每年创收 170 万元；为贫困户托管、代养母牛，14 户贫困户年分红累计 3 万余元。引进企业建起万只羊场，利用“基础母羊银行”等发展模式，对年迈体弱多病、缺乏劳力无养殖能力贫困户兜底，全村 35 户贫困户累计年分红 7 万元；做实“离土”铁杆庄稼，组织贫困户区外务工 380 人、区内务工 460 余人，每年创收 700 余万元；累计向 412 户种养农户争取银行创业贷款 1351 万元;“反租倒包”解决土地撂荒问题,流转种植优质牧草 8000 亩,土地流转创收 56 万元。2016 年 12 月,当选为吴湾村党支部书记。他每个月走家串户不少于 30 户,广泛倾听群众脱贫需求和建议;带领群众种地、养牛羊;带领村“两委”班子有效整合美丽村庄暨易地安置点等项目,统建安置房 78 套,进行配套基础设施建设,村貌焕然一新。2019 年全村人均年收入 9280 元,比 2018 年同期增长近 3000 元。全村建档立卡贫困户 224 户,已基本实现脱贫。这名为当地农民增收致富的领头雁,在部队服役期间荣获三等功一次。2018 年当选为自治区人大代表、自治区人大常委会委员,并被评为海原县优秀党务工作者;2019 年被评为“全国模范退役军人”。

个人集体名录

【新中国成立 70 周年大庆安保工作先进个人名录】

金正礼　海原县公安局国保大队大队长

马忠明　海原县公安局西安派出所教导员

田志伟　海原县公安局政工监督室副主任

马生明　海原县公安局交巡警大队副大队长

翟文玺　海原县公安局三河派出所科员

【中阿博览会安保工作有功个人名录】

个人三等功

杨再宝　海原县公安局禁毒大队副大队长

个人嘉奖

孔繁江　海原县公安局治安大队警务人员

马大千　海原县公安局李俊派出所警务人员

【第四届“宁夏巾帼创业之星”名录】

买元花　海原清水阁剪纸职业技能培训学校负责人

张春香　海原县春香养殖专业合作社负责人

【自治区维护妇女儿童权益先进个人名录】

杨有峰　海原县民政局社会事务股主任

李　燕　海原县人民法院家事审判庭副庭长

马晓莉　海原县高崖乡人民政府副乡长

【全区民政工作先进工作者名录】

李占明　海原县史店乡人民政府民政助理员

【第四届见义勇为“宁夏好人”名录】

李英秀　海原县兴达客运出租有限公司驾驶员

【2019 年度全区“最美家庭”名录】

黄生军家庭　海原县海城街道办海盛国际小区

卢怀梅家庭　海原县三河镇黑城街

马　花家庭　海原县七营镇马莲村

【新中国成立 70 周年大庆安保工作先进集体名录】

海原县公安局指挥中心

海原县公安局城关派出所

【中阿博览会安保工作有功集体名录】

集体嘉奖　海原县公安局西安派出所

【自治区巾帼文明岗名录】

海原县高崖乡卫生院公共卫生科

海原县税务局税政二股

【自治区巾帼建功先进集体名录】

海原县回民中学

海原县卫生和计划生育局

海原县清水阁剪纸职业技能培训学校

【自治区维护妇女儿童权益先进集体名录】

海原县司法局

海原县妇联

个人(集体)名表

表 1　自治区及中卫市表彰的先进个人

姓名	工作单位	被授奖名称	授奖单位	获奖时间
李海鹏	海原县史店乡沙河小学	最美乡村教师	自治区政协办公厅 自治区教育厅	2019.09
魏　新	海原县郑旗中学	最美乡村教师	自治区政协办公厅 自治区教育厅	2019.09
田香萍	海原县郑旗中学	最美乡村教师	自治区政协办公厅 自治区教育厅	2019.09
杨建东	海原县曹洼乡中心幼儿园	最美乡村教师	自治区政协办公厅 自治区教育厅	2019.09
胡生永	海原县三河中学	最美乡村教师	自治区政协办公厅 自治区教育厅	2019.09
马永国	海原县关桥乡贺堡小学	最美乡村教师	自治区政协办公厅 自治区教育厅	2019.09
闫青英	海原县三河镇人民政府	自治区巾帼建功标兵名录	自治区妇联	
李占明	海原县史店乡人民政府	全区民政工作先进工作者名录	自治区民政厅	
白山丹	海原县人民检察院	中卫市政法工作先进个人	中共中卫市委员会 中卫市人民政府	2019.10

表 2　自治区表彰的先进集体

获奖单位	被授奖名称	授奖单位	获奖时间
海原县教育体育局	书香单位	中共中央宣传部	2019.05
海原县人民检察院	区级精神文明单位	宁夏回族自治区精神文明建设指导委员会	2019.05
海原县回民中学	自治区巾帼建功先进集体	宁夏回族自治区妇女联合会	2019.03
海原县回民中学	宁夏回族自治区第十三届学生运动会篮球比赛高中组男子组第八名	宁夏回族自治区第十三届学生运动会组织委员会	2019.06
海原县第五小学	2018 年度网络空间应用普及活动优秀学校	教育部	2019.03
	第 34 届宁夏青少年科技创新大赛机器人竞赛	自治区科协	2019.04
海原县职业技术学校	宁夏回族自治区第十三届学生运动会“校园定向赛”“体育道德风尚奖”	宁夏回族自治区第十三届学生运动会组织委员会	2019.06
海原县第一小学	全区优秀少先队中队	共青团宁夏回族自治区委员会 宁夏回族自治区教育厅 少先队宁夏回族自治区工作委员会	2019.10
	全区依法治校示范校	宁夏回族自治区教育厅办公室	2019.08

表3 中卫市表彰的先进集体

单位	授奖单位	被授名称	授奖时间
司法局法治股	中共中卫市委员会、中卫市人民政府	政法先进集体	2019.10
海原县第一小学	中共中卫市教育工作委员会、中卫市教育局	2018年度教育工作先进集体	2019.01
海原县第一小学	中共中卫市教育工作委员会	先进基层党组织	2019.01
海原县第一小学	中共中卫市委员会、中卫市人民政府	教师队伍建设先进集体	2019.09
海原县第一小学	中卫市文明办、中卫市教育局、共青团中卫市委员会、中国邮政集团公司中卫市分公司	2018年全市青少年书信写作大赛优秀组织奖	2019.05
海原县第二中学	中共中卫市委员会、中卫市人民政府	校园文化建设先进集体	2019.09
海原县回民中学	中共中卫市委员会、中卫市人民政府	教育教学成果先进集体	2019.09
海原县回民中学	中卫市教育局	中卫市第七届学生合唱艺术节（高中组）优秀奖	2019.09
海原县回民中学	中卫市教育局	2018年度初中教学质量先进集体	2019.01
海原县回民中学	中卫市教育局	2018年度教育工作先进集体	2019.01
海原县回民中学	共青团中卫市委员会	2018年度五四红旗团委	2019.05
关桥乡中心小学	中共中卫市委员会、中卫市人民政府	教育教学成果先进集体	2019.09
海原三幼	中卫市教育局	中卫市示范幼儿园	2019.06
海原三幼	中卫市人民政府	校园文化建设先进集体	2019.09
海原县九彩乡九年一贯制学校	中共中卫市委员会、中卫市人民政府	教育教学成果先进集体	2019.09
海原县第五小学	中卫市科协、中卫市教育局	中卫市第五届机器人大赛	2019.03
海原县第五小学	中共中卫市委员会、中卫市人民政府	互联网+教育先进集体	2019.09
海原县郑旗乡中心小学	中卫市旅游和文化体育广电总局、中卫市教育局	2019年中国小篮球赛联赛（宁夏中卫赛区）男子组U12第三名	2019.05
海原县职业技术学校	宁夏回族自治区学生军训工作办公室	学生军训工作“团体三等奖”	2019.06
海原县职业技术学校	中卫市委宣传部、中卫市直属机关工作委员会、中卫市教育局	庆祝中华人民共和国成立70周年“我和我的祖国”全市合唱大赛二等奖	2019.09
海原县职业技术学校	中共中卫市委员会、中卫市人民政府	思想政治工作先进集体	2019.09
史店乡中心小学	中共中卫市教育工作委员会、中卫市教育局	教育工作先进集体	2019.01
史店乡中心小学	中共中卫市委员会、中卫市人民政府	教育教学成果先进集体	2019.09
海原县郑旗中学	中共中卫市委员会、中卫市人民政府	教育教学成果先进集体	2019.09

附 录

海原县村集体经济组织资金使用管理办法（暂行）

（海政规发〔2019〕7号）

第一条 为全面贯彻落实《中共中央国务院关于坚持农业农村优先发展做好“三农”工作的若干意见》精神，切实加强农村集体资金管理，规范经济行为，有效维护农村集体经济组织和成员的合法权益，根据《宁夏回族自治区农村集体经济审计条例》《宁夏回族自治区农村集体资产管理条例》《宁夏扶持壮大村集体经济项目管理办法》，结合我县实际，制定本办法。

第二条 本办法中“村集体经济组织”，是指代行集体资产管理职能的村民委员会和农村集体产权制度改革后成立的村经济合作社（或股份经济合作社）。

村集体经济合作社，是依法代表全体社员承担资源开发与利用、资产经营与管理、生产发展与服务、财务管理与分配职能，是农村集体资金、资产、资源管理主体。

第三条 本办法中“村集体经济组织资金”，包括村集体经济组织的统一经营收入、企业上交的承包金、集体资产租赁费（包括土地、无形资产，如光伏扶贫村级电站收益）、投资收益（如华润分红资金等）、村属企业或集体资产转让所得、国家和上级单位各种拨款、捐赠等专项资金收入（如扶持壮大村集体经济项目资金）等。

第四条 村集体经济组织各项资金支出应遵循保证重点、兼顾一般、勤俭节约、支出合理的原则。重点保障经济发展、公益事业、民生保障性支出，压减公务性支出，控制消费性支出。

第五条 村集体经济组织履行经营管理和服务等职能中的日常活动支出，必须符合国家法律和财经纪律，符合上级政府及有关部门的财务规章制度,符合村民(代表)大会有关规定。

第六条 村集体经济组织资金实行村财乡管,发生支出时,须按照开支权限,由乡镇分管领导审批,经授权审批后方可支出。各项支出须取得相应合法、合规原始凭证,并附注明细,做到账实相符,发票与附件同步,按权限经逐级审批签章后,及时报账。村集体经济组织资金各项收支,必须严格执行“村廉通”管理规定,并接受村监会的监督。

第七条 村集体经济组织不得承担属于个人的下列费用支出:

(一)娱乐、健身、旅游、招待、购物、馈赠等支出;

(二)购买商业保险、证券、股权、收藏品等支出;

(三)由个人行为导致的罚款、赔偿等支出;

(四)购买住房、支付物业管理费等支出;

(五)应由个人承担的其他支出。

第八条 非生产性开支,应执行如下规定:

(一)工资待遇和劳务费

严禁利用村集体资金向领取乡镇发放工资的村组干部发放任何形式的工资补助、劳务补助、加班补助、误工补贴、不合规福利费等补贴。村临时使用雇工的劳务报酬标准由村“两委”会议研究决定,但不得超过本地劳务市场日平均工资水平,临时雇工劳务报酬可按月或日结算,结算时附详细的人员名单和领取金额。严禁借款、贷款、挪用专项资金发放各种劳务报酬。

(二)日常公用经费

1. 办公费。购买日常办公费用(含设施维修费用)1000 以下的按程序列支,一次购买办公费超过 1000 元的,应经村“两委”会研究决定。

2. 印刷费。村自制或购买的各种制度牌和公示栏、宣传标语、印刷资料等发生的费用列宣传费用。村自制的,需取得购买材料发票和清单;购买的,需要正式发票和清单。

3. 差旅费。在乡镇地域范围内,不予报销差旅费;在乡镇地域以外、县地域以内范围的,按伙食补助费 50 元 / 天、交通费 50 元 / 天的标准报销(报销交通费〈租车费〉的不得报领交通补贴);在县以外地域范围内,参照《海原县党政机关差旅费管理办法(暂行)》报销。

4. 交通费。村组干部因公务发生的租车费用,每村每年控制在 5000 元以内,以租车发票报销,并附公务租车费用清单,注明用车事由、时间、到达地点。

5. 会议费。村党支部召开的“七一”党员活动、村委会召开的村民代表大会,可列支会议费(会议就餐标准:40 元 / 天 / 人);村级召开的其他会议,需乡镇党委或政府先批复后召开、再列支。

6. 报刊费:村级订阅报刊经费,由县委宣传部统一征订的报刊,村集体经济资金中不得列支。

7. 水电费。村集体经济组织发生的水费、电费等,如实列支。

8. 其他。燃煤费、网络使用费、零星维修、公益场所修缮等其他日常支出。

第九条 上级安排的专项资金

县人民政府、县直部门、乡镇人民政府(管委会)安排的专项资金,严格按照《中华人民共和国会计法》及《村集体经济组织会计制度》等相关资金管理办法或管理细则等使用,严禁截留、挤占、挪用、闲置,没有相关资金管理办法或管理细则的参照本办法执行。

第十条 坚持“效益决定分配”的原则,既要处理好集体、投资者、农户之间的利益关系,又要处理好分配和积累的关系,提取公积公益金要根据实际情况确定比例,收益多时应当控制分配额度,可以结转下年使用,实行以丰补歉,使成员的分配水平可持续提高。

第十一条 村集体经济组织要依据当年的各项收入扣除生产经营和管理服务成本，弥补亏损后,形成村集体经济收益。村集体经济组织依据有关政策规定和本村实际情况提出收益分配方案(村经济合作社按章程规定)，经村集体经济组织成员大会讨论通过后执行,并向群众公布。

第十二条 村集体经济组织在确定收益分配方案时,要遵循大部分用于生产发展、少部分用于集体福利的原则,应按照以下顺序进行分配：

(一)公积公益金。公积金用于村集体经济组织扩大再生产、承担集体经营风险等。公益金用于垃圾清运、上下水修理、公厕及户厕清理等公共设施小型维修,文体教、卫生等公益事业设施建设。公积公益提取比例控制在当年收益的20%~30%。

(二)提取福利费。福利费主要用于集体福利、文教、卫生等方面的支出,包括照顾军烈属、“五保户”支出、困难户、贫困大学生资助、农民因公伤亡的医药费、困难党员生活补助及抚恤金等,不包括兴建集体福利等公益性设施支出。福利费可用于村民个人福利和救济，不能用于构建公益性设施,不能和公益金相混淆,要保证专款专用。

(三)向投资者分配。向投资者进行收益分配是指按照出资合同、协议和章程的规定,按照投资比例,应分配给投资者的收益。

(四)村集体经济组织成员分红。村集体经济组织成员分红是指分配给村集体经济组织成员的那部分收益,农村集体经济组织当年实现的收益归全体成员所有,对收益在缴纳国家税金,提取公基金、公益金、福利费和投资者分配后,经全体成员同意,可向集体成员进行分红,分红多少、分红形式,由村集体成员代表表决确定。

(五)其他。其他收益分配是指上述分配未包括的事项。如村集体按收益的一定比例建立补贴性农业保险基金，用于设施建设和农业生产灾害补贴等。经上述收益分配后,剩余的收益即为本年的未分配收益,可留待下一年度分配。

第十三条 鼓励和支持村级组织大力发展集体经济,实现由“输血型”向“造血型”转变。村集体经济组织兴办集体企业或对外参股、联营、股份合作投资经营时，须经成员大会或成员代表大会通过。村集体经济组织投资的企业或公司无论采取何种经营方式,必须签订经营合同或协议明确权利义务,合理确定上交集体的经营收益。

第十四条 向成员分红可以参照本条规定。村集体经济组织向成员分利或分红须纳入年终收益分配,不得以单项收入为依据进行分配,不得跨空分配,不得在弥补亏损、提取公积公益金前进行分配。村集体经济组织须按照民主决策通过的年终收益分配方案,准确计算集体成员应享有的分利或分红,并及时予以兑现。

第十五条 资金使用的申请程序,按照以下规定执行：

(一)对于帮扶困难党员和群众福利项目,可由困难党员和群众个人申请,也可由管辖该村民小组的村“两委”成员或村民小组成员和村民共同联名提出申请；

(二) 对于涉及1个和多个村民小组以上的基础设施、人居环境改善等公益事业项目,由所涉及村民小组的村“两委”委员、村民小组成员和村民联名提出申请；

(三) 对于村集体投资项目，由1/2以上的村“两委”委员和村民联名提出申请。

第十六条 资金使用的审核程序,按照以下规定执行：

(一)申请资金在1000元以下的,按程序列支；

(二)申请费用在1000元(含1000元)以上、5000元以下的,须召开村“两委”会议讨论通过,并在村公告公示栏内向全体村民公示7天,无反对意见时,经审核后通过。

(三)申请费用5000元(含5000元)以上的,须召开村民代表大会讨论通过后,报乡镇人民政府审核。

第十七条 村集体经济组织资金的收支严格实行公示制。村级“两委”主要负责人离任时,必须实行离任审计,具体由县农业农村局、审计局和乡镇人民政府组织实施。

第十八条 本办法由县农业农村局、县财政局负责解释。

第十九条 本办法自印发之日起施行,有效期两年。《海原县农村集体经济组织管理暂行办法(试行)》(海党办发〔2017〕177号)自行废止。

第二十条 本办法未尽事项或与法律、法规、规章、上级相关规定不相一致的条款,依据法律、法规、规章及上级相关规定执行。对执行过程中出现的问题,乡镇和县直相关部门应及时反馈,便于修订完善。

海原县推进“互联网＋教育”建设规划（2018—2022年）

海政发〔2019〕53号

为深入贯彻落实全国教育大会、自治区教育大会精神以及《中共中央国务院关于全面深化新时代教师队伍建设改革的意见》，根据《宁夏回族自治区“互联网＋教育”示范区建设规划（2018年—2022年）》《宁夏回族自治区“互联网＋教育”示范区建设实施方案》任务要求和《海原县教育行动计划（2018—2020年）》工作安排，有序推进海原县“互联网＋教育”建设，改善和优化全县各级各类学校网络信息化服务条件与应用环境，培养广大教师信息技术应用能力，提升教师学生信息素养发展水平，结合我县实际，特制定本规划。

一、总体要求

（一）指导思想

以习近平新时代中国特色社会主义思想为指导，深入贯彻党的十九大精神、全国教育大会和自治区教育大会精神，认真落实自治区、中卫市和海原县党代会的重要部署和要求，全面贯彻党的教育方针，落实立德树人根本任务，坚持需求导向、应用驱动、统筹推进、融合创新，构建“互联网＋教育”环境下的新型教育形态。创新人才培养模式，优化教育服务方式，提升师生信息素养，提高教育教学质量，促进教育公平发展，全面提升网络信息技术支撑海原县教育改革发展的能力和水平。

（二）基本原则

坚持面向未来，育人为本。按照新时代人力资源建设和创新人才培养目标要求，将落实立德树人任务融入到“互联网＋教育”各领域，实现人人皆学，时时能学，处处可学，努力为每一名学生和学习者提供个性化学习、终身学习的网络信息环境和服务支持条件。

坚持统筹规划，有序推进。根据各级各类教育特点，厘清城乡之间、校际之间教育发展实际和信息化建设水平，统筹做好“互联网＋教育”建设整体规划和顶层设计，强化标准建设和推广应用，明确发展重点，坚持分类指导、有序推进，鼓励形成特色。

坚持应用驱动，共建共享。以人才培养、教育改革和发展需求为导向，开发应用优质数字教育资源，构建绿色健康的信息化学习和教学环境，建立政府主导、多方参与、共建共享的开放合作机制。

坚持深度融合，引领创新。充分发挥“互联网＋教育”在教育改革和发展中的支撑与引领作用，探索现代信息技术与教育教学的深度融合，以“互联网＋教育”思维引领教育理念和教育模式的创新。

（三）建设目标

以实现“三全两高一大”（即教学应用覆盖全体教师、学习应用覆盖全体适龄学生、数字校园建设覆盖全体学校，信息化应用水平和师生信息素养普遍提高，建成“互联网＋教育”大平台）为总体发展目标，确定了“3+5+20”的建设推动工作思路（即三个优先发展、五项目标任务、二十项建设内容），通过优先示范“互联网＋党建思政与教师队伍建设”，打造家长群体教育和校园教育教学全面融合创新的新局面。优先推进宁夏教育云的共享融合创新，全面对接大平台，贯彻国家信息化 2.0 行动计划，落实教师、学生信息化素养提升。优先发展资源公平配置，贯彻网络扶智工程攻坚行动，扩大共享规模，提升贫困县区教育获得和教育质量，基本形成城乡一体、区域均衡发展的教育格局。到 2020 年，网络信息技术支持全县各级各类学校教育发展的条件和环境基本达标，信息技术与教育教学的融合形态基本形成，网络信息技术与教育教学有效融合产出第一批标志性成果。到 2022 年，通过基础设施建设的提质升级，共享自治区枢纽平台和核心应用，购买服务和新技术支撑，全面贯彻自治区打造“互联网 +”教育资源共享、创新素养教育、教师队伍建设、校园党建思政、现代教育治理示范区 5 项任务，完成 20 项建设内容，努力实现管理服务信息化、数字校园规范化、教学资源网络化、自主学习智能化、信息应用普及化、教学育人多元化“六化”建设目标。

1. 贯彻打造“互联网 +”教育资源共享示范区。①依托信息化达标学校升级建设数字化智能学校。②构建网络扶贫同步课堂和直播输出教室，为优质资源共享和精准资源入户夯实基础工程。③配置在线学科社区，遴选骨干教研力量，建立名师在线直播和教师便携式智能工作站，为资源内容精准投放提供技术和机制保障。④开展全学科智能教学模式基地校及基地学科常态化运营和精准资源库建设。⑤通过运营服务，拓展各级各类网络学习空间的纽带连接和任务协作，通过教育大数据挖掘，创新应用成果，评估督导“互联网 + 教育”的数据实证。

2. 贯彻打造“互联网 +”创新素养教育示范区。⑥通过宁夏教育云和海原县机构空间的共享延伸建设，形成完整的海原县县校一体化的智能教育生态，满足全县师生、家长及管理者教学、教研、教务的管、督、评、改常态化应用。⑦试点全数据化智能教室，推广人工智能在课堂教学质量和评价的效能效果。⑧集约资源建设全县共享的人工智能实验室、VR 资源共享教室、steam 科学教育大课堂、构建德智体美劳全面发展提升生态。⑨按照新课标，利用计算机教室，开展人工智能课程体系和师资培养工程。⑩开展课堂教学范式改革建设，以学生自主学习为中心，推广听、说、读、写、问、创、讲的翻转智课工程。

3. 贯彻打造“互联网 +”教师队伍建设示范区。依托自治区国培、省培和县培计划，遴选一批县“互联网 +”领导机构成员、骨干校长和骨干教师，联合高校、大型企业、行业专家共同提升宣讲示范领航的领导力。深度应用智能教师助手，推广教学评、测、练应用技能竞赛，有效减轻教师工作负担，提高教师工作效能。申报建设一批人工智能试点校，建设全数据化人工智能教室和人工智能实验，按学科装备智能教师便携移动式工作站。建设智能化课堂课程管理和评价系统，将人工智能用于教师教学质量监测，汇聚全过程数据，将过程性评价和结果评价相结合，大力支持教师专业发展。与清华大学全球人工智能实验室、教育部未来教室课题组、固原师范学院等机构、企业合作，共建海原县人工智能教师发展中心。教育大数据建设和应用督导工程，通过在线化网络数据留痕，建立师生在线化信息化素养提升工程考核评价机制，将应用效果、服务效果、数据实证列入监察督导考核体系，对项目单位、建设单位及服务合作单位实行双向绩效考核。

4. 贯彻打造“互联网 +”学校党建思政示范区。依托宁夏教育云平台及省级统筹的自治区、市、县、校四级联动的“智慧党建”“智慧思政”平台，整合优势特色思政教育资源，深入实践创新常态化应用，进一步提升党建思政课程的引导培育作用，建设面向全体师生、家长的“互联网 +”党建思政学习空间和相应系统和资源，以常态化主题活动为抓手，将思想政治教育贯穿教育教学全过程，提升思政课程的吸引力和学生学习质量，推进知党亲、感党恩、党史故事、党员先锋典范等常态化系列教育，实现对党员发展、学习、教育、考核、监督的全过程服务。重点建设“党建”“思政”红色网络阵地，依托自治区级“智慧党建”“智慧思政”平台，通过深度应用，向全县教育系统党组织和全体党员提供精细化服务，全面推进从严治党治教及德育建设，大力建设党建示范点网络工作室及教师党支部书记“双带头人”网络工作室，在优秀教师队伍中培养党员，在党员队伍中培养优秀教师，加强网上党员学习教育培训，实施常态化党建思政活动，通过党建思政创新实践应用，使党对教育工作的全面领导进一步加强。

5. 贯彻打造“互联网 +”现代教育治理示范区。建设并完成基于大数据的教师评价及学生个人成长档案记录体系，完成学生学业及素养、身体健康评价体系建设，深入挖掘教育大数据在教育管理方面的决策支持作用，着力解决教育管理的热点、难点和痛点问题，提升教育管理信息化水平和教育治理能力。以学生为中心建设并完成区、县、校管理者、教师、家长共育的信息化环境，配备资源部署，力争通过 2019 至 2022 年的建设周期，初步形成“互联网 +” 现代教育服务和供给新模式。以人为本，以新技术和服务支撑，云平台和网络空间筑基，政策机制全面保障，在全国贫困县中形成示范引领。

二、重点工作

（一）优化教育服务数据平台。

1. 深入应用宁夏教育云五大信息平台。按照自治区“互联网 + 教育”示范区建设目标任务和海原县建设工作要求，认真梳理网络信息条件现状，明确目标、补齐短板、优化环境、改善条件，深入应用五大资源平台。利用管理服务信息平台，实现各级各类教育和县、乡（镇）、村学校（幼儿园）一体化管理；利用教学资源共享平台，承载优秀课程教学资源，推进县、乡（镇）、村学校（幼儿园）教学资源共享；利用教师专业发展平台，加强教师信息素养教育、专业能力发展培训、优秀教研交流互动、精品或示范课借鉴共享等“互联互通”；利用学生自主学习平台，创设网络学习空间，支持学生开展个性化学习、兴趣拓展学习、合作探究学习、自主发展研修等活动；利用党建思政工作平台，为新形势下的党建思政工作提供网络信息技术支持。

2. 强力推进优质教育资源汇聚共享。根据信息平台功能属性，优化资源配置，体现平台“互联互通”功能，发挥网络信息技术支撑教育改革发展的积极作用。重点建设教学资源共享平台，促进教育均衡发展和信息技术与教育教学的深度融合，推动优质数字教育资源共建共享，实现教学模式创新、

表 1　2019 年度至 2022 年度“互联网＋”现代教育服务建设情况

2019 年度	2020 年度	2021 年度	2022 年度
1. 开通县城中小学智慧校园平台。 2. 教师教学助手应用达到 80%。	1. 开通完善乡镇中小学智慧校园平台。 2. 教师教学助手应用达到 100%。	优化宁夏教育云数据平台服务体系，提升服务能力。	1. 实现“互联网 + 教育”大平台在教育教学和管理服务领域的广泛应用。 2. 基本实现智慧教室和网络教学资源在各学段、各学科全覆盖。

续表

(1)学前教育每年汇聚100件游戏范例，基础教育每年汇聚100件精品微课、100堂示范课、100堂德育精品课、100件同步教学资源、100件创新素养教育资源、100件传统国学教育资源，职业教育每年汇聚100件虚拟仿真资源，各级各类学校(园)每年汇集100节“一师一优课、一课一名师”晒课活动，各级各类学校(园)汇集组织100场教学竞赛或优质教学资源评比活动。(2)利用四年建设期限，县城中小学(园)建成“四个一”多类型智慧教室(一个智慧教室、一个精品录播教室、一个“一托X”远程智能教室、一个学生自主学习网络教室)；乡(镇)中学和中心小学各建成“三个一”多类型智慧教室(一个智慧教室、一个精品录播教室和一个学生自主学习网络教室)；建成一个宁夏师范学院服务基础教育发展远程教育协同中心。	
牵头单位	教体局
配合单位	发改局　市管局　网信办

学习方式变革、教育质量提升。

(二)有效实施网络学习空间应用覆盖行动

3. 强化网络学习空间培训。完善网络资源库建设，发挥教学资源平台功能。鼓励支持教师积极应用网络空间开展课题研讨、教研互动、晒课评课、探究学习等活动，组织引导学生利用网络空间开展自主学习、探究学习、合作学习、问题探讨等活动，组织要求校(园)长利用网络空间开展教育改革、管理服务、经验交流、学习探讨等方面的交流互动，帮助支持社会和家长充分利用网络空间参与学校教学、学生学习、社会实践、生活成长等方面的交流访问。

4. 普及网络学习空间应用。利用优质网络学习空间资源，广泛组织开展网络学习空间应用评比大赛，推动教师应用网络资源开展教学、学生利用网络空间资源开展学习，促进网络空间与教育教学深度融合，提升网络学习空间应用质量。支持“学生—教师—家长—学校”的多元互动，提供知识管理、资源共享、互动交流、自主学习、教师研修、教学管理和综合素质评价等服务。

表2　2019年度至2022年度网络学习空间开展学习运动情况

2019年度	2020年度	2021年度	2022年度
师生网络空间开通率达到100%。	实现90%的教师利用网络学习空间开展教学活动，85%的适龄学生利用空间开展学习活动，80%的适龄学生家长利用空间开展家校互动。	实现95%的教师利用网络学习空间开展教学活动，90%的适龄学生利用空间开展学习活动，85%的适龄学生家长利用空间开展家校互动。	1. 网络学习空间应用实现全覆盖。 2. 实现所有校长和教师网络学习空间应用培训全覆盖。
组织开展优秀网络学习空间评选活动，引导和鼓励师生利用网络学习空间管理个人知识、共享优质资源、建设网络课程、促进师生交流，推进网络学习空间深入、创新应用。每年完成不少于900人次的校长、管理员和骨干教师县级以上培训，不少于2次的校级全员培训。			
牵头单位	教体局		
配合单位	发改局　市管局　网信办		

(三)大力助推教育教学改革和创新素养教育。

5. 开展“互联网＋教育”应用试点。2019年下半年起，在7所中学(海原一中、海原回中、海原职业技术学校、海原二中、海原三中、关桥中学、郑旗中学)和8所小学(海原一小、海原五小、李旺中心小学、西安中心小学、三河中心小学、李俊中心小学、贾塘中心小学、史店中心小学)开展“互联网＋教育”县级应用试点，并根据试点工作开展情况，推荐1所至2所学校申报区、市级试点。2020年，总结试点经验，做好全面推广普及。

6. 促进“互联网＋”创新素养教育快速发展。建立健全全员全方位全过程的创新素养教育机制，促进“互联网 +”与创新素养教育的深度融合，利用“互联网 +” 打造区别于传统教学模式的创新互动式“智慧教学”，通过翻转课堂、微课、在线互动课堂等形式，促进师生互动、生生互动、人机互动、亲子互动和家校互动，构建高效课堂，大力培养学生的创新人格、创新思维和创新精神。

7. 建设中小学（幼儿园）创新实验室。加快建设中小学（幼儿园）创新实验室建设，利用创新实验室，探索信息技术在“众创空间”、跨学科学习、创客教育等新教育模式中的应用，培养学生的创新意识和创新能力，促进学生全面发展。

8. 开展创新素养教育培训研讨活动。组织教师到灵武等创新素养教育开展较好的地区和学校观摩学习交流，加强县级培训和研讨活动，每年举办两期创新素养教育培训研讨互动，每期培训 100 人。

（四）加快推进“互联网 + 教育”达标县数字校园建设

表 3　2019 年度至 2022 年度“互联网＋”与创新教育融合情况

2019 年度	2020 年度	2021 年度	2022 年度
1. 在 15 所中小学开展“互联网 + 教育”县级应用试点，并根据试点工作开展情况，推荐 1 ~ 2 所学校申报区、市级试点。 2. 建成 7 个（海原一中、海原回中、海原二中、海原五中、海原一小、海原二小、海原一幼）创新实验室。	1. 总结试点经验，做好全面推广普及。 2. 在所有县城学校、乡镇中学和乡镇中心学校建设创新实验室。 3. 培养 400 名创新素养教育种子教师，各学校开展创新素养教育培训互动，组织种子教师对辖区教师开展创新素养教育的能力和水平培训。	400 名创新素养教育种子教师到各学校开展创新素养教育培训互动，组织种子教师对辖区教师开展创新素养教育的能力和水平培训。	1. 形成一批课堂教学改革成果，以创新素养为核心的素质教育综合改革取得突破，师生创新素养和创新能力全面提升。 2. 全县所有村级完小以上学校建设创新实验室。 3. 互联网 + 教育” 应用试点学校总结经验，做好全面普及推广活动。
1. 每年建设 3 所“互联网 + 创新素养教育”示范学校，5 个名师网络工作室，10 堂创新素养教育精品示范课。 2. 促进“互联网 +”与创新素养教育的深度融合。 3. 加强县级培训和研讨活动，每年举办两期创新素养教育培训研讨互动，每期培训 100 人。			
牵头单位	教体局		
配合单位	发改局　财政局　市管局　网信办		

9. 开展数字校园达标建设。积极争取区、市支持，加快推进数字校园建设，实现各级各类学校普通教室、学科实验室、综合实验室、图书馆（室）等基础设施环境的信息化改造升级。加快农村学校录播室建设，在百人以上学校建设智慧教室，推动乡村学校实现数字化网络全覆盖，促进精品课程、远程教学、交互式教学建设。

依托宁夏教育云建设在线课堂系统，构建海原在线课堂的建设与资源共享机制，促进教育均衡发展，实现“一校带多点，一校带多校”的目标，扩大我县优质教育资源覆盖率。通过网络平台，使开不齐课、上不好课的薄弱学校与拥有相对丰富优质教育资源的学校同上一堂课。到 2022 年，逐步在所有学校开设“在线课堂”，实现优质教育资源全覆盖，促进教育的优质均衡发展。

（五）利用人工智能助推教师队伍建设

10. 开展教师智能助手创新应用。将教师智能助手应用情况与教师日常绩效考核、评优选先等挂钩，引导和激励教师在课堂教学、班级管理、家校互动、学生综合素质评价、心理辅导、学业减负等方面积极应用智能助手，提高教师教书育人能力。

11. 推动教师智能研修全覆盖。充分利用自治区智能化研修平台，开展校长教育信息化领导力和教师信息技术应用能力提升培训，提升学校管理者和教师的信息素养。实施分类分层培训，支持教师资助选学，先从各级各类骨干教师入手，逐步延伸到所有教师。到2022年，实现培训全覆盖。

表4　2019年度至2022年度在线互动应用常态化情况

2019年度	2020年度	2021年度	2022年度
1. 开通海原一小等11所智慧校园试点学校。 2. 为中小学建设42套智慧教室，实现县城和乡镇中心学校智慧教室全覆盖。 3. 县城中小学拖动乡镇中小学在线互动课堂常态化应用。	1. 全县所有村级完小以上学校数字校园建设达标。 2. 村级完小在线互动课堂接收端全覆盖。 3. 乡镇中小学拖动村级完小在线互动课堂常态化应用。	1. 开展数字化校园应用评比活动，实现数字校园应用常态化。 2. 教学点在线互动课堂接收端全覆盖。 3. 县城、乡镇中小学拖动村级完小教学点在线互动课堂常态化应用。	1. 深化数字校园应用，实现数字校园应用常态化、特色化。 2. 基于在线课堂系统进行常态化教学和教研。
牵头单位	教体局		
配合单位	发改局　财政局　公安局　网信办　各学校		

表5　2019年度至2022年度“互联网＋”教育信息化培训情况

2019年度	2020年度	2021年度	2022年度
1. 70%的教师在常态课上使用宁夏教育云等平台优质数字资源有效开展教学活动。 2. 开展初中信息技术学业水平测试。 3. 完成180名校长、管理员和骨干教师县级培训。 4. 开展在线课堂专项培训。 5. 开展“互联网＋教育信息化”竞赛活动。 6. 开展教育教学信息化大奖赛活动。 7. 开展中小学电脑制作活动。	1. 90%的教师在常态课上使用宁夏教育云等平台优质数字资源有效开展教学活动，通过改进教学方法提高教学质量。 2. 开展初中信息技术学业水平测试。 3. 完成166名骨干教师县级培训。 4. 开展中小学电脑制作活动。 5. 开展教育教学信息化大奖赛活动。 6. 开展“互联网＋教育信息化”竞赛活动。	1. 100%的教师在常态课上使用宁夏教育云等平台优质数字资源有效开展教学活动，通过改进教学方法提高教学质量。 2. 开展初中信息技术学业水平测试。 3. 每所学校（农村以中心学校为单位）培养2名学校网络的基础管理人员。 4. 开展中小学电脑制作活动。 5. 开展教育教学信息化大奖赛活动。 6. 开展“互联网＋教育信息化”竞赛活动。	1. 深化数字资源在教学活动中的应用，改进教学方法，从而提高教学质量。 2. 开展初中信息技术学业水平测试。 3. 开展中小学电脑制作活动。 4. 开展教育教学信息化大奖赛活动。 5. 开展“互联网＋教育信息化”大奖赛。 6. 校长信息化领导力、教师信息技术应用能力等次达到要求。
1. 引导和激励教师积极应用智能助手。2. 充分利用自治区智能化研修平台，开展校长教育信息化领导力和教师信息技术应用能力提升培训。3. 实施分类分层培训。推动教师智能研修全覆盖。			
牵头单位	教体局		
配合单位	人社局　财政局　网信办		

（六）建强网上党建工作阵地

12. 实现党建工作智慧化。利用好自治区“智慧党建”信息化平台和手机客户端，向全县各学校和全体党员提供精细化服务。加强党员干部互联网技术应用能力，通过培训授课、专题教育等方式引导广大党员干部融入互联网，熟练掌握网络办公、网络服务方式，增强党员干部精确掌握民众诉求、了解网络舆情，鼓励党员干部积极与网民沟通，倾听网民呼声、征集网民民意、回应网民诉求，提高与网民互动能力。建立完善的党员信息网络管理平台，打造党员信息资源库。实现党员信息、党员动态、党组织关系转接、党费收缴、党员考察等管理模块分化，促进党员管理信息化。利用智能技术开展网上“三会一课”、组织生活会、民主评议党员、主题党日、谈心谈话等活动，提高党建工作效率，促进抓党建责任落实。

13. 实施“党建网络工作室”计划。落实“双百头雁工作室”创建计划，到2020年，建设海原二中、关桥中学、海原一小、海原三小、甘城一贯制学校5个县级党建示范点网络工作室和教师党支部书记“双带头人”网络工作室，并遴选推荐申报自治区级党建示范点网络工作室。到2022年，将县级党建示范点网络工作室和教师党支部书记“双带头人”网络工作室各扩展到10个。

表6 2019年度至2022年度党建示范点网络工作室和教师党支部书记“双带头人”网络工作室情况

2019年度	2020年度	2021年度	2022年度
建设1个县级党建示范点网络工作室和教师党支部书记“双带头人”网络工作室。	建设5个县级党建示范点网络工作室和教师党支部书记“双带头人”网络工作室。遴选推荐申报自治区级党建示范点网络工作室。	以5个县级党建示范点网络工作室和教师党支部书记“双带头人”网络工作室为模范，建立更多工作室。	将县级党建示范点网络工作室和教师党支部书记“双带头人”网络工作室各扩展到10个。
1. 利用好自治区“智慧党建”信息化平台和手机客户端。2. 加强党员干部互联网技术应用能力。3. 建立完善的党员信息网络管理平台。			
牵头单位	教体局		
配合单位	教育工委　组织部　宣传部		

（七）增强线上线下立德树人合力。

14. 用好网络思政平台。充分利用全国“易班网”和自治区“益思网”，坚持把社会主义核心价值观贯穿于网络育人全过程，推动中华传统优秀文化、革命文化、社会主义先进文化，党史、国史、改革开放史、社会主义发展史和马克思主义国家观、民族观、宗教观、文化观、历史观等资源上网上线，提升德育课质量。开展网络文明进校园、校园网络文化节、网络优秀作品推选展示等网络文化建设活动，鼓励广大师生参与网络文化作品创作，弘扬主旋律，传播正能量。

15. 实施网络育人试点工作。支持13所中学（海原一中、海原回中、兴海中学、海原二中、海原三中、海原四中、海原五中、三河中学、关桥中学、郑旗中学、李旺中学、高崖一贯制学校、树台一贯制学校），9所小学（海原一小、海原三小、海原六小、高崖一贯制学校、树台一贯制学校、李旺中心小学、三河中心小学、红羊中心小学、西安中心小学），2所幼儿园（海原三幼、文昌幼儿园）开展网络育人试点工作，并逐步向全县推广。到2022年，打造一批形态丰富、主题鲜明、技术先进、服务全面的新型网络育人学校。

表7 2019年度至2022年度网络育人平台情况

2019年度	2020年度	2021年度	2022年度
1. 充分利用全国“易班网”和自治区“益思网”。 2. 开展网络文化建设活动。 3. 支持13所中学、9所小学、2所幼儿园开展网络育人试点工作，逐步向全县推广。	1.充分利用全国“易班网”和自治区“益思网”。 2.开展网络文化建设活动。	1.充分利用全国“易班网”和自治区“益思网”，推动思想政治工作和德育工作既“键对键”又“面对面”。 2.持续开展网络文明进校园、校园网络文化节、网络优秀作品推选展示等活动。	1.打造一批形态丰富、主题鲜明、技术先进、服务全面的新型网络育人学校。 2. 培养一批领军型网络教育名师和校园网评骨干队伍。
牵头单位	教体局		
配合单位	教育工委　人社局		

（八）提升教育治理能力。

16. 深化教育治理大数据应用。不断深化教育决策与互联网的融合，利用国家、自治区教育管理信息系统，加强各类教育数据的采集、汇集、分析，实现各类教育运行状态动态监测、全面管理、科学决策，不断提升教育治理能力。

17. 加强教育管理督导服务。2019至2020年，利用自治区重大教育工程项目实时监测系统和校园安全隐患排查系统，加强教育工程项目监测管理，降低项目实施风险，完善校园安全管理与应急指挥体系，提升校园安全管理和防护能力。推进教育类证照电子化和信息资源共享共用，优化审批服务流程，实行政务服务网上统一申请、集中办理和全流程监督。

表8 2019年度至2022年度深化教育治理大数据情况

2019年度	2020年度	2021年度	2022年度
1. 开展教育云管理平台和资源平台融合应用工作，利用自治区教育管理数据统计与分析决策系统，开展"互联网+"环境下的教育治理。 2. 利用自治区重大教育项目实时监测系统和校园安全隐患排查系统，加强教育工程项目监测管理。 3. 推进教育类证照电子化和信息资源共享共用。	提升自治区教育管理数据统计与分析决策系统应用水平，有效支撑教育科学决策，提升教育治理能力。	持续提升自治区教育管理数据统计与分析决策系统应用水平，有效支撑教育科学决策，提升教育治理能力。	1. 形成大数据辅助的教育科学决策和教育治理机制。 2. 建成全县教育发展量化监测、分析评估的智能化教育管理督导体系，实现政务服务"一网通办"。
牵头单位	教体局		
配合单位	政府办　网信办　发改局		

（九）推进网络精准扶智行动。

18. 推进优质数字教育资源惠及全体师生。加强农村学校信息化和公共服务体系建设。推动专递课堂、名师课堂、名校网络课堂常态化应用，发挥"一师一优课、一课一名师"示范引领作用，开展联校网教，城区优质学校和乡村对口学校、乡中心校管辖范围内优质学校和乡村小规模学校（教学点）之间实现"网上结对、线上牵手"常态化活动全覆盖。实现"互联网+"条件下的县域内优质教育资源均衡配置，缩小城乡、校际差距，形成覆盖基础教育阶段各个学段、学科的生成性资源体系。

表9 2019年度至2022年度实现优质数字教育资源均衡配置情况

2019年度	2020年度	2021年度	2022年度
积极争取区、市支持，启动在线互动课堂建设，并探索应用。	实现在线互动课堂建设县域内学校全覆盖，薄弱学校与优质学校同步上课、数据互动、一体评价。	持续推进在线互动课堂应用，实现优质教育资源全覆盖。	完善在线互动课堂应用机制，形成典型应用模式，推进深入应用，整体提升全县办学质量。
牵头单位	教体局		
配合单位	网信办　人社局　扶贫办　财政局		

（十）加强网络安全保障。

19.提升网络安全防护能力。加大教育信息化系统的安全管理力度，加强网络安全保护工作，提高网络安全保护等级和主动防范能力。加强基础设备和信息系统的安全防范措施，不断提高对恶意攻击、非法入侵等行为的预防和应急响应能力，保证基础设施、设备和信息系统安全稳定运行。采取有效的内容安全防护措施，防止有害信息传播。逐步建立和完善安全绿色互联网环境的保障体系和管理机制。

表 10　2019 年度至 2022 年度提升网络安全防护能力情况

2019 年度	2020 年度	2021 年度	2022 年度
1. 加大教育信息化系统安全管理能力。 2. 加强基础设备和信息系统的安全防范措施。 3. 逐步建立和完善安全绿色互联网环境的保障体系和管理机制。			实现网络态势可感知、网络攻击可预判、网络事件可管控，学校网络安全工作水平大幅提升。
牵头单位	教体局		
配合单位	互联网三大运营商		

三、保障措施

（一）加强组织领导

落实政府“互联网＋教育”建设主体责任，成立县“互联网＋教育”建设工作领导小组，负责全县“互联网＋教育”工作的统筹规划，研究制定工作方案，落实支持政策，协调解决工作中的重大问题，总结推广经验成果。建设工作领导小组下设办公室，负责建设工作具体事宜和技术咨询与相关服务工作。各级各类学校要设立“互联网＋教育”工作机构，负责落实学校各项建设工作。

（二）加大经费保障

按照“政府主导、多渠道投入”的原则，建立教育信息化经费保障长效机制，切实加大对“互联网＋教育”的投入。在争取自治区支持的同时，加大县财政对“互联网＋教育”的经费投入，鼓励企业和社会力量投资和参与“互联网＋教育”建设和服务，形成多渠道筹集“互联网＋教育”资金的投入保障机制，协同推进“互联网＋教育”建设。加强项目管理和经费监管，加强对“互联网＋教育”建设经费的合理运用和管理，规范项目建设。实施“互联网＋教育”经费投入绩效评估，提高资金使用效率效益。

（三）强化督导考评

县委、政府将“互联网＋教育”工作纳入对相关部门的工作目标考核。教体部门要将“互联网＋教育”工作纳入校长任期目标和年度工作目标考核，定期开展教育信息化工作专项督导，突出信息化基础建设、管理机制和应用水平三个重点领域，科学量化信息化建设标准，充分发挥督导考评的重要推动作用，促进全县“互联网＋教育”工作向标准化、规范化、常态化方向发展。

海原县城乡居民最低生活保障管理办法

海政规发〔2019〕6号

第一章 总 则

第一条 为推进城乡居民最低生活保障(以下简称“低保”)制度统筹发展,加强低保工作规范管理,保障困难家庭基本生活,根据国家和自治区有关法律法规和政策规定,结合我县实际,制定本办法。

第二条 本县城乡低保制度的实施,适用本办法。

第三条 低保制度的实施应当遵循下列原则。

(一)保障水平与经济社会发展相适应,发挥低保基本作用;

(二)低保制度与扶贫开发政策有效衔接,提高综合救助效能;

(三)政府保障与社会力量参与相结合,鼓励劳动自救;

(四)应保尽保,分类施保,差额补助,动态管理;

(五)坚持公开、公平、公正的原则;

(六)坚持规范、及时、精准的原则。

第四条 县人民政府领导全县城乡低保工作。

建立健全全县社会救助家庭经济状况核对机制,民政局统一负责本县行政区域内的低保管理和社会救助家庭经济状况核对工作,公安、人社、住建、国环、市场监管、税务、金融、保险、住房公积金等部门和机构除按各自职责做好相关工作外,还应及时向民政局和乡镇人民政府提供户籍、机动车、就业、保险、住房、存款、证券、企业及个体工商户、纳税、公积金等方面信息,逐步实现网络信息核对。

乡镇(街道、管委会)是低保受理、审核、审批的责任主体,负责本辖区低保的调查、评议、公示、审核、审批及动态管理等具体工作。

村(居)民委员会(以下简称“村(居)委会”)负责协助乡镇(街道、管委会)做好本辖区低保申请递交、入户调查、民主评议、信息公示等相关工作。

第五条 城乡低保资格按属地管理原则乡镇受理审核审批,民政局审核。

第二章 低保对象认定条件

第六条 户籍状况、家庭收入、家庭财产、家庭支出是认定低保对象的4个基本条件。持有本县常住户口且在本地居住一年以上的居民,凡共同生活的家庭成员,人均可支配收入在扣减刚性支出后低于当地低保标准且家庭财产状况符合县人民政府有关规定条件的,可以按规定程序认定为低保对象。

第七条 持有非农业户口的居民家庭,可以申请城市低保;持有农业户口的居民家庭,可以申请农村低保。

第八条 低保标准执行自治区人民政府公布的标准,建立低保标准与低收入居民家庭基本生活费用价格指数挂钩的联动机制,并根据本县经济社会发展水平和物价变动情况适时调整。

第九条 共同生活的家庭成员具体包括:

（一）配偶；

（二）父母与未成年子女（包括养子女、继子女、非婚生子女）；

（三）已成年但不能独立生活的子女，包括在校接受大学本科及其以下学历教育的成年子女；

（四）其他具有法定赡养、抚养、扶养关系并长期共同居住但户籍不在一起的家庭成员。

第十条 下列人员不计入共同生活的家庭成员：

（一）现役军人中的义务兵；

（二）连续3年脱离家庭独立生活的宗教教职人员；

（三）在监狱内服刑的人员；

（四）已在公安部门报备的失踪人员；

第十一条 家庭收入是指共同生活的家庭成员在申请当月前12个月内的全部可支配收入扣除缴纳的个人所得税及个人按规定缴纳的社会保障性支出后的全部可支配收入，主要包括工资性收入、经营性净（纯）收入、财产性收入和转移性收入等现金和实物收入。

家庭人均收入是指家庭总收入除以共同生活的家庭成员人数所得到的平均数。

刚性支出是指在提出申请前12个月内，申请人及家庭成员在医疗、就学、住房、就业等方面的必需性基本支出。

第十二条 家庭财产是指家庭成员拥有的全部动产和不动产，主要包括：

（一）现金、存款、有价证券、债券、储蓄性保险，以及需要记入核对范围的其他货币财产；

（二）机动车辆（残疾人功能性补偿代步机动车辆除外），包括小汽车、客车、货车、出租车、工程机械，大中型农机具；

（三）房屋（拥有两套及以上住房、租赁房、营业房）；

（四）债权、经营性实体或股份、土地使用权等；

（五）其他财产。

第十三条 家庭财产状况有下列情形之一的，不得纳入低保范围：

（一）人均金融资产超过当地36个月城乡低保标准之和的；

（二）拥有并经常使用机动车辆（包括小汽车、客车、出租车、货车、工程机械、大中型农机具）；

（三）非因拆迁原因，拥有两套及以上产权住房、租赁房或申请低保之前1年内以及享受低保期间购买商品房的；

（四）申请低保前1年内或者享受低保期间，新建、购买非居住用房或者高标准装修住房的；

（五）申请低保前1年内持有股票、证券或者有其他风险性投资行为的；

（六）有注册登记从事经营活动的（资金资产规模达到3万元以上的）；

（七）雇佣他人从事经营性活动的；

（八）其他实际生活水平明显高于自治区低保标准的。

第十四条 家庭成员有下列情况之一的，不得纳入低保范围：

（一）与财政供养人员共同生活的；

（二）企业在职职工及领取企业灵活就业人员社保工资的；

（三）党政机关、事业单位职工、享受财政补助的干部（主要指城市社区党支部书记、居委会主任，行政村党支部书记、村委会主任），但城市社区党支部书记、居委会主任，行政村党支部书记、村委会主任的家庭成员因医疗、就学、住房、就业等方面在扣减刚性支出后家庭人均收入低于当地低保标准且家庭财产状况符合低保政策的，可以按规定程序纳入低保对象，按规定进行备案。

（四）在法定劳动就业年龄段内，年龄在25周岁以上至60周岁以下有劳动能力但无正当理由拒绝就业或者从事生产劳动的；

（五）拒绝配合低保经办机构和经办人员对其家庭状况进行调查，致使无法核实家庭收入和财产的；

（六）故意隐瞒家庭人口、收入和财产状况，或者提供虚假申请材料、虚假证明的；

（七）通过离婚、赠予、转让等方式放弃自己应得财产，或者放弃法定应得赡养费、抚养费、扶养费和其他合法资产及收入的；

（八）法定赡养、抚养、扶养人有赡养、抚养、扶养能力，但未依法履行义务，致使申请人未获得赡养、抚养、扶养权益的；

（九）自费安排子女择校就读或出国留学的；

（十）参与违法活动造成生活困难尚未改正的；

（十一）已参加过朝觐的人员，原则上3年之内不得批准享受低保（时间从朝觐结束之日起计算）；

（十二）县人民政府规定不得享受低保的其他情形。

第三章　申请及受理

第十五条　申请低保应当以家庭为单位，由共同生活的家庭成员向户籍所在地乡镇人民政府（街道办、管委会）提出书面申请，并详细申明家庭基本情况和申请理由。

家庭成员申请有困难的，乡镇（街道、管委会）包村、包片工作人员以及村（居）委会应当主动帮助其提交申请。

第十六条　申请人应当履行以下手续：

（一）按规定提交户籍证明、身份证明、收入和财产证明等材料；

（二）根据需要提供婚姻状况证明、疾病证明、残疾证明、房屋租赁协议、土地承包经营证明、失业登记证明、缴纳社会保险证明等材料；

（三）书面声明家庭人口、收入和财产状况，签字承诺所提供的信息材料真实、完整、有效；

（四）填写《低保备案登记表》；

（五）授权低保经办机构核查其家庭收入和财产状况等。

第十七条　申请人有下列情况之一的，经申请，可纳入低保范围：

重度残疾：持有中华人民共和国第二代残疾人证的一、二级残疾人员，三级智力残疾人，三级精神残疾人。

重特大疾病：获得重特大疾病医疗救助的人员，根据《关于进一步完善基本医疗保险门诊大病统筹制度的通知》（宁人社发〔2015〕52号）文件规定，主要患有高血压并发症（上年度个人医疗自负费用支出在5000元以上）、冠心病、糖尿病及糖尿病并发症（上年度个人医疗自负费用支出在5000元以上）、恶性肿瘤放疗或药物治疗、器官移植术后抗排斥治疗、慢性病毒性肝炎（上年度个人医疗自负费用支出在5000元以上）、肝硬化、透析治疗、慢性肾脏病、类风湿性关节炎、精神病、小儿脑性瘫痪、儿童支气管哮喘、再生障碍性贫血、老年性痴呆（阿尔茨海默病）、系统性红斑狼疮、苯丙酮尿症、心脏支架植入术后抗血小板凝聚治疗、帕金森氏病、强直性脊柱炎、干燥综合征、慢性阻塞性肺疾病、癫痫、脑血管意外后遗症、慢性肺源性心脏病、风湿性心脏病、股骨头坏死、重症肌无力28个病种（具体病状参照附录执行）。

单亲家庭：父母一方死亡且孩子未成年的困难家庭。

城镇自谋职业、下岗退伍军人、50周岁以上农村退伍军人贫困家庭：本人或配偶子女可申请纳入低保。

其他特困家庭：申请低保时提供不了残疾人证、重特大疾病等证明资料，但生活长年处于贫困的家庭。

对生活困难、靠家庭供养且无法单独立户的重度残疾人、重病患者等完全丧失劳动能力和部分丧失劳动能力的贫困人口(不含整户纳入低保范围的贫困人口)。

第十八条 申请人或者其家庭成员的户籍有下列情况之一的,按以下方式办理:

(一)本县居民在县外常居申请低保,应当到经常居住地县级民政部门开具未享受低保证明,然后向户籍所在地的乡镇提出申请。

(二)家庭成员户口不在一起的家庭,应当将户口迁移到一起后再提出申请。

第十九条 乡镇人民政府(街道办、管委会)负责受理低保申请,无正当理由不得拒绝、推诿。申请人提供的申请材料不全或者不符合要求的,应当一次性告知申请人需要补正的所有规定材料。

对于家庭经济状况明显不符合低保条件的,乡镇人民政府(街道办、管委会)应当按政策规定当场告知其不予受理的理由。

第四章 家庭经济状况核对核查

第二十条 家庭经济状况是指申请人及其家庭成员拥有的全部可支配收入和家庭财产。

第二十一条 以下项目应当计入家庭收入:

(一)各类计时工资、计件工资、薪金、奖金、分红、津贴、补贴、加班工资、以现金发放的劳保福利、特殊情况下支付的工资及其他劳务所得;

(二)从事各类生产经营、服务活动和农副业生产所得(包括可以折合现金的实物收入);

(三)离退休金、退职退养生活费、失业保险金、养老保险金、商业保险金等;

(四)遗属生活补助费、定期给付的各种生活补助(补偿)费;

(五)赡养费、抚养费、扶养费;

(六)土地征用补偿、一次性安置费、各种经济赔偿(补偿)金;

(七)集体经济组织分配所得、农村土地承包经营权流转所得及其他农村产权流转所得、规划拆迁补偿所得;

(八)财产租赁、转让或者变卖所得;

(九)无形资产、特许权出让收入;

(十)存款、利息、红利、股息及其他财产性收入;

(十一)接受赠予、继承所得及博彩等偶然所得;

(十二)县级及以上人民政府规定其他计入家庭收入的项目。

第二十二条 以下项目不计入家庭收入:

(一)优抚对象按规定享受的抚恤金、补助金、立功荣誉金、护理费,建国前老党员生活补贴;

(二)义务兵家庭按规定享受的优待金、奖励金;自主就业退役士兵一次性经济补助金;

(三)对国家、社会和人民作出特殊贡献,政府给予的奖励金和特殊津贴、劳动模范荣誉津贴、见义勇为奖励金;

(四)计划生育家庭按政策享有的独生子女费、计划生育奖励与扶助金;

(五)政府、社会、学校给予在校学生的救助金、帮困助学金和奖学金;

(六)政府和社会给予的临时性生活救助金、医疗救助金、慰问款物等;

(七)政府发放的廉租住房补贴;

(八)因公(工)负伤人员的医疗费、护理费、一次性伤残补助金、残疾辅助器具费,因公(工)死亡人员的丧葬费,人身伤害赔偿中的生活补助费;

(九)按规定由用人单位统一扣缴和个人自缴的最低档基本社会保险费、住房公积金;

(十)因拆迁获得的拆迁补偿款中,按规定用于购置安居性质的自住房屋和必要的搬迁、装修、购置普通家具家电等实际支出部分；

（十一）参加社区组织的公益性劳动所得（政府开发的公益性岗位补贴收入除外）；

（十二）残疾人生活津贴、护理补贴、教育补贴、机动轮椅车燃油补贴等专项补贴经费；

（十三）孤儿养育津贴、低收入高龄津贴和老年人护理补贴；

（十四）政府给予的惠农补贴及其他强农惠农资金；

（十五）居民基本养老保险的基础养老金暂不计入；

（十六）县级及以上人民政府规定的其他不计入家庭收入的项目。

第二十三条 核算家庭收入时对家庭刚性支出可予以扣减。

1. 因罹患疾病，已按规定享受医疗保险、医疗救助政策后由个人自付的医疗费用（包括因疾病痊愈而产生的后续治疗自付费用）；

2. 因接受（本科及以下）教育产生的基本教育费用支出（比照当地公办同类学校标准，包括获得政府和社会资助后由个人负担的学费、住宿费等实际支出）；

3. 租赁房屋等维持基本居住条件的支出（享受实物配租保障和住房租赁补贴的除外）；

4. 实现就业产生的必要就业成本。困难家庭人员实现就业的可按其就业收入或当地最低工资标准的 20%~30%扣减就业成本，残疾人就业收入，可按当地最低工资标准的 50%扣减就业成本；

5. 如扣减后收入为零或负值，则予以低保全额救助。

第二十四条 家庭收入按下列规定计算：

（一）家庭收入不稳定的，家庭月收入按其提出低保申请前 12 个月的平均值计算；

（二）与用人单位形成劳动关系的，按用人单位或者人力资源社会保障部门出具的相关证明计算收入；

（三）在职职工、离岗职工，因所在单位长期亏损、停产、半停产、破产等原因，已经连续 6 个月以上未领取或者未足额领取工资、生活补助费并且今后不再予以补发的，经该单位上级主管部门或者所在地人力资源和社会保障部门认定并出具证明后，按实际收入计算；

（四）享受医疗期或者病假的职工、离岗休养的职工、学徒工、无用工单位的劳务派遣工的工资，按实际收入计算；

（五）离退休金、失业保险金和遗属生活补助费，按实际收入计算；

（六）打零工、做小生意等非固定从业收入，参照本县行业收入评估基本标准或者最低工资标准计算；实际收入明显高于评估标准或者最低工资的，按实际收入计算；

（七）种植、养殖等行业收入，按实际收成和本县价格扣除必要成本后计算；不能准确核定的，可以参照本县行业收入评估基本标准计算；因家庭主要劳动力丧失劳动能力或者因自然灾害等因素达不到评估标准的，可以酌情降低标准计算；

（八）对因各种原因（包括与用人单位解除劳动关系和城市建设、危房改造、建设征用土地等）领取一次性安置费、经济赔偿（补助、补偿）金、生活补助金的，应当凭基本社会保险缴费凭证，在领取的一次性收入中扣除该职工自解除劳动关系之日起到法定退休年龄之前个人应当缴纳的基本社会保险费，剩余部分按家庭人口数和自治区低保标准逐月分摊计入家庭收入，在可分摊的月数内该家庭原则上不纳入低保；

（九）因房屋拆迁领取拆迁补偿费的，应当凭有效凭证，在领取的拆迁补偿费中扣除购置安居性质自住房屋实际支出费用和必要的搬迁、装修、购置普通家具家电等实际支出费用后，剩余部分按家庭人口数和自治区低保标准逐月分摊计入家庭收入，在可分摊的月数内该家庭原则上不纳入低保；

（十）具有法定赡养、抚养、扶养关系的家庭成员非共同生活的，相关义务人应当给付的赡养费、抚养费、扶养费标准，按具有法律效力的协议书、调解书、判决书等法律文书所规定的数额计算；没有法律文书的，相关义务人家庭人均收入低于自治区低保标准2倍的，视为无赡养、抚养、扶养能力，可以不计算赡养费、抚养费、扶养费；相关义务人家庭人均收入高于自治区低保标准2倍（含2倍）的，将其人均收入高出部分的50%平均到其应当赡养、抚养、扶养的每个对象计算；

（十一）财产租赁、转让所得，按租赁、转让协议（合同）计算。个人不能提供租赁、转让协议（合同）或者租赁、转让协议（合同）价格明显偏低的，按当地同类、同期市场租赁、转让价格计算。

第二十五条 调查低保申请家庭经济状况和实际生活情况，可以采取以下方式进行：

信息核对。乡镇（街道、管委会）通过县家庭经济状况核对中心，对低保申请人家庭及其成员的户籍、车辆、住房、社会保险、养老金、存款、证券、企业职工及个体经营、住房公积金等收入和财产信息进行核对，对其声明的家庭经济状况的真实性和完整性提出意见。

（二）入户调查。由两名以上调查人员到申请人家中了解其吃、穿、住、用等实际生活情况和家庭收入、财产状况，由调查人员填写家庭经济状况调查表，并由调查人员和申请人分别签字确认。

（三）邻里访问。调查人员到申请人所在村（居）、社区或者单位走访了解其日常生活、从业情况和经济状况等。

（四）信函索证。调查人员以信函方式向相关单位和部门索取有关证明材料。

第二十六条 经家庭经济状况信息核对，符合低保条件的，乡镇（街道、管委会）应当在收到信息核对结果10日内依程序开展入户调查。

第二十七条 经家庭经济状况信息核对不符合低保条件的，乡镇（街道、管委会）应当书面通知申请人并说明理由。申请人对核对结果有异议的，应当提供相关证明材料，由乡镇（街道、管委会）对申请人证明材料进行审核并组织复查。

第五章 民主评议

第二十八条 家庭经济状况调查完成后，乡镇（街道、管委会）在5个工作日内，在村（居）民委员会的协助下，以村（居）为单位组织开展对申请人声明的家庭收入和财产状况，进行民主评议。

第二十九条 民主评议由乡镇（街道、管委会）包村（居）领导主持、组织乡镇包村（居）干部、村（居）党支部成员、村（居）委会成员、村（居）监委会成员、村（居）民代表召开民主评议会议，其中居民代表人数不得少于参加会议总人数的1/2。

第三十条 民主评议应当遵循以下程序：

（一）宣讲政策。乡镇（街道、管委会）工作人员宣讲低保认定条件、补助办法、动态管理等政策规定，宣布评议规则和会议纪律。

（二）介绍情况。调查人员介绍申请人家庭经济状况调查结果。

（三）现场评议。对调查结果的真实性和完整性进行评价。

（四）形成结论。乡镇（街道、管委会）根据现场评议情况，对调查结果的真实有效性作出结论。

（五）签字确认。民主评议应当有详细的评议记录，所有评议人员应当签字确认评议结论。

第六章 分类施保

第三十一条 低保补助水平应当根据低保标

准和家庭人均收入实行差额补助，根据低保对象的类别，分类核定补助标准。

第三十二条 根据保障对象的年龄、健康状况、家庭收入变化等情况，分为以下三类情况进行保障。

（一）重点保障对象（A类）：

1. 扶贫建档立卡贫困户兜底对象；

2. 家庭主要成员完全丧失劳动或自理能力，生活常年陷入困难的重度残疾人家庭；

3. 因灾、因病及其他原因致家庭主要成员死亡，子女未成年（18周岁以下）的单亲家庭（丧偶）；

以上困难家庭全部整户纳入低保。

（二）基本保障对象（B类）：

1. 因年老、残疾、患重特大疾病或长期慢性病等原因，部分丧失劳动能力或自理能力，家庭人均收入低于当地低保标准且家庭财产符合有关规定的比较困难家庭；

2. 自谋职业、下岗或50周岁以上退伍军人困难家庭；

3. 贫困家庭中在校一、二本大学生、高职学生。

（三）一般保障对象（C类）：

因突发性自然灾害或其他意外事件等原因造成家庭人均收入暂时性低于当地低保标准且家庭财产符合有关规定的一般临时性困难家庭。

第三十三条 城市低保A类对象按照低保标准的100%核定月补助标准；B类、C类对象补助标准按照原标准执行。农村低保A类、B类、C类对象补助标准按照原标准执行。城乡低保A类家庭主要成员完全丧失劳动或自理能力，生活常年陷入困难的特别困难家庭中的一、二级重度残疾人月补助标准在分类施保月补助标准基础上再上浮10%。

第三十四条 低保家庭中的下列人员，应当提高保障标准。

（一）低保B类、C类家庭中，完全丧失劳动能力的二级及以上重度残疾人可享受A类月补差；

（二）低保C类家庭中的重点优抚对象、大病患者、在校学生以及年满60周岁以上（含60周岁）的老年人可享受B类月补差；

（三）低收入家庭中重病患者（住院费用5万元以上）、完全丧失劳动能力的二级及以上重度残疾人，本人可享受低保C类月补差，家庭其他成员不予保障；

（四）低保家庭中的残疾人，在分类施保月补差标准基础上再提高10%。

第七章 审核审批

第三十五条 乡镇（街道、管委会）在对申请人家庭经济状况进行调查核实、民主评议的基础上提出审核意见，并在申请人所在村（居）、社区公示，公示时间为5天。

公示期满无异议的，由乡镇（街道、管委会）将申请材料、家庭经济状况调查结果、民主评议情况等相关材料录入民政云救助管理系统。有异议的，乡镇（街道、管委会）应当再次调查核实并且重新公示。

第三十六条 民政局应当通过民政云救助管理系统对乡镇（街道、管委会）录入的申请材料、调查材料和审核意见等进行全面审核，并按照不低于30%的比例入户抽查，对有疑问、有举报或者其他需要重点调查的低保申请，应当全部入户调查。

严禁不经过调查核实和民主评议将任何群体或者个人直接审批为低保对象。

第三十七条 民政局自收到乡镇（街道、管委会）审核意见和相关材料5个工作日内提出审核意见。拟批准的，通知乡镇（街道、管委会）在村（居）及乡镇（街道、管委会）民生服务大厅进行公示。公示内容包括申请人姓名、家庭成员及拟保障金额等。公示期为5天。

公布期满无异议的，民政局应当在3个工作日内作出审核决定，乡镇（街道、管委会）向申请人发放由自治区民政厅、财政厅统一印制的低保证，从批准之日下月起发放低保补助金。

对不予批准的，民政局在作出审核决定3日内，通过乡镇（街道、管委会）书面告知申请人或者其代理人并说明理由。

第八章　资金管理和发放

第三十八条　低保金应当实行社会化发放，通过县金融机构直接支付到低保家庭的账户。县金融机构不得以任何形式向低保对象收取账户管理费用。

第三十九条　低保金应当按月发放，于每月10日前发放到户。

第四十条　民政局应当及时对乡镇（街道、管委会）申请拨付当月低保对象低保资金的数据通过民政云救助管理系统进行审核，将低保资金拨付到乡镇（街道、管委会）。乡镇（街道、管委会）应当及时按照低保对象补助金额拨付资金到县金融机构；县金融机构在3个工作日内将低保金转入低保对象个人账户。

第四十一条　民政局、财政局应当严格按规定使用低保资金，不得擅自扩大支出范围，不得以任何形式挤占、截留、滞留和挪用。

第四十二条　民政局、财政局及乡镇（街道、管委会）应加强低保资金的管理，定期或不定期地进行检查，确保保障资金安全有效运行。

第九章　备案和动态管理

第四十三条　备案管理是指与低保经办人员、党政机关、企事业单位职工、村（居）党支部、村（居）委员会主要负责人有直系亲属关系申请和享受低保的，应主动向所在地乡镇（街道、管委会）申请备案，乡镇（街道、管委会）审核后并报民政局备案。

第四十四条　低保经办人员是指涉及具体办理和分管低保受理、审核（包括家庭经济状况调查）、审批等事项的村（居）民委员会、乡镇（街道、管委会）及民政局工作人员。

第四十五条　直系亲属包括配偶，夫妻双方的父母、子女及其配偶。

第四十六条　申请人与申请地低保经办人员、党政机关、企事业单位职工及村（居）民委员会主要负责人有直系亲属关系的，申请时应主动向受理申请的经办机构如实申明，并填写最低生活保障经办人员和村（居）党支部、村（居）委员会主要负责人直系亲属享受最低生活保障备案表》和《海原县干部职工直系亲属申请享受低保备案表》；乡镇（街道、管委会）受理申请后，应当单独进行登记并严格按低保审核程序进行审核，县民政局在审批前应当组织人员入户核查。

第四十七条　备案表实行一户一表，一式两份，分别存档于民政局和乡镇（街道、管委会）和干部职工所属单位，并录入民政云救助管理系统备案。

第四十八条　低保经办人员、党政机关、企事业单位职工、和村（居）党支部、村（居）委员会主要负责人，在涉及其直系亲属的入户调查、民主评议、家庭经济状况核对、审核审批以及动态核查等环节工作中，应回避。

第四十九条　低保对象实行年检审核和定期复核。民政局、乡镇（街道、管委会）应当对低保家庭的人口、收入和财产状况进行年检和定期复核，核查人员和低保对象应当分别对核查结果签字确认。

（一）每年度对全县低保对象开展一次年检审核，核实低保对象户籍、身体状况、收入、低保金发放记录等，将本人持身份证和户口本拍照存档，录入民政云救助管理系统备案；

（二）对于符合特困人员供养条件或者家庭收入基本无变化的，可每年核查一次(其中家庭成员中有危重病人的应当随时复核)；

（三）对于短期内家庭经济状况和家庭成员基本情况相对稳定的，可每半年核查一次；

(四)对于收入来源不固定、有劳动能力和劳动条件的，原则上城市每月、农村每季度核查一次。

(五)对因户籍转出、死亡、就业、家庭经济状况好转等原因不再符合低保条件的家庭或个人，应在3个月内予以清退。

第五十条 民政局应当定期对低保家庭经济状况进行信息核对。

第五十一条 低保家庭人口、收入和财产状况发生变化的，民政局应当及时增发、减发或者停发低保金。

停发低保金的，应当书面说明理由，收回和注销低保证，及时予以公示，并在下一次民主评议时通知评议人员。

乡镇(街道、管委会)对年度内通过定期复核的低保家庭，应当在其低保证上加盖民政助理员、分管领导及审验合格印章，注明有效期限起止时间，有效期最长为1年。

第五十二条 乡镇(街道、管委会)应当就低保对象的姓名、保障人口、保障金额等情况在其申请地的村(居)、社区长期公示。公示中应当注意保护其个人隐私，不得公开与低保无关的信息。

第五十三条 鼓励低保对象实现劳动自立。对因灵活就业、自谋职业或者自主创业使家庭人均收入达到或者高于自治区低保标准的，可以采取渐退方式逐步退出低保，就业后3个月内的劳动所得不计入家庭收入。

在法定劳动年龄段内有劳动能力但尚未就业的低保对象，应当接受公共就业服务机构提供的技能培训和职业介绍服务。拒绝接受职业介绍并且未自行求职就业达6个月以上，或者连续3次拒绝接受公共就业服务机构提供职业介绍的，应当减发或者停发低保资金。

脱贫攻坚期内，对于收入水平已超过扶贫标准但仍低于低保标准的，宣布脱贫后可继续享受低保政策做到脱贫不脱保。纳入农村低保的建档立卡户人均收入超过当地低保标准后，可给予12个月的渐退期，实现稳定脱贫后再退出低保范围。对于实现就业的低保对象，可给予6至12个月的渐退期。

第五十四条 乡镇(街道、管委会)应当建立健全低保档案管理制度，低保档案应当齐全完整、统一规范、安全有序，不得随意涂改、变更和销毁。低保档案应当包括下列内容。

(一)审核审批类档案。包括申请书原件，户籍证明、身份证明、婚姻状况证明、疾病证明、房产证明、房屋租赁协议、残疾证明、土地承包经营证明等材料的复印件，家庭经济状况书面声明，家庭经济状况调查授权书，家庭收入情况证明，入户调查表，民主评议记录，公示记录，低保审批表，定期复核记录，停发、增发、减发记录等。

(二)日常管理类档案。包括低保政策文件，有关会议记录、工作请示、报告、总结、批文、信函，各类统计表，低保备案表等。

(三)财务类档案。包括低保资金发放汇总表、资金划拨凭证、领取名册等。

第十章 监督管理

第五十五条 民政局、乡镇(街道、管委会)应当通过报刊、广播、电视、互联网等媒体；通过公共查阅室、信息公告栏等便于公众知晓的途径，宣传低保法律、法规和政策。

第五十六条 民政局、乡镇(街道、管委会)应当对低保家庭实行长期公示，并建立面向公众的信息查询平台。公示中应当保护保障对象个人隐私，不得公开与低保无关的信息。

第五十七条 民政局和乡镇(街道、管委会)应当公开低保监督咨询电话，主动接受社会和群众对低保审核审批工作的监督、投诉和举报。

第五十八条 民政局、乡镇(街道、管委会)要加强低保来信来访工作，推行专人负责、首问负责等制度，并积极向信访人做好政策解释工作。自受理低保信访事项之日起 30 日内办结；信访人对信访事项处理意见不服的，可以自收到书面答复之日起 30 日内请求原办理行政机关的上一级行政机关复查。

第五十九条 对因工作重视不够、管理不力、发生重大问题、造成严重社会影响的乡镇(街道、管委会)和部门负责人，以及在低保审核审批过程中滥用职权、玩忽职守、徇私舞弊、失职渎职的工作人员，应当按有关规定严肃处理。

第六十条 对骗取低保待遇的人员，民政局、乡镇(街道、管委会)应当依法追回骗取的低保金，并依据相关规定严肃处理。

第十一章 附则

第六十一条 本办法由县民政局负责解释。

第六十二条 本办法自 2019 年 10 月 1 日起施行，有效期至 2021 年 10 月 1 日。原《关于印发海原县城乡居民最低生活保障管理办法的通知》(海政规发〔2019〕1 号)，自 2019 年 9 月 30 日废止。

海原县“互联网 + 医疗健康”示范区建设实施方案

海政办发〔2019〕79号

根据国家卫生健康委、宁夏回族自治区人民政府《关于印发宁夏回族自治区“互联网 + 医疗健康”示范区建设规划（2019年—2022年）的通知》（宁政发〔2019〕6号）、自治区人民政府办公厅《关于印发宁夏回族自治区“互联网 + 医疗健康”示范区建设方案的通知》（宁政办发〔2019〕10号）、市人民政府办公室《关于印发中卫市“互联网 + 医疗健康”示范区建设规划（2019年—2022年）和中卫市“互联网 + 医疗健康”示范区建设实施方案的通知》（卫政办发〔2019〕39号）和中共海原县委办公室《关于印发〈海原县委全面深化改革委员会2019年工作要点〉的通知》（海党办发〔2019〕80号）精神，结合全县卫生健康工作实际，特制定本实施方案。

一、指导思想

坚持以习近平新时代中国特色社会主义思想和党的十九大精神为指导，以国家医疗卫生信息化建设要求及健康中国、健康海原发展纲要等为主线，以卫生健康信息数据互联互通为基础，以便民惠民为出发点和落脚点，以“互联网 +”为手段，着力推进全面健康信息平台、互联网医疗平台、互联网诊断平台、互联网医药平台、互联网运营监管平台的建设及应用，基本实现我县医疗健康信息与全区互联互通，促进全县医疗服务和卫生健康管理现代化，推动优质医疗资源下沉基层，更好地满足人民群众日益增长的医疗卫生健康需求，增强群众获得感。

二、总体目标

实施“互联网 + 医疗健康”示范区建设，是充分发挥县级医疗机构的枢纽作用，对内实现县乡互通，创新“基层检查、上级诊断”的服务模式，提升基层医疗机构的医疗服务能力，对外与省、市甚至省外知名医疗机构联动，寻求疑难疾病的远程医疗服务支持，建立专科帮带关系，提高县级医疗机构诊疗水平，实现优化医疗资源配置，降低医疗成本的有效举措。要紧紧围绕共建“互联网 + 医疗健康”示范区目标要求，加大基层医疗卫生机构信息化设备配备，加快“五大平台”配套建设及应用，抓好医疗机构上云、用云计划，创新“互联网 + 医疗健康”推广应用，建立健全“互联网新型就医 + 智慧医疗健康”应用模式，实现广大人民群众在方便就医、资源下沉、分级诊疗、健康自我管理等方面的有效提升，让群众在家门口享受优质医疗服务和良好的健康管理，提高卫生健康服务的可及性和公共卫生服务的均等性。

三、重点任务

（一）夯实互联互通基础

1. 统一信息专网。依托全区电子政务外网，升级改造现有的医疗健康信息网络，保障医疗数据安全传输。一是将目前已在各医疗机构运行的主要信息平台全部整合至自治区电子政务外网运行。二是对各医疗机构现有网速不能满足各种业务需要的，全部进行提速。并探索利用 5G 等新兴通讯技术，提供便捷高效的网络通信服务。三是对村卫生室全部接通电子政务外网。村卫生室电子政务外网接通率到 2020 年达到 80%以上，到 2022 年达到 95%以上。四是采购配备县妇计中心信息化管理系统，维护升级县中医医院信息化系统。

2. 加快终端建设。一是建设县级“远程专家门诊”，引导自治区、市级优质医疗资源在县级落地。二是建设“慢病管理和线上复诊中心”，开展互联网线上诊后管理和复诊服务。三是为 2 家县级公立医院配备自助挂号、缴费设备，同时完善微信公众号功能，实现网上预约挂号、网上支付等服务，扭转“三长一短”现象。

3. 突出基层建设。一是为乡、村两级医疗机构配备家庭医生签约服务基层一体机，并与家庭医生签约服务平台、公共卫生服务平台、电子健康码应用平台等互联互通，实现居民健康档案、电子病历数据等平台信息共享、数据共用。二是统筹服务人口分布实际，配备公共卫生服务智能云巡诊车，提升基层重点人群健康管理能力。三是为县级医疗机构配备转诊患者职能分诊系统，为乡镇卫生院配备视频会诊系统，为村卫生室配备会诊、问诊、转诊远程一体机，奠定智能分级诊疗基础。

4. 强化医保保障。一是健全县内转诊报销机制，做到住院患者县内上下级医院转诊只收一次起付线费用，住院费用按照治疗机构实际报销比例报销，建立有效的分级诊疗保障措施。二是推进医疗保险总额控制下按病种分值结算医疗机构住院费用，全面取消公立医院医用耗材加成联动调整医疗服务收费价格。三是探索制定互联网医疗服务基本医保报销政策，引领“互联网 + 智能分级诊疗平台”建设工作顺利实施。

（二）建设县域医疗中心

5. 完善全民健康信息中心。在确保能与自治区政务信息平台、国家全民健康信息平台互联互通的前提下，按照国家、自治区、行业已有相关标准规范，承建全民健康信息平台，完善电子健康档案、电子病历、全员人口数据库；建设医疗健康数据交换体系，畅通部门、区域、行业之间的数据交换，为互联网 + 医疗健康公众服务、业务协同与监管、医疗健康大数据应用提供技术支撑。

6. 建设县域医学中心。依托宁南医院、县人民医院、县中医医院建设县域医学中心，近期建设区域影像、区域心电、远程会诊等中心，县域内实现县、乡、村联动，建立县域医联体合作模式，形成“基层检查、上级诊断”的服务模式。远期规划建设区域电生理、区域病理、区域超声、区域检验、区域医药等中心，并争取与区、市甚至区外知名医疗机构联动，寻求疑难疾病的远程医疗服务支持，建立专科帮带关系，进一步提升县级区域医学中心的医疗水平。

7. 设立移动体检中心。依托公共卫生服务智能云巡诊车，组建全县重点人群健康体检中心，进村入户开展重点人群健康体检，并将采集的数据实时同步到全民健康信息库，切实提升基层医疗卫生机构公共卫生服务的信息化水平和服务质量。

（三）创新医疗服务模式

8. 推进互联网移动护理。利用 Android 操作系统的 pda，开展护理信息查询、医嘱执行、药品核对、数据采集传输等工作，并通过无线局域网络与后台使用的服务器和数据库进行数据交互，通过信息化载体减轻护理工作负担。

9. 推广互联网远程诊疗。在 2 家县级公立医院开设“远程专家门诊”和“慢病管理和线上复诊中心”，在实体医院的基础上尝试发展互联网医院，运用互联网技术提供安全适宜的医疗服务，确保三个“不出县”：大部分重大疾病患者救治不出县、外转手术患者大部分不出县、县域内常见病多发病患者基本不出县，缓解群众“看病远、看病难”问题。

10. 加强互联网远程继续教育。建设区域远程医学教育中心，实现教学计划、教学课件、实时直播通道的集中管理，实现在线学习和在线考试功能，为远程医学教育提供系统支持。通过视频系统或直播系统，将授课老师的教学视频和课件直播给学员观看，使学员在异地就可接受专家的培训。教学内容可以包括讲座、查房、病案讨论、手术示教、远程护理示教等。

11. 建立互联网处方审核流转机制。结合各医疗机构HIS系统，探索支持互联网医院处方流转共享，制定药师审方制度规范及绩效考核机制，实现区域内药剂师云化管理，方便群众就近购药。依托“互联网+”手段，积极加强药品采购监测、短缺药品监测、合理用药监测等工作，引导全县医疗机构合理用药，保障医疗安全。

12. 普及电子健康码应用。11月初，二级以上医疗机构完成医院信息系统与电子健康码的全面对接，完成系统接口改造、患者主索引统一注册到自治区级电子健康码管理信息系统。各医疗卫生机构完成医院窗口及自助机具的电子健康码签发功能，已建立微信服务号的医疗卫生机构按照统一标准接入微信电子健康码开放平台并完成上线，实现互联互通。各级各类医疗机构积极引导就医患者通过掌上健康宁夏APP、医院微信公众号等服务渠道，完成电子健康码激活，11月15日起原则上不再新发实体或电子就诊卡；11月底前，其他面向居民服务的互联网医疗移动应用与区级电子健康码管理系统完成对接，并实现单点登录，为居民提供一站式服务入口；12月底前，二级医院及基层医疗机构实现电子健康码窗口和自助机具身份识别工作，二级医疗机构电子健康码门诊使用率达到30%。结合医疗机构微信服务号等各类互联网医疗移动应用渠道，完成基于电子健康码的挂号、查询、缴费等功能，并持续推动电子健康码在各类卫生健康便民惠民服务中的应用。

13. 提升中医药信息化服务水平。一是强化中医医院数据共享和业务协同，实现互联互通、业务协同、资源共享，方便患者连续就医、跨机构就医。二是以中医医疗平台为基础，建立中医“治未病”服务体系，结合居民健康档案，为群众提供预防保健、疾病康复等健康指导。三是推进覆盖全县乡镇卫生院的“中医馆”信息平台建设，依托中医馆健康信息平台，加强中医医院与基层中医馆合作，推广辨证论治、治未病、中医远程教育，充分发挥各地中医馆在基层中医药服务方面的作用。2020年，力争中医馆健康信息平台覆盖所有基层医疗机构“中医馆”。

（四）加强公共卫生服务应用

14. 推广流动体检模式。依托公共卫生服务智能云巡诊车，进村入户开展65岁以上老年人等重点人群健康体检工作，并实时上传体检数据，减轻基层医务人员工作量的同时避免数据录入产生的错误。体检完成后可即时打印体检报告，提高群众获得感和满意度。

15. 推进信息自主查询。依托区域健康档案信息系统历年形成和更新的家庭及个人健康档案、诊疗和体检记录、访视记录等数据信息，在强化信息安全保障和确保信息真实性前提下，通过网络平台、手机APP等多种形式，向居民本人开放查询以电子健康档案为核心的基本公共卫生服务项目信息记录。

16. 推广移动随访管理。积极推动承担随访任务责任医生应用PAD等信息化设备，实时录入随访信息，保证随访真实性，提高随访质量。各乡镇卫生院（社区卫生服务中心）可结合家庭医生签约服务的做实做细，探索设立签约门诊，引导签约对象到签约医师处首诊，同步实现诊间随访。

17. 开设线上宣传专栏。卫健部门和技术指导单位在单位网站和微信公众号等平台设立基本公共卫生服务项目宣传专栏，集中开展线上宣传。宣传内容应包括国家基本公共卫生服务项目公益广告片、本辖区承担基本公卫项目机构公示信息、国家基本公卫项目内容及本辖区本单位实施基本公卫项目相关工作动态等内容。

18. 推行电子签约。升级现有的家庭医生签约服务平台医生工作站，将医生工作的签约服务功能拓展至基层云 HIS、云 EMR、云 LIS 等功能，利用互联网手段，对居民实施电子化签约，签约居民通过手机 APP，扫取该家庭医生签约服务团队的二维码，即可进入平台进行在线健康咨询、健康教育和疾病诊治。

19. 健全“互联网 +”绩效考核机制。以医疗健康集团为基础，探索建立健全覆盖县、乡、村三级医疗机构的第三方薪酬改革信息化模块绩效考核机构，自动导入工作量确定薪酬总量，彻底体现“多劳多得、不劳不得”的原则。

（五）提升“互联网 + 医疗健康”信息质量

20. 做实“只录一次”工作。一是打通智能家庭医生签约服务平台与宁夏城乡居民电子健康档案系统的数据对接，实现与方达公卫系统数据的互联互通，切实做到“只录一次”。二是与智慧健康体检驿站建设工作相结合，进一步提高各类检查检验结果的准确性，提升各类信息数据录入准确率，夯实“一次采集，多次应用”基础。

21. 抓好医院数据上报管理。严格按照国家卫生健康委办公厅《关于印发全国医院数据上报管理方案（试行）的通知》（国卫办规划函〔2019〕380 号）标准，以电子病历为核心，加强全县各级各类医院数据报送管理，规范数据报送渠道与口径，保证上报全民健康信息平台的数据及时、完整、准确。

22. 统一安全保障体系。规范数据标准，建立数据安全和数据监管机制，促进大数据中心关键信息基础设施安全保障体系、数据安全保障体系。推进健康医疗数据服务认证，形成安全保障的医疗数据安全防护和认证体系。

23. 建设医疗卫生监督管理系统。建立完善电子医德档案管理系统及医德医风监管平台应用功能，对直属医疗单位和从业人员的医德医风、满意度评价、违规行为等进行管理，将行风建设落到实处。为医院建立服务监管系统，制定互联网医疗服务监管信息标准，对在线问诊、会诊、处方、转诊等核心业务进行实时监控。逐步形成统一的医疗机构诊疗行为、公共卫生联动监管机制，基本实现互联网医疗全过程、全要素监管，实现“互联网 + 医疗健康”服务产生的数据全程留痕，可查询、可追溯，满足行业监管需求。

24. 健全医疗卫生评价体系。逐步建立和完善卫生健康人员管理及评价体系，制定各级医院合理检查、合理用药、诊疗质量服务规范等方面评价指标，建立健全医务人员激励及绩效评价机制，形成长效工作机制。深化完善卫生健康行政、医院服务、医务人员评估体系及应用工作。建成覆盖医疗卫生质量、人员技术、医疗机构等不同对象的数字化评价体系。

四、运行模式

以购买服务的方式，聘请专业的第三方机构运营服务。

五、保障措施

（一）加强组织领导

为有序推进信息化建设，成立海原县“互联网 + 医疗健康”示范区建设领导小组及办公室。统一领导、统筹规划，共同负责方案审定、资金落实、督导检查和配套政策制定落实。其中：领导小组由县长或常务副县长担任组长，分管副县长担任副组长，办公室成员有县网信办、发改局、司法局、财政局、卫健局、市管局、医保局及三大运营商、第三方专业机构负责人组成,共同推进示范区建设工作。

(二)强化安全保障

探索全民健康医疗平台、大数据平台、远程医疗及医疗机构一体化相关政策，推动平台发展落实。建立数据安全保障体系及安全策略,强化安全技术保障能力和信息安全管理保障能力。

(三)明确责任分工

建立政府主导、部门负责、医疗机构和社会参与的联动机制,明确责任,协调配合,认真梳理建设过程中切实有效的措施，探索形成长效工作机制。县卫健局牵头推进医疗信息化互联互通基础工程及五大业务应用平台工程。县财政局负责资金筹措,其他成员单位积极配合做好相关工作。

(四)加大资金投入

一是坚持政府主导、多渠道投入的原则,建立自治区、市、县共建“互联网+医疗健康”示范区建设经费保障制度。二是加大市场资金的引入。鼓励和支持第三方共建医疗服务平台等,加快推进“互联网+医疗健康”示范区建设。三是探索面向健康医疗产业多层次投融资体系。

(五)加快人才培养

各单位结合自身实际情况大力引进和培养一批既精通信息技术，又懂卫健业务的复合型人才,建立稳定的卫生信息化工作队伍,不断加强对信息技术专业人员的岗位培训,适应信息技术发展变化的要求。

(六)做好宣传引导

主动引导推广,全民动员开展“互联网+医疗健康”示范区建设。创新宣传形式,及时总结可推广的医疗健康服务新模式和有效经验，扩大影响力，为“互联网+医疗健康”示范区建设营造良好氛围,凝聚社会共识。

海原县村道养护管理暂行办法

海政规发〔2019〕3号

第一章 总 则

第一条 为进一步规范村道养护管理工作，促进农村公路持续健康发展，更好助力脱贫攻坚，加快群众致富进程，根据《宁夏回族自治区农村公路条例》，结合我县实际，制定本办法。

第二条 本办法所称村道是指纳入农村公路规划，并按照公路工程技术标准修建并符合列养条件的连接乡镇与建制村或建制村与建制村之间的道路。

第三条 村道养护管理遵循“建养并重，协调发展，依法治路，保障畅通”的原则，按照相关技术规范和操作规程进行，保持路基、边坡稳定，路面、构造物完好，保证农村公路处于良好技术状态。

第四条 村道、村道用地（两侧建筑控制区各为5米）及附属设施受法律保护，任何单位和个人不得侵占和破坏。

第五条 禁止任何单位和个人在村道上非法设卡、收费、罚款和拦截车辆。

第二章 机构和职责

第六条 海原县村道养护管理工作实行“统一领导，分级管理”原则。

第七条 县交通运输局是海原县村道养护管理的行业主管部门，其职责是：

（一）督促建立健全村道养护管理工作机构；

（二）负责村道养护管理工作法律法规的贯彻落实；

（三）负责村道养护管理工作的监督、检查、考核、评比；

（四）负责村道养护管理资金筹措；

（五）负责村道养护管理工作协调；

（六）负责村道应急抢险、大型维修、维护等。

第八条 县公路管理段是村道养护管理的技术监督指导部门，其职责是：

（一）负责村道养护管理技术监督指导，开展村道养护管理机制研究，培训和推广新技术、新材料、新工艺；

（二）负责村道养护管理的质量监督；

（三）负责全县村道养护管理各类数据采集汇总、上报工作。

第九条 各乡镇（管委会）是村道养护管理的责任主体，其职责是：

（一）负责建立健全村道养护管理组织并指导其工作；

（二）负责开展辖区内村道日常养护管理、巡查工作；

（三）负责辖区内村道养护管理各类数据采集、汇总、上报工作。

（四）负责本乡镇养护资金的协调与筹措。

第十条 村民委员会是村道养护管理工作的实施主体，在乡镇人民政府和交通局的监督指导下可雇用公路沿线的贫困户进行养护工作。

第十一条 对经改建后已达到列养条件的村道，县交通运输局须及时向县人民政府申报，争取列入翌年养护计划。

第三章 资金筹措和管理

第十二条 村道养护资金实行“多方筹措、统一管理、统筹使用”的原则。

第十三条 县交通运输局每年按照村道养护

管理路线及里程，编制养护经费计划，报县人民政府审定后纳入县财政预算。

第十四条 因水毁等自然灾害及其它不可抗力造成桥梁、涵洞等构造物损坏及道路中断的特大型自然灾害，抢修资金由县交通运输局调查核实后报人民政府统筹解决。

第十五条 对已建成但未列入列养计划的道路，由各乡镇组织沿线居民投工投劳进行养护；改建未交工的道路由县交通运输局监督施工单位养护。

第十六条 各乡镇要加强对公路养护管理资金的统筹使用和管理，不得截留、挪用、坐支和平调。县财政、审计、交通行政主管部门要进行监督检查；各乡镇人民政府和村民委员会要定期对养护资金使用情况向社会公示。

第四章 养护管理

第十七条 村道养护坚持“预防性养护、季节性养护、集中整治”相结合的原则，保证公路处于良好的技术状态。

第十八条 村道养护参照《公路养护技术规范》(JTH10-2009) 和《公路桥涵养护规范》(JTGH11-2004)进行养护。

第十九条 硬化路：经常性保持路面清洁；及时整修路肩边坡缺口及冲沟，使其保持坚实稳定；及时疏通排水设施，减少水毁灾害的发生；加强对道路标志标牌日常巡查和管护，并保持牌面清洁。

第二十条 沙砾路：以路面养护为中心，及时处治路面病害；及时修复路肩及边坡缺口、冲沟，使其保持坚实稳固；及时疏通边沟、涵洞等排水设施，使其保持畅通状态。

第二十一条 加强安全生产管理，定期对养护人员进行安全生产教育培训；为养护人员配置标志服(帽)；养护作业路段设置明显标志，必要时安排专人管理和指挥交通；在隐患路段和危险桥涵处，设置明显标志。

第二十二条 村道的路政管理，按“属地管理”由乡镇人民政府负责。参照交通运输部《路政管理规定》和《宁夏回族自治区公路路政管理条例》执行。严禁车货总重20吨以上的车辆驶入村道；坚决制止距离村道边缘5米范围内违章建筑。

第二十三条 各乡镇建立村道雨雪天巡路制度，在水毁、积雪灾害严重，造成道路中断、积雪封堵无法同行时，应及时向县人民政府报告，同时设立明显标志。

第二十四条 村道绿化工作由林业局和交通运输局规划、指导，各乡镇人民政府具体实施。

第五章 监督检查

第二十五条 县人民政府组织相关部门按季度对村道养护工作进行检查，根据检查结果按比例季度拨付养护费用，年终考核对养护工作成绩突出的乡镇以奖代补。

第二十六条 在检查中又下列情形之一的，将停拨或核减养护资金：

(一)挪用养护资金的；

(二)养护措施不落实，流于形式的；

(三)不按要求养护，路面损坏严重，行车困难，甚至中断交通的；

(四)特大水毁不及时上报并且设置警示标志的；

(五)行车危险点段不及时治理的；

(六)路政管理工作失控的。

第二十七条 检查考核标准由县交通运输部门根据相关检查评比标准，结合工作实际，制定考核细则，考核结果纳入县政府年度目标考核范围。

第六章 附 则

第二十八条 本办法自2019年1月1日起生效，有效期至2020年12月31日。

第二十九条 2017年8月25日印发的《县人民政府办公室关于印发海原县村道养护管理办法》(海政办发〔2017〕168号)同时废止。

第三十条 本《办法》最终解释权归海原县交通运输局。